DIE BURGEN IM DEUTSCHEN SPRACHRAUM

Ihre rechts- und verfassungsgeschichtliche Bedeutung

II

VORTRÄGE UND FORSCHUNGEN

Herausgegeben vom Konstanzer
Arbeitskreis für mittelalterliche Geschichte

Band XIX

JAN THORBECKE VERLAG SIGMARINGEN

DIE BURGEN IM DEUTSCHEN SPRACHRAUM

Ihre rechts- und verfassungsgeschichtliche Bedeutung

II

Herausgegeben von
Hans Patze

JAN THORBECKE VERLAG SIGMARINGEN

CIP-Kurztitelaufnahme der Deutschen Bibliothek

Die Burgen im deutschen Sprachraum:
ihre rechts- u. verfassungsgeschichtl. Bedeutung / hrsg. von Hans Patze. – Sigmaringen: Thorbecke.
ISBN 3-7995-6619-8

NE: Patze, Hans [Hrsg.]

2. – 1. Aufl. – 1976.
(Vorträge und Forschungen / Konstanzer Arbeitskreis für mittelalterliche Geschichte; Bd. 19)

GEDRUCKT MIT UNTERSTÜTZUNG DER DEUTSCHEN FORSCHUNGSGEMEINSCHAFT

Klischees: Rudolf Schmorl KG, Sigmaringen

Gesamtherstellung: M. Liehners Hofbuchdruckerei KG, Sigmaringen

Printed in Germany – ISBN 3-7995-6619-8

INHALTSÜBERSICHT

TEIL II

SÜDLICHE TERRITORIEN

Geographische und topographische Elemente der mittelalterlichen Burgenverfassung nach oberrheinischen Beispielen

VON MEINRAD SCHAAB

Das sicher berechtigte Hauptinteresse der Öffentlichkeit an den Burgen gilt ihrer äußeren Erscheinung, weniger als Zeugnis einer bestimmten baugeschichtlichen Entwicklung denn als Höhepunkten unserer Landschaft. Ist die Burg schon für den unbefangenen Betrachter ganz vordringlich landschaftsbezogen, so darf sie das auch für die wissenschaftliche Untersuchung sein. Das Studium bisheriger Burgenliteratur zeigt aber, daß gerade die räumlichen Bezüge der Burg noch mehr am Rande der Betrachtung liegen. Wenn diese je Beachtung finden, so erstreckt sich das Interesse weitgehend auf wehrtechnische Gesichtspunkte. Dabei ist die Burg weit mehr als nur Verteidigungsplatz. Sie ist gleichzeitig hervorgehobene Siedlung und Herrschaftsmittelpunkt, das mußte seine Wirkung auf den sie umgebenden Raum haben, vom engsten Bereich des Burggrundstücks bis zur weiteren Landschaft.

I.

Was bisher über die V e r b r e i t u n g d e r B u r g e n i n d e r L a n d s c h a f t vorliegt, ist wenig ermutigend. Eine Burgengeographie von 1939 entpuppt sich als monotone Aufzählung der Burgen nach Flüssen [1]. Die Burgenkarten der historischen Atlanten, z. B. Hessenatlas oder Pfalzatlas, wirken eher verwirrend als erhellend [2]. Mit den Übersichten in Tilmanns Burgenlexikon ist es nicht anders [3]. Im allgemeinen, so wurde dazu gesagt [4], bringt eine großräumige Übersicht nur eine ge-

1) L. RIEDBERG, Deutsche Burgengeographie, 1939.

2) Geschichtlicher Atlas von Hessen, hg. i. A. d. Hess. Hist. Kommission, 1966 ff., Karte Nr. 32a u. b; Pfalzatlas, hg. v. W. ALTER, 1963 ff., Karte vorl. Nr. 29 u. Textband Heft 9.

3) C. TILMANN, Lexikon der deutschen Burgen und Schlösser, 4 Bde., 1958–1961, v. a. Bd. IV, Atlas.

4) Z. B. bei den Atlasberatungen der Kommission für geschichtl. Landeskunde in Baden-Württemberg oder auch im Konstanzer Arbeitskreis, dort H. PATZE (vgl. Protokoll der Tagung vom 10.–13. 10. 1972, S. 186 f.): »Die heutigen Vorträge dürften gezeigt haben, wie vielfältig die Funktionen von Burgen sein konnten und wie differenziert der Rechtskomplex ›Burg‹ war. Man kann ihn kartographisch nicht ausreichend darstellen. Die Mittel der Karte reichen auch

wisse Entsprechung der Verbreitung von Siedlungen und Burgen. Doch bei näherem Zusehen wird rasch klar, daß nicht die höchste Burgendichte in den am dichtesten besiedelten Landschaften anzutreffen ist. Der Oberrheinraum mit seiner besonders scharfen Gliederung nach natürlichen Landschaften kann das verdeutlichen. Die Besiedlung richtet sich nach der Ausstattung durch die Natur. Gewiß sind auch die relativ spät- und schwachbesiedelten Gebirgslandschaften des Hauptbuntsandsteins in Nordschwarzwald [5], zentralem Odenwald [6] und Pfälzerwald weitgehend burgenleer. Aber schon das Beispiel des Pfälzerwaldes [7] zeigt, daß hier doch ein gegenüber der Siedlung relativ stärkerer Besatz mit Burgen festzustellen ist. Fast ebensowenig Burgen wie das Innere der Waldgebirge weisen auch ausgesprochene Altsiedelräume wie der Neckarschwemmkegel und das Rheinhessische Hügelland auf. Vergleicht man letzteres mit dem ganz ähnlich von der Natur ausgestatteten Kraichgau, dann wird klar, daß die Verbreitung der Burgen nicht einfach eine Folge der Bodenverhältnisse und der Besiedlung ist. Mindestens teilweise ist die Burgenverbreitung durch, man kann gleich sagen, verfassungsgeschichtliche Grundgegebenheiten bestimmt.

Diese sind in der Verbreitung und Gliederung des Adels und in den so heterogenen Formen der Herrschafts- und Territorialbildung zu vermuten. So ist z. B. der Neckarschwemmkegel als ein früh (vor 1200) durch ein großes Territorium (Pfalz) besetzter Raum verhältnismäßig burgenleer geblieben im Gegensatz zum Kraichgau, wo sich die Konkurrenz verschiedener Bewerber um die Territorialherrschaft neutralisierte. Ähnliche Gründe wie beim Neckarschwemmkegel könnte man beim Rheinhessischen Hügelland als frühem Herrschaftsgebiet von Pfalz und Mainz vermuten, aber hier kommt offensichtlich noch eine andere Gliederung des Adels hinzu. Die Ritter dieses Gebiets fanden sich schon früh zahlreich in den zentralen Orten, sie wohnten da gleichsam in Stadthäusern und waren nicht darauf angewiesen, vielleicht auch nicht in der Lage, sich Burgen zu bauen. Die großen Flecken haben hier eine niederadlige Oberschicht. Die Zahl der Geschlechter, die über diesem Niederadel stand, war gering, meist stammten sie ebenfalls aus der Ministerialität. Sie haben ihre Burgen bevorzugt in randlicher, schon gebirgiger Lage errichtet, z. B. Rheingrafenstein, Baumburg, die Burgen auf dem Donnersberg.

Die noch größere Nähe des Gebirges ist auch für den Neckarschwemmkegel mit ausschlaggebend gewesen. Längs der Bergstraße reihen sich die Burgen. Im Kraichgau

dann nicht zu einer befriedigenden Veranschaulichung aus, wenn man sich thematisch beschränkt, etwa auf die Besitzverhältnisse, wie es Prof. Uhlhorn im Hess. Geschichtsatlas getan hat. Die Burgenkarte kann nur mit Hilfe eines Schlüssels gelesen werden. So scheint es, daß Burgenkarten kaum ergiebiger für die Erkenntnis sind als Karten von kunstgeschichtlichen Erscheinungen.«

5) R. Metz, Mineralogisch-landeskundliche Wanderungen im Nordschwarzwald (Der Aufschluß, Sonderh. 20), 1971, S. 74.

6) Geschichtlicher Atlas von Hessen, Karte Nr. 32b.

7) Vgl. Karte vorl. Nr. 29 im Pfalzatlas.

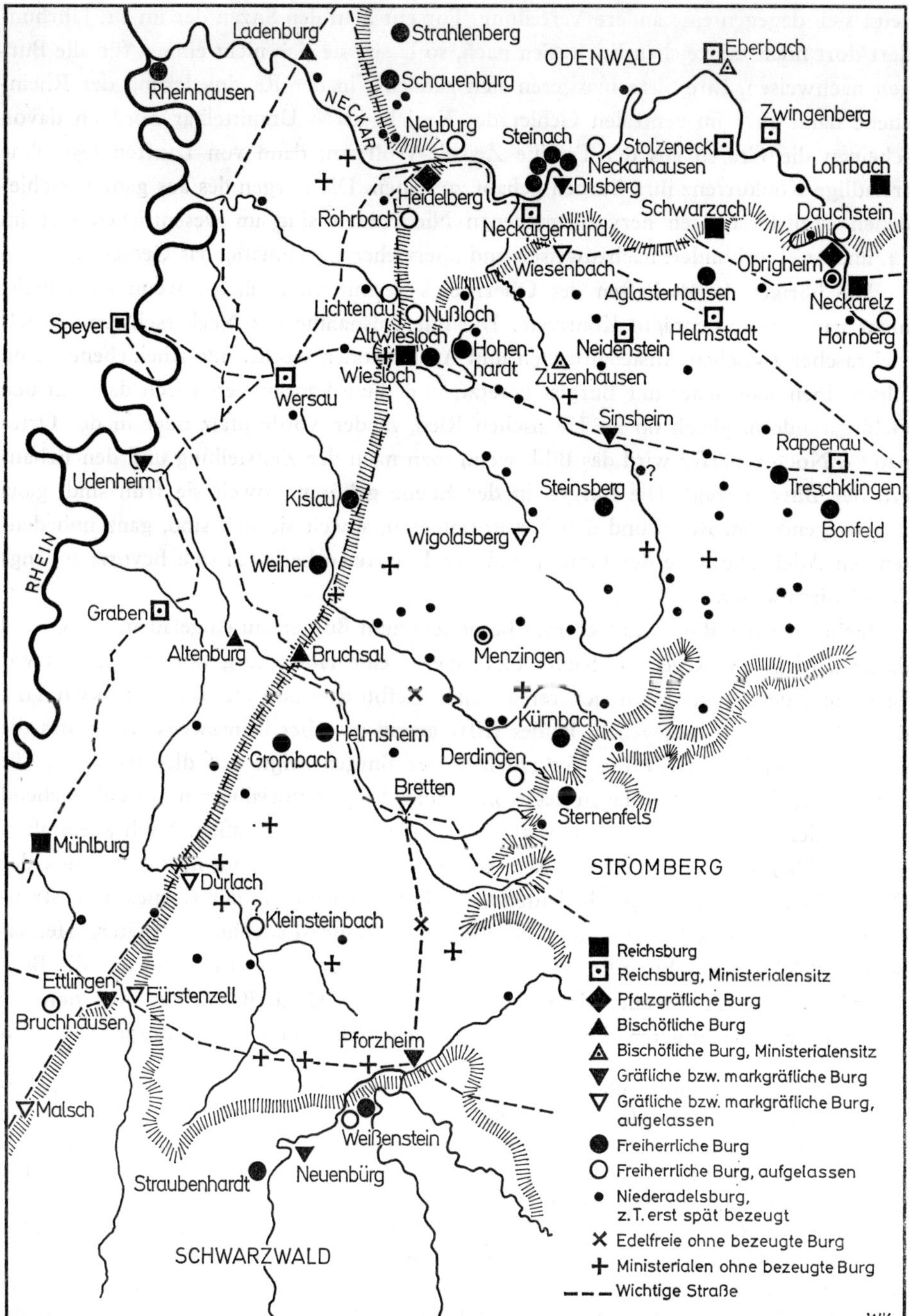

Abb. 1 Die Burgen des Kraichgaus im 13. Jahrhundert

zeigt sich dagegen eine andere Verteilung. Forscht man den Sitzen der im 12. Jahrhundert dort noch zahlreichen Edelfreien nach, so lassen sie sich nicht einmal für alle Burgen nachweisen. Ihre Sitze massieren sich zunächst in der Randniederung der Rheinebene dann aber im zentralen Gebiet des Kraichgaus [8]. Unmittelbar nördlich davon scheinen die Grafen aus der Familie Zeisolf-Wolfram, dann von Lauffen fast ohne freiadlige Konkurrenz ihre Burgen gehabt zu haben. Die Burgen des aus ganz verschiedenen Ministerialitäten hervorgegangenen Niederadels sind im wesentlichen erst im 14. und 15. Jahrhundert nachzuweisen und überziehen gleichmäßig das Gebiet [9].

Die übrigen Landschaften des Oberrheins vermitteln ähnliche, wenn auch meist nicht ganz so ausgeprägte Kontraste. Die mit Ausnahme des Neckarschwemmkegels viel rascher zwischen Altsiedelflächen und Ausbauzonen wechselnde Rheinebene ist im allgemeinen schwächer mit Burgen besetzt, und diese konzentrieren sich dann an den Gebirgsrändern, gleich ob im Hessischen Ried, in der Vorderpfalz oder in der Ortenau [10]. Noch schärfer wird das Bild, wenn man nach der Zeitstellung und den Erbauern der Burgen fragt. Die Burgen in der Ebene gehören, soweit sie früh sind, ganz überwiegend dem Reich und den Territorialherrn, soweit sie spät sind, ganz unbedeutendem Adel. Die Sitze der Grafen und der Edelfreien befinden sich bevorzugt längs der Gebirgsränder.

Sicher hat der Rand des Gebirges besonders zum Burgenbau eingeladen. Als Grund dafür wird in der Regel die Schutzlage – eine Höhenburg war auch schon vor Erfindung der Feuerwaffen sicherer als eine Tiefburg – und die Beherrschung des Verkehrs angegeben. Beides trifft gewiß zu, aber keineswegs waren das die einzigen Gründe. Gerade die Verkehrslage der Burgen zeigt, daß dies wohl nur für eine Reihe, dann meist Anlagen des Königs und der Territorialherren ausschlaggebend war. In der Oberrheinebene liefen längs der Gebirgsränder Straßen. Nach allem aber, was wir über ihre Wichtigkeit wissen, waren diese wenigstens im mittleren Stück der Oberrheinlande weit weniger bedeutend als die Straßenzüge in der Ebene, etwa Straßburg-Speyer-Worms-Mainz, oder Straßburg-Mühlburg-Ladenburg (später Heidelberg), Weinheim-Frankfurt [11]. Mit der Bedeutung der Straße wäre also nur die Burgenreihe an der Bergstraße, nicht aber andere zu erklären. Betrachtet man nun die längs der viel wichtigeren Straßen in der Ebene selbst errichteten Burgen, so wird

8) Vgl. Abb. 1, sie wurde aufgrund des vom Verf. für die Landesbeschreibung von Baden-Württemberg gesammelten Materials gezeichnet.

9) Man wird trotz später Nachweise für viele einen Ursprung im 13. Jh. annehmen müssen.

10) Vgl. Batzer u. Städele sowie: Die Burgen und Schlösser im Landkreis Wolfach, in: Die Ortenau 50, 1970, S. 235–488. Danach wurde Abb. 2 entworfen.

11) M. Schaab, Straßen und Geleitswesen zwischen Rhein, Neckar und Schwarzwald in Mittelalter und früherer Neuzeit, in: Jbb. f. Statistik u. LdKde von Baden-Württemberg 4, 1959, S. 54–75; H. J. Rieckenberg, Königstraße und Königsgut in liudolfingischer und frühsalischer Zeit, in: AUF 17, 1942, S. 32–134 u. Tafeln I–III, v. a. S. 150 f.; Th. Mayer, Mittelalterliche Studien, 1959, S. 28–44 u. Itinerarkarten im Anhang.

ganz deutlich, wie wenige Sitze des Adels unter ihnen waren. Hier handelt es sich überwiegend um Burgen des Reiches, der Reichskirche und in ihrer Nachfolge der Territorialherren. Vielfach sind diese Burgen mit Zollstationen verknüpft. Letztere Rolle war auch den wenigen Burgen am oder im Rhein selbst zugedacht. Die nicht ausschließliche Bedeutung der Straßenzüge für den Burgenbau unterstreichen die Ver-

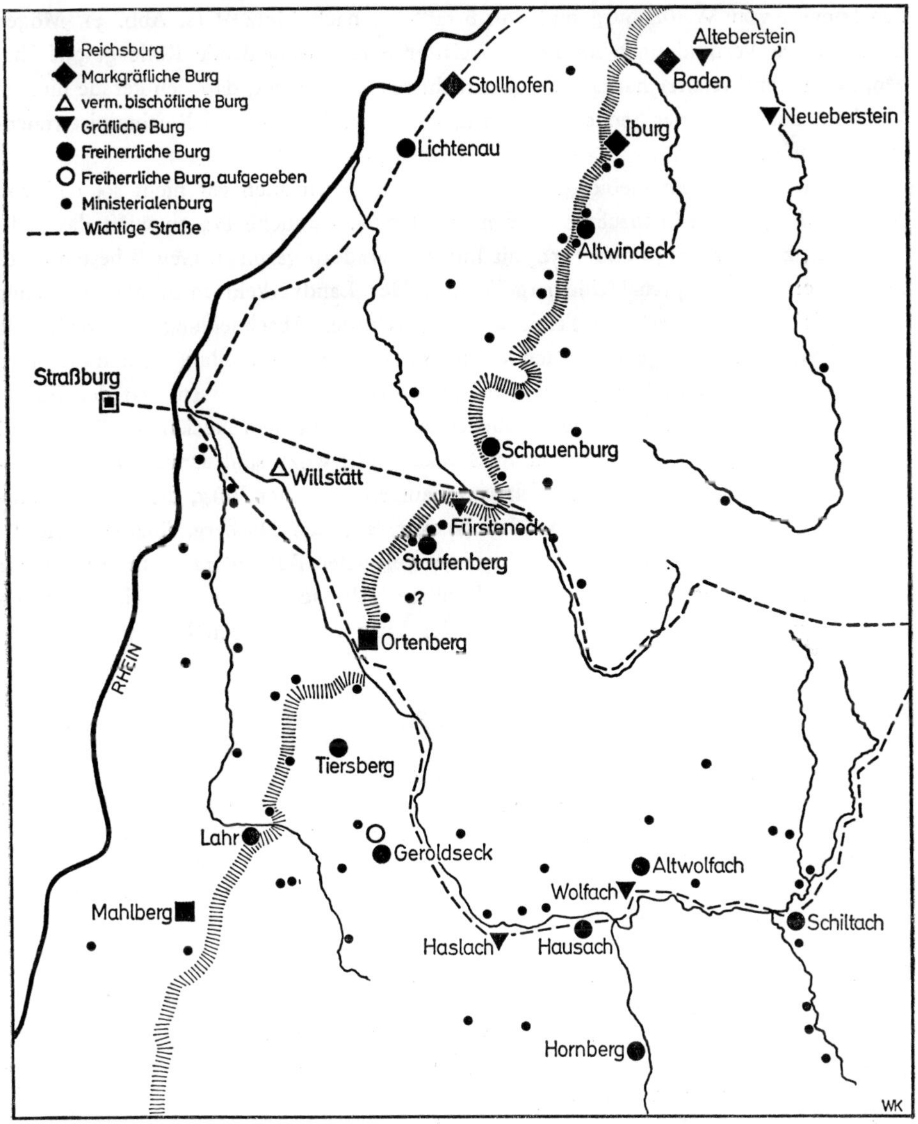

Abb. 2 Die Burgen der Ortenau im 13. Jahrhundert

hältnisse im Bereich von Nordpfälzer Hügelland und Pfälzer Wald. Die wichtigste Durchgangslinie für den West-Ost-Verkehr war die Kaiserslauterner Senke mit der Straße Metz-Worms. Längs dieser Straße und im Bereich des Passes durch den Stumpfwald scharen sich keineswegs besonders die Burgen. Dagegen liegen sie an der gewiß untergeordneten Verbindung Heidelberg-Speyer-Kaiserslautern [12] und wesentlich gehäufter im sogenannten Dahner Felsenland und im »Wasgau« z. T. an Strecken von Speyer, von Weißenburg und von Straßburg nach Metz [13] (s. Abb. 3). Mögen auch letztere Verbindungen im Frühmittelalter eine entscheidende Rolle gespielt haben, im Hochmittelalter hatten sie sicher nicht soviel Gewicht, daß sich gerade hier im Vergleich zur Lauterner Senke die Burgen, zumal die Reichs- und Reichministerialenburgen häufen müßten.

Viele der in diesem Gebiet massierten Burgen liegen auch gar nicht so, daß von dort aus die Straßen beobachtet werden konnten [14]. Ähnliche Fragen wirft das Neckartal auf, zwischen 1150 und 1250 mit Burgen geradezu gespickt. Gewiß bestand hier ein Wasserweg Wimpfen-Heidelberg-Worms. Der Landverkehr mied aber das enge Tal, verlief gleichsam auf der Sehne des Bogens unter Abschneidung des Neckartals unmittelbar von Neckargemünd nach Wimpfen. Auf diese Verbindung deuten die Stauferitinerare, und nach allem, was wir aus dem Spätmittelalter wissen, war der Güterverkehr auf diesem Landweg nicht unbedeutender als auf dem Neckar [15]. Wozu fand aber dann der verstärkte Burgenbau am Neckar statt, wozu sind dann, wie sich in einem Fall nachweisen läßt, die Grafen von Lauffen mit einer Burg, die an der Landwegstrecke nach Wimpfen lag, an den Neckar, auf den Dilsberg, übergesiedelt? [16] Man wird auch bei den an den Verkehrslinien gelegenen Burgen fragen müssen, ob sie tatsächlich Schutz ausüben konnten und sollten. Alle seit der Stauferzeit bekannten Regelungen für Geleit und Zoll [17] lassen der Burg des einzelnen Ritters oder Edel-

12) Vgl. die Karte über das Geleitswesen von H. Fendler in: Pfalzatlas (vorl. Nr. 60) mit der dortigen Burgenkarte von G. Stein (vorl. Nr. 29).

13) Vgl. H. Büttner, Geschichte des Elsaß I, 1939, S. 100 ff.

14) Z. B. wird die Strecke Speyer–Landau–Pirmasens–Zweibrücken–Metz im Bereich des Queichtals nur von zwei Burgen, Trifels und Falkenburg (beides Reichsburgen), gesichert. Zahlreiche, z. Z. recht alte Burgen, wie auch Meistersel, lagen abseits in den Wäldern, Auffallenderweise blieb auch der Talaustritt der Queich in die Rheinebene zwischen Annweiler und Godramstein burgenfrei, wenn man nicht Altscharfeneck, trotz etwas abseitiger Lage hier eine Sicherungsfunktion zuerkennen will. Bezeichnenderweise wurde aber gerade diese Burg Mitte des 13. Jh. nach Neuscharfeneck, also ins abgelegene Seitental, verlegt.

15) Schaab (wie Anm. 11), S. 62–66 u. Karten nach S. 74.

16) KB Heidelberg-Mannheim, II, S. 984 f. (Wiesenbach) u. S. 431 f. (Dilsberg).

17) L. Fiesel, Zum früh- und hochmittelalterlichen Geleitsrecht, ZSRG. Germ 41, 1926, S. 1–40; Ders., Zur Entstehungsgeschichte des Zollgeleits, VjschrSozialWirtschG 15, 1921, S. 466–506; Ders., Woher stammt das Zollgeleit, ebda 19, 1926, S. 385–412. Vgl. auch den Art. »Geleit« im Deutschen Rechtswörterbuch.

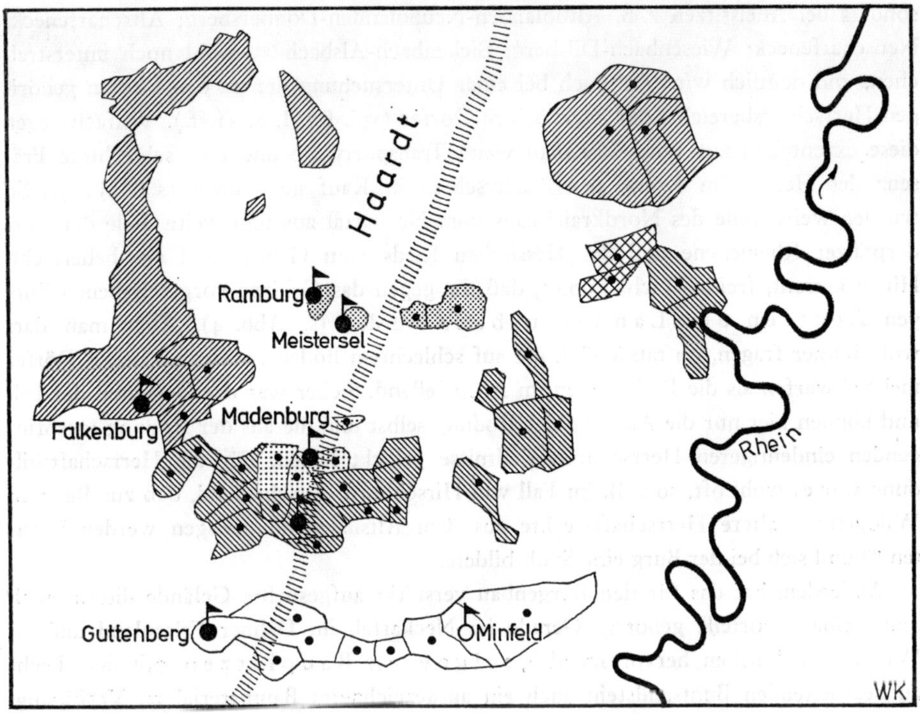

Abb. 3 Burgen und Herrschaftsbereiche in der Vorderpfalz (Vgl. Anm. 172)

freien recht wenig Möglichkeiten dazu, und mit dem früher vielzitierten »Faustrecht« des Interregnums allein ist auch nicht viel erklärt. Wichtig scheint zu sein, daß man auch auf eine gewisse Verkehrserschließung der Burg Wert legte.

Schutzfunktionen konnte die Burg aber nicht nur für den Verkehr haben, ja in anderen Fällen sind solche Aufgaben mindestens ebenso plausibel, so beim Bergbau [18], für Siedlungen, nicht nur Städte, für den Weinbau wie auch für gewerbliche Anlagen. Offensichtlich gibt es eine wechselseitige Entsprechung zwischen erhöhtem Schutz für die Burg durch unzugängliche Weinbauterrassen und Aufsicht über die Rebanlagen und zwischen Versorgung der Burg durch alle Arten von Mühlen und deren Sicherung durch Einbeziehung ins Verteidigungssystem. Auch zwischen Burg und Wald besteht ein solcher noch zu behandelnder Zusammenhang.

Vielleicht muß man aber sagen, die Schutzlage selbst ging den Schutzfunktionen vor. Man kann das durch den Hinweis auf einige Burgenverlegungen be-

18) Beispiele für Burgen zum Schutz des Bergbaus wären im Schwarzwald Hohengeroldseck, Hachberg, Zähringen, im Nahegebiet Ebernburg und Oberstein, vgl. auch Metz (wie Anm. 5), S. 73–75.

sonders bei Adelssitzen z. B. Altbolanden-Neubolanden-Donnersberg; Altscharfeneck-Neuscharfeneck; Wiesenbach-Dilsberg; Bickenbach-Alsbach [19], wohl noch unterstreichen, und deutlich wird das auch bei einer Untersuchung der zu den Burgen gehörigen Herrschaftsbereiche, der zugehörigen Dörfer (vgl. Bd. I, S. 51 ff.). Vielfach liegen diese exzentrisch zur Burg, hat man weite Transportwege und eine schlechtere Präsenz des Herren im Kreise der Beherrschten in Kauf genommen (s. Abb. 3). So wurden weite Teile des Nordkraichgaus vom Neckartal aus und weite Teile der Vorderpfälzer Rheinebene und des Hessischen Rieds vom Gebirgsrand aus beherrscht. Hinzu kommt, freilich nicht immer, daß die gegen das Gebirge vorgeschobenen Burgen Zentren des Landesausbaus wurden (s. Abb. 4). Aber man darf wohl immer fragen, ob tatsächlich die auf schlechtem Boden angelegten neuen Dörfer mehr abwarfen als die Besitzungen im Altsiedelland. Sicher war das Gegenteil der Fall und können hier nur die Aufgabe der Rodung selbst und die aus der Rodung entspringenden eindeutigeren Herrschaftsverhältnisse gelockt haben. Für die Herrschaftsbildung war es wohl oft, so z. B. im Fall von Hirschhorn, entscheidend, daß zur Burg im Waldgebirge ältere Herrschaftsrechte aus dem Altsiedelland gezogen werden konnten [20] und sich bei der Burg eine Stadt bildete.

Außerdem hat das für den Burgenbau verstärkt aufgesuchte Gelände diesem auch unmittelbare Vorteile geboten. Gerade im Neckartal, im Dahner Felsenland und im Wasgau stand neben hervorragend geeigneten Bauplätzen mit dem leicht zu bearbeitenden Buntsandstein auch ein ausgezeichnetes Baumaterial zu Verfügung. Burgenbau war gewiß eine Finanzfrage und, wo er sich vom Baumaterial her leichter bewältigen ließ, mußte er auch verstärkt in Erscheinung treten, ganz abgesehen davon, daß hier im Vergleich zum Altsiedelland auch das Baugrundstück leichter zu haben war.

Wenn wir auch keine urkundlichen Zeugnisse dafür besitzen, so mag noch eine weitere Erwägung erlaubt sein. Außer den wichtigen Gesichtspunkten der Verteidigung, der Ausübung von Herrschaft wie den wirtschaftlichen Überlegungen galten sicher auch andere nicht im Bereich des vordergründig Zweckmäßigen angesiedelten Motive. Fast nie erklärt sich menschliche Bautätigkeit aus reinen Nützlichkeitserwägungen und schon gar nicht die Bautätigkeit gesellschaftlich Herausgehobener [21]. Das

19) Lehmann IV, S. 35; 58; 106; 151 f.; 161 f.; 205 f.; KDM Pfalz II, Landau, 1928, S. 170 ff.; zu Wiesenbach-Dilsberg vgl. o. Anm. 16; Möller, S. 30.

20) So wurden die sicher älteren Abgaben aus dem Fronhof in Eschelbach und vom Kloster Odenheim nach Hirschhorn konzentriert (GLA Karlsruhe 43 Spez/33 v. 1294); Grimm, Weistümer V, S. 445.

21) Hierfür müßten die Zeugnisse der mittelalterlichen Dichtung stärker herangezogen werden. Sie betonen neben der Festigkeit der Burgen ihre kühne Lage, weite Sicht und ebenso stark auch die Sichtbarkeit von weitem her, die kostbare Ausstattung, angrenzende Jagdreviere, Gärten und Siedlungen. Vgl. dazu P. Wiesinger in: Bd. I, S. 223 ff.

Repräsentationsbedürfnis, zeitlich bedingte Moden – man ist heute versucht zu sagen, das »Sozialprestige« – haben immer mitgesprochen. Die schon im 11. Jahrhundert auftauchenden Programmnamen von Burgen wie Starkenburg (1066), Schauenburg (1130), Schönburg (1149), Montfort (fr. 13. Jh.), Hartenburg (1214), Ehrenberg (1219), Schöneck (1222/24), Zwingenberg (1253), Treuenfels (1253), Stol-

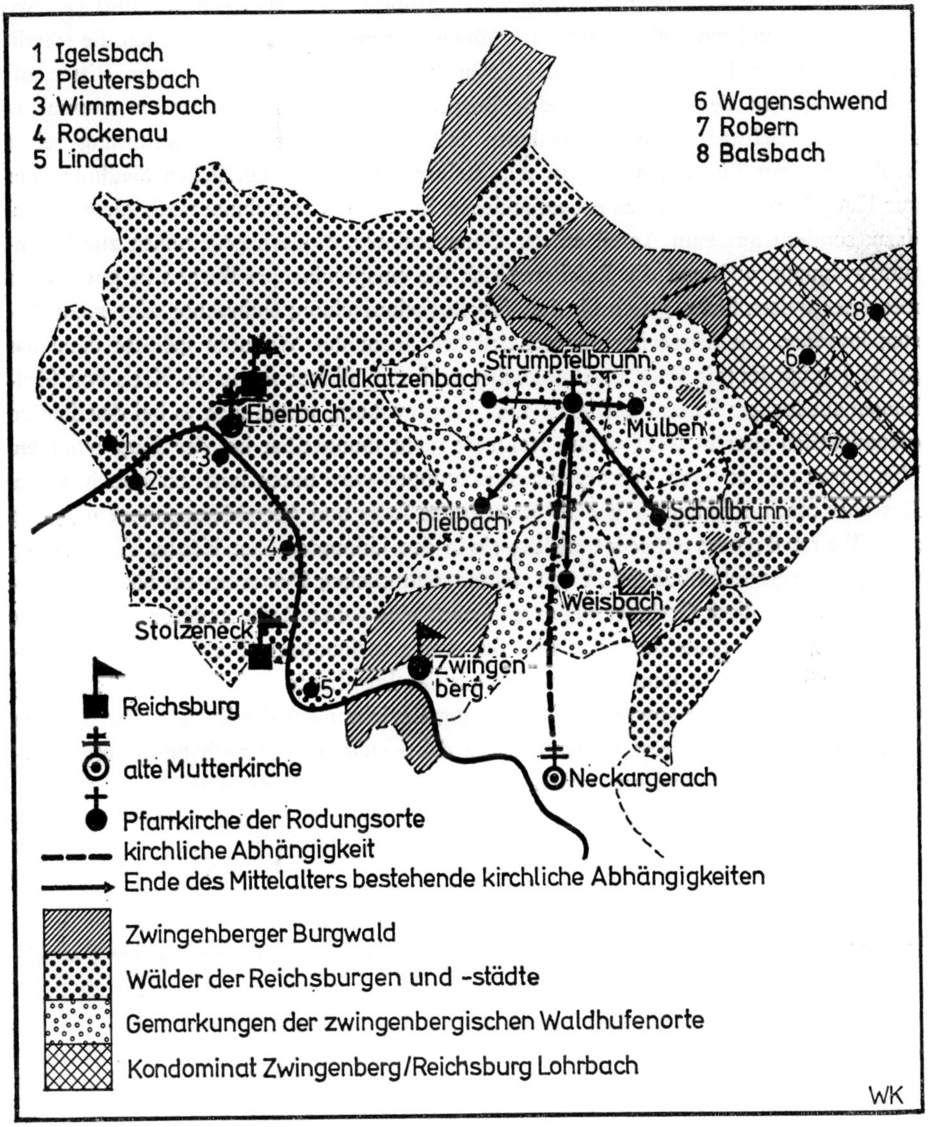

Abb. 4 Die Rodungsherrschaft Zwingenberg im 13. Jahrhundert. Die Verteilung des Zwingenberger Burgwaldes läßt noch den Umfang des anfänglichen Rodungsbezirks erkennen

zeneck (1284), Wonneburg (E. 13. Jh.), Minneburg (1349), auch die heraldischen Namen wie z. B. Wolfstein, Löwenstein, Hirschberg, Hirschhorn, Strahlenberg, Harfenberg, aber auch Madenburg = Parthenopolis, dienen der Selbstdarstellung des Burgenerbauers. Er wollte so mit ihr zeigen, wer er ist, wollte gesehen und beachtet werden, nicht anders als ein heutiger Bauherr. Ja man wird den Eindruck nicht los, daß es auch damals eben Gegenden (Gebirgsränder, große Flußtäler, Felsburgenland) gab, wo man wohnte und wo nicht, daß sich in diesem burgmäßigen Wohnen auch die ständische Stellung und der Reichtum des Erbauers manifestierte. Dem kleinen Ritter, oft aus der Schicht der auf den großen Burgen angesiedelten Burgmannen stammend, reichte es höchstens zum bescheidenen festen Haus oder zur Erweiterung seines Wohnhofes zur Burg, entweder in unmittelbarer Nähe zur dörflichen Siedlung oder zur Hauptburg, gleichsam zum bescheidenen Eigenheim, manchmal noch nicht einmal dazu, sondern nur zum Anteil an der Ganerbenburg, modern gesprochen zur Eigentumswohnung, während die Reicheren sich die entsprechenden Burgen in guter Lage mit einer weiten Sicht, gleich ob das Verkehrsbeherrschung einbrachte oder nicht, leisten konnten. Zu dieser hochherrschaftlichen Form des Wohnens gehörte dann das große Jagdgebiet mit Wald und möglichst auch mit Wasser sowie ein Kreis von Siedlungen abhängiger Bauern und gern auch Handwerkern, wobei man es bei den Bauern offensichtlich eher in Kauf nahm, wenn sie nicht unmittelbar bei der Burg wohnten. Von diesen und anderen Versorgungseinrichtungen wird unten noch zu sprechen sein. Das aber machte vielfach mehr als strategische Lage und Verteidigungswert die Burg zum Vermögensobjekt als das sie in den Urkunden über Käufe, Verpfändung und Wittumsverschreibungen in den spätmittelalterlichen Urkunden am häufigsten begegnet [22]. Alle diese Gesichtspunkte und noch eine ganze Reihe anderer bedingen die Verfassungstopographie der Burg und des damit verbundenen Burggrundstücks. Diesem, dem Burgbezirk, dem Geltungsbereich des Burgfriedens und der von der Burg ausgeübten Herrschaft sowie den Versorgungseinrichtungen der Burg wollen wir uns nun in einzelnen Beispielen zuwenden und dabei stets wieder nach bestimmter landschaftlicher Ausprägung dieser vielfältigen Erscheinungsformen fragen.

II.

Das Grundstück für den Bau der Burg mußte, so würde man zunächst annehmen, in der Regel im Besitz des Burgengründers gewesen sein. Die Beispiele dafür sind freilich selten, doch immerhin läßt sich dank guter Nachrichten der Burgenbau der Reichsabtei Lorsch einigermaßen verfolgen. Schon um 960 errichtete der Abt Gerbodo ein steinernes Haus *domus lapidea* im *castellum* Michelstadt, das seine Kirche

22) Vgl. H. Patze, Rechts- und verfassungsgeschichtliche Bedeutung der Burgen in Niedersachsen, Bd. I, S. 532 ff.

durch Schenkung Einharts erhalten hatte [23]. Als Heinrich IV. die Reichsabtei an seinen Günstling Adalbert von Bremen geben wollte, errichteten die Lorscher Vasallen und Ministerialen eilends auf der »Burghelde« – wir kommen noch darauf zurück – die Starkenburg [24]. Um 1100 ließ der Abt auf dem Klosterbesitz in Messel *ob tuitionem ecclesie* ein *castrum* errichten [25]. In Weinheim ging etwa um die gleiche Zeit der Burgenbau nicht ganz so glatt vonstatten. Der vom Hauptgebirgsstock etwas abgesetzte Kegel, auf dem die Burg zu stehen kam, trug schon Weinberge der Lorscher Propstei Michelstadt, diese erreichte von den Vögten, daß der Burgbau wieder zerstört wurde. Erst nach einem entsprechenden Tauschgeschäft konnte sie der Lorscher Abt 1130 wieder aufbauen [26].

Hatte die Burg einen weltlichen Bauherrn, so ist überhaupt keine Überlieferung dort zu erwarten, wo der Bau konfliktlos vonstatten ging. Allerdings machen auch spätere Lehns- und Eigentumsverhältnisse einige Rückschlüsse möglich. Es scheint beinahe die Regel, daß adlige Höhenburgen nicht auf adligem Allod entstanden sind [27]. Die großen Wälder, der bevorzugte Baugrund, befanden sich meist in anderer Hand. Als Schirmvogt über geistliche Gebiete, als Schutzherr über im Gemeinschaftsnutzen stehenden Allmenden kam der Adel wie auch der König zu seinen meisten Burgen. Die Grafen von Hohenberg errichteten mitten in der zu Lorsch gehörigen Heppenheimer Mark ihre Burg Lindenfels [28]. Die Herren von Strahlenburg verfuhren ähnlich in den Waldgebieten der Ladenburger Mark [29]; mit beiden Aktionen zum Burgenbau ging kolonisatorische Erschließung Hand in Hand. Die großen Wälder des Klosters Limburg in der Haardt, ursprünglicher Salierbesitz und selbst Zubehör einer Burg, luden nicht nur die Leininger, die Klostervögte, zum Burgenbau ein, sondern auch ihre Vasallen, die Abtrennungen aus dem Limburger Wald sind im Waldeigentum noch gut erkennbar [30]. Für alle diese leicht noch vermehrbaren Fälle [31] gilt, daß man sich in der

23) CL (Codex Laureshamensis, hsg. K. GLÖCKNER, 3 Bde., 1929, ND 1963) K 70.

24) CL K 124, auch 3813–14; Lamperti Annales 1063, Ausgew. Quellen z. deutschen Gesch. d. Mittelalters 13, 1957, S. 90.

25) CL K 142b.

26) CL K 143a u. b.; KB Heidelberg-Mannheim III, S. 898 f.

27) Z. B. an Bergstraße und Neckartal: Strahlenburg, Schauenburg, Heidelberg, Neckarsteinach (4 Burgen) und Hirschhorn vgl. KB Heidelberg-Mannheim III, S. 805 f.; II, S. 447 f.; 19 f.; HONB S. 493 f.; A. ECKHARDT in: Hirschhorn am Neckar 773–1973, hg. v. Magistrat, 1973, S. 20 f.

28) Zu den Anfängen der Burg um 1070 CL K 134a u. Anm. 5; zur Familie der Grafen von Lindenfels-Hohenberg zuletzt: A. SCHÄFER, Staufische Reichslandpolitik und hochadlige Herrschaftsbildung im Uf- und Pfinzgau und im Nordostschwarzwald, in: ZGORh 117, 1969, v. a. S. 194–198.

29) KB Heidelberg-Mannheim II, S. 593–595; III, S. 805 f.

30) LEHMANN II, S. 397 f.; Pfalzatlas Karte vorl. Nr. 38 und Textband Heft 7 von W. FRENZEL.

31) Z. B. Lichtenberg bei Kusel durch die Grafen von Veldenz im Remigiusland nach W. FABRICIUS, Die Grafschaft Veldenz in: MittHistVPfalz 33, 1913, S. 31 = Mittelrheinische

Regel mit einer wahrscheinlich nachträglichen Sanktionierung des Burgenbaus durch Belehnung der Vögte abfand. Interessante Einzelzüge dabei wären etwa, daß die Lindenfelser es verstanden, ihre Rodungsherrschaft samt Burg zum Allod zu machen [32], daß im Limburger Wald der ganze Bereich der Burg Frankenstein Lehen vom Abt bleibt, der Fels aber, auf dem die Kernburg stand, schon von den Leiningen in Allod überführt worden war, ehe sie ihn an ihre Vasallen weiterverliehen [33]. Besonders eigneten sich anscheinend auch zum Burgenbau die Allmendwälder etwa der pfälzischen Haingeraiden oder der Vorderen Bergstraße. Die Reichsburg Ramburg (ab 1163 Ministerialengeschlecht) hatte zwar 1348 einen umsteinten Bezirk, war aber nichtsdestoweniger mit all ihren Gütern innerhalb der Mittelhaingeraide gelegen und teilte alle Pflichten der Geraidegenossen [34]. Das führte zu einer Reihe von juristischen Verwicklungen, bis eine Burggemarkung regelrecht ausgeschieden war. Nicht anders lagen die Dinge bei den benachbarten Burgen Neuscharfeneck und Meistersel, alle am Rand der Geraidewälder errichtet [35]. Das in solchen Geraidewäldern herrschende Machtvakuum lud besonders zum Burgenbau ein, und dieser veränderte stark die bisherige einfache Rechtsordnung, er schuf Sondereigentum und neue Herrschaftsbereiche.

Noch einschneidender war der Burgenbau an einer Stelle, wo gleichsam die Welt schon klar verteilt war, auch wo sich die Interessen von geistlicher Institution und Vogt besonders überschnitten. Das gilt bereits für den sehr früh 926 erfolgten Bau der Alten Schmidtburg über einem nördlichen Nebenfluß der Nahe. Die adligen Erbauer, Vorläufer der Rauhgrafen, hatten hier gegen die Ungarn eine Burg eingerichtet und tauschten nachträglich den Platz gegen einzelne Höfe von der Abtei St. Maximin ein [36]. Werinhard, ein Edelfreier, hat auf Boden einer *curtis* der Kirche von Speyer

Regesten, 4 Bde., bearb. v. A. Goerz 1876–86 = MRhR II, Nr. 1229; Die Reichsburg Kreuznach auf Boden der Speyerer Kirche, Urkundenbuch z. Gesch. der Bischöfe von Speyer, bearb. v. F. X. Remling, 2 Bde., 1852–53, I, ND 1970, = UBi Speyer, S. 141; Die Hartenburg auf Limburger Klostergebiet, Lehmann III, S. 30; Hohenfels auf Besitz der Abtei Prüm, Lehmann IV, S. 162; Friedberg im Renchtal auf Gut des Klosters Allerheiligen, J. D. Schoepflin, Alsatia diplomatica II, 1775, S. 124. Eine Ausnahme ist die Errichtung der Burg Bödigheim bei Buchen 1286 mit Genehmigung des Abtes von Amorbach für seine Vasallen und ursprüngliche Ministerialen, die Rüd von Bödigheim (Fürstl. Archiv Amorbach, Amorbacher Ukk).

32) HONB S. 437–440 gibt keinerlei Hinweise auf die Lehenseigenschaft. Ausführlicher zum allodialen Charakter der Herrschaft Lindenfels Schaab in: Oberrheinische Studien III, 1975, S. 243 f.

33) Lehmann II, S. 397 f.

34) Lehmann II, S. 209 f.

35) Lehmann II, S. 222–226.

36) Urkundenbuch z. Gesch. der jetzt die preuß. Reg. Bezirke Koblenz und Trier bildenden mittelrheinischen Territorien von H. Beyer, L. Eltester u. A. Goerz, 3 Bde., 1860–74 = MRhUB I, S. 230 u. 231.

am Eingang des Murgtals Mitte des 11. Jahrhunderts die Burg Michelbach errichtet. Er wurde vom Kaiser gezwungen, für ihren Abbruch zu sorgen, noch ehe er wieder aus den Schuhen kam. Seine Söhne, einer davon Straßburger Bischof, besetzten den Platz abermals, jetzt schuf der Kaiser klare Verhältnisse, indem er sie vertrieb und ihren Besitz in der ganzen Gegend aufkaufte [37]. Die Staufer setzten die Hohenkönigsburg auf Boden des Klosters St. Denis [38]. Der Bau von Rothenfels am Main auf Gelände des Klosters Neustadt, hier durch die Herren von Grumbach als Vögte, wurde 1150 durch Verzicht auf Vogteiabgaben und Lehensaufnahme dem Abt einigermaßen akzeptabel gemacht, vor allem dafür gesorgt, daß damit keine neuen Behinderungen des Verkehrs erwuchsen [39]. Die Verhältnisse haben sich auch nach der Confoederatio cum principibus ecclesiasticis wenig geändert. Konrad I. von Strahlenberg, längst Inhaber von Burgen in der Ladenburger Allmend, errichtete auf dem von ihm als Außenvogt beschirmten Gut des Klosters Ellwangen, größtenteils Weinbergen, 1230 die Strahlenburg, gewiß schon mit der Absicht, an dieser Stelle ins Siedlungsgefüge einzugreifen; der Abt erwirkte dagegen die Reichsacht. Konrad wurde aber vom Kaiser in Italien gebraucht und mußte sich auf des Kaisers Vermittlung hin danach mit dem Kloster dahin verständigen, daß er die ganze Burg samt zugehörigem Areal zu Lehen nahm und dazu seinen gesamten weiteren Besitz in Schriesheim zu Lehen auftrug [40]. Diese Beispiele mögen für das Hochmittelalter genügen.

Auch in den folgenden Jahrhunderten, wo man erst recht damit rechnen muß, daß jeder Fleck seinen zuständigen Herrn hatte, gab es Burgbauten auf fremdem Grund. Hauptanlaß oder Vorwand dafür waren die Kriege. In der großen Auseinandersetzung zwischen Mainz und Pfalz um das Lorscher Erbe im Odenwald erbaute der Erzbischof auf dem Boden des Lorscher Tochterklosters Steinbach 1302 die Burg Fürstenau, wie es heißt auf Pfälzer (also der Vögte) Eigen und Erbacher (der Untervögte) Lehen. Er mußte sie im Friedensschluß wieder den Erbachern als pfälzisches Lehen überlassen [41]. Provisorische Befestigungswerke im Verlauf von Kampfhandlungen errichtet, boten leicht die Gefahr, daß aus ihnen Beständiges wurde [42]. Das gilt nicht

37) DH IV, Nr. 474.

38) Odo de Deogilo, Liber de via sancti sepulchri 6 = MG SS 26, S. 70.

39) ZGO 4, 1853, S. 409. F. Hausmann, Die Edelfreien von Grumbach und Rothenfels in: FS K. Pivec, 1966, S. 176.

40) Wirtembergisches Urkundenbuch, hg. v. kgl. Staatsarchiv, 11 Bde., 1849–1913 = WUB III, S. 398. Huillard-Bréholles V, S. 83; dazu KB Heidelberg-Mannheim III, S. 806. Zum Zusammenhang von Burg- und Stadtgelände H. Brunn, 1200 Jahre Schriesheim 1964, S. 32.

41) Regesten der Pfalzgrafen bei Rhein bearb. v. A. Koch, J. Wille u. L. v. Oberndorff, 2 Bde., 1894 und 1939 = RPR I, Nr. 2509; Regesten der Erzbischöfe von Mainz bearb. v E. Vogt, H. Otto u. F. Vigener, 3 Bde., 1913–1935 = REM I, 2, Nr. 5143–44.

42) Regesten der Grafen von Katzenelnbogen bearb. v. K. E. Demandt, 4 Bde., 1953–1957 = RGK I, Nr. 156. Vgl. Kuntze, S. 30.

nur für die befestigten Kirchhöfe [43], von denen hier abgesehen werden soll, sondern ist genauso von den Belagerungsburgen zu berichten. Der Mainzer Erzbischof wollte sich sehr zum Verdruß der Pfälzer anläßlich einer gemeinsamen Aktion gegen die Ritterburg Zwingenberg am Neckar 1340 oberhalb derselben mit Burg Fürstenstein festsetzen, mußten sie aber auf den Einspruch seines Verbündeten hin schleifen [44]. Von Erzbischof Balduin kennen wir eine ganze Reihe solcher Belagerungsburgen aus der Trierer Zeit [45]. Oberrheinische Beispiele wären Groß- und Kleingeroldseck, Ramstein und Ortenberg im Elsaß [46]. Ein Teil der Burgen im Mittelrheintal sind Konkurrenzgründungen [47].

Die einfachste, sicher sehr häufig vom Niederadel angewendete Methode zu einer Burg zu kommen, war die Befestigung eines bereits vorhandenen Hofes. Dies ist der Ursprung der meisten Tiefburgen des Kraichgaus und an zahlreichen Beispielen zu belegen (etwa Gemmingen) [48]. Auch eine geringfügige Verlagerung auf das anschließende Wiesengrundstück hinaus war nur ein gradueller Unterschied [49]. In Ausnahmefällen war aber auch auf diesem Weg die Errichtung einer Abschnittsburg möglich, der Wohnsitz mußte vom bisherigen Hof nur wenig in entsprechendes Gelände verlegt werden [50]. Manche Anzeichen, vor allem Flurnamen im Kraichgau, sprechen dafür, daß man bisweilen zuerst versuchte, zu einer Höhenburg zu gelangen und erst später die einfachere Lösung der Tiefburg wählte [51].

Neben dem Gesamtareal, aus dem das Burggrundstück stammte, verdient auch der Baugrund selbst einige Beachtung. Über die topographische Lage der Burgen ist wohl schon genügend geschrieben und gesagt worden. Auch das Oberrheingebiet liefert Beispiele dafür, daß in der Zeit von 1100 an der Adel die Höhenlage bevor-

43) ZGORh 6, 1865, S. 42 f.

44) G. H. Krieg v. Hochfelden, Die Veste Zwingenberg am Neckar, 1843, S. 126.

45) Bornheim I, S. 58 f.

46) Wolff, S. 190; 276.

47) Der Erzbischof von Mainz baute 1305 Haneck (Heimburg) gegen das an Pfalz gefallene Reichenstein unterhalb von Bingen (HSt V, S.234); Sterrenberg und Liebenstein bei Bornhofen sind als die feindlichen Brüder bekannt (HSt. V, S. 142; Ebhardt, S. 65 ff.).

48) GLA 70 k Lagerbuch Gemmingen von 1563, sowie Lagerbuch M. 18. Jh.

49) So z. B. bei der Burg Weiler im Pfinztal (Plan GLA 66/9464) oder bei der in die spätere Ortsbefestigung einbezogenen Burg Walldorf bei Wiesloch (Plan GLA 66/9328; KB Heidelberg-Mannheim II, S. 968).

50) So konnte die Burg Streichenberg (Gem. Stebbach bei Eppingen) die Bewirtschaftung der Gemarkung des im 13. Jh. aufgelassenen Zimmern übernehmen (A. Schäfer: Die Wüstung Zimmern auf Gemarkung Stebbach, in: ZGORh 117, 1969, S. 367–374; D. Lutz, Archäologische Grabungen im Bereich der Dorfwüstung Zimmern, in: ZGORh 118, 1970, Plan nach S. 60).

51) Auf den alten Gemarkungen Flehingen und Sickingen (heute Flehingen Ldkr. Karlsruhe) gibt es Flurnamen, die auf Abschnittsburgen außerhalb der Ortschaften hinweisen, in denen jeweils eine Tiefburg steht.

zugte, daß man zunächst mehr die Berggipfel und Kuppen aufsuchte und sich später lieber in Spornlage auf den Hängen einrichtete. Bisweilen ist über Burgen in Spornlage ein urkundlich nicht erwähnter Vorgänger auf dem Gipfel feststellbar [52]. Sicher aber ist das nur ein allgemeines Schema, von dem zahlreiche Abweichungen möglich waren. Man könnte das sehr schön an den nur durch das Adjektiv »alt« oder »neu« unterschiedenen Burgen verdeutlichen [53]. Weniger Beachtung hat dagegen die im Untergrund selbst liegende Voraussetzung für den Burgenbau gefunden. Gar nicht wenige Burgen nutzten bereits vorhandene ältere Wehranlagen aus [54]. Ein schönes Beispiel für Burgenbau auf römischen Trümmern ist Horburg im Oberelsaß. Das römische Argentovaria war später Sitz eines Grafengeschlechts. Hier wurde schon die Frage gestellt, ob es nicht eine unmittelbare Kontinuität gäbe [55]. Ein erst neu von der Archäologie bereitgestelltes Beispiel ist Stein an der Weschnitzmündung [56], in den Burgenkunden als klassisches Beispiel für eine regelmäßige Turmhügelburg abgebildet [57]. Unter ihr kam ein römischer *burgus* zum Vorschein, er – die Identität ist jetzt auch sicher – kam aus der Hand Ludwigs des Frommen *cum portu* an das Kloster Lorsch, wurde 995 mit Marktrecht begabt, von Lorsch dem Bistum Worms überlassen [58], das Stein endlich die klassische Form gegeben hat, nachdem seine wirtschaftliche Bedeutung erloschen war. Hier liegt in der Nutzung als Befestigung sicher eine Kontinuität vor, die freilich vor 800 gegenüber der Spätantike einen Bruch aufweisen dürfte. Nur selten ist die Archäologie in der Lage, über den Untergrund von Burgen solche Auskünfte zu geben; der Burgenbau selbst hat vieles verändert. Immerhin kennen wir auch einige Burgen, die in alten Ringwallanlagen stehen oder einen deutlichen Bezug zu ihnen aufweisen. Da solche Ringwälle keine Orte von Dauerbesiedlung und durch den Burgenbau häufigen Veränderungen ausgesetzt waren, gibt es aus dem oberrheinischen Raum, wo wohl auch die

52) Z. B. Rodenburg über der Madenburg am Haardtrand, das Schlössel und die Burg Landeck bei Klingenmünster, die alte Burg über Erfenstein im Speyerbachtal, das Schanzenköpfel als Vorgänger von Hirschburg und Strahlenburg an der Bergstraße, die Burg auf der Molkenkur über dem Heidelberger Schloß, Hohenrod (Brigittenschloß) und Rodeck am Rand des Nordschwarzwalds.

53) Alt- und Neuwindstein im Unterelsaß, Alt- und Neuwindeck in der Ortenau, Alt- und Neueberstein im Murgtal als Beispiele für diese Regel. Gegenbeispiele wären Alt- und Neuscharfeneck, Alt- und Neuleiningen sowie Alte und Neue Baumburg in der Pfalz. Zur Problematik der Benennungen Alt- und Neu- an den Beispielen Heidelberg und Wiesloch vgl. KB. Heidelberg-Mannheim II, S. 20 u. 1030.

54) Rheinische Beispiele bei Bornheim I, S. 20 f.

55) Das Reichsland Elsaß-Lothringen III, Straßburg 1903/04, S. 461. Den Hinweis verdanke ich einem Vortrag, den K. Weidemann beim Alzeyer Kolloquium 1969 hielt.

56) W. Jorns, Der spätantike Burgus mit Schiffslände und die karolingische villa Zullestein, in: Archäolog. Korrespondenzbl. 3, 1973 S. 75–80.

57) Möller 9; W. Hotz, Kleine Kunstgeschichte der deutschen Burg 1965, S. 18 f.

58) CL 84; M. Gockel, Karolingische Königshöfe am Mittelrhein, 1970, S. 166–172.

Aufmerksamkeit diesen Dingen weniger gewidmet war, nicht so viele deutlich belegte Beispiele, wie etwa aus dem mittelrheinischen. Man wird dabei immer fragen müssen, ob für solchen Burgenbau nur eine alte, längst aufgegebene Anlage ausgenutzt wurde, ob die Burg gar nur aus allgemein topographischen Gründen dort zu stehen kam, oder ob Anschluß an eine noch genutzte Befestigung vorliegt. Letzteres ist undeutlich für die Starkenburg bezeugt. Die Lorscher Vasallität besetzte den Berg »Burghelden« und baute ihn zum *castrum* aus [59]. Vermutlich hatte die für den Berg namengebende Burg schon vorher als Zuflucht für das Kloster gedient. Ähnlich waren die Ringwallanlagen im Gebiet der Abtei Klingenmünster beschaffen, es sind gleich zwei [60]. Die untere davon erhielt in salischer Zeit eine bald wieder aufgegebene, daher namenlose Burg, gewiß, wie sich auch aus den ganzen Eigentumsverhältnissen ergibt, Sitz der Klostervögte. Interessante Fragen wirft der Ringwall auf, innerhalb dessen die Burg Krautheim an der Jagst, dann die Stadt errichtet wurde. Er ist sicher nicht mittelalterlichen, sondern prähistorischen Ursprungs [61]. Da aber die Herren von Krautheim offensichtlich ein durch reiche Gräber im benachbarten Klepsau belegtes merowingerzeitliches Adelsgeschlecht in irgendeiner Weise fortführen und zu Füßen des Ringwalls ohne Zusammenhang mit einer Siedlung Reihengräberfunde gemacht wurden [62], fragt man sich doch, ob hier nicht Kontinuität eines Herrensitzes vorliegt [62a].

Die Verwendung alter Befestigungsanlagen konnte ganz abgesehen von der Kontinuität der Herrschaft den Burgenbau erleichtern, sie lieferte ihm einen bereits erhöhten, durch Gräben gesicherten Untergrund im Tiefland und eine äußere Umwallung im Bergland. Ähnlich in der Wirkung konnten natürliche Voraussetzungen sein, etwa Inseln für die Anlage der ausgesprochenen Fluß- und Stromburgen. Im Rhein waren es die Zollburgen. Hier kam das »jus alluvionum« als Grundlage für den Erwerb des Baugrundes hinzu. Neuangeschwemmtes Gelände gehörte dem König, dann den Landesherrn [63]. So erklärt sich das Eigentum an den Zollburgen Rheinhausen bei Mannheim [64], Falkenau bei Gernsheim [65], am Mäuseturm bei Bingen [66]

59) CL K 124; Möller, S. 7, dort auch Hinweis auf weitere vermutete Anlagen im Odenwald.

60) Der Heidenschuh und die Ringwallanlage beim Schlössel, Pfalzatlas vorl. Nr. 12 und Textband Heft 2 von E. Hehr, sowie Heft 9 S. 313–315.

61) Frdl. Auskunft von Hauptkonservator Dr. A. Dauber, Karlsruhe. Vgl. HST VI, S. 359.

62) R. Koch, Bodenfunde der Völkerwanderungszeit aus dem Main-Tauber-Gebiet 1967, I, S. 184 f.; S. 182 vgl. auch die Karte.

62a) Auch für die Burg Zähringen ist ein vorausgehender Ringwall wahrscheinlich, Die Hohenburg im Elsaß, Vorgänger des Klosters Odilienberg, liegt innerhalb eines prähistorischen Ringwalls.

63) R. Schröder, Deutsche Rechtsgeschichte, 6. A. 1907, S. 218 f. Das galt auch noch Ende des 13. Jh. MG Const III, S. 487 v. 1294.

64) KB Heidelberg-Mannheim III, S. 30 f.; M. Schaab, Der Mannheimer Raum im Mittelalter, in: Mannheimer Hefte 1966, S. 36–47; Plan GLA 66/5295.

65) Belege in HONB S. 189.

66) KDM Hessen, Rheingaukreis 1965, S. 334; Ebhardt, S. 9 u. S. 358.

und an der Pfalz bei Kaub [67]. Im Sonderfall Rheinhausen hat der Strom nicht nur den unmittelbaren Burgplatz, sondern auch noch ein großes Burggut hinzugeschenkt. Im Gebirge boten die Felsen entsprechende Vorteile. Auch sie stellten zunächst innerhalb der Wälder nutzloses Land wie die Kiesinseln im Strom dar und waren daher leicht der ausschließlichen Nutzung durch die Herren zuzuführen. Waren sie groß genug und aus einem Gestein, das sich leicht behauen ließ, so lieferten sie gleichzeitig das Rohmaterial für den Bau und ein äußerst tragfähiges, schon von der Natur befestigtes, weil weit über die Umgebung herausgehobenes und kaum zu unterminierendes Fundament. Die größte Burgendichte innerhalb des Oberrheingebiets im klassischen Land der Felsentürme in der Südpfalz und den Nordvogesen erklärte sich zum Teil aus dieser durch die Natur schon vorbereiteten Befestigung der Höhen. Sie dürfte auch mit ausschlaggebend für die Konzentrierung von Reichsburgen und Reichsministerialität im Gebiet um den Trifels gewesen sein [68]. Eine etwas weniger günstige, aber immer noch genutzte Möglichkeit für den Burgenbau waren die großen Blockhalden auf den Hängen im mittleren Buntsandstein. Die Geologen haben etwa für das Neckartal wahrscheinlich gemacht, daß die wichtigsten Teile der Burgen, Bergfriede und Schildmauern, aus dem stark verkieselten und besonders widerstandsfähigen Gestein solcher Blockhalden stammen [69], die übrigen Teile meist unmittelbar aus dem Halsgraben gebrochen sind, so daß kein eigener Steinbruch für den Burgenbau anzulegen war und weite Transportwege sich erübrigten.

Dies alles wäre bei der Beurteilung eines Burgplatzes zu berücksichtigen. Die schriftlichen Zeugnisse, auf die sich solche Überlegungen stützen können, sind spärlich, besser versorgt sind wir mit Nachrichten darüber, was durch den Burgenbau dann aus dem Burggelände geworden ist. Hier besteht ein meist bis in die Gegenwart hinein noch erkennbarer, vielfach auch noch lebendiger Zusammenhang. Der Burgenbau hat die späteren Eigentums- und Grundstücksverhältnisse in vielfacher Art bestimmt. Das schon erwähnte Beispiel der Ramburg hat gezeigt, wie sich bestehende alte Ordnungen durch den Burgenbau änderten und moderneren Eigentumsverhältnissen Platz machen mußten. Der Burgenbau ist vielfach in solche Bereiche vorgestoßen, wo noch kein Sondereigentum bestand oder wo alte wenig linear festgelegte Grenzscheiden zwischen früheren Siedlungs- und Herrschaftskammern verliefen. Die Burg auf der Grenze oder im Grenzgebiet hat zahllose Kompromisse hervorgerufen. So lag die Heidburg der Fürstenberger auf der Wasserscheide zwischen Elz und Kinzig, der alten Grenze der Diözesen Konstanz und Straßburg. Die

67) KDM Regierungsbezirk Wiesbaden, V Unterwesterwald, St. Goarshausen, Untertaunus u. Wiesbaden 1914, S. 64; HSt. V, S. 148.

68) Vgl. die Karten Pfalzatlas vorl. Nr. 29 und bei K. Bosl, Die Reichsministerialität der Salier und Staufer, 2 Bde., 1950/51 II, Karte Nr. 3.

69) KB Heidelberg-Mannheim I, S. 12.

Burgkapelle enthielt folglich zwei Altäre, einen für jede Diözese [70]. Die erste Burg der Herren von Geroldseck auf dem Raukasten stand auf der Grenze des Gegenbacher Abteigebiets. Folge des darüber geschlossenen Kompromisses scheint zu sein, daß schon 1139 1/4 gegenbachisches Lehen war, der Rest Allod [71]. Der Bergfried des Otzberg auf beherrschender Höhe am Odenwald-Nordrand war Grenzpunkt des Wildbannes im Dreieich [72]. Die Burg Falkenstein am Donnersberg entstand auf einem Felsen, der wohl noch 1119 ohne Burg als Grenze der Mark Sippersfeld genannt wird. Wenig später erscheinen bereits danach benannte bolandische Burgmannen, und ab 1173 gab die Burg einer Seitenlinie des großen Reichsministerialenhauses von Bolanden den Namen [72a]. Natürlich konnten auch Burgen nachträglich als Grenzpunkte bestimmt werden, etwa für die meist sehr schematisch abgegrenzten Landfrieden, so 1395 zwischen Mainz, Pfalz, Baden u. a., wo die Grenzpunkte fast nur Burgen sind [73].

Der Idealfall eines Burggeländes wäre etwa der alte Markgrafensitz Hachberg [74]. Zur B u r g g e m a r k u n g gehören die Burg samt dem Wirtschaftshof, die entsprechenden Felder, ein Wasserlauf mit Mühle und ein Burgwald. Das ganze ist wohl nachträglich auf einer Rodung am Gebirgsrand unmittelbar anschließend an das Altsiedelland im 12. Jh. angelegt worden und war Allod [75]. Gelegenheit zu solchen Rodungsbezirken fand das Hochmittelalter noch mannigfach, etwa am Nordsaum des Kraichgauer Hügellandes, wo aus bisherigem Wald, – darauf deuten der Name und Zehntverhältnisse –, die Burg samt Wirtschaftsgut der Edelfreien von Hohenhardt entstand und eine eigene Gemarkung bildete [76]. In den bevorzugten Strichen des Burgenbaus an Neckar, im Odenwald, im Nordschwarzwald und in der Pfalz lagen aber die Dinge etwa anders. Solch kleine, in sich abgeschlossene, gleichsam autarke Burgbezirke waren hier kaum möglich. Die Burgen hingen entweder mit einem großen Gebiet von Rodungsdörfern zusammen, etwa Zwingenberg [77], das eine ganze Kolonisationsherrschaft umschloß mit verstreuten, der Burg gebliebenen Wäldern und zunächst keinem

70) GLA 66/9282; vgl. A. Krieger, Topographisches Wörterbuch des Großherzogtums Baden, 2. A. 1904/05 I, Sp. 885 f.

71) WUB II, S. 7 f.; den Hinweis verdanke ich einer Examensarbeit von Ch. Bühler, Heidelberg.

72) Grimm, Weistümer 1, S. 498.

72a) Lehmann IV, S. 207 f.

73) Regesten der Markgrafen Baden und Hachberg, bearb. von R. Fester, H. Witte, F. Frankhauser, A. Krieger, 4 Bde., 1900–1915 = RMB I, Nr. 1628. Genannt sind die Burgen Stollhofen, Rodeck, Hornberg, Löwenstein, Rieneck, Friedberg, Ehrenberg, Kirkel, Ochsenstein, Barr.

74) GLA H/Hochberg 1–2.

75) Thurgauisches Urkundenbuch II, 1882, S. 53 nennt zu 1127 dort Allodien, ohne eine Burg zu erwähnen. Vermutlich handelt es sich um erstes Rodungsgut. Die Burg mit dem danach benannten Geschlecht ab ca. 1150 belegt (WUB II, S. 409).

76) KB Heidelberg-Mannheim II, S. 388–390.

77) Die Urkunden und Nachrichten, gesammelt bei Krieg v. Hochfelden (wie Anm. 44). Ausdeutung nach einer noch nicht abgeschlossenen eigenen Studie.

zugehörigen Hof, oder es waren Burgen in einem größeren oder kleineren Waldgebiet das keinen nennenswerten Raum für Besiedlung bot. Solche Burgen blieben auf Herrschaftsrechte weit außerhalb angewiesen, wie das nur als Wald- und Jagdburg zu verstehende pfalzgräfliche Elmstein [78] oder das nicht weit davon liegende bischöflich speyerische Spangenberg [79], dem weitabliegende Dörfer zugeordnet wurden, oder die Masse der kleinen Waldburgen, die nur über einen Waldstreifen verfügten, wie Wolfsburg bei Neustadt a. d. Haardt [80] oder die nordelsässische Frönsburg [81].

Die Wirkung des Burgenbaus auf die Eigentumsverhältnisse zeigt sich deutlich im Neckartal. Im Grunde sind die meisten Gemarkungen dort aus alten Burggebieten sehr verschiedener Größe hervorgegangen. Manchmal hat aber erst der Burgenbau frühere Siedlungsansätze in einen neuen Zusammenhang gebracht, wie in Eberbach [82], in Dilsberg [83] und wohl auch Neckargemünd [84] und Hirschhorn [85]. Das Überraschende ist nun die Ausprägung des Waldeigentums auf den einzelnen wohl so erst mit dem Burgenbau entstandenen Gemarkungen [86]. Zu jeder Burg gehört ein besonderer Wald, der unmittelbar an sie anschließt, der übrige Wald ist der Siedlung überlassen (s. Abb. 5). Solche Wälder waren also das Ergebnis eines Abscheidungsprozesses der Nutzungs- dann Eigentumsrechte des Burgherrn gegenüber denen der Einwohner der zugehörigen Siedlung. Das gemeinsame Eigentum von Bürgern und Herrschaft in den burgfernen Bereichen der Gemarkung von Eberbach läßt das klar erkennen. Vielfach führte die Abteilung solcher Wälder zum Entstehen neuerer, kleinerer eigentlichen Burggemarkungen. Das gibt es auch in anderen Gebieten. Die Entwicklungsmöglichkeiten sind aber sehr vielschichtig. Es konnten ganz kleine Burgwälder übrigbleiben, etwa bei der Hirschburg und der alten Strahlenburg (= Schanzenköpfle) [87] oder die Burggemarkung konnte den Bereich der Siedlung weit übertreffen, wie die ausgesprochenen Waldburgen im Pfälzerwald [88]. Dort zeigt sich, daß der Burgenbau eigentlich zur Beherrschung des Waldes geschah und von ihm die später herrschaftliche Aufteilung des gesamten Gebiets ausging (s. Abb. 6). Wichtig ist

78) Lehmann II, S. 370–380. Wichtigstes Zeugnis das Elmsteiner Weistum, in: Pfälzische Weistümer, bearb. v. W. Weizsäcker I, 1962, S. 384–387.
79) Lehmann II, S. 359–367.
80) Lehmann II, S. 339–347; Plan des Burgbezirks StA Speyer Ww 1/215.
81) Wolff, S. 74; Plan des Burgbezirks StA Speyer Ww 1/13.
82) KB Heidelberg-Mannheim II, S. 476 f.
83) KB Heidelberg-Mannheim II, S. 431.
84) KB Heidelberg-Mannheim II, S. 732.
85) A. Eckhardt (wie Anm. 27), S. 23 u. 27.
86) H. Hausrath, Die Geschichte des Waldeigentums im Pfälzer Odenwald 1913; KB Heidelberg-Mannheim I, S. 264 f., beide mit Karten.
87) Pläne im Gräflich Wiserschen Archiv, Leutershausen a. d. Bergstraße.
88) Pläne im StA Speyer Ww 1/ vor allem 79 Elmstein; 86 Frankenstein, 49 u. 374 Falkenburg, 160 Neidenfels.

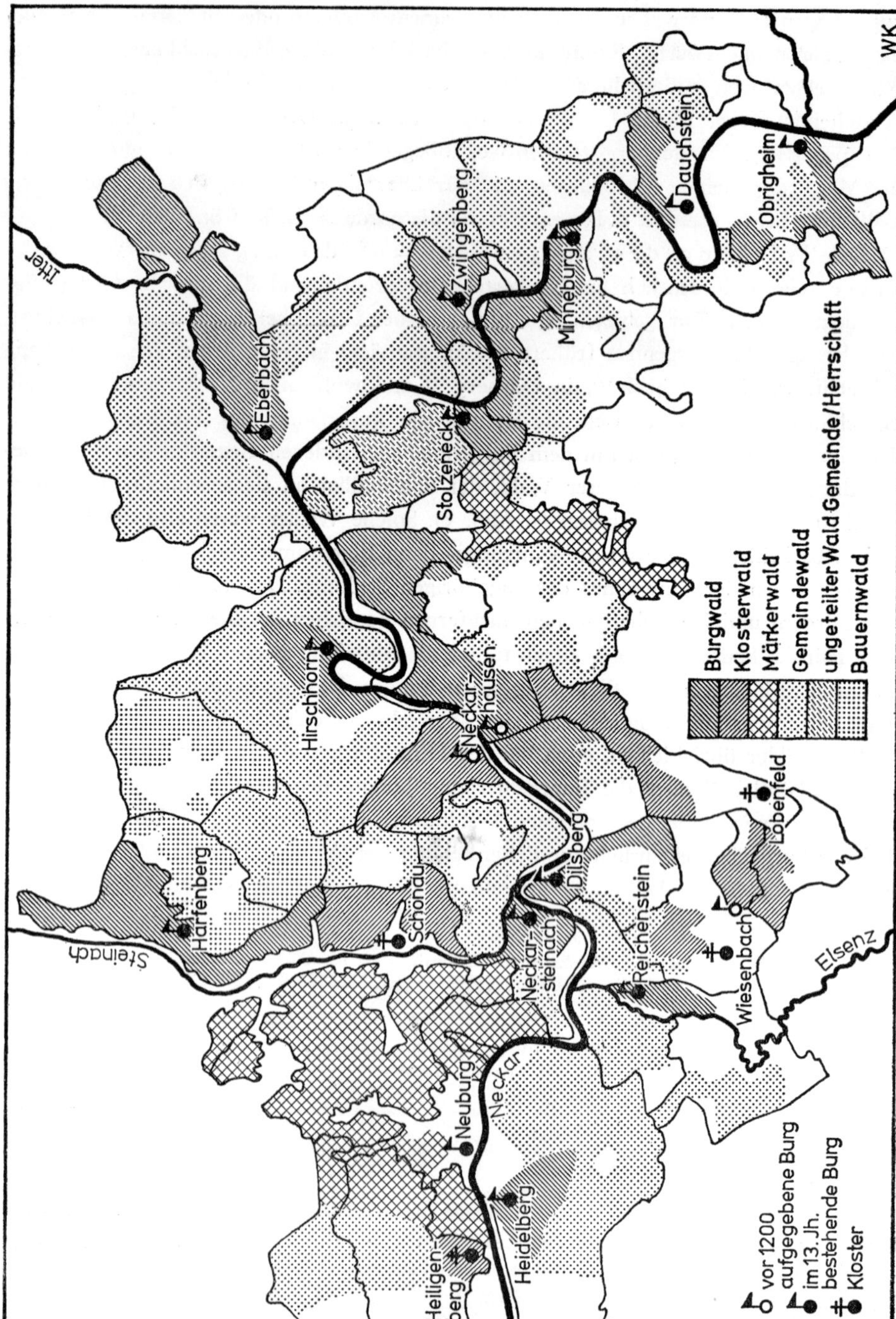

Abb. 5 Das Waldeigentum im Neckartal

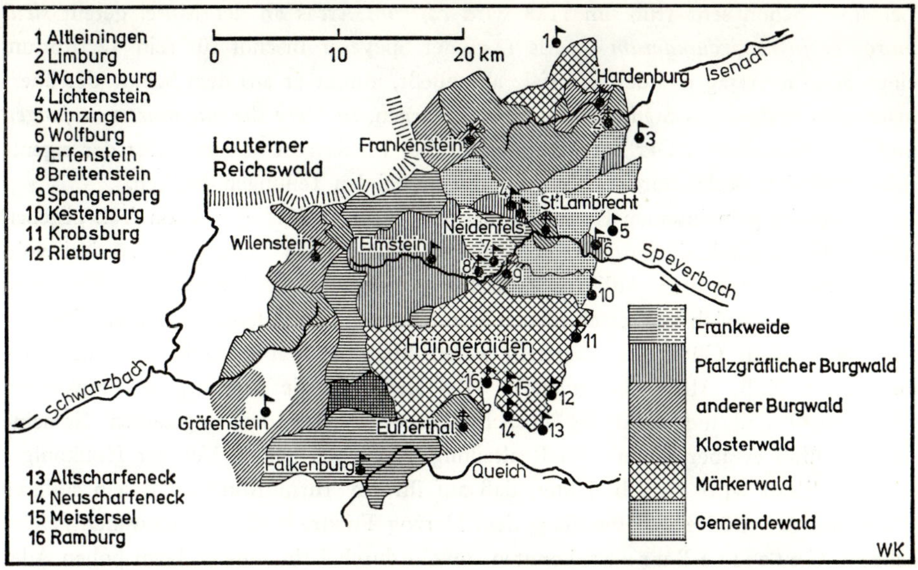

Abb. 6 Das Waldeigentum im nördlichen Pfälzerwald. Besonders deutlich zeigt sich am Beispiel der Frankweide und der in ihren einstigen Umfang eingesprengten Gemarkung Elmstein der Zusammenhang zwischen Burg und Waldeigentum

aber ebenso, daß es gerade unter den späten Burgen eine ganze Reihe von Anlagen gab, die über kaum nennenswertes Areal verfügten und damit auch meist von recht untergeordneter Bedeutung waren. Dies wird sich beim Verhältnis von Burg und Siedlung noch einmal deutlich zeigen.

III.

Zuvor aber ist auf die Rechtskreise innerhalb und außerhalb der Burg einzugehen. Außer dem oben als Gemarkung behandelten umsteinten Bezirk, über den sicher nur bedeutende Burgen verfügten, war jede Burg als Bauwerk im engsten Kreis durch Graben und Mauer eingegrenzt. Diesen Bezirk nennen häufig Burgteilungs- und Lehnverträge. Es ist also nur die Burg selbst, das Gebäude im engeren Sinn Gegenstand der Belehnung oder der Teilung, Werner II. von Bolanden übergab seinem Sohn u. a. die Burg Neubolanden bis zum äußeren Graben [89], die Iburg südlich von Baden-Baden war Reichslehen für die Markgrafen *als ferre der graben geht* [90], der bereits genannte Frankenstein allein im Bereich des Felsens leiningisches

89) W. Sauer, Die ältesten Lehnbücher der Herrschaft Bolanden, 1882, S. 36.
90) RMB I, Nr. 1356.

Lehen[91]. Schon sehr früh um 1148 wird *castrum* Arras an der Mosel geteilt *sicut muros et fossa circumdatum*[92]. Als 1454 der Speyerer Bischof für sein Territorium einen Schirmvertrag mit der Kurpfalz abschließt, nimmt er aus dem Schutz der übermächtigen Pfälzer aus Städte und genannte Burgen, *so ferre die mit muren umfangen und begriffen sind*[93]. Der Bereich innerhalb der Mauern ist also zunächst der eigentliche Rechtsbezirk der Burg. Das wird vor allem bei den Teilungen deutlich.

Burgen im gemeinsamen Eigentum mehrerer Adliger dürfte es schon früh gegeben haben. Die Alte Schmidtburg gehört schon bei ihrer frühen Errichtung 926 drei wohl miteinander verwandten Adligen. Zunächst gemeinsames und ungeteiltes Eigentum über Burgen läßt sich bei verschiedenen Stammburgen von Adelsgeschlechtern feststellen. Während die Güter alle realgeteilt waren, blieb der Stammsitz in ungeteilter Gemeinschaft. Z. B. Alt-Neubolanden[94], Hirschhorn[95], die Limpurg in Franken[96], Tübingen[97] und die Waldburg in Schwaben[98]. Neben den ungeteilten Gemeinschaften muß es aber schon früh Realteilungen gegeben haben. Vor der Hohkönigsburg im Elsaß wird 1147 berichtet, daß auf ihr ein Turm Konrad III., ein anderer Turm und der größte Teil der Burg dem Herzog Friedrich II. von Schwaben gehört habe[99]. Geteilte Burgen konnten sowohl durch Erbteilungen beim hohen Adel entstehen als auch aus den Sitzen einer Mehrheit von ministerialischen Burgmannengeschlechtern hervorgehen (s. u. S. 238 ff.). Letzteres ist für die Mitte des 13. Jahrhunderts bereits für die eigentlich bischöflich speyerische Kropsburg bezeugt[100]. Der schon genannte Teilungsvertrag von Arras an der Mosel zwischen dem Erzbischof und dem Grafen von Vianden schneidet die Burg diagonal in zwei Teile, Brunnen, Tor und Kapelle bleiben ungeteilt[101]. Nach dem nämlichen Verfahren gehen fast alle Burgteilungen vor sich. Sehr ausführlich ist der Vertrag über die Teilung der Burg Auerberg unter zwei Grafen von Katzenelnbogen 1318[102]. Zisterne und Tor sind gemeinsam,

91) LEHMANN II, S. 397 u. 400.
92) MRhUB I, S. 611.
93) LEHMANN II, S. 252.
94) LEHMANN IV, S. 82.
95) Hessische Urkunden, hg. v. L. BAUR, 5 Bde., 1846–73 = HU I, S. 494.
96) H. PRESCHER, Geschichte und Beschreibung der zum fränkischen Kreis gehörigen Reichsgrafschaft Limpurg, 2 Bde., 1789/90.
97) Der Landkreis Tübingen I, 1967, S. 217.
98) J. VOCHEZER, Geschichte des fürstlichen Hauses Waldburg in Schwaben, 3 Bde., 1880–1907; vgl. HSt. VI, S. 712.
99) *Ipse imperator in castro turrem unum habebat et dux Fridericus aliam.* Odo de Deogilo 6 (MG SS 26, S. 70).
100) Die Kropsburger als speyerische Ministerialen UBi Speyer I, S. 198; zur Burg LEHMANN II, S. 277–80; KDM Pfalz, II, Landau, 1928, S. 227.
101) MRhUB I, S. 611.
102) RGK I, Nr. 592.

hier auch die Türme und die Keller *(gewölbe)*, jeder darf auf seinem Teil bauen, nur den anderen nicht überhöhen. Außerdem ist bereits die Baupflicht an den gemeinsamen Anlagen festgelegt. Wird hierin ein Teil säumig, so kann der andere das Geld bei den Juden leihen und den Miteigentümer außerhalb der Feste, also wieder jenseits des Grabens, pfänden, wo er will. Auf dem Breuberg verläuft 1357 [103] die Teilungslinie längs durch die Burg. Brunnen und Tor bleiben gemeinsam, bei der gemeinsamen Kapelle einigte man sich für die darunter und darüber liegenden Räumlichkeiten auf Stockwerkseigentum. In die Mauern eingehauene Kreuze grenzten die beiderseitigen Bezirke gegeneinander ab, ein Verfahren, das noch öfter auftritt, so 1299 am Wasigenstein (s. u.). Wahrscheinlich sind das auch die *gelochen* bei den Teilungen von Guttenberg [104] und Falkenburg [105]. Auf letztere wird dafür eigens ein Werkmeister bestellt. Er zog auch eine Mauer durch die Küche. Später kommt aber auch Absteinung innerhalb der Burg vor, so 1459 auf Ehrenberg nördlich Wimpfen [106]. Gemeinsam konnten auch wirtschaftliche Anlagen bleiben, etwa das Backhaus auf Meistersel [107]. Bisweilen kommt eine Mischung von geteiltem und ungeteiltem Gemeinschaftseigentum vor. Auf dem Wasigenstein wurde 1299 der Viertel-Anteil des einen Eigners am Turm durch Überlassung entsprechender Stücke der Vorburg abgelöst [108].

Es liegt auf der Hand, daß solche Burgteilungen bisweilen auch Burgenmehrheiten entstehen ließen, wie wir sie besonders aus dem Elsaß und der Pfalz kennen. Schon das verschiedene Eigentumsrecht der Staufer an der Hohkönigsburg kann auf die erst später deutliche Mehrheit von Befestigungsanlagen auf den Burgfelsen gedeutet werden [109]. Sicher faßbar ist eine solche Entwicklung 1299 auf dem Wasigenstein [110]. Die Wasigensteiner lösen damals den Mitbesitz ihres Vetters an der alten Burg ab, indem sie ihm ihren Besitz im Vorhof übergeben, anstoßend an sein dortiges Haus, dazu die dortige Zisterne *daz der vels, also verre sine burg begriffen het, sin ist.* Keiner soll in des anderen Fels ein Loch graben, der Burg des anderen Teils zum Schaden. Die Inhaber der alten Burg haben kein Recht zu Bauten, mit denen sie die andere Burg überhöhen könnten. Bisweilen kann für solche Burgmehrheiten auch ein anderer Ursprung angenommen werden, Errichtung durch einen Konkurrenten um die Macht bis hin zur Belagerungsburg (s. o.). Doch sind das wohl die Ausnahmen. Fortifikatorische Ausrichtung der Burgen gegeneinander ist jedenfalls selten, auch sie kann Ergebnis einer Auseinanderentwicklung innerhalb einer Familie sein. Außer den

103) StA Darmstadt, Urkunden Starkenburg.
104) Lehmann I, S. 232.
105) Lehmann I, S. 346.
106) ZGO 11, 1860, S. 154.
107) Lehmann II, S. 245.
108) ZGORh 16, 1864, S. 423 f.
109) Entweder auf der Hohkönigsburg selbst oder die Hohkönigsburg und die nur 200 m entfernte Oedenburg, B. Ebhardt, Führer durch die Hohkönigsburg 1902; Wolff, S. 252.
110) Wie Anm. 108; vgl. den Plan bei Wolff, S. 357.

eng sich auf einer Stelle drängenden Anlagen wie Hohkönigsburg, Ochsenstein [111] und den Dahner Schlössern [112] z. B. gibt es auch Burgketten in größerem Abstand. Am bekanntesten ist wohl die von Neckarsteinach mit insgesamt vier Burgen eines edelfreien Geschlechts. Hier lassen sich aus den Belehnungsverhältnissen dieser Burgen und aus den Rechten, die sie in der Siedlung haben, die älteren Burgen unschwer herausfinden, die Datierungen der meisten Kunsthistoriker werden dadurch bestätigt [113]. Die Dreiheit der Reichsburgen Trifels, Annebos und Scharfenberg stellte eine zusammenhängende Verteidigungsanlage dar. In die Befestigung waren die zwischen den Burgen liegenden Felsen als Vorposten eingezogen [114].

Das Zusammenleben mehrerer Teilhaber auf einer Burg oder innerhalb einer eng miteinander verwachsenen Burgengruppe machte eine Rechtsordnung notwendig. Als solche finde sich vom 13. Jahrhundert an der Begriff des Burgfriedens (s. u. S. 104 ff.) [115]. Letzterer hat einen stark räumlichen Bezug, und nur dieser soll im folgenden untersucht werden. Aus den Bestimmungen über Bau, Lehen und Teilung von Burgen wurde klar, daß der Bereich der Befestigung selbst einen eigenen Rechtskreis darstellt. Bei Burgen in Gemeinschaftseigentum, wo es besonders wichtig war, daß die Teilhaber auch im Zugang zur Burg voreinander sicher waren, wird nun ein weiterer Friedensbezirk um diese Burg herum besonders deutlich. Am einfachsten sind die Bestimmungen, die am Ende des 14. Jahrhunderts dafür die Weite von Armbrustschüssen, in der Regel aus der mit einem Fuß gespannten Armbrust angeben, so ein Armbrustschuß 1373 in Rheinheim [116], 1384 in Habitzheim bei Dieburg [117], 1392 in Wachenheim an der Pfrimm [118], zwei Armbrustschüsse 1382 in Löwenstein in der Pfalz [119] und drei 1379 auf Guttenberg in der Pfalz [120]. Ein Teil dieser schematisch bestimmten Bezirke

111) Wolff, S. 248–250. Schon 1217 war die Burg zweigeteilt, der Wald blieb gemeinsam (ZGORh 14, 1862, S. 190).

112) KDM Rheinland-Pfalz II, Pirmasens, 1957, S. 212–243.

113) Vgl. die Belege in HONB, S. 493. Die Herrschaft im Städtchen Neckarsteinach war mit der Hinter- und der Vorderburg verbunden, die auch in der Regel als die frühesten nach ihrem Baubestand datiert werden. Die Burg Schadeck als die jüngste hatte im Gegensatz zur Mittelburg auch nicht kleine Anteile an der Herrschaft.

114) KDM Pfalz, 4 Bergzabern, 1935, S. 423–455; 400–405; 11–14.

115) Art. Burgfrieden im Deutschen Rechtswörterbuch; ZGORh 16, 1864, S. 423. J. W. Kyllinger, De Ganerbiis Castrorum sive de Arcium pluribus communium Condominis, Tübingen 1620.

116) RGK I, Nr. 1508.

117) H. Simon, Die Geschichte der Dynasten und Grafen zu Erbach und ihres Landes, Urkundenbuch, 1858, S. 107.

118) GLA 67/808, 73v.

119) HU 3, S. 494.

120) Lehmann I, S. 224.

so von Reinheim wurde offensichtlich in schiedsgerichtlichen Sprüchen festgelegt. Es hat den Anschein, als habe der Schiedsrichter ohne genaue Ortskenntnis durch solche Bestimmungen einen Weg aus den bisherigen Streitigkeiten gesucht. Andere Burgfrieden dagegen lehnen sich an deutlich erkennbare Punkte und Linien im Gelände an. Bei der Mehrzahl der im Spätmittelalter aufgezeichneten Burgfrieden wird aber klar, daß es sich um nachträglich abgegrenzte Bezirke handelt, so besonders bei Ganerben-

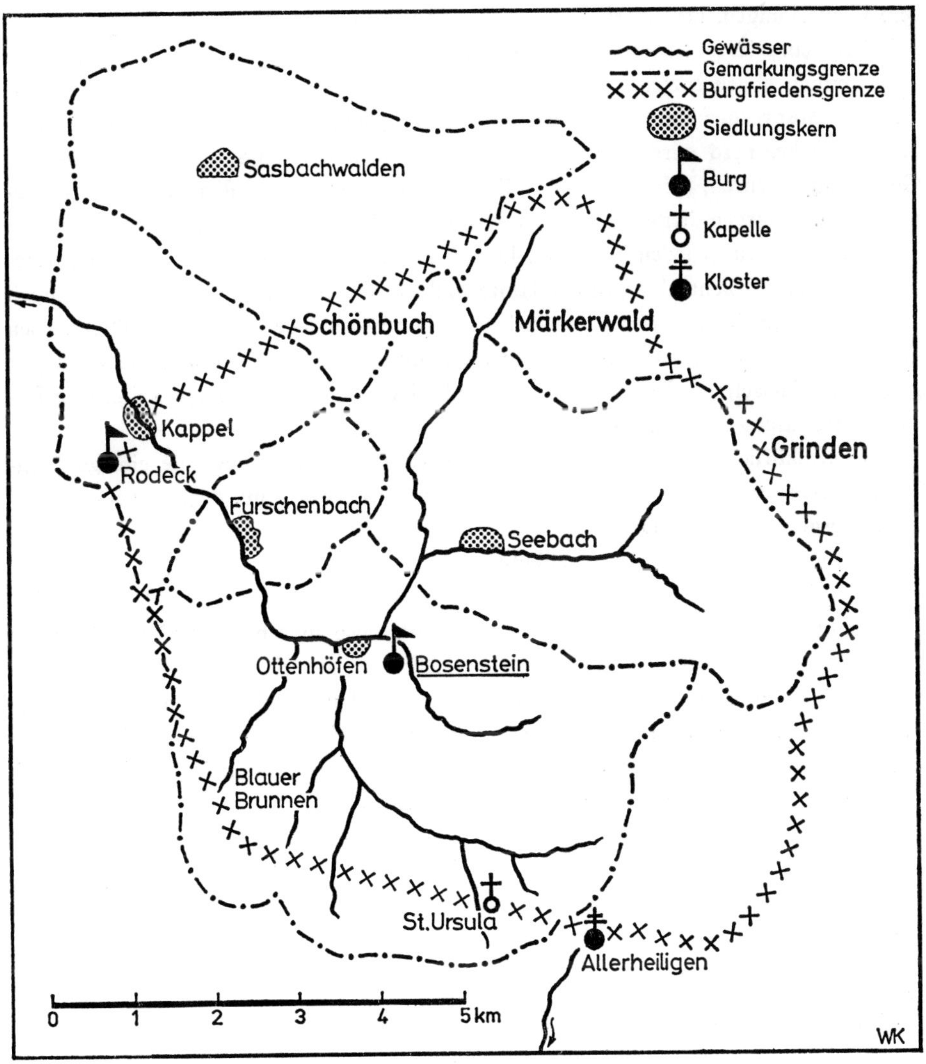

Abb. 7 Der Burgfriede von Bosenstein 1471

burgen. Der 1471 aufgezeichnete Burgfrieden von Bosenstein [121] im Achertal (s. Abb. 7) geht von der Burg bis in die Laube des Nachbardorfes Kappel, gewinnt über einen nicht mehr ganz sicher festzulegenden Weg die Höhe nördlich über dem Tal und hält sich dann auf den versumpften Nordschwarzwaldhöhen (Grinden) rings um den ganzen, das Achertal abschließenden Talkessel, verläuft schließlich über das Kloster Allerheiligen, eine Kapelle und verschiedene Brunnen auf das Schloß Rodeck und von dort zum darunterliegenden Kappel in die Laube. Der Bezirk, hier überdurchschnittlich groß, hat einen Durchmesser von über 8 km. Seine Grenzen schneiden mehrere Gemarkungen, besonders deutlich in Kappel auf Burg Rodeck und beim Kloster Allerheiligen. Dies ist sicher ein extremer und später Fall, aber es könnte eine Reihe von ganz ähnlich abgegrenzten Burgfrieden aufgezählt werden. Daß solche Bezirke willkürliche Absprachen unter den Beteiligten waren, legt auch der Burgfriede der Falkenburg nahe. 1426 wird er umständlich beschrieben und schneidet Eigentums- und Gemarkungsgrenzen, hält sich aber z. T. auch an den unten um den Burgberg geführten Zaun. Dagegen heißt es 1379 nur, daß er drei Armbrustschüsse weit reichen soll [122]. Einen Burgfriedensbezirk als künstliche Schöpfung läßt auch der Friedensbezirk von Schloß Lichtenberg in der Hinterpfalz vermuten [123]. Die Burg entstand noch auf dem Boden des Reimser Remigiuslandes. Der Burgfriede aber reichte über dessen Grenzen hinaus und wurde auch von späteren Amtsgrenzen geschnitten. Vielleicht war gerade die Tatsache, daß er ältere Grenzen überlagerte, wichtig für die weitere Verfassungsentwicklung in seinem Bereich.

Die willkürlich abgegrenzten Burgfrieden sind aber keineswegs die einzige Möglichkeit. Genauso oft ist anzutreffen, daß der Burgfrieden sich mit den Besitz- oder Gemarkungsgrenzen deckt. Der Burgfriede des Breubergs geht 1376 unter der Burg herum, soweit der Hag reicht, und schließt noch die beiden Höfe zum Wolf ein [124]. Die Burg Heusenstamm westlich Aschaffenburg hat 1414 einen Frieden *als ferre das Gericht geht und der hayn dasselben begriffen hat*, also innerhalb der Bannzäune des Orts [125]. Der von Dalsheim südlich Alzey reicht 1395 soweit als die Mark geht, umfaßt somit die gesamte Dorfgemarkung [126]. Der von Landstuhl 1409 umschließt Burg, Fels und Stadt und einen nicht mehr genannten *gezirk* [127]. Um die einstige Reichsburg Dreieichenhain legt sich 1425 ein Burgfriede um Burg und Stadt, soweit die Mark der Stadt geht [128]. Schon in der Mitte des 14. Jahrhunderts waren solche Burgfrieden

121) ZGORh 23, 1871, S. 110.
122) Lehmann I, S. 342 u. 343.
123) Fabricius (wie Anm. 31), S. 39–41 u. Karte im Anhang.
124) HONB, S. 94.
125) HU 4, S. 41.
126) GLA 67/808, S. 138 v.
127) ZGORh 16, 1864, S. 432.
128) F. de Gudenus, Codex diplomaticus anecdotorum res Moguntinas illustrantium, 5 Bde., 1743–68, V, S. 906.

ausgesteint, wie der in Gundheim [129]. Später wird das öfter, so bei der Odenwaldburg Rodenstein 1561 [130], erwähnt. Die Burgfriedensbezirke spielten bis zum Ende des alten Reiches eine Rolle. Äußerst wichtig ist auch die Übereinstimmung von Territorium und Burgfrieden, so schon bei der erbachischen Teilung 1307 [130a] sowie für die Grafschaft Sponheim im 15. Jahrhundert [131]. Der Burgfriede hat hier, also auch schon recht früh das Modell für das Kondominat überhaupt abgegeben. Man hat Mühe, genaue Belege für frühe Burgfriedensbereiche beizubringen. Es bleiben im allgemeinen nur Analogieschlüsse. So ist kaum denkbar, daß schon im 13. Jahrhundert geteilte Burgen, wie Breuberg ihren Burgfriedenbezirk erst nach dieser Teilung erhalten haben sollten. Schon 1275 schließen die Grafen von Wertheim und von Hanau einen Burgfrieden über Prozelten, der Stadt und Burg umfaßt [132]. Sie hatten die Burg kurz zuvor aus der Hand der einstigen Stauferministerialen von Schüpf erworben. Noch weiter zurück führt vielleicht die Beobachtung, daß aus Burgen entstandene Klöster ebenfalls einen Burgfrieden haben konnten, so das 1072 gegründete Ravengiersburg [133]. Wenn er auch später belegt ist, so gibt es doch Anzeichen, daß er sich mit dem eigentlichen Stiftungsgut und dem kirchlichen Zuständigkeitsbereich des Klosters deckt.

Man muß also immerhin damit rechnen, daß Burgfrieden recht alte Immunitäten darstellen können. Sicher traf das nur in Einzelfällen zu, aber für spätere Burgfrieden war damit eine analoge Entwicklung möglich. Der 1425 geschlossene Burgfriede in Brachten [134] läßt erkennen, wie ein neuer Burgfriede bisherige Rechtsbezirke stören konnte. In ihm wurde aus dieser Erwartung heraus festgelegt, daß, wenn er auch durch ein oder mehrere Landgerichte der Gemeiner (Ganerben) ginge, er diesen keinen Eintrag an ihren Rechten bringen sollte. Tatsächlich aber sind manche Burgen aus der sie umgebenden Rechtsordnung ausgenommen. Zum Burgfrieden von Kropsburg [135] gehört wie zu manchen andern auch [136] ein Asylrecht, ebenso wie es der zugehörige Herrenhof in St. Martin hat. Das heißt doch wohl, daß für die Burg die nämlichen Freiheiten wie für das ursprüngliche Haus des Herren gelten. Im Bereich der in sich geschlossenen Zenten im Odenwald stellen die Burgen den Ausnahmebezirk dar, wie

129) HU 3, S. 350–352.

130) H. C. Senckenberg, Codex iuris Germanici publici, 2 Bde., 1760, I, 2, S. 45.

130a) Simon (wie Anm. 117), S. 13.

131) RMB III, Nr. 5635. Ganz analog regelte 1375 der Burgfriede von Ladenburg das pfälzisch-wormsische Kondominat in der Stadt (Oberrheinische Stadtrechte I, bearb. v. R. Schröder u. K. Koehne, 1895–1922, S. 689.

132) Gudenus (wie Anm. 128), IV, S. 294.

133) W. Fabricius, Das pfälzische Oberamt Simmern, in: WestdtZGKunst 28, 1909, S. 123.

134) K. A. Schaab, Geschichte des großen rheinischen Städtebundes, 2 Bde., 1843 u. 1845, II, S. 400.

135) Lehmann II, S. 291 u. 298.

136) Z. B. Dilsberg; vgl. ZGORh 113, 1965, S. 445 u. 447.

der Dilsberg [137], Lichtenberg [138] und Lindenfels [139]. Hier ist die Sonderentwicklung bis zum eigenen Blutgericht gegangen [139a]. Im allgemeinen reichen die Burgfrieden nicht so weit, sondern nur bis zu den Leibesstrafen wie in Heidelberg [140], ursprünglich auch Dilsberg [141], oder in Schüpf [142]. Aber Burgfrieden als Blutgerichtsbezirk findet sich auch im rheinischen Hirzberg 1420 [143] und schließlich besonders ausgeprägt bei Veldenz an der Mosel [144]. Das ganze Amt Veldenz war in die Blutgerichtsbarkeit des trierischen Bernkastel einbezogen. Nur der Veldenzer Burgfriede, der übrigens sich nicht mit alten Gemarkungen deckte, kam von ihr frei, und hier hat sich anschließend an die Burg eine eigene Siedlung der Burgmannen und auch das »Tal«, cinc »Minderstadt« angeschlossen. Wie das ja auch aus den bereits genannten Fällen hervorgeht, wo der Burgfriede die Stadt mit einschloß, war also dieser um die Burg liegende durch die Burg gegebene Friedensbezirk einer der Ansätze für die Stadtentwicklung. Besondere Privilegierung des Burgfriedens in Richtung auf die Stadt hin gibt es beim Dilsberg und bei Schenkenzell. Wer in den Dilsberger Friedebereich zog, wurde ganz steuerfrei, wer sich in den Schenkenzeller Burgfrieden aussiedelte, sollte von der Drittelspflicht loskommen [145].

Man kann die Bedeutung von Burgfriedensbezirken wohl erst voll ermessen, wenn man sie in Beziehung zur Siedlung der Burgmannschaft sieht (s. u. S. 144 ff.). Burgleute ritterlicher Bewaffnung saßen schon laut dem Lehenbuch auf einigen Burgen Werners von Bolanden (um 1190) [146]. Für die Kropsburg waren sie im frühen 13. Jahrhundert der Ausgang eines Ganerbiats [147]. Ihre Häuser konnten nun in der Burg selbst stehen oder in der Vorburg, wie das besonders deutlich für Lichten-

137) KB Heidelberg-Mannheim II, S. 433.

138) RGK III, Nr. 6320; ganz abgedruckt in: Lindenfelser Hefte I, 1973, S. 43 f.

139) Lindenfels dürfte anfangs durchaus eine ähnliche Rechtsstellung wie der Dilsberg und Lichtenberg, dem es als Vorbild diente, besessen haben. Erst allmählich entwickelte es sich vom *berg* und *stetlin*, wie es in den frühesten stadtrechtlichen Quellen genannt wird, zur Stadt. Die Quellen, gesammelt von A. Eckhardt in: Lindenfelser Hefte I, 1973, S. 40–42, mit etwas anderer Deutung.

139a) Der Dilsberg spielte zwar eine Rolle als Zentralort der Meckesheimer Zent, die dort ihr Haus und das Gefängnis hatte, aber der Burgort hatte eigenes Hochgericht.

140) KB Heidelberg-Mannheim II, S. 36 f. Vom abgebrochenen Schloßbergrathaus stammt eine Tafel, die eine Hand und ein Beil drüber abbildet mit der Inschrift »Burgfreyheit« (Kurpf. Museum Heidelberg).

141) Wie Anm. 136 u. 137.

142) ZGORh 16, 1864, S. 433 f.

143) K. A. Schaab, Rhein. Städtebund II, S. 386.

144) Fabricius (wie Anm. 31), S. 13–20, mit Karte im Anhang.

145) G. Tumbült, Das Fürstentum Fürstenberg von seinen Anfängen bis zur Mediatisierung im Jahre 1806, 1908, S. 86.

146) W. Sauer, Die ältesten Lehnbücher der Herrschaft Bolanden, 1882, S. 29 f.; 34; 35.

147) Lehmann II, S. 279.

berg in der Hinterpfalz berichtet wird, wo die Grafen- von der Ritterburg unterschieden ist [148], wahrscheinlich bestand in Veldenz eine eigene Burgmannensiedlung im Tal der Burg [149]. Aus der heute noch ganz von den Häusern der Burgmannen eingenommenen Vorburg auf der Erbacher Mümlingsinsel entwickelte sich das »Städtel«, der Anfang der Stadtwerdung von Erbach im Odenwald [150]. Entsprechend verlief die Entwicklung in Zwingenberg an der Bergstraße [151]. Die Häuser der Burgmannen standen am Aufgang zur Burg und waren der Ansatz zur Bildung der Stadt. Auch Kaub hat eine ganz auf die Burg zugeschnittene Verfassung [152]. Es gab natürlich auch die Entwicklung, daß die Burgmannschaft erst später in die Stadt übersiedelte, so gewährte Pfalzgraf Ruprecht 1379 seinen Wachenheimer Burgmännern in der Stadt die gleichen Rechte wie in der Burg [153]. Das kann aber nicht darüber hinwegtäuschen, daß die Burgmannschaft vielfach der Ansatz zur Stadtbildung überhaupt war.

Burgmannensiedlung mußte nicht unbedingt zur Stadt führen. Sie konnte auch eine Häufung von Burgen um die eigentliche Kernburg bewirken. Man wird fragen dürfen, ob sich nicht bei der Umgebung des Trifels um einen solchen Fall handelt, zumal hier noch bestimmte Hofämter für die Zeit der Anwesenheit des Königs hinzugekommen zu sein scheinen [154]. Die Nebenburgen von hochadligen Sitzen, etwa Treuenfels vor der Altenbaumburg, der Affenstein vor dem Rheingrafenstein, waren die Sitze abhängiger Ritterfamilien. Auch nur lokal bekannte Edelfreie hatten ihren Anhang auf benachbarten Burgen sitzen. Die Schauenburger an der Bergstraße ihre Ministerialen in zwei auf der Gemarkung Dossenheim zusätzlich überlieferten Befestigungen [155] oder die bedeutenderen Herren von Staufenberg in der Ortenau auf einer ganzen Reihe von Edelsitzen im Umkreis ihrer Burg, wie Wiedergrün, Stollenberg und Kolbenstein (s. Abb. 1 u. 2) [156]. Dieses letztere Beispiel zeigt übrigens eine Doppelgleisigkeit in der Entwicklung, die Burgmänner können z. T. ihre Sitze auf der alten Burg selbst ausbauen und errichten außerdem aus ihren umliegenden Höfen Burgen.

Eine Burg hat selbstverständlich nicht nur die Burgmannen an sich gezogen, sondern auch Handwerk und Handel. Das suburbium als einer der Ansatzpunkte städtischer Entwicklung ist zu bekannt, als daß hier noch einmal darauf eingegangen werden müßte, hier soll nur noch auf die Burgsiedlungen hingewiesen werden, die nicht zu Städten wurden. Es ist einmal die große Zahl

148) Fabricius (wie Anm. 31), S. 140.
149) Fabricius (wie Anm. 31), S. 11 u. 19 f.
150) Hessisches Städtebuch 1957, S. 108; KDM Hessen, Kreis Erbach, S. 46 f.; 91–94.
151) Kuntze, S. 54 f.
152) ZGORh 17, 1865, S. 38–78 ff.
153) Lehmann II, S. 426
154) Bosl (wie Anm. 68), I, S. 230.
155) KB Heidelberg-Mannheim II, S. 447–449.
156) Batzer-Städele, S. 276; GLA H/Staufenberg 1–2.

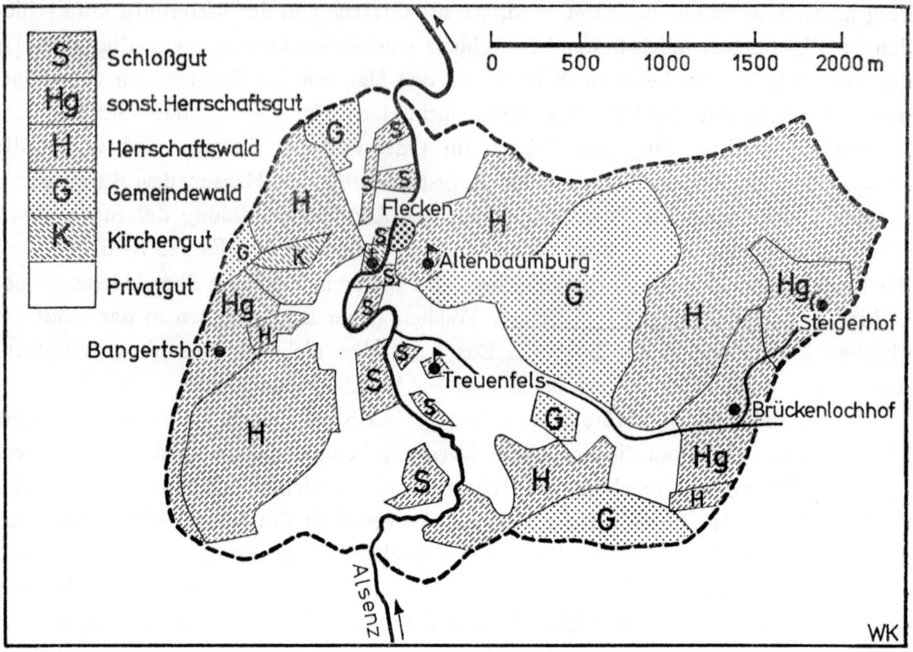

Abb. 8 Gemarkung Altenbaumburg 1772. Die Grundstücksaufteilung im offenen Land ist generalisiert

der Flecken [157], daneben gibt es auch eine ganze Reihe später als dörflich geltender Burgweiler. Grundlegend für diese Siedlungsentwicklung war, daß der Burgherr über entsprechendes Gelände zur Ansiedlung um die Burg verfügte. Tal und Flecken Altenbaumburg [158] liegen in einer ganz zur Burg gehörigen Gemarkung, die spätere Grundstücksaufteilung zeigt noch deutlich die Herkunft des Besitzes. Ganz überwiegend hatte ihn sich der Burgherr selbst vorbehalten und mit eigenen Wirtschaftshöfen genutzt, die der landhungrigen Gemeinde stets ein Dorn im Auge waren. Ganz ähnlich sieht es auf der Gemarkung von Neubolanden [159] aus, wenn auch dort das Tal sich nie zu einer stadtartigen Siedlung entwickeln konnte. Auch auf Altsiedelgemarkungen konnte sich etwa neben alten Dörfern im Anschluß an eine Burg ein solcher Flecken entwickeln. In Obergromgach ist er bis zur Stadt aufgestiegen [160].

157) Über die südwestdeutschen »Flecken«, darunter auch die Burgflecken, habe ich im März 1973 vor dem Kuratorium für vergleichende Städtegeschichte in Münster referiert. Der Vortrag soll in einem geplanten Sammelband über Zentralität erscheinen. Vgl. auch K. S. Bader, Burg, Dorf und Stadt in der Ortenau, in: Die Ortenau 42, 1962, S. 16–23.
158) StA Speyer Ww 1/76.
159) StA Speyer Ww 1/287.
160) Plan GLA 66/6127; 600 Jahre Obergrombach, 1936.

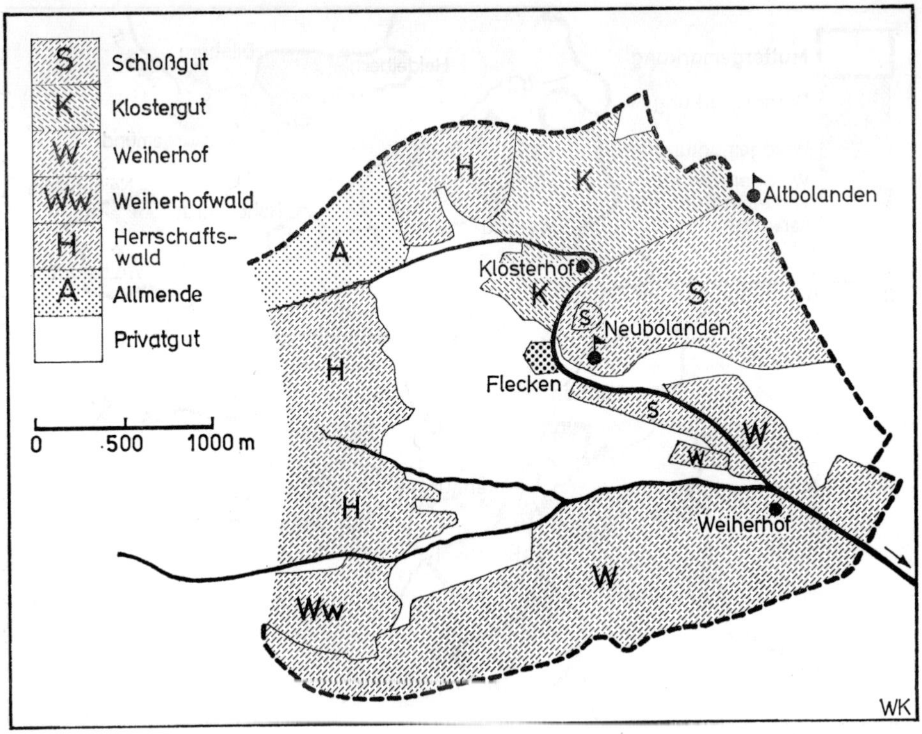

Abb. 9 Ostteil der Gemarkung Neubolanden 1767

Ein ganz bescheidener Burgweiler sehr späten Ursprungs findet sich unterhalb von Zwingenberg am Neckar [161]. Oft wurden auf diesem Wege die Burgen die Beweggründe für eine neue Siedlung. Eine Übersichtskarte aus dem Nordwest-Kraichgau, der doch eigentlich Altsiedelland ist, kann zeigen, wieviel spätere Dörfer aus Burgsiedlungen hervorgegangen sind (s. Abb. 10). Im Neckartal kann man fast sämtliche nicht wüstgewordene städtischen und nichtstädtischen Siedlungen auf Burgweiler zurückführen. Neuleiningen schließlich, ein Burgflecken, ist aus dem Burgfrieden der neuen Leininger Burg auf der Wormser Gemarkung Sausenheim hervorgegangen [162]. Manchmal hatte der Burgenbau auch eine Verlegung der alten Siedlung zur Folge, so wurde aus Sarlesheim Neubaumburg [163], aus Heidesheim Stadecken [164]

161) J. G. Widder, Versuch einer geographisch-historischen Beschreibung der kurfürstlichen Pfalz am Rheine, 4 Bde., 1786–88, II, S. 178.
162) M. Schaab, Die Diözese Worms im Mittelalter, in: FreibDiözArch 86, 1966, S. 151; KDM Pfalz, Frankenthal, 1939, S. 417 f.
163) HSt V, S. 223.
164) Kuntze, S. 64; HSt V, S. 323.

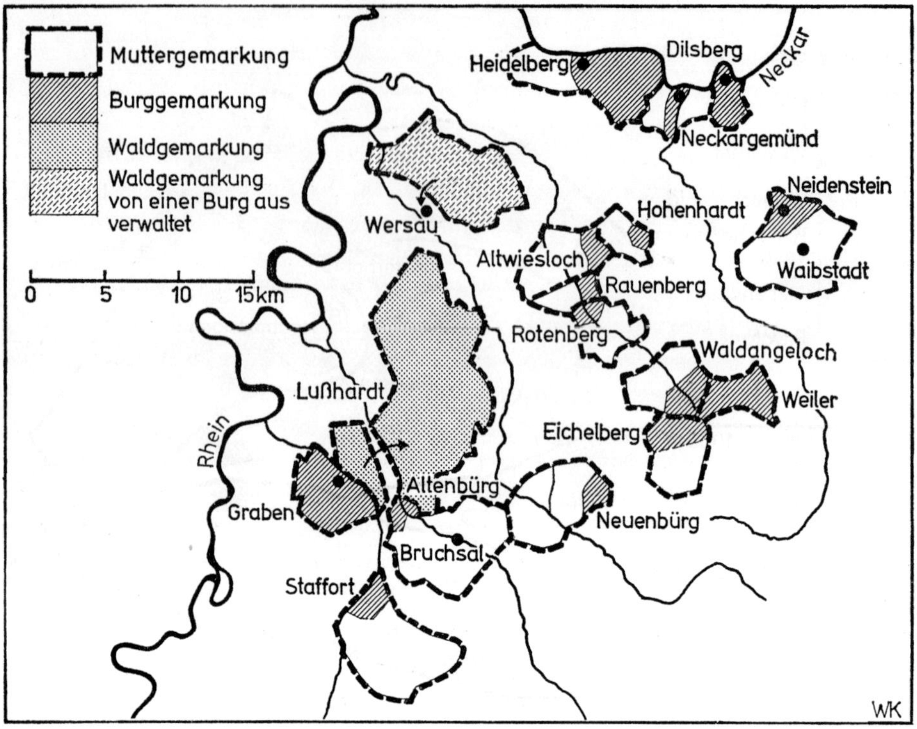

Abb. 10 Aus Burgbezirken hervorgegangene Gemarkungen zwischen Neckar und Pfinz

(beide in Rheinhessen). Die Neckartalburgen bewirkten einen Konzentrationsprozeß unter den kleinen Weilern bei Dilsberg und bei Hirschhorn (s. o.). Die Burg hat somit eine hervorragende Rolle für das Netz unserer Siedlungen gespielt, auch dort, wo mit dem Burgweiler keinerlei städtische Entwicklung verbunden war. Man wird zusätzlich noch darauf hinweisen können, daß diesen bei Burgen entstandenen Siedlungen in der Regel ein weniger ausgeprägt agrarischer Charakter, zumindest eine starke Begrenzung des bäuerlichen Eigentums anhaftet und daß diese Orte von ihrer Anlage her zu einer anderen Sozialstruktur neigen. Solche Fragen gehen z. T. über das hier gestellte Thema hinaus und müßten ein anderes Mal weiterverfolgt werden.

Hier aber wäre nun das Thema Burg und Herrschaftsbereich zu untersuchen. Dazu ist von vornherein zu klären, daß mit einer Burg sehr verschiedene Herrschaftsbezirke zusammenhängen konnten, nicht nur dem Umfang, sondern auch der Intensität nach. Ein großer Teil der späten Burgen, aber auch schon Burgen des 13. Jahrhunderts, vielleicht schon solche des 12., haben praktisch keine Herrschaft um sich entwickeln zu können. Sie sind nichts anderes geblieben als adlige Häuser mit den dafür gültigen Freiheiten, in nichts vom grundherrlichen Freihof unterschieden, z. B.

zwei Burgen in Handschuhsheim [165]. Dort findet sich für die eine der Name Bürgel, so auch in Rhodt unter Riedburg. Es waren dies die Sitze der Ministerialengeschlechter, die es zu keiner eigenen Herrschaftsbildung gebracht haben. Ihre Burgen auf dem Land sind in der Rechtsstellung nicht von den adligen Türmen und Häusern in der Stadt unterschieden. Sie genossen Abgabenfreiheit und eine Engstimmunität in dem Sinne, daß Straffällige aus dem Haus ausgewiesen werden mußten, mehr nicht. Scheidet man solche Burgen aus, so lichtet sich der Bestand der für die Herrschaftsentwicklung entscheidenden Burgen in einzelnen Landschaften ganz erheblich. Die nach dem Pfalzatlas gut mit Burgen versehene Vorderpfalz wird ziemlich leer; aus dem kleinen Bestand auf dem Neckarschwemmkegel verschwinden noch einzelne adlige Sitze. Auch in der Ortenau treten eine ganze Reihe von solchen Burgen hinter die wenigen wichtigen zurück. Der Kraichgau hat dagegen kaum Burgen solch eingeschränkter Herrschaftsausstrahlung aufzuweisen, sicher sowohl ein Hinweis auf in tiefe Schichten zurückgehende Herrschaftsordnung als auch ein Ergebnis der schon genannten Verdünnung territorialer Macht in dieser Zone. Nur eine kleine Erweiterung des Machtbereichs stellt die Verknüpfung der Burg mit einem Hubgericht, wie es beim Bosenstein der Fall war, dar [167]. Zur Burg gehört die Gerichtsbarkeit über drei nicht beieinander liegende Höfe und deren Areal. Alle anderen Hoheitsrechte waren mit dem benachbarten, als Eckpunkt des Burgfriedens genannten Rodeck verbunden.

Die nächste Stufe wäre dann, daß von der Burg aus die Herrschaft über ein Dorf, bei einer Mehrzahl von Burgen schließlich auch über Teile von Dörfern ausgeübt wurde. Das ist der Regelfall im Kraichgau und findet sich auch sonst in den Altsiedelgebieten, weniger häufig dagegen im hochmittelalterlichen Rodungsland, außer dort bei den Forstburgen, die meist erst spät kleine Burgweiler zu Dörfern entwickeln konnten [168]. Im Altsiedelland sind solche Dorfherrschaften von Burgen meist das Ergebnis eines hochmittelalterlichen Ausgleichprozesses. Die Burg hat hier praktisch die Nachfolge des Fronhofes der alten Grundherrschaft angetreten, manchmal dürfte sie auf dem gleichen Platz stehen [169]. Die Herrschaft über eine Reihe von Dörfern aus einer Burg ist vor allem für Ausbaulandschaften charakteristisch und sie führte am leichtesten über die Zwing-, Bann- und Niedergerichtsgewalt hinaus zur Landesherrschaft, was es freilich auch bei den Dorfburgen geben konnte. Solche Burgen, die oft dann noch Teile des Altsiedellandes beherrschen, wären als wesentliche Zentren der Territorialentwicklung anzusehen, dabei ist zu beobachten, daß in die-

165) KB Heidelberg-Mannheim II, S. 101 f.
166) Lehmann II, S. 273.
167) GLA H/Bosenstein 1.
168) Wie etwa das oben (vgl. Anm. 78) behandelte Elmstein.
169) Wahrscheinlich eine ganze Reihe Wasserburgen des Kraichgaus, z. B. Flehingen und Gemmingen. An den Lorscher Fronhof in Handschuhsheim schloß sich die dortige Tiefburg an, die keine Herrschaftsrechte im Ort an sich ziehen konnte.

sem Prozeß bei den meisten oberrheinischen Territorien die Burg zum Sitz des Amtes wird. In der Pfalz entstehen die für dieses Land besonders charakteristischen großen Ämter dadurch, daß die Hoheitsrechte auf einzelne Burgen konzentriert werden, andere zu reinen Gutsverwaltungen hinabsinken [170]. Für eine kleine Herrschaft mag Hirschhorn als Beispiel stehen, wo es gelungen ist, alle Rechte der Adelsfamilie im Kraichgau nach der Burg bzw. der Stadt unter ihr auszurichten [171]. Aber auf Burg und Territorium sollte hier nicht näher eingegangen werden, nachdem dieser Aspekt in diesem Band schon Beachtung findet (s. u. S. 304 ff., 339 ff., 390 ff.) [171a].

Die Lage der Burgen innerhalb des zugehörigen Herrschaftsgebiets entspricht selten den Gesichtspunkten einer rationellen Verwaltung. Wohl kann es zufällig auch eine Mittellage geben, vielfach ist das aber, wie leicht noch vermehrbare Beispiele aus der Vorderpfalz [172] zeigen, in extremer Weise anders. Das verdeutlicht noch einmal, daß der Burgenbau und die von den Burgen ausgehende Organisation anderen Gesetzen unterliegen. Die Vorzüge des Burgplatzes und Burgbaugrundes sind im allgemeinen für ihre Lage wichtiger als die von der Burg aus wahrgenommenen Aufgaben.

Die Erfassung des Burgumlandes durch Gerichts- und Territorialrechte ist aber nur eine Seite der von der Burg ausgehenden Herrschaft. Voraus geht die Beziehung zu einem Personenverband durch Baupflichten, teilweise auch Verteidigungspflichten, Versorgungspflichten und dafür von der Burg aus gewährten Schutz. Daß das ursprünglich im allgemeinen eine personale und nicht räumliche Ordnung war, können

170) Z. B. im Oberamt Heidelberg nur das Heidelberger Schloß, während die anderen landesherrlichen Burgen: Schwetzingen, Rheinhausen, Wersau, Wiesloch, Strahlenberg, Weinheim, zu rein grund- und leibsherrschaftlichen Verwaltungen (Kellereien) wurden. Die Entwicklung ist deutlich in den Heidelberger Amtsbüchern und in den Secreta Palatinatus abzulesen (GLA 66/3480; 3482; 3484; 3486 u. 67/907.

171) R. Irschlinger, Zur Geschichte der Herren von Hirschhorn, Der Odenwald 15, 1968, S. 70 ff. u. S. 100.

171a) Vgl. auch F. Uhlhorn, Die territorialgeschichtliche Funktion der Burg, in: BllDtLdG 103, 1967, S. 9–31.

172) Zur Ramburg gehörten die Dörfer Gommersheim und Freischbach in 20 km Entfernung (Lehmann II, 213) zur Falkenburg in der Nachbarschaft Wilgartswiesen und Rinntal, aber auch Haßloch, Böhl, Iggelheim in über 40 km Entfernung (Lehmann I, S. 453); die Herrschaft Landeck umfaßte eine ganze Reihe Stift-Klingenmünsterscher Dörfer in der Umgebung, aber auch weitverstreute Ortschaften im Vorderpfälzer Raum (Pfalzatlas, Beih. 11, S. 413 f.). Die Burg Guttenberg lag im westlichsten Zipfel eines von der Burg über den Hardtrand hinab bis fast an den Rhein ziehenden langgestreckten und schmalen Herrschaftsgebiets. Die darin mehr zentral gelegene Burg Minfeld wurde erst spät (Mitte 14. Jh.) zusätzlich angelegt, vielleicht zur Sicherung, aber nicht zur Verwaltung dieses Gebiets (Pfalzatlas, Beih. 11, S. 411; HSt V, S. 211.). Alle genannten Burgen waren ursprünglich Reichsburgen, ihre Herrschaftsbereiche gehen sicher ins 13. Jh. zurück (s. Abb. 3).

173) M. Schaab, Die Königsleute in den rechtsrheinischen Teilen der Kurpfalz, in: ZGORh 111, 1963, S. 121–175.

etwa die zu verschiedenen salisch-staufischen Burgen des nördlichen Oberrheingebiets gehörenden Königsleute illustrieren. Auch im Bereich des sonstigen Leibeigenschaftsrechts gibt es solch personelle Bindung an die Burg [174]. Auch das kann zeigen, daß die auf die Fläche etwa ganze Dörfer oder Landstriche radizierte Pflichtigkeit von Untertanen verfassungsgeschichtlich wohl das Spätere ist. Räumliche Zuständigkeit von Einwohnern ganzer Bezirke für die Bewachung der Burg findet sich aber schon im Bereich der Königsleute bei Ingelheim [175] oder im zum staufischen Reichsland von Wimpfen gehörigen Limbach und Lohrbach [176]. Baupflicht an der Burg konnte schon früh, 1037 bei der Saarburg [177], für vier zugehörige Dörfer festgelegt sein. Vielfach hafteten Bau- wie Brennholz- und Lebensmittelfuhren auf den Einwohnern der Burgweiler, z. B. Müll unterhalb der Weinheimer Windeck [178]. Daß Verteidigung von Burgen auch Sache von Bauern sein konnte, hören wir mehrfach in den Berichten von den Kriegen Friedrichs des Siegreichen mit seinem zweibrückischen Vetter [179]. Es scheint aber, als seien hier aus den Aufgeboten willkürlich Besatzungen ausgewählt worden, ohne daß ein bestimmter räumlicher Bezug deutlich wird. Die Burg als Zuflucht der Umgebung, sicher nicht ihre primäre Funktion, ist im 15. Jahrhundert immerhin ganz gut bezeugt, wenn nicht in Person, so fanden die Einwohner der zugehörigen Dörfer wenigstens für wichtigste Vorräte und Habe dort Schutz, so die Speyerer Dörfer auf der Rietburg [180], die Neustädter Bürger auf der Wolfsburg [181]. Daß Burgen, wenn sie solche Schutzfunktionen auch für einen größeren Kreis der Bevölkerung ausüben sollten, entsprechend geräumig sein mußten, könnte wiederum mit ein Grund für die Einbeziehung von Suburbien und Burgflecken in die Befestigung gewesen sein. Die Zent Remlingen im Maindreieck flüchtete bei Feindesgefahr mit Vieh und Habe nach Homburg [182]. Der Burgflecken hat hier die Rolle der alten Fluchtburg übernommen. Man müßte hierbei fragen, ob eine solche Funktion der Vorburg nicht in Einzelfällen schon früh gegeben war und ob nicht doch eine Entwicklung vorliegt, die von Anlagen in der Art des »Schlössels« über Klingenmünster bis zu den Burgstädtchen führt.

174) So wurden etwa 1666 als »Pflicht- und Stammhäuser« von Leibeigenen im Amt Heidelberg die Burgen Waldeck, Dilsberg, Schwetzingen und Stein genannt (GLA 145/305). In einer geplanten Studie über Leibeigenschaft und Freiheit im Oberrhein hoffe ich auch dazu ausführliches Material vorzulegen.

175) R. Kraft, Das Reichsgut im Wormsgau, 1934, S. 227–230.

176) Schaab (wie Anm. 173), S. 149.

177) MRhUB I, S. 362; vgl. auch S. 386.

178) KB Heidelberg-Mannheim III, S. 894 u. 905.

179) Lehmann I, S. 241, 1460 wurde Burg Minfeld von 122 Bauern verteidigt und rasch übergeben.

180) Lehmann II, S. 273.

181) Lehmann II, S. 339.

182) G. Schmidt, Das würzburgische Herzogtum und die Grafen und Herren von Ostfranken, 1913, S. 18.

IV.

Die Versorgungseinrichtungen der Burg stehen in einem engen Zusammenhang mit dem umgebenden Raum. Schon zu unserem frühesten Beispiel, der Alten Schmidtburg von 926 gehörten 5 Mansen und 8 Morgen *in circuitu* [183]. In aller Kürze sei hier nur dargelegt, daß die zur Burg gehörige Landwirtschaft die verschiedensten Erscheinungsformen zeigt, vom in der Vorburg selbst betriebenen Hof bis zur Belieferung der Burg nur aus Abgaben einer weitgestreuten Grundherrschaft. Engste Verzahnung von Burg und Hof [183a] zeigen die Beispiele einer die Burg selbst umgebenden Guts- oder Einzelhofparzelle, wie Hachberg oder auch manche Burgen des Schwarzwaldes, zu denen ein ebenso regelmäßig wie die übrigen Bauerngüter abgeteilter Hofstreifen (Waldhufe) gehört [184]. In der Ortenau gibt es die Verbindung von kleineren Adelsburgen, zu den dort charakteristischen Rebgütern [185], ausgesprochenen landwirtschaftlichen Spezialbetrieben, und gewiß war für eine solche Kombination der Burgkeller als sicherer Lagerungsort des Weines ein zusätzliches Motiv. Die Burg als wohlbehüteter Speicher und Keller für landwirtschaftliche Produkte eines weiten Einzugsgebiets soll nur noch genannt werden. Der Weinkeller des Heidelberger Schlosses ist weltbekannt. Noch entscheidender als die Versehung der Burg mit Lebensmitteln war die mit Trinkwasser. Der Burgbrunnen ist wesentlicher Bestandteil der Burganlage, manchmal besonders hervorgehobenes, durch Türme erst in die Befestigung einbezogenes Bauglied [186]. Dabei zeigen frühe Burgplätze gerade häufig eine Vernachlässigung dieses wichtigen Versorgungsgutes [187]. Vielleicht waren sie noch nicht auf

183) MRhUB I, S. 230.

183a) Zum Gesamtproblem vgl. auch K. S. Bader, Burghofstatt und Herrschaftseigen, u. S. 249 ff., und Band III der Studien zur Rechtsgeschichte des deutschen Dorfes (1973), der ebenfalls wichtiges Material zu den von mir behandelten Fragen bringt.

184) Z. B. zur Heidburg GLA H neu/Hofstetten.

185) So die Alteburg bei Sinzheim, Rittersbach bei Kappelwindeck, Gaisbach bei Oberkirch. Batzer-Städele, S. 145 f.; 184; 271. Die Burgmannsitze um Staufenberg (v. a. Wiedergrün) zeigen ebenfalls die Nähe zu Rebgütern.

186) Vor die Burg vorgeschobene Brunnentürme beim Trifels und dem benachbarten Scharfenberg. Vgl. auch Bornheim I, S. 154.

187) Für frühe Gipfelburgen, die bald wieder aufgegeben wurden, lassen sich keine Brunnen nachweisen, z. B. bei der Rodenburg über der Madenburg, auch beim Schanzenköpfle über Leutershausen, geologisch schwierig wäre auch ein Brunnen für die Belagerungsburg Fürstenstein über Zwingenberg. Die schon Mitte 12. Jh. aufgelassene Burg im Bereich des an die Zisterzienser geschenkten Neckarhauser Hofs unterhalb Hirschhorn (M. Schaab, Die Zisterzienserabtei Schönau, 1963, S. 161), und eine gegenüber begonnene und wieder aufgelassene Burg (KB Heidelberg-Mannheim II, S. 911) können ebenfalls nur von Dächern u. dgl. gesammeltes Wasser gehabt haben. Vgl. auch den Beitrag von W. Hübener u. S. 72.

eine länger dauernde Verteidigung eingerichtet, sondern nur vorübergehend zu haltendes Versteck. Wohl ist die wesentlich schlechtere Wasserversorgung der Gipfelburgen auch ein Grund dafür, daß solche Lagen gern wieder aufgegeben wurden. Man wollte eben nicht alleine auf eine Zisterne angewiesen sein. Bei mehreren Burgen läßt sich feststellen, daß wenigstens zu Friedenszeiten das Zisternenwasser nicht verwendet wurde, sondern man lieber Quellwasser mit Wasserpferden und Eseln auf die Burg schaffen ließ [188]. Im 16. Jahrhundert wird der laufende Brunnen in der Burg allgemein üblich [190]. Solche Anlagen konnten natürlich nur bis zur Belagerung hin verwendet werden, wurden aber auch benutzt, um noch schnell Zisternen zu füllen.

Lebensmittelvorräte und Wasser allein stellten noch nicht die Versorgung der Burg sicher, das Getreide mußte auch gemahlen werden können. So sind im Burgbereich häufig Mühlen anzutreffen [191]. Sie liegen aber in der Regel außerhalb des engsten Verteidigungsbezirks und waren also nur bis unmittelbar vor den Ernstfall von der Burg aus zu schützen. Innerhalb der Burg mußten dann Handmühlen und Roßmühlen eingesetzt werden. Auffallenderweise ist eine Roßmühle auch für die Falkenburg, die nur über eine Leiter durch ein Felsenloch zu betreten war, bezeugt [192]. Windmühlen dürften im nieder- und mittelrheinischen Bereich eine Rolle [193] gespielt haben, vom Oberrhein ist bisher solches nicht bekannt. Auffallenderweise gehören die Mühlen zum Burgfrieden, nicht nur Mahlmühlen, sondern auch andere gewerbliche Anlagen wie Schneid- und Schleifmühlen [194]. Hier dürfte der höhere Schutz des Burgfriedens sowohl für das komplizierte technische Werk, als auch zur Vermeidung von Händeln unter den darauf Beschäftigten gesucht worden sein. Die Backhäuser und Küchen der Burgen werden bei den Teilungsverträgen so häufig genannt, daß man schon so auf ihre Bedeutung hingewiesen wird. Bezeichnenderweise spielen Backhäuser in den Burgflecken und Burgorten Neubolanden [195] und Altleiningen [196] eine große Rolle

188) MÖLLER, S. 36; S. 43. Vgl. auch W. KUNSTMANN, Mensch und Burg 1967, S. 127.

189) BORNHEIM I, S. 152–155. Charakteristisch für den Zusammenhang Wasserversorgung und Burg auch das Heidelberger Schloß, in dessen Halsgraben mehrere Quellen entspringen. Vgl. KUNSTMANN, S. 116–126.

190) MÖLLER, S. 39; LEHMANN II, S. 223 Brunnenleitung nach Neuscharfeneck 1583 angelegt Die Ramburg hat aber schon ein mittelalterlich gefaßtes Brunnenbecken, KDM Pfalz, 4 Bergzabern, 1935, S. 374. Spätestmittelalterlich auch der laufende Brunnen innerhalb der Minneburg. Dort ähnlich wie auch bei der Wildenburg im Halsgraben ein starker Stützpfeiler für die Deichelleitung, die also keinesweg vor Feindeinwirkung geschützt war, F. ARENS, Zur Baugeschichte der Burgen Stolzeneck, Minneburg und Zwingenberg, in: Jb. f. schwäbisch-fränkische G. 26, 1969, S. 9.; METZ (wie Anm. 5), S. 75.

191) METZ (wie Anm. 5), S. 75.

192) LEHMANN I, S. 371.

193) BORNHEIM I, S. 151.

194) LEHMANN II, S. 213; 361; 366; I, S. 279.

195) Pfälzische Weistümer (wie Anm. 78) I, S. 176. Vgl. HU II, S. 355.

196) Pfälzische Weistümer I, S. 60.

Die Backhäuser von Altleiningen und Neubolanden hatten Asylrecht. Das in Altleiningen war zusätzlich Burgmannssitz. Das Backhaus noch innerhalb des Burgfriedens und natürlich herrschaftlichen Eigentums scheint in Neubolanden zum Gemeinde- und Bannbackhaus für den Burgflecken geworden zu sein. Der noch nicht untersuchte Zusammenhang von Burgfriede und Gewerbebann leuchtet hier auf. Zur Verknüpfung von Burg und Rebflächen gehört konsequenterweise die Verlegung der Kelter in die Burg [197].

Für die Versorgung nicht nur der Backhäuser und Küchen sondern auch zur Beheizung und für Baumaterial waren die Burgwälder von nicht leicht zu unterschätzendem Gewicht. Von daher gewinnt das oben über Burg und Wald Gesagte nochmals seine Akzentuierung. Auch die Burgen, die über keinen Wald verfügten, mußten auf diesem Gebiet zu einer Regelung kommen, was meist zu einer Beteiligung an Gemeinde- und Allmendwald führte [198]. Der überaus große Holzbedarf der Burg war ein Anlaß für mehr wirtschaftenden Umgang mit den Wäldern.

So zeigt eine auf Burgareal, Burgumland sowie auf Burg und Landschaft ausgreifende verfassungsgeschichtliche Betrachtung die vielseitige Verknüpfung der Burg mit Besiedlungs-, Herrschafts- und Wirtschaftsgeschichte. Die Burg ist neben agrarischer und gewerblicher Siedlung das dritte große Element in der Erfassung des Landes und kommt darin ihrer quantitativen Bedeutung nach sicher noch vor den kultischen, also geistlichen Zentren. Zum Schluß sei noch die Frage gestellt, ob nicht von der Einbindung der Burg in ihr Umland her für die Verfassungsgeschichte brauchbarere Burgtypen durch die Frage nach dem Zusammenhang der Burg mit der Siedlung und nach ihrer Herrschaftsintensität und den wirtschaftlichen Grundlagen gewonnen werden könnten. Das muß aber mindestens einstweilen der Diskussion überlassen bleiben.

197) GLA 66/3480 v. 1369/70.
198) LEHMANN IV, S. 286; II, S. 332 f.; 338; 381.

Häufig zitierte Abkürzungen für Burgenkunden und historische Topographie

E. BATZER und A. STÄDELE, Burgen und Schlösser Mittelbadens, in: Die Ortenau 21, 1934. – W. BORNHEIM GEN. SCHILLING, Rheinische Höhenburgen, 3 Bde., 1964. – B. EBHARDT, Der Wehrbau Europas im Mittelalter, Bd. I, 1939. – HSt = Handbuch der Historischen Städten Deutschlands, hier IV: Hessen, V: Rheinland-Pfalz, VI: Baden-Württemberg. – HONB = Hessisches Ortsnamenbuch, Band I: Starkenburg, bearb. v. WALTHER MÜLLER, 1939. – KB = Kreisbeschreibung aus der Reihe: Die Stadt und Landkreise in Baden-Württemberg. Hier: Die Stadt und die Landkreise Heidelberg und Mannheim, 3 Bde., 1966–1970. – KDM = Die Kunstdenkmäler nach den amtlichen Inventarisationswerken der verschiedenen Länder. – R. KUNTZE, Burgenpolitik und Burgbau der Grafen von Katzenelnbogen bis zum Ausgang des 14. Jahrhunderts, 1969. – J. G. LEHMANN, Urkundliche Geschichte der Burgen und Bergschlösser in der Pfalz, 5 Bde., 1858–1875. – W. MÖLLER, Burgenkunde für das Odenwaldgebiet, 1938. – F. WOLFF, Elsässischer Burgenlexikon, Straßburg, 1908.

Die frühmittelalterlichen Wehranlagen in Südwestdeutschland nach archäologischen Quellen

VON WOLFGANG HÜBENER

Über den Wehrbau des Mittelalters im südwestdeutschen Raum als Archäologe zusammenfassend zu sprechen, heißt, sich zunächst über die möglichen Traditionen klar zu werden, auf die er hätte zurückgreifen können. Ferner bedeutet das, die dem Archäologen aus den geschriebenen Quellen entgegentretenden Termini und Hinweise als mögliche Akzente zu werten, und es heißt schließlich, das noch im Gelände vorhandene, bisher kaum gesichtete Material versuchsweise zu gliedern.

Alle drei Bereiche sollen hier zur Sprache kommen. Ein Überblick auf die möglichen Traditionen erweist den südwestdeutschen Raum als in doppeltem Sinne gespalten, wenn wir in römischer Zeit beginnen. Der einmalige rechtsrheinische Ausgriff Roms etwa ein Jahrzehnt vor Christi Geburt ist in einen Bereich gegangen, der den Wehrbau schon kannte. Der nachfolgende permanente römische Wehrbau ist anders; umfänglich bekannt; aber beide, der keltisch-germanische [1] auf der einen und der frührömische [2] auf der anderen Seite erfolgten auf hoher Ebene, nämlich der des Stammesverbandes (möchte er auch noch so stark vertikal gegliedert sein) oder des Legionskommandos oder seiner Detachements. Wichtig ist, daß auf beiden Seiten quasiprivate Kräfte (Familien, Sippen) im Wehrbau nicht zum Zuge kommen. Den rechtsrheinischen Raum teilt in der Mitte des 2. Jahrhunderts eine Grenze, der trocke-

1) Dazu gibt es eine umfangreiche, noch nicht systematisch bearbeitete Literatur. Die exakte Datierung ist dabei teilweise strittig. Germania 38, 1960, S. 43 ff. W. DEHN. – DERS., Germania 47, 1969, S. 165 ff. Beide mit weiterführender Literatur. Eine Karte der »befestigten Siedlungen aus der Zeit um Christi Geburt im germanischen Siedlungsbereich« und zwar im westlichsten Bereich, welche R. HACHMANN in: Archaeologia Geographica 5, 1956, zw. S. 24/25, Karte 19, entworfen hat, erreicht mit ihrer Südgrenze unseren Raum gerade nicht mehr. – Zu den Befestigungen auch R. HACHMANN, G. KOSSACK, H. KUHN, Völker zwischen Germanen und Kelten, 1962, S. 31 u. 95 ff. u. Karte 2. – Einfluß auf römische Befestigungstechnik diskutiert D. BAATZ in: Marburger Beiträge zur Archäologie der Kelten (= Festschr. W. DEHN) (Fundberr. aus Hessen, Beih. 1), 1969, S. 1 ff.

2) Für das Hochrheingebiet: G. FINGERLIN in: Berr. d. Röm. German.-Kommission 51/52, 1970/71 (1972), S. 197 ff. – Für den nördlichen Oberrhein und das Mainmündungsgebiet: H. SCHÖNBERGER in: Germania 45, 1967, S. 84 ff.

ne Limes [3]. Er hält über zweieinhalb Jahrhunderte den von ihm geschützten Teil im römischen Reichsverband fest. Diese Epoche römischer Wehrbauentwicklung ist seit fast einem Jahrhundert – und heute durch die moderne Bautätigkeit weit mehr als uns lieb ist – bevorzugtes und auch bis in viele erfreuliche Einzelheiten hinein bevorzugtes Forschungsfeld. Hier kann zum ersten Mal in der archäologischen Wehrbauforschung lückenlos eine wirkliche Entwicklung über mehr als zwei Jahrhunderte, aber in Abständen und Phasen von oft weniger als zwei Jahrzehnten, belegt werden [4]. Weder detaillierte topographische noch chronologische noch militärgeschichtliche Fakten sind aus den geschriebenen Quellen zu diesem Aspekt bekannt, die epigraphischen Zeugnisse ausgenommen. Mit der endgültigen Aufgabe des Limes 260 bricht diese Möglichkeit ab. Der s p ä tantiken Wehrbau ist für uns zu einem nicht unerheblichen Teil nur eine Beschäftigung mit Grundrissen, weil die exakt datierenden Fundschichten nur zu oft aus einem einzigen, einer größeren Spanne zugehörigen Schichtenpaket bestehen und nicht nur nicht bestimmte Zeitpartikel dieser Fundschicht, sondern oft die Schicht selbst keinen stratigraphisch wirksamen Bezug zur Befestigung selbst zuläßt [5]. Mit dem ausgehenden 4. Jahrhundert bricht diese Tradition rechtsrheinisch bestimmt, linksrheinisch und am nördlichen Alpenfuß wahrscheinlich und mit ganz unterschiedlicher Sichtbarkeit so gut wie ab. Aber schon die Spätantike gab den Raum zwischen Oberrhein, Bodensee und Iller den Germanen preis, so daß theoretisch

a) mit einer Wehrbautradition der Germania libera östlich und nördlich von dem älterkaiserzeitlichen Limes,
b) einer römisch-germanischen oder einer von den Germanen nicht rezipierten anderen Wehrbautechnik zwischen ehem. Limes und Rhein und schließlich
c) mit der linksrheinisch-süddonauländischen römischen, spätantiken Wehrbautechnik zu rechnen ist.

Beginnen wir dort mit einer kurzen Betrachtung, so ist die Klarheit der Befunde zufriedenstellend. Sie könnten bezüglich der Chronologie noch viel besser sein. Rechtsrheinisch liegt das Gebiet, welches für unser Thema nur bei Ammianus Marcellinus einige vielbemühte Zitate [6] kennt, wenn man von den Panegyrikern absieht, die aber

3) Der Obergermanisch-Raetische Limes des Römerreiches (ORL), hg. von E. FABRICIUS, F. HETTNER (†), O. VON SARVEY (†), Abt. A, Bd. 1–7, Die Strecken 1–15, Abt. B, Bd. 1–7, Die Kastelle 1–75, 1894–1937. Fortgesetzt wird das »Limeswerk« in der Reihe »Limesforschungen« (seit 1959).

4) W. HÜBENER in: Militärgesch. Mitt. 2/1968, S. 175 ff. – H. SCHÖNBERGER in: The Journal of Roman Studies 59, 1969, S. 144 für die ältere und H. VON PETRIKOVITS in: The Journal of Roman Studies 61, 1971, S. 178 ff., für die jüngere Kaiserzeit.

5) W. HÜBENER in: Militärgeschichtliche Mitteilungen 2/1968, S. 192 ff.

6) Ammian nennt des öfteren Berggipfel, so XVII, 1, XVII, 10, XXI, 3–4, XXVII, 10, XXIX, 4, XXX, 3, XXXI, 10, spricht aber auch von Höhlen und versteckten Bergtälern.

genauer als eben etwa im Neckarraum oder am Oberrhein nicht zu lokalisieren sind. Diese Nachrichten sind auch chronologisch zu punktuell; es sind wenige Jahre aus der weiten Mitte des 4. Jahrhunderts. Eine alte archäologische Tatsache, daß nämlich auf bestimmten markanten Höhen Einzelfunde und Gußformen für Schmuck des 4. Jahrhunderts gefunden wurden, hat schon immer auf Höhenfestungen schließen lassen.

Der Glauberg bei Büdingen [7], der Kasendorfer Turmberg bei Kulmbach [8], die Ehrenbürg bei Forchheim [9], die Gelbe Bürg bei Gunzenhausen [10] und der Runde Berg bei Urach [11] werden seit mehreren Jahrzehnten in solchen Augenblicken immer wieder genannt. Ob die auf der Gelben Bürg vor einigen Jahren untersuchte mächtige Anlage wirklich in dieser Form dem 4. Jahrhundert angehört, wie der Ausgräber meint, scheint nach dem publizierten Profil [12] zweifelhaft. Die Ausgrabungen auf dem Runden Berg bei Urach [13] sind noch nicht veröffentlicht. Was ich dort persönlich sah, ist fortikatorisch sehr bescheiden. Die genannten Plätze zeigen, daß bei einer so geringen und archäologisch bisher viel zu punktuellen Dokumentation kein Unterschied in der Wehrtechnik zwischen einer 250 Jahre währenden römischen und anschließend germanischen und einer stets nur germanischen Okkupation festzustellen ist. Wir haben deshalb kein sicheres Urteil über die Frage, ob rechtsrheinisch überhaupt Traditionen irgendwelcher Art durchgeschlagen sind. Ich glaube das auch aus einem anderen Grunde nicht: Die linksrheinischen Wehrbauten sind aus den Finanzquellen eines hochorganisierten Staatswesens gespeist worden und systematisch, nach Bedarf genormt, über große Räume angelegt worden. Alle diese Voraussetzungen fehlen östlich des Rheins bei den Alemannen. Aber es kann natürlich ein zeitgenössisches, übergeordnetes Interesse gegeben haben, das diese moderne Argumentation unterlaufen kann. Eine Wehranlage wird nicht nur nach den Prinzipien einer höheren militärischen Organisation errichtet. Viel näherliegend ist der fortikatorische Effekt, also die Wirksamkeit einer Mauer- und Graben-Konstruktion im Verhältnis zu den eigenen Wurf- und Schußwaffen und zu denen der präsumptiven Gegner. Der fortifikatorische Effekt ist – und das können wir seit Christi Geburt nördlich der Alpen im römischen Wehrbau sehr gut belegen – unabhängig von der Größe der Wehranlage, also ihrem Flächeninhalt gegeben. Ob Alen- oder Kohortenkastell, ob Legionslager oder Nu-

7) H. Richter, Grabungsbericht in: Volk und Scholle 12, 1934, H. 10, S. 18 ff. – H. Richter, Der Vogelsberg, Sept. 1959, 1.

8) K. Schwarz, Die vor- und frühgeschichtlichen Geländedenkmäler Oberfrankens, 1955, S. 111 ff.

9) P. Reinecke in: Bericht Röm.-German. Komm. 23, 1933 (1934), S. 193 ff.

10) H. Dannheimer, Die germanischen Funde der späten Kaiserzeit und des frühen Mittelalters in Mittelfranken, 1962, S. 170.

11) R. Christlein in: Archäologisches Korrespondenzbl. 1, 1971, S. 179.

12) Stimme Frankens 1/2, 1969, S. 36 ff. – F. R. Herrmann in: JbHistVer. Mittelfranken 1969/70, S. 221 ff.

13) Vgl. Anm. 11 u. 30.

merusverteidigung oder nur Burgusbefestigung: Es gibt stets nur ein fortifikatorisches Prinzip, nämlich das jeweils modernste. Dieses drückt sich in der Höhe des Wehrganges und dessen Verhältnis zur ungünstigsten Schußposition des Angreifers aus. Und diese liegt auf der Grabensohle. Oder umgekehrt, die günstigste Wirkung der Waffen des Verteidigers auf den Angreifer bestimmte die Bautechnik. Der Wandel der Waffen, etwa der Schußwaffen, und auch des Waffengebrauchs, verursacht den Wandel der Wehr b a u technik [14]. So kann eine bescheidene Höhenfestung, die das Gelände gut auszunutzen versteht, die einseitige, meisterhafte Poliorketik weitgehend kompensieren. Wir wissen nichts Bestimmtes, ob die Alemannen die Belagerungstechnik in spätrömischer Zeit so beherrschten wie die Römer im ostmediterranen Raum. Die Tatsache, daß die spätrömischen Kastelle, Städte und Brückenköpfe sich reichsweit auch im fortikatorischen Wert gleichen, bedeutet keine spezielle Bestätigung oder Ablehnung eines poliorketischen Könnens oder andererseits eines Unvermögens bei den Alemannen [15].

Erst durch v. Uslar ist – leider sehr knapp – vor zehn Jahren der Begriff der »irregulären« Befestigung [16] im spätantiken nordalpinen Raum eingeführt worden. Er versteht darunter Anlagen, die »irregulär« sind, weil sie vom Grundriß, von der Mauerstärke, der Turmart und -zahl usw. her nicht in das bekannte Schema passen. Sie liegen auf unzugänglichen Höhen, sind oft nur klein, haben eine Ummauerung, werden im Wesentlichen durch die Natur geschützt; vom Aufgehenden über den einfachen Grundriß-Spuren der Gebäude ist nichts bekannt. Sie enthalten römische Kulturgüter, glücklicherweise auch Münzen in befriedigender Zahl, so daß Ethnikon und Chronologie keine Schwierigkeiten bilden. Aber v. Uslar hat mit seinem Begriff »irreguläre Befestigung« unbewußt noch etwas sehr Wesentliches angeschnitten: Das Befestigungsrecht war im imperium sehr klar ausgedrückt. Daß ein Privatmann oder eine Stadt ohne höhere Zustimmung befestigen durften, war im Prinzip undenkbar. Diese sogenannten irregulären römischen Anlagen können aus Phasen stammen, in denen die regulären militärischen Kräfte Roms zeitweilig nicht ausreichten, bestimmte Gebiete des flachen Landes bzw. des Umlands der Städte so rasch vor Einfällen zu schützen, wie es nötig war. Bestimmte Personengruppen oder kleine Bereiche mögen hier – mit stillschweigender Duldung höherer Instanzen – zur Selbsthilfe gegriffen und ihre Sicherheit auf rasch befestigten unzugänglichen Höhen gesucht haben. So sehen die Anlagen nämlich aus. Das war gegen die Gewohnheit, irregulär; aber der Erfolg war wohl entscheidend. Von einer solchen Anlage bis zu einer alemannischen Höhenburg ist es, abgesehen von der Flächengröße, kein entscheidender Schritt mehr. Vielleicht im Material unterschiedlich, wird eine eigentliche Belagerungsmöglichkeit (also der umfangreiche

14) W. Hübener in: PraehistZ 41, 1963, S. 51 ff.

15) P. Goessler, Sobre la Poliorcetica de los Germanos, in: Corona Estudios I, (Madrid), 1941, S. 97 ff. – RE VI 2, S. 246. – RE Suppl. V, S. 221 ff.

16) R. von Uslar, Studien zu frühgeschichtlichen Befestigungen zwischen Nordsee und Alpen, 1964, S. 16 ff.

Gebrauch von Erdmassen, schwerem Balkenwerk oder artillerieähnlicher Einrichtungen) durch die günstige naturgegebene Lage unterlaufen, schon der Anmarsch bzw. der Antransport unsäglich erschwert. Die Überlegung, daß möglicherweise schlechtere Organisationsformen der Verteidigung durch eine geschicktere Ausnutzung der naturgegebenen Möglichkeiten die einseitige Überlegenheit des Gegners herabsetzen kann, zeigt aber, daß, wenn es überhaupt in diesem Raum eine Tradition im Wehrbau gab, die man wahren wollte oder mußte, es nur eine Tradition des ständigen Wandels in der Anpassung an den Waffengebrauch der Masse der Bewaffneten gegeben haben kann. Und – ist das dann überhaupt noch Tradition? Erkennen wir nicht, wenn auf römischer, dann auch zwangsläufig auf alemannischer Seite nur eine ständige Anpassung an neue waffentechnische Erfordernisse?

Und damit wird man das Thema »Waffenwirkung und ihre Gegenwaffe« stärker unter dem Aspekt der Übernahme von Kampfesweisen aus Bereichen, welche neue Waffen, neue Techniken und Organisationsformen hervorbringen, sehen müssen, nicht aber in ländlicher und gar lokaler Beharrungs»tradition«. Daß dabei – großräumig betrachtet – die wechselnden Landschaftsformen und das unterschiedliche Klima durch größere Truppendisziplin teilweise ausgeglichen worden sein können, solange die Truppenkörper in Bewegung sind, scheint möglich. Wehranlagen bringen aber ein statisches Element in die bewaffnete Auseinandersetzung hinein. Hier und nicht woanders wird die Entscheidung gesucht. Eine Belagerung und eine Verteidigung lösen einen Truppenkörper aus allen taktischen Gewohnheiten des Bewegungskrieges heraus. Die Entscheidung zwischen Angriff und Flucht, Sieg oder Niederlage wird plötzlich ins Ungewisse verschoben und beeinflußt auch das politische Handeln. Nicht umsonst hat die Archäologie im Wehrbau schon immer eine ihrer wichtigsten Quellen für die Erschließung politischer Aspekte gesehen [17]; ob Limes [18], Offa's Dyke [19], Danewerk [20] als langgestreckte Verteidigungs- oder Kontrollposition, oder Ringwälle, sogenannte Heinrichsburgen [21], slawische Burgwälle [22], Motten [23] oder Burgställe [24] als kleinflächige Konzentrationen militärischer Kraftentfaltung.

17) C. Schuchhardt, Die frühgeschichtlichen Befestigungen in Niedersachsen, 1924, S. 1 ff.

18) Vgl. Anm. 3.

19) C. Fox, Offa's Dyke, London 1955.

20) H. Jankuhn, Die Wehranlagen der Wikingerzeit zwischen Schlei und Treene, 1937.

21) G. Baaken, Königtum, Burgen und Königsfreie, in: VortrrForsch 7, 1961, S. 45 ff. – H. Jankuhn, in: Deutsche Königspfalzen 2, 1965, S. 61 ff.

22) Die umfangreiche Literatur ist über die Arbeiten von J. Herrmann, Slawische Stämme zwischen Elbe und Oder, 1968, S. 330 ff. und Ders. Kunst und Kultur der Slawen, 1965, S. 14 und S. 40 ff. zugänglich.

23) Eine Übersicht über den gegenwärtigen Stand der Mottenforschung fehlt. Die bisher durchgeführten, an der Gesamtzahl gemessen, wenigen Ausgrabungen lassen eine große Vielfalt erkennen, die sich über weite Gebiete verteilt.

24) Vgl. Anm. 8, S. 41 ff.

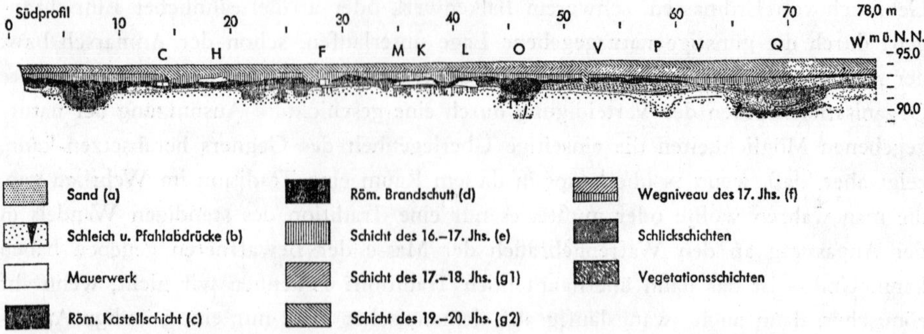

Abb. 1 Altrip, Römisches Kastell, Südprofil. Bei 65 m (zwischen V und Q) die dendrochronologisch datierte Holzversteifung der Grabeninnenkante (nach G. Stein und W. Schleiermacher)

Es ist deshalb erstaunlich, daß die Merowingerzeit ihren Wehrbau nördlich der Alpen so gut wie gar nicht zu erkennen gibt. Dieser Kontrast wird mit archäologischen Augen umso schmerzempfindlicher gesehen, als die Bewaffnung [25] und die Tracht der Krieger selbst so ausgezeichnet bekannt, wenn auch noch nicht ganz befriedigend durchgearbeitet sind. Zweifellos hat man, wo man konnte, auf spätantike Baukörper zurückgegriffen. Archäologisch ist davon aber nichts überzeugend erschlossen, jedenfalls nicht im südwestdeutschen Raum. Wenn vor zwölf Jahren bei Ausgrabungen im spätrömischen Rheinkastell von Altrip [26], etwa Mannheim gegenüber, eine Holzabsteifung der Innenkante des westlichen Kastellgrabens dendrochronologisch auf die Jahre 700/701 datiert wurde [27] (s. Abb. 1), so ist das in dreifacher Hinsicht bemerkenswert. Einmal ist das ein archäologisch vermitteltes, aber letztlich mit naturwissenschaftlichen Methoden gewonnenes Datum, zum zweiten ist dieses Datum außerordentlich exakt (archäologisch wäre das nie möglich), zum dritten beweist dies eine Wiederbenutzung des Kastellgrabens, doch wohl zu dieser spätmerowingischen Zeit und doch wohl zu Verteidigungszwecken. Altrip ist bisher ein Einzelfall für so frühe Zeiten geblieben. Und was dort um 700/701 neu belebt wurde, ist die Innenkontur eines breiten Sohlgrabens, von dem man aber nicht weiß, ob er diese Kontur auch

25) F. Stein, Adelsgräber des achten Jahrhunderts in Deutschland, 1967. – H. Steuer u. M. Last, in: Nachr. aus Nieders. Urgesch. 38, 1969, S. 25 ff. – H. Steuer, in: Frühmittelalt. Studien 4, 1970, S. 359 ff. – J. Werner, in: Settimane di studio del Centro italiano di studi sull'alto medioevo 15, 1967, (1968), S. 95 ff. – R. Christlein, Das alamannische Reihengräberfeld von Marktoberdorf im Allgäu, 1966, S. 21 ff. – W. Hübener, in: Viking 1972, S. 193 ff.

26) G. Stein und W. Schleiermacher, in: Ber. d. Röm.-Germ.-Komm. 49, 1968 (1970), S. 88 ff.

27) E. Hollstein, in: Acta Praehistorica et Archaelogica 1, 1970, S. 147 ff. bes. S. 149 u. 152, Fig. 4.

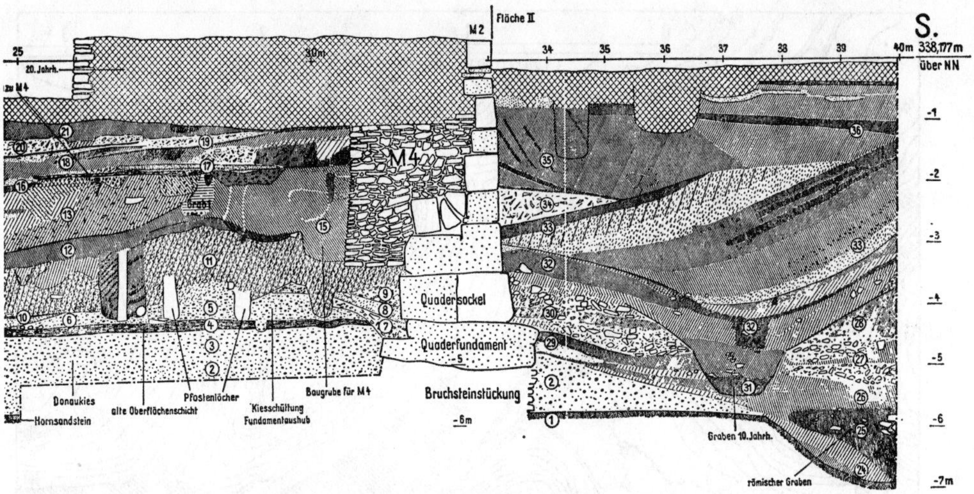

Abb. 2 Regensburg, Römermauer. Die frühmittelalterliche Verstärkung der Römermauer (M 4) und die Grabenkontur 31 gehören zusammen (nach A. Stroh)

noch in spätrömischer Zeit hatte und auch in spätmerowingischer Zeit bewußt beibehielt. Oder wurde nur die verfallende Innenkante mit Holz ausgesteift (es ist das ja die fortifikatorisch wichtigste Stelle!) um ein sehr bescheidenes Annäherungshindernis zu schaffen, da von einem Wall oder einer Mauer nichts mehr angetroffen wurde?

Für die Nachfolge spätrömischer Befestigungen liegen uns gute Einblicke in Regensburg und in Augsburg vor. Von Regensburg (s. Abb. 2) ein gutes Profil [28], welches einen Spitzgraben zeigt. Dieser liegt vor der spätrömischen Quadermauer, die beim Grabenbau mit einer Trockenmauer aus ihrem ruinösen Zustand aufgehöht wurde. Der Ausgräber möchte annehmen, daß dieser Wehrbau anläßlich der Belagerung von Regensburg 917/921 intakt war. Er ist also wahrscheinlich ein halbes Jahrtausend von dem mächtigen spätantiken Mauerkern getrennt. Dazwischen liegt zwar Material, aber es gibt keine Konturen oder Strukturen, die eine feinere Unterteilung zulassen. In Augsburg ist kein Profil bekannt, aber ein Lageplan von der Grabung 1928/30 südlich des Domes in der ehemaligen Johanneskirche [29]. Hier läuft ein ostwestgerichteter Spitzgraben, der wie in Regensburg zwischen spätantiken und hochmittelalterlichen Schichten eingelagert ist, doch liegt dort keine spätantike Befestigung, nur eine Siedlungsschicht. Der Spitzgraben kann, wenn es eine solche gibt, zu einer spätmerowin-

28) A. Stroh, in: Germania 36, 1958, S. 78 ff. und Beilage 3.

29) Von diesen Grabungen gibt es m. W. mehrere Pläne, die gleichzeitig entstanden sind. Ich folge hier einem 1958 bei den Akten des Römischen Museums Augsburg vorhandenen Plan von L. Ohlenroth: Auf diesen Plan gehen meine Ausführungen Jb. Röm. Museum Mainz 5, 1958, S. 221 ff. zurück.

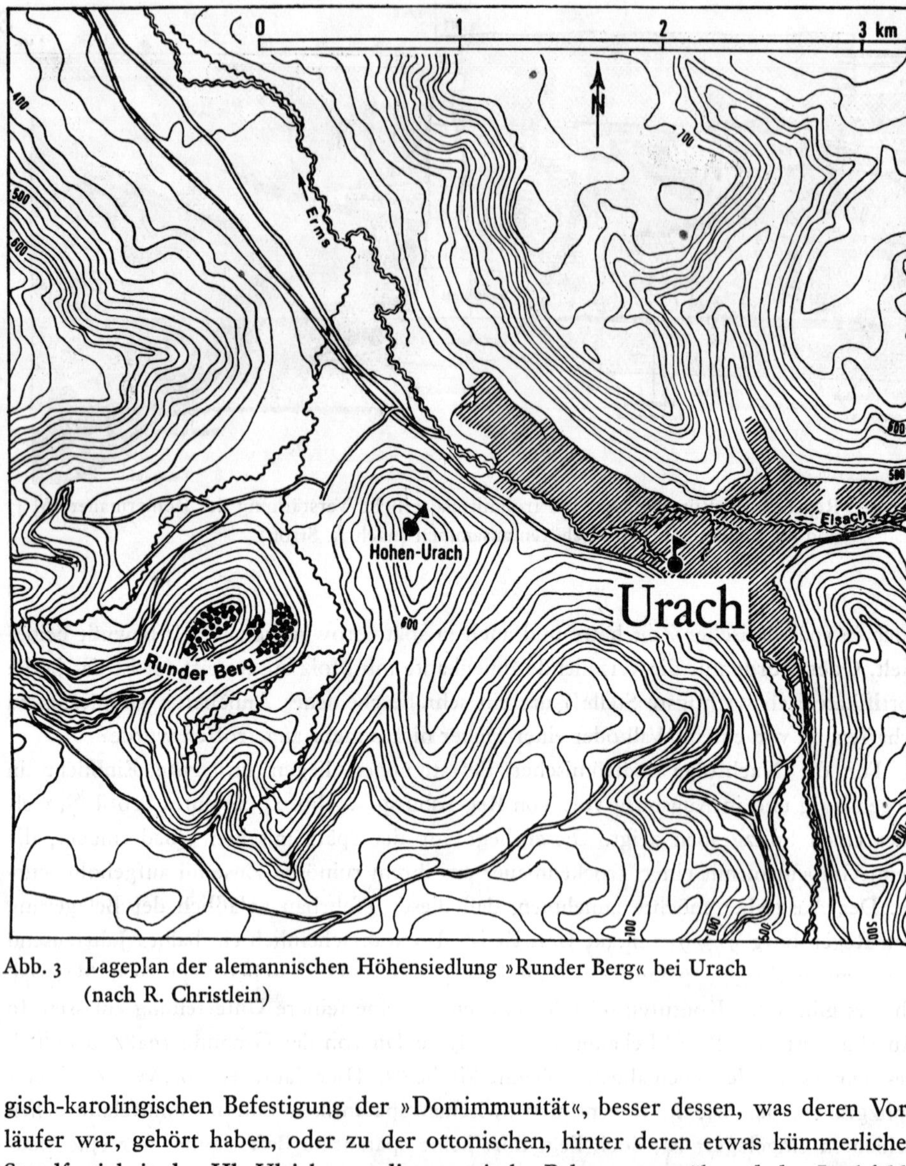

Abb. 3 Lageplan der alemannischen Höhensiedlung »Runder Berg« bei Urach (nach R. Christlein)

gisch-karolingischen Befestigung der »Domimmunität«, besser dessen, was deren Vorläufer war, gehört haben, oder zu der ottonischen, hinter deren etwas kümmerlicher Standfestigkeit der Hl. Ulrich 955 die ungarische Belagerung während der Lechfeldschlacht mit mehr Glück als fortifikatorischem Effekt überstand. Diese Befestigungs g r ä b e n sahen also in Regensburg und Augsburg (10. Jht. ?) anders aus als in Altrip (um 700).

Bevor wir aber gänzlich in die K a r o l i n g e r z e i t hinüberwechseln, sei noch einmal auf die sogenannten alemannischen Höhenburgen zurückgegangen. Die Datie-

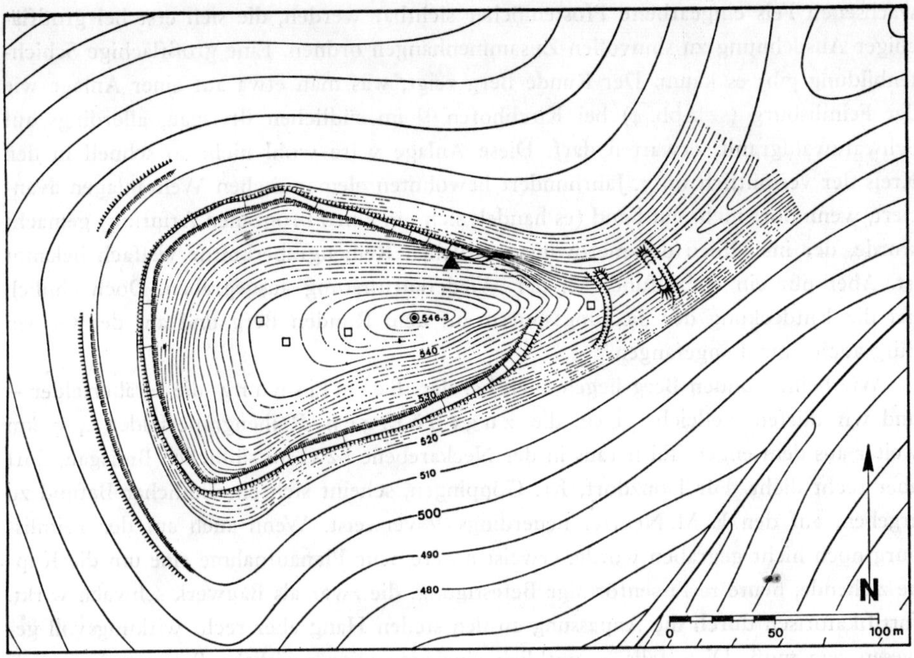

Abb. 4 Lageplan der Felmlisburg, Kreis Breisgau-Hochschwarzwald
▲ = Fundstelle des Armringes (7. Jahrhundert)

rung ist bisher approximativ. Es werden darunter theoretisch sowohl Anlagen verstanden, die Ammianus Marcellinus im 4. Jahrhundert gemeint hat wie solche, die etwa den in Cannstatt 746 Erschlagenen als Sitz und Machtzentrum gedient haben müssen. Ob und wieweit diese im Abstand von vierhundert Jahren genannten sich geglichen haben, ob sie topographisch identisch waren, zudem noch kontinuierlich belegt, ist die große Frage. Es können durchaus dieselben Plätze gewesen sein. Gußformen für Schwertzubehörteile des frühen 6. Jahrhunderts sind in einem kurzen Vorbericht über die Grabungen auf dem R u n d e n B e r g bei Urach (s. Abb. 3) veröffentlicht [30] und zeigen, daß diese Höhenburgen auch in dieser Zeit nicht abseits aller Welt lagen. Wer die Ausgrabungen dort besucht hat, weiß, daß die Ausgrabungsbedingungen auf dieser zerklüfteten Kuppe mit der oft nur dünnen Humusdecke durchaus mediterran sind und nicht mitteleuropäischen entsprechen, vom Klima abgesehen. Nur in den Klüften und Taschen am Abhang fängt sich gelegentlich mehr Material, während auf den gewölbten Flächen nur ein- oder zweischichtige Fundamentreihen oder im ge-

30) Vgl. Anm. 11. – Korrekturanm.: V. Milojčić, Der Runde Berg bei Urach, Ergebnisse der Untersuchungen von 1967–1974, in: Ausgrabungen in Deutschland, gefördert von der DFG 1950 – 1975 (1975), Teil 2, 181 ff.

wachsenen Fels eingearbeite Pfostenlöcher sichtbar werden, die sich erst bei großflächiger Ausdehnung zu sinnvollen Zusammenhängen ordnen. Eine großflächige Schichtenbildung gibt es kaum. Der Runde Berg zeigt, was man etwa auf einer Anlage wie der Feimlisburg (s. Abb. 4) bei Kirchhofen [31] im südlichen Breisgau, allerdings auf Schwarzwaldgranit, erwarten darf. Diese Anlage wäre wohl nicht so schnell in den Kreis der vermutlich im 7. Jahrhundert bewohnten alemannischen Wehranlagen avanciert, wenn dort nicht ein Fund (es handelt sich um einen bronzenen Armring) gemacht wurde, der im Milieu der merowingerzeitlichen Reihengräberkultur vielfach bekannt ist. Aber nur ein Einzelfund, bei der Wiederaufforstung ausgegraben. Doch ähnlich hat die Entdeckung der Siedlungsspuren auf dem Runden Berg und auf der Gelben Bürg auch einmal angefangen.

Wie beim Runden Berg liegen auch bei der Feimlisburg die Gräberfelder – und wir dürfen vielleicht sagen, die zugehörigen Reihengräberfelder, 4–7 km weiter aus dem engen Tal heraus in der Neckarebene bzw. im südlichen Breisgau, dort aber recht dicht. Für Donzdorf, Kr. Göppingen, scheint sich ein ähnlicher Befund zu ergeben, auf den E. M. Neuffer neuerdings [32] verweist. Wenn auch auf der Feimlisburg noch nicht gegraben wurde, erweist unsere neue Planaufnahme eine um die Kuppe ziehende, heute terrassenförmige Befestigung, die zwar als Bauwerk schwach wirkt, fortifikatorisch durch die Anpassung an den steilen Hang aber recht wirkungsvoll gewesen sein muß. Dies, falls es wirklich eine merowingerzeitliche Befestigung ist, als vorläufiger Kontrast zu dem wiederbenutzten antiken Altrip. Die geschützte Fläche umfaßt etwa 1,5 ha, vielleicht etwas mehr.

Die Archäologie kann also bisher zur Frage des Burgenbaues dieser Zeit nur sehr punktuell beitragen. Ob es vielleicht ganze Gruppen von noch erhaltenen Wehranlagen gibt, die nur bisher nicht datiert werden können, trotzdem aber in die Karolinger- oder gar späte Merowingerzeit zurückreichen können, möchte ich später noch einmal erörtern.

Eine mehr grundsätzliche Vorstellung, in welchem Umfang Arbeitskräfte benötigt, Arbeitsleistungen vollzogen wurden, welche organisatorischen Schwierigkeiten eine solche Erde-, Holz- und Steinarbeit mit sich brachte und welche Art höherer Gewalt sie hinderte, vermittelt sicherlich die Einhard'sche Schilderung über den Bau bzw. das schließliche Fiasko beim Bau der fossa Carolina 793 zwischen Altmühl und Fränk. Rezat sehr lebendig [33]. Rechnet man dies als Aufwand der Reichsspitze, kann man ermessen, wie relativ groß der Aufwand auch für sehr viel kleinere Bauten gewesen sein muß.

Das führt uns zu der Frage der Bauorganisation einer Wehranlage. Hier mag daran

31) W. Hübener, in: Schauinsland 90, 1972 (Gedächtnisschr. f. Martin Wellmer), S. 197 ff.

32) E. Neuffer, Der Reihengräberfriedhof von Donzdorf, Kr. Göppingen, 1972, S. 56.

33) MG SS I, 179. – K. Schwarz, in: Aus Bayerns Frühzeit, Friedrich Wagner zum 75. Geburtstag, 1962, S. 321 ff.

erinnert werden, daß H. Büttner schon 1956 und 1960 [34] darauf verwies, daß für bestimmte Personenkreise der ländlichen Bevölkerung eine Arbeits- und Unterhaltspflicht von bestimmten Befestigungsabschnitten der Städte im westrheinisch-gallischen Raum üblich war. Trotzdem bleibt die Mauerbauordnung Bischof Thietla's (897–914) für Worms [35] ein recht einzigartiges Zeugnis. Man weiß nicht, ob man das ohne Bedenken in die frühkarolingische Zeit zurückprojizieren darf und ob so etwas, besonders abseits der antiken Stadtkörper, auch für andere Wehrbauten, etwa die alemannischen Höhenfestungen des 6./7. Jahrhunderts, angenommen werden darf.

Wenigstens zwei größere Gruppen von Siedlungsagglomerationen, die nicht als Städte oder Markorte oder Dörfer im rechtlichen Sinne aufzufassen sind, müßten auf die Frage untersucht werden, ob sie befestigt waren. Das sind einmal die Pfalzen bzw. die Königshöfe, zum anderen die Klöster. Es gibt bisher keine archäologisch untersuchte Klosteranlage dieser frühen Zeit im südwestdeutschen Raum, die eine Wehranlage zutage gefördert hätte; allerdings ist vorsätzlich auch nie gesucht worden [36]. Die Untersuchungen galten aus Gründen, die hier nicht diskutiert zu werden brauchen, den Kultbauten oder den Klausuren.

Der bekannte St. Galler Klosterplan [37] zeigt keine Ansätze einer Wehranlage. Mag er als Idealplan auch andere Dinge für wesentlicher gehalten haben: Entweder war eine Wehranlage so selbstverständlich, daß sie natürlich dazugehörte, deshalb im Plan wegfallen konnte, oder es gab nichts Wehrhaftes, vielleicht nur einen Zaun oder eine schlichte Mauer. Außerdem gab es sicher teilweise sehr günstige, schutzbietende Geländeformen.

Schwieriger ist es schon mit den Pfalzen und den Königshöfen. Das Capitulare de villis [38] sagt nichts von Wehrbauten, und auch von den Pfalzen der Merowingerzeit und der Karolingerzeit wird eine solche Einzelheit nicht erwähnt. Selbst von den wenigen, archäologisch angegangenen des südwestdeutschen Raumes ist die Befestigung, wenn überhaupt vorhanden, nicht als karolingisch, sondern als jünger nachweisbar. In Ingelheim haben die Grabungen Sages die in Frage kommende Zone buchstäblich nicht berührt [39], in Frankfurt ist die Mauer im Süden der Pfalz parallel

34) H. Büttner, Zur Burgenbauordnung Heinrichs I., in: BllDtLdG. 92, 1956, 1 ff. – Aus Geschichte und Landeskunde, Forschungen und Darstellungen. Franz Steinbach zum 65. Geburtstag gewidmet, 1960.

35) C. Erdmann, Die Burgenordnung Heinrichs I., in: DA 6, 1943, S. 82 ff.

36) Z. B. in Lorsch, St. Gallen und Fulda ist die Umgrenzung nicht erfaßt bzw. so erfaßt worden, daß sie sich datieren ließe.

37) Z. B. Studien zum St. Galler Klosterplan (Mitt. zur Vaterländ. Geschichte 42, 1962) (versch. Autoren).

38) H. Hinz, in: Germania 45, 1967, S. 130 ff.

39) W. Sage, Zur archäologischen und baugeschichtlichen Erforschung der Ingelheimer Pfalz, in: Ingelheim am Rhein. Forschungen und Studien zur Geschichte Ingelheims, hg. v. J. Autenrieth, 1964, S. 65 ff.

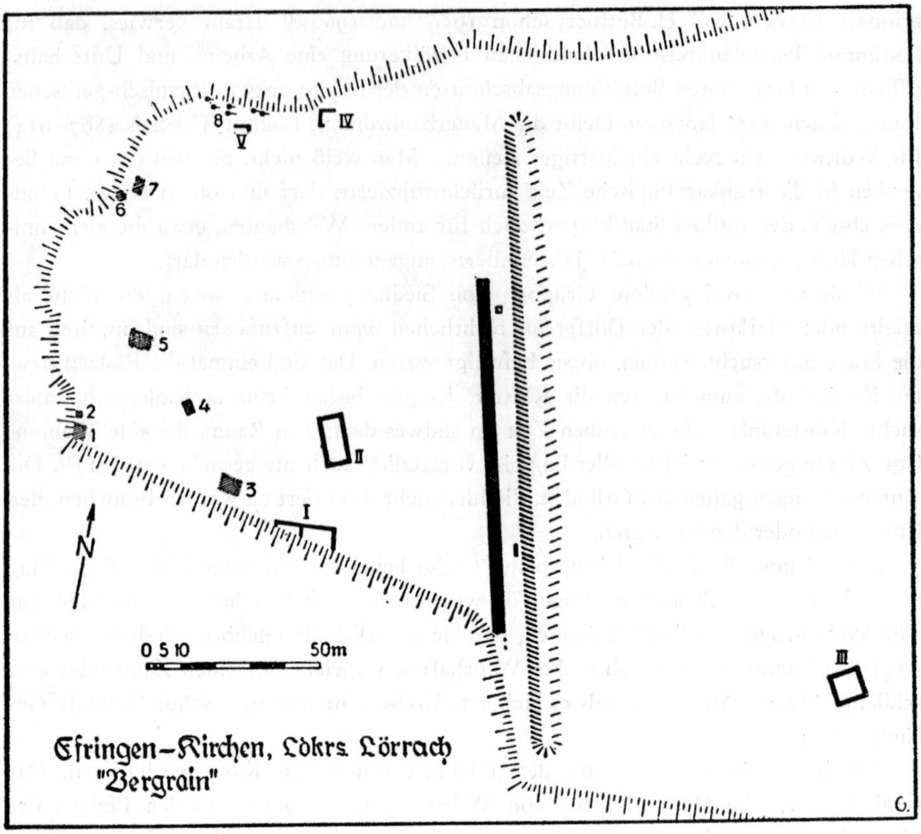

Abb. 5 Kirchen, Kr. Lörrach. Lage der Abschnittsbefestigung (nach Kuhn und Nierhaus)

zum Mainufer und die Nordummauerung der seit 793 bekannten Pfalz ganz offensichtlich jünger als ottonisch [40]. Die Grabungen 1953/61 haben sich dort auch kaum mit unserem Problem befaßt: die moderne Überbauung mag (selbst nach der Trümmerräumung), durch Tiefkeller etwa, noch hinderlich gewesen sein. Die Grabung E. Vogts auf dem Lindenhof mitten in Zürich [41] hat einen spezifisch karolingischen Bau von der nachfolgenden ottonischen Periode klar trennen können. Nur ist der karolingische Bau gründlich abgerissen worden. Dagegen ist der ottonische Neubau besser

40) Bisher nur vorläufige Berichte von H. J. Hundt u. U. Fischer, in: Neue Ausgrabungen in Deutschland, 1958, Die Grabungen in der Altstadt von Frankfurt/Main 1953/57, S. 391 ff. – O. Stamm, Spätrömische und frühmittelalterliche Keramik der Altstadt Frankfurt/Main, 1962, S. 80 ff.

41) E. Vogt, Der Lindenhof in Zürich. Zwölf Jahrhunderte Stadtgeschichte aufgrund der Ausgrabungen 1937/38, 1948, S. 66 ff.

nachweisbar. Es gibt dort einen zweigeschossigen Saalbau, der einerseits repräsentativ über den Hang des Lindenhofhügels zur Limmat nach Südosten hinausschaut, aber ein Spitzgraben, vielleicht auch zwei gleichzeitige hintereinander, schneiden aus dem kleinen Plateau noch eine besondere Sicherung für den Saalbau auf dessen rückwärtiger Nordwestseite heraus.

Als Letztes wäre Kirchen, Kr. Lörrach [42], zu nennen. Eine Terrassenzunge zum Rhein wird von einer schlichten Mauer abgeriegelt; davor lag ein Spitzgraben (s. Abb. 5). Einige kleine gemauerte Gebäude und Grubenhäuser als Zeichen von Holzgebäuden und einige Gräber, letztere mit karolingischen und karolingisch-ottonischen Funden, sind alles. Das Ganze ist durch eine Notgrabung im Vorfeld des Westwalles herausgekommen; man kann dabei nicht viel Intensität verlangen. Die Anlage ist 1,5 bis 2 ha groß gewesen, was eine zutreffende Größenordnung für den engeren Pfalz- oder Königshofbereich gewesen sein mag.

Um die Frage der Königshöfe bzw. der Pfalzen in Südwestdeutschland archäologisch zu fördern, hat unser Institut 1972, 1973 und 1975 Probegrabungen in Neudingen (Schwarzwald-Baar-Kreis) unternommen. Neudingen, in spätkarolingischen Urkunden Nidingen genannt, liegt unmittelbar am Südufer der Donau. Die topographischen Bedingungen sind dort günstig, allerdings bei der schlechten Quellenlage alles andere als eindeutig. Zunächst das Topographische (s. Abb. 6): Östlich des alten Ortskernes liegt ein Plateau, etwa 12 m über der jungen Donau. Es ist ein einladender Platz für jeden, der sich am östlichen Rand der Baarebene niederlassen will und dabei die Donau und die Donausüdstraße kontrolliert. Ein alter, nord-südlicher Wegzug zwischen der Höhe »Die Länge« und dem Fürstenberg könnte hier über die Donau nach Norden gegangen sein. Das Plateau ist etwa 110 zu 140 m groß, trägt heute noch den Namen »Maria Hof« oder »Maria im Hof« und ist der Platz eines Dominikanerinnen-, ab Anfang des 17. Jahrhunderts eines Zisterzienserinnenklosters. 1803 säkularisiert, als Blinden- und als sogenannte Rettungsanstalt eingerichtet, brannte es 1852 ab und wurde später samt noch stehenden Wirtschaftsgebäuden abgebrochen. Die landesgeschichtliche Bedeutung des Platzes liegt in der 1337 erstmals nachweisbaren Gruft der Fürsten (zunächst Grafen) von Fürstenberg. Als das ehemalige Kloster in der Mitte des 19. Jahrhunderts abbrannte, baute sich das fürstliche Haus genau an der Stelle der Gruft der abgebrochenen Klosterkirche eine neue Gruftkirche, die 1856 fertig war. Der Platz ist heute ummauert, etwa auf der Linie der Klostermauern des letzten Zustandes. Der Steilabfall des Plateaus zur Donau geht am Ost- und am Westrand in zwei kleine Tälchen aus. Aber auch die gegen Süden weisende Breitseite ist durch eine Senke geschützt, durch die heute die Donausüdstraße führt; sie lag nach alten Berichten tiefer. Das Plateau (s. Abb. 7) ist, wie der von uns erstmals erstellte Höhenplan

42) R. KUHN und R. NIERHAUS, in: Badische Fundberichte 17, 1941/47, S. 322 ff.

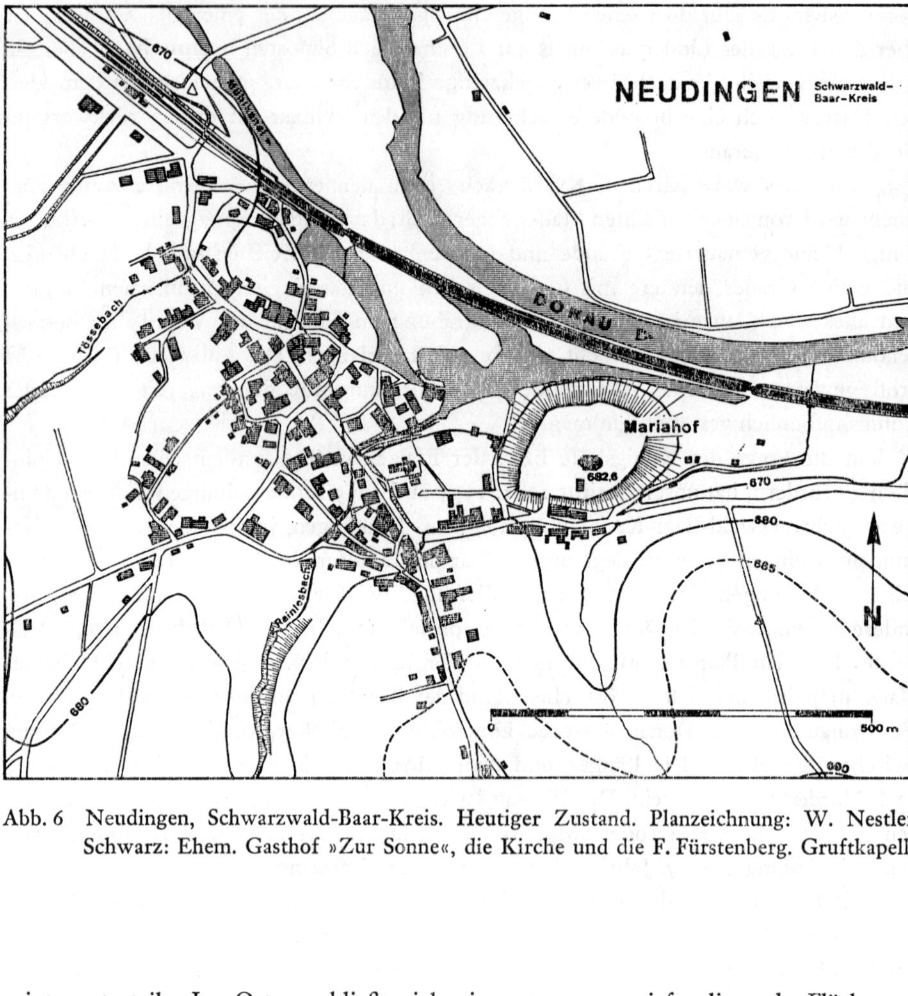

Abb. 6 Neudingen, Schwarzwald-Baar-Kreis. Heutiger Zustand. Planzeichnung: W. Nestler. Schwarz: Ehem. Gasthof »Zur Sonne«, die Kirche und die F. Fürstenberg. Gruftkapelle

zeigt, unterteilt. Im Osten schließt sich eine etwa 2 m tiefer liegende Fläche an. Außerhalb der Ostmauer zieht sich, wiederum etwa 6–8 m tiefer, eine Mauer mit vorgelagertem Spitzgraben herum, die unausgegraben schwach zu erkennen ist.

Ein zweites Plateau schließt sich westlich an das des Klosters an. Es ist an der Nordseite nicht so deutlich abgesetzt, dafür aber im Süden und Westen. Auf ihm steht die heutige Dorfkirche, die romanische Spolien in ihrem Turminnern verbaut hat, ferner das Rathaus und neuerdings die Schule. Trotzdem ist auch dort noch eine größere unbebaute Fläche. Dieses Kirchenplateau wird an seiner Westseite von einem markanten Bachlauf begrenzt.

Ein dritter Punkt liegt in der Luftlinie ca. 400 m nach Westen entfernt, etwa am Westrand des alten Dorfkernes. Es ist das ehemalige Wirtshaus »Zur Sonne«. Als ein

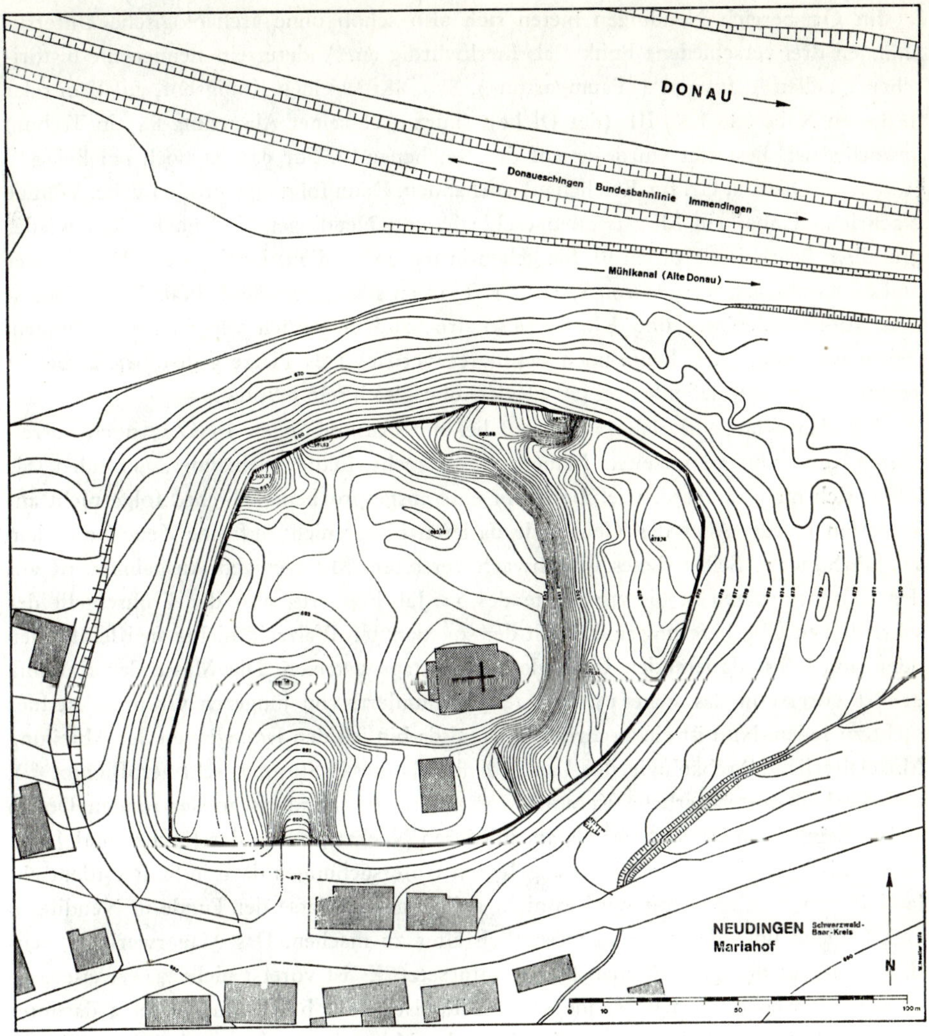

Abb. 7 Neudingen, Schwarzwald-Baar-Kreis. Mariahof. Höhenlinienplan. Zeichnung: W. Nestler, 1974

fast quadratischer Baukörper, stark verputzt, so daß von altem Mauerwerk nicht viel erkennbar ist, sperrt er heute noch in auffallender Weise im engeren Dorfbereich die Donausüdstraße. Gewisse feinere Höhenunterschiede lassen im Verein mit Hochwassermarken an eine zeitweilige erhöhte Sperr- und auch Schutzwirkung denken; der Bau kann durchaus eine Art Motte oder Burgstall gewesen sein. Ein Flurname deutet darauf hin.

Im Ortsbereich Neudingen bieten sich also schon ohne archäologische Untersuchungen drei verschiedene Punkte als merkwürdig an. Andererseits nennen die historischen Quellen [43] für 772 (»Paumgartun«), 870, 881 [44] einen Königshof, auf dem oder in dessen Nähe 888 Karl III. (der Dicke), (kurz nach seiner Absetzung 887 in Trebur) gestorben ist. Bestattet wurde er auf der Reichenau [45]. Für 949 ist noch ein Beleg [46] (Urkunde Ottos d. Gr. für Reichenau) vorhanden. Dann folgt eine große Lücke. Wenige Nachrichten über ein Ministerialengeschlecht von Neudingen sind noch nicht wieder gründlich bearbeitet worden [47]. Sie gehen in das 12. und 13. Jahrhundert. Das Kloster und die Grablegen werden von 1274 bzw. 1337 an ständig erwähnt. Pfalz bzw. Königshof, Ministerialenburg und Kloster, also drei, zudem zeitlich verschiedenen Dingen, stehen wenigstens drei heute noch sichtbare »verdächtige« Plätze gegenüber. Dabei ist keineswegs gesagt, daß alle drei jeweils deckungsgleich sein müßten.

Auf dem Platz »Mariahof« wurden bei den Ausgrabungen 1972/75 noch ausreichend Reste von gemörtelten Mauern, etwa rechtwinklig zueinander, gefunden. Sie lassen sich nicht datieren, wie überhaupt eine ausgesprochene Schichtenfolge nicht angetroffen wurde. Aber die Kleinfunde datieren bisher nicht auf eine Zeit v o r dem 12. Jahrhundert. Selbst dieses ist schwach vertreten. Mit wenigen Ausnahmen ist aus der Zeit des späten 8. bis zur Mitte des 11. Jahrhunderts, also der Frühschicht der schriftlichen Überlieferung und damit der sogenannten Pfalzzeit, nichts an Kleinfunden oder sich selbst datierenden Gebäuderesten zutage getreten. Die Masse der Keramik gehört vorerst in das späte 13. und 14. Jahrhundert; von jüngeren Gruppen ist hier nicht zu reden. Nun ist einzuschränken, (und da bin ich den Kolleginnen der Abteilung Mittelalterliche Archäologie des Landesdenkmalamtes in Stuttgart sehr verpflichtet [48]), daß die hochmittelalterliche Keramik des 12.–14. Jahrhunderts an der jungen Donau wahrscheinlich anders aussieht als am mittleren Neckar und an der Kocher und Jagst, woher bis jetzt die einzigen, breit angelegten Untersuchungen dazu in Südwestdeutschland stammen. Aber damit wird es nicht gelingen, die Masse der Funde in Neudingen entscheidend umzudeuten, also wesentlich älter zu machen. Das Mauerwerk in Neudingen ist auf den gewachsenen Boden aufgesetzt. Es ist vorerst nicht zu erweisen, ob es mit der Masse der Kleinfunde gleichzeitig ist oder ob sich auch älteres darunter befindet. Diese Landschaft war (schon?) in der Merowingerzeit notorisch keramikarm, und wie zur Kennzeichnung dessen liegt der bekannte Alemannenfriedhof von Ober-

43) Die Ann. Fuld. und Regino v. Prüm nennen den Ortsnamen nicht.

44) 772 UB St. Gallen I, Nr. 63–870: UB St. Gallen II, Nr. 165–881 UB St. Gallen II, Nr. 225 ff. – Korrekturanm.: Im Herbst 1975 wurde 6 m S des N-Randes, nahe dem Steilabfall zur Donau, der Grundriß einer Kirche (= ehem. Nikolauskapelle) aufgedeckt, der dem 8.–11. Jh. angehört. Wahrscheinlich ist dies die ehem. Pfalzkapelle.

45) Herimanni Aug. Chron., MG SS V, S. 109 u. FUB V, 44.

46) Wirtemb. UB I, S. 211 ff. u. FUB V, 52.

47) Frdl. Hinweis Prof. K. S. Baader, Zürich.

48) Hier gilt mein herzlicher Dank Frau Dr. B. Scholkmann, Stuttgart.

flacht mit seinen reichen Funden des Böttcher-, Zimmermanns- und Drechslergewerbes aus dem 7. Jahrhundert nur etwa 15 km in der Luftlinie entfernt [49].

Wenden wir uns nun aber dem letzten großen Kapitel, dem Wehrbau der nachkarolingisch-ottonischen Zeit, zu. Daß wir keine Datierungsmöglichkeiten durch Keramik, – vor dem späten 12. Jahrhundert in guter chronologischer Ansprechbarkeit und befriedigender Menge – vorweisen können, sagte ich schon. Nur am nördlichen Oberrhein und am Neckar sind durch die Arbeiten von Lobbedey [50] und Koch [51] bessere Ansätze zu erwarten. Wir sind also im wesentlichen auf Einteilungsprinzipien angewiesen, die sich außerhalb zu erkennen gegeben haben, also auf eine Typenkunde, die auf den Endzuständen der Wehranlagen beruht.

Jeden Typ und das Ganze, auch chronologisch, zusammenfassende Arbeiten, wie etwa Schuchhardts Atlas für Niedersachsen, fehlen. Darum wird man hier und jetzt den Versuch eine Typenkunde wagen müssen.

Nicht, daß nicht bescheidene regionale Übersichten vorlägen. 1913 hat Gutmann [52] alles vorgelegt, was er aus dem Elsaß kannte, 1936 Garscha [53] alles über die Ortenau berichtet, was bekannt und nennenswert schien, 1952 Merkt [54] eine Übersicht über das Allgäu geboten. Für Mittelfranken und Oberfranken besitzen wir die Arbeiten von Gumpert [55] und Schwarz [56]. Wirklich weiterführend ist zweifellos die umfangreiche Arbeit von Wein [57] über den Stuttgarter Raum, aber gerade für die hier uns interessierende Epoche des 8.–11. Jahrhunderts, zudem in den wohl meistens für immer schriftlos bleibenden Bereichen, müssen wir wohl andere Wege suchen. Von diesen erscheint die entsagungsvolle Arbeit von H. Zürn beispielhaft, der seinen vor- und frühgeschichtlichen Kreisinventaren Nordwürttembergs [58] eigens gefertigte Planaufnahmen 1:1000 von solchen Anlagen beigibt. Es kann also nur die planmäßige Sammlung und Aufnahme aller in Frage kommenden Bodendenkmäler

49) P. Paulsen–H. Schach-Dörges, Holzhandwerk der Alamannen (Württ. Landesmuseum Stuttgart, 1972) mit ält. Literatur.

50) H. U. Lobbedey, Untersuchungen mittelalterlicher Keramik, vornehmlich aus Süddeutschland, 1968.

51) Veröff. Hist. Ver. Heilbronn 26, 1969, S. 25 ff.

52) K. S. Gutmann, in: PraehistZ. 5, 1913, S. 193 ff.

53) Die Ortenau 21, 1934, S. 553 ff.

54) O. Merkt, Burgen, Schanzen und Galgen im Allgäu (Das kleine Allgäuer Burgenbuch), 1951.

55) JbHistVerein Mittelfranken 70, 1950, S. 16 ff. (Frühmittelalterliche Turmhügel in Franken).

56) K. Schwarz, Die vor- und frühgeschichtlichen Geländedenkmäler Oberfrankens, 1955.

57) G. Wein, Die mittelalterlichen Burgen im Gebiet der Stadt Stuttgart 1, 1967; H. 2, 1971.

58) H. Zürn, Die vor- und frühgeschichtlichen Geländedenkmale und die mittelalterlichen Burgstellen des Stadtkreises Stuttgart und der Kreise Böblingen, Esslingen und Nürtingen, 1957. – H. Zürn, Die vor- und frühgeschichtlichen Geländedenkmale und die mittelalterlichen Burgstellen der Kreise Göppingen und Ulm, 1961.

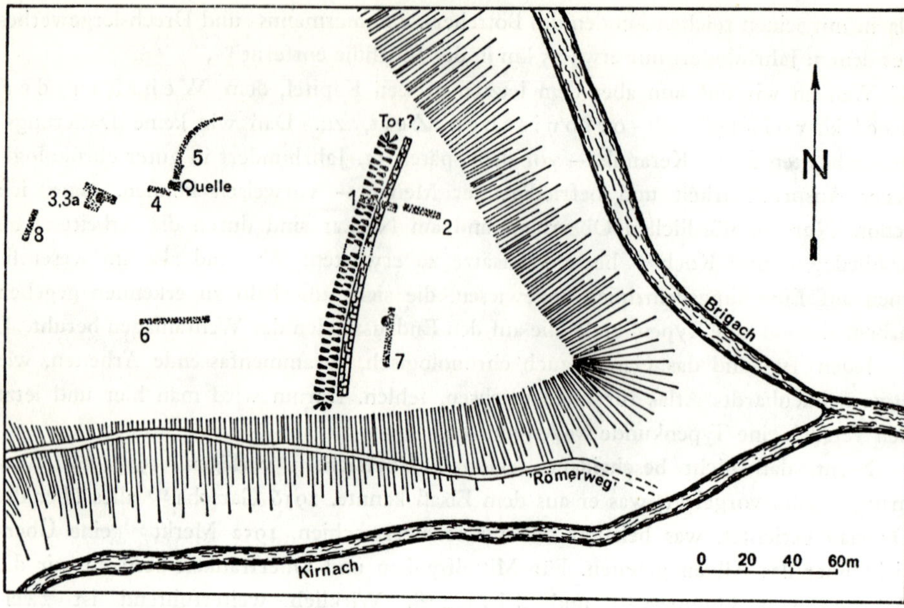

Abb. 8 Villingen, Schwarzwald-Baar-Kreis. Abschnittsbefestigung »Kapf«. Grabungsschnitte 1959 (nach Spindler und Hübener)

einschließlich der Sammlung aller Nachrichten über sie, die in Frage kommen, weiterführen. Dabei ergeben sich vier Gruppen:

a) solche, die im Gelände vorhanden sind, zu denen es auch historische Quellen gibt,
b) solche, die im Gelände vorhanden sind, zu denen aber keine historischen Quellen bekannt sind,
c) solche, die nicht mehr im Gelände sichtbar sind, zu denen es aber Quellen gibt, die also da gewesen sein müssen,
d) schließlich solche, die archäologisch überhaupt erst sichtbar gemacht werden müssen, zu denen es aber keine Quellen zu geben scheint, wie es das eben erwähnte Beispiel Neudingen zeigt (und jetzt eine Flurbereinigung in Amoltern am Kaiserstuhl).

Eigene Arbeiten in der Baar, die sich auf die frühmittelalterlichen Wehranlagen beziehen, standen vor einigen Jahren noch nicht unter dieser ausgereifteren Fragestellung. Eine Untersuchung von zwei Wehranlagen im Stadtwald von Villingen 1959 ergab u. a. eine klassische frühmittelalterliche (Abb. 8) Abschnittsbefestigung [59] und

59) Vorbericht von W. Hübener, in: Germania 42, 1964, S. 260 ff. und PraehistZ. 41, 1963, S. 51 ff. – K. Spindler, Magdalenenberg II. Der hallstattzeitliche Fürstenhügel bei Villingen im Schwarzwald, 2. Bd., 1972, S. 53 ff. (mit W. Hübener).

ermunterte, den eigentlichen Fortifikationsprinzipien nachzugehen. Zehn Jahre später regte eine besiedlungsgeschichtliche Arbeit von H. Thom [60] über Unterschiede und Gemeinsamkeiten zwischen den römischen und den alemannischen Siedlungen in der Baar an, die Wehranlagen des frühen bzw. (frühen Hoch-) Mittelalters zu sammeln, was mittlerweile auch zu einer Sichtung und teilweisen Vermessung führte. Besuche der fraglichen Plätze brachten das schwierige Problem der Vermessung. Es war klar, daß die richtungweisenden Beispiele von Schwarz und Zürn weder finanziell noch zeitlich zu verkraften sein würden. Wir haben daher mit den Herren R. Andrae, W. Nestler und H. W. Heine ein vereinfachtes Planaufnahmeverfahren entwickelt, um eine gleichmaßstäbliche und gleichwertige Aufnahme der in Frage kommenden Bodendenkmäler in dem auch von Schuchhardt [61], Schmedding [62] und Hofmeister [63] bevorzugten Maßstab 1:1000 zu erhalten. Diese Pläne sind natürlich weniger exakt als die von einem Geometer erstellten, aber die vergangenen 30 Jahre haben in Südwestdeutschland gezeigt, daß wir auf die Geometer nicht warten können, wollen wir nicht noch einmal dreißig Jahre verstreichen lassen. Zu vereinfachteren, trotzdem ausreichenden Aufnahmeverfahren zwangen uns auch andere Erkenntnisse.

Schuchhardts niedersächsicher Atlas umfaßt vorwiegend, abgesehen von urgeschichtlichen und kaiserzeitlichen Wehranlagen, die sogenannten Rund- und Abschnittswälle und die sogenannten curtes bzw. das, was man damals darunter zu verstehen glaubte (vgl. o. S. 57). Eine andere, auch in Niederdeutschland sehr verbreitete Gruppe, die Motten oder Turmhügel oder Ansitze oder wie man sie nennen will, wird nur selten genannt. Insgesamt erweckt der Atlas den Eindruck, als sei alles Wichtige gebracht. Daß das nicht der Fall ist, haben Nachträge nach 1916 gezeigt [64]. In Südwestdeutschland nun muß mit einer weit größeren Zahl von Anlagen gerechnet werden. Eine zuverlässige Statistik gibt es nicht. Für den Raum der heutigen Baar habe ich bis 1970 allein 42 Anlagen ermittelt, die noch im Gelände sichtbar sind [65]. Dabei sind alle durch Überlieferung bekannten, die heute nicht lokalisierbar sind, nicht mitge-

60) H. Thom, Die Besiedlung im Bereich der Baar in römischer und alamannischer Zeit nach den archäologischen Funden. (Manuskript 1969). Die Karten in: Villingen und die Westbaar, hg. von W. Müller, Freiburg 1972 (Beitrr. der frühgesch. Archäologie zur G. der Baar, S. 42 ff. mit Karte 4 und einem vorläufigen Verzeichnis der frühgeschichtlichen Wehranlagen der Baar), (W. Hübener).

61) A. von Oppermann und C. Schuchardt, Atlas vorgeschichtlicher Befestigungen in Niedersachsen, 1888–1916; vgl. dazu Bd. I, S. 391 ff.

62) J. H. Schmedding, Atlas vor- und frühgeschichtlicher Befestigungen in Westfalen, H. I–III, 1921.

63) H. Hofmeister, Die Wehranlagen Nordalbingiens, Zusammenstellung und Untersuchung der urgeschichtlichen und geschichtlichen Burgen und Befestigungen, 1917, H. 1 Gebiet der Freien und Hansestadt Lübeck. – 2. Fürstentum Lübeck. – H. 2: Kr. Hzgt. Lauenburg, 1925.

64) Z. B. Ringwall und Burg in der Archäologie West-Niedersachsens, Ausstellungskatalog Cloppenburg, hg. v. H. Ottenjann, 1971.

65) Vgl. Anm. 60, am Ende.

rechnet. Ebensowenig die durch Flurnamen verdächtigen Punkte. Zudem passiert es immer wieder, daß im Gelände sichtbare Anlagen noch gar nicht »amtlich« bekannt sind. Für die (heutige) Baar kann man durchaus mit etwa 50 Anlagen rechnen. Von zweien oder dreien gibt es Pläne. Dabei sind die Anlagen, von denen die erste Erbauung erst im 13. Jahrhundert oder jünger zu vermuten ist, nicht mitgerechnet.

Legt man die topographische Karte 1:25 000, also das Meßtischblatt, zugrunde, welche erfahrungsgemäß nur etwa 70–80 % der noch erhaltenen Anlagen verzeichnet, so würden sich für das Land Baden-Württemberg folgende Überlegungen ergeben: Es gibt etwa 290 Meßtischblätter. Unsere genaueren Untersuchungen im Breisgau, in der Baar, im Südschwarzwald und im nördlichen Hegau und im Heuberggebiet lassen für jedes Meßtischblatt im groben Durchschnitt 7–9 eingetragene Anlagen erkennen. Das ergibt, knapp gerechnet, unter Hinzuziehung der derzeit nicht bekannten (und wiederum Abzug der notorisch unergiebigen Flächen wie dem Hochschwarzwald oder Teilen der Alb) etwa 2500 bis 2800 Anlagen, die erstmals spätestens am Ende des 12. Jahrhunderts angelegt wurden. Man kann vor dieser Zahl erschrecken, aber man wird sie kaum ernsthaft reduzieren können, eher noch vergrößern müssen. Das gilt für Baden-Württemberg. Nimmt man die Pfalz, das Elsaß und die Nordschweiz hinzu, darf man die Zahl wohl noch um ein Viertel erhöhen. Um nun einmal einen repräsentativen Querschnitt zu bekommen, hat Herr H. W. Heine vor einiger Zeit begonnen, 12 zusammenhängende Meßtischblätter am Ostrand der Baar und im Heuberg-Hegaugebiet systematisch durch Begehung, Vermessung und Literaturstudien zu bearbeiten. Ein Studium der Archive durch einen Historiker müßte theoretisch nebenher laufen. Ob dessen Aufwand an Zeit durch einen sichtbaren Erfolg gerechtfertigt ist, wäre die Frage an die Historiker. Die archäologische Arbeit jedenfalls zeigt, (durch die Vorarbeiten in der Baar vor zuviel Experimentieren bewahrt), diese statistischen Grundannahmen, von denen ich vorhin sprach. Damit hätten wir zusammen mit der Baar auf der Grundlage von etwa 18 Meßtischblättern zwar nur etwa ein Sechzehntel Baden-Württembergs erfaßt. Wir haben damit aber die Fragestellung umgekehrt, indem wir nun nicht mehr mit archäologischen Mitteln (wobei vom vornehmsten, von der Ausgrabung, noch gar nicht gesprochen wird) historisch bekannte Plätze angehen, sondern alles noch Sichtbare sammeln, aufnehmen und typographisch zu ordnen suchen und, um es nochmals zu betonen, durchaus das Risiko kennen, welches man mit einer Einteilung, die sich nach dem jüngsten Zustand richtet, auf sich nimmt.

Dabei lassen sich folgende Gruppen erkennen:

1) Abschnittswälle, einfach oder mehrfach (häufig) (etwa 0,5–1,5 ha groß)
2) Ring- oder Rundwälle (ebenso groß) (selten)
3) Motten (Turmhügel, Ansitze) (häufig) (Plateau von 100–200 m^2)

Soweit lassen sich die Gruppen klar trennen. Komplizierter wird es mit der folgenden Gruppe 4. Sie scheint aus einem Turmhügel als Typ entwickelt oder auch aus

Abb. 9
Burg Lützelhardt,
Ortenaukreis, Lageplan
(nach Hammel)

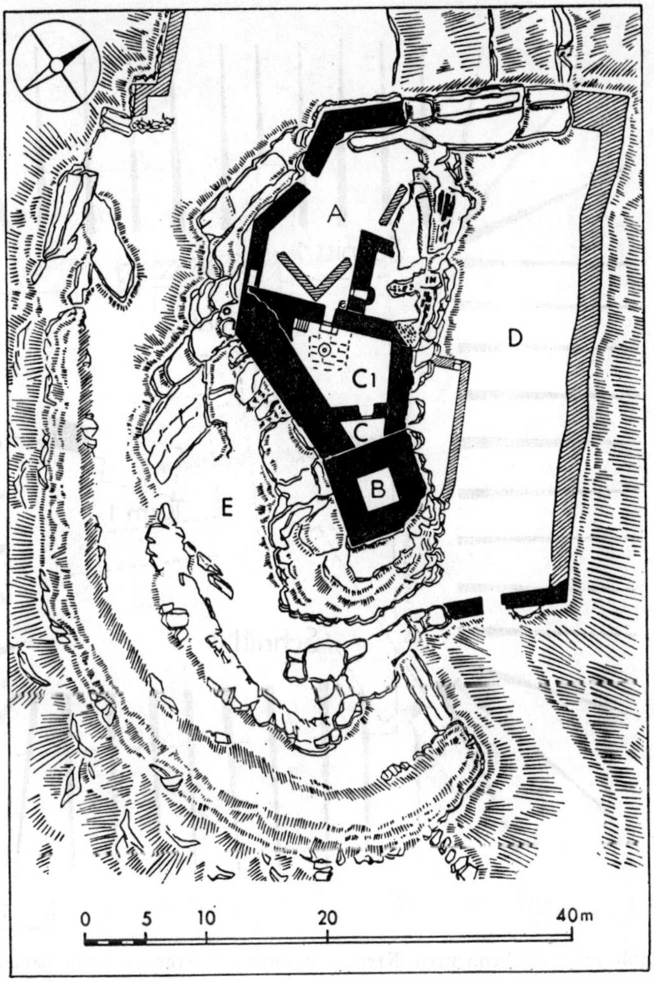

einem schon vorhandenen ausgebaut und stellt so etwas wie eine erweiterte Motte oder einen Burgstall dar. Ob diese Gruppe einmal dasselbe sein wird, was man in Bayern gut kennt und dort Burgstall nennt, ist noch unsicher.

Eine 5. Gruppe sind dann ausgesprochene Höhenburgen. Sie liegen auf im letzten Teil sehr steilen Gipfeln und bieten eine nur sehr kleine Fläche, zunächst für nicht viel mehr als einen Turm, einen sehr bescheidenen »Saalbau« und einen winzigen Hofplatz, alles durch eine Mauer geschützt. Oft dient eine Gebäude- oder eine Turmseite als Mauer. Diese Anlagen liegen nicht nur oft über 100 m höher als die letzte hochgelegene Siedlung (heute) oder die Abschnittswälle und die Motten, sie liegen auch absolut sehr hoch. Wenn die absolute Meereshöhe auch nichts besagt, so liegen Anlagen wie

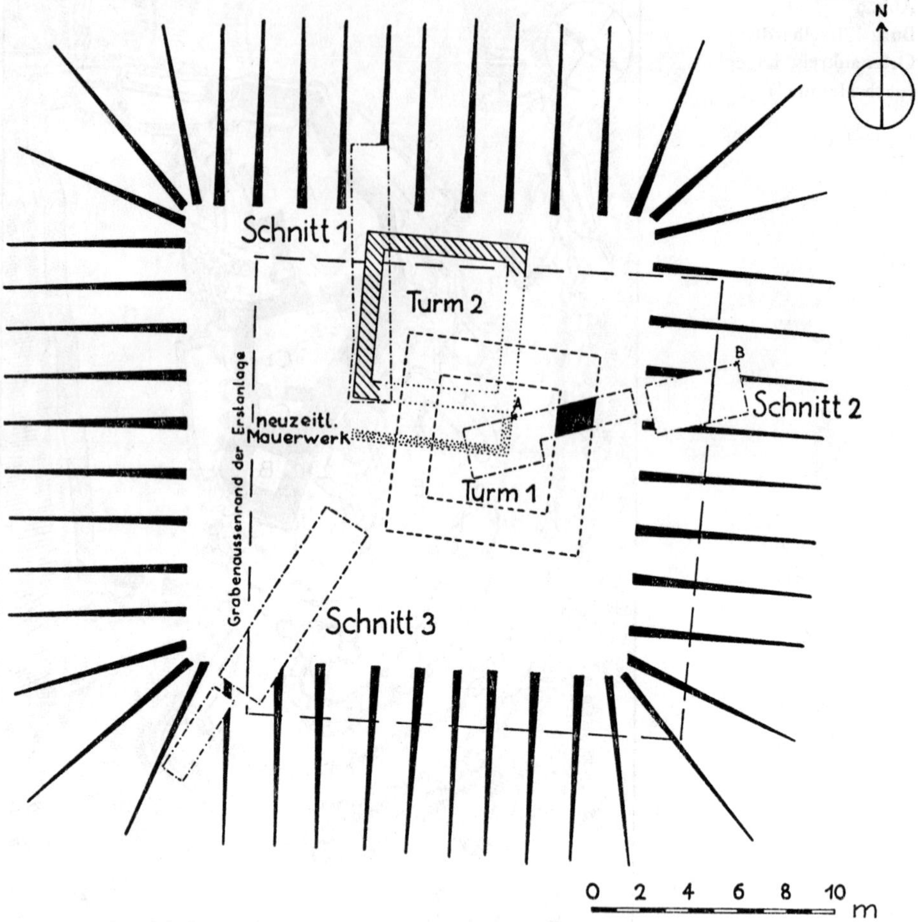

Abb. 10 Wäschenbeuren, Kreis Göppingen. »Burren«, Grabungsplan (nach Zürn)

der Stockberg über Badenweiler im Südschwarzwald mit 1074 m eben auch 500 m über der heutigen und sicher auch einige hundert Meter über der zeitgenössischen Siedlungsgrenze, soweit diese überwiegend am Ackerbau orientiert war. Das sind Eigenheiten, die auf der Tagung im Herbst 1972 schon in Varianten herausgestellt wurden, zu denen auch H. M. Maurer in seinem Beitrag über die Entstehung der hochmittelalterlichen Adelsburg in Südwestdeutschland [66] willkommene Daten liefert, nämlich die zweite Hälfte des 11. und die erste Hälfte des 12. Jahrhunderts. Die archäologische

66) H. M. Maurer, Die Entstehung der mittelalterlichen Adelsburg in Südwestdeutschland, in: ZGORh, 117, 1969, S. 295.

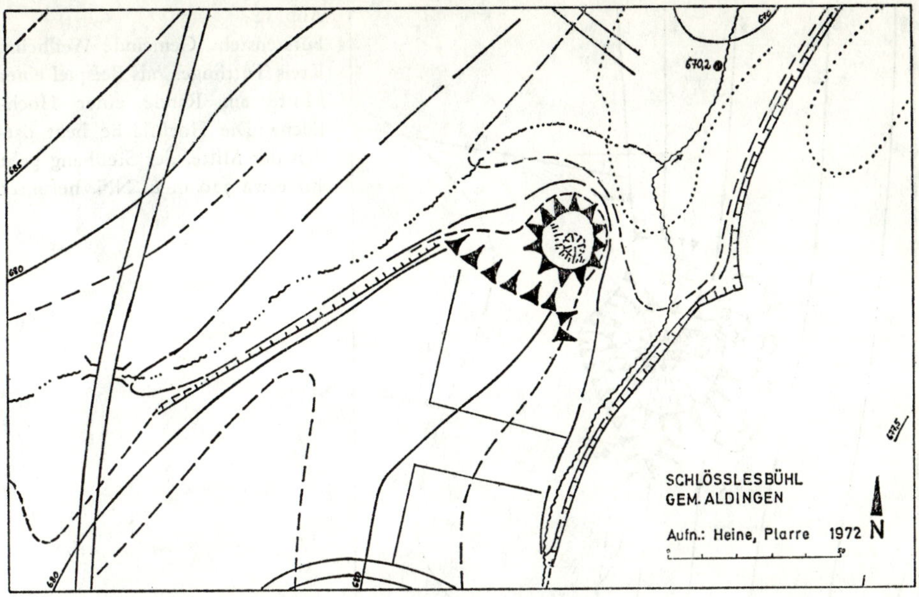

Abb. 11 Schlösslesbühl, Gemeinde Aldingen, Kreis Tuttlingen, als Beispiel einer Motte in flacherem Gelände

Untersuchung dieses Typs, etwa an der Burg Lützelhardt[67] bei Seelbach (Ortenaukreis) (Abb. 9) hat die Zeitansätze dieses Typs bestätigt.

Als 6. Gruppe hier die Wehranlagen anzuschließen, die sich in späteren Städten und Stadtbereichen finden, wird sich in dieser Zuweisung wohl weder vom Archäologisch-fortifikatorischen noch vom Historischen her halten lassen, da es sich wohl ursprünglich meistens um chronologisch zutreffende Anlagen, um Motten oder Burgställe handeln dürfte.

Es bleiben dem Archäologen im wesentlichen also die Abschnittswälle, die Motten und Burgställe und die frühen Höhenburgen. Mit diesen sind wohl 90 % des Materials grob erfaßt. Entscheidende Akzente setzen die Mengenanteile der Massen. Soweit wir das übersehen, sind wohl etwa 30 % Abschnittswälle, 40—50 % Motten und Burgställe und weniger als 10 % Höhenburgen der eben geschilderten frühen Art. Während wir für die Datierung der Letzteren in die zweite Hälfte des 11. und die erste Hälfte des 12. Jahrhunderts keine Bedenken haben, liegt die archäologische Situation für die Motten und Burgställe schon schwieriger, weil keine in Südwestdeutschland gründlich untersucht sind. Man wird schon in die Schweiz gehen müssen. Das Beispiel Multberg

67) K. Hammel, in: Badische Fundberichte 19, 1951, S. 87 ff. (Lützelhardt bei Seelbach, Kr. Lahr).

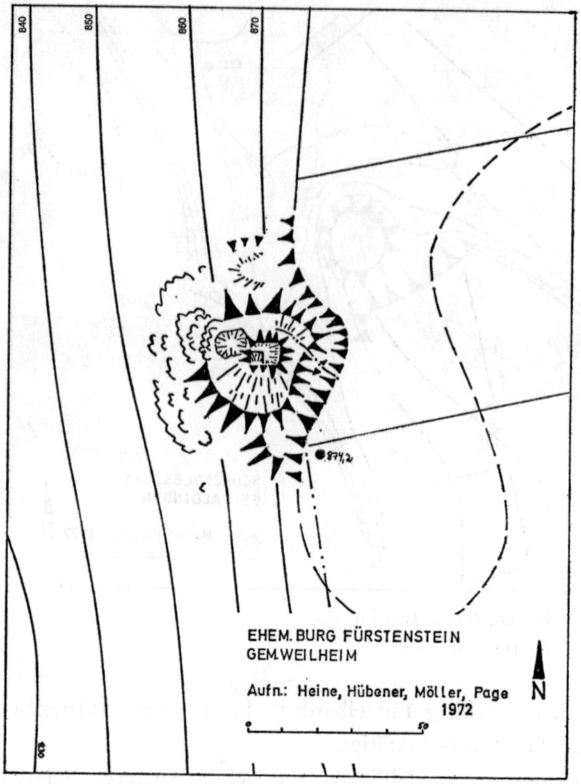

Abb. 12
Fürstenstein, Gemeinde Weilheim, Kreis Tuttlingen, als Beispiel einer Motte am Rande einer Hochfläche. Die Hochfläche liegt östlich der Mitte, der Steilhang geht auf etwa 720 m ü. NN. herunter

(Thurgau) 68) steht wohl schon am Übergang zu den frühen Höhenburgen. Sellenbüren (Zürich) 69) scheint mir typischer zu sein, aber dort gibt es keine Flächenabdekkungen, nur Suchgräben. Da könnte das bekannte Beispiel vom »Burren«, Gem. Wäschenbeuren, Kr. Göppingen 70) mehr ergeben (s. Abb. 10). Als einziges Bauwerk ist ein Turm bekannt, aus Stein, der einmal erneuert, in den Abmessungen verändert und dabei geringfügig versetzt wurde. Das entspricht am ehesten unserer Vorstellung von einer frühen Motte. Aber Datierungsmöglichkeiten gibt es, wie ich schon oben bei der Beschreibung des Pfalzgeländes von Neudingen erwähnte, nicht. Und eben, weil wir auf solchen Anlagen keine Keramik finden, möchte man die Motten v o r die Zeit des Aufblühens der ersten mittelalterlichen a u ß e rrheinischen Keramikindustrien setzen. Also in das 11. oder vielleicht auch das 10. Jahrhundert. Das mag etwas bemüht klingen, weil wir diese Daten in anderen Landschaften, etwa am Niederrhein, in

68) H. Schneider, in: ZSchweizArchäol. 15, 1954/55, S. 65 ff.
69) H. Schneider, in: ZSchweizArchäol. 14, 1953, S. 68 ff.
70) H. Zürn, in: Fundber. aus Schwaben, NF. 15, 1959, S. 110 ff.

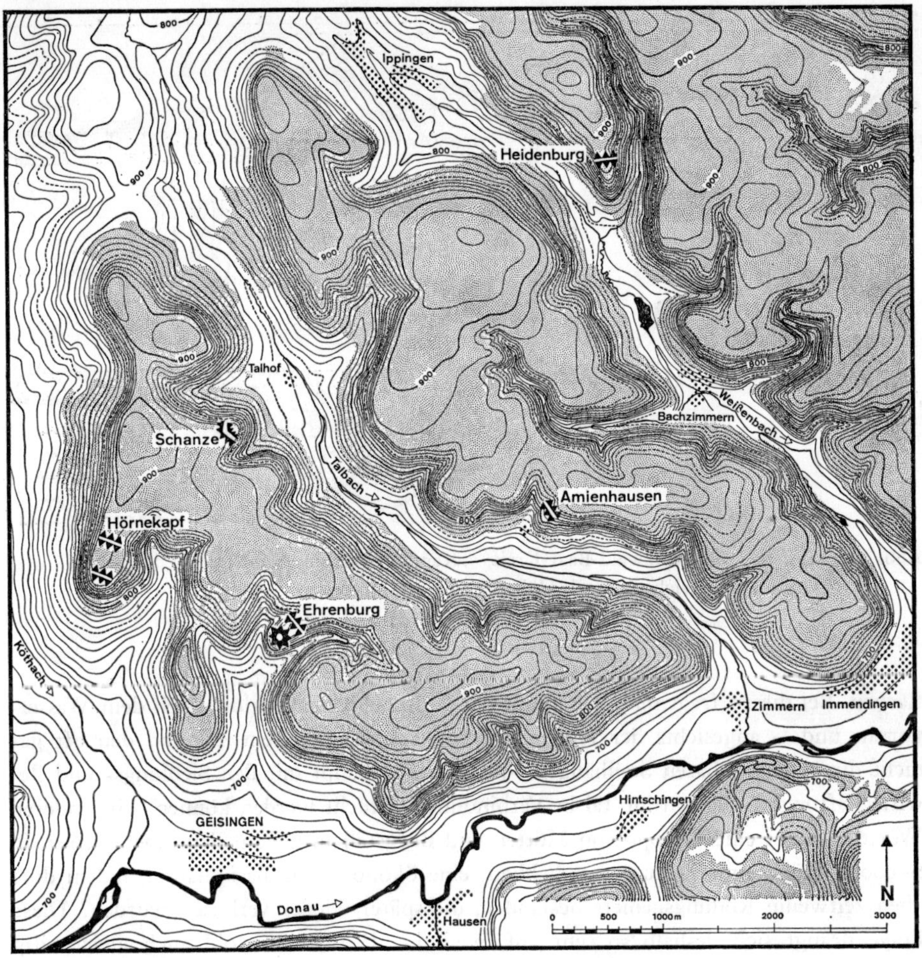

Abb. 13 Abschnittbefestigungen W von Immendingen (nach Hübener)

Frankreich und in England gut belegt haben. Aber in SW-Deutschland gibt es diese archäologischen Belege nicht und deshalb schweben wir hier mit der Typenkunde und ihrer Datierung in der Luft.

Diese Motten und Burgställe treten, jedenfalls im Bereich des Jura, in zweierlei Gestalt auf. Einmal sind es die in sanftere Abhänge eingeschnittenen, künstlich überhöhten Hügel (Beispiel Abb. 11), zum anderen aus den Hochflächenrändern ausgesägten kleinen Plateaus, die durchaus nicht immer mit dem Grabenaushub überhöht wurden (Beispiel Abb. 12). Damit fassen wir gleichzeitig zwei verschiedene Umlandtypen. Einmal in Tälern bzw. an sanften Talhängen, die ganz offensichtlich einen Bachlauf in unmittelbarer Nähe gesucht haben, zum anderen die an den steilen Rändern der Hoch-

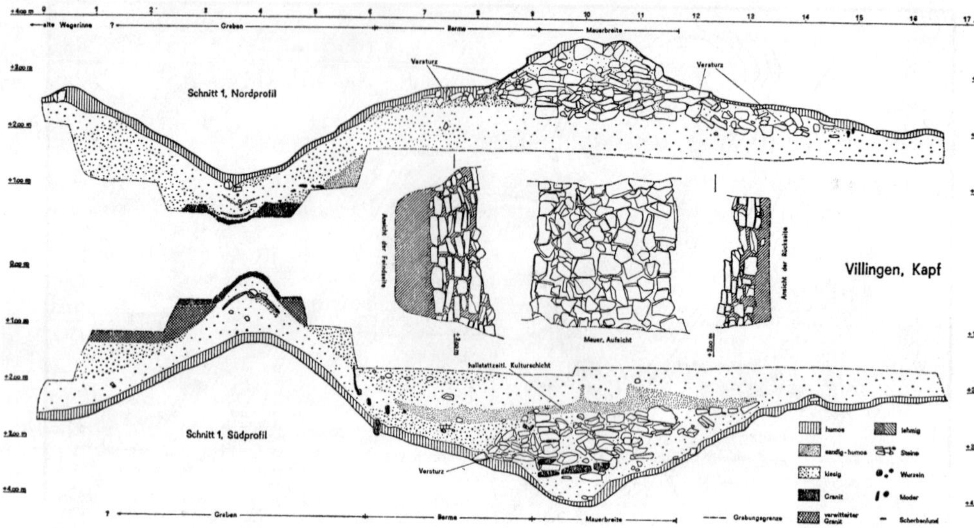

Abb. 14 Villingen, Schwarzwald-Baar-Kreis, »Kapf«, Abschnittbefestigung. Schnitt 1/1959. Profile und Ansichten (nach Hübener)

flächen. Bei diesen fragt man, gerade in der Muschelkalkformation, nach dem Wasservorrat, und – angesichts der Höhenlage 150–200 m über dem Tal und den oft gar nicht direkt passierbaren Steilhängen –, ob sie überhaupt mit den Siedlungs- und Bewirtschaftungsvorgängen im Tal in Verbindung gebracht werden können. Mit anderen Worten, gab es eine Gruppe von Motten und Burgställen, die auf den Hochflächen, in 8–900 m Höhe eine Siedlungsmöglichkeit, eine ökonomische Basis hatten, indem dort oben zeitweilig Rodungsgebiete bestanden, die später wieder verlassen wurden? Diese Frage drängt sich deshalb so sehr auf, weil die dritte, und wohl auch gleichzeitig stummste unserer Gruppen, die Abschnittswälle, oft auch auf solchen Hochflächen liegen. Ein Beispiel von allein 4 solchen Abschnittsanlagen, z. T. doppelt, in Blickweite der Pfalz Neudingen, auf einer einzigen allseitig abfallenden Hochfläche, mag das verdeutlichen (s. Abb. 13). Ein Langwall, den die Kartographen übersehen hatten, liegt an der NW-Spitze der westlichen Hochfläche. Etwas weiter NO (bei Spaichingen) könnte man das Beispiel von Motten bzw. Burgställen an Hochflächenrändern und Abschnittswällen, die die Hochflächenzungen und -sporne abriegeln, vermehren.

Es geht ferner um die Frage, was hinter den Abschnittswällen eigentlich steht. Wie unser Villingener Beispiel (s. Abb. 8) zeigt, sind es Trockenmauern mit vorgelagerten Spitzgräben (Abb. 14). Keine der vielen inzwischen gesammelten, besuchten und aufgemessenen Anlagen weicht von dieser Norm merklich ab (Beispiel Abb. 15). Daß sie in den fortifikatorisch wirksamen Proportionen relativ stets gleichbleiben, absolut sich

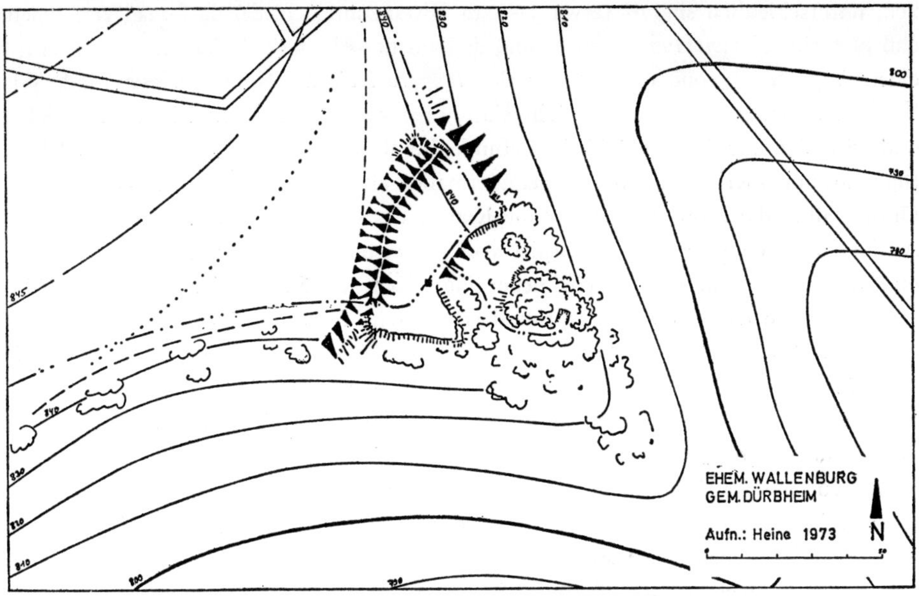

Abb. 15 Wallenburg, Gemeinde Dürbheim, Kreis Tuttlingen, als Beispiel einer Abschnittbefestigung

aber erheblich verschieben können, habe ich vor längerer Zeit schon an 22 ausgesuchten Beispielen Mitteleuropas zu zeigen versucht [71].

Aber Turmhügel bzw. Burgställe einerseits und Abschnittswälle andererseits sind zwei verschiedene Dinge und man kann sich als Archäologe nicht dabei beruhigen, das festgestellt zu haben. Auch unabhängig von jeder chronologischen Fragestellung dokumentieren sich hier zwei ganz verschiedene Auffassungen von Schützenswertem und von wehrhafter Siedlungsweise. Während für Motten und Burgställe Türme und kleine Gebäude gesichert sind und die Zeitstellung für das 11. und das späte 10. Jahrhundert mit gutem Grund vermutet werden kann, kennen wir von den bis zu 1,5 ha großen Flächen der Abschnittsbefestigungen keinerlei Gebäudespuren oder Kleinfunde. Hier gibt es zwei Möglichkeiten der Erklärung. Entweder diente die Abschnittsbefestigung gar nicht dem Schutz eines dauerhaften Siedlungskomplexes oder aber die Bauweise war so leicht, daß sie mit archäologischen Mitteln nicht zu erfassen ist. Darüber hinaus gab es offenbar kaum Tongefäße im Gebrauch. Hier müssen andere Materialien zu Gebote gestanden haben. Oder handelt es sich nur um temporär aufgesuchte befestigte Plätze? Da die Dimensionen des fortifikatorischen Prinzips, also der Abstand des Wehrpodiums des Verteidigers zu der ungünstigsten Position des Angreifers im Gra-

71) Vgl. Anm. 14.

ben, unterschiedlich sind [72] (etwa 3–10 m Distanzunterschied), darf man annehmen, daß hier eine *Entwicklung* vorliegt und deshalb die Abschnittsbefestigungen nicht für einen Augenblick, sondern doch für eine *längere Zeit* die Norm gewesen sind. Wie lang der Zeitraum war, ob zwei Jahrzehnte oder zwei Jahrhunderte, ist ganz unsicher und wird sich nur durch glückliche Befunde, bei denen Dendrochronologie und Kleinfunde argumentierend sein werden, einigermaßen eingrenzen lassen. Lediglich auf dem Umweg über die Proportionen und die Kontur des Grabenprofils sind chronologische Analogien zu dem genannten Beispiel von Regensburg [73] und zu den Befestigungen im Danewerksystem [74] möglich; neuerdings auch in Südwestdeutschland [75]. Also ganz allgemein das 9. und 10. Jahrhundert mit sehr fließender Zeitgrenze nach oben und unten. Wenn nun die frühen Höhenburgen »Adels«sitze, die Motten und Burgställe Sitze örtlicher Machthaber waren, was waren dann die Abschnittsbefestigungen, selbst wenn sie nur periodisch aufgesucht wurden? Ausweiche und Zuflucht einer »Dörflichkeit«, die sonst unten im Tal ihre Existenzgrundlage hatte? Oder doch Schutz von einiger Dauer für eine Siedlungsgemeinschaft, die zeitweilig mit Erfolg die Hochflächen gerodet hatte? Sind also die Abschnittsbefestigungen Ausdruck einer fluktuierenden Lebensweise, sowohl durch äußere Feinde wie durch elementare wirtschaftliche Notwendigkeiten diktiert? Wir wissen es nicht. Aber die Zahl von ursprünglich schätzungsweise 500–600 Abschnittsbefestigungen im südwestdeutschen Raum wiegt schwer, zumal es sich offenbar um die älteste große Befestigungsgruppe des eigentlichen Frühmittelalters, der karolingisch-ottonischen Zeit, handelt.

Eine systematische Bestandsaufnahme dieses Typs, wie wir sie anstreben, wird ambivalent sein. Einmal muß sich herausstellen, ob es sich dabei um eine zeitlich und funktional begrenzte Norm handelt und wie sie dann historisch zu deuten ist. Zum anderen wird sich bei großräumiger Untersuchung eines Tages zeigen müssen, ob dieser Typ nicht primär naturbedingt ist, also in Landschaften mit flacherem Relief durch fortifikatorisch dort bessere Lösungen, z. B. Ringwälle, ersetzt worden ist. Das hieße also vielleicht, diese Anlagen sind mit den niederdeutschen Ring- und Rundwällen, sofern sie aufgrund einer Ausgrabung dasselbe soeben geschilderte fortifikatorische Prinzip aufweisen, zeitgleich. Nun gibt es Ring- oder Rundwälle auch in Südwestdeutsch-

72) Vgl. Anm. 14.

73) Vgl. Anm. 28.

74) G. Haseloff, in: Offa 2, 1937, S. 158 ff.

75) Unterregenbach, Stadt Langenburg, Kr. Crailsheim. Der über der Klosteranlage gelegene Abschnittswall ergab in seinem Spitzgraben einen späteren Kalkbrennofen, der durch C-14-Datierung etwa auf die Zeit »980–1060« datiert werden kann; vgl. G. Fehring, in: ZGORh 120, 1972, S. 19, Anm. 108a.

land, aber selten, und die meisten liegen auch in Niederungen [76]. Aber ein unauflöslicher Rest bleibt. Hier könnten vielleicht Feinnivellements die fortifikatorische Begründung liefern. Und schließlich bleibt das Verhältnis der Abschnittsbefestigungen zu den Motten bzw. Burgställen zu klären. Die Frage, ob sie sich zeitlich ausschließen oder aber noch berühren, und wenn, wie lang die Kontaktzeit ist, ist wohl die brennendste. Da beide in den gleichen engeren Räumen angetroffen werden und sich nicht etwa landschaftlich ausschließen (bisher jedenfalls nicht) muß sich der Siedlungsprozeß in ihnen und in ihrer Nähe unter denselben kleinklimatischen Faktoren abgespielt haben. Aber ob der gesellschaftliche Zustand, der diese beiden Grundtypen hervorbrachte, derselbe war, ob beide Bautypen aus der gleichen sozialen Grundlage – vielleicht trotz zeitlicher Unterschiede – erwuchsen, ist das große, ungelöste Problem.

(Abgeschlossen im März 1973).

76) Z. B. die Burg Rumstal im Wieselsbachtal, unmittelbar W von Villingen, für die Nachrichten seit dem 12. Jh. vorliegen. Sie kann aber älter sein. Plan bei P. Revellio, Die Besiedlung des Schwarzwaldes westlich und südlich von Villingen, in: Einwohnerbuch Villingen und Umgebung, 1961, S. 5 u. 6, Abb. 1 u. 2 (Plan). – Ferner die nicht näher bekannte, stark abgetragene Rundanlage »Hohstauden«, Gem. Kirchzarten, Kr. Breisgau-Hochschwarzwald. S. auch G. Fehring, Frühmittelalterliche Wehranlagen in Südwestdeutschland, in: Chateau-Gaillard, Etudes de castellologie mediévale V, 1970, Cäen 1972, S. 37 ff.

Rechtsverhältnisse der hochmittelalterlichen Adelsburg vornehmlich in Südwestdeutschland

VON HANS-MARTIN MAURER

I. Vorbemerkung [1)]

Im Unterschied zur Rechtsgeschichte der Stadt und des Dorfes sind die Rechtsverhältnisse der dritten bedeutenden Siedlungsform des Mittelalters, der Burg, bis jetzt nur selten und nur ausschnittweise Gegenstand eingehender Forschungen gewesen [1a)]. Das liegt sicher wesentlich daran, daß die Burg als innerster Kern der mittelalterlichen Herrschaft, als unmittelbarster, im allgemeinen auch unbestrittener Einflußbereich des Herrn weniger Anlaß zu rechtlichen Auseinandersetzungen und Abmachungen bot als die Stadt und das Dorf, die selbständiges gesellschaftliches Leben entwickelten und zu erweitern suchten. Natürlich mußten auch die Rechtsverhältnisse auf den Burgen geregelt sein, aber vieles konnte ungeschriebenes Gewohnheitsrecht bleiben, anderes durch

1) Diesen Beitrag widme ich Herrn Professor Dr. Otto Herding, meinem verehrten Lehrer, zum 65. Geburtstag.

1a) E. Klebel, Mittelalterliche Burgen und ihr Recht, in: Anzeiger d. österr. Akad. d. Wiss., Philos.-hist. Kl., 89. Jg., 1952, S. 370–379 (ein skizzenhafter Abriß, mehr Anregung als Ergebnis, vorwiegend den bayerisch-österreichischen Raum betreffend). – W. Grube, Rechtsgeschichtliche Probleme der mittelalterlichen Burg, in: Protokoll der 5. Tagung d. Arbeitskreises f. württ. Landes- und Heimatgeschichte, 1954 (masch. schr.). – Siehe auch den Beitrag von H. Patze in Bd. I, S. 515 ff.

mündliche Vereinbarungen oder Entscheidungen der Burgherrn bestimmt werden. So kommt es, daß Burgen, so häufig sie in Form von Geschlechternamen urkundlich erwähnt sind, als Rechtsobjekte auffallend selten in Urkunden und Chroniken behandelt werden. Um ein Beispiel anzuführen: Von den 5468 Urkunden, die das elfbändige Württembergische Urkundenbuch aus dem 12. und 13. Jahrhundert wiedergibt, sind es nur 108, also gerade etwa zwei Prozent, die Rechtshandlungen über Burgen zum Inhalt haben. Von diesem kleinen Teil berichten wiederum fast zwei Drittel, nämlich 67, lediglich über Besitzveränderungen, über Verkauf, Tausch oder Schenkung von Burgen, wobei die einzelnen Bauten mit ihrem Zubehör nur kurz bezeichnet werden. Es bleiben nur wenige Unterlagen, denen Aussagen über burgenrechtliche Verhältnisse zu entnehmen sind. Das dürfte der Hauptgrund für den Rückstand der rechtsgeschichtlichen Forschung über die Burg sein. Man darf wohl sagen, daß die Zahl und Aussagekraft der urkundlichen und chronikalischen Belege über die Rechtssituation der Burg im umgekehrten Verhältnis zu ihrer Bedeutung als Adelsresidenz und Herrschaftszentrum steht.

Hier wird dennoch der Versuch gemacht, Einzelnotizen vorwiegend aus regionalen Urkunden- und Quellenwerken des südwestdeutschen Raumes vergleichend daraufhin zu überprüfen, welche Aufschlüsse über das Befestigungsrecht, den Burgfrieden, die Burgfronen, das Öffnungswesen, das Burglehenrecht und überhaupt über den Rechtscharakter der Burg möglich sind. Die Untersuchung erstreckt sich hauptsächlich auf das 13. Jahrhundert, und für diesen Zeitraum ließen sich schließlich insgesamt doch mehr Unterlagen als zunächst erwartet ausfindig machen. Indessen erschien es für manche Fragen methodisch zweckmäßig, von spätmittelalterlichen Verhältnissen auszugehen, weil diese spätere Zeit weit zahlreichere und ausführlichere Belege hinterlassen hat. Bei aller gebotenen Vorsicht vor Rückschlüssen eröffnet sich doch die Aussicht, bisher nicht beachtete Termini und Rechtselemente auch der früheren Zeit zu erkennen, in die Untersuchungen einzubeziehen und zur Aussage zu bringen.

II. Burgen als Vertrags- und Beurkundungsorte im 13. Jahrhundert

Zur Vornahme rechtsverbindlicher Handlungen und Beurkundungen wählte man im Mittelalter gerne Orte mit besonderer Rechtsqualifikation aus. Die Verfasser der Urkundentexte wiesen zuweilen ausdrücklich darauf hin, daß die Verträge an einer Königstraße, auf Gerichtsstätten oder in Kirchen abgeschlossen wurden. Offenbar schienen solche Orte geeignet, den Rechtsakten höheres Gewicht, ja eine gewisse Weihe zu verleihen. Andererseits hat man anzunehmen, daß bei der Auswahl von Beurkundungsorten auch praktische und gesellschaftliche Voraussetzungen beachtet wurden, etwa die Verfügbarkeit von Kanzleien oder wenigstens von rechtskundigen Schreibern und die Möglichkeit, die Vertragspartner und ihre Begleiter in einer der Sache angemessenen Weise zu bewirten. Diese Voraussetzungen waren in Städten, Klöstern und in geringerem Maße auch in Dörfern gegeben.

Im Folgenden sei untersucht, welche Rolle die Burgen als Beurkundungsorte für adlige Herren spielten. Das Ergebnis verspricht eine Aussage über die rechtliche und gesellschaftliche Bedeutung der Burg im Verständnis des Adels und in den Augen der Bevölkerung. Die Untersuchung läßt sich quantitativ unterbauen, da zahlreiche Urkunden in der Datierung die Vertrags- oder Beurkundungsorte angeben. Zugrundegelegt wird das Württembergische Urkundenbuch, in dem alle Urkunden aufgenommen sind, die sich auf den Raum des späteren Königreichs Württemberg beziehen [2]. Es enthält für die Zeit von 1201—1290 immerhin 783 vom Adel ausgestellte Urkunden, welche die *actum*- oder *datum*-Orte mitteilen [3]. Um ständische und zeitliche Unterschiede deutlich zu machen, werden die Urkunden für vier Adelsgruppen (Grafen, Freiadlige, Reichsministeriale, Ministeriale und Ortsadlige) und jeweils nach Jahrzehnten zusammengestellt.

Die Grafen stellten ihre Urkunden in den ersten drei Jahrzehnten (1201—1230) größtenteils in Klöstern, Städten und auf Burgen aus — in dieser Reihenfolge [4]. Von 1230 an erledigten sie dann immer mehr Rechtsgeschäfte auf ihren Burgen, im vierten Jahrzehnt 50 % der Fälle, im fünften Jahrzehnt 55 % und im sechsten Jahrzehnt sogar 60 %. Dazu kommen weitere 10—20 % Urkunden, die in Siedlungseinheiten von Burg und Stadt ausgestellt wurden (wobei nicht feststellbar ist, ob die Rechtsakte in der Burg oder in der angeschlossenen Stadt abgewickelt wurden) [5]. Um die Mitte des Jahrhunderts vollzogen also die Grafen vier Fünftel ihrer Rechts-

2) Das Württembergische Urkundenbuch eignet sich gut für diese Untersuchung, weil es nicht dynastisch, sondern regional angelegt ist, also für einen größeren Raum die Urkunden zahlreicher Adelshäuser wiedergibt.

3) Schätzungsweise jede dritte bis vierte Urkunde des Adels nennt in diesem Zeitraum den Beurkundungsort. Nicht berücksichtigt sind alle die Fälle, in denen die Orte nicht eindeutig identifizierbar oder in eine der Ortskategorien (Burg, Stadt, Kloster, Dorf) nicht klar einzureihen sind (siehe auch Anm. 5). Für die Zeit nach 1290 verliert die Untersuchung an Wert, weil die lokalisierten Urkunden prozentual abnehmen und die Burgen weniger oft als Beurkundungsorte verwandt wurden.

4) Es handelt sich um Urkunden folgender Familien über Besitzungen im späteren Württemberg: Herzöge (Titularherzöge) von Teck, Pfalzgrafen von Tübingen, Markgrafen von Baden und Burgau, Burggrafen von Nürnberg, Grafen von Aichelberg, Asperg, Berg, Bregenz, Calw, Dillingen, Dilsberg, Eberstein, Freiburg, Fürstenberg, Görz, Grüningen, Habsburg, Heiligenberg, Helfenstein, Hohenberg, Katzenelnbogen, Kirchberg, Landau, Leiningen, Löwenstein, Montfort, Nellenburg, Öttingen, Rotenburg, Schelklingen, Sigmaringen, Spitzenberg, Sulz, Tettnang, Ulten, Urach, Vaihingen, Veringen, Wartstein, Werdenberg, Württemberg, Zollern, Zweibrücken.

5) Die Gruppe »Siedlungsverband Burg-Stadt« mußte aus methodischen Gründen hier für diejenigen Fälle eingeführt werden, in denen Burg und Stadt denselben Namen tragen und in den Datierungsformeln nicht auseinandergehalten werden. Steht *castrum* oder *civitas* dabei, wurden sie der jeweils eindeutigen Gruppe zugewiesen.

handlungen auf oder nahe bei Burgen. Nach 1260 ging die Verwendung der Burgen dafür wieder zurück, zunächst auf 40 %, dann auf 36 % und 1280–1290 sogar auf 23 %. Die Grafen schlossen ihre Verträge nun mehr und mehr in Städten, 1260–1280 in etwa 25 % der Fälle, dann in 35 %. Im gesamten Zeitraum von 1200–1290 sind 37 % der Urkunden in Burgen datiert, 15,5 % in Siedlungseinheiten von Burg und Stadt, 25 % in Städten, 11,5 % in Klöstern und 10 % in Dörfern. Landgerichtsstätten werden nur zweimal, die Königstraße dreimal erwähnt. Wenn man auch anzunehmen hat, daß diese traditionell herausgehobenen Plätze öfter aufgesucht wurden, als sie genannt sind [6], so traten sie im 13. Jahrhundert doch gegenüber Burgen und Städten eindeutig weit zurück.

Wenden wir uns den Nobiles (dem freien Adel ohne Grafentitel) zu [7], ergibt sich ein ähnliches Bild. In der Zeit von 1230–1270 waren es ebenfalls die Burgen, die vorzugsweise für Rechtsgeschäfte und Beurkunden ausgewählt wurden, doch war ihr Vorsprung vor den Städten weniger groß. Schon etwas früher als die Grafenburgen, nach 1270, wurden sie dann von den Städten übertroffen.

Die Ministerialen der Staufer und des Reiches verwendeten ihre Burgen, insgesamt gesehen, noch häufiger für Rechtsakte, aber gegenüber dem Hochadel ist eine zeitliche Verschiebung zu konstatieren. Obwohl zahlreiche staufische Ministeriale schon im 12. Jahrhundert und jedenfalls seit Beginn des 13. Jahrhunderts Burgen bewohnten, liegen (nach dem Württembergischen Urkundenbuch) bis zum Jahre 1240 Urkundenausstellungen nur aus Klöstern, Städten und Dörfern vor, allerdings auch hier nicht viele. Erst 1241 setzen Urkundenausstellungen auf Burgen ein, nun aber gleich mit einem Anteil um 50 %. Der Verspätung entspricht eine längere Dauer der führenden Stellung der Burg, noch im letzten Jahrzehnt unserer Untersuchung, 1280–1290, lag sie mit 52 % an der Spitze der Ausstellungsorte. Auffallend ist, daß die Reichsdienstmannen den Städten gegenüber reservierter waren als der Hochadel, dagegen häufiger in die Klöster kamen, um ihre Schenkungen zu beurkunden. Sicherlich übernahmen die bedachten Klöster dann den Aufwand der Rechtszeremonien.

Noch später als die Reichsdienstmannen begann der niedere Adel (nichtkönigliche Ministeriale und Dorfadlige), auf Burgen zu urkunden. Bis 1260 sind Urkundenausstellungen dieser Schicht nur aus Städten, Dörfern und Klöstern (und aus Siedlungseinheiten von Burg und Stadt) bekannt. Nachher betrug der Anteil der Burgen an den Beurkundungsorten 30–40 %, war also etwas geringer als bei den höheren Adels-

6) Berücksichtigt man alle hier untersuchten Adelsurkunden, also auch die der nichtgräflichen Adelsschichten, werden Landgerichte insgesamt 4 mal und »öffentliche« Straßen 8 mal in Datierungsformeln ausdrücklich erwähnt. Doch waren weitere Ausstellungs-Dörfer und -Städte wie Cannstatt, Hohentengen und Winterbach alte Landgerichtsorte, ohne daß immer darauf hingewiesen wird. Ebenso lagen andere Dörfer und Städte an Königsstraßen.

7) Es handelt sich um eine große Zahl freiadliger Familien, die im Gebiet des heutigen Württemberg Besitz hatten.

Beurkundungsorte der Grafen im 13. Jahrhundert

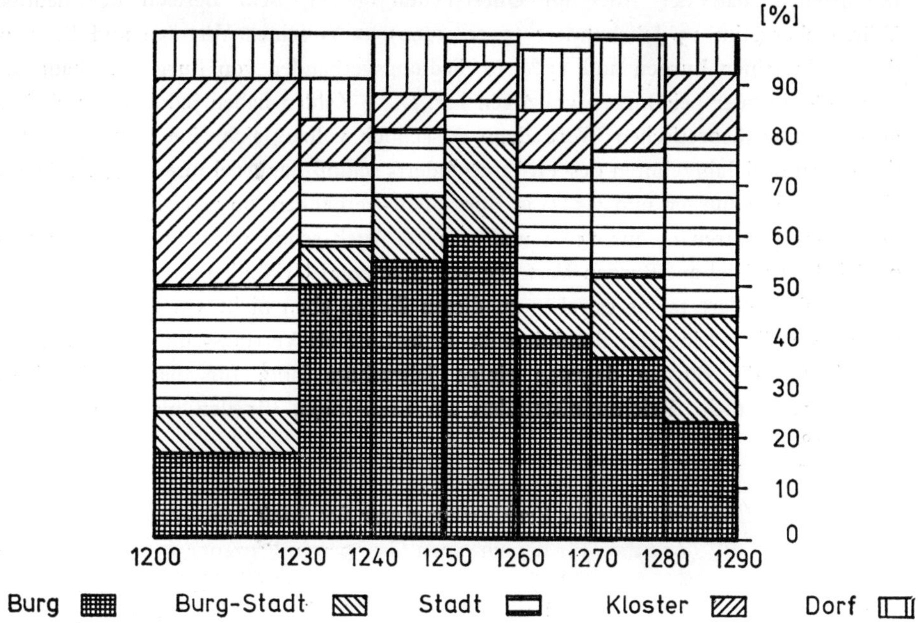

schichten, dagegen der Anteil der Städte, Klöster und Dörfer höher. Bemerkenswert ist, daß der Niederadel vielfach nicht seine eigenen Burgen verwandte, um Rechtsgeschäfte durchzuführen, sondern die seiner hochadligen Herren aufsuchte [8]. Die Niederadelsburg bot offenbar weniger günstige Möglichkeiten für die Abwicklung der Vertragsschließungen, oder ihre Rechtsqualität wurde geringer eingeschätzt, so daß sie den Rechtsvereinbarungen weniger Nimbus und Eindrücklichkeit als die Hochadelsburg und die Stadt verlieh.

Nur angedeutet sei hier, daß sich auch geistliche Territorialherren, Bischöfe und Reichsäbte, im 13. Jahrhundert oft auf einer ihrer Burgen aufhielten, sie zu einer Art Nebenresidenz ausbauten und hier dann auch Urkundenausstellungen vornehmen ließen: die Bischöfe von Speyer von 1230 an auf der Kestenburg (Hambach, Maxburg), die Bischöfe von Konstanz von 1215 an auf der Meersburg, nach 1253 auf der Burg Gottlieben, die Bischöfe von Würzburg auf der Marienburg, die Äbte der Reichenau ab 1240 und 1247 auf Mägdeberg und Schopflen, ab 1270 auf Sandeck, die Äbte von Ellwangen von 1260 an auf ihrer Burg Ellwangen und von etwa 1280 an auf der Tannenburg [9].

8) In 15 Fällen urkundeten Niederadlige auf den Burgen des Hochadels, in 13 Fällen auf eigenen Burgen.

9) Siehe die einschlägigen Urkunden- und Regestenwerke.

Versuchen wir ein Fazit aus den ermittelten Zahlen zu ziehen, dann ist zunächst festzustellen, daß der Adel im Untersuchungsgebiet, dem Bereich des heutigen Württemberg, im 13. Jahrhundert (1200–1290) 34 % seiner Verträge und Beurkundungen in seinen Burgen und 13 % in Siedlungsverbänden von Burg und Stadt, also fast 50 % in oder bei Burgen vollzogen hat. Diese Zahlen haben jedoch, pauschal angegeben, nur theoretischen Wert, denn tatsächlich vollzog sich eine Entwicklung. In den ersten drei Jahrzehnten des 13. Jahrhunderts schloß der Adel nur 11 % Rechtsvereinbarungen in Burgen und 7,5 % in Burg-Stadt-Verbänden, im zweitletzten Jahrzehnt (1280–1290) waren es nur 25 % und 16,5 %. Auch schon im 12. Jahrhundert hatte natürlich der Adel auf Burgen Verträge vereinbart und Urkunden ausgestellt und noch im 14. Jahrhundert tat er es, aber zu diesen Zeiten eben nicht vorwiegend, sondern nur gelegentlich. Eine klar dominierende Bedeutung als Vertrags- und Beurkundungsorte hatten die Burgen dagegen einige Jahrzehnte lang: für den Hochadel um 1230–1270, für die Reichsministerialen um 1240–1290, für den niederen Adel um 1260–1280.

Übersicht über die Beurkundungsorte des Adels 1200–1290
(Angaben für die einzelnen Gruppen in Prozent)

Zeit	Zahl d. Urkunden	Burg %	Burg-Stadt %	Stadt %	Kloster %	Dorf %	sonst %
Grafen							
1201–30	12	16,5	8,5	25	41,5	8,5	—
1231–40	12	50	8,5	16	8,5	8,5	8,5
1241–50	16	56	12,5	12,5	6,5	12,5	—
1251–60	44	59	20,5	7	7	4,5	2
1261–70	66	40,5	6	27	10,5	12	3
1271–80	82	36,5	16	24,5	10	12	1
1281–90	96	23	22	34,5	12,5	8,5	—
1201–90	328	37	15,5	24,5	11,5	10	1,5
Edle							
1201–30	6	16,5	—	66,5	—	16,5	—
1231–40	5	40	—	20	40	—	—
1241–50	10	50	20	20	—	10	—
1251–60	19	31,5	5	21	16	26	—
1261–70	35	40	14	28,5	5,5	8,5	3
1271–80	46	35	8,5	39	13	4,5	—
1281–90	49	25	14	41	10	10	—
1201–90	170	33	11	35	10,5	10	0,6

Zeit	Zahl d. Urkunden	Burg %	Burg-Stadt %	Stadt %	Kloster %	Dorf %	sonst %
Reichsministeriale							
1201–30	5	—	20	—	40	20	—
1231–40	5	—	—	60	40	—	—
1241–50	10	50	—	—	40	10	—
1251–60	9	55,5	11	—	11	22	—
1261–70	33	33	9	6	36,5	12	3
1271–80	35	45,5	3	27,5	20	3	—
1281–90	46	52	11	19,5	17,5	—	—
1201–90	143	42,5	7,5	17	25	7	0,7
Niederadel		HA/NA					
1201–30	4	—	—	75	25	—	—
1231–40	2	—	—	—	50	50	—
1241–50	4	—	50	50	—	—	—
1251–60	7	—	14,5	28,5	—	57	—
1261–70	18	22 /11	5,5	28	22	11	—
1271–80	35	20 /20	11,5	26	17	5,5	—
1281–90	72	5,5/ 5,5	15	43	18	11	1,4
1201–90	142	10,5/ 9	13,5	36,5	17,5	12	0,7
Gesamter Adel							
1201–30	27	11	7,5	37	29,5	15	—
1231–40	24	33	4	25	25	8,5	4
1241–50	40	47,5	15	15	12,5	10	—
1251–60	79	47	15	11,5	9	16,5	1,3
1261–70	150	38	8,5	23	16,5	11,5	2
1271–80	199	38	11	28,5	13,5	7,5	0,5
1281–90	263	25	16,5	35,5	14,5	8	0,4
1201–90	783	34	13	27,5	14,5	9,5	0,9

Vertragsabschlüsse und Beurkundungen waren im Mittelalter sicher nicht nur rechtliche, sondern auch gesellschaftliche Ereignisse. Auf der Achalm wurde 1241 ein Tauschgeschäft *multis coram astantibus* vollzogen, eine Vereinbarung in der Burg Raderach kam 1250 *coram multis* zustande. Einer Abmachung zwischen dem Markgrafen von Baden und dem Kloster Herrenalb auf der Burg Hohenbaden wohnten neben sieben namentlich genannten Zeugen auch Bauern zweier Dörfer bei (1265). Im Jahre 1243 weilten auf der Burg Schweinberg anläßlich eines Vertrages 3 Aussteller, 14 genannte Zeugen *et alii quam plures;* 1267 waren 4 Aussteller, 14 namentlich mitgeteilte

Zeugen *et alii quam plures probi viri* auf der Burg Hettingen; 1265 versammelte Burggraf Friedrich von Nürnberg neben Vertretern des Klosters Ellwangen 24 namentlich aufgezählte Zeugen *et alii quam plures clerici et laici* auf der Kadolzburg um sich; 24 Zeugen *et alii quam plures* waren auch 1267 bei einer Beurkundung des Abtes von Reichenau in der Burg Schopflen zugegen; und im Jahre 1241 bevölkerten bei einem Rechtsgeschäft 10 Aussteller, 9 Siegler, 29 namentlich angegebene Zeugen *et multi alii* die Reichsministerialenburg Winterstetten [10]. Solche Beispiele ließen sich beliebig vermehren. Wenn man sich nun noch vergegenwärtigt, daß die adligen Zeugen zu Pferde einritten und von Knechten und Knappen begleitet waren und daß Verwandte und Freunde gelegentlich auch Damen mitbrachten, dann wird klar, daß die Burgen anläßlich der Beurkundungen zum Treffpunkt glänzender Versammlungen werden konnten. Oder auch umgekehrt: daß die Beurkundungsakte anläßlich vielbesuchter gesellschaftlicher Zusammenkünfte auf den Burgen vollzogen wurden. Die Burgen waren ja, um das hier einzufügen, auch Schauplatz großer Familienfeste. Graf Albrecht von Hohenberg, der Schwager König Rudolfs, richtete 1284 die Hochzeit seines Sohnes in der Burg Markgröningen aus. Auf der Achalm feierte man im Jahre 1289 unter großem Aufwand mehrere Vermählungen. Graf Ulrich von Württemberg beging im Jahre 1294 die Tauffeier einer Tochter bei Anwesenheit der Königin Imagina auf der Burg Württemberg (oder in Stuttgart) [10a].

Waren die Burgen um die Mitte des 13. Jahrhunderts die wichtigsten Beurkundungsorte für den Adel, dann sind für diese Zeit auch Kanzleien auf den Burgen anzunehmen, wenigstens auf den zentralen Burgen des Hochadels. Tatsächlich findet man Kanzleibeamte mit dem Titel *notarius*, *scriba* oder *scriptor* unter den Zeugen von Urkunden, die auf Burgen ausgestellt wurden: auf den Hochadelsburgen Helfenstein (1241), Teck (1245), Hohenbaden (1265), Landau (1269), Württemberg (1273, 1290), Löwenstein (1288) und auf der Reichsministerialenburg Winterstetten (1288, 1292) [11]. Daß Notare auf den Burgen wirklich seßhaft waren, geht daraus hervor, daß einige förmlich nach Burgen genannt wurden: Notar Konrad von Teck (1245), Notar Ulrich von Landau (1269), Notar Konrad von Württemberg (1279) [12]. Auch die vielen anderen »Notare« adliger Herren, die sonst meist nach ihren Auftraggebern bezeichnet wurden, dürften im 13. Jahrhundert in der Regel auf deren Burgen ge-

10 Belege aus dem Württ. UB: Achalm: IV 9, Raderach: IV 205, Hohenbaden: VI 227, Schweinberg: IV 49, Hettingen: VI 329, Kadolzburg: VI 225, Winterstetten: IV 7, Schopflen: ZGORh 37, 21. Zwei weitere Beispiele: Einer Beurkundung von 1241 auf Helfenstein wohnten 12 genannte Zeugen bei (Württ. UB IV 12), 1274 waren auf Sandeck 16 aufgezählte Zeugen *aliisque quam pluribus probis viris* (VII 287).

10a) Annales Sindelfingenses, MGH SS 17, S. 303, 306, 307.

11) Württ. UB IV 13 (Helfenstein), IV 85 (Teck), VI 228 (Baden), VII 49 (Landau), VII 252, X 368, 375 (Württemberg), IX 227 (Löwenstein), IX 215, X 47 (Winterstetten).

12) Württ. UB IV 85 (Teck), VII 49 (Landau), VIII 154 (Württemberg).

wohnt haben [13]. Wenn sie auch noch nicht die akademische Ausbildung der öffentlichen Notare des 14. Jahrhunderts hatten, so dürften diese rechtskundigen und schreibgewandten Sekretäre, die meist geistlichen Standes waren, doch zur Befruchtung des gesellschaftlichen und geistigen Lebens auf den Burgen beigetragen haben [14].

Wie kommt es nun, daß die Burgen gerade in der Zeit von 1230/40 bis 1280/90 eine besondere Rolle als Beurkundungsorte spielten und damit rechtlich und gesellschaftlich erhöhte Bedeutung gewannen? Diese Zeit deckt sich – wie auf den ersten Blick zu ersehen ist – nicht einfach mit dem Besitz und der Bewohnung der Burgen durch den Adel, denn bewohnt und besessen wurden sie vom Hochadel längst vorher und von allen Adelsschichten auch später.

Aber ein anderer zeitlicher und offenbar auch sachlicher Zusammenhang wird erkennbar: Die Beurkundungszeit schließt sich unmittelbar an die größte Burgenbauwelle an, die über Südwestdeutschland und wohl überhaupt über Deutschland hinwegging. In der ersten Hälfte des 13. Jahrhunderts wurden zahlreiche Burgen neu erbaut, und gleichzeitig wurden – das ist in diesem Zusammenhang ebenfalls beachtenswert – die meisten älteren Burgen umgestaltet und modernisiert. Die heute noch erhaltenen Burgruinen in Südwestdeutschland sind – nach Ergebnissen der neueren baugeschichtlichen Forschung – überwiegend durch den spätstaufischen Stil geprägt, nicht nur die im 13. Jahrhundert neu gegründeten, sondern auch viele aus dem 11. und 12. Jahrhundert stammende Burganlagen [15].

Das Zusammentreffen eines Baubooms mit der bevorzugten Verwendung der Burg auch für Rechtsakte, also die zeitliche Nähe einer baugeschichtlichen und rechtsgeschichtlichen Blüteperiode erlaubt die Folgerung, daß damals das Verhältnis des Adels zur Burg besonders eng und selbstverständlich war. Es war eine Zeit, in der sich der Adel mit der Burg als Siedlungs- und Lebensform besonders verbunden wußte, in der die Burg zum Ausdruck adligen Selbstverständnisses wurde, in der sich der Adel – etwas überspitzt formuliert – nahezu mit der Burg identifizierte. Die Burg, in deren Gestalt und Lage sich Wehrbereitschaft, Herrschaftsanspruch und Repräsentationsstre-

13) Aus den letzten beiden Jahrzehnten sind »Notare« für die meisten gräflichen und einige freiherrlichen Familien bekannt (siehe die Register der Bände IX–XI des Württ. UB unter *notarius*). Daß die Begriffe *notarius* und *scriba* synonym verwendet werden, geht aus zwei am selben Tag ausgestellten Urkunden von 1273 hervor, in denen die gleiche Person *notarius* und *scriba* genannt wird (VII 268, 269). Siehe dazu: E. Schneider, Zur Lehre von der schwäbischen Privaturkunde des 13. Jahrhunderts, in: Archival. Zeitschr. 11, 1886, S. 9 f.

14) Als im ausgehenden 13. Jh. und zu Beginn des 14. Jh. immer mehr Urkunden in Städten ausgestellt wurden, sei es daß sich der Adel städtischer Kanzleien bediente oder in Stadtschlössern eigene einrichtete, da bedurfte man der Notare auf Höhenburgen, von Ausnahmen abgesehen, nicht mehr.

15) ZGORh 115, 1967, S. 61–111. – ZGORh 117, 1969, S. 296–332. – A. Antonow, Die Schildmauer bei den Burgen im südwestdeutschen Raum, Diss. Stuttgart, 1974, S. 12.

ben verbanden, wurde zum Spiegelbild ritterlichen Denkens und Wollens. Diese Feststellung beinhaltet nicht nur eine Aussage über die Bedeutung der Burg, sondern auch über das Wesen und den Charakter des Adels.

Freilich, in eben derselben Zeit wuchsen den Burgen Rivalinnen heran, viele davon gegründet und gefördert durch die Burgherren selbst: die territorialen Städte. Bereits im letzten Drittel des 13. Jahrhunderts machten sie den Burgen als Plätze von Rechtsverhandlungen und -verträgen zunehmende Konkurrenz, und gegen Ende des 13. Jahrhunderts vermochten sie diese zu überflügeln. Auch in anderen Bereichen nahmen ja die Städte mit ihren gut ausgebildeten Verwaltungsorganen und ihren weiteren Möglichkeiten den Burgen zentralörtliche Funktionen ab.

Befragen wir die Urkunden noch, an welcher Stelle auf den Burgen Handlungen mit Rechtscharakter vollzogen wurden. Die Ortsangaben in den Datumsvermerken werden in knapp der Hälfte der Fälle mit der Präposition *in* oder mit dem Lokativ gebildet, woraus wohl zu schließen ist, daß die Vereinbarungen innerhalb der Ringmauern getroffen wurden. Einzelne Gebäude werden allerdings selten angegeben. Wenn der Pfalzgraf von Tübingen im Jahre 1188 eine Schenkung in der »kleinen Kemenate hinter dem Turm« seiner Burg vollzog, dann deshalb, weil er, wie ausdrücklich mitgeteilt wird, krank war, und es ist bezeichnend, daß gleich anschließend der Schenkungsakt vor der (Burg-)Kapelle einem größeren Kreis bekannt gemacht wurde [16]. Krankheit dürfte auch der Grund dafür gewesen sein, daß sich der Bischof von Würzburg 1277 auf der Marienburg *in der uzern kemenate vor simme bette* einen Schwur leisten und beurkunden ließ, und auch dafür, daß der Graf von Löwenstein *in thalamo* (im Schlafgemach) einen Rechtsverzicht gegenüber dem Kloster Adelberg beurkundete [17]. Sonst wird nur die Burgkapelle oder der Platz vor ihr als genaue Stellenbezeichnung genannt, und man erinnert sich, daß auch in Dörfern, Städten und Klöstern die Kirchen oft der Ort feierlicher Vertragsabschlüsse waren [18].

Häufiger noch als mit der Präposition *in* wird die Ortsangabe bei Burgen mit *apud* eingeleitet, einem Ausdruck, der sowohl den Raum innerhalb der Burg als auch das Vorgelände bezeichnen konnte. Für die zweite Deutung gibt es eine Reihe von Belegen, nach denen die Rechtsakte an folgenden Stellen geschahen:

– Mitte 12. Jh. Limburg: *ante postitium urbis* (FreibDiözArch 15, S. 169 f.)
– 1244 Schmalegg: *in plano ante suburbium castri* (WürttUB IV, S. 72)
– 1246 Sausenburg: *ante portam castri extra fossatum* (ZGORh 28, S. 202)
– 1250 Raderach: *in ponte urbis* (WürttUB IV, S. 228)
– 1254 Enzberg: *inter castrum E. et villam Utingen* (WürttUB V, S. 69)

16) Württ. UB II, S. 255.
17) Württ. UB VIII, S. 57, und IX, S. 227.
18) 1241 Winterstetten: *actum publice in capella castri* (Württ. UB IV, S. 7). – 1287 *zu Mandelberg vor der Kapelle* (Württ. UB IX, S. 133).

– 1264 Gottlieben: *in ponte iuxta Gotliubon* (WEECH, Cod. Salem I 447, gemeint ist die Rheinbrücke)
– 1270 Ruideberg: *in strata publica inter castrum R. et villam Ganderswiler* (ZGORh 27, S. 467)
– 1286 Aschhausen: *in prato sub castro* (WürttUB IX, S. 70)
– 1287 Auerbach: *in illas duas portas* (Demandt, Reg. Katz., Nr. 298)
– 1291 Landau: *vor der burg* (WürttUB IX, S. 472)
– 1291 Wartstein: *apud W. in strata publica* (WürttUB IX, S. 496)

Auf der Burg Sayn diente nach einer Urkunde von 1152 das *pomerium*, der Platz vor der Mauer, als Stätte für Rechtshandlungen [18a].

Alle diese Beispiele zeigen, daß man zwar die Nähe einer Burg auswählte, aber doch außerhalb in freiem, offenem Gelände blieb und damit einer alten Tradition folgte, nach der gerichtliche Handlungen nicht hinter verschlossenen Türen, sondern an allgemein zugänglichen Plätzen vorzunehmen waren. Es ist daher zu vermuten, daß auch jene Rechtsvereinbarungen, die auf den Burgen selbst geschahen, im allgemeinen im Hof vollzogen wurden, vielleicht bei offenen Toren [19]. So wurde im Jahre 1414 auf der Burg Rötteln ein Vertrag auf dem Söller *(in solario prope turrim)*, also außerhalb des Gebäudes, beurkundet [20]. Noch in viel späterer Zeit, im Jahre 1606, legte man bei der Anordnung eines Standgerichts auf Hohentübingen Wert darauf, daß es »auf dem Wall unter freiem Himmel« abgehalten werde [21].

Wenn die Burg als Ort von Rechtsakten untersucht wird, bleibt noch die Frage zu erörtern, ob auf den Burgen auch Gerichte tagten oder gar ihren Sitz hatten. Vorweg ist festzustellen, daß die Bedeutung vieler Burgen als Verwaltungsmittelpunkte im 13. Jahrhundert gesichert ist, gibt es doch zahlreiche Belege für Verwaltungsbeamte, die auf Burgen saßen. Sie führten Titel wie *advocatus*, *scultetus*, *iudex*, *cellarius*, gelegentlich auch *procurator* und *praefectus*, und ihre Kompetenz betraf nicht nur die Burgen, sondern umfaßte ganze Amtsbezirke [22]. Umso auffallender mag erscheinen,

18a) Mittelrhein. UB I, Nr. 571.

19) Nach dem Sachsen- und dem Schwabenspiegel mußten bei Burglehengerichten die Burgtore offenstehen. In geschlossenen Wänden und unter Dach sollte niemand um Lehenrecht richten (Schwabenspiegel L 146). Siehe S. 170.

20) Regesten d. Markgrafen von Baden I, Nr. h 974.

21) H.-M. MAURER, Die landesherrliche Burg in Wirtemberg im 15. und 16. Jh., 1958, S. 129.

22) E. v. GUTTENBERG, Die Territorienbildung am Obermain (79. Bericht d. Hist. Vereins Bamberg), 1926, S. 310. – Die meisten Burgen gaben in der 2. Hälfte des 13. Jh. oder im 14. Jh. auch ihre Verwaltungsfunktionen an die Städte ab. Nur wenige Burgen blieben regionale Verwaltungssitze bis ins 15. oder gar ins 16. Jh. Das Verhältnis von Burg und Amt kann im Rahmen dieser Untersuchung nicht näher behandelt werden. Material darüber wird bei anderer Gelegenheit vorgelegt werden. Es sei aber hingewiesen auf den in diesem Band (s. u. S. 343 ff.) veröffentlichten Beitrag von P. Fried, dessen Ergebnisse aus dem bayerischen Raum weithin auch für den südwestdeutschen Gültigkeit haben.

daß die Existenz öffentlicher Gerichte auf Burgen nicht (oder nur in Ausnahmefällen) nachweisbar ist, auch nicht für die »Blütezeit« der Burg im 13. Jahrhundert. Zwar wurden in Österreich und vereinzelt auch in Bayern Burgen zu Mittelpunkten der Gerichtsorganisation, aber diese Entwicklung setzte nach Klebel erst im 13. Jahrhundert ein, und in Südwestdeutschland kam es überhaupt nicht dazu [23]. In unserem Gebiet ritten die Burgherren oder ihre Vertreter von den Burgen herab, um in nahen Dörfern oder Städten Gericht zu halten. So präsidierte zum Beispiel der Vogt der ehemals zähringischen Ullenburg 1272 einem öffentlichen Gericht, das im Dorf Oberkirch stattfand [24]. In Einzelfällen rückten Gerichte wohl bis an Burgen heran, aber bezeichnenderweise drangen sie nicht in sie ein: Bei der markgräflichen Burg Rötteln tagte ein seit dem 14. Jahrhundert nachweisbares Landgericht vor dem unteren Schloßtor [25]. Unmittelbar bei der Burg Landeck, bei der »Fallbrücke« (Zugbrücke), war 1404 der Ort eines Gerichts [26]. Dies erinnert an die oben getroffene Feststellung, daß auch Rechtsverträge vielfach nicht in den Burgen, sondern vor ihnen abgeschlossen wurden. Beides, die Distanzierung der Gerichte von den Burgen und das Zögern, Verträge innerhalb der Burgen abzuschließen, muß dieselbe Ursache haben, eine Ursache, die im Charakter der Burg begründet ist: Die Burg war, wie noch näher auszuführen sein wird, nicht eine *domus publica*, sondern eine *domus firma*, ein geschlossenes Haus, das als Immunitätsbezirk dem öffentlichen Recht entzogen war [27].

Das Gericht auf der Burg Bosenstein ist nur eine scheinbare Ausnahme, die in Wirklichkeit die Regel bestätigt: Es war ein Hubgericht, das nicht öffentliche, sondern grundherrliche Fälle entschied, und gerade im Zusammenhang mit diesem Hubgericht wird die »Freiheit« (Immunität) der Burg gegenüber dem öffentlichen Gericht betont [28]. Burglehen- und Burgfriedensgerichte, die unten zu besprechen sind, waren ebenfalls interne, von der öffentlichen Rechtsprechung ausgenommene Burggerichte [29].

Wenn die besondere Rechtsstellung der Burg es ausschloß, daß sie zum Sitz öffentlicher Gerichte werden konnte, dann wird es verständlich, daß der Adel Rechtsverträge und Beurkundungen bis zum ersten Drittel des 13. Jahrhunderts nur gelegentlich

23) E. Klebel (wie Anm. 1), S. 378.

24) *advocato in Ulmenburg iudicio presidente.* Ausstellungsort: Oberkirch (Württ. UB VII, S. 196).

25) 1392 erstmals nachweisbar. K. Seith, Burg Rötteln, in: Das Markgräflerland, Beiträge zur Geschichte und Kultur, Bd. 3, 1931/32, S. 8, 28 f.

26) Generallandesarchiv Karlsruhe 21/282. – M. Wellmer, Altes und Neues von der Burg Landeck, in: Alemann. Jahrb. 1970, S. 48.

27) Siehe Abschnitt IV »Burgfrieden«, u. S. 106–108.

28) ZGORh 23, S. 106 f.

29) Siehe Abschnitte IV »Burgfrieden« und VII »Burglehenrecht«, u. S. 113, 170.

und offenbar nur zögernd auf Burgen vollzog [30]. Es ist aber umso bemerkenswerter, daß er dann, trotz dieser Hemmungen, immer mehr und zeitweise sogar die meisten seiner Rechtsgeschäfte unmittelbar bei oder selbst in den Burgen abwickelte. Es muß damals zu einem Spannungsverhältnis zwischen alten Gerichtstraditionen und der enormen Anziehungskraft der Burg gekommen sein. Daß die Burg sich als Vertrags- und Beurkundungsort durchsetzte, spricht noch einmal nachdrücklich für ihre Bedeutung im Leben und in der Vorstellungswelt des Adels der spätstaufischen Zeit.

III. Befestigungsrecht

Es soll hier nicht die Frage erörtert werden, wer bis zu den Saliern und frühen Staufern nach der zeitgenössischen Rechtsanschauung das Befestigungsrecht oder -regal besaß. Die Belege, die publiziert sind, sprechen dafür, daß das Königtum mindestens Anspruch darauf erhob und daß die Herzöge und Markgrafen daran teil hatten. Eine andere Frage ist, wie weit das Königtum und die Herzogsgewalt in der Lage waren, dieses Recht exklusiv auszuüben [31].

Im 13. Jahrhundert wurden so unübersehbar viele Burgen gebaut, daß schon ihre Zahl die Annahme ausschließt, e i n e Person oder e i n e Instanz allein im ganzen Reiche hätte das Befestigungsrecht ausüben oder kontrollieren können. (In den Landkreisen Göppingen und Nürtingen existierten, um ein regionales Beispiel anzuführen, auf einer Fläche von kaum 1000 qkm etwa 100 Burgen, je 10 qkm also eine Burg. Das bedeutet ein Burgennetz mit 3–4 km Entfernung je Anlage, wovon der größere Teil wohl im 13. Jahrhundert entstanden ist) [32]. Eher als ein funktionierendes königliches Befestigungsregal läge die gegenteilige Vermutung nahe, nämlich die, daß jeder, der die finanziellen Mittel, das Eigentumsrecht an Grund und Boden und das nötige ständische Selbstbewußtsein besaß, Burgen erbauen konnte. Die Literatur geht auch vielfach davon aus, daß weite Adelskreise ziemlich unbeschränkt Burgen errichteten [33].

Die wenigen zeitgenössischen Rechtsquellen, die zum Befestigungsrecht Stellung nehmen, stimmen gegenseitig nicht überein und lassen eine gewisse Unsicherheit er-

30) Bezeichnend dafür ist, daß ein Schenkungsakt, den Pfalzgraf Rudolf von Tübingen um 1188 seiner Krankheit wegen in seiner Kemenate in kleinem Kreise vollzog, unmittelbar darauf vor der Kapelle bekannt gemacht wurde (Württ. UB II, S. 255).

31) ZGORh 117, 1969, S. 315 f. – E. Schrader, Das Befestigungsrecht in Deutschland, 1909.

32) Der Kreis Göppingen, Reihe: Heimat und Arbeit, Konrad-Theiß-Verlag Stuttgart, 1973, S. 195.

33) K. Weller, Besiedlungsgeschichte Württembergs, 1938, gibt auf S. 276–300 einen ersten guten Überblick über den Burgenbau in Württemberg, der auch heute noch, wenn auch in Einzelheiten überholt, wertvoll ist. Die Frage einer Baukonzession schnitt er nicht einmal beim Burgenbau des Niederadels an (S. 294 f.).

kennen, aber sie halten alle grundsätzlich an der Beschränkung dieses Rechtes fest. Offenbar versuchte das spätstaufische Königtum, die Befugnis, Befestigungen zu errichten und zu genehmigen, auf den Kreis der Reichsfürsten zu begrenzen, sich selbst aber eine Art Oberhoheit daran zu sichern, so wie früher bereits das Königtum mit der Herzogsgewalt zusammen das Recht ausgeübt hatte. Kaiser Heinrich VI. bestätigte 1191 dem Bischof von Trient, daß der Bau von Türmen in Stadt und »Herzogtum« Trient der Erlaubnis des Bischofs bedürfe und daß dieser das Recht habe, ohne Erlaubnis errichtete Türme zu brechen[33a]. Auf dem berühmten Hoftag von Worms im Jahre 1231 beurkundete König Heinrich (VII.) den Rechtsspruch, daß jeder Bischof und Reichsfürst seine Stadt zu des Reiches und seinem eigenen Nutzen befestigen könne[34]. In einer gewissen Inkonsequenz, weil eigentlich unnötig, aber eben doch bezeichnenderweise, verlieh er dann trotzdem (in derselben Urkunde) dem Bischof von Freising die Gewalt, die Stadt und den Berg Freising zu befestigen. König Konrad IV. übertrug noch zehn Jahre später dem Bischof von Schwerin das Recht, Schlösser und Städte zu befestigen[35]. Ebenso erteilte König Rudolf von Habsburg um 1283 dem Bischof Heinrich von Basel die Erlaubnis, die Burg Schloßberg (bei Neuenstadt) zu erbauen, und erneuerte diese Erlaubnis dem Nachfolger, Bischof Peter, im Jahre 1288[36]. Das in der Confoederatio von 1220 und im Statutum von 1232 ausgesprochene Verbot, auf Kirchenboden Burgen zu erstellen, oft falsch interpretiert als generelle Übertragung des Befestigungsprivilegs, setzt immerhin das Befestigungsrecht für einen bestimmten Personenkreis voraus, ohne ihn jedoch zu umreißen[37].

Der Sachsenspiegel und in seinem Gefolge die anderen Rechtsspiegel nennen bekanntlich eine weitere Instanz, die den Burgenbau erlauben oder untersagen konnte:

33a) ... *constituimus munificentia, ut in civitate Tridentina et in toto ducatu Tridentino nulli prorsus hominum liceat turrim aliquam edificare vel erigere sub quacunque specie vel nomine sine licentia iamdicti episcopi Cunradi et successorum suorum. Quod si quis iam in civitate Tridentina vel extra civitatem in ducatu ubicunque Tridentino aliquam turrim edificavit vel erexit vel in posterum edificaverit, liceat memorato episcopo et cuilibet eius successorum turrim eandem frangere vel pro arbitrio sue considerationis eam dimittere.* (Tiroler UB I 1, Nr. 464, S. 256. – Reg. Imp. 117).

34) Const. II S. 421, Nr. 306: ... *sententia fuit ... approbata: quod quilibet episcopus et princeps imperii civitatem suam debeat et possit ad opus et obsequium imperii et ipsius in fossatis, muris et in omnibus munire. Inde est, quod ... Frisingensi episcopo liberam auctoritatem dedimus edificandi civitatem et montem Frisingensem ad commodum et obsequium imperii et ecclesie ipsius.*

35) Reg. Imp. Nr. 4434. – Mecklenburger UB I, 552.

36) Reg. Imp. Rudolf Nr. 2187.

37) Siehe Anm. 56.

den Landrichter[38]. Für Südwestdeutschland ist diese Bezeichnung zunächst ungewöhnlich, da sie in den Urkunden erst in den letzten Jahrzehnten des 13. Jahrhunderts und auch dann nicht gerade häufig vorkommt. Gemeint ist sicher der Graf, aber eben nicht als Dynast oder Träger eines ererbten Titels, sondern als Vorsitzender des Landgerichts, als »staatsrechtlicher Beamter«. Gerade der Sachsenspiegel betont ja die enge amtsrechtliche Beziehung des Grafen in seiner Eigenschaft als Richter zum König. Der für die Wahrung des Landfriedens im kleineren Bereich zuständige Richter erschien demnach als die geeignete Instanz, den Bau von Burgen zu erlauben oder zu versagen. Ein gräfliches Befestigungsrecht wird denn auch bereits 1184 in einem königlichen Hofgerichtsurteil (für den Grafen von Tirol) und 1208 in einem Schreiben König Ottos (für Sachsen) vorausgesetzt[39]. Schon die vom Bischof von Trient 1172 für Heinrich von Enn erteilte Erlaubnis beruht wahrscheinlich auf dem gräflichen Recht[40].

Die Angabe der Spiegel in ihrer spezifischen Form wurde 1279 durch einen Spruch des Hofgerichts unter König Rudolf von Habsburg in Wien bestätigt. Dieses Urteil erging auf Antrag des Markgrafen Heinrich von Hachberg, der sich an den König gewandt hatte, um sich für seine Grafschaft im Breisgau das Befestigungsrecht bestätigen

38) Schwabenspiegel 143: *Man sol oh deheine burc buwen noh dorfer veste machen noh berge mit vestenunge ane des lantrihtaers urlop.* – Sachsenspiegel III 66 (169): *Man en muz ouch keine burg bowen noch stat vestenen mit planken noch mit muren noch berg noch werder noch turme binnen dorfe ane des landes richteres orlop.*

39) 1184: *Dum Henricus comes de Tirol rogaret venerabilem dominum Albertum Tridentine sedis electum, quatinus eum in colle uno, qui est in monte supra villam Selsi, castrum edifficare permitteret, et ipse dominus Albertus electus denegans hoc penitus dicens sibi quod non permitteret, deveniens idem comes ante presenciam domini illustrissimi Federici imperatoris... ipsum rogavit inquirere laudum unum super hoc scilicet, ut si in suo comitatu sine contradictione castrum edifficare posset an non. Ibique incontinenti assurgens prenominatus dominus Albertus electus econtra petiit a prememorato domino imperatore, ut super hoc laudum fieri faceret dicens videlicet: postquam predictus collis est situs in eo comitatu, qui est comunis inter me et predictum comitem, si in eo absque mea voluntate et consensu castrum edifficare possit an non. Super quam interrogationem prefatus dominus imperator interrogavit dominum Otonem falsegravium, ut laudaret, quid iuris esset. Qui laudavit dicens: ubicumque duo comites unum comitatum comunem inter se habent, unus eorum sine altero in eodem comitatu castrum construere non potest* (Const. I, Nr. 297, S. 422. – Tiroler UB I, Nr. 414). – Im Jahre 1185 ließ Bischof Albert von Trient durch einen Spruch des Grafen von Tirol sein Befestigungsrecht bestätigen: *Ego laudo et iudico, quod non licet alicui sine vestra licentia castrum sibi edificare seu construere in eo comitatu, quem vobis totum retinuistis, sive in eo comitatu, in quo societatem vel comunitatem seu aliquid aliut habetis. Set si aliquis comitatum aliquem per vos habet et eum de vestra concessione ita sibi totum detinet, ut in eo nichil penitus habeatis, licet sibi in eo sine vestra licentia castrum edifficare* (Tiroler UB I 1, Nr. 423, S. 220). – 1208: Const. II, Nr. 26, § 6, S. 31. – ZGORh 117, 1969, S. 322.

40) 1172: *Et dominus episcopus dedit licentiam ipsi Enrico, ut castrum super eundem dosum edifficet* (Tiroler UB I 1, Nr. 329, S. 163).

zu lassen. Der Anlaß dazu ist aus lokalen Quellen zu rekonstruieren: Nach einer Erbteilung im freiadligen Hause Geroldseck hatten Heinrich und Walter von Geroldseck in demselben Jahr 1279 ihren Vogt beauftragt, einen Bauplatz für die neue Burg Landeck zu erwerben. Dabei muß es zu Auseinandersetzungen mit dem Inhaber der Grafschaftsrechte, dem Markgrafen, der sich auch »Landrichter« nannte, gekommen sein [41]. Das Urteil lautete, daß niemand eine Burg oder Befestigung errichten dürfe, wenn er nicht einen Gerichtsbeschluß des zuständigen Grafen angefordert und Zustimmung erwirkt habe [42]. Bemerkenswert ist, daß nicht der Graf persönlich, sondern das gräfliche Gericht die Lizenz zu vergeben hatte. Wie in den Rechtsspiegeln so wird auch hier das Bemühen erkennbar, in einer Zeit, da die Grafschaftsverfassung längst in Auflösung begriffen war, das Befestigungsrecht doch an eine feste, für einen bestimmten Raum kompetente Institution zu binden.

Ein Hofgericht unter König Adolf in Nürnberg bestätigte 1294 noch einmal den Grafen als Lizenzgeber, sprach aber eine erwähnenswerte Einschränkung aus: Wenn der zuständige Graf einen Burgenbau stillschweigend dulde, könne er nach Ablauf einer bestimmten Frist nicht mehr dagegen einschreiten [43]. Machte ein Graf also nicht aktiv von seinem Genehmigungs- und Verbotsrecht Gebrauch, dann wurde wilder Burgenbau nach einer gewissen Zeit von selbst legal. Hier wird einmal mitgeteilt, was ohnehin anzunehmen war, nämlich daß auch unlizenziert gebaut wurde, sicher überall da, wo die Grafengewalt oder das Landgericht nicht energisch vertreten war.

Es erhebt sich die Frage, wie weit die Grafen oder Landrichter von ihrem Lizenzrecht, das ihnen nach den Rechtsspiegeln und den Hofgerichtsurteilen zustand, in Wirklichkeit Gebrauch machten. Die Forschung hat diese Frage vermutlich deshalb nicht aufgegriffen, weil urkundliche Erlaubniserteilungen nicht bekannt sind. Wenn aber Burgen, gegen deren Bau der Graf nicht einschritt, von selbst rechtmäßig wurden und also die Existenz einer Burg an sich schon für ihre Legalität sprach, dann brauchte man Genehmigungen nicht unbedingt schriftlich ausstellen lassen und aufbewahren. Dennoch sind einige beurkundete Erlaubniserteilungen aus verschiedenen Landschaften erhalten geblieben: Der Erzbischof von Mainz ließ sich im Jahre 1287 von Landgraf

41) Zu den Vorgängen um die Gründung der Burg Landeck: M. Wellmer, Altes und Neues von der Burg Landeck, in: Alemannisches Jahrbuch 1970, S. 38–54.

42) ... *sentenciam est obtentum, quod nullus homo qualiscumque condicionis fuerit in alicuius comitis comicia castrum vel municionem aliam qualemcumque erigere sive construere debeat, nisi prius ipsius comitis super eo requisito beneplacito et obtento* (Const. III, S. 255, Nr. 261).

43) ... *sententiam est obtentum ..., quod nulli licitum est, municionem erigere de novo in comitatu alicuius comitis, nisi petita eius licencia et obtenta. Si tamen comes alicui edificandi municionem prestitit paciencium, quousque edificaretur municio, et passus est dominum eius tam diu pacifice possidere, donec secundem terre consuetudinem prescriberet alia bona contra comitem et alium quemcumque, quod postea non potest impeti a comite super edificio prelibato* (Const. III, Nr. 506 § 2, S. 487).

Albert von Thüringen die Erlaubnis bestätigen, daß er im Gebiet der Landgrafschaft Burgen und Befestigungen erwerben, ausbauen und neu erbauen könne [44]. Markgraf Heinrich III. von Baden-Hachberg, der sich auch Landrichter und Landgraf im Breisgau nannte, erlaubte 1314 dem Konrad Dietrich Schnevelin, im Breisgau an beliebiger Stelle eine Burg zu bauen [45]. Der Graf von Geldern übergab 1305 dem Dirk von Bylandt einen Hof in Gendringen mit dem Recht und der Pflicht, eine Burg zu erbauen und sie ihm, dem Grafen zu Lehen zu geben [46]. Im Jahre 1316 erteilte der Bischof von Münster dem Otto von Ahaus die Erlaubnis zum Bau der Burg Ottenstein [47]. Die Grafen von Hals genehmigten den Bau der Burg Dobl bei Winzer (in Bayern) [48]. Als das Kloster Weingarten 1269 Hoßkirch zur Stadt erhob, berief es sich auf die Zustimmung des Reichsministerialen Berthold von Fronhofen als des »Vogtes«. Aber Berthold wird wenige Jahre zuvor als *iudex pacis* und Vorsitzender eines *publicum iudicium* bezeichnet und hat wohl in dieser Eigenschaft und nicht nur als Untervogt die Genehmigung erteilt [49]. Mächtige Lizenzgeber hatten die Möglichkeit, ihre Erlaubnis an Bedingungen zu knüpfen, wovon etwa der Erzbischof von Köln Gebrauch machte: Die Edlen Walpod und Ernst von Virneburg mußten, um die Konzession zu erhalten, den als Bauplatz der Burg Reichenstein vorgesehenen Berg (bei Puderbach), der ihr Eigentum war, dem Erzbischof zu Lehen auftragen und sich verpflichten, die auf eigene Kosten zu errichtende Burg als ligisches Lehen anzunehmen (1256) [50]. Alle diese Beispiele widersprechen der Annahme, daß im 13. Jahrhundert grundsätzlich frei nach Belieben, wild und ungeregelt befestigt werden konnte. Indessen war es letzten Endes eine Machtfrage, in welchem Umfang und unter welchen Bedingungen die Lizenzgeber ihre Rechte wahrnehmen konnten.

Ein Grund zahlreicher Auseinandersetzungen im 12. und 13. Jahrhundert war die

44) *Nos Albertus ... Lantgravius Thuringie ... profitemur, quod nos ... impartimur consensum nostrum voluntarium et expressum in eo, ut idem dominus archiepiscopus in terminis landgraviatus nostri Thuringici licite possit castra, municiones,, possessiones et bona alia emere sibi et ecclesie Moguntine, firmare ac de novo edificare municiones easdem ...* (V. F. DE GUDENUS, Codex Diplomaticus ... Moguntiaca, I, 1743, S. 819).

45) Markgraf Heinrich *thun kund ..., daß ich Cunrad Dietrich Schnevelin han erlabet und gewalt gegeben, ... eine burg zu buwende im Breisgau, swa er will und sween er wille, es si an ebeni oder um bergin oder in thälern ... von des rechts wegen, so ich ... im Breisgaue han ... on uf meinem ... gute, daraufen sol er nit bauen, er thue es denn mit unserm willen* (SCHOEPFLIN 5, S. 344. Regesten der Markgrafen von Baden I, Nr. h 148).

46) Nijhoff I 81 (zitiert nach V. HENN, Das ligische Lehnswesen, 1970, S. 84).

47) Westf. UB VIII, Nr. 1074.

48) A. ERHARD, Verhandlungen d. hist. Ver. f. Niederbayern 38, 1902, S. 224 (zitiert nach E. KLEBEL, wie Anm. 1, S. 371).

49) Hoßkirch wurde mit Wall, Graben und Toren befestigt. Württ. UB VII, S. 11–13, IX, S. 500 f.

50) LACOMBLET, UB f. d. Gesch. d. Niederrheins II, Nr. 424 (hier irriges Datum: 1255). – Mittelrhein. UB III, Nr. 1335.

Frage, ob die kirchliche Vogtei das Recht zum Burgenbau auf kirchlichem Boden einschließe. Es gibt bereits aus dem 12. Jahrhundert Einzelzeugnisse dafür, daß den Vögten eine solche Vollmacht nicht zustand, wenn sie auch immer wieder beansprucht wurde. König Konrad III. versicherte 1145 dem Kloster Schaffhausen, daß der Klostervogt keine Gewalt habe, ein Kastell anzulegen [51]. Im Jahre 1191 beschwerte sich das Kloster Murbach bei Heinrich VI. über einen Burgenbau der Grafen von Pfirt [52]. Das Kloster Maria Laach klagte gegen Heinrich von Isenburg, weil er einen teilweise dem Kloster gehörigen Berg »unrechtmäßig usurpiert« und die Burg Grenzau erbaut hatte, und erreichte 1213 wenigstens eine Entschädigung mit anderen Gütern [53]. König Philipp ließ 1205 auf den Einspruch des Bischofs von Speyer hin einen schon begonnenen Burgenbau bei Kreuznach einstellen [54]. Auf einem Hoftag Friedrichs II. im Jahre 1214 wurde die Zerstörung der Burg Lichtenberg, die der Graf von Veldenz auf dem Boden der Abtei Rheims unter dem Widerspruch des Klosters errichtet hatte, gerichtlich angeordnet [55].

Die Confoederatio von 1220 und das Statutum von 1232 hoben das bisher schon bestehende Verbot auf die Ebene klar formulierten und allgemein verbindlichen Reichsrechts. Sie bestätigten grundsätzlich das Zustimmungsrecht der kirchlichen Bodeneigentümer, das damit als zweite rechtliche Voraussetzung für den Burgenbau neben der befestigungsrechtlichen Bewilligung anerkannt war. Für den Fall des Verstoßes sollten die gegen den Willen der Grundeigentümer erstellten Anlagen *regia potestate* niedergelegt werden [56]. Aber damit war der alte Streitgegenstand noch lange nicht aus der Welt geschafft. Schon wenige Jahre nach der Confoederatio hielten es die Klöster Waldsassen (1223) und Odenheim (1228) für notwendig, sich von König Heinrich (VII.) das Burgenbauverbot für ihre Besitzungen urkundlich bestätigen zu lassen [57]. Das Kloster Rheinau wandte sich sogar an den Papst,

51) *Qui advocatus in possessionibus sepedicti monasterii nullam potestatem habeat, castellum aliquod vel munitionem edificare* ... (DK III S. 236, 1). Der Abt von Neustadt bewilligte 1150 dem Klostervogt Marquard von Grumbach erst nach langen Verhandlungen den Bau der Burg Rothenfels (ZGO 4, S. 409 f.).

52) Reg. Imp.

53) Mittelrhein. UB II Nr. 3.

54) Reg. Imp. 124. F. X. Remling, UB z. Gesch. d. Bisch. v. Speyer I, S. 141 (irrig zu 1206).

55) Reg. Imp. 753.

56) Confoederatio cum principibus ecclesiasticis (1220): *constituimus, ut nulla edificia, castra videlicet seu civitates in fundis ecclesiarum, vel occasione advocatie vel alio quoquam pretextu, construantur. Et si qua forte sunt constructa contra voluntatem eorum, quibus fundi attinent, diruantur regia potestate* (Const. II, Nr. 73, S. 90). Statutum in favorem principum (1232): *statuentes, quatenus nullum novum castrum vel civitas in fundis ecclesiarum, vel occasione advocacie per nos vel per quemquam alium sub pretextu quolibet construantur* (Const. II, Nr. 171, S. 212).

57) Waldsassen: Remling, UB Speyer I, S. 449. MonBoica 30a, S. 117. Odenheim: Reg. Imp. 4099.

um die Grafen von Lenzburg zur Einstellung eines Burgenbaus auf Klostergebiet zu zwingen (1226) [58]. Es gibt indessen auch Hinweise dafür, daß die Könige oder auch mächtige Territorialherren entschieden gegen den Mißbrauch der Vogteigewalt durchgriffen. So war Konrad von Strahlenberg geächtet worden, weil er auf dem Boden des Klosters Ellwangen eine Burg zu bauen begonnen hatte. Kaiser Friedrich II. löste ihn 1237 für die Zeit eines Italienzuges aus der Acht gegen die Verpflichtung, die Bauarbeiten während dieser Zeit einzustellen und nach seiner Rückkehr innerhalb von sechs Wochen dem Abt eine zufriedenstellende Entschädigung zu leisten [59]. Graf Ludwig von Öttingen wurde auf die Klage des Bischofs von Eichstätt im Jahre 1289 von König Rudolf sogar gezwungen, eine nahezu fertiggestellte Burg mit Toren, Mauern, Bergfried und Vorwerken wieder einzureißen sowie Wege und Straßen, die durch die Befestigung blockiert worden waren, wieder in den früheren Zustand zu versetzen – ein Gebot, das der Strafandrohung der Confoederatio von 1220 genau entsprach [60]. In demselben Jahr 1289 entschied der Bischof von Straßburg auf Klage des Klosters Laudenbach, daß Siegfried Gutenmann eine auf Klosterboden ohne Genehmigung erbaute Befestigung selbst zu zerstören habe [61].

In anderen Fällen setzten sich hochadlige Vögte, die das Reichsgesetz mißachtet hatten, trotz der Rechtsklagen der Klöster letztlich doch durch, wenn sie sich auch zu einer materiellen Entschädigung bereitfinden mußten. Im Jahre 1231 übertrug Markgraf Hermann von Baden, »um Unrecht gutzumachen«, dem Stift Backnang Güter als Ersatz für den Berg Reichenberg, auf dem er eine Burg erbaut hatte [62]. Kraft von Bocksberg leistete 1251 dem Kloster Comburg Ersatz für die Verwendung von Vogteigütern zum Bau der Burg Lichteneck [63]. Graf Otto von Eberstein entschädigte 1270 das Kloster Herrenalb, nachdem er gegen dessen Willen auf dem Hof Moosbrunn ein Jagdhaus errichtet hatte [64].

Waren kirchliche Institutionen in all diesen Fällen das Opfer unrechtmäßiger vogteilicher Ansprüche, so verstieß in folgendem Fall eine kirchliche Herrschaft selbst gegen das Recht des Bodeneigentümers: Der Erzbischof von Trier erwarb erst nach

58) Quellen zur Schweizer Geschichte III, 1883, S. 53.
59) Württ. UB III, S. 398.
60) Graf Ludwig hat abzubrechen: *universorum edificiorum structuram per eum vel suos in predicto loco racione municionis factam, videlicet portas, sepes, propugnacula que vulgariter bercfrit dicuntur et thuguria que erker vulgariter nominantur, prope ipsam sepem et supra fossatum sita* (Const. III, S. 655, Nr. 669).
61) Regesten d. Bisch. v. Straßburg II, Nr. 2243. Das Kloster zahlte dem Gutenmann als Trost 25 Mark Silber. Weitere Zerstörung einer unerlaubten Burg im Jahre 1281: ebenda Nr. 2086.
62) Württ. UB III, S. 276.
63) Württ. UB IV, S. 279.
64) Württ. UB VII, S. 89 (Moosbrunn als *castrum*: Württ. UB IV, S. 252).

der Erbauung der Burg Ehrenberg den Grund und Boden vom Simeonsstift in Trier, das offenbar dagegen protestiert hatte (1226) [65].

Es gibt natürlich auch Unterlagen dafür, daß sich bauwillige Adlige und kirchliche Bodeneigentümer rechtzeitig vor Baubeginn einigten. Öfters erreichten die Bauinteressenten die Zustimmung auf dem Wege des Vergleichs gegen die Verpflichtung, die entstehenden Burgen zu Lehen zu nehmen und den Bischöfen die Öffnung zu gewähren [66].

Dieselben Spannungen wie zwischen Kirchenvögten und kirchlichen Grundeigentümern konnten auch zwischen Hoheitsträgern und weltlichen Bodeneigentümern entstehen. Der Schwabenspiegel fordert daher ganz allgemein – nicht nur auf Kirchengut bezogen – neben der Zustimmung des Landrichters zu Befestigungen auch die des Besitzers von Grund und Boden, gleichgültig, ob der Besitz Eigen oder Lehen sei [67]. Ein königliches Hofgerichtsurteil von 1295 bestätigte das und verbot selbst den Grafen, innerhalb ihrer eigenen Grafschaften auf dem Boden eines anderen Burgen ohne dessen Einwilligung anzulegen. Gleichzeitig wurde aber für den Konfliktfall eine Appellationsmöglichkeit angeboten: Wenn es zwischen einem Grafen und einem Grundeigentümer zum Streit über einen Befestigungsbau komme, könnten die Parteien ihre Sache vor dem König »als dem höheren Richter« austragen [68]. Hier ist noch einmal ein Versuch des Königtums erkennbar, gleichsam als Oberlizenzträger das Befestigungsrecht wenigstens in strittigen Fällen an sich zu ziehen.

65) Mittelrhein. UB II, Nr. 293.

66) Im Jahre 1319 übertrug der Erzbischof von Trier dem Grafen Wilhelm von Katzenelnbogen Gelände für den Bau der Burg Reichenberg unter der Bedingung, daß die Burg Lehen und Offenhaus für ihn werde (Demandt, Regesten d. Gr. v. Katzenelnbogen I, Nr. 605). Beispiele aus den Regesten der Bischöfe von Straßburg, Band II, für die Zeit um 1230–40: Nr. 969 und 1077, für 1261 und 1269: Nr. 1646 und 1874, für 1289: Nr. 2251.

67) *Man soll och deheine stat buwen ane des urlop, des diu stat eigen ist. Ist si sin leben, hat er dazselbe reht* (Schwabenspiegel 143). Da in diesem Kapitel das Befestigungsrecht allgemein behandelt wird, hat man die Aussage nicht nur auf den Städtebau, sondern auch auf den Burgenbau zu beziehen. Der Sachsenspiegel erwähnt das Bewilligungsrecht des Bodeneigentümers noch nicht ausdrücklich.

68) *... obtentum fuit ... concordem sententiam coram nobis: quod nullus comes in terminis comitatus sui in fundo proprietatis titulo ad aliquem incolam ipsius comitatus spectante possit de iure absque consensu ipsius, ad quem spectat ipsa proprietas, alicuius castri vel alterius munitiones edificia instaurare de novo. Item fuit obtentum in sententia coram nobis: ut si inter comitem, cuius est comitatus, et dominum fundi predicti super edificiis prelibatis questio oriatur huiusmodi, contentio coram nostra maiestate tamquam superiori iudice tractari debeat et finiri* (MGH Const. III, S. 518 Nr. 549). Dazu ist zu bemerken, daß bei einer Appellation eigentlich nur der Bodeneigentümer der Verlierer sein konnte, denn im Falle einer Entscheidung gegen den Grafen blieb nur alles beim Alten. Daß der Grundeigentümer über die Appellation auch einen Burgenbau gegen den Grafen erzwingen konnte, geht aus diesem Urteil mindestens nicht klar hervor.

Über das eigentliche Befestigungsrecht hinaus sind eine ganze Reihe vertraglicher Vereinbarungen bekannt, in denen sich benachbarte Territorialherren verpflichteten, in bestimmten Gebieten oder auf gewissen Plätzen keine Burgen zu bauen, um sich gegenseitig nicht zu bedrohen (vgl. Bd. I, 528 ff.). Es handelt sich dabei um zweiseitige Abmachungen privatrechtlicher Art zur individuellen Beschränkung des Befestigungsrechts. Folgende Beispiele seien dafür mitgeteilt: Der Erzbischof von Trier als Grundeigentümer und der Graf von Castell als Vogt verzichteten um 1200 gegenseitig darauf, eine Burg auf dem Berg über Berncastel oder sonstwo innerhalb der Vogtei zu erbauen [69]. Die Brüder Gottfried und Konrad von Hohenlohe sicherten 1230 einander zu, daß keiner im Gebiet des Bistums Würzburg eine Burg ohne Zustimmung des anderen erbaue, es sei denn, ein Schiedsgericht stelle fest, daß sie dem anderen nicht schade [70]. Das Domkapitel in Speyer, zu dessen Gunsten Markgraf Hermann V. von Baden auf Güter in Spöck verzichtet hatte, verpflichtete sich 1239, im Bann von Spöck keine Befestigung anzulegen, die »Burg« genannt werden könne [71]. Im Jahre 1268 sagte der Deutschordenskomtur dem Gottfried von Brauneck zu, die Burg in Archshofen niemals zu veräußern [72]. Die Grafen Gottfried von Löwenstein und Hartmann von Grüningen versprachen 1269 nach Streitigkeiten über das Erbe des Berthold von Blankenstein, keine Befestigung auf dem Berg der niedergelegten Burg oder in Dorf und Herrschaft Steinheim zu errichten [73]. Graf Dieter von Katzenelnbogen mußte gegen die Bewilligung des Erzbischofs von Mainz, auf Lorscher Gebiet eine Befestigung zu errichten, versprechen, sie auf Ansinnen des Erzbischofs innerhalb von zwei Monaten wieder niederzulegen (1272) [74]. Graf Eberhard von Württemberg verlangte beim Tausch der Kirche auf dem Wunnenstein an den Johanniterorden, daß auf dem dortigen Friedhof keine Gebäude errichtet werden, die seiner Burg schädlich wären (1300) [75]. Kuno von Bergheim verpflichtete sich, in Germershein und Krax keine Befestigungen mehr ohne Bewilligung des Bischofs von Straßburg anzulegen (1301) [76]. Graf Eberhard von Württemberg versprach den Herzögen von Österreich im Jahre 1304, in Dorf und Mark Beuren keine Burg oder Feste zu bauen [77].

69) Mittelrhein. UB II, Nr. 189. Ein weiteres Beispiel, von 1229, siehe: MEYER-MARTHALER, Bündner UB II, Nr. 680, S. 164 f.
70) Württ. UB III, S. 272–275.
71) *Insuper nullam municionem, que castrum dici potest, idem capitulum in terminis eiusdem ville edificabit* (F. X. REMLING, UB z. Gesch. d. Bisch. v. Speyer I, S. 218. – Regesten der Markgrafen von Baden I, Nr. 377). *castrum* ist hier wohl im Sinne des Befestigungsrechts gemeint. Siehe S. 99 f.
72) Württ. UB VI, S. 410.
73) Württ. UB VII, S. 24.
74) K. E. DEMANDT, Regesten der Grafen von Katzenelnbogen I, Nr. 184.
75) Württ. UB XI, S. 366 ff.
76) Regesten der Bischöfe von Straßburg II, Nr. 2540.
77) Württ. Regesten, hg. vom Staatsarchiv Stuttgart, II, Nr. 9746.

Bei Burgenteilungen konnte es zu vertraglichen Baubeschränkungen kommen, um gegenseitig Übervorteilungen zu verhindern. So versprach der Erzbischof von Mainz 1266 beim Erwerb der halben Burgen Naumburg und Weidelsburg den Mitbesitzern, in seinen beiden Burghälften keine Gebäude zu errichten, die höher als die der anderen Teile sind [78]. In einem Ganerbenvertrag über die Burg Wasigenstein legten die Vertragspartner ebenfalls fest, daß auf der »alten« Burg keine Bauten erstellt werden dürfen, durch welche die »andere« Burg überbaut würde (1299) [79].

Sogar Burgenzerstörungen wurden ausgehandelt und in zweiseitigen Verträgen vereinbart. Der Erzbischof von Köln ließ es sich 200 Mark kosten, um dem Matthias von Kalsmunt 1249 das Einverständnis zur Niederlegung der Burg Ecka abzuringen, weil diese Burg, die nahe der erzbischöflichen Burg Altenahr lag, ihm »lästig« erschien *(castrum ..., quod Ecka vocabatur, idem nobis et ipsi castro Are onerosum reputantes)* [79a]. Das Kloster Ochsenhausen übertrug dem Kloster Ottobeuren 1293 die Burg Limberg *(infra septa et vallum)* unter der Bedingung, daß sie bis auf den Boden abgebrochen werde *(sub ea conditione et pacto, quod idem castrum et mons penitus destruantur)* [79b].

Solche individuell vereinbarten Befestigungsbeschränkungen löschten ein öffentlich-rechtlich bestehendes Befestigungsrecht nicht grundsätzlich, sondern ließen es nur ruhen. Sie konnten daher durch die Vertragspartner oder ihre Rechtsnachfolger auch wieder aufgehoben oder abgeändert werden. Dies geschah zum Beispiel für die Burg Limberg, deren Abbruch das Kloster Ochsenhausen 1293 zur Bedingung gemacht hatte, nach mehr als 170 Jahren noch: Das Kloster erlaubte im Jahre 1465 den Wiederaufbau, wogegen das Kloster Ottobeuren sich verpflichtete, das wiedererbaute Schloß niemals gegen Ochsenhausen einzusetzen und es nie zu verkaufen oder zu veräußern [80].

In der Auseinandersetzung des Grafen Otto von Eberstein mit dem Kloster Herrenalb wegen der auf Klosterboden erbauten Burg Moosbrunn nannte der Graf die Anlage 1270 schlicht *domus* oder *domus venationis*, obwohl sie bereits 20 Jahre früher und auch später wieder als *castrum* bezeichnet wurde [81]. Der Graf wollte sie wahrscheinlich befestigungsrechtlich herunterspielen und zum Ausdruck bringen, daß es sich rechtlich gar nicht um eine Burg handle.

Bekanntlich definieren die Rechtsspiegel bautechnisch recht eindeutig, welche Sicherungsmaßnahmen lizenzfrei waren und welche nach dem Befestigungsrecht der

78) V. F. Gudenus, Codex Dipl. Moguntiaca I, 1743, S. 714 ff.
79) ZGORh 16, S. 424.
79a) Mittelrhein. UB III, Nr. 1026.
79b) Württ. UB X, S. 140.
80) HStA Stuttgart B 481 Bü 89. Siehe dazu Anm. 73.
81) Württ. UB VII, S. 89; IV, S. 252.

richterlichen Erlaubnis bedurften (vgl. Bd. I, S. 516). Nach dem Schwabenspiegel, der sich eng an den Sachsenspiegel anlehnt, sind Bauten lizenzpflichtig, wenn sie folgende Bewehrung haben [82].

1. Gräben von einer Tiefe, daß es nicht mehr möglich ist, Erde (ohne einen Schemel) herauszuschaufeln,
2. Gebäude mit einer Höhe von mehr als drei Geschossen oder mit Zinnen und Brustwehr,
3. Mauern oder Palisaden von einer Höhe, daß ein Reiter nicht mehr darauf greifen kann, oder wenn sie Zinnen, Brustwehr oder Handwehren haben.

Der Sachsenspiegel führt außerdem hochgelegene (über ein Knie hohe) Eingänge an [83].

Daß diese Definitionen der Spiegler wie auch viele andere nicht Buchstabe blieben, sondern tatsächlich die Rechtswirklichkeit bestimmten, dafür mag das Beispiel des Ritters Hemmeling von Kuppingen stehen. Er wurde von dem Grafen Rudolf von Tübingen gezwungen, seine auf der Kirchhofsmauer in Kuppingen errichtete Burg abzubrechen, und zwar die hölzernen und die steinernen Bauteile bis auf die Kirchmauer herab (1306). Offenbar hatte der niederadlige Ritter versucht, durch diesen Bau im Kirchhof die befestigungsrechtliche Genehmigung zu umgehen. Der Graf machte ihm nun für ein neues »Haus«, das er nur außerhalb des Kirchhofs bauen durfte, genaue Auflagen [84]:

1. Nur zwei Stockwerke, das untere steinern und 11 Schuh (etwa 3,3 m) hoch, das obere aus Fachwerk und ebenfalls 11 Schuh hoch,
2. ebenerdige Türe,
3. Graben um das Haus nicht tiefer und weiter, als daß man mit der Schaufel (Erde) herauswerfen kann,
4. Haus nicht »ausgeschossen« (mit Schießscharten versehen),
5. keine Umfassungsmauer.

82) Schwabenspiegel 143.

83) Sachsenspiegel III 66 (169). Wiedergegeben in: ZGORh 117, 1969, S. 314.

84) Hemmeling soll *ein hus mit zwein gademe buwen, und sol das under gaden stänin sin und alf schuhe ho sin, und sol das ober hulzin sin und öch alf schuhe ho sin, und sol diu turn an der erdun ingan und suln machen einen graben um das hus in der witt und in der tephi, das ein man mit der schuphelun henin und herus mag gewerfen, und sol das hus nit usgeschossen sin und sol kein mure darum gan* (HStA Stuttgart, A 602 WR 9071. – L. Schmid, Geschichte d. Pfalzgrafen von Tübingen, 1853, S. 285 f.). Hemmeling von Kuppingen hatte im Jahre 1288 den Grafen Rudolf von Tübingen überfallen und verwundet (Annales Sindelfingenses, MGH SS 17, S. 305). Die Auflage dürfte eine späte Strafaktion sein, beruhte aber trotzdem auf dem Befestigungsrecht.

Die Bestimmungen ähneln auch im Wortlaut denen des Schwabenspiegels und bedeuten, daß das zugelassene Adelshaus zwar durch Graben und Steinbauweise im ersten Geschoß gesichert werden durfte, aber dennoch im Rechtssinne keine Befestigung war.

Man hat sich davor zu hüten, jeden urkundlich oder archäologisch nachweisbaren Adelssitz als Burg im Sinne des Befestigungsrechts zu verstehen. So könnte das *domicilium* des freiadligen Ritters Walger von Bisingen in dem gleichnamigen Ort ein unbefestigter Adelssitz gewesen sein [85]. Leider reicht die urkundliche Terminologie zu einer klaren Scheidung zwischen eigentlicher Burg und unbefestigtem Sitz nicht aus, denn die Begriffe *domus* und *haus* wurden häufig auch für Burgen verwandt, teils wohl als stilistische Variante im Sinne des pars pro toto, teils um die Burg in ihrer Eigenschaft als Wohnung zu bezeichnen, teils in bestimmten Wendungen vor allem in der Rechtssprache [86]. Die Begriffe *castrum* und *burg* lassen dagegen im 13. Jahrhundert in der Regel auf echte Befestigungen im Rechtssinne schließen [87].

Die Untersuchung hat sich nun der Frage zuzuwenden, unter welchen Voraussetzungen eine Burganlage ihre Rechtsqualität verlor. Es ist bezeichnend für das konservative, statische Rechtsverständnis des Mittelalters, daß einer bestehenden Burg die Konzession grundsätzlich nicht mehr entzogen werden konnte, weder durch die »amtlichen« Lizenzgeber, die Grafen oder Landrichter, noch durch den König. Auch wenn eine Burg in Krieg oder Fehde zerstört oder sogar vom Besitzer selbst aufgegeben wurde und zerfiel, konnte sie jederzeit ohne neue Erlaubnis oder Ankündigung wieder instandgesetzt und brauchbar gemacht werden [88]. Es gibt Fälle, in denen Lehensher-

85) Württ. UB VIII, S. 71. Stand Walgers als Freiadliger: Württ. UB VII, S. 4, 52.

86) G. Wein, Die mittelalterlichen Burgen im Gebiet der Stadt Stuttgart II, 1971, versucht, Schlüsse aus der Terminologie zu ziehen (S. 144, 150 f., 161). Dagegen ist auf folgende Beispiele zu verweisen: Die Burg Bilriet wird in ein- und derselben Urkunde (von 1287) wechselweise als Burg und Haus bezeichnet (Württ. UB VI, S. 144). Der Reichsministeriale Berthold von Fronhofen bezeichnet 1289 seine Burg bei Wolpertswende, die heute nach einem noch erhaltenen starken Bergfried »Hatzenturm« heißt, als *domus mea Hazenberc* (Württ. UB IX, S. 291). Die alte Grafenburg Waldenfels bei Malsch wird 1314 als »Haus«, 1318 und später als »Burg« benannt (Regesten der Markgrafen von Baden I, Nr. 717, 1739). Die Burg Stroutenberg im Bistum Utrecht wird 1259 als *castrum sive domum* erwähnt (Oorkondenboek van het Sticht Utrecht III, 1949, S. 252). Auf das Beispiel der Burg Moosbrunn *(castrum, domus, domus venationis)* wurde bereits verwiesen (siehe Anm. 64). »Haus« wird besonders gerne in der Rechtssprache verwendet, so vor allem bei Öffnungsverträgen (siehe Abschnitt VI) und auch bei Burgfriedensverträgen, z. B. für Nagelsberg 1361 (Hohenloher UB III, Nr. 201).

87) Siehe Anm. 71.

88) Schwabenspiegel 143: *Brichet aber man ein hus mit gewalte oder lat ez ein herre zergan von mutwillen oder von armut, daz mac man wol wider buwen ane orlop.* – Sachsenspiegel III 66 (169): *Brikt men aver en hus weldichleken oder let it de herre togan van mutwillen oder dorch armude, dat mut men wol weder buwen ane des richteres orlof.*

ren ihre Vasallen zum Wiederaufbau zerfallener Burgen verpflichteten [89]. Auch stand es dem Eigentümer jederzeit frei, eine Burg durch zusätzliche Verteidigungsbauten, durch äußere Mauerlinien, Vorburgen und Türme in einen stärkeren Zustand zu versetzen. Im 15. und 16. Jahrhundert, in der Zeit fortgeschrittener Artillerietechnik, konnte man veraltete Ritterburgen in gewaltige Festungen umwandeln [90]. Die bleibende befestigungsrechtliche Qualität war der Grund dafür, daß man im ganzen Spätmittelalter die Burgruinen und selbst die Burgplätze (die in den Quellen oft als »Burgställe« bezeichnet werden) besonderer Aufmerksamkeit würdigte. Man vermied es vor allem, strategisch wertlos gewordene Burgen in die Hände anderer zu übereignen, sondern gab sie entweder unter Eigentumsvorbehalt an abhängige Adlige oder behielt sie und ließ sie einfach langsam zerfallen [91].

Anders aber, wenn eine Burg wegen Rechtsverletzung »mit Urteil« gebrochen wurde (vgl. Bd. I, S. 518). Dann erlosch ihr Befestigungsrecht, und sie durfte ohne ausdrückliche neue Bewilligung nicht wieder befestigt werden. Das Urteil konnte dann ergehen, wenn die Befestigung dazu benutzt wurde, Friedensbruch zu decken und die Schuldigen der richterlichen Verfolgung zu entziehen. Zwei Fälle werden in den Rechtsspiegeln behandelt: Wird ein Friedbrecher oder Geächteter länger als für eine Nacht in die Burg aufgenommen [92] und trotz Aufforderung des Richters nicht ausgeliefert, wird die Burg (dasselbe gilt für die Stadt) geächtet. Wird der Gesuchte weitere sechs Wochen und einen Tag geschützt, werden alle Personen auf der Burg geächtet. Stellen sich die Leute der Burg nicht innerhalb einer zweiten Frist von sechs Wochen und einem Tag dem Gericht, hat der Richter die Burg zu belagern. Bringt er sie in seine Gewalt, dann hat er den rechtskräftigen Abbruch zu vollziehen. Der andere geschilderte Fall bezieht sich auf die Anschuldigung, eine Burg habe Raubgut aufgenommen.

89) Der Erzbischof von Mainz verlieh 1337 die *area castrensis* in Oberohrn (bei Öhringen) an Dieter von Berlichingen mit der Verpflichtung, *edificare unum propugnaculum et alia edificia ibi necessaria* (Würdtwein, Nova subs. 5, 138. Reg. Boica 7, 172). Der Markgraf von Baden verpflichtete 1432 seinen Lehensmann bei der Verleihung der Burg Mandelberg, sie binnen Jahresfrist zu bauen und seinen Wohnsitz darin zu nehmen. Als dieser der Verpflichtung nicht nachkam, wurde ihm die Burg durch einen lehengerichtlichen Spruch entzogen (HStA Stuttgart A 602 WR 10965, 10972, 10977). Beispiele aus dem niederrheinischen Raum siehe bei Henn (wie Anm. 46), S. 83.

90) Als im Jahre 1482 die Stadt Lindau ihre Burg Gießen mit einer hohen Mauer und Türmen umgab, den zugehörigen Bauhof mit einschloß und einen äußeren Graben aufwerfen ließ, versuchte der Graf von Montfort als »Obrigkeit«, gegen die neuen Befestigungen Einspruch zu erheben. Die Burg bedrohe auch sein Schloß Tettnang. Er konnte sich aber nicht durchsetzen. Die Lindauer machten nur geringe Zugeständnisse, indem sie zusagten, den alten Graben nicht zu vergrößern und die aufgeworfene Erde auseinanderzuziehen (Beschreibung des Oberamts Tettnang, hg. vom Statistischen Landesamt Stuttgart, 1915, S. 785. – Staatsarchiv Neuburg, Reichsstadt Lindau, 52. – Stadtarchiv Lindau, 22, 1).

91) H.-M. Maurer, Die landesherrliche Burg in Wirtemberg, 1957, S. 75, 80, 177 f.

92) Eine Nacht lang war die Aufnahme Geächteter erlaubt (Schwabenspiegel 16, 283).

Bestreitet der Burgherr diesen Vorwurf, so hat er die Möglichkeit, sich durch Eid (mit Eidhelfern) oder durch Zweikampf zu reinigen. Konnte man aber dem auf die Burg gebrachten Raubgut nachfolgen und gibt es der Burgherr trotz Aufforderung des Richters doch nicht heraus, so hat der Richter die Burg zu ächten und ebenso vorzugehen, wie wenn Friedbrecher nicht ausgeliefert werden [93]. Diesen Fällen ist zu entnehmen, daß Abbruchurteile noch nicht gefällt wurden, wenn von Burgen aus Friedbruch und Raub begangen wurde, sondern erst dann, wenn die Schuldigen oder das Beutegut hinter den Mauern der Burg versteckt und geschützt und so der gerichtlichen Sühne und Wiedergutmachung entzogen wurden. Als Beispiel einer aus solchen Gründen landgerichtlich »verurteilten«, belagerten und schließlich geschleiften Burg sei hier auf die Burg Dannenberg verwiesen, über deren Friedensbruch und Strafvollzug eine Landgerichtsurkunde von 1399 ausführlich berichtet [94].

Wie eine »verurteilte« Burg zu brechen sei, schildern die Rechtsspiegel ebenfalls konkret: Wenn der Richter dreimal gegen die Burg schlägt, haben die gebotenen Leute des Gerichts sie mit Äxten einzureißen und den Bau »bis auf die Erde« zu brechen. Auch der Graben und der »Berg« (die Aufschüttungen, Wälle) sind mit Schaufeln einzuebnen. Doch darf die Burg weder angezündet noch dürfen Holz, Steine und andere Gegenstände weggeschafft werden [95]. Wie genau die in den Spiegeln mitgeteilten Bestimmungen beachtet wurden, mag daraus hervorgehen, daß die Steine der bereits gebrochenen Burg Klingenberg im Jahre 1360 nur mit einer besonderen kaiserlichen Genehmigung weggeschafft werden durften [96]. Nicht immer wurde indessen der Abbruch so total durchgeführt, denn es gibt Beispiele gebrochener Burgen, die heute noch Bauteile aus der Zeit vorher besitzen [97].

93) Mitgeteilt nach dem Schwabenspiegel 253, kürzer erwähnt im Schwabenspiegel 137. Der Sachsenspiegel schildert das Vorgehen gegen die auf Burgen geflüchteten Friedbrecher nicht so ausführlich (II 72 bzw. 109).

94) Die Urkunde des Grafen Philipp von Nassau-Saarbrücken als des Landvogts ist veröffentlicht bei K. Kroeschell, Deutsche Rechtsgeschichte II (rororo-studium), 1973, S. 155 f. Auch bei: K. A. Schaab, Geschichte des großen rhein. Städtebundes II, 1845, Nr. 274.

95) Hier wiedergegeben nach dem Schwabenspiegel 144 *(und suln howen, unz der bu ob der erde gar zerfuret wirt)* und 253 *(er sol die burg uf die erde brechen)*. Ähnlich im Sachsenspiegel III 68 bzw. 170 *(dar men it mit rechte breken scole ... mit howen unde mit rammen)*. In den Urkunden wird das Zerstören einer Burg nach Urteil im allgemeinen mit *destruere* oder *brechen* ausgedrückt.

96) Genehmigung Kaiser Karls IV., Steine von der Burg Klingenberg wegzuschaffen (1360): Heilbronner UB I, Nr. 250.

97) Die um 1364 mit Urteil zerstörte und später (mit Bewilligung Kaiser Karls IV.) wiedererbaute Burg Zwingenberg (Kr. Mosbach) besitzt noch heute den Bergfried und die Schildmauer, die, beide aus Buckelquadern errichtet, dem 13. Jh. angehören (siehe Anm. 101). F. Arens hält die Schildmauer allerdings für jünger: Die Baugeschichte der Burgen Stolzeneck, Minneburg und Zwingenberg, in: Jahrbuch für schwäbisch-fränkische Geschichte, Hist. Verein Heilbronn, 26, 1969, S. 12–15.

Wer eine rechtskräftig gebrochene Burg wiederaufbauen wollte, bedurfte einer neuen Lizenz. Für das Verfahren zur Wiedergenehmigung geben die Spiegel verschiedene Versionen an. Der Sachsenspiegel nennt wie bei der ersten Erlaubnis nur den Landrichter als erneuten Lizenzgeber [98], der Schwabenspiegel aber löst sich in dieser Beziehung in zwei Schritten von seinem sächsischen Vorbild: Das »Landrecht« führt bereits den König als zuständig für die Wiedergenehmigung ein, nennt aber den Landrichter noch an zweiter Stelle; das »Lehenrecht« spricht die Vollmacht allein dem König zu und beschränkt die Vertretung durch den Landrichter auf die Zeiten, in denen der König außerhalb Deutschlands weilt oder es überhaupt keinen König gibt [99]. In dieser Regelung sind nicht nur die Verhältnisse des Interregnums berücksichtigt, sondern es scheint bereits das energische Wirken König Rudolfs von Habsburg einen Niederschlag gefunden zu haben.

In Südwestdeutschland setzte sich offensichtlich die Rechtsauffassung des Schwabenspiegels durch, denn es gibt aus dem 14. Jahrhundert eine ganze Reihe kaiserlicher Abbruchgebote und Wiederaufbaugenehmigungen, und diese ließen oft lange auf sich warten. Als die Burg Klingenberg wegen Teilnahme am Krieg gegen den Kaiser und wegen Raubes im Jahre 1360 gebrochen wurde, befahl Kaiser Karl IV. den Städten Heilbronn, Wimpfen und Weinsberg ausdrücklich, den Wiederaufbau der Burg zu verhindern, ein Mandat, das zwei Jahrhunderte lang eingehalten wurde [100]. Die auf Geheiß Kaiser Karls IV. gebrochene Feste Zwingenberg erhielt erst nach einem Besitzerwechsel (nach dem Erwerb durch das Erzstift Mainz und die Pfalzgrafschaft) und nur unter der Verpflichtung, sie dem Reich auf ewig offen zu halten, die kaiserliche Erlaubnis zur Wiedererrichtung (1364) [101]. Für die 1396 von Herzog Leopold von Österreich wegen Untaten gebrochene Burg Keppenbach wurde erst 1408 das Recht des Wiederaufbaus erlangt [102]. Selbst Graf Eberhard der Greiner von Württemberg, ein besonders auf seine Rechte und Ehre eifersüchtiger Landesherr, ließ sich nach dem Reichskrieg von 1360 und nach den Städtekriegen 1381 die königliche Erlaubnis zum Wiederaufbau seiner Festen, Schlösser und Städte bestätigen [103]. Die Burg Hohenzollern, *das vesteste Haus in teutschen Landen, die Krone aller Burgen Schwabens*, wurde

98) *Man en muz keine burg bowen ane des richters orlop, de umme ungerichte unde mit orteilen gebrochen iz* (Sachsenspiegel III 66 bzw. 169).

99) *Man mag oh keine burch gebuwen hinwider ane des kunges urlop oder ane des lantrihtaers urlop, diu mit urteil zerbrochen ist* (Schwabenspiegel 143). *Ez mac mit rehte niemen keine burc wider gebuwen, diu mit gerihte wider ist gebrochen ane des kunges urlop. Und ist diewile dehein kunc oder ist der kunc ze tuschem lande nit, so muz er des lantrihtaers urlop han, in des geriht si lit* (Schwabenspiegel, Lehenrecht 150).

100) Heilbronner UB I, Nr. 250, 250a.

101) Reg. Imp. 4073.

102) ZGORh 23, S. 95 Anm. 2.

103) Württ. Regesten, hg. vom Staatsarchiv Stuttgart, Nr. 635, 4616, 4618. CHR. F. STÄLIN, Wirtembergische Geschichte III, 1856, S. 266–270.

im Jahre 1423 vom Schwäbischen Bund »wegen großer Räuberei« des geächteten Grafen Friedrich von Zollern nach einjähriger Belagerung erobert und zerstört. Kaiser Sigmund gebot, die Burg solle auf ewig nicht mehr gefestigt werden, sondern gehöre »als ein gebrochen Raubhaus dem Reich nach des Reiches Recht und Herkommen«. Drei Jahrzehnte mußten die Eigentümer warten, bis Kaiser Friedrich IV. (1453) die Genehmigung zum Wiederaufbau erteilte [104].

Das Befestigungsrecht erhielt im 13. Jahrhundert eine über das Fortifikatorische weit hinausgehende Bedeutung verfassungsrechtlicher Art, ein Aspekt, der in bisherigen befestigungsrechtlichen Untersuchungen durchweg übersehen wurde. Nach dem Schwabenspiegel berechtigte und verpflichtete der Besitz einer Burg oder einer Stadt in einem Fürstentum zur Teilnahme an den Hoftagen des betreffenden Fürsten. Nicht persönliche oder geburtsständische Eigenschaften waren nach dieser Angabe das Kriterium der Hoftagspflicht, also der Landsässigkeit und eines ständisch-politischen Mitspracherechts, sondern die Verfügung über einen befestigungsrechtlich hervorgehobenen Platz. Es soll hier nicht untersucht werden, ob diese verfassungspolitische Folge des Befestigungsrechts unbestritten war und der Wirklichkeit voll entsprach. Aber schon die Aussage des Schwabenspiegels als solche, auch wenn sie inhaltlich einzuschränken wäre, ist ein beredtes Zeugnis für die öffentlichrechtliche Bedeutung, die man der Burg zumaß [104a].

IV. Burgfrieden

F. Keutgen und H. Hirsch gehen bei ihren Untersuchungen über die Stadtverfassung und über die Klosterimmunität davon aus, daß im 10. und 11. Jahrhundert alle Burgen den höheren Frieden des Königshauses besessen hätten. Der Grund dieser rechtlichen Hervorhebung habe im Befestigungsrecht gelegen, einem königlichen Regal, kraft dessen alle Burgen königlich gewesen seien. »Jeder befestigte Platz ist in germanischer Auffassung eine Burg, jede Burg ist aber, da der Burgenbau Regal ist, königlich«, schreibt Hirsch. Und Keutgen führt aus: »Hat jede geschlossene Ansiedelung, jedes Dorf seinen Frieden, so erfreuen sich eines höheren Friedens diejenigen Ansiedelungen, die durch ihre Befestigung zu königlichen, zu Reichsburgen werden. Dies ist der Burgfriede, auf dessen Bruch die Strafe des Königsbannes von 60 Schilling steht«. Bei-

104) Wiederaufbaugenehmigung 1453 Jan. 17: Rep. Imp. 3011. Zur Belagerung und Zerstörung: Stälin (wie Anm. 103), S. 423–426. L. Schmid, Zerstörung und Wiederaufbau der Burg Hohenzollern im 15. Jahrhundert, 1867.

104a) *Dizselbe reht* [zu Hof zu gebieten] *hant si* [die Fürsten] *ouch umbe graven und umbe vrien unde umbe dienestman, die sogetan gut in ir lande hant, daz burge und stette sind. Hant si ander gut in ir lande, so sint si ze rehte lidig, die ir hof nut suchen suln.* Schwabenspiegel 139. Der Sachsenspiegel nennt dieses Merkmal der Hoftagspflicht noch nicht (III 64 bzw. 167).

de Forscher nehmen an, daß der im Burgfrieden realisierte Königsfrieden dann auf Städte und Klöster übertragen worden sei und mit zur Ausbildung des städtischen Friedens einerseits und der Klosterimmunität andererseits beigetragen habe [105].

In nachmittelalterlicher Zeit, im 16. Jahrhundert, erscheint der Burgfrieden auf Festungen und Schlössern wiederum als Bezeichnung für einen rechtlichen Sonderbezirk, nun mit einem überaus harten Strafrecht. Ein um 1525 geschriebener Burgfrieden der Festung Hohenasperg, der in dieser Beziehung zum Modell aller späteren württembergischen Festungsordnungen wurde, enthält folgende Bestimmungen: Entsteht unter dem Personal der Burg ein Streit, ist jeder Anwesende sofort verpflichtet, Friede zu sprechen, dreimal hintereinander. Wer dann vom Streit nicht abläßt, auf den soll der Nächststehende einschlagen, selbst wenn er ihn dabei erschlagen würde. Der ergriffene Friedbrecher aber ist an Leib und Leben straffällig. Auch aus Gerichtsurteilen, die von Festungsstandgerichten gesprochen wurden, geht hervor, daß schon bloßer Wortstreit bestraft werden konnte, daß aber die Bedrohung mit der Waffe, das Ziehen der Waffe und vor allem jede noch so leichte Verwundung im Streit als kriminelle Taten unter Strafe an Leib und Leben standen. Dasselbe galt für Gehorsamsverweigerung und Vernachlässigung militärischer Pflichten. Räumlich war der Burgfrieden nach der um 1525 verfaßten Ordnung wie auch nach den Urteilen innerhalb der Tore und der Staketen gültig [106]. Noch heute kann man an den Toren mancher Burgen und Schlösser Warntafeln sehen, die, nach einem festen Typ gebildet, sehr realistisch die Strafe des Handabschlagens darstellen und die Unterschrift Burgfried tragen [107].

Es stellt sich nun die Frage, ob der von Keutgen und Hirsch angenommene höhere Frieden des königlichen Hauses tatsächlich auch für die Adelsburgen im Hochmittelalter galt und ob der Burgfrieden des 16. Jahrhunderts eine späte Nachwirkung dieses rechtlichen Sonderstatus der Burg ist.

Ganz im Gegensatz zu einer solchen Annahme erwähnen die Rechtsspiegel des 13. Jahrhunderts keinen höheren Frieden der Burg, ja sie zitieren sogar eine damals geäußerte Auffassung, daß den Burgen überhaupt kein Frieden im Sinne eines besonderen Rechtsschutzes zukomme: *Man seit, daz bürge und fürsten deheinen vride suln han, den man an in gebrechen müge. Daz ist durch die werlichen veste, die die bürge hant, und durch die werhaften lüte, die die fürsten alle zit suln han mit in varnde.* Es waren ja sonst die schwachen und wehrlosen Personen und Bauten, die von der Land-

105) F. KEUTGEN, Untersuchungen über den Ursprung der Stadtverfassung, 1894, S. 52–62. H. HIRSCH, Die Klosterimmunität seit dem Investiturstreit, 1912, S. 158–165, 211 f.

106) H.-M. MAURER, Die landesherrliche Burg in Wirtemberg, 1957, S. 32–34, 126–130, 164. »Staketen« sind Holzbefestigungen, Palisaden.

107) Beispiele: Weikersheim (am äußeren Tor), Meersburg (in der Torhalle), Burg Mühlhausen bei Stuttgart (die Burg besteht nicht mehr, das Bild befindet sich in Privatbesitz). Die Tafeln dürften dem 16.–18. Jahrhundert entstammen.

friedensgesetzgebung unter besonderen Frieden gestellt waren. Die Verfasser der Rechtsspiegel aber schlossen sich dieser Auffassung nicht an, sondern lehnten sie mit der kurzen Bemerkung ab: *Dez ist doch nüt, si sint doch halt in dem vride, wan si suln den lüten guten vride machen* [108].

Sucht man in den Spiegeln nach Friedensbestimmungen im einzelnen, dann stellt man fest, daß die Burg grundsätzlich dem unbefestigten Haus gleichgestellt war und keinen höheren Frieden als dieses genoß. Das (einem Zusatz entstammende) Kapitel des Schwabenspiegels über die Heimsuchung und über die Strafen dafür bezieht sich auf das Haus im allgemeinen. Heimsuchung begeht der, der mit bewaffneter Hand in ein Haus läuft, um jemand darin zu verfolgen und ihm zu schaden. Findet er ihn nicht und richtet er keinen Schaden an, ist er dem Wirt des Hauses und dem Richter eine halbe Buße schuldig. Fügt er Schaden zu, wenn auch nur durch Schelten, ist eine ganze Buße fällig. Bei einem geschlossenen Haus ist es bereits Heimsuchung und wird mit einer Buße geahndet, wenn einer dagegen schlägt oder schießt. Alle Begleiter bei einer Heimsuchung, die am Frevel teilnehmen, sind gleich schuldig, Begleiter mit bewaffneter Hand, die keinen Schaden tun, haben 5 Schilling zu geben [109].

Am Schluß dieser Ausführungen wird die Burg noch besonders erwähnt, aber nur, um dasselbe Recht für sie festzustellen: *Dise recht hand auch die bürg. Wer die herren, die burge hand, daryn heimsuchent, die sullend yn büssen, als hievor geredt ist.* Auch in den bayerischen Landfrieden von 1293 und 1300 wird die Heimsuchung von Burg, Haus und Hof zusammen behandelt und unter die gleiche Strafe gestellt [110]. Der Unterschied zwischen Haus und Burg liegt demnach nur in einer räumlichen Ausweitung des Friedens, denn die Burg ist ein Gebäudekomplex mit Höfen und Nebenbauten innerhalb einer Umwehrung. Der Frieden der Burg aber war nur durch die eigene Wehrhaftigkeit und nicht durch ein höheres öffentliches Recht besser geschützt als das Haus. Den Begriff Burgfrieden verwenden die Rechtsspiegel überhaupt nicht.

Wie weit der Frieden der Burg, dessen Verletzung als »Heimsuchung« unter Strafe stand, räumlich reichte, wird in den Rechtsspiegeln und den Landfrieden des 13. Jahrhunderts nicht definiert. Aus anderen Quellen wird aber erkennbar, daß dem Tor Rechtsbedeutung zukam. Unmittelbar vor dem Tor wurden Beurkundungen durchgeführt und in manchen Fällen sogar Gerichtsversammlungen abgehalten, die in der Burg offensichtlich nicht zulässig waren [111]. Nach den Spiegeln durften die Burgmänner eine im Krieg beschädigte Burg solange verlassen, bis das Tor wieder einge-

108) Zitiert nach dem Schwabenspiegel, Landrecht 264. Im Sachsenspiegel fast wörtlich gleich: Landrecht III 8 (116).

109) Schwabenspiegel 301 (Zusatz). Der Sachsenspiegel behandelt die »Heimsuchung« nicht.

110) MGH Const. III 2, S. 616, 45. Const. IV 2, I, S. 1217, 30.

111) Siehe S. 86–88 und Anm. 25, 26.

hängt wurde [112]. Das Tor war gleichsam Rechtssymbol der intakten Burg. Es ist anzunehmen, daß der Frieden einer Burg am äußersten Tor begann, wie es im 16. Jahrhundert denn auch ausdrücklich bestätigt wird.

Besitzrechtlich wurde der Bereich Burg jedoch weiter gefaßt, wie aus Verfügungen über Burgen als reine Bau- und Wehranlagen ohne Zubehör an Liegenschaften oder Herrschaftsrechten hervorgeht. Die Urkunden darüber nennen, wenn sie überhaupt den Umfang bezeichnen, die äußeren Gräben und Wälle als Begrenzung: So bestätigte König Konrad III. 1138 dem Kloster Stablo den Besitz der Burg Logne *cum toto montis corpore et utrisque vallibus* [113]. Der Erzbischof von Trier belehnte um 1148 den Grafen von Vianden mit einem Teil der Burg Arras, *sicut muro et fossa circumdatum est* [113a]. Die Burg Olbrück wurde 1190, *quousque fossatum eiusdem protenditur*, dem Erzstift Köln zu Lehen aufgetragen [113b]. Werner von Bolanden übertrug um 1195 seinem Sohn die Burg Bolanden, *quoad usque exterius fossatum attingit* [114]. Markgraf Hermann von Baden kaufte 1231 den Grund und Boden seiner Burg Reichenberg *usque ad secundum vallum* vom Stift Backnang [115]. Die Familie Bolanden-Falkenstein-Hohenfels einigte sich 1253 in einem Teilungsvertrag über den Besitz der Burgstelle Weißenau *infra extremitatem vallis exterioris, que utique extremitas ort vocatur*, und in einer anderen, fast gleichzeitigen Urkunde über dieselbe Burgstelle wird die Formulierung *infra fossatum exterius et murum* gewählt [116]. Die Herren von Hohenlohe verliehen die Burgen Tief (1356) und Schopfloch (1362) *inwendig dez graben oder als ferre die graben begriffen sin.* [117]. Die Burg Neuneck wurde 1411 bei einem Teilverkauf *»als die mit graben, mit muren ... umbefangen ist«* beschrieben [117a]. Die Besitzer mußten ein Interesse daran haben, über die gesamten Bauanlagen einschließlich der äußersten Erdbefestigungen zu verfügen. Diese Außenlinien konnten dann auch zu Rechts- und Gerichtsgrenzen werden, wie etwa für die Burgen Wildenstein und Auenstein (1300) und für die Burg Rüsseg (1429) nachweisbar ist [118].

Der Rechtsschutz der Burg gegen Heimsuchung bedeutete gleichzeitig Immunität, wie sie auch das Haus besaß. Am Beispiel der Verfolgung von Friedbrechern und Räubern schildern die Spiegel, daß die öffentliche Vollzugsgewalt, der Richter oder seine

112) Sachsenspiegel L 72 (305), Schwabenspiegel L 150. Siehe auch Text bei Anm. 106.
113) MGH DK III, S. 10.
113a) Mittelrhein. UB I, Nr. 551.
113b) Mittelrhein. UB II, Nr. 107. Dieselbe Formulierung wird bei der Verleihung im Jahre 1249 gebraucht (III, Nr. 1014).
114) W. Sauer, Die ältesten Lehnsbücher der Herrschaft Bolanden, 1882, S. 36.
115) Württ. UB III, S. 276.
116) V. F. Gudenus, Codex Dipl. Moguntiaca II, 1747, S. 104 f.; I, 1743, S. 631.
117) K. Weller, Hohenloher UB III, S. 93, 106, 110.
117a) Fürstl. Archiv Sigmaringen, Glatt 75, 43. Locher, Mitt. d. Ver. f. Gesch. u. Altert. Kunde in Hohenzollern XII, 1878/79, S. 47 f.
118) Siehe S. 113 f. und Anm. 148 (W. Merz).

Boten, nur v o r der Burg erscheinen, um die Auslieferung der Beklagten zu verlangen. Ein Eingriffsrecht in die Burg selbst haben sie solange nicht, als der Burgherr der Auslieferungspflicht nachkommt [119]. Dieses Zutrittsverbot für Vertreter der öffentlichen Vollzugsgewalt in ihrer amtlichen Eigenschaft ist auch in Urkunden ausdrücklich bestätigt [120]. In anderem Zusammenhang betonen die Spiegel die gerichtliche Verantwortung des Burgherrn für die Taten aller, die sich auf der Burg befinden, und selbst für jene Burglehenmänner, die sich nicht auf der Burg aufhalten [121]. Diese Verantwortung setzt Gewalt des Burgherrn über Burgmänner und Burggesinde voraus, in gewissem Rahmen auch richterliche Gewalt, und ist ein weiterer Hinweis auf Immunitätsrechte der Burg. Richterliche Befugnisse der Burgbesitzer sind denn auch durch spätmittelalterliche Burgfriedbriefe belegt.

Der Begriff B u r g f r i e d e n, den die Rechtsspiegel nicht verwenden, wurde dennoch im 12. und 13. Jahrhundert gebraucht und erscheint gelegentlich in urkundlichen Quellen. Aber man bezog ihn damals meist auf Städte und befestigte Klöster, woraus zu schließen ist, daß er einer zeitlichen Schicht entstammt, in der das Wort Burg noch einen weiteren Bedeutungsumfang hatte und auch befestigte städtische und klösterliche Siedlungen einschloß. So wird in einer Urkunde des Bischofs von Augsburg von 1266, in der er sich von König Konradin die bischöflichen Rechte in der Stadt Augsburg bestätigen ließ, die *pax urbana que burcfride dicitur* aufgeführt. Im Augsburger Stadtrecht von 1276 erscheint der Begriff wieder [122]. Auch ein Wormser Burgfrieden ist (für 1287) bezeugt [123]. Mone führte als frühestes Beispiel eines Burgfriedens im engeren Sinn die Wendung *infra iuramenta castri* in einer Urkunde von 1232 an, die sich auf Dommartin im Kanton Waadt bezieht. Aber Dommartin war keine Burg, wie Mone offensichtlich meinte, sondern eine urbane Siedlung [124]. Der Burgfrieden in diesem Zusammenhang kann wohl zweierlei bedeuten: erstens den städtischen Frieden (denn die Stadt war im älteren Wortsinn eine *Burg*) und zweitens – darauf hat F. Beyerle hingewiesen – den Burgbann, nämlich die Zwangsgewalt, zum

119) Sachsenspiegel II 72 (109), Schwabenspiegel 253.

120) Die Burg Bosenstein hat 1419 die »Freiheit« daß *kein gerichtbot mit sinem stab weder ins schloß noch ins wirthaus darf gehen, sonder er solle den stab hussen lassen und sein sach geziemend verrichten* (ZGORh 23, 1870, S. 106).

121) Schwabenspiegel 16. Daß der Burgherr (nach demselben Kapitel) einen Geächteten für eine Nacht aufnehmen darf, unterscheidet ihn ebenfalls nicht von jedem anderen Hausbesitzer, der dasselbe Recht hat (Kap. 283). Der Sachsenspiegel bringt den Artikel über die Verantwortung des Burgherrn nicht.

122) W. E. Vock, Urkunden des Hochstifts Augsburg, Nr. 85 (von 1266). Augsburger Stadtrecht von 1276, Art. 9 § 1.

123) Wormser UB I, 279.

124) Mémoires et documents publiés par la Société d'histoire de la Suisse romande, 3 ème série, t. 3, 1948, S. 197 f. Dazu Mone, ZGORh 16, 1864, S. 427.

Burgwerk aufzubieten, und den Bezirk dieser Banngewalt [125]. Ähnlich sind die für Klöster verwendeten Begriffe *Burgbann* und *Burgfrieden* zu interpretieren [126]. Der Burgfrieden solcher Art kann in diesem Beitrag, der sich mit der Adelsburg beschäftigt, nicht weiter verfolgt werden.

Für Burgen im engeren Sinn taucht der Begriff erst am Ende des 13. Jahrhunderts auf (vgl. Bd. I, S. 543, u. II, S. 234 ff.), aber wiederum nicht als eine für Burgen typische Rechtsqualität, als ein allen Burgen zukommender höherer Frieden, wie Keutgen und Hirsch annahmen. Der Ausdruck Burgfrieden nahm vielmehr die verengte Bedeutung eines freiwilligen Vertragszustandes für besitzrechtlich geteilte Burgen an, und so wurde er das ganze Spätmittelalter hindurch fast ausschließlich gebraucht. Burgfrieden wurden partnerschaftlich geschlossen, wenn mehrere Eigentümer Anteile an einer Burg hatten und sich durch Vereinbarung gegenseitig Frieden für die Burg zusicherten. Diese Bedeutung des Begriffs ist nicht nur zahlreichen Urkunden zu entnehmen, sondern sie wird in einer definitionsähnlichen Wendung auch einmal ausdrücklich bestätigt: Im Jahre 1330 schlossen der Erzbischof von Mainz und Gottfried von Hohenlohe einen »gemeinen Burgfrieden, als des Landes Gewohnheit ist«, für die gemeinsame Burg Krautheim. In einer anderen Urkunde desselben Jahres wird diese Vereinbarung als Burgfrieden, Teilung und Satzung bezeichnet, wobei es sich offensichtlich um Synonyme oder um sich gegenseitig erläuternde Ausdrücke für dieselbe Sache handelt [127]. Daraus ist zu entnehmen, daß ein Burgfrieden »nach Landesgewohnheit« ein Teilungsvertrag war.

Ein Burgfrieden im Sinne eines besonderen Rechts für alle Burgen und nur für diese ist also weder in den Rechtsspiegeln noch in Urkunden oder sonstigen Quellen für das Hochmittelalter nachweisbar. Sollte es also einen Burgfrieden analog etwa dem Marktfrieden, Stadtfrieden, Heerfrieden, Gerichtsfrieden nicht gegeben haben? [128]. Genau besehen konnte es ihn gar nicht geben! Der mittelalterliche Frieden wurde entweder für öffentliche Einrichtungen von einem Herrn, dem König oder Herzog, geboten, oder er wurde in internen Bereichen von Genossenschaften Gleichgestellter (etwa einer Kaufmannschaft) vereinbart und geschworen. Beides konnte für die Adelsburg nicht zutreffen. Selbst wenn das Königtum das Befestigungsrecht als Regal beanspruchte, so war die Burg in ihrer Eigenschaft als Haus doch keine öffentliche Ein-

125) F. Beyerle, Zur Wehrverfassung des Mittelalters, in: FS Ernst Mayer, 1932, S. 35. Nach Beyerle wird der Burgbann seit der Gottesfriedenszeit auch mit »Burgfrieden« bezeichnet (im 12. und 13. Jahrhundert).

126) F. Beyerle (wie Anm. 125). H. Hirsch (wie Anm. 105), S. 158 ff. Einen Burgfrieden des 1074 gegründeten Klosters Ravengiersburg erwähnt M. Schaab (in seinem Beitrag in diesem Band).

127) Der Burgfriedensvertrag liegt im Staatsarchiv Würzburg, Teilabdruck: Kunstdenkmäler in Baden IV 2, S. 69 f. Die andere Urkunde: Hohenloher UB II, Nr. 365.

128) In der Literatur wird vielfach ein Burgfrieden in diesem Sinne angenommen, so etwa bei: K. Fuchs/H. Raab, Wörterbuch zur Geschichte I, 1972, S. 280.

richtung, sondern interner Bereich. Sie besaß die Immunität des Hauses, war dem öffentlichen Recht und dem öffentlichen Richter entzogen und unterstand der Gewalt des Burgherrn. Gegen Angriffe von außen, die Heimsuchung, war die Burg wie das Haus rechtlich geschützt, aber im Innern der Burg konnte ein öffentlicher Frieden nicht wirksam werden, hier konnte nur ein vom Burgherrn gesetztes und überwachtes, wenn man so will: ein privates Ordnungsrecht, gelten. Es ist daher bezeichnend, daß das im Sachsenspiegel mitgeteilte Verbot, innerhalb von Burgen, Städten und Dörfern Waffen (»Schwerter«) zu tragen, im Schwabenspiegel und in anderen Quellen nicht wiederkehrt [129]. Denn erstens konnte ein solches Verbot in Burgen als Wehrbauten kaum sinnvoll erscheinen, und zweitens konnte das Waffentragen in einer Burg genausowenig wie in irgendeinem Haus Sache des öffentlichen Rechtes sein.

Die zweite Möglichkeit, ein genossenschaftlich vereinbarter Frieden, kam aber in einer Burg, in der das dynastische Prinzip herrschte, im Regelfall ebenfalls nicht in Frage. Erst wenn die Gewalt des Burgherrn auf mehrere Träger aufgeteilt, wenn das Eigentumsrecht an der Burg gespalten war, konnte es zu freiwilligen Friedensvereinbarungen der Miteigentümer kommen. Die Burgfriedensverträge des Spätmittelalters in der verengten Bedeutung des Wortes gehören denn auch der Gruppe der genossenschaftlichen Friedensabreden an.

Die Burgfriedensverträge dieser Art hatten also den Sinn, einer besitzrechtlich geteilten Burg den Frieden und die Sicherheit zu erhalten, und zwar auch für Zeiten, in denen Mitbesitzer in Fehden verstrickt wurden und vielleicht sogar feindlichen Parteien angehörten. Die Burg wurde dadurch kriegerischen Handlungen der Teilhaber entzogen, selbst wenn diese gegeneinander Streit hatten, sie wurde zum neutralen Platz, zum Ort dauernder Waffenruhe erklärt. Ohne einen solchen Friedensschwur wäre ja die Befestigung einer Burg teilweise entwertet gewesen, da der Teilhaber, der als Wohnnachbar mitten in der Burg saß, immer ein potentieller Gegner sein konnte.

Über die Pflicht zur militärischen Passivität hinaus begründete der Burgfrieden die Aufgabe, aktiv an der Instandhaltung und dem Schutz der Burg mitzuwirken. In diesem Zusammenhang begegnet die *pax que vulgariter borchvrede nuncupatur* urkundlich erstmals im Jahre 1296 in einem Hofgerichtsurteil unter König Adolf in Wertheim [130]. Das Gericht hatte darüber zu urteilen, ob es zulässig sei, daß ein Besitzer,

129) Sachsenspiegel II 71 (108).

130) Wortlaut der Gerichtsurkunde: *Si duo domini equo iure habeant unum castrum et iurant sive compromittunt societatem sive pacem, que vulgariter borchvrede nuncupatur, inter se in castro memorato servare, postea vero alter eorum prohibet, ne ab altero suo consocio custodiatur idem castrum per excubias sive vigilias pro parte sua, ymmo mandat, ut destruatur suburbium sue partis, ut per hoc totius castri amissio seu perditio consequatur, utrum alter eorum hoc facere possit altero reclamante. Sententia: quod neuter eorum altero invito partem suam in eodem castro sine custodia relinquere potest nec destruere nec quicquam attemptare in alterius preiudicium et gravamen* (MGH Const. III, S. 519, Nr. 551).

der den Burgfrieden beschworen habe, die Bewachung seines Anteils vernachlässige und auch den Partner daran hindere, sie stellvertretend zu übernehmen, und schließlich sogar seinen Teil zerstöre, so daß die Burg verloren gehe. Die Entscheidung lautete, kein Mitbesitzer dürfe ohne Zustimmung des anderen die Burg unbewacht lassen, etwas zerstören oder irgendeinen Schaden zu Lasten des anderen verursachen.

Konkrete Burgfriedensvereinbarungen im Zusammenhang mit Teilungsverträgen werden kurz nach 1300 nachweisbar: 1307 erwähnt eine Urkunde die *pacem que vulgariter dicitur borghvrede* auf der geteilten Burg Volmarstein in Westfalen [131], 1309 wurde ein Burgfrieden in Erbach (im Odenwald) geschlossen [132], 1311 in Dornberg in Rheinhessen [133], 1319 in Frauenstein bei Wiesbaden [134], 1328 in Bartenau [135], 1329 in Nagelsberg [136], 1330 in Krautheim [137]. Zwar wurde nach dem Hofgerichtsurteil von 1296 der Begriff Burgfrieden in diesem Sinn schon *vulgariter* gebraucht und entsprach, nach der Krautheimer Urkunde von 1330, »des Landes Gewohnheit«, aber daneben gab es immer auch Teilungsverträge derselben Gattung, die den Begriff nicht verwenden: zum Beispiel 1299 für die Burg Wasigenstein im Elsaß, 1311 für Guntheim in Rheinhessen, 1318 für Auerbach im Odenwald, 1342 für die Burg Krautheim [138].

Natürlich wurden auch früher schon Vereinbarungen über den gemeinsamen Besitz von Burgen oder über Teilungen getroffen (um 1148 für die Burg Arras, 1222 für die Burg Leiningen, 1229 für Burg Monreal, 1231 für Burg Entse, 1232 für Burg Schaumburg an der Lahn, 1254 für die Burgen Urach und Wittlingen, 1256 für die Kyllburg, 1266 für Naumburg und Weidelsburg), aber dabei kam weder der Begriff Burgfrieden noch ein Hinweis auf einen geschworenen Frieden vor [139]. Im Teilungsvertrag der Herren von Isenburg-Limburg für die Burg Cleeberg von 1258 erscheint erstmals der Begriff *pax* und eine Neutralitätsverpflichtung für die Burg im Falle eines Strei-

131) Westfälisches UB VIII, S. 135, Nr. 376.
132) Siehe den Beitrag von M. SCHAAB in diesem Band.
133) DEMANDT, Regesten der Grafen von Katzenelnbogen I, Nr. 517.
134) Nassauer UB I 3, S. 112.
135) Württ. Franken IV, 1856, S. 185.
136) K. WELLER, Hohenloher UB II, S. 294.
137) Staatsarchiv Würzburg. Kunstdenkmäler in Baden IV 2, S. 69 f.
138) Wasigenstein 1299: ZGORh 16, S. 423 f. Guntheim 1311: L. BAUR, Hessische Urkunden II, S. 721. Auerbach 1318: DEMANDT (wie Anm. 133), Nr. 592. Krautheim 1342: Staatsarchiv Würzburg, Kunstdenkmäler in Baden IV 2, S. 69 f. Es gibt übrigens im ganzen Spätmittelalter Teilungsabkommen über Burgen, die nicht als Burgfrieden bezeichnet werden, so für die Burg Ehrenberg 1459: ZGORh 11, 1860, S. 154.
139) Arras 1148: Mittelrhein. UB I, Nr. 551. Leiningen 1222: Mittelrhein. UB II, Nr. 192. Monreal 1229: ebenda Nr. 382. Endsee 1231: Mon. Boica 37, S. 244. Schaumburg 1232: Mittelrhein. UB II, Nr. 471. Urach und Wittlingen 1254: Württ. UB V, S. 57. Killburg 1256: Mittelrhein. UB III, Nr. 1357. Naumburg und Weidelsburg 1266: GUDENUS (wie Anm. 116) I, S. 714–717.

tes [139a]. Der Vertrag der Grafen von Wertheim und von Hanau von 1275 über den gemeinschaftlichen Besitz der Burg Prozelten ist ein frühes Beispiel für typische Burgfriedensbestimmungen und für die gegenseitige Leistung eines Friedensschwures, aber noch fehlt der Terminus Burgfrieden [140].

Warum der Begriff Burgfrieden sich gerade gegen Ende des 13. Jahrhunderts im verengten Sinn eines Friedensschwures gemeinsamer Burgbesitzer verbreitete und zum Synonym eines Teilungsvertrags wurde, ist nicht sicher zu erklären. Vielleicht weil die Verwendung des Ausdrucks im älteren Sinn (als Burgbann oder städtischer Friedensbezirk) allmählich außer Gebrauch gekommen war und der Begriff gleichsam für eine neue Bedeutung frei wurde. Vielleicht auch, weil Burgenteilungen im Laufe des 13. Jahrhunderts immer häufiger wurden und Auseinandersetzungen auf geteilten Burgen in spät- und nachstaufischer Zeit zunahmen, so daß der Friedensgedanke als immer wichtigeres Anliegen in den Vordergrund rückte. Der Begriff scheint übrigens von Norden aus allmählich nach Süden vorgerückt zu sein.

Der geschworene Burgfrieden galt wohl anfangs nur für den eigentlichen Bereich der Burg innerhalb von Mauer und Tor oder innerhalb der äußeren Gräben, also für den Bereich, der schon durch den »Hausfrieden« und die Immunität ausgezeichnet war. Aber schon aus militärischen Gründen mußte der Raum erweitert werden, denn der Frieden war nur dann garantiert, wenn die Burg auch der Reichweite fliegender Geschosse entzogen war. So dehnte man die Geltung des Burgfriedens für manche Burgen bis zu einer Entfernung von ein, zwei oder drei Armbrustschüssen aus [141].

Als Teilungsverträge regeln die Burgfriedensschlüsse auch zahlreiche innere Rechtsverhältnisse, etwa die räumliche Abgrenzung der einzelnen Anteile, die Benüt-

139a) *Item si contingeret casu inopinato, quod absit, quod alia inter eos discordia oriretur, neuter eorum se debet juvare vel dampnum inferre de castro Cleberch* (Mittelrhein. UB III, Nr. 1448).

140) *iuramento prestito et fide data, ... castrum communiter servare ... Et durante nostra lite ... nos ac nostra familia egrediendo et ingrediendo vivemus simul ... sub pacis et amicicie tegumento* (GUDENUS, wie Anm. 116, IV, S. 925). W. STÖRMER (Marktheidenfeld, 1962, S. 65) interpretiert diesen Vertrag sachlich richtig als »Burgfrieden«, wenn auch der Begriff selbst in dieser Bedeutung damals noch nicht bezeugt ist. Da gerade dieser frühe Fall eines Burgfriedens im Sinne eines Teilungsvertrags neben der Burg auch die Stadt Prozelten einschließt, wäre zu überlegen, ob es sich hier um eine Übergangsform vom älteren (städtischen) Burgfrieden zum Burgfrieden im engeren Sinne handelt.

141) Ein Armbrustschuß: Bartenau 1328 (Württ. Franken IV, 1856, S. 185); Nagelsberg 1361 (Hohenloher UB III, S. 239); Welstein (Weldestein) 1373 (L. BAUR, Hessische Urkunden, III, 1863, S. 494). Wachenheim 1392 (Generallandesarchiv Karlsruhe, Pfälz. Kopialb. 8 F. 74); Habizheim im Odenwald 1395 (ebenda F. 137). Zwei Armbrustschüsse: Löwenstein 1382 (GLA, Pfälz. Kopialb. 7½ F. 39). Der Burgbezirk der Sulzburg hatte nach den Lehenbriefen von 1434 an eine Ausdehnung von einem Steinwurf von der äußeren Mauer herab (Hauptstaatsarchiv Stuttgart A 157 U 5584. H.-M. MAURER, Burgruinen im Landkreis Nürtingen, 1967, S. 87 f., 95 f.).

zung gemeinsamer Bauteile wie der Tore, Wege, Türme, Brunnen, Kapellen, die Bewachung, die Bauerhaltung, die Anstellung des gemeinsamen Personals und der Besatzung sowie in manchen Fällen die Rechtsprechung. Durch die Verbindung des Burgfriedens mit Besitzteilungen erweiterte sich der räumliche Geltungsbereich – über rein militärische Überlegungen hinaus – auf den zugehörigen Besitz, also auf die Burgmarkung, und konnte auch die nächsten Dörfer, die benachbarte Stadt, ja schließlich ganze Herrschaftsbezirke umfassen [142]. Doch können die Entwicklung und die verschiedenen Ausformungen der spätmittelalterlichen Burgfriedensverträge hier nicht weiterverfolgt werden [143].

Konnte nun die Annahme, in den hochmittelalterlichen Adelsburgen habe der höhere Frieden des königlichen Hauses geherrscht, nicht nachgewiesen und bestätigt werden, so bleibt die Frage nach der tatsächlich ausgeübten Strafgewalt, nach der Rechtsprechung und den Strafbestimmungen für Friedens- und Ordnungsverletzungen auf den Burgen. Darüber aber gibt es naturgemäß kaum Quellen, eben weil die Burg interner Bereich war. Es sind gerade wieder die spätmittelalterlichen Burgfriedbriefe, die wenigstens gelegentlich darauf Bezug nehmen, da bei Ganerbenburgen auch die Strafgewalt geteilt und geregelt werden mußte.

Die aus dem 16. Jahrhundert bekannte Bestimmung, daß bei Entstehung von Streit unter Burgbewohnern jeder die Pflicht zur Schlichtung habe, andernfalls er sich selbst des Friedensbruchs schuldig mache, begegnet auch im 14. und 15. Jahrhundert [144]. Bei Friedensverletzungen auf besitzrechtlich geteilten Burgen entschieden Gerichte, die sich entweder aus den Teilhabern selbst oder aus ihren Amtleuten oder aus Beauftragten oder aus von ihnen berufenen Schiedsrichtern zusammensetzten [145]. In jedem Fall also ging die richterliche Gewalt von den Burgherren, in keinem Fall von Instanzen außerhalb der Burg aus – nochmals eine Bestätigung der rechtlichen Immunität der Burg [146]. Wie weit die Rechtsprechung der Burgherren reichte, darüber wird – wenn überhaupt – erst nach einer genauen Analyse spätmittelalterlicher Quellen eine allgemeine Aussage möglich sein. Nach dem Burgfrieden von Bosenstein aus dem Jahre 1482 gehörten zu den Delikten, die die Burgbesitzer bestraften, neben Verbalbeleidi-

142) Diese räumliche Erweiterung ist schon zu Beginn des 14. Jahrhunderts nachzuweisen. Bei Frauenstein ist 1319 *das rechtliche Eigen begangen um die Burg* eingeschlossen (Nassauisches UB III, Nr. 1686).

143) In dem Beitrag von M. Schaab in diesem Band ist dem Burgfrieden, vor allem seinen räumlichen Ausformungen, ebenfalls ein Abschnitt gewidmet.

144) Reichenberg bei St. Goarshausen 1353: Demandt (wie Anm. 133), Nr. 1108. Burg Bosenstein 1482: ZGORh 23, 1870, S. 114.

145) Schiedsgericht auf Dornberg 1311: Demandt (wie Anm. 133), Nr. 517. Beauftragte auf Dornberg 1345: ebenda Nr. 956. Entscheidung durch Besitzer auf Bosenstein 1482: siehe Anm. 144.

146) Siehe S. 107 f.

gungen und Körperverletzungen auch der Totschlag[147]. Gerichtsbarkeit »bis zum Tode« hatte 1300 auch der Burgherr von Wildenstein und Auenstein sowie 1429 jener der Burg Rüssegg im Aargau[148]. In anderen Verträgen werden nur Streit und Verwundungen als Fälle der Burgfriedensgerichte erwähnt[149].

Das scharfe Kriminalrecht der Festungen des 16. Jahrhunderts ist für die ältere Zeit nicht zu belegen. In den wenigen Burgfriedensverträgen, die Strafbestimmungen enthalten, ist nur von Bußen, Sühne und von Ausweisung der Schuldigen die Rede[150]. Die Auferlegung höherer Bußgelder als außerhalb ist für manche Burgen wie auch für Klöster im 15. und 16. Jahrhundert bezeugt, ob das aber eine allgemeine Erscheinung war, ob sie eine ältere Tradition hatte und ob es feste Sätze für die Erhöhung gab, darüber sind generelle Angaben noch nicht möglich[151].

Das Strafrecht auf den Festungen und Schlössern im 16. Jahrhundert kann demnach nicht oder mindestens nicht allein im mittelalterlichen Burgfrieden seinen Ursprung haben, auch wenn die Delikte als Burgfriedensverletzungen bezeichnet wurden. In der Tat läßt sich eine andere Herleitung nachweisen aus einem Bereich, in dem schon immer, auch in der Zeit des Bußgeldsystems, eine harte Bestrafung an Leib und Leben möglich war: aus dem Kriegsrecht. Friedrich Barbarossa ließ 1155 im Heerlager bei Asti einen Frieden *(treuga)* verkünden und alle Angehörige des Heeres schwören, daß keiner im Lager ein Schwert gegen andere ziehe. Als Strafe für den Bruch dieses Friedens wurde der Verlust einer Hand oder die Enthauptung angedroht[152]. Drei Jahre später erließ er die *lex pacis castrensis*, den Heerfrieden, der jeden Streit verbot und für Verwundungen wiederum die Strafe des Handabschlagens, für Tötung die Enthauptung festlegte. Dieses Gesetz wirkte, auch hinsichtlich anderer Bestimmungen,

147) Siehe Anm. 144. M. SCHAAB bringt (o. S. 35 f.) Beispiele aus dem 15. Jahrhundert für die Entwicklung von Burgfriedensgerichten bis zur Blutgerichtsbarkeit, sieht das allerdings als Ausnahme an.

148) Herzog Leopold von Österreich übertrug 1300 dem Berchtold von Rinach als Burgherrn von Wildenstein und Auenstein die gesamte Gerichtsbarkeit *ußgenomen denn allein, was den tod verschuldet ußerthalben den geschloßen und burggraben, das gehört den hochen gerichten.* Ein Verkaufsbrief über die Burg Rüssegg von 1429 nennt unter dem Zubehör alle Gerichte *inrent den graben untz an den tod* (W. MERZ, Die mittelalterlichen Burganlagen des Kantons Aargau I, S. 77, und II, S. 470).

149) Nur Streitigkeiten und Verletzungen sind erwähnt in den Burgfrieden von Dornberg (1311, 1345) und Katzenelnbogen (1329): DEMANDT, Regesten d. Grafen von Katzenelnbogen I, Nr. 517, 723, 956.

150) Dornberg und Katzenelnbogen (siehe Anm. 149).

151) Höhere Bußen in den Schlössern Pflummern und Pfauhausen: V. ERNST, Die Entstehung des niederen Adels, 1916, S. 13. Das Kloster Söflingen erhob um 1500 für Vergehen innerhalb des Klosterbereichs doppelte Strafen: *Es sollen obgeschrieben sachen, straff, fravel und unrecht, wenn die in unserm gotzhaus oder auf unser hofstat begangen werden, mit zwifalter peen und straff gepessert werden:* Württ. ländliche Rechtsquellen III, S. 226.

152) Otto von Freising, Gesta Friderici, Buch II Kap. 15.

nachweislich in den spätmittelalterlichen Feldordnungen fort [153]. In den Artikeln für das gegen die Hussiten aufgestellte Heer von 1427 findet sich die Strafandrohung, wer eine Waffe über einen anderen zücke, der solle eine Hand verlieren, wer jemand dabei verwunde, solle geköpft werden [154]. Mehrere Feldordnungen des späten 15. Jahrhunderts enthalten die Pflicht des Friedegebietens bei Streitigkeiten und die Androhung von Leibes- und Lebensstrafen für Händel. Das unmittelbare Vorbild der württembergischen Festungsordnungen ist in dieser Beziehung der Artikelbrief des Schwäbischen Bundes für den Feldzug gegen Herzog Ulrich von Württemberg im Jahre 1519 (Artikel 14–16) [155]. Einzelne Bestimmungen des Kriegsrechts wurden auf den Festungen im 16. Jahrhundert zu Dauerrecht, galten also auch in Friedenszeiten und verbanden sich nun mit dem Begriff und dem Bezirk des Burgfriedens. Gerade die Strafe des Handabschlagens, die bereits Barbarossa angedroht hatte, wurde dann auf den Burgfriedtafeln des 16.–18. Jahrhunderts als Symbol für den Burgfrieden dargestellt. Aber die Verbindung von Kriegsrecht und Burgfrieden und überhaupt der Einfluß der Kriegsartikel auf Festungsordnungen im Frieden wird erst zu Beginn des 16. Jahrhunderts nachweisbar [156].

So löste sich am Ende des Mittelalters das Wort Burgfrieden wieder vom Teilungsrecht der Ganerbenburgen und wurde zum allgemeinen Begriff für ein besonderes Recht auf Burgen. Es wurde noch im 16. Jahrhundert auch auf Wohnschlösser (Residenzen) und selbst auf landesherrliche Klöster übertragen [157].

Eine Reihe von Burgen vermochte im Spätmittelalter auch in anderer Beziehung ihr Recht aufzuwerten. So konnte sich die richterliche Hausgewalt des Burgherrn zur echten Niedergerichtsbarkeit, in einigen Fällen sogar zur Hochgerichtsbarkeit entwikkeln und über die Mauern hinaus auf Burgmarkungen und Burgbezirke ausdehnen [158]. Wurde dadurch die Burg und ihre Umgebung der öffentlichen Gerichtsbarkeit noch mehr als früher entzogen, so gelang es anderen Burgherren, die in den Rechtsspiegeln vorgesehene Auslieferungspflicht gegenüber fremden Richtern einzuschränken oder aufzuheben, indem sie die Immunität zum Asylrecht steigerten. Wie sich eine solche Freiung entwickeln konnte, dafür mag die Burg Dornberg ein Beispiel sein: Im Burgfriedensvertrag von 1345 wurde festgelegt, daß Eigenleute der Burgbesitzer, die in den

153) MGH Const. I, 239. Zur Nachwirkung: Wilhelm Beck, Die ältesten Artikelsbriefe für das deutsche Fußvolk, 1908, S. 11.
154) Beck (wie Anm. 153), S. 16.
155) Beck, S. 46, 60, 65. Artikelbrief des Schwäbischen Bundes 1519: ebenda S. 100 f.
156) Erstmals im Hohenasperger Artikelbrief um 1525: Reyscher, Statutarrechte, S. 118.
157) H.-M. Maurer (wie Anm. 106), S. 33, 164. Für die landesherrlichen (säkularisierten) Klöster im Herzogtum Württemberg ist der Burgfrieden in der Amtsinstruktion des Klosterverwalters von Denkendorf von 1580 erwähnt: J. Chr. Schmidlin, Beiträge zur Geschichte von Wirtemberg II, 1781, S. 329.
158) Beispiele dafür gbit M. Schaab in diesem Band an. Siehe auch Anm. 148.

Burgbezirk fliehen, Frieden haben. Die Burg diente also nur einer beschränkten Personengruppe, für die sich der Burgbesitzer als Hausherr fühlen konnte, als Asyl. Andere Burgen boten Asyl für jedermann, vor allem beim Delikt des Totschlags: Asperg, Hohenentringen, Heimsheim, Lauffen, Neuenbürg, Dilsberg, Burgberg, Krobsburg [159]. Durch derartige Erweiterungen der Immunität wurden viele Burgen im Laufe des Spätmittelalters doch noch Stätten eines höheren Friedens und erwarben im Vergleich zum Haus eine rechtliche Sonderstellung, die ihrer historischen Bedeutung als landesherrliche oder adlige Häuser auch angemessen erschien.

Zusammenfassend ist festzuhalten: Für die Adelsburg im hohen Mittelalter ist der Frieden des königlichen Hauses oder sonst ein höherer Frieden im Sinne eines öffentlichen Rechtsschutzes nicht nachweisbar. Auf der Burg galt nach den Rechtsspiegeln und den Landfriedensgesetzen derselbe Frieden wie für jedes unbefestigte Haus, ein Schutz, der Heimsuchung unter Strafe stellte. Der Hausfrieden beinhaltete aber gleichzeitig Immunität gegenüber der öffentlichen Gerichts- und Polizeigewalt und verlieh dem Burgherrn selbst Disziplinargewalt für den unmittelbaren Bereich und das Personal der Burg. Im Laufe des Spätmittelalters wurde die Immunität der Burg in vielen Fällen mit weiteren Gerichts- und Asylrechten aufgefüllt. Der Terminus Burgfrieden kommt für die Adelsburg im engeren Sinn erst gegen Ende des 13. Jahrhunderts auf und bezog sich lediglich auf den Friedensschwur, den sich bei besitzrechtlich geteilten Burgen die Mitbesitzer gegenseitig leisteten. Er verband sich im 14. und 15. Jahrhundert aufs engste mit Teilungsverträgen. Gegen Ende des Mittelalters drangen Elemente des Kriegsrechts in das Ordnungsrecht der Burgen ein und begründeten ein scharfes Strafrecht, für dessen Inhalt und Bezirk dann der Begriff Burgfrieden verwendet wurde.

Die Burg des Hochmittelalters ist durch einen eigentümlichen Kontrast charakterisiert, nämlich durch die Zugehörigkeit zu zwei verfassungrechtlich entgegengesetzten Bereichen: Einerseits war sie als Befestigung Gegenstand eines Regals, einer öffentlichen Konzession, war sie ein Machtmittel, das größte öffentliche Aufmerksamkeit verdiente, war sie Sitz von Adligen und Beamten, die öffentliche Gewalt ausübten, und war sie ein Merkmal der Hoftagspflicht und Landstandschaft. Andererseits war sie als Haus privater Bereich, der der öffentlichen Kontrolle und Rechtsprechung entzogen war und, abgesehen von der Immunität des Hauses, keinen öffentlich gebotenen höheren Frieden und Schutz genoß. Es ist dieselbe verfassungsrechtliche Spannung, die wir bereits bei der Untersuchung der Burg als Beurkundungs- und Gerichtsort beobachteten.

159) Dornberg: Demandt (wie Anm. 149), Nr. 956. Asperg und Heimsheim: Maurer (wie Anm. 106), S. 34. Dilsberg: M. Schaab in: ZGORh 113, 1965, S. 445. Burgberg: Th. Knapp, Neue Beiträge zur Rechts- und Wirtschaftsgeschichte, 1919, S. 101. Kropsburg: M. Schaab (in diesem Band).

V. Burgfronen

Eine Untersuchung, ob und in welchem Maße die Bevölkerung im 13. Jahrhundert zur Erbauung, Instandhaltung, Belieferung und Bewachung der Burgen zwangsweise beigezogen wurde, erscheint nicht nur aus rechtsgeschichtlichen, sondern ebenso aus sozialgeschichtlichen Gründen wichtig. War die Bevölkerung zu solchen Diensten unbeschränkt verpflichtet, dann müssen diese Fronen im 13. Jahrhundert, als der Burgenbau stärker und ehrgeiziger denn jemals sonst betrieben wurde, besonders drückend gewesen sein. Auffälligerweise aber ist darüber in den südwestdeutschen Quellen fast nichts zu finden. Die Frage ist, ob aus früheren oder späteren Verhältnissen, für die die Quellenbasis besser ist, rück- oder vorgeschlossen werden darf. Erläuternd sei eingefügt, daß es hier nicht um grundherrschaftliche Dienste, etwa um Gült- und Naturalienlieferungen auf Burgen, sondern um typische Burgfronen, vor allem um Bau- und Wachdienste, geht.

Für das 9. Jahrhundert hat A. Schäfer 1965 ein eindrucksvolles Beispiel spätkarolingischer Fronfuhren nachgewiesen: Die Königsfreien von Littersheim mußten nach seinen Forschungen Bausteine und Sand zu den königlichen Befestigungen Deidesheim und Ladenburg transportieren und Schiffsfahrten für die königlichen Pfalzen in Frankfurt, Mainz und Speyer durchführen [160].

F. Beyerle weist in seinem vielbeachteten Aufsatz »Zur Wehrverfassung des Hochmittelalters« nach, daß die fränkische Volkswehr, die auf Feldzügen durch die vasallitische Folge und die Ministerialität verdrängt wurde, als landschaftliche Burgwehr erhalten blieb. Der Übergang vom Heerbann zum rein defensiven Burgbann werde in der Ottonenzeit deutlich. Während in der fränkischen Zeit Grafen und Schultheißen für Bau, Instandhaltung und Wachdienste zuständig gewesen seien, habe sich später, vor allem in den kirchlichen Immunitätsbezirken, der Burgbann von der Grafengewalt gelöst. Ausgehend von den großen kirchlichen Herrschaften am Mittelrhein stellt Beyerle größere, landschaftlich geschlossene Wehrverbände fest, die an städtischen Befestigungen (am *opus castelli*) mitarbeiteten und dafür auch ein Fluchtrecht hatten. Diese Burgbannbezirke decken sich jedoch nicht mit Herrschafts- und Grafschaftsgrenzen. Aus dem Burgbann heraus habe sich das Burggrafenamt gebildet, dessen primäre Aufgabe die Beaufsichtigung der Baufronen und die militärische Befehlsgewalt gewesen sei [161].

In Norddeutschland, vor allem in den sächsischen Grenzgebieten, werden vom 12. Jahrhundert an Burgbaudienste unter dem Ausdruck »Burgwerk« sowie öffentliche Wachdienste nachweisbar. So befreite König Konrad III. im Jahre 1139 Bauern des

160) A. Schäfer, Mauerbaupflicht fränkischer Königsleute zu Ladenburg und an der karolingerzeitlichen Ringwallanlage »Heidenlöcher« bei Deidesheim, in: ZGORh 113, 1965, S. 429–435.
161) F. Beyerle, Zur Wehrverfassung des Hochmittelalters, in: FS E. Mayer, 1932, S. 30–80.

Klosters Segeberg von Burgbaudiensten und im Jahre 1144 Dörfer des Bischofs von Meißen von Burgbau- und Wachdiensten für den Markgrafen von Meißen *(ab edificatione castrorum marchionis et a publicis vigiliis)* [162]. Heinrich der Löwe erließ 1171 Dörfern des Bistums Ratzeburg neben der Heerfolge und dem Markding auch das Burgwerk *(castrorum structuras, quas vulgariter burgwerc vocamus)* [163]. Auch in der Steiermark und in Österreich wurde im 12. und 13. Jahrhundert das Burgwerk geleistet, in Mecklenburg und Holstein sind weitere Belege aus dem Spätmittelalter erhalten (1282: *servicium, quod borchwerk dicitur)* [164]. Diese in ostdeutschen Grenzterritorien verlangten, vom Königtum und Herzogtum ausgehenden Burgdienste dürften verfassungsrechtlich ähnlichen Ursprungs wie die von Beyerle untersuchten Burgdienste im mittelrheinischen Bereich sein, nur eben im Zuge der Ostpolitik später und unter anderen Bedingungen entstanden.

Sowohl für den rheinischen »Burgbann« wie für das ostdeutsche »Burgwerk« erscheint der Zusammenhang von Burgdiensten und Fluchtrechten der Bevölkerung bezeichnend, ja ursächlich. Abweichend vom üblichen Burgbann und Burgwerk ist in einem Fall die Lieferung von Proviant bezeugt: Zwei Dörfer der Abtei St. Euchar mußten nach einer Urkunde von 1106 jährlich aus jedem Haus einen halben Malter Hafer auf die Saarburg verabreichen – eine Pflicht, die sich vielleicht aus dem Burgbann heraus entwickelt hat. Aber nicht nur die Form, auch die Begründung hat sich geändert: Der Erzbischof von Trier als Besitzer der Burg gesteht kein Fluchtrecht mehr zu, sondern erwähnt als Gegenleistung nur die Verteidigung der Dörfer von der Burg aus gegen fremde Gewalttäter [164a].

Beyerle selbst weist darauf hin, daß die von ihm untersuchten Burgbannbezirke Reichs- und Reichskirchenburgen zugeordnet waren. Die Territorialburgen »kleineren Zuschnitts« hätten dagegen »für die Wehrhilfe der Bauern weder Raum noch Bedarf

162) 1139: *neque urbes aut castella extruere ... cogantur* (MGH DK III, S. 31, 17). Im Jahre 1144 entschied Konrad III., daß 1. die Dörfer des Bischofs von Meißen in der Provinz Nisau *ab edificatione castrorum marchionis et a publicis vigiliis absolute sint*, 2. die Dörfer des Bischofs in der Provinz Mitsle *tres stupas in castro Budesin construant et publicas vigilias secundum morem terre faciant*, 3. die Dörfer in der Provinz Zagost *ab edificatione castrorum marchionis absolute publicas tantum faciant vigilias* (MGH DK III S. 213, 32–35).

163) MGH Urk. Heinrichs d. L., S. 60, 119, 141; dazu für 1158 ff. S. 156.

164) Deutsches Rechtswörterbuch II, S. 644. 1282 *servicium, quod borchwerk dicitur*, 1311 *villani ad vecturas et cetera obsequia castrorum arcebantur, que servitus borchwerc vulgari vocabulo nominatur* (Lisch, Urk. d. Geschlechts v. Maltzahn, Schwerin 1842, I 53, 63, 181, 208, zitiert nach ZGORh 16, S. 3).

164a) ... *quod quelibet domus villarum predictarum soluit nobis singulis annis dimidium maldrum avene ad castrum nostrum Sarburch, viduis exclusis, ratione cuius nos et successores nostri de castro predicto easdem villas antedictas ab omnibus sibi violentiam aut iniuriam facientibus defensare tenebimur et tenemur, preter solummodo contra abbatem et conventum predictum* (Mittelrhein. UB I, Nr. 410).

gehabt« [165]. Beyerle unterstellt also, und das ist in unserem Zusammenhang wichtig, daß die Adelsburgen, die im 13. Jahrhundert zahlenmäßig überwogen, ohne Burgwerk und Baufronen errichtet worden seien und keine Wachdienste der Bevölkerung beanspruchen konnten. Tatsächlich lassen sich Ausdrücke wie Burgbann, Burgwerk oder Burgdienste als Termini für südwest- und westdeutsche Adelsburgen im Hochmittelalter nicht belegen.

Die Annahme Beyerles ist indessen mit der Feststellung zu konfrontieren, daß zwei Jahrhunderte später, im 15. Jahrhundert und noch präziser im 16., Burgdienste der Bevölkerung für viele Adels- und Territorialburgen nachweisbar werden, wenn auch in wechselnder Form und verschiedenem Ausmaß. Am Ende des Mittelalters gab es Wachdienste, Fuhrdienste für Baumaterial, seltener Handfronen bei Bauarbeiten und Fuhrdienste zum täglichen Burghaushalt, am häufigsten die Pflicht zur Brennholzversorgung [166]. Folgende zusammenfassende Beobachtungen erscheinen im Blick auf die Möglichkeit, zurückzuschließen, bemerkenswert:

1. Derartige Fronverpflichtungen bestanden fast nur für ehemalige Hochadelsburgen, kamen also bei Burgen des Niederadels nur sehr selten vor.
2. Bereits im 15. Jahrhundert werden Burgdienste als »altes Herkommen« bezeichnet [167]. Bemerkenswert ist auch, daß am Ende des Mittelalters erbaute Burgen wie die Burg Honberg bei Tuttlingen (um 1460 begonnen) und Hohenschramberg (1457–1459) keinerlei Anspruch auf Fronen mehr erhielten.
3. Wie der alte Burgbann wurden auch die späteren Burgdienste von flächenhaft geschlossenen Wehrverbänden geleistet, die nun allerdings nicht mehr selbständige Bannbezirke bildeten, sondern sich durchweg mit den territorialen Amtsbezirken deckten. Nirgends mehr überschritten sie Herrschaftsgrenzen.
4. Fronpflichtig waren im allgemeinen nicht einzelne Grundholde oder Leibeigene, sondern die Dörfer und Landstädte oder sogar die ganzen Amtsbezirke korporativ.
5. Die Fronen waren meist beschränkt, wobei die Fuhrdienste weit überwogen. Seltener waren die Baudienste im engeren Sinn, also die Mitarbeit bei der Bauerrichtung und bei Ausbesserungsarbeiten selbst. Diese Arbeiten hatten meist die Burgherren ganz oder mehrheitlich selbst zu bezahlen.

Diese kurze Charakterisierung legt doch wohl den Schluß nahe, daß die territorialen Burgdienste nicht erst im ausgehenden Mittelalter eingeführt wurden, sondern weiter zurückreichen, daß sie aber nur vom Hochadel beansprucht werden konnten und nur aus den eigenen Herrschaftsgebieten heraus und auch nicht in unbeschränktem Maße.

165) Beyerle (wie Anm. 161), S. 56.
166) H.-M. Maurer (wie Anm. 106), S. 35–46.
167) Württ. Amts- und Landschadensverordnung von 1489, in: A. L. Reyscher, Sammlung der württembergischen Gesetze, 12. Band, 1841, S. 1 ff.

Prüfen wir nun diese These an einigen wenigen vorliegenden Zeugnissen des ausgehenden 12., des 13. und beginnenden 14. Jahrhunderts:

1. Graf Lothar von Hochstaden verzichtete 1197 gegenüber dem Stift zu Münster-Eifel auf das Burgwerk, das seine Vorfahren als Vögte beanspruchten *(omni operi, quod dicitur burchwerc, que sui possedisse videbantur antecessores)* [167a].
2. Als der Bischof von Speyer die im Eigenbesitz befindliche Burg Spangenberg im Jahre 1317 an den Ritter Dietrich Zoller verlieh, erwähnte er im Burglehenbrief die Holzfronen (das »Hauen«), die Fuhrpflichten und Dienste auf der Burg, die die Leute von St. Lamprecht, soweit sie dem Gericht und der Vogtei Speyers angehörten, zu leisten hatten. Diese Dienste waren bereits für den Bischof und seine Vorgänger ausgeübt worden, sind also schon fürs 13. Jahrhundert bezeugt. Auffallend ist, daß man im Lehenbrief gleich festlegte, wer die Pflichtigen im Falle der Verweigerung zur Ausübung der Dienste zu zwingen berechtigt ist [168].
3. Die Stadt Fritzlar versprach 1287 dem Erzbischof von Mainz, ihm beim Bau einer neuen Burg in oder bei der Stadt Rat, Hilfe und Unterstützung angedeihen zu lassen *(domino nostro archiepiscopo ... toto posse et ingenio impendere consilium, auxilium et iuvamen)*. [169].
4. Anläßlich der Verpfändung der Burg Fürsteneck verzichteten die Gräfin von Fürstenberg und ihre Söhne 1303 auf diejenigen Einkünfte der Pfarrei Nußbach, die »zur Bewachung und zu den Kosten« der Burg empfangen werden [170].
5. Im Jahre 1304 behielt sich Graf Gottfried von Tübingen, als er die Stadt Tübingen verpfändete, die (offensichtlich in einem Geldbetrag bestehende) Burghut vor, abgesehen von einer jährlichen Summe von 15 Pfund Heller [171].
6. Die »Vogtleute« des Dietbald von Hasenburg in Ursiz mußten nach einem Schiedsspruch von 1306 die Burg Hasenburg (im Kanton Bern), sooft es notwendig war, sieben Nächte lang auf eigene Kosten bewachen und, falls es länger erforderlich war, weitere sieben Nächte in »Zehrung« des Burgherrn [172].

167a) Mittelrhein. UB I, Nr. 410.

168) *Die lute zu St. Lamprecht, die in unserm gerichte un vogtye gesessen sint, sollen demselben ritter und sinen erben dienen uff das huss mit hauwe zesammen und allerlei furen und dienste, die sie bisher bei uns und unsern vorvaren zu dem husse und daruf getan hant. Und sollen wir und unser nachkommen bischoffe zu Spyr dieselben lute zu dem dienste twingen, ob sie den nicht teten oder tun woltent, und erlauben denselben ritter und sinen erben, daz sie die vorgenannte lute zu St. Lamprecht zu dem dienste twingen mogen an unserm zorn, ob die lute daran sumig weren und wir sie nicht twungen, als wir solten. Und uber den vorgenannten dienst hant sie kein recht an den luten* (F. X. Remling, UB der Bischöfe von Speyer I, S. 483).

169) Gudenus (wie Anm. 116) I, S. 832–834.

170) *ad custodiam et expensas castri:* Fürstenbergisches UB II, Nr. 11, S. 8.

171) ZGORh 15, 1863, S. 348, 351.

172) ZGORh 4, S. 369 f.

7. Die Burg Kiburg erhielt nach dem Habsburger Urbar von 1306 einen Wachtpfennig von 2 Schilling aus 20 Höfen, zusammen also 40 Schilling. Es handelt sich wohl um die Fiskalisierung älterer Wachdienste, auf jeden Fall um einen Beitrag zur Bewachung [173].
8. Eine eigenartige Bemerkung enthält ein ligischer Lehenbrief des Bischofs von Worms von 1226 für den Edlen Hartrad von Merenberg. Dieser wurde verpflichtet, wenn der Bischof eine Burg im Gebiet Weilburgs errichte, sich mit 30 Rittern mindestens zwei oder drei Tage lang an den Arbeiten zu beteiligen [174].

Der letzte Fall ist ein (allerdings vereinzeltes) Beispiel dafür, daß selbst das ligische Lehensverhältnis eine, wenn auch bescheidene Beteiligung am Burgenbau des Herrn begründen konnte. Die übrigen Belege zeigen, daß auch in Südwestdeutschland Burgfronen und Wachbeiträge von der Bevölkerung im 13. Jahrhundert gefordert und geleistet wurden. Sie bestätigen auch, daß echte Burgdienste mit der Vogtei, also mit hoheitlichen und gerichtlichen und nicht mit grundherrlichen Rechten verbunden waren (Beispiele 1, 2 und 6). Offenbar hatten Fürsten und Grafen versucht, mit dem Befestigungsrecht auch den Burgbann für ihr jeweiliges Einflußgebiet an sich zu bringen, ein Streben, das der allgemeinen Territorialisierung hoheitlicher Rechte ja entsprach.

Erfolg hatte der hohe Adel hierin aber nur teilweise, eine unbeschränkte Bau- und Wachpflicht konnte generell nicht durchgesetzt werden. Dafür mag bezeichnend sein, daß in den beiden ersten Fällen, in denen allein echtes Burgwerk bezeugt ist, die Leistungen bestritten waren. Der Graf von Hochstaden mußte darauf verzichten. Bei der Verleihung der Burg Spangenberg ist von Maßnahmen gegen die Verweigerung der Dienste die Rede, woraus doch zu schließen ist, daß es Schwierigkeiten mit den Fronpflichtigen bereits gegeben hatte oder daß sie mindestens für möglich gehalten wurden. Aufschlußreicher noch als diese beiden Beispiele ist die geringe Zahl von Nachweisen für Burgdienste und das Fehlen fester Termini dafür.

Vor allem aber gibt es eine ganze Reihe unmittelbarer Zeugnisse für hohe Eigenleistungen der Burgherren selbst. So schrieb Bischof Ulrich von Speyer (1178–1187) in einer testamentarischen Verfügung, er habe die Burg in Bruchsal *gravissimis expensis* erbaut [175]. Die in staufischem Auftrag 1206 erbaute Burg Landskron bezahlte zunächst der Ministeriale Gerhard von Sinzig, der dafür später von Kaiser Otto IV. Güter verpfändet erhielt [176]. Kaiser Friedrich II. ließ in Anweiler eine Münze mit der

173) R. MAAG, Habsburger Urbar I, S. 292, 305, 317, 320, 324–327; II, S. 406.

174) *Caeterum, si forsitan nos vel noster successor castrum in territorio Wilenburgensi gestiamus, memoratus nobilis cum XXX militibus suis dumtaxat, expensis duobus vel tribus diebus, operi una nobiscum insistet* (SCHANNAT, Hist. Episc. Wormat. II, 106, Nr. 116).

175) REMLING (wie Anm. 168) I, S. 125.

176) Aus einer Urkunde Friedrichs II. von 1214: *bona, quae tibi ... dominus Otto quondam dictus imperator pro aedificatione prefati castri Landskrone tibi nomine pignoris exposuerunt* (BEYER, Mittelrhein. UB II, Nr. 19).

ausdrücklichen Auflage errichten, die Einkünfte daraus für die Burg Trifels zu verwenden (1219) [177]. Der Erzbischof von Trier mußte im Jahre 1240 Güter für 200 Pfund verpfänden, weil er für den Neubau der Kyllburg dringend eine hohe Summe *(pecunia non modica)* benötigte [177a]. Im Jahre 1255 gestattete der Erzbischof von Köln den Freiadligen von Virneburg, bei Puderbach eine Burg *suis expensis et laboribus* zu erbauen und als Lehen von ihm zu besitzen [178]. Graf Heinrich von Zweibrükken verlangte 1259 von dem Mitbesitzer der Burg Morsberg die Erstattung von Aufwendungen für den Bau der Burg [178a]. Die Eigentümer der Burgen Naumburg und Weidelsburg trugen 1266, wie es auch in vielen anderen Fällen bezeugt ist, die Kosten für die Burghut und die Unterhaltung der Wächter [179]. Um 1279 gab man für die Erneuerung von Mauer und Gebäuden der Burg Malberg 500 Pfund aus [179a]. In einer Abrechnung des Verwalters der pfälzischen Burg Obrigheim von 1290 werden Ausgaben für den Bau der Burg, für die Befestigung und die Besoldung der Wächter aufgeführt [180]. Graf Wilhelm von Hennegau und Holland verlieh 1323 ein schlecht erhaltenes Steinhaus bei Arnemuiden (bei Middelburg) mit der Auflage für den Lehenmann, es auf eigene Kosten zu befestigen [181]. Der Erzbischof von Mainz belehnte Dieter von Berlichingen 1337 mit der *area castrensis* in Oberohrn (bei Öhringen) und verpflichtete ihn, *edificare unum propugnaculum et alia edificia necessaria* [182]. Im Jahre 1349 einigten sich die Grafen von Sponheim und Katzenelnbogen als gemeinsame Besitzer der Burg Stadeken, den ansehnlichen Betrag von 1600 Pfund Heller für Baumaßnahmen aufzubringen [183]. Aus dem Jahr 1394 ist ein Bauvertrag des Bischofs von Speyer mit einem Maurer über Bauarbeiten an der Burg Rotenberg gegen Bezahlung erhalten [184]. Schließlich wurde in zahlreichen Burgfriedbriefen des Spätmittelalters die Pflicht der Mitbesitzer zur gemeinsamen Bezahlung von Baureparaturen geregelt, und in vielen

177) *Indulsimus etiam eis propriam facere monetam et habere, ut quod ex ea provenerit, super castrum nostrum Trifels serviat* (Reg. Imp. 1054. – Mon. Boica 30a, S. 80).

177a) ... *propter instantes necessitates nostras et maxime pro edificatione novi castri Kilburg indigeremus pecunia non modica* (Mittelrhein. UB III, Nr. 675).

178) Lacomblet, UB f. Gesch. d. Niederrheins II, Nr. 424.

178a) ... *de sumptibus, quos ad edificium dicti castri et ad structuram ponimus, nobis restituant* (Mittelrhein. UB III, Nr. 1487).

179) Gudenus (wie Anm. 116) I, S. 714–717.

179a) Lamprecht, Deutsches Wirtschaftsleben, Band I 2, S. 1309.

180) *ad structuram castri et municionem eiusdem domorum in curiis constructarum ... turrensium, vigilium* (ZGORh 11, 1860, S. 140).

181) Mieris II, S. 306 f.

182) Würdtwein, Nova subs. 5, 138. Reg. Boica 7, 172.

183) Demandt (wie Anm. 149), Nr. 1058.

184) ZGORh 14, 1863, S. 166.

Pfandverträgen erhielten die Pfandinhaber von Burgen das Recht, Bauinvestitionen vorzunehmen und die Pfandsumme um die dafür ausgegebenen Mittel zu erhöhen [185].

Hier sei eingefügt, daß die vollständige Höhe der Baukosten für keine einzige Burg des 13. Jahrhunderts bekannt ist. Auch aus Kaufpreisen ist auf den Wert der Burgen als Bauwerke nur mit größter Vorsicht zu schließen, da fast immer Zubehör an Gütern und Rechten in die Käufe eingeschlossen war und außerdem die Besitzrechte des Verkäufers und mögliche Schuldverpflichtungen oft nicht eindeutig bestimmt sind. Doch gibt es wenigtsens eine Angabe, die als eine Art Schätzpreis eine höchst erwünschte Vorstellung von der Höhe der Baukosten vermittelt: Im Jahre 1281 mußten sich die Bürger von Freiburg im Breisgau in einem Sühnevertrag gegenüber König Rudolf verpflichten, 800 Mark Silber zum Bau einer Burg auf Königsgut zur Verfügung zu stellen [186]. A. Antonow hat versucht, die Arbeitszeiten für die einzelnen Bauten einer mittelgroßen Burg überschlägig zu berechnen und eine Gesamtkalkulation für die Rohbauarbeiten (ohne Inneneinrichtung) aufzustellen. Es ergab sich, in heutige Währung umgerechnet, ein Kostenaufwand von zusammen etwa 2,66 Millionen Mark [186a].

Daß aus den im 16. Jahrhundert bezeugten Fronleistungen nicht ohne weiteres in vollem Umfang auf das Hochmittelalter zurückgeschlossen werden kann, dafür mag folgendes Beispiel stehen: Im Jahre 1415 gab der Altschultheiß von Königheim zu Protokoll, daß man ihn »vor Zeiten«, als auf der Burg Schweinberg Türme gebaut wurden, durch Drohungen dazu zwang, die Bauern des Klosters Amorbach in Königheim zum »Fronen und Dienen« aufzubieten. Er habe dagegen protestiert und darauf hingewiesen, diese Fronen seien vorher nie geleistet worden [187].

Aus den vorliegenden Quellen ist also zu schließen, daß der Burgenbau im 13. Jahrhundert zum Teil mit Eigenmitteln, zum Teil durch Fronen betrieben wurde, wobei Umfang und Ausmaß beider Leistungen nicht gegeneinander abgegrenzt werden können. Doch spricht vieles dafür, daß der Anteil der herrschaftlichen Kostenübernahme weit überwog.

185) Ein frühes Beispiel für Investitionen bei Verpfändungen ist die Burg Fürsteneck, bei deren Veräußerung an den Bischof von Straßburg im Jahre 1303 sich die Gräfin von Fürstenberg den Wiederkauf um dieselbe Summe vorbehielt *cum augmento, quod circa conservacionem tectorum et edificiorum castri predicti interim fuerit inpensum, estimacione de hoc habita ad arbitrium boni viri* (ZGORh 4, S. 284).

186) Schreiber, Freiburger UB I, 91. – Regesta Imp. 631. – Regesten d. Markgrafen von Baden I, h 69. Ein Kaufpreis sei hier doch mitgeteilt, weil nach dem Wortlaut des Kaufvertrags wahrscheinlich nur die Burg ohne weiteres Zubehör verkauft wurde: Die Stadt Speyer erwarb 1281 ein Drittel der Burg Lichtenstein um 100 Pfund Heller, allerdings nur zu dem Zweck, die drohende Befestigung möglichst bald durch Schleifung unschädlich zu machen (H. Hilgard-Villard, Urk. z. Gesch. d. Stadt Speyer, 1885, Nr. 143).

186a) A. Antonow, Die Schildmauer bei den Burgen im südwestdeutschen Raum im 13. und 14. Jahrhundert, Diss. Stuttgart 1974, S. 33–42.

187) ZGORh 16, 1864, S. 4.

Sucht man nach den Gründen, weshalb sich der ältere Burgbann nicht voll erhalten und territorialisieren ließ, so könnte man auf wirtschaftliche Momente hinweisen: In der Zeit der Hochkonjunktur des Burgenbaus, in der auf engem Raum zahlreiche neue Burgen errichtet und gleichzeitig alte umgebaut wurden, hätten unbeschränkte Fronen die Bevölkerung außerordentlich belastet. In derselben Zeit aber hatten Stadtgründungen, Rodetätigkeit und ein ebenfalls florierender Kirchenbau den Wert menschlicher Arbeitskraft so gesteigert, daß ein allgemeiner Fronzwang für Burgen schwerlich durchsetzbar gewesen wäre.

Ein anderer, entscheidenderer Grund dürfte wieder im Charakter der Adelsburg selbst liegen. Der ältere Burgbann der Königs- und Bischofsstädte war mit einem Fluchtrecht der Bevölkerung verbunden gewesen. In der Markgrafschaft Meißen wurden im 12. Jahrhundert »öffentliche Wachdienste« *(publicae vigiliae)*, die nach dieser Formulierung dem Schutz der Allgemeinheit zugute kamen, geleistet [188]. Aus dem 13. Jahrhundert und der folgenden Zeit gibt es dagegen weder Rechtsquellen für ein Fluchtrecht noch chronikalische Hinweise auf eine tatsächlich geübte Schutzfunktion der Burg für die Bevölkerung. Die Adelsburg war architektonisch dafür auch gar nicht eingerichtet, schon ihrer kleinen Fläche wegen. Sie war eben – wie oben schon ausgeführt – trotz der erforderlichen Befestigungskonzession durch den Landrichter keine Wehranlage für die Allgemeinheit, sondern Bauwerk eines Herrn für seine persönlichen und dynastischen Zwecke. Sie war nicht öffentliche Befestigung, sondern zwar wehrhaftes, aber doch privates Haus des adligen Besitzers. So hatten Frondienste ihre eigentliche Begründung verloren und konnten als bloße Zwangsdienste nur in beschränktem Maße in Anspruch genommen werden.

VI. Öffnung und ligisches Lehenrecht

Der öffentliche Rechtsschutz, den eine Burg als häuslicher Immunitätsbereich genoß und der das Eindringen Fremder unter Strafe stellte, konnte durch vertragliche Vereinbarungen eingeschränkt werden. Gewährte ein Burgherr einem Fremden das Recht des bewaffneten Zutritts und der militärischen Mitbenützung, so wurde das als Öffnung bezeichnet und die Burg zum offenen Haus erklärt. Im Spätmittelalter war die Öffnungsverschreibung weit verbreitet und wurde von den Landesherren als ein territorialpolitisch wichtiges Instrument vielfach benützt. Die Merkmale des Öffnungsverhältnisses seien hier nach den württembergischen Verträgen des 14. Jahrhunderts, für die sich feste Formen und Wendungen herausgebildet hatten, kurz skizziert [189].

188) Siehe Anm. 162.

189) Öffnungsbriefe: Württembergische Regesten, hg. vom Staatsarchiv Stuttgart, Nr. 5995–6071. Hauptstaatsarchiv Stuttgart, A 162 Bü 8. Die folgenden Untersuchungen bauen auf

1. Eingeleitet wurden die Verschreibungen durch die Erklärung einer Burg zum offenen Haus *(offen hus, domus aperta)* für den Zutrittsberechtigten. Alle anderen Wendungen wie »mit der Feste warten«, »behilflich sein« oder »gehorsam sein« waren dagegen selten.
2. Es folgte die Zusicherung, daß der Berechtigte frei aus- und eingehen oder -reiten könne, und zwar nicht nur er allein, sondern auch »die Seinen«, die Amtleute und das Gefolge. In einer Urkunde von 1413 wurde hinzugefügt: *mit wenig oder vil volcks.*
3. Zweck, Zeitpunkt und Dauer der Inanspruchnahme zu bestimmen, blieb in vielen Fällen dem Berechtigten überlassen. Die Benützung der Burg konnte in der Regel »zu jeder Zeit« und »zu allen Nöten und Geschäften«, also unbedingt, unbeschränkt und unbegrenzt wahrgenommen werden. In manchen Verträgen wurde der Zutritt jedoch auf Not- und Kriegsfälle beschränkt. Ankündigungsfristen von einer bis zu vier Wochen wurden nur selten vereinbart.
4. Der sachlichen Unbeschränktheit entsprach die personelle Ausschließlichkeit, die in fast allen Verträgen betont wurde: Das Benützungsrecht an der Burg richtete sich gegen jeden Dritten *(gen aller menglich, wider männiglich, contra omnes).* Bestand der Burgbesitzer auf Ausnahmen, etwa für den König, den Lehensherrn, Verwandte, seltener auch für Verbündete, dann wurden deren Namen in Vorbehaltsklauseln ausdrücklich benannt.
5. Das Öffnungsrecht wurde in der Regel unbefristet, unkündbar, ohne Verjährung *(auf ewig, in perpetuum)* gewährt. Es war nicht an die Person des Burgbesitzers gebunden, sondern ruhte als dingliche Last auf der Burg und wurde durch Besitzwechsel, wie oft eigens betont wurde, nicht berührt. Kamen Burgen durch Erbe oder Veräußerung in andere Hände, konnten Öffnungsbestätigungen verlangt werden. Nur in Sonderfällen – etwa bei der Bindung von Öffnungen an Rat- und Dienerverhältnisse, an Verpfändungen oder an Bündnisse – blieben die Abmachungen befristet.
6. Haftobjekt für die Einhaltung der Öffnungspflicht durch den Burgbesitzer war oft die Burg selbst. Wurde die Öffnung verweigert, konnte sich der Öffnungsberechtigte ihrer gewaltsam bemächtigen und sie in Besitz nehmen [190].
7. Die meisten Öffnungsverträge sagen nichts darüber aus, wie sich der Burgbesitzer zu verhalten habe, wenn es während der Öffnung zum militärischen Konflikt komme. Es gibt aber Beispiele, in denen festgelegt wurde, daß der Burgbesitzer über die Öffnung hinaus zu keinen weiteren Diensten verpflichtet sei. Er konnte während

eine neuere Tübinger Dissertation auf, die das Wesentliche des Öffnungsrechts gut erfaßt: FRIEDRICH HILLEBRAND, Das Öffnungsrecht bei Burgen, 1967. Für das Folgende siehe besonders S. 82–91 und S. 53–67. E. SCHRADER (wie Anm. 31), S. 18, 67.

190) HILLEBRAND, S. 111, 120–122.

der Inanspruchnahme der Öffnung die Burg verlassen, worauf der Öffnungsberechtigte für die Burghut allein verantwortlich wurde [191].

8. Die Pflicht des Öffnungsberechtigten beschränkte sich darauf, während der Öffnung für »Kost und Zehrung« seiner Leute und ähnliche Ausgaben selbst aufzukommen und, wenn die Burg Schaden nahm, die Bau- und Reparaturkosten zu erstatten. Er hatte natürlich ein grundsätzliches Interesse an der Erhaltung der Burg und daraus folgend ein Schutzinteresse, doch ließ er sich nur selten vertraglich zur Hilfe verpflichten.
9. In manchen Urkunden wird vermerkt, daß der Burgbesitzer sowie die Burgmannen und Wächter die Öffnungspflicht zu beschwören haben.

Die erste bekannte, selbständige Öffnungsverschreibung, ausgestellt im Jahre 1281 von Johann von Lichtenstein gegenüber der Stadt Speyer für die Hälfte der Burg Kropsburg, enthält bereits die wichtigsten Elemente der Öffnung [192]:

Ego ... tale ius seu servitutem constituo ..., ut ius habeant intrandi castrum meum predictum et exeundi cum armatis, quando voluerint et quociens voluerint, de municione castri mei predicti preliandi cum hostibus eorum quibuscumque, nulla facta distinctione personarum, predamque hostium ad castrum predictum ducendi et reducendi ac omnia alia faciendi, que ipsis contra hostes et inimicos eorum viderint expedire. Et ut liberior eis pateat exitus et introitus, hoc ius eis adicio et hanc servitutem deputo, ut vigil ille vel vigiles, qui turrim custodiunt, quandocumque et quocienscumque instituti fuerint ad turrim castri illius custodiendam, iuramentum prestent ... Verum quia predictum ius seu servitutem in castro predicto durare volo inperpetuum, ego ad predictum ius seu servitutem me obligo una cum omnibus heredibus et successoribus meis in dicto castro, quocumque titulo mihi succedant, hereditario, emptionis, donacionis seu quomodolibet alio modo possessionem dicti castri nasciscantur, hanc adiciens penam ...

Die oben bezeichneten Punkte 2—5 und 9 sind hier mit aller Deutlichkeit formuliert. Für den Fall des Vertragsbruchs folgt im Text — anstatt einer Objekthaftung (nach Punkt 6) — die Androhung einer hohen Konventionalstrafe von 200 Pfund Heller und der Exkommunikation.

Die verschiedenen Abwandlungen und Sonderregelungen der Öffnungspflicht im Spätmittelalter, die von der hier beschriebenen »Normalform« abweichen, sollen in diesem Zusammenhang nicht erörtert werden. Wesentlich für ein wirksames Öffnungsrecht war jedenfalls die sachliche, persönliche und zeitliche Unbedingtheit und Ausschließlichkeit. Die Berechtigung, eine Burg als militärische Anlage mitzubenützen, war nur sinnvoll, wenn sie ausschließlich e i n e m Interessenten, diesem aber vorbe-

191) Dies wurde bei der Öffnungsverschreibung für die Burg Kropfberg gegenüber Ludwig von Hohenlohe 1349 vereinbart (Hohenloher UB II, Nr. 783).
192) H. Hilgard-Villard, Urkunden z. Gesch. d. Stadt Speyer, 1885, Nr. 143.

haltlos zustand und gegen jeden potentiellen Gegner anwendbar war. Tatsächlich blieb das Öffnungsrecht in den meisten Fällen exklusiv, in der Grafschaft Württemberg zum Beispiel in 90 Prozent. Die wenigen Mehrfachöffnungen waren entweder das Ergebnis politischer Kompromisse oder offener territorialer Rivalität [193]. Sie bargen den Konflikt bereits in sich, wenn nicht eine Rangfolge, ein Berechtigungsvorbehalt für die erste oder vorrangige Öffnungsverschreibung vereinbart war. Zusammenfassend ist festzustellen, daß das Öffnungsrecht die militärische Verfügungsgewalt über eine Burg bedeutete und die Rechte und Möglichkeiten des Besitzers erheblich beeinträchtigte.

Für die Grafen von Württemberg und für andere Territorialherren war das Öffnungsrecht – wie schon erwähnt – im 14. Jahrhundert ein wirksames Mittel territorialer Politik, genauer gesagt: expansiver Bestrebungen. Konnten fremde Burgen nicht als Eigentum, Pfand oder Lehen erworben werden, dann genügte auch schon das Öffnungsrecht, um sich machtpolitischen Einfluß zu sichern. Die Öffnungsburgen boten Gegnern keinen Schutz und keine Angriffsbasis mehr, sie waren aber nicht nur neutralisiert, sondern erweiterten darüber hinaus die eigenen militärischen Möglichkeiten. Die Offenburgen hatten sogar noch den Vorzug, die landesherrlichen Finanzen zu schonen, denn die Kosten für Verwaltung und bauliche Instandhaltung oblag ja den öffnungspflichtigen Besitzern. Die Grafen von Württemberg gewannen im 14. Jahrhundert das Öffnungsrecht an 42 Burgen und im 15. Jahrhundert an weiteren 36. In 10 Prozent dieser Fälle war die Öffnung mit einer Verpfändung, in 20 Prozent mit der Lehensaufgabe verbunden, während sie ganz überwiegend (in 70 Prozent der Fälle) selbständig, ohne weitere Rechte, erworben wurde [194]. Natürlich traten die Burgenbesitzer dieses einschneidende Recht nicht freiwillig ab, sondern nur unter Druck, sei es infolge wirtschaftlicher Notlage gegen Bezahlung, sei es als Vergleich nach Besitz und Rechtsstreitigkeiten über Burgen, sei es zur Beilegung von Fehden in Sühneverträgen. Die meisten geöffneten Burgen lagen im Vorfeld des württembergischen Territoriums, und die Öffnungsverschreibungen bedeuteten in vielen Fällen die Vorstufe für den Lehenauftrag, den Pfanderwerb oder endgültigen Ankauf – wenn das zusätzlich zum Öffnungsrecht überhaupt noch als wirtschaftlich lohnend erschien. Auf eine ähnlich planmäßige »Offenhauspolitik« nordwestdeutscher Landesherren (der Erzbischöfe von Köln, Grafen von Jülich, Bischöfe von Münster) hat V. Henn hingewiesen [195].

Die Öffnungspolitik der Territorialherren des 14. Jahrhunderts war die notwendige

193) Hillebrand, S. 114 f.

194) Hillebrand, S. 92 ff. Die in der Liste auf S. 148 angegebenen Jahreszahlen für den Erwerb sind insofern zu berichtigen, als in einer Reihe von Öffnungsverschreibungen auf eine bereits vorher bestehende Öffnung verwiesen wird, so daß die Zeit des Erwerbs zurückzudatieren ist.

195) Volker Henn, Das ligische Lehnswesen im Westen und Nordwesten des mittelalterlichen Deutschen Reichs, Diss. 1970, S. 84 ff.

Gegenbewegung auf den übermäßigen Burgenbau des 13. Jahrhunderts hin, durch den zahlreiche Militäranlagen – ob als Eigen oder Lehen – in den Besitz und die fast freie Verfügung auch unterer Adelsschichten gekommen waren. Die allüberall im Lande verteilten Wehrbauten kleiner Herren, die sie für ihre persönlichen und familiären Zwecke einsetzten, mußten eine unaufhörliche Bedrohung des Landfriedens und eine stete Behinderung jeder übergreifenden Ordnungsmacht sein. Das Öffnungsrecht war ein erstes, erfolgreiches Mittel, die Adelsburgen den Interessen der größeren Landesherrschaften wieder unterzuordnen. Wo aber liegt der institutionelle Ursprung der Öffnung, woraus hat sie sich entwickelt?

Der in der Literatur viel gebrauchte Begriff Öffnungsrecht (ius aperturae) scheint erst von neuzeitlichen Juristen eingeführt zu sein. Im Spätmittelalter begegnet er weder als Name noch im Sinne einer allgemeinen Rechtsordnung oder eines Rechtskreises, der durch Rechtsbücher, Gesetze, Urteile oder Weistümer geregelt worden wäre. Stets wurde die Öffnung in zweiseitigen Verträgen nach freiem Ermessen vereinbart und das Verfahren in Einzelbestimmungen festgelegt. Aber dieses Verfahren gleicht oder ähnelt sich in vielen Fällen so auffallend und die Formulierungen dafür wiederholen sich so oft, daß eine klare Vorstellung von einem fest umrissenen Rechtsverhältnis vorhanden gewesen sein muß.

Die Forschung hat darauf hingewiesen, daß die Öffnung häufig in Verbindung mit anderen Rechtskreisen vorkomme, und zog daraus Schlüsse, allerdings voneinander abweichende. Schrader leitet das »Öffnungsrecht« vom Befestigungsrecht her und nimmt an, der König habe, als er noch alleiniger Befestigungsherr gewesen sei, sich dieses Rechtes bedient. Später hätten sich die Landesherren bei der Bauerlaubnis »fast immer« die Öffnung vorbehalten [196]. Man müßte dann eigentlich weiterfolgern, daß im 13. Jahrhundert auch die Landrichter oder Grafen als Lizenzberechtigte das Recht der Öffnung hatten, was jedoch generell nicht zutrifft. Andere Werke verbinden – jeweils von einzelnen Fällen, Gebieten oder von juristischen Theorien ausgehend – das Öffnungsrecht mit dem Lehensverhältnis, der Hochvogtei, dem Pfandrecht, dem Bündnisrecht, der Landesherrschaft oder sehen darin ein eigenes, vom Königtum herrührendes Regal [197].

Richtig ist, daß gerade die frühen Öffnungsverschreibungen für weltliche Herrschaften in Südwestdeutschland oft im Zusammenhang mit anderen Rechtsbezügen stehen. Folgende Zusammenstellung von Beispielen aus den letzten Jahrzehnten des 13. und den ersten des 14. Jahrhunderts macht das deutlich:

1281 Ritter Johann von Lichtenstein öffnet seine Hälfte der Burg Kropsburg der Stadt Speyer (s. Anm. 192).

196) SCHRADER (wie Anm. 31), S. 18, 67. Auch A. COULIN, Befestigungshoheit und Befestigungsrecht, 1911, S. 21 f., verbindet die Öffnung mit dem königlichen Befestigungsrecht.
197) Bei HILLEBRAND zusammengestellt (mit Literaturangaben), S. 3–10.

1286 Die Herren von Schilteck machen ihre Burg Schilteck der Stadt Rottweil auf ewig zu offenem Haus – als Ergebnis einer Fehde (A. Koch, Ritterburgen im Königreich Württemberg I, 1828, S. 50).

1291 Graf Eberhard von Katzenelnbogen öffnet dem Erzbischof von Mainz die Burgen Schwabsburg und Odernheim – als Kompromiß in einem Streit um Besitzrechte (Demandt, Nr. 329).

1292 Friedrich von Frankenstein öffnet dem Grafen von Katzenelnbogen die Burg Frankenstein – im Zusammenhang mit einer Anstellung als Burgmann (Demandt, Nr. 335).

1293 Graf Wilhelm von Katzenelnbogen öffnet seine Burgen der Stadt Mainz – wogegen er das Bürgerrecht erlangt und die Stadt sich zur Mitverteidigung verpflichtet (Demandt, Nr. 357).

1300 Greinbold von Rehlingen öffnet der Stadt Augsburg seine Burg Scherneck – wogegen er sich für zwei Jahre mit der Stadt verbündet und die Bürgerrechte erhält (Crusius II, S. 874).

1300 Ritter Wilhelm von Hunffe öffnet dem Edlen Johann von Saffenberg ein Haus in der Befestigung Bodendorp für immer – und wird Lehenmann für ein Rentenlehen (Gudenus II S. 980).

1301 Der edle Konrad Fürst von Konzenberg öffnet dem Bischof von Konstanz die Burg Summerau – die er auf Lebenszeit empfangen hat und seine Erben als Pfand besitzen (Reg. Episc. Const. II, Nr. 3237).

1309 Graf Otto von Zweibrücken öffnet den Pfalzgrafen die Burg Udenheim und die Stadt Bretten – nachdem er auf einen Streit hin in deren Besitz wieder eingesetzt wurde (Reg. d. Pfalzgrafen I, Nr. 1612).

1312 Johannes Bock von Kolbenstein öffnet dem Johann von Geroldseck die Burg Wittichen – die er gleichzeitig als Lehen empfängt (HStA Stuttgart, A 157 U 246).

1314 Sibold und Rudolf von Hundersingen versprechen, dem Grafen von Württemberg mit ihrer Burg Hundersingen beholfen zu sein – gegen einen Betrag von 300 Pfund Heller (HStA Stuttgart, A 602 WR 10 866).

1314 Graf Wilhelm von Montfort, Graf Rudolf von Hohenberg, Kraft von Hohenlohe und Walter von Geroldseck versprechen während des Thronkriegs dem König Friedrich III. gegen einen Geldbetrag ihre Hilfe und stellen ihm ihre Burgen zur Verfügung (Regesta Habsburgica III, Nr. 30, 43, 46, 49).

1315 Marschall Heinrich von Bocksberg wartet König Ludwig mit seiner Burg Bocksberg – und dient ihm für 10 Jahre, wofür ihm Güter geeignet werden (Mon. Boica VII, S. 159).

1321 Kuno von Geroldstein öffnet dem Grafen von Katzenelnbogen die Burg Geroldstein – im Zusammenhang mit dem Lehenempfang (Demandt, Nr. 627).

1325 Graf Eberhard von Katzenelnbogen öffnet seinen Teil der Burg Stadeken dem

Erzbischof von Trier – und gibt ihn gleichzeitig als Lediglehen auf (Demandt, Nr. 655).

1327 Ritter Heinrich von Celle öffnet die Burg Horb dem Bischof von Konstanz und den Grafen von Montfort – von denen er die Burg als Pfand besitzt (Reg. Episc. Const. II, Nr. 4143).

1330 Die Grafen Johann und Wilhelm von Katzenelnbogen öffnen sich gegenseitig die Burgen – im Zusammenhang mit einem Bündnis (Demandt, Nr. 753).

1333 Die Edelknechte von Massenbach öffnen dem Grafen von Württemberg die Burg Neuhaus – die sie für ihre Dienste erhalten haben (HStA Stuttgart, A 602 WR 5996).

1334 Die Herren von Hohenstein öffnen Hohenstein der Stadt Schwäbisch Hall.

1335 Werner Knebel öffnet seinen neuen Bau zu Heppenheft dem Grafen von Katzenelnbogen (Demandt, Nr. 840).

Nach dieser Liste stand die Öffnung 3 mal in Verbindung mit Bündnisverträgen, 3 mal mit Dienstverträgen, 2 mal mit Pfandverträgen, 4 mal mit Belehnungen, während sie 8 mal selbständig vereinbart wurde. Gerade dieser Wechsel läßt erkennen, daß eine zwingende, institutionell begründete Bindung zu irgendeinem der genannten Rechtskreise nicht bestand, ebensowenig wie etwa zum Befestigungsrecht, zur Vogtei oder zur Landeshoheit. Die Öffnung konnte sich mit jedem dieser Rechtsverhältnisse verbinden oder auch nicht, und im Laufe des 14. Jahrhunderts nahmen die Fälle zu, in denen sie selbständig, ohne Verbindung zu einem anderen Rechtsbezug, gewährt wurde.

Auch die Vermutung E. Klebels, die Öffnung sei Lehenpflicht gewesen, läßt sich pauschal nicht bestätigen [198]. Wohl behielten sich die Lehensherren bei Burgenverleihungen im Spätmittelalter häufig die Öffnung vor, aber das wurde in den Lehenbriefen stets als zusätzliche Bestimmung angeführt. Die Lehenurkunden zählen ja die echten Lehenpflichten, die als bekannt vorausgesetzt wurden, in der Regel gerade nicht auf. Auch die mehrfach nachgewiesene Öffnung lehengebundener Burgen für dritte Gewalten spricht gegen die These Klebels. Es gibt zudem einen, allerdings späten, unmittelbaren Beleg gegen die Annahme einer institutionellen Verbindung von Öffnung und Lehenrecht: Im Jahre 1558 verweigerte Christoph Schenk von Winterstetten dem Herzog von Württemberg die Öffnung einer Lehenburg mit dem Hinweis, daß *sölliches seinen habenden lehenbrieven im buchstaben gentzlich zuwider* [199]. Auch in Nordwestdeutschland war nach den Forschungen von V. Henn die Öffnung nicht Bestandteil des normalen Lehenrechts [200].

Dennoch hat die Öffnung, die im 14. Jahrhundert so fest ausgeprägt war und mit so gleichartigen Redewendungen umschrieben wurde, daß eine Vorgeschichte zu ver-

198) Klebel (wie Anm. 1), S. 374 f.
199) Hauptstaatsarchiv Stuttgart, A 162 Bü 8.
200) V. Henn (wie Anm. 195), S. 80.

muten ist, ihre Herkunft im Feudalrecht, nur gilt es zu differenzieren. Dies ist bereits dem württembergischen Lehenrechtler Johann Jakob Bontz im 18. Jahrhundert gelungen, der den Zusammenhang zwischen Öffnung und normalem Lehen ablehnte, aber sie als Pflicht l i g i s c h e r Lehen erkannte. Bontz sah in den kombinierten Lehen- und Öffnungsverschreibungen im Archiv der Grafen von Württemberg einen Beweis dafür, daß seine Landesherren einst wie vornehmere Fürsten ligische Lehen vergeben hätten. Dieser patriotische Schluß war zwar irrig, denn es gibt keine echten ligischen Lehenbriefe der Württemberger, aber die Grundthese, die enge Verbindung von Öffnung und ligischem Lehen, ist zutreffend [201].

Einen Hinweis dafür liefert die Beobachtung, daß in Urkunden rheinischer Hochstifter aus dem Anfang des 14. Jahrhunderts die Ausdrücke *offen* und *ledig* (*apertum* und *ligium*) nebeneinander stehen, als ob es sich um synonyme Begriffe handle. So heißt es von der Burg Hohensolms, die 1323 dem Erzbischof von Mainz zu Lehen aufgetragen wurde: *quod dictum castrum esse debet domus aperta et domus lygia, vulgariter dicta ein offen ledig huss archiepiscopi* [202]. Dem Erzbischof von Trier wurde im Jahre 1325 die Burg Baldeneck *offen und ledig wider eyn iglichen* und 1362 die Burg Grenzau *zu rechtem uffgebigen, ledigen lehen und offen huiß ... wider allermallig* verschrieben [203].

Die Annäherung beider Begriffe ist nicht zufällig. Sucht man nämlich nach Öffnungsverschreibungen v o r der Zeit um 1280, so begegnet man ihnen nur noch in rheinischen Territorien und in Nachbargebieten, und zwar fast immer in Verbindung mit dem Lehenrecht, ganz überwiegend mit dem l i g i s c h e n Lehenrecht. Bei ligischen Burgenbelehnungen, die besonders in den großen Territorien am Niederrhein und Mittelrhein im 12. und 13. Jahrhundert häufig waren, aber auch am Oberrhein vorkamen [204], behielt sich der ligische Herr meist ausdrücklich die Öffnung vor [205].

201) Johann Jakob Bontz, Lehenrecht (Württ. Landesbibliothek Stuttgart, Cod. iur. 2°, 250a–f). Auf die Folgerungen Bontz' macht Hillebrand aufmerksam: S. 97–99.
202) Gudenus (wie Anm. 71), III, S. 205 f., Nr. 152.
203) Hontheim, Hist. Dipl. Trev. II, S. 107, 218. Hillebrand, S. 33, 35.
204) Beispiele für ligische Lehen am Oberrhein:
– 1226 belehnt der Bischof von Worms den edlen Hartrad von Merenberg mit der Burg Merenberg (Schannat II, S. 106).
– 1228 belehnt der Bischof von Straßburg den Grafen Simon von Dagsburg mit den Burgen Girbaden, Dagsburg und Ringelstein (Reg. d. Bisch. v. Straßburg II, Nr. 934).
– 1233 belehnt der Erzbischof von Mainz den Grafen Heinrich von Schwarzburg mit der Burg Kranichsfeld (Gudenus I, S. 519).
– 1251 belehnt der Bischof von Straßburg den Grafen Ulrich von Pfirt mit den Burgen Tanne, Hohennag, Windeck (Reg. d. Bisch. v. Straßburg II, Nr. 1356).
– 1285 belehnt der Bischof von Basel den Stephan von Gunsans mit der Burg Milandre (mit Öffnungsvorbehalt, ZGORh 4, 1853, S. 360).
205) Zahlreiche Beispiele bei Henn (wie Anm. 195), S. 17–43, 82–87, und bei Hillebrand (wie Anm. 189), S. 14–35.

Die Öffnungspflicht ist so häufig in die ligischen Lehenbriefe inseriert – wohl deshalb, weil sie für normale Lehen eben nicht galt – daß sie bei ligisch empfangenen Burgen als selbstverständliche Folge der Belehnung anzusehen ist. Die kausale Verbindung von ligischem Verhältnis und Öffnungspflicht geht zusätzlich aus der konsekutiven Satzkonstruktion mancher Lehenurkunden hervor. So verpflichtete sich Stephan von Gusans, als er 1285 vom Bischof von Basel die Burg Mylandre erhielt: *quod cum castro illo tanquam legio feodo iuvabo fideliter tanquam legius homo, id est lidigman ... contra omnes ... ita tamen, quod in necessitatibus, ... quando et quociens requisitus ..., teneor dictum castrum tradere* [206]. Ein westfälischer Lehensmann bekannte 1264 gegenüber dem Bischof von Münster: *Ceterum nos castrum in Ringenberg ... episcopo ... servabimus ligium, secundum quod vulgus ledighus appellat, ita quod ei ... absolute et libere patere debet contra quoslibet* [207]. In solchen Formulierungen wird die Öffnung geradezu als Hauptmerkmal des ligischen Lehensverhältnisses hervorgehoben. Bereits um das Jahr 1166, in einem Mandat des Kölner Erzbischofs und Kanzlers Rainald von Dassel, werden die Begriffe *ius aperturae* und *ledecheit* gleichgesetzt [208].

Nun wird auch klar, woher die in den Öffnungsverschreibungen des Spätmittelalters immer wiederkehrenden Formeln der Unbedingtheit und Ausschließlichkeit stammen. Wendungen wie *ad omnes necessitates (zu allen nöten und gescheften), contra omnes (adversus quemlibet, gegen menniglich), in perpetuum (in omnibus temporibus)* finden sich nicht nur in den Öffnungsurkunden, sondern wörtlich oder sinngemäß bereits in zahlreichen ligischen Lehenbriefen des 12. und 13. Jahrhunderts. Die Unbedingtheit in sachlicher, persönlicher und zeitlicher Hinsicht, das heißt die Bindung an e i n e n Herrn vor allen anderen und gegen alle, die ständige Bereitschaft für ihn und die Verfügbarkeit für alle Geschäfte waren ja der eigentliche, ursprüngliche Sinn des in Frankreich im 10./11. Jahrhundert entwickelten ligischen Verhältnisses. Auch in seiner nach West- und Nordwestdeutschland eingedrungenen Form unterschied sich das ligische Lehenverhältnis grundsätzlich vom normalen durch die engere Bindung des Vasallen an den Herrn, die Beschränkung auf nur e i n e n Herrn bzw. den Treuevorbehalt zugunsten dieses einen, die Unkündbarkeit, die Bedingungslosigkeit der Hilfe, die Nichtbefristung des Dienstes und die Unveräußerlichkeit des Lehenobjekts [209]. Bekanntlich lockerte sich diese strenge Auslegung, aber sie war im 13. Jahrhundert noch im Bewußtsein, sonst hätte man es nicht für erforderlich gehalten, Ausnahmen davon in die Lehenbriefe aufzunehmen.

206) ZGORh 4, 1853, S. 360.
207) Nic. Kindlinger, Münsterische Beiträge III, 1793, S. 203. Ähnlich die ligische Verleihung der Burg Rennenberg durch die Gräfin von Sayn im Jahre 1249: Mittelrhein. UB III, Nr. 1018.
208) Niederrhein. UB IV, S. 780, Nr. 631.
209) Henn (wie Anm. 195), S. 58–68.

Stellt man die ligischen Lehenbriefe der rheinischen Territorien zusammen (weiter nach Osten gelangte das ligische Recht nur in Einzelfällen), so fällt auf, daß sie sich ganz überwiegend, fast ausnahmslos auf Burgen als dingliches Substrat des Lehensverhältnisses beziehen [210]. Im Unterschied zur französischen Ligesse, welche die persönliche Bindung des Vasallen allgemein betonte, erscheint die deutsche Ligeitas von Anfang an verdinglicht und auf ein Lehensobjekt, nämlich die Burg, festgelegt. »Weniger der *homo ligius* als vielmehr das *feudum ligium* steht im Mittelpunkt der Verträge« (V. Henn). So sind es auch vorwiegend Bestimmungen über die verliehenen Burgen, die ligische Lehenbriefe zum Inhalt haben, und das *homagium* wird ausdrücklich auf die Burg als dingliche Grundlage bezogen: *de dicto castro feci homagium ligium et fidelitatem* (1249) [211].

Das ligische Lehenswesen, das ohnehin verspätet und räumlich nur beschränkt in Deutschland rezipiert wurde, hat sich also auch sachlich verengt. Indessen, gerade in seiner verdinglichten, auf die Burg bezogenen Form gewann es in westdeutschen Territorien durchaus Bedeutung. Die Burg als militärisches Instrument verlangte nach Eindeutigkeit und Unbedingtheit der Verhältnisse, die das normale Lehenrecht nicht gewährleistete. Besonders die geistlichen Territorialherren verloren bei normaler Verleihung von Burgen die militärische Verfügbarkeit, da die Vasallen nur zu persönlichem, gemessenem Lehendienst verpflichtet waren; vielfach drohte die Gefahr der Entfremdung überhaupt. Die Ligeitas dagegen, die das unbeschränkte Recht des Herrn und die bedingungslose, unbefristete, unübertragbare Hilfeverpflichtung des Vasallen zum Inhalt hatte, bot eine Chance, sich die Burgen als strategische Punkte zu erhalten. Das Recht jederzeitigen Zutritts zur Burg, das Öffnungsrecht, war für den Herrn der wichtigste Faktor und Garant dieses Verhältnisses.

Als die Ligeitas in Deutschland im Laufe des 13. Jahrhunderts zur Formelhaftigkeit zu erstarren begann und sich in der Sache der gewöhnlichen Vasallität annäherte, da schien sie ihre bisherige Eignung für Burgenverleihungen zu verlieren. Wollte man sich das wichtigste Moment, die Öffnung, weiterhin erhalten, so mußte man sie von der unbrauchbar gewordenen persönlichen Bindung der Ligeitas lösen. Man verselbständigte also in der zweiten Hälfte des 13. Jahrhunderts die dingliche Grundlage des ligischen Lehens und schuf die geöffnete Burg als vertraglich regelbare Einrichtung. Die Öffnungspflicht war nun nicht mehr personelle Schuldigkeit des Vasallen, sondern haftete allein als Dienstbarkeit *(ius, servitus)* am Objekt, an der Burg [212]. Damit war das Mittel gefunden, die militärische Verfügung über fremde Burgen, ohne sie zu erwerben, zu verwalten und mit eigenen Mitteln zu unterhalten, dennoch zu gewinnen

210) Henn, S. 82.
211) Henn, S. 42 f. Zitat von 1249: Wampach III, 43.
212) In der Öffnungsverschreibung von 1281 ist ausdrücklich von *ius et servitus* (= dingliche Verbindlichkeit) die Rede, siehe Anm. 192.

und sich zu sichern. Auffallend ist, daß nach obiger Liste vier der sechs ältesten selbständigen Öffnungen für Städte verschrieben wurden (1281 für Speyer, 1286 für Rottweil, 1293 für Mainz, 1300 für Augsburg). Das führt zu der These, daß Städte es waren, die die endgültige Versachlichung des Öffnungsinstituts und die Lösung vom Feudalverhältnis vollzogen und damit zum Vorbild für Territorialherren wurden. Die Städte hatten ja ohnehin ein distanziertes Verhältnis zur mittelalterlichen Feudalstruktur und kamen auch auf anderen Gebieten früh zu versachlichten Lösungen.

So evident der institutionelle Zusammenhang von Öffnung und ligischem Recht im 12. und 13. Jahrhundert ist, so muß hier doch eingefügt werden, daß der Öffnungsvorbehalt gelegentlich, wenn auch viel seltener, getrennt davon nachzuweisen ist, etwa in Verbindung mit der Erlaubnis zum Burgenbau und dem normalen Lehenrecht. Bischof Albert von Trient verband 1178 die Genehmigung für Heinrich von Enne, auf einem (wohl diesem selbst gehörenden) Hügel im Glartal eine Burg zu erbauen, mit einer Öffnungsklausel[213]. Die Bischöfe von Straßburg verknüpften seit der Mitte des 13. Jahrhunderts einige Erlaubniserteilungen zum Burgenbau mit der Forderung nach Lehenaufgabe und Öffnung[214]. Ob die Öffnung schon immer auch unabhängig vom ligischen Recht wahrgenommen wurde, oder ob es sich hier um frühe Rezeptionen aus der Ligeitas handelt, ist nicht auszumachen. Das Zutrittsrecht des Burgherrn zu beamtenrechtlich verwalteten oder nach dem Burglehenrecht bewachten Burgen war selbstverständlich und brauchte nirgends schriftlich fixiert zu werden. Es bleibt das Ergebnis, daß das Öffnungsrecht bis in die zweite Hälfte des 13. Jahrhunderts ganz überwiegend in rheinischen und nordwestdeutschen Territorien als Bestandteil des ligischen Lehenrechts nachzuweisen ist und daß es sich dann davon löste und selbständig angewandt wurde.

In der verselbständigten Form erst drang die Öffnung nach Osten vor, in Gebiete, in denen sich die Ligeitas nie durchzusetzen vermocht hatte. Und in der folgenden Zeit, im 14. Jahrhundert, entwickelte sich der Öffnungsvertrag auch in Südwestdeutschland (wie in anderen Teilen Deutschlands) zu seiner großen territorialpolitischen Bedeutung.

Im Spätmittelalter kam es zu Versuchen der Lehensherren, das Öffnungsrecht nun als im normalen Lehenverhältnis impliziert in Anspruch zu nehmen. Aber solche Tendenzen konnten sich, mindestens in Südwestdeutschland, nicht durchsetzen. Es blieb nur die Möglichkeit, in die Lehenseide und -urkunden zusätzlich die Pflicht zur Öffnung aufzunehmen.

213) Tiroler UB I, S. 163, Nr. 329.

214) Regesten der Bischöfe von Straßburg II, Nr. 1382 (von 1252), Nr. 1646 (von 1261), Nr. 1874 (von 1269), Nr. 2251 (von 1289).

VII. Burghut und Burglehenrecht

1. Forschungsstand und Quellen

Das Lehenrecht des 12. und 13. Jahrhunderts war kein geeignetes Instrument, um Burgen verwalten zu lassen. Infolge der einseitig vasallenfreundlichen, zentrifugalen Entwicklung des Lehenswesens (durch Erblichkeit, Leihezwang, Beschränkung der Lehendienste, Doppel- und Mehrfachvasallität) bedeutete die Verleihung einer Burg oft das Ende, zumindest aber eine starke Beschränkung der Verfügungsgewalt des Lehensherrn. Geschah es doch nicht selten, daß Lehenleute ihre Burgen gegen die eigenen Lehensherren einsetzten.

Es gibt indessen verschiedene Versuche, das Lehensverhältnis durch vertragliche Sonderbestimmungen und Vorbehalte so umzugestalten, daß dem Herrn ein stärkerer und dauerhafter Einfluß auf verliehene Burgen erhalten blieb. Im vorigen Abschnitt wurde schon auf die ligische Leihe mit dem Öffnungsvorbehalt, die in den westlichen Territorien Deutschlands Anwendung fand, hingewiesen. Ein anderes Mittel der Lehensherren, sich Kontrolle, Zugang und Einfluß zu sichern, war die Ausnahme eines Teiles der Burg, etwa eines Hauses, von der Verleihung, wodurch dem Herrn eine Art Stützpunkt innerhalb der Burg verblieb. Schließlich konnte man die Lehensinhaber besondere Treue- und Hilfsversprechen beschwören lassen und darüber hinaus auch die Wächter und Burgmannschaften unmittelbar auf den Lehensherrn vereidigen. So verlieh der Erzbischof von Trier dem Grafen Friedrich von Vianden um 1148 nur eine Hälfte der Burg Arras, behielt sich die andere selbst vor, verlangte den Schwur auch der Besatzung des gräflichen Teils und ein besonderes Hilfeversprechen des Belehnten. Bei der Verleihung der Burg Nassau 1158 und der Burg Montclair um 1169–1183 behielt sich der Erzbischof von Trier als *signum proprietatis* (1158) jeweils einen Bauplatz für ein Haus und eine Kapelle in der Burg vor und verlangte ebenfalls einen Schwur der Besatzung. Auch auf Ehrenberg reservierte sich der Trierer Erzbischof, der die Burg an den Pfalzgrafen verlieh, ein Haus mit einer Kapelle und die Anstellung eines Burgmannes darin (1161). Der Bischof von Trient baute sich ein Haus in der Burg des Heinrich von Enn und ließ sich die Öffnung zusichern (1172). Für die Burg Altenburg (bei Kobern) forderte Trier (um 1190–1212) ein unbeschränktes Hilfeversprechen, die Öffnung und den Eid der auf der Burg wohnenden Ritter. Der Bischof von Verdun ließ sich für die verliehene Burg Lemberg (bei St. Wendel) 1220 das Recht bestätigen, ein Haus in der Burg zu errichten und die Burg jederzeit betreten zu können. König Konrad IV. verlangte von Kuno von Reifenberg, dem er 1239 die Burg Reifenberg verlieh, daß der Beliehene eine Wohnung für ihn und den Kaiser errichte, wozu er ihm die Lieferung von Kalk und Sand zusagte [215].

215) Arras: Mittelrhein. UB I, Nr. 551. – Nassau: Ebenda I, Nr. 610 (*... et in signum, quod nostre sit proprietatis et ecclesie nostre, locum in eodem castro ad edificandum nobis*

Aber derartige Maßnahmen konnten sich generell nicht recht durchsetzen oder bewährten sich letztlich doch nicht. Das Lehenrecht blieb eine fragwürdige Rechtsgrundlage, um die Burgen behüten und betreuen zu lassen. Kaiser Friedrich I. verbot daher im Jahre 1160 dem Bischof von Bamberg und seinen Nachfolgern förmlich, Burgen des Hochstifts zu Lehen auszugeben oder auf andere Art zu entfremden [216]. Die Bischöfe von Konstanz mußten sich in Wahlkapitulationen 1294 und 1326 dazu verpflichten, heimgefallene Burgen nur noch eigenen Dienstmannen anzuvertrauen [216a]. Man benötigte andere Rechtsformen als das übliche Lehenrecht, um die Burgen als Stützpunkte der Territorialpolitik fest in der Hand zu behalten.

Bekanntlich sind auf vielen hochadligen Burgen des 12. und 13. Jahrhunderts Ritter nachzuweisen, die sich – wie die Burgherren selbst – nach diesen Burgen bezeichneten, aber minderen Standes waren. Diese Ritter, die man mit Recht für die militärischen Bewacher der Burg hält, sind in vielen Fällen als Angehörige der Ministerialität zu erkennen [217]. Die Forschung begnügte sich jedoch meist damit, als Grundlage ihrer Burghutdienste das Ministerialenrecht oder wohl auch eine nicht näher beschriebene Beauftragung anzunehmen. Es gab jedoch auch freiadlige Ritter *(nobiles)* als Burghüter, und mindestens deren Anstellungsverhältnis muß außerhalb des Dienstmannenrechts geregelt gewesen sein [218].

Nun ist für das Spätmittelalter ein spezifisches Burglehenrecht als ausgebildete Institution bekannt. In den Quellen dieser Zeit wird begrifflich klar zwischen Lehen und Burglehen und zwischen Lehenmannen und Burgmannen unterschieden [219]. Schulte und Redlich haben nachdrücklich hervorgehoben, daß König Rudolf von Habsburg das Burglehenrecht als wirksames Mittel benützte,

domum et capellam retinuimus, qui noster erit proprius ...). – Montclair: Ebenda II, Nr. 61 *(Infra ambitum autem castri aream idoneam ad edificandum nobis domum propriam et capellam ad arbitrium nostrum nobis reservavimus).* – Ehrenberg: Ebenda I, Nr. 627 *(In supradicto etiam castro archiepiscopus Trevirensis domum cum capella debet habere, in qua sessorem suum habebit, quemcumque voluerit).* – Enn: Tiroler UB I, Nr. 329. – Aldenburg: Mittelrhein. UB II, Nr. 298. – Lemberg: Ebenda III, Nr. 137 *(... quod in eodem castro domum habere debebit episcopus, quam ibidem edificaret cum vellet et qualem vellet).* – Reifenberg: Reg. Imp. 4405 (Text der Urkunde ist verunechtet).

216) Mon. Boica 29a, S. 354 f.

216a) Reg. Const. Episc. II, Nr. 2885, 4087.

217) E. v. Guttenberg, Die Territorienbildung am Obermain, in: 79. Bericht des Hist. Vereins zu Bamberg, 1926, S. 308 f. – Ministeriale als Bewohner der Burg des Heinrich von Enn sind für 1172 urkundlich nachzuweisen: Tiroler UB I, Nr. 329.

218) Siehe Abschnitt VII 3; u. S. 151, 156.

219) Hochstift Speyer 1302: *convocatis publice nobilibus, militibus, armigeris, ecclesie ministraliter coniunctis, vel ex feudo castrensi aut alio quocumque feudo obligatis* (Remling, UB z. Gesch. d. Bisch. v. Speyer I, S. 440); 1330 Lehenmannen und Burgmannen der Bischöfe von Speyer (Remling, Gesch. d. Bisch. v. Speyer I, S. 592), der Herren von Hohenlohe 1345, 1350: Hohenl. UB II, Nr. 691, III, Nr. 808.

um Reichsburgen wieder fester an sich zu binden [220]. Aber auch mehrere Territorialherren, etwa die Erzbischöfe von Trier, die Bischöfe von Speyer, Würzburg und Bamberg, die Pfalzgrafen am Rhein, die Markgrafen von Baden, die Grafen von Katzenelnbogen und die Herren von Hohenlohe, machten im 14. und auch noch im 15. Jahrhundert vom Burglehenrecht Gebrauch, wovon zahlreiche erhaltene Burglehenbriefe und die Lehenbücher unübersehbar zeugen [221].

Nach Schulte fußten die staufischen Reichsburgen auf dem Boden der Reichsministerialität, an deren Stelle dann König Rudolf die Burgmannenorganisation entwickelt habe. H. Niese nimmt dagegen die Anwendung des Burglehenrechts bereits für die Staufer an. Obwohl er typische Burglehen nur für wenige staufische Burgen sicher nachweisen kann (eindeutig nur für die Harzburg und für Landskron), vertritt er die Auffassung, die Burgenverfassung des Reiches im 13. Jahrhundert gründe sich auf das System der Burglehen. Seine Ausführungen im einzelnen beruhen aber ganz überwiegend auf den Burglehensurkunden der Könige Rudolf, Adolf und Albrecht [222]. Redlich geht ebenfalls davon aus, daß die Staufer die Einrichtung der Burglehen ausgebildet hatten, die dann im Laufe des 13. Jahrhunderts auch von Fürsten und Grafen »mehr oder weniger« aufgenommen worden sei [223]. K. Bosl stellt vorsichtig fest, die Nachrichten über die Organisation der Burgmannschaft in staufischer Zeit ließen nur unbestimmte Vermutungen zu, da Urkunden über Verleihungen von Reichsburgen sehr selten seien. Im Elsaß zum Beispiel ließen sich Burglehen der Staufer überhaupt nicht nachweisen [224]. F. Schwind hält die Auffassung Nieses für zu pauschal und kommt zu einer Differenzierung. Er glaubt, daß in staufischer Zeit jene Burgen, bei denen es Reichsministeriale mit ausreichendem Dienstgut gab, nach ministerialischem Recht behütet wurden. Burglehen seien dort bevorzugt worden, wo es wenig Reichsgut gab, oder bei Burgen, die relativ spät (etwa nach 1200) entstanden, als die Besitzverhältnisse bereits verfestigt waren [225].

220) A. Schulte, Geschichte der Habsburger, 1887. O. Redlich, Rudolf von Habsburg, 1903, S. 469–478.

221) Lehenbuch des Bischofs Raban von Speyer (ab 1397): Generallandesarchiv Karlsruhe Abt. 67/364. Lehenbuch des Bischofs Albrecht von Würzburg (1345–1372): Hohenloher UB III, S. 406–582. Hochstift Bamberg: H. Kunstmann, Mensch und Burg, 1967, S. 141–163. Lehenbuch des Pfalzgrafen Friedrich I. (1449–1475): GLA Karlsruhe Abt. 67/1057. Badische Lehenbücher 15. Jh.: ebenda Abt. 67/38, 43. Lehenbuch des Gerlach von Hohenlohe: Hohenl. UB III, S. 87–131. Grafen von Katzenelnbogen: B. Diestelkamp, Das Lehnrecht der Grafen von K., 1969, S. 371–381.

222) H. Niese, Die Verwaltung des Reichsgutes im 13. Jahrhundert, 1905, S. 225.

223) Redlich (wie Anm. 220), S. 469 f.

224) K. Bosl, Die Reichsministerialität der Salier und Staufer, Teil I, 1950, S. 207, 258.

225) F. Schwind, siehe in Bd. I, S. 119 ff.

Die neueren, überregionalen Werke über das Lehenswesen behandeln das Burglehenrecht nicht im Zusammenhang und meist überhaupt nur andeutungsweise am Rande [226]. Von den territorialgeschichtlich ausgerichteten Arbeiten gehen ebenfalls nur wenige auf diese Fragen ein [227]. So nimmt es nicht wunder, daß in regionalen Veröffentlichungen manche irrigen Vorstellungen herrschen oder, was noch häufiger ist, Hinweise auf Burglehen im 13. Jahrhundert als solche gar nicht erkannt sind [228]. Verbreitet ist vor allem die Meinung, die Burglehenverfassung habe eigentlich erst zu Beginn des 14. Jahrhunderts größere Bedeutung erlangt [229].

Indessen gibt es bereits aus dem 13. Jahrhundert für Süddeutschland überraschend viele Belege, die allerdings größtenteils nicht aus der Reichsgutverwaltung, sondern aus den Territorien stammen. Sie lassen schnell erkennen, daß es sich damals schon um eine festausgebildete und -umrissene Institution handelte. Dafür spricht schon die verbreitete Terminologie und die ausdrückliche Bezeichnung als besonderes Recht, die nachzuweisen ist für die Reichsburg Oppenheim 1275 *(ius castrense)*, im Hochstift Straßburg 1271 *(ius castrense)*, im Hochstift Konstanz 1262 *(modus, qui vulgariter dicitur burchlen)*, im Erzstift Mainz 1237 und 1241 *(ius castrensis peculii, quod vulgariter dicitur burclen, ius feodi castrensis)* und erstmals im Jahre 1217 in einem Teilungs-

226) Die bisher einzige ausführlichere Darstellung findet sich bei C. G. Homeyer, System des Lehnrechts der sächsischen Rechtsbücher II 2, 1844, § 63, S. 552–562. Zwar stützt sich Homeyer nicht nur auf den Sachsenspiegel, sondern auch auf Urkunden, aber doch nur auf eine kleine Auswahl aus dem norddeutschen Raum. Die kurze Erwähnung bei Schröder–v. Künssberg, Lehrbuch der deutschen Rechtsgeschichte, 1932^7, S. 440 und S. 564, wird zwar oft zitiert, ist aber sehr unvollständig und teilweise irrig. Dennoch verzichtet H. Mitteis in seinem großen Werk »Lehnrecht und Staatsgewalt« (1933) auf die Behandlung des Burglehenrechts mit der Begründung, hierüber sei alles Einzelne in der Literatur (bei Homeyer und Schröder–v. Künssberg) so ausführlich erörtert, daß darauf verwiesen werden könne (S. 623). Daß die westeuropäischen Lehenrechtsforscher das Burglehenrecht unberücksichtigt lassen, ist verständlich, da es sich um eine deutsche Sonderentwicklung handelt.

227) Nur zwei Arbeiten im süddeutschen Bereich widmen dem Burglehenrecht eingehendere Untersuchungen: B. Diestelkamp, Das Lehnrecht der Grafschaft Katzenelnbogen, 1969, S. 70–75, 124, 129, 150 f., 272, 371–382. Diestelkamp geht im wesentlichen von Quellen des 14. und 15. Jh. aus. H. Kunstmann, Mensch und Burg. Burgenkundliche Betrachtungen an ostfränkischen Wehranlagen, 1967, S. 141–163. Für das 13. Jahrhundert ist Kunstmann stark von Guttenberg (wie Anm. 217) beeinflußt, dessen hervorragendes Werk gerade für das Burglehenrecht der Ergänzung und Berichtigung bedarf. B. Theil, Das älteste Lehnbuch der Markgrafen von Baden (1381), 1974, geht auf Burglehen nur kurz ein (S. 164 f.), da in dem von ihm behandelten Lehnbuch nur vereinzelte Burglehen erfaßt sind.

228) Der verdiente Forscher F. X. Remling etwa gibt die burglehenrechtliche Verleihung der Burg Zuzenhausen als normale Belehnung wieder (Gesch. d. Bisch. v. Speyer I, 1852, S. 538; UB z. Gesch. d. Bisch. v. Speyer I, 1852, S. 379).

229) Schulte (wie Anm. 220). Guttenberg (wie Anm. 217), S. 322 f., 354 (»Die im 14. Jh. einsetzende landesherrliche Politik der Burghutverträge ... «). Kunstmann (wie Anm. 227), S. 150 ff.

vertrag der elsässischen Herren von Ochsenstein, also in jener staufischen Landschaft, in der staufische Burglehen nicht nachweisbar sind *(ius castellanie)* [230].

Während förmliche Burglehenbriefe und -reverse für das Königtum erst unter Rudolf von Habsburg einsetzen (wenn man von einer Urkunde des »Gegenkönigs« Heinrich Raspe von 1247 absieht) [231], sind aus Territorien um Jahrzehnte ältere erhalten: Die Pfalzgrafen von Tübingen hinterließen Burglehenbriefe von 1264 an, die Grafen von Katzenelnbogen ab 1266, die Pfalzgrafen am Rhein ab 1248, die Bischöfe von Bamberg ab 1249, die von Speyer ab 1243, die von Würzburg und Straßburg ab 1240, die Erzbischöfe von Köln lange vor 1242 [231a], die von Trier ab etwa 1235 und die von Mainz ab 1223. Gudenus veröffentlichte für Mainz aus der ersten Hälfte des 13. Jahrhunderts schon acht Stück. Die nachstehende vorläufige Liste, die sicher noch beträchtlich zu erweitern sein wird, umfaßt bereits 75 Burglehenbriefe für zusammen 101 Burgmannen aus dem 13. Jahrhundert.

Jahr	Burgmann	Burg	Burglehen Rente/ Grundbetrag	Beleg
ERZSTIFT MAINZ				
1223	Graf von Schwalenberg	Fritzlar/ Amöneburg	*sessiones*	Gudenus I 483 f. [233]
1233	Hermann von Vippach, nobilis		6 M./40 M.	„ 521 f.
1237	2 Herren von Merenberg, nobiles	Amöneburg	je 8 Pf./–	„ 544 f.
1241	Konrad von Schöneberg, nobilis	Burg b. d. Insel	6 M./50 M.	„ 567 f.
1241	2 Brüder von Linsingen	Amöneburg/ Jesburg	5 Tal./–	„ 568 f.
1245	Hermann Vogt von Ziegenberg, nobilis	Burg b. d. Insel	–/50 M.	„ 590
1247	2 Brüder von Wolfershausen, Ministeriale	Heiligenberg	–/je 40 M.	„ 596 f.

230) Oppenheim 1275: Reg. Imp. Rud., Nr. 432. Straßburger Urkunde 1271: Fürstenb. UB I, Nr. 476. Konstanz 1262: Reg. Const. Episc. I, Nr. 2051, und ZGORh 13, 233; 5, 230. Mainz 1237 und 1241: Gudenus (wie Anm. 233) I, S. 544 f., 568 f. Ochsensteinische Burg Wasselnheim 1217: ZGORh 14, S. 190 f.

231) König Heinrich Raspe 1247: Reg. Imp., Nr. 4883. Von König Rudolf sind 28, von Adolf 9, von Albrecht 4 Burglehenbriefe bekannt: Niese (wie Anm. 222), S. 228.

231a) *21 carratae vini apud Rense, que olim pro feodo castrensi apud Turrim fuerint assignate* (für die Burg Thurandt): Mittelrhein. UB III, Nr. 739 (von 1242). Kölner Burglehenbrief von 1249 für Gottfried von Eppenstein zur Burg Altenahr: Mittelrhein. UB III, Nr. 1014.

232) 1264: Wenk, Hessische Landesgeschichte II, UB, S. 194. 1266: Demandt, Regesten d. Gr. v. Katzenelnbogen I, Nr. 155.

233) V. F. de Gudenus, Codex Diplomaticus ... Moguntiaca, Band I, 1743.

Jahr	Burgmann	Burg	Burglehen Rente/ Grundbetrag	Beleg	
ERZSTIFT MAINZ					
1249	Kraft von Schweinsberg u. Ludwig Vogt von Marburg, Ministeriale	Amöneburg		Gudenus I 609 f.	
1252	3 Herren von Wolfskehlen, Ritter	Wolfskehlen	3 *mansi*	„ 928	
1277	Graf Johann von Sponheim	Klopp	40 M./400 M.	ZGORh 9, 332	
1278	Graf Simon von Sponheim	Böckelheim	20 M./200 M.	Gudenus I 768	
1278	Gräfin von Ziegenhain und Sohn	Amöneburg		„ 763	
1282	5 Herren von Rüdesheim, nobiles	Rüdesheim		„ 787 f.	
1282	Gottschalk von Plesse		10 M./	„ 795	
1288	Ludwig von Isenburg, nobilis	Amöneburg	10 M./100 M.	„ 835 f.	
ERZSTIFT TRIER					
um 1235	Sohn des Heinrich von Nassau	Montabaur	– / 40 M.	MRhUB III	545
1239	Gräfin von Luxemburg und Sohn Heinrich	Kyllburg	Eink./ –	„	658
1240/41	Herr von Falkenstein	Kyllburg	– /100 Pf.	„	673
1258	Gerhard von Orley	Neuerburg	– / 80 Pf.	„	1452
1263	Wildgraf Emicho		– /200 Pf.	Honth. Hist. I	756
1263	Gerhard von Orley		– / 80 Pf.	„	760
1300	Friedrich von Dhaun	Manderscheid		„	831
HOCHSTIFT STRASSBURG					
1240	Ritter von Balbrunn und 2 Söhne, fideles	Girbaden	45 *agri*	Regesten Nr.	1085 [234]
1223–1244	Rudolf von Andlau		– / 100 M.	„	1144
	Ritter Murnhard Silr		– / 100 M.	„	1144
	Ritter von Bergbieten und Sulz		– –	„	1144
1269	Hugo Tanriz		– / 24 M.	„	1881
1270	Graf Heinrich von Fürstenberg	Ullenburg	– / ½ Dorf	„	1926
1295	Burkhard Begere von Dachstein, Ritter		Getreideeink.	„	2380
1295	von Hattstatt, Ritter	Egisheim	– / 120 M.	„	2383
1297	Walter von Horburg	Egisheim/ Markolsheim	– / 200 M.	„	2414
1297	5 Vögte von Wasselnheim	Zabern	– / je 60–65 M.	„	2429
1298	Heinrich Waffeler von Eckerich	Kestenholz	4 M. / 40 M.	„	2434
1273–99	von Bergheim	Benfeld	10 Pf. / –	„	2496

234) Regesten der Bischöfe von Straßburg, hg. von Alfred Hessel und Manfred Krebs, Band II, 1928.

Jahr	Burgmann	Burg	Burglehen Rente/ Grundbetrag	Beleg	
HOCHSTIFT SPEYER					
1243	Arnold u. Ebelin von Deidesheim, Ritter	Kestenburg	Naturalien	Maxburg Nr.	2 [235]
1272	Heinrich von Erfenstein, Ritter	Kestenburg	6 Pf. / 30 M.	„	3
1272	Johann von Lichtenstein	Kestenburg	3 M. / 30 M.	„	4
1284	2 Grafen von Zweibrücken	Kestenburg	je 27,5 Pf./275 Pf.	„	5
1285	Johann von Lichtenstein, fidelis	Kestenburg		„	6
1286	Heinrich von Herbortsheim	Zuzenhausen	– / 80 Pf.	UB Speyer I	379 [236]
1301	Rudolf von Otterbach, Ritter	Lauterburg	– / 40 M.	„	435
PFALZGRAFEN AM RHEIN					
1248	Graf Emicho d. J. von Leiningen	Winzingen	– / 300 M.	Regesten Nr.	539 [237]
1262	Graf Poppo von Dilsberg	Heidelberg	10 M./ –	„	741
1277	Wildgraf Emicho	Alzey		„	997
1278	Graf Emich von Leiningen	Wachenheim	– / 300 M.	„	1016
1283	Heinrich von Richenbach	Weinheim	– / 40 Pf.H	„	1094
1284	Frau von Bolanden und 2 Söhne	Alzey	– / 200 Pf.H	„	1114
1287	Graf Adolf von Nassau	Kaub	– / 200 M.	„	1159
1287	Graf Johann von Sponheim	Stromberg	– / 200 M.	„	1163
1287	Konrad von Strahlenberg, nobilis		– / 100 M.	„	1171
1290	Friedrich von Meckenheim	Wachenheim	– / 60 Pf.H	„	1220
1291	Graf Walrab von Zweibrücken	Neustadt	– / 250 M.	„	1241
1291	Wigbert Swender von Weinheim	Weinheim	6 Pf./ 40 Pf.	„	1243
1291	Graf Heinrich von Sponheim		– /200 Pf.	„	1248
1291	Ritter Ulrich von Stein	Fürstenberg	– / 50 M.	„	1253
1292	Heinrich von Klingenberg	Lindenfels	10 Pf./100 Pf.	„	1273
1292	Gernot Swender	Weinheim	5 Pf./ 40 Pf.	„	1274
1292	Konrad von Hausen	Wiesloch	6 Pf./ 40 Pf.	„	1275
1292	Gerhard Schenk von Erbach	Lindenfels	16 Pf./160 Pf.	„	1280
1292	4 Burgmannen	Alzey	je 6 M./60 M.	„	1283
1294	Graf Wilhelm von Katzenelnbogen	Kaub	– /200 Pf.H.	„	1303
1294	Herold von Neuenstein	Obrigheim	– / 60 Pf.	„	1307
1296	Gottfried von Bickenbach	Lindenfels	10 Pf.H./100 Pf. H.	„	1373
1298	Wolfram von Klingenberg	Wiesloch	– / 60 Pf.H.	„	1397
1300	Eberhard Schenk von Erbach	Lindenfels	Wein /150 Pf.H.	„	1449

235) F. X. Remling, Die Maxburg, 1844, Anhang.

236) F. X. Remling, UB zur Geschichte der Bischöfe von Speyer, Band I, 1852.

237) Regesten der Pfalzgrafen am Rhein, bearbeitet von A. Koch und J. Wille, Band I, 1894. Der Burglehenbrief von 1248 im Wortlaut: Mittelrhein. UB III, Nr. 1014.

Jahr	Burgmann	Burg	Burglehen Rente/ Grundbetrag	Beleg
HOCHSTIFT WÜRZBURG				
1240	Konrad von Schmiedelfeld, Reichsmin.	Ried	*areae*	Mon. Boica 37, 290
1265	Kraft und Konrad von Hohenlohe, nobiles	Marienburg	– /je 100 M.	Württ. UB VI, 207
HOCHSTIFT BAMBERG				
1249	Eberhard von Schlüsselberg	Reifenberg	– /100 Pf.	Oesterreicher II, 109 [238]
1257	Theino von Lichtenstein		– /100 Pf.	Mon. Zoll. II, Nr. 86
PFALZGRAFEN VON TÜBINGEN				
1264	Hartrad von Merenberg, nobilis	Gleiberg	8 Pf./ –	Wenk II, UB, S.194 [239]
GRAFEN VON KATZENELNBOGEN				
1266	Heinrich von Praunheim	Dornberg	3 M./ 30 M.	Reg. Katz., Nr. 155 [240]
1301	Thielmann von Katzenelnbogen, Ritter	Katzenelnbogen	3 M./ 30 M.	Reg. Katz., Nr. 430
MARKGRAFEN VON BADEN				
1290	Friedrich von Gomaringen	Beilstein/ Backnang	– / 40 M.	Württ. UB IX, S. 385
1290	Johann von Berwartstein	Eberstein	Hof	Reg. Mgr. Baden, Nr. 586 [241]
HOCHSTIFT BASEL				
1292		Reichenstein	Turm	ZGORh 4, 363

238) P. Oesterreicher, Denkwürdigkeiten der fränkischen Geschichte, 1832–1837, Band II, S. 109.

239) Wenk, Hessische Landesgeschichte, Band II, UB, S. 194.

240) K. E. Demandt, Regesten der Grafen von Katzenelnbogen, Band I, 1953.

241) Regesten der Markgrafen von Baden und Hachberg, bearbeitet von Richard Fester, Band I, 1900.

Diese Burglehensurkunden, die man – wie zu zeigen sein wird – nicht ohne Vorsicht auswerten darf [241a], werden durch drei Verzeichnisse von Burgleheninhabern aus früher Zeit ergänzt. Von Erzbischof Dietrich von Trier (1212–1242) ist im Anschluß an einen Burglehenbrief eine Liste von 28 Burgmannen der von ihm gegründeten Burg Montabaur (aus der Zeit um 1235) mit Angabe der Burglehen überliefert [242]. Im Urbar der Rheingrafen aus dem Anfang des 13. Jahrhunderts werden ebenfalls mehrere Burglehen aufgeführt [242a]. Noch aufschlußreicher und älter ist das Lehenbuch des mächtigen Reichsministerialen Werner II. von Bolanden, das, zwischen 1194 und 1198 geschrieben, 32 Burglehenmannen mit zusammen 36 zu verschiedenen Burgen gehörenden Burglehen aufzählt [243]. Dazu kommen weitere Urkunden, die Burglehenverhältnisse betreffen oder wenigstens Hinweise darüber enthalten, die freilich oft erst verständlich werden, wenn die Formen und Termini des Burglehenrechts bekannt sind [244]. So regelt zum Beispiel eine Urkunde der elsässischen Herren von Geroldseck von 1269 die Nachfolgefrage und die Residenzpflicht ihrer Burgmannen [245].

Ein erhellendes Licht fällt noch von anderer Seite auf die Institution des Burglehenrechts: von den Rechtsspiegeln, die alle dem Burglehen eine ganze Kapitelfolge widmen. Die meisten und grundlegenden Bestimmungen sind bereits in der ältesten Schicht der Spiegel enthalten, im *auctor vetus*, dessen Abfassungszeit um 1220–1225 sich etwa mit den frühen Burglehenbriefen deckt [246]. Gerade der Vergleich der Spiegel mit den Urkunden, deren beider Aussagen sich aneinander prüfen lassen und die sich gegenseitig ergänzen, ergibt ein plastisches Bild.

In diesem Rahmen kann weder das ganze Material ausgebreitet werden noch können alle Sonderformen und Abwandlungen des Prinzips dargestellt werden. Zu diesen gehören zum Beispiel jene Fälle, die Patze treffend als Ehrenburgmannschaft und politische Burgmannschaft (s. Bd. I, S. 523) bezeichnet, wie auch die Mehrfachbelehnung mit Burglehen, die Verquickung der Burghut mit anderen Diensten und die vorwiegend zum Zweck einer Verpfändung geliehenen Burglehen – alles Fälle, die sich vom eigentlichen Wesen der Burgmannschaft entfernten [247]. Sie traten zahlenmäßig zu allen Zeiten gegenüber den normalen Burglehen zurück, wenn sie auch – gerade weil es

241a) Siehe Anm. 303a.

242) Mittelrheinisches UB III, Nr. 545.

242a) K. Lamprecht, Deutsches Wirtschaftsleben im Mittelalter, Bd. I 2, 1886, S. 883.

243) Wilhelm Sauer, Die ältesten Lehnsbücher der Herrschaft Bolanden, 1882.

244) Siehe S. 176 ff.

245) Schoepflin, Alsatia ... Diplomatica, Band I, S. 460.

246) Sachsenspiegel L 72–73 (297–305), Schwabenspiegel L 136–142, 146, 148–151, 158 II.

247) Zur Verquickung der Burgmannschaft mit anderen Diensten siehe S. 164 (Herren von Hohenlohe für den Bischof von Würzburg 1268, Württ. UB VI, S. 207).

sich um Sonderformen handelt – in den Quellen und auch in der Literatur überrepräsentiert erscheinen. Hier soll versucht werden, die wesentlichen Züge des Burglehenrechts zu beschreiben, die dafür gebräuchlichen Termini zu ermitteln und jeweils frühe Belege mitzuteilen.

2. *Burghut, Wohnpflicht, Burgmannensitze*

Da der Begriff Burglehen *(feodum castrense)* Anlaß zu Mißverständnissen gab, sei vorausgeschickt, daß im Burglehenrecht grundsätzlich nicht die Burg Gegenstand der Belehnung war [248]; sie blieb vielmehr unmittelbar im Besitz des Herrn. Der Begriff bezieht sich auf die Pflichten des Belehnten, die ausschließlich Burgdienste waren und sich daher von den sonst üblichen Lehendiensten unterschieden. Die Rechtsspiegel stellen ausdrücklich fest, daß Burgmannen von der Heerfahrt und Hoffahrt befreit sind, damit sie ihrer eigentlichen Aufgabe ungehindert nachkommen können, nämlich die Burgen zu bewahren und wenn nötig zu wehren [249]. Der in manchen Lehenbriefen erwähnte Treueid bezog sich daher auf die *castri custodia*, wofür bereits 1247 Burghut als gebräuchlicher deutscher Ausdruck belegt ist *(castri eiusdem custodia, que burghude vulgariter appellatur)* [250]. Die Burghut ist der eigentliche Sinn des Burglehenrechts, und daraus entspringen alle Bestimmungen, die es vom normalen (rechten) Lehenrecht abheben [251].

Die einschneidendste Verpflichtung für den Belehnten war der dauernde Aufenthalt auf der Burg. In vielen Burglehenbriefen wird die *residentia (residentia personalis, residentia continua)* oder zu deutsch der Sitz, das Sitzen als Burgmannenpflicht ausdrücklich erwähnt [252]. Der Erzbischof von Trier verlangte um 1235, um ein Bei-

248) Das nimmt zum Beispiel H. Kunstmann für das 12. und 13. Jahrhundert an (wie Anm. 227, S. 152). Erst seit dem Ende des 13. Jahrhunderts werden auch ganze Burgen zu Burglehen geliehen, eine zum normalen Lehenrecht hin nivellierende Tendenz (siehe S. 186).

249) Schwabenspiegel L 141, Sachsenspiegel L 71 (300).

250) 1247: *De fide etiam castri eiusdem custodia, que burghude vulgariter appellatur* (Gudenus I, S. 596–598). 1266: *iuratoriam caucionem super ipsorum castrorum intra et extra et personarum ac rerum nostrarum securitate et fideli custodia, que burghute vulgariter appellatur* (Gudenus I, S. 774–717). Im Registrum Burghutariorum ecclesie Bambergensis (wie Anm. 252) taucht für 1268 erstmals der Ausdruck latinisiert *(burghuta)* auf (S. 100).

251) Das normale Lehen im Unterschied zum Burglehen heißt im »Auctor vetus« *beneficium vulgare*, im Schwabenspiegel *rechtes Lehen*, in Urkunden des Wildgrafen (1215) und des Bischofs von Würzburg (1240) *iustum feodum* (Lamprecht, wie Anm. 242a, S. 1312. – Mon. Boica 37, S. 290).

252) *Residentia* in den Mainzer Burglehenbriefen von 1237, 1241, 1245, 1247, 1282, 1288 (Belege s. S. 139 f.), dazu 1266 *castrenses residentes* (Gudenus I, S. 714 f.), weiter in den Speyrer Urkunden von 1243 und in den Straßburger Burglehenbriefen von 1240 (siehe auch Schöpflin, Alsatia Dipl. I, S. 384), 1297 und 1298 (Reg. Nr. 2414, 2434), *residentia continua et*

spiel zu nennen, daß jeder der 28 Burgmannen *in castro Monthabor residentiam faciat anno integro*, andernfalls die Burglehen zurückfielen [253]. In einem Burglehenrevers für den Pfalzgrafen von 1248 ist von *indesinenter aliorum more castrensium residentes* die Rede [253a]. Die Herren von Geroldseck regelten 1269 nach dem Tod zweier Burgmannen, wer von den Erben das Burglehen erhalte und die *residentiam et moram in castro nostro Geroltzeck tanquam alii fideles nostri et feodati* auszuüben habe [254]. Der Bischof von Speyer setzte 1301 einen Burgmann ein, der *more aliorum castrensium ... residebat apud Luterburg* [255]. Für die Trierer Burg Grimburg wird 1329 die Anwesenheitspflicht »mit Waffen und Pferden« als Brauch bezeichnet [255a]. Die Wohnpflicht war im Elsaß im 13. Jahrhundert sogar namengebend für die Burgmannen, die man hier Seßman (lateinisch auch *residentii*) nannte, ihre Lehen Seßlehen [256]. Bereits im Lehenbuch Werners von Bolanden (um 1195) werden Burgleheninhaber als *sessores* bezeichnet [257], im Urbar der Rheingrafen als *assessores* [257a], jene von Naumburg und Weidelsburg hießen 1266 *castrenses residentes* [258]. Der Wildgraf Konrad nannte 1215 ein Burglehen *feodum consessorium* [258a]. In Italien kommt die Formel *feuda habitantiae castri* vor [259].

Die in den Burglehenbriefen bezeugte Wohnpflicht wird durch die Rechtsspiegel, und zwar schon vom »auctor vetus«, klar bestätigt: *Er sol uf der burc wonen*, schreibt der Sachsenspiegel [260]. Verläßt ein Burgmann mit seinem Gesinde die Burg und gebietet ihm der Herr, wieder hinaufzuziehen, so hat er innerhalb von sechs Wochen Folge zu leisten, widrigenfalls ihm das Burglehen durch Urteil aberkannt werden kann [261]. Muß ein Burgmann mit Urteil auf die Burg gezwungen werden, so hat er dem Herrn ein Bußgeld zu entrichten (zu wetten). Nach einem Zusatz des Sachsenspiegels darf er

personalis 1258 auf der Trierer Burg Neuerburg (Mittelrhein. UB III, Nr. 1452). *Sitzen* in Straßburger Urkunden von 1297 (Reg. Nr. 2414, 2429) und im »Registrum Burghutariorum ecclesie Bambergensis« (in: 18. Bericht über das Wirken des hist. Vereins zu Bamberg, 1855), S. 101, 130 (für das 14. Jahrhundert; vgl. u. S. 294).

253) Mittelrhein. UB III, Nr. 545.

253a) Siehe Anm. 237.

254) Schoepflin, Alsat. Dipl. I, S. 460.

255) Remling, UB (wie Anm. 236) I, S. 435.

255a) *residentia personalis cum armis et equis, ut moris est* (Hontheim, Hist. Dipl. Trev. II, 114).

256) Siehe Anm. 294–297.

257) Sauer (wie Anm. 243), S. 31 f.

257a) Siehe Anm. 242a.

258) Gudenus (wie Anm. 233) I, S. 714–717.

258a) Lamprecht, wie Anm. 242a, S. 1312.

259) 1293 in Friaul (ZGORh 16, S. 419). *feudum habitanciae* im 14. Jahrhundert in Aquilea (Gius. Bianchi, Thesaurus ecclesiae Aquilegensis, zitiert nach Klebel, wie Anm. I, S. 373).

260) Schwabenspiegel, L 141, Sachsenspiegel L 71 (300).

261) Schwabenspiegel L 149, Sachsenspiegel L 72 (303). Auch diese Bestimmung steht bereits im *auctor vetus*.

dann ohne Erlaubnis des Herrn die Burg mit seinem Gesinde überhaupt nicht mehr verlassen [262]. Auch in Urkunden wird für das Verlassen der Burg der Verlust des Burglehens angedroht [263].

Im Unterschied zu anderen Lehenleuten, die nur zeitweise und nur bei bestimmten Anlässen Dienste zu leisten hatten, waren also die Burgmänner in ihrer Bewegungsfreiheit dauernd eingeschränkt und mußten sich dem Burgherrn ständig zur Verfügung halten. Das bedeutet nicht, daß sie täglich zu Diensten eingesetzt wurden, denn die Wachen besorgte unteres Personal, aber sie waren an die Burg gebunden, ihr Leben spielte sich hier ab.

Hochgestellte Burglehenleute, vor allem Grafen und auch manche Edle, ließen sich allerdings in den Burglehenbriefen das Recht bescheinigen, einen Ersatzmann zu stellen. Die älteste bekannte Stellvertretung wird im Lehenbuch Werners von Bolanden mitgeteilt: Der mächtige Reichsministeriale ließ sich als Burgmann der den Grafen von Eberstein gehörigen Burg Stauf vertreten *(castellanus sit in Stouf loco mei)* [264]. Durch Burglehenbriefe sind dauernde Vertretungen bezeugt auf Mainzer Burgen 1237 für den Edlen von Merenberg, 1245 für den Edlen Hermann Vogt von Ziegenberg, 1247 für einen der beiden Brüder von Wolfershausen, 1277 für Graf Johann von Sponheim, 1288 für den Edlen Ludwig von Isenburg [265]. Der Bischof von Bamberg gestattete 1257 dem Theino von Lichtenstein, der zu Speyer 1284 dem Grafen von Zweibrücken, einen Ersatzmann zu stellen [266]. Die Pfalzgrafen erlaubten Vertretungen für Graf Emicho von Leiningen (1248), Graf Poppo von Dilsberg (1262), Graf Emich von Leiningen (1278), Graf Adolf von Nassau (1287) und Heinrich von Klingenberg (1292) [267]. Die Ersatzleute, die ebenfalls als *castellani* oder *castrenses* bezeichnet wurden, mußten Ritter *(milites)* oder, wie es in einer Mainzer Urkunde von 1247 heißt, *in armis militaribus iugiter expediti* sein [268]. Die Pfalzgrafen gestatteten die Vertretung nur unter der Bedingung, daß in Gefahrenzeiten die Belehnten auf Anforderung selbst auf der Burg erscheinen. Graf Emicho von Leiningen mußte 1248 dem Pfalzgrafen sogar zwei ritterliche Ersatzleute zu dauernder Anwesenheit stellen.

262) Ebenda.
263) Bolander Lehenbuch um 1195: *Inde inbeneficiavi Conradum de sancto Albino, quamdiu castellanus erit in Hoenfels* (Sauer, wie Anm. 243, S. 26). Der Erzbischof von Trier für ein Burglehen der Burg Montabaur um 1235: *ut si a castro nostro recesserit, eadem bona ad nos libere revertentur* (Mittelrhein. UB II, Nr. 545).
264) Sauer (wie Anm. 243), S. 32, dazu S. 24 und S. 68 Note 393.
265) Gudenus (wie Anm. 233) I, 544 f., 590 f., 596 f., 835. ZGORh 9, S. 332 (für 1277).
266) Monumenta Zollerana II, Nr. 86. Remling, Maxburg, Urk. Nr. 5.
267) Regesten d. Pfalzgrafen I, Nr. 741, 1016, 1159, 1273.
268) Die Eigenschaft des *miles* wird für alle Pfälzer Vertretungen (Anm. 267) und vom Mainzer Erzbischof 1245 verlangt. 1247: Gudenus I, S. 596 f.

Der Charakter der Burgmannschaft änderte sich entscheidend, als die Wohnpflicht gelockert und für eine zunehmende Zahl von Burgmannen aufgehoben wurde. Die Belege dafür setzen um 1270 ein, doch wurde die Befreiung von dauernder Anwesenheit im ganzen 13. Jahrhundert noch als Ausnahmeregelung empfunden. Im Jahre 1275 sicherte König Rudolf den Burgmannen von Oppenheim den Genuß der Burglehen auch dann zu, wenn sie sich mit seiner Erlaubnis außerhalb der Burg aufhielten [269]. Wenn die Bischöfe von Speyer am Ende des 13. Jahrhunderts Burgmannen die Dauerwohnpflicht erließen und ihre Anwesenheit nur für Zeiten drohender Gefahr verlangten, dann registrierten sie das in den Burglehenbriefen (erstmals 1272) wie eine Art Dispens [270]. Einen Ausgleich zwischen Wohnpflicht und Freizügigkeit suchte man am Ende des 13. Jahrhunderts gelegentlich in der Bestimmung, daß jährlich eine festgelegte Zeit auf der Burg zu verbringen sei. Der Straßburger Burgmann Graf Heinrich von Fürstenberg verpflichtete sich 1271 in der Burg Ullenburg *statuto tempore facere ... residentiam personalem*, und auf der Speyrer Burg Hornberg hat nach einem Burglehenbrief von 1286 ein Burgmann *residenciam ... corporalem tempore debito et consueto* abzuleisten [271]. Genauer drückt es der Burglehenbrief für Ritter Ulrich von Stein von 1291 aus, der sich jährlich drei Monate lang und zusätzlich in Gefahrenzeiten auf der pfälzischen Burg Fürstenberg aufzuhalten hatte [272]. Friedrich von Dhaun, Trierer Burgmann auf Manderscheid, mußte jährlich sechs Monate anwesend sein und in der übrigen Zeit sich zur Hilfeleistung bereit halten (1300) [272a].

Auch aus dem 14. Jahrhundert lassen sich noch viele Fälle nachweisen, in denen dauernde Wohnpflicht verlangt wurde [273]. Aber ihre Zahl wurde geringer, und spätestens um die Mitte des Jahrhunderts mußte die Mehrheit der Burgmannen nur noch im Bedarfsfall bei Gefahr zur Burghut erscheinen [274]. Diese Beschränkung der Burgmannendienste auf nur gelegentlichen Einsatz beseitigte ein wesentliches Merkmal des Burglehenrechts und führte zu einer Annäherung an das normale Lehenrecht.

Um ihrer Wohnpflicht auf den Burgen nachzukommen, bedurften die Burgmannen ständiger Wohnungen. Die Bauten, die ihnen die Burgherren zu diesem Zweck auf den

269) Reg. Imp. Rud., Nr. 432.

270) Remling, Maxburg, Urk. Nr. 3, 4 (1272), 5 (1284), 6 (1285), 7 (1311).

271) Fürstenbergisches UB I, Nr. 476, S. 230. Remling, UB (wie Anm. 236) I, S. 379.

272) Reg. d. Pfalzgrafen I, Nr. 1253.

272a) *singulis annis per 1/2 annum residentiam continuam facere in castro ... et succurrere in armis ..., quotienscumque super hoc fuerimus requisiti* (Hontheim, Hist. Dipl. Trev. I, 831).

273) 1297 und 1298: Reg. d. Bisch. v. Straßburg II, Nr. 2414, 2434. 1329 auf der Trierer Grimburg (siehe Anm. 255a). 1346 auf der Würzburger Burg Ruheneck, 1350 auf der Feste Meiningen, 1366 auf Burg Fladingen: Hohenloher UB III, S. 406, 445, 552. Beispiele für die Residenzpflicht auf Burgen der Grafen von Katzenelnbogen im 14./15. Jahrhundert gibt Diestelkamp (wie Anm. 227), S. 152.

274) Das hat H. Kunstmann (wie Anm. 227), S. 157, für das Hochstift Bamberg auf Grund des Urbars von 1348 im einzelnen nachgewiesen. Siehe auch Diestelkamp, S. 151.

Burgen überließen, wurden *sessio* (1223), *mansio* (1226, 1252), *edificium* (1244), *mansus* (1247, 1252), *domus* (1304), zu deutsch meist *burgseß* (1268, 1274), einmal auch schlicht *burg* (1252) genannt [275]. Das Bolander Lehenbuch bezeichnet einen Teil der Burgleheninhaber nach deren Wohnungen als *mansionarii* [276]. In anderen Fällen erhielten die Burgmannen nur Baugrundstücke, die *area* (1240, 1249, 1252, 1274) und auf deutsch *hofstatt* (1297, 1298) hießen [277]. Die Burgmannensitze konnten auch in den Vorburgen *(suburbia)* und – wie aber erst seit dem ausgehenden 13. Jahrhundert bezeugt ist – in unmittelbarer Nähe der Burgen liegen [278].

Entgegen vielfacher Annahme waren aber diese Grundstücke oder Bauten in der Regel nicht Gegenstände der Verleihung nach Burglehenrecht, weshalb sie in den meisten Burglehenbriefen auch nicht erwähnt werden [279]. So wird, um ein frühes Beispiel anzuführen, im Testament Kaiser Ottos IV. (1218) bei der Aufzählung der Burgleheninhaber der Harzburg formuliert: *Alardus de Burcthorp turrim suam cum feodo suo*

275) *sessio* 1223 in Fritzlar und Amöneburg: GUDENUS I, S. 483 f. *mansio* 1226 auf Girbaden: Reg. d. Bisch. v. Straßburg II, Nr. 917, 1252 auf Wolfskehlen: GUDENUS I, S. 625. *edificium* 1244 in Oppenheim: Reg. Imp., Nr. 4491. *mansus* 1247 auf Heiligenberg, 1252 auf Wolfskehlen: GUDENUS I, S. 596 f., 928. *domus* auf Wolfstein 1304: Acta Selecta I, Nr. 570 (König Albrecht). *burgseß* 1268 auf Ruck und Gerhausen: Württ. UB VI, S. 374, 1274 auf dem Hohenstaufen: Württ. UB VII, S. 307. *burg* 1252 auf Wolfskehlen: GUDENUS I, S. 625.

276) SAUER (wie Anm. 243), S. 31–34.

277) *area* 1240 auf Ried (mehrere *areae* in der Burg und in der Vorburg = *suburbio):* Mon. Boica 37, S. 290, 1249 auf Reifenberg (siehe Anm. 284), 1252 auf Wolfskehlen: GUDENUS I, S. 625, 1274 auf dem Hohenstaufen: Württ. UB VII, S. 307. *hofstatt* 1297 auf Egisheim, 1298 auf Kestenholz: Reg. d. Bisch. v. Straßburg II, Nr. 2414, 2434.

278) *areae in suburbio* der Burg Ried 1240: Mon. Boica 37, S. 290. Im Teilungsvertrag von 1266 für die Burgen Naumburg und Weidelsburg ist von Burgmannen, die *intra et extra castra* loziert sind, die Rede: GUDENUS I, S. 714 f.

279) SCHRÖDER–V. KÜNSSBERG bezeichnet die Burgwohnungen als Burglehen (Lehrbuch der deutschen Rechtsgeschichte, 1932, S. 440 f., Anm. 50), ebenso K. KROESCHELL, Deutsche Rechtsgeschichte 2, 1973, S. 149. DIESTELKAMP geht für die Grafschaft Katzenelnbogen davon aus, daß Wohngelegenheiten in oder bei Burgen als »Burglehenobjekte« zugewiesen worden seien und erst seit 1402 die allein aus einer Geldrente bestehenden Burglehen überwogen (wie Anm. 227, S. 151). Diese Auffassung kann nicht bestätigt werden. Daß Burgen und Burglehen im Regelfall getrennt waren, ist auch dem Schwabenspiegel L 151 zu entnehmen. – Ausnahmen: Der Mainzer Erzbischof verlieh dem Grafen Wolkwin von Schwalenberg 1223 *sessiones* zu Fritzlar und Amöneburg zu Burglehen (GUDENUS I, S. 483 f.). 1240 einigten sich der Bischof von Würzburg und Konrad von Schmiedelfeld über das Eigentum und die Burglehen des Richolf von Ried derart, daß Konrad je zwei *area*e in der Burg und in der Vorburg zu Burglehen erhalte (Mon. Boica 37, S. 290). 1244 und 1245 räumten Konrad IV. und Friedrich II. den Burgmannen in Oppenheim ihre Bauten zu Burglehen ein (Reg. Imp., Nr. 4491, 3487). 1252 übergab der Mainzer Erzbischof drei Herren von Wolfskehlen, die ihm die Burg Wolfskehlen verkauft hatten, drei *mansos*, auch als *mansiones* und *burgen* bezeichnet, in derselben Burg als Burglehen (GUDENUS I, S. 625 f., 928). 1292 verlieh der Bischof von Basel den zerstörten, unbewohnten Turm der Burg Reichenstein (bei Birseck) als Burglehen (ZGORh 4, S. 363).

(habet). Das bedeutet, daß zwar Turm und (Burg-)Lehen zusammengehörten, der Turm aber doch nicht selbst das Lehensobjekt war (sondern, wie aus anderen Quellen hervorgeht, eine Rente) [280].

Es gibt Belege dafür, daß die Burgherren die Baulast an diesen Gebäuden hatten, die sie den Burgmannen zur Verfügung stellten: So erhielten die Brüder Hermann und Heinrich von Wolfershausen, Burgmannen auf Heiligenberg, vom Erzbischof von Mainz einen einmaligen Betrag von 20 Mark, *ut inde paremus nobis in castro necessarios mansos* (1247) [281]. Im Burglehenrevers eines Burgmannes auf der Straßburgischen Feste Kestenholz wurde vermerkt, daß der Bischof eine Hofstatt einräumen und bauen solle, wie es dem Herkommen entspreche [282].

Es gibt andererseits auch Belege für eigene Bautätigkeit der Burgleute. So machte König Konrad IV. 1244 den Burgmannen von Oppenheim die *edificia, que edificaverint in castro nostro,* zu erblichen Burglehen, wobei allerdings unbekannt bleibt, ob sie die Bauarbeiten selbst oder aus Mitteln ihres Herrn bestritten hatten [283]. Der Bischof von Bamberg wies Eberhard von Schlüsselberg 1249 eine Hofstatt auf der Burg Reifenberg zu *(deputavit ... aream unam in eodem castro)* mit der Bedingung, daß der Inhaber darauf nur solche Gebäude errichte, die nicht höher und größer als der Hof des Bischofs seien [284]. Die Rechtsspiegel setzen von Anfang an voraus, daß Burgmänner Häuser oder andere Bauten auf den Burgen auch selbst errichteten. Erlosch das Burglehenverhältnis durch die Schuld des Herrn, konnten sich die Burgmänner nach den Spiegeln den Wert dieser Gebäude ersetzen lassen oder, wie der Schwabenspiegel hinzufügt, die Häuser abbrechen und das Baumaterial abtransportieren [285]. Vermutlich hat auch der oben genannte Alard von Burgdorf »seinen« Turm *(turrim suam)* auf der Harzburg vor 1218 selbst errichtet [286].

Man findet auch außerhalb der Burglehenbriefe eine Reihe von Nachweisen dafür, daß einzelne Bauten auf Burgen im Besitz von Familien waren, denen die Burgen selbst nicht gehörten, alles Fälle, die ein Burgmannenverhältnis vermuten lassen. Werner von Bolanden hatte um 1195 einen Turm in der Burg Cochem vom Reich und einen Turm

280) MGH Const. II, S. 53.

281) Gudenus (wie Anm. 233) I, S. 596 f.

282) Reg. d. Bisch. v. Straßburg II, Nr. 2434.

283) Reg. Imp., Nr. 3487, 4491. Wilhelm Franck, Geschichte der ehemaligen Reichsstadt Oppenheim am Rhein, 1859, S. 234 f.

284) Diese *area* wurde aber nicht als Burglehen bezeichnet, sondern *pro feodo castrensi* bekam der Burgmann 100 Pfund, wofür er Güter aufzutragen hatte: P. Oesterreicher, Denkwürdigkeiten der fränkischen Geschichte, 1832–1837, II, S. 109.

285) Schwabenspiegel L 139: *Und hant si gebuwen in der burge huser oder ander bu, den suln si abbrechen und von dannen furn, swar si gut dunket. Wil aber in der herre den bu gelten, als er wert ist, den suln si im gen ze koufen, als in die lute schazzet.* Siehe auch Sachsenspiegel L 71 (299).

286) Siehe Anm. 280.

in der Burg Bingen vom Erzbischof von Mainz zu Lehen [287]. Der Reichsministeriale Schenk Walter von Limburg besaß auf dem Hohenstaufen *turrem ... et aream, quod vulgo dicitur burchseß*, das er vorbehaltlich der Einwilligung Rudolfs von Habsburg 1274 veräußerte [288]. Der Reichsministeriale Sigelo de Turri, auch einmal »Sigilo miles dictus de Turri in Lutra« genannt, hatte von seinem Burgsitz in der Pfalz Kaiserslautern den Namen (1251–1321) [289]. Der edle Gerlach von Hohenlohe verlieh nach seinem 1356 begonnenen Lehenbuch ein Haus in der Burg Lauda, einen Turm in der Burg Hohenlohe und ein Haus in der Burg Dittwar mit Rechten an Turm und Tor [290].

Auf manchen Burgen sind die Burgmannensitze bis heute erhalten, in besonders eindrucksvoller Weise auf der bischöflich würzburgischen Feste Salzburg (bei Bad Neustadt an der Saale) [291].

3. Die Burgmannen

Die Burglehenmannen wurden im 12. Jahrhundert und zu Beginn des 13. Jahrhunderts meist, später noch gelegentlich als *castellani* bezeichnet [292], um 1200 ihrer Wohnpflicht wegen auch als *sessores, assessores, consessores* und *mansionarii* [293], im Elsaß 1226 als *residentii* [294]. *Castrenses*, erstmals 1201 belegt, wurde von der Mitte des 13. Jahrhunderts an der ganz überwiegend gebrauchte Terminus in lateinischen Urkunden [295].

287) Sauer (wie Anm. 243), S. 18, 20.

288) Württ. UB VII, S. 307.

289) K. Bosl, Die Reichsministerialität der Salier und Staufer, Teil I, 1950, S. 250.

290) Hohenloher UB III, S. 96, 105, 119.

291) F. Arens hat in der Pfalz Wimpfen ein großenteils noch stehendes vermutliches Burgmannenhaus nachgewiesen (Die Königspfalz Wimpfen, 1967, S. 102). Burgmannenhäuser in Hagenau: R. Will, Le château dit »Burg« de Haguenau, in: Etudes Haguenauiennes, Nouvelle série I, 1955, S. 59, 69.

292) *Castellani* um 1195 im Lehenbuch Bolanden (Sauer, wie Anm. 243, S. 26, 31, 32), 1214 auf der Reichsburg Landskron (Mittelrhein. UB II, Nr. 19), 1226, 1228 auf Girbaden (Reg. d. Bisch. v. Straßburg II, Nr. 917, 934), 1237 Mainzer *castellani* neben *vasalli* (Gudenus I, S. 545), 1264 in Oberwesel (Reg. d. Grafen von Katzenelnbogen I, Nr. 150) und noch 1286 auf der Burg Reichshofen: *castellani et infeodati, qui vulgariter dicuntur sesman* (Reg. d. Bisch. v. Straßburg II, Nr. 2173).

293) *Sessores* und *mansionarii:* Sauer, S. 31–34; *assessor* Anfang 13. Jh.: siehe Anm. 242a; *consessor* 1215: siehe Anm. 440a.

294) *Residentii:* Reg. d. Bisch. v. Straßburg II, Nr. 917.

295) *Castrenses* 1201 auf der Saarburg (Mittelrhein. UB II, Nr. 191), 1213 auf Burg Dern (Mittelrhein. UB II, Nr. 10), 1244 in Oppenheim (W. Franck, Gesch. d. Stadt Oppenheim, UB, Nr. 6), 1270 in Bistum Straßburg: *castrenses quod vulgo dicitur sesman* (Reg. d. Bisch. v. Straßburg II, Nr. 1926), 1272 auf der Kestenburg (Remling, Maxburg, Urk. 3). Dieser Terminus kommt in der zweiten Hälfte des 13. Jahrhunderts am häufigsten vor.

Als deutsche Bezeichnung verwenden die Rechtsspiegel den Ausdruck *borgere* (Sachsenspiegel) und *burgaer* (Schwabenspiegel), während die Urkunden, seit 1284 nachweisbar, den Terminus *burgmannen* benützen. Er erscheint im Hochstift Bamberg im 14. Jahrhundert auch in der latinisierten Form *purchmanni* [296]. In den Urkunden des Hochstifts Straßburg kommt dafür der Ausdruck *seßmann* (seit 1270) vor [297].

Was die ständische Herkunft der Burglehenleute betrifft, herrscht in der Forschung eine gewisse Unsicherheit. Einmal ist die Frage offen, ob, seit wann und in welchem Umfang Ministeriale Burglehen erhielten oder ob sie auf Grund Ministerialenrechts auf den Burgen dienten. Zum andern führte die Bemerkung im Schwabenspiegel, rechte Lehen dürften nicht zu Burglehen »geniedert« (gemindert) werden, zu der Auffassung, Burglehen seien von minderer Qualität und seien auch an Nicht-Lehenfähige verliehen worden [298].

Grundsätzlich ist festzustellen, daß die Burgmannen ständisch keine homogene Schicht waren. Wie im allgemeinen Lehenrecht war für die obere ständische Grenze der Rang des Herrn maßgebend, der dem Belehnten übergeordnet sein mußte, die untere Grenze lag – entgegen jener Auffassung – bei der Lehensfähigkeit des Mannes. Bischöfe und Fürsten haben nicht selten Angehörige gräflicher Familien mit Burglehen belehnt, was allein schon gegen eine standesmindernde Wirkung spricht. Von den acht erhaltenen Burglehenbriefen der Erzbischöfe von Mainz aus der ersten Hälfte des 13. Jahrhunderts bezogen sich einer auf einen Grafen, 4 oder 5 auf Nobiles und 2 oder 3 auf Ministeriale. Die 10 Pfälzer Burglehenurkunden zwischen 1248 und 1290 betrafen 6 Grafen, 1 Edlen, 1 Reichsministerialen und 2 Ministeriale. In den Urkunden der Bischöfe von Straßburg von 1226–1270 tauchen 1 Graf und mehrere Nobiles und Ministeriale auf. Die älteste Speyrer Burglehenurkunde bezieht sich wohl auf 2 Ministeriale (1243), spätere (um 1270–1290) auf Grafen, Nobiles und Ministeriale [299].

Geht man nur von den Burglehenbriefen des 13. Jahrhunderts aus, so scheint es, als ob Grafen, Nobiles und Ministeriale, überschlägig gezählt, etwa gleich zahlreich unter

296) Der Sachsenspiegel verwendet erst in Nachträgen den Begriff *borger*, der ursprüngliche Text benützt überhaupt keinen Terminus dafür. 1284 *castrensis quod vulgariter die burgmanne dicitur* (Remling, Maxburg, Urk. Nr. 5). Dieser Ausdruck ist in den deutschsprachigen Urkunden im 14. und 15. Jahrhundert am häufigsten. Belege für *purchmanni* bei H. Kunstmann, Mensch und Burg, 1967, S. 149.

297) 1270 *castrensis quod vulgo dicitur sesman* (Reg. d. Bisch. von Straßburg II, Nr. 1926), 1271 *castrensis quod vulgariter dicitur sesman* (Fürstenbergisches UB I, Nr. 476), 1286 *castellani et infeodati, qui vulgariter dicuntur sesman* (Reg. d. Bisch. v. Straßburg II, Nr. 2173), *seßman* 1297, 1298 (ebenda Nr. 2414, 2429, 2434), *seßlehen* 1269 (ebenda Nr. 1881), 1273–1299 (ebenda Nr. 2496).

298) Schwabenspiegel L 137. Schröder-v. Künssberg, Lehrbuch der deutschen Rechtsgeschichte, 1932, S. 430, 441, Anm. 50. »Das Burglehen ... hatte doch, da es keinen Reichsdienst verlangte, auf Seiten des Beliehenen die Lehnsfähigkeit nicht zur notwendigen Voraussetzung«. Siehe auch Anm. 403.

299) Siehe Liste S. 139 ff.

den Burgleheninhabern vertreten gewesen wären. Dasselbe Ergebnis vermittelt eine Liste, die Niese für die Reichsburgen aufgestellt hat [300]. Aber dieses Bild trügt. Wendet man sich nämlich Listen von Burgmannen zu, dann erscheinen plötzlich Ministeriale in großer Mehrheit. Die fünf *castrenses* der Speyrer Bischofsresidenz Kestenburg, die 1286 als Zeugen auftraten, waren durchweg Ministeriale [301], ebenso die vier bzw. fünf Burgmannen von Auerbach, die 1247 und 1287 Katzenelnbogener Urkunden bezeugten [302]. Die 28 belehnten Burgmannen, die um 1235 auf der Trierer Burg Montabaur saßen, dürften mit einer einzigen Ausnahme dem Dienstmannenstand angehört haben [303]. Auch in den Reichsburgen hatten die Ministerialen eine große Mehrheit innerhalb der Burgmannschaften (vgl. Bd. I, S. 101 ff.). Hier zeigt sich, daß die Burglehenbriefe, so wichtig sie als Quelle sind, vorsichtig interpretiert werden müssen. Es ist davon auszugehen, daß für die Masse der einfachen Burgmannen der Belehnungsakt vielfach entweder nicht schriftlich beurkundet wurde oder die Lehenbriefe nicht längere Zeit archiviert wurden. Je größer die Ausnahmestellung war, die ein höherrangiger Burgmann genoß, desto wichtiger wurde eine schriftliche Beurkundung [303a].

Haben wir also anzunehmen, daß die Mehrheit der belehnten Burgmannen Ministeriale und wenig bedeutende Nobiles waren, so ist nun die bei Schröder-Künssberg geäußerte Auffassung zu prüfen, das Burglehenrecht habe Lehensfähigkeit nicht vorausgesetzt [304]. Nach allem, was aus Lehenbriefen, -verzeichnissen und -verträgen des 13. Jahrhunderts zu entnehmen ist, läßt sich diese Annahme nicht bestätigen. Alle Burgmannen des 12. und 13. Jahrhunderts, die ständisch zugeordnet werden können, gehören ministerialischen oder edlen Familien an, und die meisten werden als *milites* bezeichnet. Es mußten ja sogar die Vertreter derjenigen Burgmannen, die Dispens von der Wohnpflicht erhalten hatten, also unbelehnte Ersatzleute, ritterlichen Standes sein [305].

Auch für die 30 Burgleheninhaber des Reichsministerialen Werner von Bolanden, die um 1195 *proprii homines* genannt sind und deshalb für Leibeigene oder Hörige ge-

300) Niese (wie Anm. 222), S. 238–240.
301) F. X. Remling, UB zur Geschichte der Bischöfe von Speyer, I, S. 379.
302) Demandt, Regesten der Grafen von Katzenelnbogen I, Nr. 100, 298.
303) Mittelrhein. UB III, Nr. 545.
303a) Das hat B. Theil in anderem Zusammenhang ebenfalls festgestellt: Die Belehnungsakte der Markgrafen von Baden wurden noch im 14. Jahrhundert nur ausnahmsweise durch Lehenbriefe beurkundet. Es wurde »über ein Lehnsverhältnis nur dann eine Urkunde ausgestellt, wenn aus Anlaß eines besonderen Rechtsgeschäfts eine schriftliche Fixierung erforderlich war«. Erst im 15. Jh. änderte sich das (Das älteste Lehnbuch der Markgrafen von Baden, 1974, S. 20 und 46). Diese Erkenntnis ist für die Interpretation der erhaltenen Lehenbriefe wichtig: Sie wurden gerade deshalb ausgestellt, weil sie nicht den Normalfall, sondern Ausnahmeregelungen beinhalteten.
304) Siehe Anm. 298.
305) Siehe Anm. 268.

halten wurden, ist der Ministerialenstand nachweisbar: Diese Männer werden ausdrücklich als *inbeneficiati* bezeichnet, waren also lehensfähig. Ihre Burglehen hatten denselben materiellen Wert wie die vieler anderer Burgmannen aus ritterlichem Stand [306]. Zwei von ihnen und Verwandte von weiteren werden als Zeugen in einem Bolander Familienvertrag benannt, zwei andere waren *castellani* der Hauptburg Bolanden, und einer davon erhielt seinen Namen nach dieser Burg (Ulrich von Bolanden). Ein weiterer *proprius homo* war *procurator turris et vigilium* auf Erfenstein und beaufsichtigte in dieser Eigenschaft die unterhalb der Burgmannschaft stehenden Wächter [307]. Diese Beobachtungen reichen aus, um die *proprii homines* des Bolanders der obersten Schicht der Eigenleute, also den Ministerialen, zuzuweisen. Ob es die Burgdienste waren, die ihren Aufstieg in die Ministerialität begründeten, wie vermutet wurde, müßte eine eigene Untersuchung klären; hier kann nur die Tatsache ihrer Zugehörigkeit zu dieser Schicht festgestellt werden.

Ständische Voraussetzung auf der anderen Seite des Burglehenverhältnisses war, wie schon erwähnt, der übergeordnete Rang des Herrn. Änderte sich das Rangverhältnis dadurch, daß der Burgherr die Burg an einen »Ungenossen« verlieh (oder veräußerte), der nicht ranghöher als die Burgmannen war, dann brauchten die Burgmannen dem neuen Herrn nicht zu folgen. Sie konnten ihre Burgdienste quittieren, die Burg verlassen und ihre Burglehen als rechte Lehen vom alten oder neuen Herrn nehmen [308].

Von einigen Reichsburgen ist bekannt, daß die Burgmannschaften es zu verhindern suchten, daß Höhergestellte Burglehen erhielten, weil dadurch das genossenschaftliche Gleichgewicht der Lehenleute gestört wurde [309]. Dasselbe Streben läßt sich auch für territoriale Burgen nachweisen. Bereits 1240 ließ sich der Reichsministeriale Konrad von Schmiedelfeld, Burgmann des Bischofs von Würzburg auf der Burg Ried, zusichern, daß der Bischof ohne seine Einwilligung keinen mächtigeren Burgmann auf die Burg setze [310]. Drei Herren von Wolfskehlen, Mainzer Burgmannen auf ihrer ehemals

306) Siehe S. 163.
307) SAUER (wie Anm. 243) S. 31 ff. Bolander Familienvertrag: S. 36 f. Die hierbei mitwirkenden Zeugen Meinhard von Dürkheim und Simon von Morsheim sind Burgleheninhaber (S. 34, 35). Gerlach von Morsheim und Ulrich von Bolanden als *castellani:* S. 31. Meinhard von Dürkheim als *mansionarius* und *procurator:* S. 33.
308) Schwabenspiegel L 139: *Verlihet ein herre sine burc ganze hin und lihet er si sinem ungenoze, die burgaer sint nit phlihtic, ir burclehen (zenphahenne) von im. Daz ist davon, daz er ir herren genoz noh ir ubergenoz nit ist. Und ist er sin genoz, si suln ir burclehen von im enphahen. Und ist er sin undergenoz, si varnt mit rehte ab der burc und hant ir burclehen immer mer fur reht lehen.* Hatten die Burgmannen Gebäude in der Burg, konnten sie sie abbrechen und das Material mitführen, oder sie konnten sie verkaufen. Sachsenspiegel L 71 (299).
309) O. REDLICH, Rudolf von Habsburg, 1903, S. 477.
310) *Nullum etiam potentiorem vel diciorem Cunrado, eo invito, dominus episcopus in castro locabit* (Mon. Boica 37, S. 290). Der Bischof von Würzburg hatte schon 1231, nach dem Kauf

eigenen Burg Wolfskehlen, ließen sich 1252 versprechen, daß kein Burgmann von Starkenburg auf ihre Burg versetzt werde [311]. Den Edlen von Rüdesheim, die ebenfalls ihre eigene Burg nach dem Verkauf zu Burglehenrecht bewachten, sagte der Erzbischof von Mainz 1282 zu, überhaupt keine anderen *castrenses* anzunehmen [312].

Die Gesamtzahl der Burgmannschaften auf den einzelnen Burgen ist kaum irgendwo zuverlässig überliefert. Von den meisten Burgen kennen wir nur mehr oder weniger zufällig genannte Namen, etwa aus Zeugenlisten, Burglehenbriefen, Urbaren oder anderen Verzeichnissen. In den größeren Burgen der Fürsten und Grafen wird man im 13. Jahrhundert mit wenigstens 5—10 Burgmannen rechnen müssen. Auf der Hauptburg Werners von Bolanden dienten um 1195 mindestens 8 Burgleheninhaber, auf seiner Burg Gauodernheim mindestens 4, auf Erfenstein 3 [313]. Auf der elsäßischen Burg Girbaden wohnten 1226 im äußeren Hof 4 Ritter und in der Innenburg weitere *castellani* und *residentii* [314]. 5 Burgmannen sind nachweisbar für die Katzenelnboger Burgen Hohenstein (um 1260) und Auerbach (1247, 1287) [315], für die Speyrer Kestenburg (1286), die markgräflich Burgau'sche Feste Seifriedsberg (1293) und die Straßburger Burg Zabern (1297) [316]. Die Habsburger hielten um 1290 auf Hochlandsberg 8, auf dem Bussen mindestens 5 Burgleheninhaber [317]. Niese gibt für die Reichsburgen ähnliche Zahlen an [318]. Die für die Trierer Burg Montabaur um 1235 nachweisbare Zahl von 28 Burglehenleuten, die alle Residenzpflicht hatten, dürfte eine Ausnahme gewesen sein [319]. Nach einer (allerdings späten, von 1432 stammenden) Angabe sollen in der Grafenburg Lupfen ehemals 24 »schildbürtige Burgsäßen« ihre Wohnung gehabt haben [320]. Natürlich saßen alle diese Burgmannen nicht allein, son-

der Hälfte der Burg Endsee, dem Verkäufer und Inhaber der anderen Hälfte, Albert von Endsee, versprochen, keinen Mächtigeren in die Burg zu setzen: *nos nullum potenciorem dicto A(lberto) preter suam voluntatem in castro locabimus* (Mon. Boica 37, S. 244).

311) *Nec aliquem de Starcgenberg in predicto castro ullo umquam tempore collocabit* (GUDENUS, wie Anm. 233, I, S. 625 f.).

312) GUDENUS (wie Anm. 233), I, S. 787 f.

313) SAUER (wie Anm. 243), S. 31 ff.

314) Regesten d. Bischöfe v. Straßburg II, Nr. 917. 1240 ist für eine dieser Familien ein Burglehen nachzuweisen (ebenda Nr. 1085).

315) DEMANDT (wie Anm. 302) I, Nr. 139/1, 100, 298. Auf Auerbach sind 1247 nur 4 aufgeführt.

316) Kestenburg: REMLING, UB (wie Anm. 301) I, S. 379. Seifriedsberg: W. F. VOCK, Die Urkunden des Hochstifts Augsburg, 1959, Nr. 150. Zabern: Reg. d. Bisch. v. Straßburg II, Nr. 2429.

317) R. MAAG, Das Habsburgische Urbar I, S. 43 f. (Hochlandsberg), II, S. 163 ff., 248 ff. (Bussen). Dazu: H.-M. MAURER, Die Habsburger und ihre Beamten im schwäbischen Donaugebiet um 1300, in: FS M. Miller, 1962, S. 39.

318) NIESE (wie Anm. 222), S. 242 f.

319) Mittelrhein. UB III, Nr. 545.

320) ZGORh 22, S. 133.

dern mit Familie und Gesinde auf den Burgen, wie die Rechtsspiegel und auch manche Urkunden ausdrücklich bestätigen [321].

Für das 14. und 15. Jahrhundert vermitteln dann Urbare und Lehenbücher präzisere Angaben: Erzbischof Balduin von Trier (1307–1354) verfügte nach dem »Balduineum« über 294 Burgmannen auf 23 Burgen, auf den einzelnen Festen über 3 bis 30 [321a]. Nach dem Urbar von 1348 gehörten zu 25 Burgen des Hochstifts Bamberg 150 Burgmannen, durchschnittlich zu jeder Burg also 6, im einzelnen aber zwischen 2 und 14 [322]. Die Bischöfe von Speyer hielten nach dem Lehenbuch des Bischofs Raban (begonnen 1397) in 10 Burgen zusammen 52 Burgmannen. Die Pfalzgrafen hatten um die Mitte des 15. Jahrhunderts (von Stadtburgen und kleineren Burgen abgesehen) auf Rodenberg 6, auf Lindenfels und Odernheim je 9, auf Fürstenberg 12 und auf Otzberg und Starkenburg je 15 Burgleheninhaber [323]. Die Grafen von Katzenelnbogen geboten 1402 über 74 Burgmannen auf 13 Burgen, zu Braubach (Marksburg) über 15, zu Hohenstein über 13, zu Auerbach über 11 Belehnte [323a]. Dabei ist jedoch zu beachten, daß im 14. und 15. Jahrhundert ein Teil der Burgmannschaften von der Dauerwohnpflicht entbunden war.

Es gibt jedoch auch Burgen, in denen jeweils nur e i n Burgmann oder e i n e Familie Burglehen hatten. Dies ist jedenfalls für den habsburgischen Hausbesitz in der Schweiz und in Oberschwaben aus den Urbaren der Zeit um 1290 für eine Reihe kleinerer Burgen nachweisbar [324]. Die Herren von Rüdesheim ließen sich, wie oben angeführt, beim Verkauf ihrer Burg an den Erzbischof von Mainz vertraglich die Burghutdienste für die eigene Familie reservieren (1282) [325]. In solchen Fällen ist es für die Forschung besonders schwierig, das Burglehenverhältnis zu durchschauen, wenn es nicht ausdrücklich erwähnt ist. Man hat damit zu rechnen, daß manche Familien, die heute als Besitzer von Burgen gelten, in Wirklichkeit nur als Burgmannen die Burgen bewohnten [326].

321) Schwabenspiegel L 149, Sachsenspiegel L 72 (303). Alteberstein 1290: Reg. d. Markgrafen von Baden, Nr. 586.

321a) Hontheim, Hist. Dipl. Trev. II, S. 5 f.

322) Staatsarchiv Bamberg, Bischöfliches Urbar B (von 1348). H. Kunstmann (wie Anm. 296), S. 159 f.

323) Speyer und Pfalz: siehe Anm. 221.

323a) R. Kunze, Burgenpolitik und Burgbau der Grafen von Katzenelnbogen, 1969, S. 82.

324) Maurer, Habsburger (wie Anm. 317), S. 41.

325) Gudenus (wie Anm. 233) I, S. 787 f.

326) Siehe das unten angegebene Beispiel der Herren von Ruck, die nicht Besitzer dieser Burg waren, sondern nur zu Burglehen darauf saßen (S. 176). So konnte ich auch für die Burg Grötzingen nachweisen, daß die Edlen von Roßwag um 1260 nicht Besitzer, sondern nur badische Burgmannen waren (Protokoll der Arbeitsgemeinschaft für geschichtliche Landeskunde am Oberrhein, Nr. 18, vom 23. 3. 1962, S. 15 f.).

Beide, Besitzer und Burgmannen, konnten sich eben nach denselben Burgen nennen. Man kennt ja zahlreiche Ministeriale aus dem 12. und 13. Jahrhundert, die nach Burgen Hochadliger bezeichnet wurden, obwohl sie nur Burgdienste ausübten [327]. So war, um das vorher erwähnte Beispiel aufzugreifen, der um 1195 bezeugte Ulrich von Bolanden nicht Mitglied der Reichsministerialenfamilie, sondern deren *proprius homo* und belehnter *sessor* auf Bolanden [328]. Es lassen sich sogar freiadlige Ritter nachweisen, die sich nach Burgen ihrer Herren nannten [329]. Man kann also aus der Bezeichnung nach einer Burg weder auf Besitzerrechte noch auf Burgmannschaft schließen, sondern hat in jedem Fall beide Möglichkeiten zu prüfen. Selbst jene Adlige, die nach Bauteilen von Burgen (nach einem Turm, Tor oder Haus) benannt wurden, konnten entweder Mitbesitzer oder Burgmannen sein [330].

Untersucht man die Namen der Burgmannen, so findet man neben denjenigen, die sich nach eigenen oder nach den Herrenburgen nannten, noch eine dritte Gruppe, nämlich solche, die überhaupt keine Herkunftsbezeichnung, sondern nur Vornamen oder andere Zunamen trugen. Die vier *castellani* der Burg Hohenstaufen wurden 1189 nur mit Vornamen aufgeführt [331], von den 28 Burgleheninhabern auf Montabaur um 1235 erscheinen 11 ebenfalls nur mit Vornamen, einer mit dem Zunamen Carpenno [332]. Zu den Burgmannen von Auerbach gehörten – neben nur mit Vornamen bezeichneten Vertretern – die Hagelstein (1247) und Neisegast (1247, 1287), zu denen der Kestenburg die Snidelin und Snitlauch (1286, 1292) [333]. Unter den bischöflich Straßburgischen Burgmannen findet man die Silr (1223–1244), Tanriz (1269), Begere (1295) und Waffeler (1298) [334]. Markgräflich badische Burgmannen auf Hohen-

327) Siehe Anm. 217. Auf dem Hohenstaufen saßen im 13. Jahrhundert mindestens zwei Burgmannenfamilien, die sich »von Staufen« nannten und verschiedene Siegel benützten (Otto v. Alberti, Württ. Adels- und Wappenbuch II, 1916, S. 758).

328) Sauer (wie Anm. 243), S. 31.

329) So nannte sich der Edle Heinrich von Roßwag 1267 und 1272 nach der badischen Burg Grötzingen, weshalb er irrig für deren Besitzer gehalten wurde (ZGORh 5, S. 250; 1, S. 481), siehe Anm. 326. Auch der in der Mitte des 12. Jahrhunderts nachweisbare Berthold von Limburg, der die Zähringerburg hütete, ist dem Stand der Freien zuzuzählen (H.-M. Maurer, Weilheim bis zur Stadtgründung, in: Heimatbuch Weilheim a. d. Teck, III, 1969, S. 35, 37. Freiburger Diözesanarchiv 15, 1882, S. 169 f.). Vermutlich war auch der Edle Diemar von Trifels um 1080 nicht wirklicher Besitzer dieser salischen Burg, wie angenommen wird, sondern nur ihr Hüter (Württ. UB VI, S. 450, Württ. Viertelj. Hefte NF I, 1892, S. 61 f. H. Werle, Der Trifels als Dynastenburg, in: Mitt. d. Hist. Ver. d. Pfalz, 51. Band, 1953, S. 111–132).

330) Die Herren *an dem Burgedor* waren 1315 Ganerben auf der Burg Waldeck (Regesten d. Erzb. v. Mainz I 1, Nr. 1780). Der Ritter *Sigelo dictus de Turri* war dagegen als Ministeriale Burgmann in Kaiserslautern (in der zweiten Hälfte des 13. Jahrhunderts, siehe Anm. 289).

331) Württ. UB II, S. 264.

332) Mittelrhein. UB III, Nr. 545.

333) Siehe Anm. 301, 302.

334) Regesten d. Bisch. v. Straßburg II, Nr. 1144, 1881, 2380, 2434.

baden, Beilstein und Iburg waren die Kimo (1246), Roder und Zeise (1250)[335]. In der Ebersteinischen Burg Bretten dienten neben Rittern von Bretten (ab 1203) die Brendelin (1278), auf der pfalzgräflichen Burg Weinheim die Swender (1291, 1292)[336]. Adelsnamen, die sich von den üblichen Herkunftsbezeichnungen unterscheiden, sind offensichtlich gerade bei Burgmannenfamilien häufig.

Es dürfte im Einzelfall kaum einmal nachweisbar sein, warum die einen Burgmannen nach ihren Herkunftsorten, andere nach den Herrenburgen, wieder andere mit Zunamen oder nur mit Vornamen bezeichnet wurden. Die nicht nach eigenen Burgen oder Herkunftsorten Benannten dienten vielleicht bereits längere Zeit als Burgmannen oder hatten keinen größeren Familienbesitz oder sind im Burgdienst erst emporgekommen. Es spricht jedenfalls eine gewisse Vermutung dafür – zumal die genannten Beispiele leicht vermehrt werden könnten –, daß Adelsfamilien, die keine eigene Herkunftsbezeichnung, sondern andere Zunamen führten, aus Burgmannschaften (wenn nicht aus dem Hofdienst oder dem städtischen Patriziat) hervorgegangen sind.

4. *Burglehensobjekte*

Dingliche Grundlage des Verhältnisses zwischen Burgherr und Burgmann war das Burglehen. Bereits die älteste bekannte Zusammenstellung von Burglehen im Bolander Lehenbuch um 1195 macht uns mit ihrer typischen Art bekannt[337]. Nur 10 der dort verzeichneten 35 Burglehen bestanden aus vom Burgherrn verliehenen liegenden Gütern (curiae, mansus, predia, agri), eines aus Naturaleinkünften. In den meisten Fällen, nämlich 21 mal, bezahlte der Burgherr dem Burgmann eine einmalige Summe, ließ sich dafür Allod auftragen und verlieh dieses dann als Burglehen. Der Burgherr kaufte also das Burglehen vom Burgmann selbst, um es ihm dann lehenrechtlich zu übertragen. Folgende ausgewählten Einträge des Lehenbuchs (über Burglehen der Burgen Bolanden und Gauodernheim) bezeugen dieses Verfahren klar:

– *Emercho de Vlamburnin exposuit mihi bona sua in Bledensheim ... pro XX marcis et debet hec bona habere ad castrense beneficium in Boland* (S. 34).
– *Bertolfus de Ebelensheim assignavit domino meo allodium suum et omnem hereditatem suam ... in Flanburnen et Eppelnsheim pro XXV marcis, unde mansionarius erit in Bolant* (S. 35).
– *Henricus de Mumenheim comparabit allodium XX marcarum et eo inbeneficiatus a me mansionarius erit Otternheim* (S. 33).

335) A. Krieger, Topographisches Wörterbuch des Großhzgtms. Baden I, 1904, S. 104, 1078. Reg. d. Markgrafen von Baden (Register).
336) Regesten d. Pfalzgrafen I, Nr. 1243, 1274.
337) Sauer (wie Anm. 243).

Im letzten Fall mußte also Heinrich von Mummenheim erst noch ein geeignetes Allod für die übertragenen 20 Mark erwerben, um dann als Burgmann damit belehnt zu werden. Bei drei anderen Einträgen wird vermerkt, daß der Belehnte die Möglichkeit habe, das Lehengut abzulösen und um dieselbe Summe ein anderes aufzutragen [338].

Die übrigen drei Burglehen des Bolanders bestanden in Renten von 3 und 3½ Pfund. Diese Form war offenbar weniger erwünscht, denn bei einem der Rentenlehen war die Ablösung durch die Hauptsumme von 20 Mark – wohl zum Ankauf eines Allods wie in den meisten Fällen – bereits vorgesehen [339].

Genau dieselbe Form wählte der Rheingraf für die Anstellung seiner Burglehenleute zu Anfang des 13. Jahrhunderts: *Cuono de Katzenelebogen comparabit predium valens 35 mr., quas sibi dedit W. Ringravius, et hoc ab ipso Ringravio in feudo recipiet, ita quod assessor sit et castrensis in Rinberc, et quod sit suum castrense beneficium insuper* [339a]. Dasselbe Verfahren wandte der Erzbischof Dietrich von Trier für die Belehnung der 28 Burgmannen auf Montabaur um 1235 an: ... *quod nos dedimus filio Heinrici de Nassauwe LX marcas Colon ... pro allodio suo ... Sive etiam titulo pignoris ea possideat, bona sua ... nobis obligavit, eadem a nobis recipiens in feodo, quod burchleen dicitur* [340]. Die Aufgabe von Eigengut wurde demnach als eine Art Pfand für das empfangene Kapital angesehen, das beim Aufhören des Burglehenverhältnisses an den Herrn zurückfiel *(ut si a castro nostro recesserit, eadem bona ad nos libere revertentur)*.

Untersuchen wir nun die in obiger Liste aufgeführten Einzelburglehenbriefe des 13. Jahrhunderts aus verschiedenen Territorien auf die Art des Lehens hin, so ergibt sich folgendes Bild [341]: In 32,5 Prozent aller Fälle ließ sich der Burgherr ebenfalls gegen Überlassung einer festen Geldsumme Güter, in 3 Prozent Einkünfte als Burglehen auftragen. Bei 32,5 Prozent der Belehnungen bestand zwar das Burglehen in einer Geldrente und in 5,5 Prozent in Naturaleinkünften, aber in allen diesen Fällen behielt sich der Verleiher ausdrücklich das Recht vor, die Rente mit einer festgelegten Summe abzulösen, wodurch der Belehnte verpflichtet wurde, um diese Summe eigene Güter oder Einkünfte (die unter Umständen vorher zu erwerben waren) als Burglehen aufzutra-

338) Bei den Burglehen von *Emercho de Vlamburnin, Fridericus de Eppelnsheim* (S. 34) und *Johannes de Flamburnen* (S. 35).

339) Bei dem Burglehen des Crafto de Kirchem (S. 35).

339a) K. Lamprecht, Deutsches Wirtschaftsleben, Bd. I 2, 1886, S. 883.

340) Mittelrhein. UB III, Nr. 545.

341) Siehe S. 139 ff. Von den 75 aufgeführten Burglehenbriefen enthalten 71 Angaben über das Lehensobjekt. Sie sind den folgenden Erörterungen zugrunde gelegt: 13 der Erzbischöfe von Mainz, 5 der Erzbischöfe von Trier, 11 der Bischöfe von Straßburg, 6 der Bischöfe von Speyer, 24 der Pfalzgrafen, 12 aus anderen Territorien.

gen[342]. Dabei wurde mehrfach die Geldrente als vorläufiger Ersatz oder auch als Pfand für die eigentlich fällige Kapitalübertragung bezeichnet[343].

In weiteren 11 Prozent der Lehenbriefe wurden reine Rentenlehen und in 1,5 Prozent Lehen aus Naturaleinkünften ohne den eben geschilderten Vorbehalt festgelegt, doch mag das Recht zur Umwandlung hier nur nicht inseriert worden sein, aber dennoch bestanden haben.

Sowohl liegende Güter des Burgherrn wie Wohnungen auf der betreffenden Burg, in der Literatur vielfach als eigentliche Gegenstände des Burglehens angegeben[344], erscheinen überraschenderweise je nur in 7 bzw. 5,5 Prozent der Lehenurkunden in dieser Eigenschaft. Beide Lehenarten waren demnach im Burglehenrecht des 13. Jahrhunderts Ausnahmeerscheinungen. Bei einigen der Güterübertragungen behielten sich die Burgherren wiederum die Ablösbarkeit mit einer festen Kapitalsumme vor (3 Prozent). Noch seltener war die Übergabe der Burg selbst als Burglehen (1,5 Prozent).

Die Burglehen waren, wie diese Übersicht ergibt, während des ganzen 13. Jahrhunderts in großer Mehrheit auf einen festen Geldbetrag bezogen, entweder derart, daß der Burgherr diesen Betrag voll ausbezahlte und dafür zur Sicherheit das Burglehen aufgetragen bekam oder daß der Burgherr, gleichsam als Pfand für den Betrag, eine Rente als Burglehen gewährte. Diese Lehenform ist eine Besonderheit des Burglehenrechts. Zwar kommt sie auch bei normalen Lehen vor, aber doch selten, während sie bei Burglehen geradezu die Regel bildete.

Diese Besonderheit muß einen im Charakter des Burglehens liegenden Grund haben. F. Schwind nimmt an, Burglehen seien dann ausgegeben worden, wenn der Burgherr über zu wenig Besitz verfügte, um Ministeriale, die auf Burgen Dienst taten, nach Ministerialenrecht mit liegenden Gütern auszustatten[345]. Was hinderte aber, könnte man dagegen fragen, Rentenlehen zu Ministerialenrecht oder zu normalem Lehenrecht auszugeben? Andere sehen in Burglehen dieser Art schlicht eine Geldentlohnung, was

342) Ein früher Beleg dafür ist der Mainzer Burglehenbrief für Hermann von Vippach von 1233 (Gudenus I, S. 521 f.). Ein Einzelfall dieser Art wird aber schon im Bolander Lehenbuch mitgeteilt (Sauer, wie Anm. 243, S. 35, Crafto de Kirchem).

343) Heiligenberg 1247, Amöneburg 1288 (Gudenus I, S. 596 f., 835 f.), Wachenheim 1278, Lindenfels 1292, 1296, 1300 (Regesten d. Pfalzgrafen I, Nr. 1016, 1273, 1373, 1449), Egisheim 1297 (Regesten d. Bisch. f. Straßburg II, Nr. 2414).

344) Diestelkamp hält die Wohngelegenheit in oder bei der Burg in der Regel für ein Burglehenobjekt, doch habe im 14. Jh. nicht mehr jeder Burgmann ein solches Lehen bekommen und seit 1402 habe die Geldrente überwogen (wie Anm. 227, S. 150 f., 238–240). Klebel: »Das Burglehen ist auch im Lehenrecht des Schwabenspiegels behandelt, und dazu gehören stets Grundstücke außerhalb der Burg« (wie Anm. 1, S. 373). K. Fuchs/H. Raab: »Das Burglehen bestand aus Grund und Boden außerhalb der Burg« (Wörterbuch der Geschichte, 1972, S. 141). Siehe auch H. Kunstmann (wie Anm. 296), S. 153.

345) Siehe Anm. 225.

zumindest formal nicht zutrifft [346]. Hier sei als Erklärung vorgebracht, daß die Kapitalübertragung bzw. ihre Ersatzform, das Rentenburglehen, besonders geeignet waren, mobilen Verhältnissen Rechnung zu tragen. Es gibt nämlich Anzeichen dafür, daß es in der Zeit, in der die Burgmannen einer Dauerwohnpflicht unterlagen, zu stärkerem Personalwechsel kam, als es sonst im Lehenrecht üblich war. Wer sein Lebensschicksal nicht mit einer einzigen Burg verbinden wollte, konnte das Burglehen zurückgeben [347]. Aber auch aus der Sicht des Burgherrn gab es Gründe, je nach den politischen und militärischen Verhältnissen die Zahl der Burglehen zu vermehren oder zu vermindern [348]. Bei personellen Schwankungen eignete sich aber die Beleihung mit Geld oder mit Rentenlehen besser als die mit liegenden Gütern. Es ist in der Sache durchaus richtig, daß die Burglehen einer Geldbesoldung näher kamen als andere Lehen, nur wurden dafür eben die Formen des Lehenrechts gewählt, und man kann bestenfalls die Rentenlehen, nicht aber die Übertragung eines einmaligen Betrags für die Zeit der Dienstausübung schon als Besoldung bezeichnen. O. Redlich bezeichnet die Burglehen als »Dienstlehen«, was insofern richtig ist, als die Einkünfte aus den Burglehen auf die Dienste abgestimmt waren, aber der Ausdruck Dienstlehen wird sonst für den Bereich des ständisch gebundenen Ministerialenrechts verwendet [349]. Die auf eine Geldsumme bezogenen Burglehen sind jedenfalls innerhalb der erstarrenden Formen des Lehenrechts ein glücklicher Versuch, sich wandelnden Bedürfnissen anzupassen und eine unmittelbar auf die Leistung bezogene, administrativ einfache Honorierung zu ermöglichen. Für das 13. Jahrhundert kann diese Form des Burglehens als modern, in die Zukunft weisend, bezeichnet werden.

Wenden wir uns kurz denjenigen Gütern zu, die nach den Vertragsklauseln bei der Kapitalausbezahlung als Burglehen aufzutragen waren. In den ältesten Burglehenbriefen finden sich keine Bestimmungen darüber, w o diese Güter gelegen sein sollen. Dies schien solange auch nicht besonders wichtig, als der eigentliche Zweck dieser Güter war, die übertragene Summe als Pfand abzusichern. Als aber in den letzten Jahrzehnten des 13. Jahrhunderts die Residenzpflicht sich zu lockern begann, da sahen die Burgherrn in den Burglehen, soweit sie aus liegenden Gütern bestanden, auch ein Mittel, die Burgmänner, wenn nicht auf der Burg, so doch wenigstens in der Nähe zu halten. Sie verliehen daher Höfe bei der Burg oder verlangten, daß die Burgmänner

346) So Kunstmann (wie Anm. 296), S. 143, 145. Schulte, Geschichte der Habsburger, 1887, bringt das Burglehenrecht mit den Soldrittern des 13. Jahrhunderts in Zusammenhang. Auch Mone rechnet die Burglehen zu den Besoldungen: ZGORh 10, 1859, S. 71.

347) Im Bolander Lehenbuch sind mehrere Einträge in futurischer Form gefaßt. In mehreren Lehenbriefen wird die Möglichkeit eines Rücktritts berücksichtigt (wie Anm. 263).

348) Der Bischof von Bamberg setzte 1251 während des meranischen Erbfolgestreits mit Burglehen ausgestattete Burgmannen auf die Burgen Schellenberg und Regensberg (P. Oesterreicher, wie Anm. 238, II, S. 111).

349) O. Redlich, Rudolf von Habsburg, 1903, S. 470.

gegen die Hauptsumme nahegelegene Höfe erwarben und zu Burglehen auftrugen [350]. Diese Tendenz verstärkte sich im 14. und 15. Jahrhundert, und so entstanden die »Burggüter« (Burglehen in Form von Liegenschaften), die als zur Burg gehörig betrachtet wurden [351].

Vergleicht man die Höhe der Rentenburglehen mit der zugrunde liegenden Kapitalsumme, so fällt der hohe Zinssatz auf. Die Forschung hat das schon mehrfach als weitere Besonderheit des Burglehens beobachtet, aber wohl noch nie befriedigend gedeutet. Die Rente betrug nämlich regelmäßig 10 Prozent des Kapitals, nie weniger, in Einzelfällen sogar bis zu 15 Prozent (während bekanntlich beim üblichen Rentenkauf 5–6 Prozent zugrunde gelegt wurden) [352]. Zunächst bestätigt diese Feststellung noch einmal, daß die Ausbezahlung der Gesamtsumme gegen Auftragung des Burglehens als die eigentliche Normalform gegolten haben muß, denn der hohe Zinssatz drängte zur Übertragung des Kapitals. Warum aber hielten sich die Burgherren, die den Gesamtbetrag nicht sofort ausbezahlen konnten oder wollten, die ganze Zeit über so ausnahmslos an die Tradition der hohen Rente? Es scheint indessen nur auf den ersten Blick so, daß dadurch die Burgmannen einseitig begünstigt worden wären, in Wirklichkeit war das Verhältnis wechselseitig: Nicht nur die vom Herrn gewährten Rentenlehen, sondern auch die als Burglehen aufgetragenen Einkünfte der Burgmannen betrugen 10 Prozent oder mehr der Hauptsumme [353]. Der formale, juristische Grund des hohen Zinsfußes ist in dem Bestreben zu sehen, das Kapital überhöht abzusichern, wie es bei Pfandgeldern auch sonst der Fall ist. Sowohl die Rente wie das aufgetragene Burglehen werden ja in den Urkunden gelegentlich als P f a n d des Grundkapitals bezeichnet [354]. Der Zinssatz von 10 Prozent des Schuldwertes findet sich denn auch tatsächlich im Schuldpfandrecht seit der zweiten Hälfte des 13. Jahrhunderts beim Ren-

350) Beispiel: Württ. UB IX, S. 385 (von 1290).

351) Burggut 1315 zu Henneberg und 1349 zu Kropfberg (Hohenloher UB II, Nr. 105, III, Nr. 783). Für die Bamberger Burgen untersucht von H. Kunstmann (wie Anm. 296), S. 158–163.

352) Gerade bei einigen frühen Rentenburglehen liegen die Zinssätze über 10 %, so betragen sie bei Mainzer Burglehen von 1233 und 1241 15 % bzw. 12 %. Das Bolander Lehenbuch gibt nur bei einem der drei Rentenburglehen das Grundkapital an (Sauer, S. 35: Crafto de Kirchem): Die Rente betrug 3 Pfund, das Kapital 20 Mark. Nimmt man für jene Zeit für die Mark 320 Pfennig (1 Mark = 1 1/3 Pfund) an, betrug die Rente über 11 %. Auch für das ausgehende 13. Jahrhundert sind einige Fälle mit höheren Zinssätzen bekannt: 1292 zu Wachenheim 12,5 %, 1291 zu Weinheim und 1292 in Wiesloch 15 % (Reg. d. Pfalzgrafen I, Nr. 1274, 1243, 1275).

353) Mone spricht von Begünstigung für den Burgherrn oder Burgmann, je nachdem, ob das Kapital oder die Rente ausbezahlt wurde (siehe Anm. 346). Beispiel für aufgetragene Einkünfte im Wert von 10 % des Kapitals: 1288 Amöneburg (Gudenus I, S. 835 f.).

354) Rente als Pfand siehe Anm. 343. Aufgetragenes Burglehen als Pfand: Montabaur um 1235 (siehe Anm. 340) und Kyllburg 1240/41 (Mittelrhein. UB III, Nr. 673).

tenpfand wieder. Es ist nicht zu übersehen, daß ins Burglehenrecht Momente des Pfandrechts eingegangen sind, jener Rechtsordnung, deren Anpassungsfähigkeit und Beweglichkeit H. Planitz beschrieben und gerühmt hat [355]. Die Rentenburglehen aber sind die frühesten Beispiele für das Geldrentenpfand, das sonst erst in der zweiten Hälfte des 13. Jahrhunderts und auch da noch selten nachweisbar ist [356].

Der praktische oder politische Grund für die Anwendung dieses Systems im Burglehenrecht lag wohl darin, daß es der Burgherr beweglich handhaben und dabei bestimmte Tendenzen verfolgen konnte. Der hohe Zinssatz band den Burgmann enger an den Herrn und erschwerte die Aufkündigung des Dienstes, denn in diesem Fall ging die hohe Rente oder das zu Burglehen aufgetragene hochangesetzte Gut des Mannes an den Burgherrn über. Die Höhe des Zinssatzes bedeutete eine entsprechend hohe dingliche Gegenleistung für die Burgdienste, die während des Lehenverhältnisses dem Burgmann zugute kam und nach dessen Aufhören dem Burgherrn wieder heimfiel. Verlor indessen der Burgherr, der ja kein Kündigungsrecht hatte, das Interesse an einem Burgmann, konnte er die Rente jederzeit günstig mit einem zehnfachen Betrag kapitalisieren, wodurch sich die Gegenleistung für die Burgdienste auf die Hälfte verminderte. Auch dies ist ein vergleichsweise rationeller Faktor im Burglehenrecht, der in die Richtung einer fortschrittlicheren Entlohnung weist.

Die grundsätzliche Bezogenheit des Burglehens auf ein Grundkapital und die häufige Verleihung in Form einer Geldrente ermöglichen es heute noch, klare Angaben über die dingliche Entlohnung vieler Burgmannen zu gewinnen. Sowohl das Bolander Lehenbuch (um 1195) wie das Verzeichnis der Burgmannen in Montabaur (um 1235) wie die meisten der erhaltenen Burglehenbriefe geben entweder den Geldwert des Kapitals oder der Rente oder sogar beide Werte an. Man erhofft sich zunächst die für das Mittelalter recht seltene Aussicht, einen Überblick über die Dienstentlohnung eines ganzen Berufsstandes zu erhalten, aber dem stellen sich doch gleich eine ganze Reihe Schwierigkeiten entgegen. So können die Burgmannen gewohnheitsmäßig Nebenbezüge wie etwa das Wohnrecht und Naturallieferungen erhalten haben, die wir nicht kennen. Dann vermindert das regionale und zeitliche Schwanken der Geldwerte und die Verwendung verschiedener Wertangaben (Mark, Pfund, Talent) die Vergleichbarkeit der Angaben. Schließlich ist zu berücksichtigen, daß viele Burglehenbriefe nicht die normalen Verhältnisse wiedergeben, da Sonderregelungen wie die Bestellung hochgestellter Burgmannen mit überdurchschnittlich hohen Burglehenwerten unverhältnismäßig viele Urkunden hinterlassen haben. Trotz dieser Bedenken sei hier versucht, einen Überblick über die Höhe der Burglehen als der dinglichen Gegenleistung der Burgher-

355) H. Planitz, Das deutsche Grundpfandrecht, 1936, S. 48–51, 57–61. Würdigung S. 61.
356) Planitz erwähnt S. 58 einen Fall von 1250 als frühestes Beispiel. Im Burglehenrecht gibt es bereits Beispiele von 1233, 1237 und 1241 (Gudenus I, S. 521 f., 544 f., 567 f.).

ren zu geben. Dabei wird jeweils das Grundkapital angegeben, da es in den Quellen häufiger genannt ist. Bei Rentenlehen betragen die jährlichen Einkünfte in der Regel, wie oben ausgeführt, 10 Prozent davon.

Beginnen wir mit dem Bolander Lehenbuch, der ältesten erhaltenen, um 1195 abgefaßten Liste von Burglehen. Die darin aufgeführten Burglehen hatten, soweit sie in Mark angegeben sind, folgende Werte 357): 1 mal 15 Mark; 11 mal 20 Mark; 3 mal 25 Mark; 3 mal 30 Mark; 1 mal 40 Mark; 1 mal 50 Mark. Die Burglehen waren demnach verschieden hoch bewertet, doch bewegt sich die Masse zwischen 20 und 30 Mark, der Durchschnittswert liegt bei fast 25 Mark. Der Inhaber des höchsten Burglehens im Wert von 50 Mark wird als *procurator turris et vigilium* bezeichnet und hatte in dieser Eigenschaft die Befehlsgewalt über das untere Burgpersonal 358).

Das Urbar der Rheingrafen vom Anfang des 13. Jahrhunderts gibt folgende Beträge für die Lehen an: 1 mal 6 Mark, 1 mal 12 Mark, 5 mal 15 Mark, 3 mal 20 Mark, 3 mal 25 Mark, 2 mal 30 Mark, 1 mal 35 Mark, 1 mal 42 Mark. Der durchschnittliche Wert war etwa 22 Mark 358a).

Die Liste der Burgmannen auf der Burg Montabaur aus der Zeit um 1235 ist für diese Untersuchung besonders günstig, weil hier die den Burglehen zugrunde liegenden Summen durchweg in Kölner Mark angegeben sind und sich leicht vergleichen lassen 359): 1 mal 10 Mark; 6 mal 25 Mark; 1 mal 30 Mark; 10 mal 40 Mark; 9 mal 50 Mark; 1 mal 60 Mark. Die Burglehen waren auch hier nicht einheitlich angesetzt (im Unterschied zur Reichsburg Harzburg, für die man um 1250 gleich hohe Burglehen feststellte), sondern sie schwanken bis zum Sechsfachen des geringsten Betrags. Die meisten liegen indessen zwischen 25 und 50 Mark, der Durchschnittswert beträgt knapp 40 Mark.

Die Erzbischöfe von Mainz vergabten zwischen 1233 und 1247 3 mal 40 Mark, 2 mal 50 Mark, 1 mal 50 Talente und 2 mal 80 Pfund (etwa = 60 Mark). In der zweiten Hälfte des 13. Jahrhunderts sind auf der Kesterburg 2 Burglehen zu 30 Mark, auf Burgen der Pfalzgrafen 11 Burglehen zwischen 40 und 60 Mark (oder Pfund), auf bischöflich Straßburgischen Burgen 3 Burglehen zwischen 40 und 60 Mark und bei den Markgrafen von Baden 1 Burglehen zu 40 Mark nachzuweisen 360). In einem Burglehenbrief der Burg Katzenelnbogen von 1301 werden Burglehen zu 30 Mark (3 Mark Rente) als altes Recht der dortigen Burgleute bezeichnet, denselben Wert hatte bereits ein Burglehen der Katzenelnbogener Burg Dornberg im Jahre 1266 361). Heinrich von

357) Sauer (wie Anm. 243).
358) Sauer, S. 39.
358a) Siehe Anm. 242a.
359) Mittelrhein. UB III, Nr. 545.
360) Niese (wie Anm. 222), S. 259.
361) Belege siehe Liste S. 142.

Krenkingen mußte 1262 bei der Belehnung mit Tiengen dem Bischof von Konstanz zusagen, Burglehen nur bis zu einer Rente von 4 Mark (also im Wert von 40 Mark) auszugeben [362]. Die Inhaber all dieser Burglehen, deren Werte zwischen 30 und 60 Mark lagen, waren teils Ministeriale teils Nobiles.

Burglehen im Wert von 100 Mark gewährten die Bischöfe von Straßburg zwischen 1223 und 1244 zwei freiadligen Rittern und die Bischöfe von Bamberg 1249 und 1257 ebenfalls zwei Rittern. Burglehen in derselben Größenordnung kommen in der zweiten Hälfte des 13. Jahrhunderts im Hochstift Straßburg noch 2 mal, im Erzstift Mainz 2 mal, bei den Pfalzgrafen 4 mal vor.

Pfalzgraf Otto bestellte im Jahre 1248 den Grafen Emicho von Leiningen gegen eine Summe von 300 Mark zum Burgmann. Aus der zweiten Hälfte des 13. Jahrhunderts (von 1278 an) gibt es weitere 6 pfalzgräfliche Burglehenbriefe für Grafen im Werte von 200—300 Mark (oder Pfund). Der Straßburger Bischof gab dem Nobilis Walter von Horburg 1297 ein Burglehen von 200 Mark, der Bischof von Speyer verlieh 1284 zwei Grafen von Zweibrücken Burglehen von je 275 Pfund, das Erzstift Mainz gewährte 1278 dem Grafen Johann von Sponheim sogar eines um 400 Kölner Mark [363]. Gerade diese hochdotierten Burgleheninhaber ließen sich durchweg das Recht der Vertretung einräumen und waren nur in Zeiten der Bedrohung zur Anwesenheit auf den Burgen verpflichtet. Es handelt sich um politisch motivierte Burgmannschaften, die oft Ausdruck gleichsam eines Bündnisvertrages waren, wie wir es später auch vom Rat- und Diener-Verhältnis kennen. Ein Beispiel dafür ist die Annahme der Brüder Kraft und Konrad von Hohenlohe als Burgmannen der würzburgischen Feste Marienburg: Gegen ein Burglehen im Wert von 200 Mark Silber hatten die Belehnten die Pflicht, sich stets bereit zu halten, um auf Anfordern mit 30 Panzerreitern und 10 Schleuderern auf der Burg Quartier zu nehmen, vor allem gegen die Grafen von Henneberg und die Stadt Würzburg. Der Bischof versprach seinerseits Hilfe gegen die Feinde der Hohenlohe, besonders gegen den Grafen Ludwig von Öttingen. Mit der im Burglehenbrief vorgeschriebenen Truppe ist der hohe Wert des Burglehens erklärt, ein Sachverhalt, der wohl auch für manche anderen hochdotierten Burglehenverträge zutrifft [364]. Man darf sich aber durch die vergleichsweise große Zahl der erhaltenen Burglehenbriefe solcher politischer Burgmannschaften nicht darüber täuschen lassen, daß es sich um Einzelfälle handelt, die verständlicherweise besser als die Regelfälle einfacher Burgmannschaft dokumentiert sind.

In einem Fall wenigstens erfahren wir auch, welchen Anteil der auf der Burg wohnende Ersatzmann am Burglehen zu erhalten hatte: Der edle Ludwig von Isenburg, der 1288 als Mainzer Burgmann auf Amöneburg für ein ausgesetztes Grundkapi-

362) ZGORh 5, S. 230; 13, S. 233.
363) Siehe Anm. 361.
364) Burglehenvertrag vom Jahre 1265: Württ. UB VI, S. 207 f.

tal von 100 Mark ein Rentenlehen von 10 Mark erhielt, wurde verpflichtet, seinem Vertreter davon Einkünfte von 2 Mark zu geben (was einem Kapital von 20 Mark entsprach)[365].

Fassen wir zusammen: Die Burglehen der meisten auf den Burgen seßhaften Burgmänner bezogen sich im 13. Jahrhundert auf ein Grundkapital von 20–60 Mark; hatten sie die Form von Rentenburglehen, erbrachten sie jährlich 2–6 Mark. Eine zahlenmäßig kleinere, gehobene Schicht hatte Burglehen im Wert von rund 100 Mark mit Renten von 10 Mark. Einzelne Angehörige bedeutender Familien meist gräflichen Standes, aus politischen Gründen in Dienst genommen, aber auf den Burgen durch Ersatzleute vertreten, hatten Burglehen in Höhe von 200–400 Mark mit jährlichen Einkünften von 20–40 Mark. Dieses Ergebnis entspricht etwa dem, das Niese für die Reichsburgen ermittelte, nur erweckt die Liste Nieses den Eindruck, als ob die hohen Burglehen der dritten Gruppe (ab 200 Mark) geradeso häufig oder noch zahlreicher gewesen seien als die der ersten Gruppe, der in Wirklichkeit die Masse der Burgmannen angehörte[366].

Eine offene Frage bleibt es, ob die Burglehen von Anfang an kapitalbezogen waren. Die früheste Quelle, die Burglehen präzise beschreibt, das Bolander Lehenbuch, führt an der Spitze der Burglehenliste sechs Burgmannen auf, die mit liegenden Gütern ohne Wertangabe ausgestattet waren, und s i e allein werden als *castellani* und *sessores* bezeichnet[367]. Weiter fällt auf, daß nach demselben Lehenbuch viele der kapitalbezogenen Burglehen offenbar erst neu eingerichtet waren oder sogar erst noch vergeben werden sollten[368]. Dies könnte darauf hindeuten, daß die Ausstattung der Burgmannen mit Geldbeträgen oder mit Renten eine Neuerung des ausgehenden 12. und beginnenden 13. Jahrhunderts war, eine Einführung, die für jene Zeit als sehr fortschrittlich zu gelten hat[369]. Indessen wird an anderer Stelle ein noch beträchtlich früherer Beleg für ein Rentenburglehen mitzuteilen sein[370].

Auch n a c h dem 13. Jahrhundert wurden die Burglehen im Unterschied zu anderen Lehen noch vorwiegend als Rentenlehen ausgegeben. Das zeigen zum Beispiel die Studien von B. Diestelkamp über die Grafschaft Katzenelnbogen und die H. Kunstmanns über die Bamberger Burgen. Von den Rentenlehen, die auf die Bede von sieben Orten der Grafen von Katzenelnbogen gelegt waren, bezogen sich 50 auf Burglehen und nur 11 auf andere Lehen. Auf die Zölle und die Bede von St. Goar und Boppard

365) GUDENUS (wie Anm. 233) I, S. 835 f.
366) NIESE (wie Anm. 222), S. 238–241. Siehe dazu Anm. 303a.
367) SAUER (wie Anm. 243), S. 31 f.
368) Eine Reihe von Belehnungen ist im Lehenbuch auffallenderweise in futurischer Form eingetragen.
369) Im normalen deutschen Lehenrecht war die Geldrente damals sehr selten und auch im Pfandrecht fand sie erst Jahrzehnte später Verbreitung (siehe Anm. 356).
370) Siehe S. 181.

waren bis 1444 zusammen 142 Burglehen und nur 48 andere Lehen angewiesen[371]. Die Rentenform der Burglehen ist auch der Grund dafür, daß sie sich in der Regel nicht wie andere Lehen als konstante Größen über Generationen zurückverfolgen lassen, ja daß sie, wenn Lehenbriefe nicht erhalten blieben, überhaupt kaum mehr nachweisbar sind[372].

Im Laufe des 14. Jahrhunderts änderte das Burglehen auch in dieser Beziehung seinen besonderen Charakter, indem nun immer öfter, nach 1400 überwiegend, liegende Güter, sogenannte Burggüter, ausgegeben wurden. Das Burglehen näherte sich allmählich auch in der Form der dinglichen Grundlage dem normalen Lehen[373].

Lateinischer Fachausdruck für das Burglehen als dingliches Substrat des Burgmannenverhältnisses war *feudum castrense*, für 1233 erstmals nachweisbar, seltener *feudum castellanum*[374]. Vorher kommt in Urkunden der Begriff *beneficium castrense*[375] und im auctor vetus *urbanum beneficium* vor. Das deutsche Wort *burglehen* ist als Terminus früh belegt, sowohl in den ältesten deutschen Rechtsspiegeln wie in Urkunden von 1235 an[376]. Im Elsaß und im Trierer Gebiet wurden auch die Bezeichnungen *feodum consessorium* (1215), *sezlehen*, *seßlehen* oder *sitzlehen*, urkundlich von 1239 an, benützt[377].

371) B. DIESTELKAMP, Das Lehnrecht der Grafschaft Katzenelnbogen, 1969, S. 250, 256, 371 ff.
372) H. KUNSTMANN, Mensch und Burg, 1967, S. 155.
373) Ebenda S. 150–155, 162 f.
374) Frühe Beispiele für *feudum castrense:* Mainzer Urkunden von 1233, 1241, 1247 (GUDENUS I, S. 521 f., 567 f., 596 f.), Speyrer Urkunden von 1272, 1285 (REMLING, Maxburg, Urk. Nr. 4, 6). *feudum castellanum* 1269 für Geroldseck (SCHÖPFLIN, Alsat. Dipl. I, S. 460).
375) Bolander Lehenbuch, SAUER (wie Anm. 243), S. 34 ff. Mainzer Urkunde von 1223 (GUDENUS I, S. 483 f.). Urbar der Rheingrafen (wie Anm. 339a).
376) In einem österreichischen Urbar schon für 1220: *C. habet ea indebite, quod deberet habere, quando esset in castro, si ibi esse, pro purchlehen* (Öst. Urb. I 1, 73, zitiert nach: Deutsches Rechtswörterbuch II, S. 628 f.). Um 1235 für Montabaur: *in feodo, quod burchleen dicitur* (Mittelrhein. UB III, Nr. 545), 1237 für Amöneburg: *pro iure castrensis peculii, quod vulgariter dicitur burclen* (GUDENUS I, S. 544 f.), *1257 feodum castrense, quod en burglen teutonice sonat* (Dortmunder UB I, 49). 1262 für Tiengen: *pro modum, qui vulgariter dicitur burchlen* (ZGORh 5, S. 230; 13, S. 233); 1286 für Zuzenhausen: *in castrense feodum, quod vulgariter burglehin dicitur* (F. X. REMLING, UB z. Gesch. d. Bisch. v. Speyer I, 1852, S. 379). 1292 für Reichenstein: *in feodum tale, quod vulgariter burglehen appellatur* (ZGORh 4, S. 363).
377) *feodum consessorium* des Wildgrafen siehe LAMPRECHT (wie Anm. 339a), S. 1312. – *quod vulgariter dicitur sezlen* 1239 bezogen auf die Kyllburg, siehe Mittelrhein. UB III, Nr. 658. – *seßlehen* im Elsaß 1240, 1269, 1295 siehe SCHOEPFLIN, Alsatia Dipl. I, S. 384 (für 1240) und Regesten d. Bisch. v. Straßburg II, Nr. 1085, 1881, 2383. *sitzlehen* 1292: ZGORh 16, S. 419.

5. *Rechtsstatus, Verdinglichung und Einflüsse der Ligeitas*

Für das Burglehenrecht galten weithin dieselben Regeln und Verfahren wie für das normale Lehenrecht. Der Beleihungsakt vollzog sich in derselben Art, und es war möglich, daß ein Mann Burglehen und rechte Lehen gleichzeitig empfing, wenn nur getrennte Zeugen zugegen waren [378]. Auch das A n f ä l l e (Verleihung bei Minderjährigkeit), die G e w e t t e (Buße bei Pflichtverletzungen) und das G e d i n g e (Zusage für den Fall der Erbenlosigkeit an einen Dritten) wurden wie beim anderen Lehen gehandhabt [379]. Die Leistung von Mannschaft *(homagium)* und Treueid *(fidelitas)* bei der Investitur wie auch das Schutzversprechen des Herrn werden in mehreren Burglehenbriefen bezeugt [380].

Dennoch nimmt E. v. Guttenberg an, Burghutlehen seien »an sich keine echten Lehen«, seien sie doch ursprünglich nicht erblich gewesen, sondern auf Lebenszeit oder für noch kürzere Frist verliehen worden [381]. Würde das zutreffen, dann wären die Burgmannen in einer Art Diener- oder Beamtenverhältnis angestellt gewesen.

Für diese auch sonst geäußerte Auffassung gibt es jedoch in den Quellen keine Grundlage. Es lassen sich nicht nur auf vielen Burgen bereits für das 13. Jahrhundert dieselben Familien durch Generationen hindurch verfolgen, sondern die Erblichkeit wird schon in einigen der ältesten Urkunden ausdrücklich erwähnt. So reversierte bereits 1233 Hermann von Vippach gegenüber dem Mainzer Erzbischof: *in castrensem me cum heredibus meis perpetualiter recepit*. Noch aussagekräftiger ist die Überschrift über die Liste der 28 Burgmänner auf Montabaur (um 1235), weil sie generell auf die Erblichkeit hinweist: *Dedimus etiam infrascriptis pecuniam subscriptam, pro qua allo-*

378) Schwabenspiegel L 149, Sachsenspiegel L 72 (304). Beispiele dafür. Der Erzbischof von Köln belehnte 1249 den Gottfried von Eppenstein gleichzeitig mit der Burg Ollbrück und einem Burglehen zu Altenahr (Mittelrhein. UB III, Nr. 1014). – Nach dem Hohenloher Lehenbuch (angelegt ab 1356) empfing Heinrich Durkel ein Lehen und ein Burglehen zusammen (Hohenloher UB III, S. 107).

379) *an burcleben ist anvel und gewette des herren und gedingede als an andern leben:* Schwabenspiegel L 136, 139. Sachsenspiegel L 71 (297, 299).

380) *homagium* 1237 (GUDENUS I, S. 544 f.), 1272 (REMLING, Maxburg, Urk. 3), *homagium et fidelitas* 1269 (SCHÖPFLIN, Alsat. Dipl. I, S. 460), *sacramentum* um 1235 (Mittelrhein. UB III, Nr. 545), *bona fide* 1241, *fides, iuramentum* 1247, *iuratoria caucio* 1266 (GUDENUS I, 567 f., 596 f., 714 f.), *fidelitas* 1284 (REMLING, Maxburg, Urk. 5).

381) E. v. GUTTENBERG, Territorienbildung (wie Anm. 217), S. 309. Auch REDLICH (wie Anm. 220), S. 474, Anm. 6, stellt fest, die Erblichkeit der Burglehen in Oppenheim sei »schon« 1244 anerkannt worden, eine irrige Interpretation der Urkunde von 1244 (Reg. Imp., Nr. 4491), durch die lediglich die Burgwohnungen zu erblichen Burglehen erklärt wurden (siehe Anm. 283). Zum Zweifel an Burglehen als echten Lehen siehe auch Anm. 403.

382) GUDENUS I, S. 521 f. Weitere Belege für 1241 und 1252: GUDENUS I, S. 567 f., 625 f.; für 1262: Regesten d. Pfalzgrafen, Nr. 741; für 1269: SCHÖPFLIN, Alsat. Dipl. I, S. 460; für 1272: REMLING, Maxburg, Urk. 3.

dia eorum infrascripta in feuda castrensia castri Monthabur modo simili pro se et suis heredibus receperunt [383].

Zwar enthalten das Bolander Lehenbuch und manche Burglehenbriefe keine besonderen Hinweise auf die Erblichkeit, aber daraus läßt sich kein negativer Schluß ziehen, benützen doch alle diese Quellen die übliche Terminologie des Lehenswesens (beneficium, feudum, inbeneficiare), die für das 12. und 13. Jahrhundert die Erblichkeit voraussetzt. Wäre irgendwo die Vererbung ausgeschlossen worden, müßte man eine entsprechende Erwähnung erwarten (wie man sie bei der Burghut nach Beamtenrecht auch findet). Die Erbfolge des Burglehens war jedoch im Regelfall auf die männliche gerade Linie beschränkt, wie in den Rechtsspiegeln übereinstimmend bezeugt und in manchen Urkunden bestätigt wird [384]. Ausnahmen davon (für Ehefrauen und Töchter) werden in den Burglehenbriefen ausdrücklich vermerkt.

Wie im normalen Lehenrecht konnte der Burgmann das Lehenverhältnis auch jederzeit aufkündigen, indem er das Burglehen dem Herrn aufgab [385]. Gewisse Formulierungen in den Burglehenbriefen lassen darauf schließen, daß es nicht selten zur Quittierung der Burgdienste kam, was bei der zeitlich unbeschränkten Inanspruchnahme der Burgmannen auch nicht verwunderlich ist. So stellt das Bolander Lehenbuch vorsorglich fest, daß Konrad von St. Alban nur für die Zeit, da er Burgmann in Hohenfels sei, belehnt worden sei *(inde inbeneficiavi Conradum de sancto Albino, quamdiu castellanus erit in Hoenfels)* [386]. Der Erzbischof von Trier fügte in einen Burglehenbrief für Montabaur (um 1235) die Klausel ein, wenn der Burgmann die Burg verlasse, falle das gegen 60 Mark aufgetragene und empfangene Burglehen an den Lehensherrn zurück [387]. Einem Mainzer Burgmann wurde 1245 für den Fall, daß er der Wohnpflicht nicht nachkomme und auch keinen anderen Ritter als Ersatz stelle, die Wahl überlassen, entweder die Geldsumme von 50 Mark oder das dafür als Burglehen aufgetragene Dorf dem Erzbischof zurückzugeben [388]. Bei Rentenlehen konnte die Ausbezahlung einfach eingestellt werden, wenn die Belehnten die Burg für längere Zeit verließen [389].

383) Mittelrhein. UB III, Nr. 545.
384) *Der man ... erbet an sinen sun mit rehte wol:* Schwabenspiegel L 140. Sachsenspiegel L 71 (300). In einer Urkunde über die Burg Geroldseck von 1269, in der die Nachfolgefrage von Burgmannen behandelt wird, werden die *heredes masculi* als erbberechtigt bezeichnet: Schöpflin, Alsat. Dipl. I, S. 460.
385) Schwabenspiegel L 151 (der Sachsenspiegel enthält diese Bestimmung nicht).
386) Sauer (wie Anm. 243), S. 26.
387) *hoc modo, ut si a castro nostro recesserit, eadem bona ad nos libere revertentur* (siehe Anm. 383).
388) Gudenus I, S. 590 f.
389) Das ergibt sich indirekt aus der Zusage König Rudolfs für die Oppenheimer Burgmannen, daß sie ihre Burglehen auch behielten, wenn sie sich mit seiner Erlaubnis außerhalb der Burg aufhielten (siehe Anm. 269).

In manchen Fällen ließen sich indessen die Burgherren zusichern, daß der Dienst nicht ohne ihre Zustimmung aufgegeben werden dürfe, eine Verpflichtung, die man sonst im allgemeinen nur im ligischen oder ligisch beeinflußten Recht findet [390].

Hat das Burglehen das Beleihungsverfahren, die Erblichkeit und die Aufkündbarkeit in der Regel mit dem normalen Lehen gemeinsam, so gibt es doch auch bezeichnende Unterschiede. Einer wird in den Rechtsspiegeln gleich zweimal mitgeteilt, nämlich das Verbot, Burglehen weiterzuverleihen [391]: Wahrscheinlich ist daraus weiterzufolgern, daß auch der Verkauf und die Verpfändung des dinglichen Burglehenobjekts durch den Burgmann unzulässig war. Der Burglehenrevers des Heinrich von Herbortsheim, Speyrer Burgmann auf Zuzenhausen, enthält eine derartige Klausel: *Ceterum promitto, quod ... bona ... nec vendam nec obligabo nec aliquo genere alienationis ... in aliquem transferram sine consensu speciali* (1286) [392]. Einer besonderen Erlaubnis des Bischofs von Speyer bedurfte auch dessen Burgmann Nikolaus von Impflingen, als er Teile seines Burglehens verkaufen wollte (1314) [393]. Im Verbot der Unterbelehnung und der Veräußerung kommt eine wesentlich engere Bindung des Burgmannes an den Herrn zum Ausdruck, als es im normalen Lehenrecht am Ende des 12. und im 13. Jahrhundert der Fall war. Der Burgherr mußte ja ein vitales Interesse daran haben, daß seine Burg von jenen Männern bewacht und verteidigt wurde, die er unmittelbar belehnt hatte und die ihm unmittelbar treueverpflichtet und verantwortlich waren. Das Burglehenrecht war offenbar innerhalb des Lehenswesens eine Institution, die das Interesse des Herrn auch noch im 13. Jahrhundert weithin zu wahren vermochte. Das Verbot der Veräußerung ist übrigens auch insofern beachtenswert, als das Burglehenrecht auch hierin mit dem ligischen Recht übereinstimmt [394].

Ein weiterer Unterschied zum normalen Lehen besteht darin, daß Burglehen auch von »heerschildlosen« Personen wie Frauen und Geistlichen verliehen werden konnten. Die Burgmannen, die grundsätzlich von Heerfolge und Reichsdienst befreit waren, konnten sich einer Belehnung durch solche Personen nicht entziehen [395].

390) 1249 und 1278: GUDENUS I, S. 609 f., 763. In einem Burglehenbrief von 1223 wird die für die Ligeitas typische Formel *in perpetuum* verwandt (GUDENUS I, S. 483 f.). Unkündbarkeit im ligischen Recht: V. HENN (wie Anm. 195), S. 60 f.

391) Schwabenspiegel L 136: *burclehen mac niemen hingelihen, der ez ze lehen hat. Lihet aber der burgaer sin burclehen hin einm andern, swenne der herre des innen wirt, er mac im wol mit urteil gebieten, daz er sin gut inr sehs wochen wider neme und sin burclehen. Und tut er des nit, er mag im mit rehte und mit urteil sin burclehen angewinnen, als daz lehenrecht hievor seit.* L 140: *Lihet ein burgaer sin burchlehen einem andern, daz ist nit reht. Swer burclehen hat, der mac daz nit furbaz gelihen.* Ähnlich der Sachsenspiegel L 71 (297 und 300).

392) F. X. REMLING, UB (wie Anm. 236) I, S. 379.

393) Ebd., S. 485.

394) V. HENN (wie Anm. 195), S. 68 f.

395) Schwabenspiegel L 141, 158 II (Nachtrag). Sachsenspiegel L 2 (184), L 71 (300).

Die Sonderstellung des Burglehens im allgemeinen Lehenrecht wirkte sich auch auf die Rechtsprechung aus und fand ihren sichtbarsten institutionellen Niederschlag im Burglehengericht. Nach den Rechtsspiegeln durfte nämlich über Burglehen-Angelegenheiten nicht im normalen Mannengericht, sondern nur in besonderen Gerichten auf den jeweiligen Burgen verhandelt werden. Alle Beteiligten, Richter, Fürsprecher und Zeugen, mußten der Burgmannschaft desselben Herrn angehören, und die Aufbietung zu »Burgrecht« erfolgte (nach dem Schwabenspiegel) durch den Torwart. Während der Sitzung hatten die Burgtore offenzustehen, denn »in beschlossenen Wänden und unter Dach soll niemand um Lehenrecht verhandeln und Urteil finden« [396]. Oder die Verhandlung fand außerhalb der Burgmauern statt [396a]. Andererseits waren Burgmannen, sofern sie nicht auch »rechte« Lehen hatten, vom normalen Lehengericht ausgeschlossen [397]. Daß diese Bestimmungen der Rechtsspiegel nicht bloße Theorie waren, sondern in der Rechtswirklichkeit Geltung hatten, und zwar nicht nur auf Reichsburgen, sondern auch auf denen des Hochadels, hat B. Diestelkamp auf Grund von Formulierungen in Burglehenbriefen der Grafen von Katzenelnbogen aus dem 14. Jahrhundert gezeigt. Im Laufe des 14. und zu Beginn des 15. Jahrhunderts glich sich das Burglehenrecht allerdings auch hierin mehr und mehr dem allgemeinen Lehenrecht an [398].

Gegenstand der Burglehenrechtsprechung waren dreierlei Beschuldigungen: Untreue gegen den Herrn, Verletzung der Pflicht zur Burghut (etwa durch Verlassen der Burg) und »Unrecht am Burglehen« (etwa durch Veräußerung des Lehenobjekts). Die Verurteilung hatte Bußen und als äußerste Sanktion die Aberkennung des Lehenobjekts und Auflösung des Burglehen-Verhältnisses zur Folge.

Die inhaltliche und institutionelle Verschiedenheit beider Lehenarten kommt deutlich darin zum Ausdruck, daß ein Burgherr nicht das Recht hatte, normale Lehen in Burglehen umzuwandeln. Der Sachsenspiegel führt allerdings nur die Bestimmung auf, daß es einem Burgherrn nicht erlaubt sei, von einem Oberherrn empfangene und an

396) Schwabenspiegel L 142: *Burclehenreht mac der herre nit gehaben, wan innerhalp der veste uf der burge und oh mit den mannen, die uf der burge burclehen hant. Ez sol niemen fursprehe sin noh urteil vinden noh verwerfen noh geziuc sin in burcrehte, wan der von dem herren burclehen hat. Es sol och mit rehte niemen furgebieten ze burcreht wan der torwartel.* L 146: *Diu burctor suln offen sten in swelher burge daz ist, da ein iegelich herre um lehenrecht inne teidinget umb burclehen. In beslozen wenden und under dache da sol niemen umb lehenrecht teidingen noch urteil vinden.* Ähnlich im Sachsenspiegel L 71 (300), L 72 (302).

396a) Auf der Burg Sayn wurde nach einer Urkunde von 1152 im *pomerium* (dem Raum vor der Mauer) Recht gesprochen: *area quadam, que pomerium dicitur, in qua ministerialibus suis ad consequenda iura cum oportuerit diem ponere possint* (Mittelrhein. UB I, Nr. 571).

397) Schwabenspiegel L 141: (Der Burgleheninhaber) *sol sinem herren urteil vinden umb burclehen und nit umb ander lehen. Hat aber er reht lehen oh von im, so mag er oh wol urteile vinden umb rehtes lehen.* Sachsenspiegel L 72 (302).

398) B. Diestelkamp (wie Anm. 371), S. 129 f.

399) Schwabenspiegel L 148, Sachsenspiegel L 72 (303).

Untervasallen weiterverliehene Lehen aufzugeben und als Burglehen wiederzuempfangen[400]. Damit wäre ja entweder das Verbot der Afterverleihung von Burglehen übertreten worden oder die Untervasallen hätten die Lehen verloren. Die Lehenmannen konnten sich in diesem Fall an den Oberherrn wenden, damit er sie an einen Herrn weise, der ihr Lehenrecht erhalte. Der Schwabenspiegel, der diesen Artikel übernimmt, erläutert ihn mit der interessanten Begründung, ein Herr dürfe das Lehen seines Mannes »weder niedern noch erhöhen«. Und er fährt dann fort, ein Herr dürfe auch Eigengut, das er zu Lehen ausgegeben habe, nicht zu Burglehen machen, denn dadurch geschähe dem Mann Unrecht[401]. Aus dem Hinweis, daß ein »rechtes« Lehen durch Umwandlung in ein Burglehen »geniedert« werde, wurde geschlossen, die Belehnung mit Burglehen habe standesmindernde Wirkung oder sie erfordere nicht dieselben ständischen Voraussetzungen der Lehenfähigkeit wie normale Lehen – beides Annahmen, die sich nach obigen Ausführungen nicht halten lassen[402]. Der Begriff Niedern ist vom System der Heerschildordnung aus zu verstehen. Er bedeutet das Herabsinken in der Lehenspyramide um eine Stufe, ohne daß dabei der Geburtsstand und die landrechtliche Qualität des Betroffenen sich ändern mußten[402a]. Wenn der Schwabenspiegel das Burglehen für »niederer« als das »rechte« Lehen einstuft, dann deshalb, weil ein Burglehen nicht weiterverliehen werden konnte, weil der Burgmann also notwendigerweise stets die unterste Stufe der Lehenshierarchie einnahm, da er keinen Untervasallen haben konnte. Das schadete aber seinem Ansehen solange nicht, als der Burglehensherr im Rang über ihm stand. Der sachliche Grund für das Verbot der Umwandlung eines »rechten« Lehens in ein Burglehen lag sicher in der engeren Bindung des Burgleheninhabers an den Herrn und in der stärkeren Verpflichtung, die in der Forderung nach dauernder Verfügbarkeit, in der Wohnpflicht und nicht zuletzt im Verbot der Weiterveräußerung der Lehen zum Ausdruck kommt. Die Änderung hätte den Lehenmann erheblich mehr belastet und konnte daher nicht einseitig vom Lehensherrn vollzogen werden.

Nach H. Mitteis haben sich die Spiegler dazu »verleiten« lassen, »das Burglehen von den echten Lehen auszunehmen«, und er erklärt das damit, daß die Burgmannen

400) Sachsenspiegel L 71 (298).
401) Schwabenspiegel L 137: *Der herre mac oh sinr manlehen (niht) ufgen und wider ze burclehen enpfahen. Tut er aber dazselbe, so vordern die man ir lehen an den obern herren, wan dehein herre sinem man sin lehen weder genidern noh gehohern mac mit rehte. Und ist, daz ein gut des herren eigen ist und hat daz ein man ze lehen und wil daz ein herre ze burclehen machen, des mac er mit rehte nit getun. Der man hat doh sin gut fur reht lehen, und tut der herre dem man daruber unreht.*
402) Siehe S. 151 f.
402a) Schwabenspiegel 142.

meist belehnte Ministerialen gewesen seien [403]. Aber den Unterschied von normalen Lehen und Burglehen haben die Spiegel nicht erst konstruiert, er bestand in Wirklichkeit und wird durch viele Urkunden, vor allem durch die Burglehenbriefe bestätigt. Freilich nahmen die Spiegel das Burglehen vom Lehenrecht nicht aus, wie Mitteis schreibt, sondern sie behandelten es innerhalb des Lehenrechts als Sonderform. Der Grund der Sonderregelung war der spezifische Dienst der Burghut.

Wenn diese Begründung wegfiel, dann wurden die Burglehen automatisch zu normalen Lehen – auch das ein Beweis dafür, daß im Burglehenrecht dieselben ständischen Voraussetzungen wie sonst galten und daß alle Besonderheit des Burglehens eine Folge des besonderen Dienstes war. Die Spiegel führen zwei Situationen auf, in welchen die Burgdienste entfielen. Das geschah erstens dann, wenn das Herrenrecht an Burg und Burglehen besitzrechtlich verschiedener Art war (etwa von verschiedenen Oberherrn zu Lehen ging) und nach dem Tod eines Burgbesitzers in verschiedene Hände kam. Wurden Burg und Burglehen auf diese Weise besitzrechtlich getrennt, dann folgte der Burgmann nicht der Burg, sondern dem Burglehen. Dieses wurde normales Lehen, die Burgdienste hörten auf und der Lehensinhaber konnte die Burg verlassen (wenn er nicht freiwillig bleiben wollte) [404]. Das meist außerhalb der Burg befindliche Lehensobjekt war also Rechtsgrundlage des Burglehenverhältnisses, während die Burgdienste lediglich eine Folge davon waren. Sie aber blieben nur solange verbindlich, als die Burg dem Verleiher des Burglehens gehörte.

Der andere Fall trat dann ein, wenn eine Burg durch Gewalt oder auf Grund eines Gerichtsspruches ohne Verschulden des Burgmannes gebrochen wurde. Dann ruhten die Burgpflichten, ohne daß die Burgmannen ihre Burglehen verloren. Sie behielten sie solange als normale Lehen, bis die Burg wieder aufgebaut wurde. Erst wenn die Ummauerung oder Umzäunung wiederhergestellt und das Tor »eingehängt« war, mußten

403) H. Mitteis, Lehnrecht und Staatsgewalt, 1933 und 1958, S. 621 f., Anm. 144. Wenn Mitteis wie Guttenberg (siehe Anm. 381) und Schröder-Künssberg (Anm. 298) die Burglehen nicht als »echte« Lehen ansehen, dann scheint ihnen die Terminologie der Quellen recht zu geben. Dort werden tatsächlich die normalen Lehen als »rechte Lehen« *(iusta feoda)* von den Burglehen unterschieden (siehe Anm. 251). Diese Begriffe kommen aber nur vor, wenn beide Formen einander gegenübergestellt werden. Sie können nicht bedeuten, daß Burglehen keine echten Lehen gewesen seien, sondern bezeichnen sie eben als Sonderformen. Der »Auctor vetus« verwendet denn auch den besseren Begriff *beneficium vulgare* zur Unterscheidung.

404) Schwabenspiegel L 151: *Ob ein burc und daz burclehen nit in einen gewalt horent und nah des herren tode sunderlichen herren ledic werdent und daz burclehen gezweiet von der burge wirt, der burgaer volge sinem burclehen nach. Von dem er ez hete, von dem sol er ez mit rehte han, und daz burclehen sol er han fur reht lehen, und ist aber der burge ledic. Ditz ist an des burgaers willen, ob er uf der burge sitzen wil von disem herren als von ienem. Hort aber daz burclehen zu der burge, so muz er mit allem rehte darufe sitzen, oder er verliust daz burclehen.* Sachsenspiegel L 72 (305).

die Burgmannen – innerhalb von acht Tagen – wieder auf der Burg erscheinen 405). Manche Burgherrn sicherten sich allerdings entgegen dieser allgemeinen Regelung durch besondere Absprachen die Burgdienste ihrer Burgmannen auch für den Fall des Verlustes der Burg. So mußte Konrad von Schönberg, Burgmann der Burg bei der Insel, 1241 versprechen, wenn die Burg untergehe, in Geismar oder an anderer Stelle als Burgmann zu dienen 406). Ein Speyrer Burgmann verpflichtete sich 1286, im Falle der Zerstörung der Burg Zuzenhausen auf Hornberg *residenciam ... corporalem tempore debito et consueto* auszuüben 407).

Das Burglehenrecht erscheint von Anfang an in auffallend verdinglichter Form. Der Burglehendienst wurde – wie aus zahlreichen Urkunden hervorgeht – unmittelbar auf das Lehenobjekt bezogen, und dieses wird vielfach ausdrücklich als Rechtsgrundlage des Verhältnisses angegeben. Die Urkunden erwähnen gelegentlich auch das *homagium* und öfters die *fidelitas*, aber viel stärker rückt das dingliche Substrat in den Vordergrund 408).

Bereits im Bolander Lehenbuch aus der Zeit um 1195 wird in der Regel der Burgdienst als unmittelbare Folge der dinglichen Belehnung angegeben. Typisch dafür sind etwa folgende Formeln 409):

– *Gerhardus de Morsheim habet de me duos mansos in Morsheim et* i n d e *Bolandie castellanus est.*

405) Schwabenspiegel L 150: *Wirt ein burc mit rehtem gewalte zerbrochen und umb ungeriht, da der burgaer unschuldic an ist, er sol sins burclehens darumb nit darben, diwile diu burc unerbuwen ist. So ist daz burclehen sin reht lehen. Als diu burc wider gebuwen wirt mit tulle oder mit zune und ein tor daran gehangen wirt, so sol ein iegilich burgaer wider ufvarn inr aht tagen.* Sachsenspiegel L 72 (305).

406) Gudenus (wie Anm. 233) I, S. 567 f.

407) Remling UB (wie Anm. 236) I, S. 379.

408) Diestelkamp kommt auf Grund einer Analyse der Katzenelnbogener Burglehenbriefe des 14. und 15. Jh. zum gegenteiligen Ergebnis. Danach hätte das Burglehenrecht der Verdinglichung länger als das normale Lehenrecht widerstanden: »Unverkennbar ist noch im 14. Jahrhundert die Tendenz zur Verdinglichung bei Burglehen geringer als bei Mannlehen« (wie Anm. 371, S. 74 f., 273); siehe auch den Beitrag Diestelkamps »Lehenrecht und spätmittelalterliche Territorien« in: Der deutsche Territorialstaat im 14. Jahrhundert, Vorträge und Forschungen, Band XIII, S. 73). Die Burglehenbriefe des 13. Jahrhunderts hingegen zeigen ein fortgeschritten dingliches Denken im Burglehenrecht. Allerdings hatte die Bindung des Burgdienstes an die Lehensobjekte, die dingliche Rechtsbegründung der Dienstleistung, hier gerade nicht die sonst üblichen Auflösungserscheinungen im Gefolge (Veräußerbarkeit, Mehrfachvasallität). Man darf diese Nebenwirkungen eben nicht mit der Verdinglichung selbst verwechseln. Im Burglehenrecht ging die Verdinglichung Hand in Hand mit einer s t ä r k e r e n, klar formulierten Verpflichtung und Inanspruchnahme des Mannes. B. Theil kann übrigens für die Markgrafen von Baden die Annahme Diestelkamps nicht bestätigen (wie Anm. 227). Zur Verdinglichung: F. L. Ganshof, Was ist Lehnswesen, 1961, S. 163–169.

409) Sauer (wie Anm. 243), S. 31, 33.

– *Menhardus de Durenchein expedit me allodio 50 marcarum et eodem inbeneficiatus mansionarius erit in Erpenstein.*
– *Ceizolf de Metterensheim debet expedire ... allodii 30 marcarum, ut eodem inbeneficiatus mansionarius existat in Nuenburg.*
– *Udo de Butensheim expediet ... de allodio valente 30 marcas, unde mansionarius erit in Boland.*

In den meisten Burglehenseinträgen des Bolander Verzeichnisses wird vom Lehenobjekt durch *inde* oder *unde* auf den Dienst verwiesen. Auch im Trierer Burglehenbrief für Montabaur (um 1235) wird zuerst das Lehenobjekt genannt und dann konsekutiv angeschlossen: *ita ut pro tali feodo in castro Monthabor residentiam faciat* 410). Ähnliche Formulierungen finden sich auch schon in frühen Mainzer Burglehenurkunden. So reversiert Konrad von Schönberg 1241 für ein Burglehen: *ut simus castrensis in novo castro suo.* Und in demselben Jahr bekunden zwei Burgmannen noch deutlicher: *quod pro feudo nostro castrensi ... erimus sui castrenses apud Ameneburg* 411). In einer Straßburger Burglehenurkunde von 1240 folgt dem Hinweis auf die Investitur die Wendung: *de ipsis in castro nostro de Gyrbaden tenentur personaliter residere* 412).

Man hält gewöhnlich den Prozeß der Verdinglichung des Lehenwesens für ein Zeichen des Niedergangs, weil der ursprüngliche Treuegedanke und die persönliche Seite der Bindung gegenüber der dinglichen Entgeltung durch das Lehenobjekt an Bedeutung verloren. Nun ist bemerkenswert, daß eine andere Sonderform des Lehenrechts, nämlich die Ligeitas, in Deutschland ebenfalls am Ende des 12. und 13. Jahrhunderts in verdinglichter Form auftritt. Auch hier wird das Lehenverhältnis in vielen Lehenbriefen unmittelbar auf das sachliche Substrat bezogen. Die Einführung der Ligeitas wird aber allgemein und sicher zu Recht als Versuch einer Erneuerung des deutschen Lehenswesens gewertet. Die Betonung des dinglichen Charakters eines Lehens kann daher nicht ohne weiteres als Merkmal der Verflachung und Entartung angesehen werden.

Auch im Burglehenrecht ist die Verdinglichung nicht als bedauerliche Verkümmerung zu erachten, im Gegenteil, sie muß eher als ein Fortschritt beurteilt werden. Nachdem nun einmal der reine Treuegedanke an Bedeutung verloren hatte, war die dingliche Bindung einer Leistung an eine Gegenleistung die zeitgemäße Form eines Dienstverhältnisses. Durch die Verdinglichung näherte sich das Lehenswesen einem Besoldungssystem, ohne eine Reihe anderer feudaler Formen aufzugeben. Das mußte nicht einseitig die Stellung des Mannes stärken und die des Herrn schwächen. Das Burglehenrecht forderte im Gegenteil mehr vom Mann als das normale, es verlangte

410) Mittelrhein. UB III, Nr. 545.
411) GUDENUS (wie Anm. 233) I, S. 567–569.
412) SCHÖPFLIN, Alsatia Dipl. I, S. 384.

ununterbrochene Bereitschaft, dauernde Anwesenheit und Verzicht auf Unterbelehnung. Aber es gewährte dem Mann ein sachliches Entgelt, dessen Wert auf den geforderten Dienst abgestimmt war. Die Verdinglichung ermöglichte auch beiden Partnern größere Beweglichkeit, indem sie dem Belehnten die Kündigung, dem Herrn den Gewinn neuer Burgmannen erleichterte.

In diesem Zusammenhang ist nochmals darauf hinzuweisen, daß das Burglehenrecht mit dem ligischen Recht nicht nur die Verdinglichung gemeinsam hatte, sondern weitere wichtige Merkmale: die ständige Bereitschaft und intensive Beanspruchung des Mannes, die Ausschließlichkeit des Dienstes, das Verbot der Afterverleihung und der Veräußerung des Lehenobjektes. Dazu läßt sich beobachten, daß gerade ältere Burglehenbriefe die sonst für ligische Urkunden typischen Ausschließlichkeitsformeln aufweisen, nämlich daß die Dienste *contra omnes homines* und *in perpetuum* zu leisten seien, wobei – wiederum wie in den ligischen Briefen – Ausnahmen einzeln aufgezählt werden [413]. Das ist deshalb bemerkenswert, weil in Frankreich die Ligeitas die gängige Form der Burghut (des *stagium*) war [414]. Der formale und sachliche Zusammenhang beider Rechtskreise deutet darauf hin, daß zu früher Zeit Elemente der französischen Ligeitas ins deutsche Burglehenrecht übernommen wurden, zu einer Zeit, in der das ligische Recht als solches in Deutschland noch nicht oder nur in Ausnahmefällen eindringen konnte.

Um 1300 taucht dann auch der Terminus ligisch (*ligius, ledig*) in Burglehenbriefen auf [415]. Hier handelt es sich allerdings um eine spätere Stufe der Rezeption, und zwar aus der inzwischen in Westdeutschland verbreiteten Ligeitas. Aber es ist doch bezeichnend, daß die ligische Terminologie dem Burglehenrecht angemessen erschien, ohne daß damit eine sachliche oder rechtliche Änderung verbunden war. Was das ligische Recht vom normalen Lehenrecht abhob, galt eben im Burglehenrecht im wesentlichen bereits vorher.

Möglicherweise wurde das Burglehenrecht auch vom Dienstrecht her beeinflußt, zumal ja zahlreiche Ministeriale Burgdienste ausübten. Die Rechtsspiegel behandeln jedoch das Burglehenrecht völlig getrennt vom Dienstrecht als besondere Lehenform. Der entscheidende Unterschied lag jedenfalls darin, daß das Burglehenrecht keine standesmindernde Wirkung hatte und daher ohne weiteres auch auf den Hochadel anwendbar war.

413) Mainzer Burglehenbriefe von 1223, 1237, 1241, 1249 (GUDENUS I, S. 483 f., 544 f., 567 f., 609 f.). Würzburg-Marienburg 1265: Württ. UB VI, Nr. 1813. Speyrer Burg Zuzenhausen 1286: REMLING, UB (wie Anm. 236) I, S. 379.

414) F. L. GANSHOF, Was ist das Lehnswesen, 1961, S. 93, 129, 139, 166.

415) Kestenburg 1311, 1314, 1315, 1348 (REMLING, Maxburg, Urk. 7–10), 1327 (GLA Karlsruhe Abt. 67/364). Oppenheim 1311 (MGH Const. IV, Nr. 673). Auerbach (1310 *absolutus castrensis*, 1340) und Lichtenberg (1310): DEMANDT, Regesten d. Grafen v. Katzenelnbogen I, Nr. 499, 501, 886, 507.

6. Verbreitung im 12. und 13. Jahrhundert

Die obigen Untersuchungen über das Burglehenrecht beruhen größtenteils auf Burglehensurkunden des 13. Jahrhunderts, die dem Bereich bischöflicher Territorien entstammen. Zwar wurden auch Unterlagen weltlicher Herrschaften (vor allem der Pfalz und der Herrschaft Bolanden) beigezogen, aber es bleibt die Frage, wie weit und wie oft auch in anderen Herrschaften vom Burglehenrecht in Wirklichkeit Gebrauch gemacht wurde. Um einer Beantwortung näher zu kommen, seien hier weitere Hinweise aus dem alemannisch-schwäbisch-fränkisch-rheinischen Raum angeführt.

Ein Beispiel, wie sich bisher unbeachtete Burglehen auf Grund der Terminologie und des Sachverhalts verifizieren lassen, bilden die Burgen Ruck und Gerhausen bei Blaubeuren: Pfalzgraf Rudolf von Tübingen nahm 1268 die *feoda super castris meis Rugge et Gerhusin sita, que vulgo vocantur burcsez* von einem (nicht vollzogenen) Verkauf seiner Güter aus [416]. Nach dieser Formulierung bestanden die Lehen nicht aus den Burgen selbst, sondern sie waren »auf den Burgen gelegen«. Spricht das an sich schon für Burglehen, so wird diese Deutung durch den Fachausdruck »Burgsäß« noch bestätigt. Zur selben Zeit nannten sich gräflich Tübingen'sche Ministerialen nach Ruck, von denen 1267 ein Vertreter mit dem Titel *dapifer* auftrat [417]. Da der Pfalzgraf selbst Besitzer der Burg war, Burglehen auf der Burg aber nachweisbar sind, ergibt sich der Schluß, daß die Ministerialen von Ruck einen Sitz zu Burglehenrecht auf der Burg innehatten. Dieselbe Folgerung ergibt sich für die Burg Gerhausen, auf der (1282) ebenfalls Ministerialen nachweisbar sind (deren einer 1292 den Titel *advocatus* trug) [418]. Ein Vetter des Pfalzgrafen Rudolf, Pfalzgraf Ulrich von Tübingen, der die Grafschaft Gießen ererbt hatte, verlieh 1264 ein Burglehen für die Burg Gleiberg, bestehend aus einer Rente von 8 Pfund [419]. Ferner ist beachtenswert, daß ein Angehöriger der Familie Ruck 1295 einen Hof *(curia)* unmittelbar bei der Stammburg Tübingen besaß und daß die Ausdrücke Burgsäß und Gesäß noch im 15. Jahrhundert bei anderen Burgen der Pfalzgrafen von Tübingen nachzuweisen sind [420]. Die Pfalzgrafen von Tübingen machten also von der Institution des Burglehenrechts in mehreren Fällen Gebrauch.

Auf der Burg Girbaden saßen bereits beim Übergang von den Grafen von Dagsburg an die Bischöfe von Straßburg im Jahre 1226 *castellani* und *residentii*, vier davon auf *mansiones* in der äußeren Burg. Einer dieser namentlich genannten Burgmannen, der *fidelis miles* Rudolf von Balbrunn, wird 1240 als Inhaber eines Seßlehens,

416) Württ. UB VI, S. 374. ZGORh 23, S. 470–478.
417) Memminger, Beschreibung des Oberamts Blaubeuren, 1830, S. 129.
418) Ebd., S. 157.
419) Wenk, Hessische Landesgeschichte II, UB, S. 194.
420) *curia* bei der Burg Tübingen 1295: Württ. UB X, S. 348. *Burgsäß* in Böblingen 1432: HStA Stuttgart, WR 1916. *Gesäß* in Dußlingen 1446: WR 13 167, 13 172.

das aus Äckern bestand, und als residenzpflichtig bezeichnet [421]. Die Herren von Ochsenstein hielten 1217 auf den Burgen Ochsenstein und Wasselnheim *castellani ad idem castrum pertinentes* nach dem *ius castellanie* [422] und auf der Burg der Herren von Geroldseck im Elsaß residierten 1267 mehrere Burgleheninhaber *(facturi nobis residentiam et moram in castro nostro Geroltzeck tanquam alii fideles nostri et feodati)* [423]. Hinweise auf Burglehen oder Burgmannen im 13. Jahrhundert gibt es weiter für die Herrschaften folgender Familien:

Rheingrafen (1213) [423a)]
Wildgrafen (1215, 1258) [423b)]
Grafen von Virneburg (1238) [423c)]
Grafen von Leiningen (1238, 1292) [424],
Reichsministerialen von Hohenfels (1241) [424a)],
Grafen von Katzenelnbogen (1247, 1266, 1287) [425],
Grafen von Sponheim (1248, 1278) [426],
Grafen von Sayn (1253/54) [426a)],
Herren von Emerkingen (1260) [427],
Herren von Krenkingen (1262) [428],
Herren von Bodman (1276) [429],
Grafen von Eberstein (1278) [430],
Markgrafen von Baden (1290) [431],

421) Regesten d. Bischöfe v. Straßburg II, Nr. 917, 934, 1085. Schöpflin, Alsat. Dipl. I, S. 384.
422) ZGORh 14, S. 190 f.
423) Schöpflin, Alsat. Dipl. I, S. 460.
423a) *castrenses* auf Dern: Mittelrhein. UB III, Nr. 10. Siehe auch Text zu Anm. 242a.
423b) *castrensis consessio* und *feodum consessorium* auf Dhaun 1215: Lamprecht (wie Anm. 339a), S. 1312. *castrenses* 1258: Mittelrhein. UB, Nr. 1472.
423c) *castellani* 1238: Mittelrhein. UB III, Nr. 635.
424) Burgmänner auf Landeck 1238: Würdtwein, Monasticon palat. II, 77, zitiert nach J. G. Lehmann, Burgen und Schlösser in der Pfalz I, S. 267. 1292 *castrenses nostri:* Remling, UB (wie Anm. 236) I, S. 395 f.
424a) *castrensis meus de Richenstein* (= Falkenburg Kr. St. Goar): Mittelrhein. VB III, Nr. 715.
425) 1247 und 1287 werden 4 bzw. 5 Burgmänner auf Auerbach namentlich genannt: Demandt (wie Anm. 232), Nr. 100, 298. 1266 Burglehenbrief für Dornberg: Demandt, Nr. 155.
426) *castrenses* 1248: Mittelrhein. UB III, Nr. 967. *castrenses* in Burg Böckelheim 1278: ZGORh 9, S. 332.
426a) *castellani* auf Wied: Mittelrhein. UB III, Nr. 1243.
427) *feodum castellarium* 1260: Württ. UB V, S. 330.
428) *pro modum, qui vulgariter dicitur burchlen* 1262: ZGORh 5, S. 230; 13, S. 233.
429) *castellanus* 1276: F. v. Weech, Cod. Dipl. Salemitanus II, S. 147.
430) *castellani* 1278: Württ. UB VIII, S. 131.
431) Burglehenbriefe von 1290: Regesten der Markgrafen von Baden I, Nr. 586, 646. Württ. UB IX, S. 385.

Habsburger (1290) [432],
Grafen von Zweibrücken (1294) [433],
Herren von Steinegg (1295) [434],
Herren von Hohenlohe (1297) [435].

Auf Grund von Belegen des 14. Jahrhunderts können Burglehen rückschließend für die Herzöge von Teck, die Grafen von Nagold, die Herren von Winnenden und die von Weinsberg ermittelt werden [436].

Wenn man daneben hält, daß von allen diesen und anderen Familien präzise Hinweise auf normale Lehen aus dem 13. Jahrhundert ebenfalls nur in seltenen Fällen erhalten sind, dann ist aus der vorgelegten Belegreihe (die sicher noch nicht vollständig ist) zu schließen, daß das Burglehenrecht in Südwestdeutschland im 13. Jahrhundert keine Ausnahmeerscheinung, sondern eine bekannte und angewandte Rechtsinstitution war. Dafür spricht zusätzlich die eingehende Behandlung der Burgmannschaft in den Rechtsspiegeln.

Aus anderen deutschen Landschaften mögen wenigstens folgende Beispiele der ersten Hälfte des 13. Jahrhunderts genannt werden: Der Welfe Herzog Otto bestätigte 1229 dem Grafen Gunzelin von Schwerin einen Burgsitz in Lüneburg mit einem Rentenlehen in Höhe von 100 Mark *(curiam etiam castrensem Luneburgensem cum centum marcarum redditibus annuatim)* [437]. Auf der Burg Steinberg der Herzöge von Meran dienten 1223 und 1237 vier *fideles et castellani* [438]. Im Jahre 1255 werden zwei *castrenses* des Edlen Friedrich von Bruckberg als Zeugen genannt [439].

Ein burglehenrechtliches Verhältnis konnte auch dadurch zustande kommen, daß adlige Familien ihre Burgen an Höhergestellte verkauften und dann auf den ehemals eigenen Burgen den neuen Besitzern Dienste leisteten. Es handelt sich um ein interessantes territorialpolitisches Mittel, das die Machtbasis der Territorialherren verbreiterte und den ritterlichen Familien doch wenigstens den Sitz auf ihren früheren Burgen garantierte. Eine solche Übertragung ist heute nur noch in jenen seltenen Fällen nachweisbar, in denen die kombinierten Kauf- und Burglehenbriefe erhalten blieben. So räumte der Bischof von Bamberg im Jahre 1196 nach dem Erwerb der Burg Ror-

432) H.-M. Maurer, Die Habsburger und ihre Beamten im schwäbischen Donaugebiet um 1300, in: FS Max Miller, 1962, S. 39–41.

433) Burgmannen 1294: ZGORh 16, S. 420.

434) *castellanus* 1295: ZGORh 6, S. 241.

435) *miles noster castrensis in Langenburg:* Württ. UB XI, S. 71; Hohenloher UB I, S. 417.

436) H.-M. Maurer, Die landesherrliche Burg in Wirtemberg, 1958, S. 21–23. Der Nachweis ehemaliger Burglehen läßt sich noch für weitere Burgen erbringen, doch können die Belege hier nicht ausgebreitet werden.

437) UB Mecklenburg I, 364.

438) E. v. Oefele, Geschichte der Grafen von Andechs, 1877, Reg. 527, 531.

439) Nürnberger UB II, Nr. 360.

bach den bisherigen Besitzern zwei Plätze (areas) auf der Burg zur Ausübung der Burghut ein[439a)]. Die Erzbischöfe von Mainz erwarben auf diese Weise 1241 von den Herren von Linsingen die Jesburg, 1252 die namengebende Burg der Herren von Wolfskehlen, 1278 von denen von Sponheim die Burg Böckelheim und 1282 die Burg Rüdesheim[440)].

Versuchen wir nun, das Burglehenrecht noch weiter zurückzuverfolgen. Die ausführliche und offensichtlich praxisbezogene Behandlung in der ältesten Fassung des Sachsenspiegels (im »Auctor vetus« um 1220—25) läßt vermuten, daß dem Verfasser Rechtsentscheidungen über strittige Fragen des Burgmannenstatus vorlagen. Das Burglehenrecht muß demnach bereits zu Beginn des 13. Jahrhunderts eine ausgebildete, bekannte Institution gewesen sein, mit der sich Gerichte zu befassen hatten. Diese Annahme wird durch die frühen (ab 1223 erhaltenen) Burglehenbriefe und den schon für 1217 bezeugten Begriff *ius castellanie* bestätigt. Im Jahre 1215 beurkundete Wildgraf Konrad, er habe längere Zeit *(aliquamdiu)* ein bestimmtes Lehensobjekt für ein Burglehen der Burg Daun gehalten *(quod ... castrensis consessio michi deberet ministrari in castro Dune)*, habe sich aber jetzt durch seine Mutter und die Burgmannen *(consessores)* überzeugen lassen, es handle sich um ein rechtes und nicht um ein Burglehen *(iustum esset feodum et non consessorium)*[440a)]. Der Wildgraf wandte also schon geraume Zeit vor 1215 beide Lehenformen an und unterschied sie rechtlich klar. Auf der dem Erzbischof von Trier gehörenden Saarburg ist im Jahre 1201 ein *castrensis* nachweisbar[440b)]. Das Bolander Lehenbuch, in dem die typischen Formen des Burglehenrechts erstmals klar und eingehend beschrieben sind, gehört bereits den letzten Jahren des 12. Jahrhunderts an. Die Familien der im Testament Kaiser Ottos IV. (von 1218) genannten Burgleheninhaber der Harzburg lassen sich bis in die Zeit Kaiser Friedrich Barbarossas als auf der Harzburg seßhaft nachweisen[441)]. Gibt es auch keine förmlichen Burglehenbriefe und -beschreibungen aus älterer Zeit, so ist doch zu untersuchen, ob sich nicht Termini unserer Einrichtung als Spuren einer früheren Anwendung finden lassen.

Mehrere Burgmannschaften des 12. Jahrhunderts sind durch den Ausdruck *castellani* überliefert. Der Begriff allein ist zwar kein ganz sicheres Indiz für das Burglehenrecht, vor allem kommt er um die Mitte des 12. Jahrhunderts auch für das Burggrafenamt vor[442)], aber in der Pluralform deutet er auf zur Burghut angenommene

439a) HStA München, Abt. I, Hochstift Bamberg, U 401.
440) GUDENUS (wie Anm. 233) I, S. 568 f., 625 f., 768, 787 f.
440a) Siehe Anm. 377.
440b) Mittelrhein. UB II, Nr. 191.
441) MGH Const. II, S. 53. NIESE (wie Anm. 222), S. 259.
442) Gottfried *castellanus* von Nürnberg wird in MGH DK III zwischen 1138 (Nr. 15) und 1146 (Nr. 150) in 10 echten und 4 unechten Urkunden genannt, Heinrich *castellanus* von Altenburg 1150 (S. 406,16), Heinrich *castellanus* von Kleve 1145 (S. 247,4).

Burgmannen hin. In einer Urkunde Herzog Friedrichs von Schwaben von 1189 werden vier staufische Ministerialen als *castellani* auf dem Hohenstaufen bezeichnet [443]. Auf Burgkunstadt hielt der Bischof von Bamberg 1180 drei Brüder als *ministeriales et castellani* [444]. Für die Burg Montclair werden in der Zeit um 1169–1183 *castellani* genannt, denen die Bewachung des Turmes anvertraut wird [444a]. Im Jahre 1164 betätigten sich 10 *castellani* der bischöflich würzburgischen Homburg am Main als Zeugen (darunter Marquard von Grumbach aus einem edlen Geschlecht) [445]. Bei der Verleihung der Ehrenburg behielt sich der Trierer Erzbischof ein Gebäude und das Recht vor, einen *sessor* darin zu halten (1161) – ein Ausdruck, der um 1200 für den Burglehenmann verwendet wurde [445a]. *Castri custodes* befanden sich 1158 auf der Burg Nassau und hatten dem Erzbischof von Trier als dem Lehensherrn der Burg den Treueid *(fidelitatem)* zu leisten [445b]. Wohl im Jahre 1157 übertrug Heinrich der Löwe seinen *castellanis* der Burg Dasenberg den Schutz *(curam)* über einen Hof des Klosters Corvey [446]. 1149 befanden sich mehrere *castellani* auf den Burgen Giech und Lichtenfels der Grafen von Andechs [447].

Andere Quellen erwähnen innerhalb der Burgen gelegene Wohnungen, die Ministerialen oder Burgmannen als Sitz dienten. Oben wurde bereits darauf hingewiesen, daß Bischof Timo von Bamberg 1196 die Burg Rorbach von den ehemaligen Besitzern der Burg bewachen ließ, denen er dafür, »wie es Gewohnheit war«, Grundstücke einräumte *(duas areas locavimus ad servandum nobis castrum, ut fieri assolet, ... dictis fratribus)* [448]. Auf der staufischen Burg Stollberg wohnten 1151 *castellani*, die Holz aus dem Steigerwald zum Heizen und zum Bau von Gebäuden in der Burg bezogen und die Schafe *(pecora)* auf der Burg hielten [449]. Nach der Weißenauer Chronik besaß und bewohnte der Ministeriale Gebizo 1145 in der welfischen Ravensburg eine vornehm erbaute *residencia* [450]. In der Zeit zwischen 1144 und 1162 wird auf der Reichsburg Cochem eine *domus* Rukeri erwähnt [451].

443) Württ. UB II, S. 264.

444) Österreicher, Geschichte der Herrschaft Banz, II, Urkunden, 1833, Nr. 28.

444a) *castellani, quibus custodia turris commissa erit:* Mittelrhein. UB II, Nr. 61.

445) ZGORh 4, S. 414. 1303 waren hier 20 würzburgische Burgmannen.

445a) Mittelrhein. UB I, Nr. 627. Siehe Anm. 294.

445b) Mittelrhein. UB I, Nr. 610.

446) K. Jordan, Urk. Heinrichs d. L., S. 51, 21. Datum nicht gesichert.

447) P. Oesterreicher, Denkwürdigkeiten der fränk. Geschichte, III, S. 91.

448) Siehe Anm. 439a.

449) *Sciendum et hoc, quod castellani, qui predictum castrum Stoliberg inhabitant, ligna ad focum in parte illa nemoris ... sumere possunt et ad usus edificiorum castri ... et pascere pecora pro libitu, que nutriunt in castello* (DK III, S. 452, 13 ff.).

450) *Anno ... 1145 ... fuit quidam prepotens miles ... nomine Gepzo, qui in castro Ravenspurgensi residenciam nobiliter constructam habebat, in qua et residebat* (ZGORh 29, 1877, S. 93).

451) Mittelrhein. UB I, Nr. 540.

Noch bessere Belege für die Existenz des Burglehenrechts als spezieller für die Burghut ausgebildeter Rechtsform sind Hinweise auf L e h e n in Verbindung mit Burgen. Einen sicheren Beweis enthält die Urkunde Kaiser Friedrichs I. für den Bischof von Bamberg von 1160, in der die Verleihung von Burgen und die Entfremdung unter dem Vorwand eines Burglehens *(sub colore castrensis beneficii)* verboten wird [452]. Hier erscheinen also bereits das normale Lehen und das Burglehen als zwei verschiedene Rechtsformen nebeneinander. Auch die Zuordnung von *feodum* und *custodia castri* auf der Trierer Burg Mussy, beides im Jahre 1160 in der Hand des Pagan von Mussy, deutet klar auf ein Burglehenverhältnis hin. Da in der Urkunde auf die Vorgänger des Burglehenmannes und des Lehensherrn Bezug genommen wird, muß das Verhältnis einige Zeit früher schon (sicher vor 1150) bestanden haben [452a]. Für 1149 wird ein *castellanum beneficium in Waldenstat et Sigeboldestorf* erwähnt, das nach E. v. Guttenberg zu der 1143 niedergerissenen Burg Waldenstat des Grafen Poppo von Andechs gehörte [453]. König Konrad III. bestätigte dem Kloster Stablo 1138 den Besitz der Burg Logne *cum omnibus beneficiis et casatis, qui ad custodiam ipsius castelli pertinent* [454]. Die *casati* (auch sonst im Sinne von belehnten *vasalli* vorkommend) dürften als Burgmannen, die *beneficia* als außerhalb der Burg befindliche Burghutlehen zu verstehen sein [455]. Besonders aufschlußreich ist die Notiz der Lorscher Chronik, Abt Diemo von Lorsch (1125—1139) habe den Zoll und Ackerland in Weinheim als Burglehen *(castrense beneficium)* verliehen [456]. Demnach bestand bereits dieses Burglehensobjekt, eines der frühesten bekannten, aus Gütern außerhalb der Burg und teilweise aus Einkünften in Geld, aus einer Art Rente. Noch im 14. Jahrhundert waren ja Zölle und Bede besonders beliebte Burglehensarten. Das Lorscher Burglehen gehörte sicher zur Burg Weinheim (der heutigen Burg Windeck), die übrigens während der Abtssedisvakanzen um 1139/40 und 1149—1151 mit königlichen *castrenses* besetzt wurde [457].

452) ... *innodamus, ut nulli successorum tuorum potestas et licentia sit, aliquid ex his [castellis] infeodare aut sub colore castrensis beneficii vel alio quolibet malo ingenio a privatis usibus episcopii alienare* (Mon. Boica 29a, S. 355).

452a) ... *feodum Pagani de Muceio et custodiam eiusdem castri cum pertinentiis suis ... iisdem conditionibus, quibus Paganus et predecessores sui eandem custodiam et idem feodum a nobis et predecessoribus nostris tenuisse cognoscuntur* (Mittelrhein. UB I, Nr. 619).

453) E. v. Guttenberg (wie Anm. 217), S. 309.

454) MGH DK III, S. 10, 36.

455) Zu *casati:* F. L. Ganshof, Was ist Lehnswesen, 1961, S. 36, und Mittellateinisches Wörterbuch, hg. von der Bay. Akad. d. Wiss. und d. Deutschen Akad. d. Wiss., II. Band, S. 324.

456) *theloneum in Winenheim et partem agri dominicalis in castrense beneficium ... distribuit* (Lorscher Codex, Kap. 144a).

457) Lorscher Codex, Kap. 145, 155 b, c.

Mit diesen Belegen dürfte die Anwendung des Burglehenverhältnisses für königliche, reichskirchliche, herzogliche und gräfliche Burgen in Begriff und Sache bis in die erste Hälfte des 12. Jahrhunderts zurück hinreichend nachgewiesen sein. Die Frage, ob es die Habsburger oder die späten Staufer im 13. Jahrhundert waren, die das Burglehenwesen als Rechtsform entwickelten und erstmals in größerem Maße anwandten, ist hinfällig. Die Spuren führen in die Zeit vor Friedrich Barbarossa zurück. Das letzte Drittel des 11. Jahrhunderts war die Zeit des ersten großen Burgenbaus im Hochmittelalter. Wenige Jahrzehnte später schon wurden spezifische Rechtsverhältnisse für die Burgmannschaften und die Burghut ausgebildet, eine Rechtsordnung, die ihren Ursprung im Lehenrecht hatte und immer im Rahmen des Lehenwesens blieb, die aber durch dem Zweck angemessene, charakteristische Sonderformen ausgezeichnet war.

Der Begriff *castellani* wird auch gelegentlich im 11. Jahrhundert verwendet, 1079 zum Beispiel für eine Burg bei Ulm, häufiger aber findet man im 10. und 11. Jahrhundert die Begriffe *custodes* und *custodia*, noch öfters *presidium* und *presidia*, seltener *urbani* für Burgbesatzungen[458]. Ob das Rechts- und Anstellungsverhältnis dieser Wachmannschaften im 11. Jahrhundert durch das Lehenrecht, das Ministerialenrecht, den Heerbann, eine kommissarische Beauftragung oder eine andere Rechtsordnung geregelt war, dürfte für Südwestdeutschland den Quellen schwerlich mehr zu entnehmen sein.

7. *Einfache Burgbesatzung*

Neben den belehnten Burgmannen dienten einfache Wächter auf den Burgen. Offenbar waren die dem Stande der Nobiles oder Ministerialen angehörenden Burgmannen, obwohl zum Zwecke der Burghut belehnt und zur dauernden Anwesenheit gehalten, dennoch nicht verpflichtet, die tagtäglichen und allnächtlichen Wachen auszuüben. Dazu bediente man sich einfacheren Personals, das in den Quellen im allgemeinen nach den Funktionen in drei Gruppen eingeteilt erscheint: die Torwarte (*portenarii*, Pförtner), die an den Toren Wache standen, die eigentlichen Wächter *(vigiles)*, die wohl auf den Wehrgängen und den Mauern entlang gingen, und die Türmer *(custodes turrium*, *turrenses*, Turmknechte, Turmmeister), die oben auf den Türmen die weitere Umgebung beobachteten.

458) *castellani* einer Burg bei Ulm 1079: Berthold von Reichenau (MGH SS V, S. 319), 1096 auf syrischen Burgen: Ekkehard von Aura (SS VI, S. 219), 1047 des Bischofs von Ferrara (DH III, S. 396,40), um 980 zu Parma (DO II, S. 267,10). *custodes* und *custodia:* Ekkehard IV. zu 912 (SS II, S. 86), Jahrbücher von St. Gallen zu 1032 (Scriptores 61, S. 87). *presidium, presidia:* Wipo zu 1033 (Scriptores 61, S. 71), Hermann der Lahme zu 1032 (SS V, S. 121), Berthold von Reichenau zu 1075 und 1077 (SS V, S. 279,37; 298,50), Ekkehard von Aura zu 1068, 1073, 1096, 1121 (SS VI, S. 199, 200, 256). Lorscher Codex zu 1140, 1151 (Kap. 145, 155c). *urbani* der Burg Hohentwiel 914: Ekkehard IV. (SS II, S. 87) und 1086: Continuatio casuum St. Galli, Kap. 31.

In den Urkunden ist das niedere Wachpersonal nicht erst im 14. Jahrhundert, sondern bereits im frühen 13. Jahrhundert, erstmals 1231, nachweisbar[459]. Um Jahrzehnte früher schon weist das Bolander Lehenbuch (1194–1198) auf diese Schicht hin, indem es einen Burgleheninhaber *(inbeneficiatus mansionarius)* der Burg Erfenstein, der ein besonders wertvolles Lehen hatte, als *procurator turris et vigilium* bezeichnet[460]. Auch der Sachsenspiegel erwähnt bereits in seiner ältesten Abfassung, im auctor vetus (1220–1225), die Torwarte und Wächter, und zwar deshalb, weil ihre Unterhaltung ein Unterscheidungsmerkmal zwischen Burglehenrecht und normalem Lehenrecht war. Ließ ein Herr seine Burg durch Burgmänner nach Burglehenrecht behüten, so verköstigte er das untere Personal selbst, weil die Burg ja in seinem Besitz blieb; verlieh er dagegen die Burg als rechtes Lehen, dann war das Aufgabe des Lehenmannes[461]. Es ging dabei wohl weniger um die Last der Verpflegung als um das Recht der Einsetzung. Das jedenfalls wird durch eine Mainzer Urkunde bestätigt: Als die Edlen von Rüdesheim 1282 ihre eigene Burg dem Erzbischof übergaben und sich selbst als Burgmannen in Dienst nehmen ließen, behielt sich der Erzbischof ausdrücklich das Recht vor, die *vigiles et custodes turrium* einzusetzen[462]. Nach dem Schwabenspiegel hatte der Torwart die Aufgabe, zum Burglehengericht aufzubieten[463].

Die Zahl der Burgbesatzung ist wenigstens in einem Fall, der noch ins 13. Jahrhundert zurückgeht, bekannt: Die Markgrafen von Burgau, die 1293 ihre Burg Seifriedsberg an den Bischof von Augsburg verkauften, hielten um diese Zeit 5 adlige Burg-

459) H. KUNSTMANN, Mensch und Burg, 1967, S. 164–166, nennt Belege fürs 14. Jahrhundert. 1231 auf Burg Endsee: *castellani – vigiles, portenarii* (Mon. Boica 37, S. 244). – 1242 auf der Saarburg: *castrenses et custodes turrium* (Mittelrhein. UB III, Nr. 755). – 1246 in den Burgen Altenahr, Hart und Hochstaden: *custodes turrium, portenarii* (Mittelrhein. UB III, Nr. 858). – 1256 auf der Kyllburg: *castrenses – vigiles, portarii* (Mittelrhein. UB III, Nr. 1357). – 1266 auf Naumburg und Weidelburg: *castrenses – custodes turrium, portenarii, vigiles* (GUDENUS I, S. 716). – 1275 Prozelten: *castrenses – vigiles, portenarii et custodes turrium* (GUDENUS IV, S. 925). – 1282 Rüdesheim: *castrenses – vigiles et custodes turrium* (GUDENUS I, S. 787). – 1290 Burg Obrigheim: *castrensis – turrenses, vigiles* (ZGORh 11, S. 140). – 1319 Frauenstein: *Turmknechte, Pförtner, Wächter* (Cod. Dipl. Nassoicus III, 112). – 1331 Neuhaus: *burchmanne – turmer, torwarte und wahter* (Hohenloher UB II, Nr. 395). – 1337 Hochstift Speyer: *officiatis, vigilibus, custodibus et portenariis et etiam castrensibus* (REMLING UB, wie Anm. 236, I, S. 526).

460) Der *procurator* Meinhard von Dürkheim erhielt mit 50 M. das teuerste, durch einen Geldbetrag festgelegte Burglehen innerhalb des Lehenbuches. Der Ausdruck *vigiles* wird an keiner Stelle des Lehenbuches für die Burglehensinhaber benützt, ist also auch aus diesem Grund auf eine andere Schicht des Burgpersonals zu beziehen. SAUER (wie Anm. 243), S. 33.

461) Sachsenspiegel L 72 (307): *Neman ne mach recht len op ener borch bereden, dar de herre dorwarden unde wechtere bekosteget.* Der Schwabenspiegel übernahm diese Stelle nicht.

462) GUDENUS (wie Anm. 233) I, S. 787 f.

463) Schwabenspiegel L 142.

männer, 8 Wächter, 2 Torwarte und 1 Turmmeister, zusammen also 16 Mann, auf der Burg [464].

8. *Amtsweise ausgeübte Burghut und Lockerung des Burglehenrechts*

So wichtig und verbreitet das Burglehenrecht im 13. Jahrhundert erscheint, so gab es daneben, wenn auch offensichtlich viel weniger häufig, noch eine weitere Form der Burghut, nämlich als befristetes oder kündbares Auftragsverhältnis. Folgende Beispiele können dafür angeführt werden: Der Abt von Michelsberg kaufte 1221 dem Bamberger Ministerialen Heinrich von Sletine die Lehenrechte an der Burg Helfenroth mit dem zugehörigen Besitz ab und übertrug sie ihm darauf sofort wieder, aber, wie es ausdrücklich heißt, »nicht nach dem Lehenrecht, sondern in Anvertrauung« *(in commissione)*. Heinrich, der die Burg auf Lebenszeit erhielt, leistete mit seinen *castellanis* dem Abt einen Burghutseid [465]. Handelte es sich hier um einen Kompromiß, um dem Ministerialen die Aufgabe der Lehenrechte zu erleichtern, indem ihm für seine Person der Besitz der Burg belassen wurde, so lag ein solches Zugeständnis bei der Burg Ringelstein wohl nicht vor: Der Straßburger Bischof hatte sie nach einer Urkunde von 1228 dem Burkhard von Geroldseck und Ludwig von Lichtenberg »gegenwärtig anvertraut«, konnte sie ihnen aber ohne weiteres wieder abnehmen, um sie etwa dem Grafen von Dagsburg zu Lehen zu geben [466].

Vom Ende des 13. Jahrhunderts an mehren sich die Urkunden über amtsrechtliche Formen der Burgverwaltung. Im Jahre 1294 vertraute der Abt von St. Gallen dem Ritter Heinrich von Schönenstein die Burg Neuravensburg unter der Voraussetzung an, daß der Ritter sie jederzeit, ohne Verzug und ohne Widerrede, dem Abt »mit Ehren wieder antworte« [467]. Der Erzbischof von Mainz bestellte 1296 die Ritter Friedrich

464) Ob die adligen Burgmänner dauernde Residenzpflicht hatten, ist allerdings nicht bekannt. Andererseits ist anzunehmen, daß die Burgmänner auch Knechte hatten, die der Burgbesatzung noch hinzuzuzählen wären. W. V. Vock, Urkunden des Hochstifts Augsburg, Nr. 150.

465) ... *hec ipsa* (nämlich die Burg und die zugehörigen Güter) *non iure feudali, sed in commissione ... recipiens et ipse H. suique castellani iuramentum, quod castrum dictum cum summa fide servarent, abbati ... prestiterunt.* HStA München, Abt. I, Hochstift Bamberg, U 499. Guttenberg (wie Anm. 217), S. 309 f., führt diesen Fall als Beispiel dafür an, daß die Burghutlehen ursprünglich nicht erblich gewesen seien. Aber es handelt sich hier ja gerade nicht um eine Vergabe nach Burglehenrecht.

466) Regesten d. Bisch. v. Straßburg II, Nr. 934. Straßburger UB I, S. 167, Nr. 211.

467) ... *daz ich die burch ze der Niwen Ravinspurch, die mir min herre abbet Wilhelm von Sante Gallin in guten und in ganzen und in iemer werden triwen bevolhin hat, dieselben burch von ime enphangen han mit dem gedinge, daz ich ime die vorgenanten burch z allen citen hiute, morne und z allen stunden und sinen nachkomen, ob er inware, mit eren antwrten sol an allin furzug und ane widerrede, noch ensol ime noch sinen nachkomen weder en phandes wis noch mit dekainen anderen listen si vor behaben mit niwete.* (Württ. UB X, S. 275. Wartmann, UB St. Gallen III, Nr. 1088).

von Rosdorf und Dietrich von Hardenberg zu Amtleuten *(officiatos)* und übertrug ihnen in dieser Eigenschaft die Burgen und Festen Rusteberg, Hanstein, Hardenberg, Harburg und Heiligenstadt mit dem Vorbehalt, daß der Anstellungsvertrag unter Einhaltung einer angemessenen Frist jederzeit kündbar sei [468]. Der Bischof von Konstanz übergab 1341 die Burg Küssaburg, 1347 die Burg Raderach und 1349 die Burg Bischofszell an adlige Herren ohne Belehnung mit der Auflage, ihm damit »zu dienen« und die Burgen auf Anforderung wieder auszuliefern [468a].

Im 14. Jahrhundert verdrängte der Amtmannsstatus, der auf Lebenszeit beschränkt oder sogar jederzeit kündbar war, in vielen Territorien das Burglehenrecht. Im Herzogtum Bayern und in der Grafschaft Württemberg zum Beispiel spielte die lehenrechtliche Burgmannschaft schon in der Mitte des 14. Jahrhunderts überhaupt keine oder nur noch eine sehr nebensächliche Rolle. In Bayern wurden die Burgen von *Pflegern* in einer dem späteren Beamtenrecht nahekommenden Form [469], in der Grafschaft Württemberg ebenfalls von amtsweise eingesetzten *Burgherren* (später: *Burgvögten)* mit Hilfe von einfachen Wächtern und Knechten behütet und verwaltet [470]. Ein solcher Anstellungsvertrag liegt für den bischöflich Speyrer Amtmann von Rotenberg, Hans von Hirschhorn, aus dem Jahre 1395 vor: Er wurde verpflichtet, auf der Burg, die ihm *amtsweise* befohlen war, zu wohnen, dem Bischof damit zu *warten* und auf Anforderung jederzeit zurückzutreten. Er erhielt dafür eine Besoldung von jährlich 130 Gulden und zusätzlich Wein und Korn, um 4 Wächter und 3 weitere Bedienstete zu verköstigen [471].

Die Ablösung des Burglehenrechts durch den Amtmannsstatus am Ende des 13. oder im Laufe des 14. Jahrhunderts in einem Teil der Territorien ist ein Grund dafür, daß Burglehen in diesen Gebieten nur in Einzelfällen noch nachweisbar sind. Da die Burglehenobjekte im allgemeinen aus Geldrenten oder aus pfandweise aufgetragenen Gütern bestanden, unterlagen sie einem dauernden Wechsel. Selbst wo sich das Burglehensystem im Spätmittelalter erhielt, wie im Hochstift Bamberg, blieben die Burglehengüter im 14. Jahrhundert nur selten konstante Größen und lassen sich nur in wenigen Fällen längere Zeit hindurch verfolgen [472], ganz im Gegensatz zum normalen Lehenrecht, dessen Objekte oft über Generationen hinweg unverändert in den Quellen erscheinen. Wo nun das Burglehenrecht schon früh aufgegeben wurde, da sind die

468) ... *in nostros officiatos recepimus ... et committimus fidei eorum castra et municiones ... cum universis eorum iuribus, obvencionibus et fructibus, ut ex his ipsas municiones custodiant, regant, procurent in necessariis, protegant et gubernent* (Gudenus, wie Anm. 233, I, S. 891 ff., Regesten d. Erzbischöfe von Mainz I, Nr. 439).
468a) Reg. d. Bisch. v. Konstanz II, Nr. 4613, 4810, 4913.
469) Diskussionsbeitrag von P. Fried in Protokoll Nr. 183 des Konstanzer Arbeitskreises (1973), S. 24.
470) H.-M. Maurer, Die landesherrliche Burg (wie Anm. 436), S. 70 ff.
471) ZGORh 14, 1863, S. 167.
472) H. Kunstmann (wie Anm. 372), S. 155.

Burglehengüter für die Forschung nur in Ausnahmefällen noch faßbar. Daher kann der methodische Versuch, über die Ermittlung von Burglehenobjekten die Anwendung dieser Rechtsinstitution zu erkennen, nur geringen Erfolg haben, und das wiederum dürfte der Grund dafür sein, daß die Bedeutung und Verbreitung der lehenrechtlichen Burgmannschaft im 12. und 13. Jahrhundert bisher nicht wirklich erkannt und gewürdigt wurde.

In anderen Territorien hielt sich das Burglehenrecht im 14. und 15. Jahrhundert, doch kann die Entwicklung in dieser Zeit hier nur kurz skizziert werden. Es wurde bereits erwähnt, daß König Rudolf von Habsburg sich dieser Institution noch einmal intensiv bediente und sie vor allem auch auf Stadtburgen ausdehnte [473]. Eine Reihe von Territorialherren folgte ihm dabei. Andererseits begannen sich vom ausgehenden 13. Jahrhundert an die strengen Formen des Burglehenrechts zu lockern, und im Spätmittelalter näherten sie sich denen des allgemeinen Lehenrechts. Dies geschah etwa, wenn die Burg selbst zum Burglehenobjekt gemacht wurde und damit der Grundsatz, daß die Burg in unmittelbarem Besitz des Herrn bleiben solle, in Frage gestellt wurde. Ein frühes Beispiel ist die Verleihung von Burg und Stadt Zuzenhausen durch den Bischof von Speyer als Burglehen an Heinrich von Herbortsheim, doch blieb in diesem Fall das typische Burgmannenverhältnis mit Kapitalbezogenheit und Residenzpflicht dennoch gewahrt (1286) [474]. Heinrich von Gundelfingen-Bichishausen, der von den Habsburgern die Turmburg Bichishausen als Burglehen hatte, zerstörte – wohl während des Thronstreits 1314 – eigenmächtig den Turm [475]. 1326 übertrug König Ludwig als Herzog von Bayern den Burgstall und das Dorf Honhardt als Burglehen an Kraft von Hohenlohe [476]. Die Bischöfe von Bamberg gaben die Burgen Nordhalben 1353, Rothenkirchen und Wildenberg 1362 sowie Thurn 1399 als Burglehen aus [477].

Auch wenn die Burghut einer Feste auf einem einzigen Burglehen beruhte und also nur e i n e r Familie anvertraut war, führte das Verhältnis leicht zum Anspruch auf die ganze Burg als normales Lehen, wie es für die habsburgische Burg Schatzberg nachzuweisen ist [478].

Bedenklicher noch war die Lockerung der Wohnpflicht, die in Einzelfällen bereits fürs 13. Jahrhundert, häufiger dann fürs 14. Jahrhundert festzustellen ist. Damit wurde ein Hauptwesensmerkmal des Burglehenrechts, die dauernde Verfügbarkeit des Mannes an Ort und Stelle, durchlöchert. Der Burgmann wurde – wie der normale Lehenmann – nur noch bei bestimmten Anlässen auf die Burg gerufen.

473) O. Redlich, Rudolf von Habsburg, 1903, S. 467–478.
474) Remling, UB (wie Anm. 236) I, S. 379.
475) R. Maag (wie Anm. 317) II, S. 265, I, S. 468 Anm. 3.
476) Hohenloher UB II, Nr. 261.
477) H. Kunstmann (wie Anm. 372), S. 152.
478) Die Familie von Hornstein hütete die habsburgische Burg Schatzberg auf Grund eines Burglehens, beanspruchte aber später die ganze Burg als Lehen: Maag (wie Anm. 317) II, S. 243. V. Ernst, Beschreibung des Oberamts Riedlingen, 1923, S. 733.

Länger hielt sich die kapitalbezogene Form des Burglehenobjekts. Sie überwog noch im 14. Jahrhundert, wurde aber doch allmählich von Burglehen, die aus Liegenschaften bestanden, den sogenannten Burggütern, verdrängt. Auch das bedeutete eine »Feudalisierung« im Sinne des normalen Lehenrechts, die schließlich in den meisten Territorien im 15. Jahrhundert zur endgültigen Überwindung des Burglehenrechts führte 479).

9. Zusammenfassung

In den dreißiger Jahren des 12. Jahrhunderts tauchen die ersten Belege für das Burglehenrecht als besondere Rechtsform der Burghut auf. Sie muß sich also schon wenige Jahrzehnte nach der ersten großen Burgenbauwelle des Adels, die in der zweiten Häfte des 11. Jahrhunderts eingesetzt hatte, herausgebildet haben. Das ist nicht erstaunlich, benötigte man doch für die zahlreich emporschießenden, meist auf Höhen gelegenen Burgen eine den speziellen Erfordernissen angepaßte Form militärischer Bewachung. Da das Heerwesen jener Zeit überwiegend auf dem Lehenrecht beruhte und die verantwortlichen Bewacher einer Burg militärisch-ritterliche Fähigkeiten besitzen mußten, lag es nahe, auch die Rechtsform der Burghut aus dem Lehenwesen heraus zu entwikkeln.

Sind aus dem 12. Jahrhundert nur vereinzelte Belege erhalten, die zwar die Existenz des Burglehenrechts klar dokumentieren, aber eine nähere Beschreibung noch nicht ermöglichen, so reichen die Quellen seit der Wende zum 13. Jahrhundert aus, um die Art dieser Rechtsinstitution zu erfassen und ihre Verbreitung zu ermessen. Auf Grund dieser Quellen sei hier die These aufgestellt, daß das Burglehenrecht mindestens seit der Zeit um 1200 nicht nur e i n e unter anderen Formen der Burghut war, sondern die wichtigste und gebräuchlichste. Alle anderen möglichen Institutionen waren weniger geeignet und können für diesen Zweck auch nicht in gleichem Umfang nachgewiesen werden. Wenig geeignet war zum Beispiel das normale Lehenrecht, da die zeitlich befristeten Dienste des Lehenmannes nicht genügten, um die dauernde Sicherheit einer Burg zu gewährleisten. Die Verleihung ganzer Burgen nach dem vasallitischen Lehenrecht, die natürlich vielfach belegt ist, gehört daher nicht in diesen Zusammenhang, da sie nicht eigentlich eine Form der Burghut war, sondern eine Besitzübertragung. Die kommissarische oder »amtsweise« ausgeübte Burghut kam zwar vor, doch scheint sie nach den Quellen vor dem ausgehenden 13. Jahrhundert nicht häufig gewesen zu sein, paßt sie doch auch nicht in die feudale Struktur jener Zeit. Welche Rolle der dritte in Frage kommende Rechtskreis, das vielzitierte Ministerialenrecht, bei der Burgenbewachung spielte, ist schwer abzuschätzen, weil es keine unmittelbaren Hinweise dafür gibt. Tatsache ist, daß zahlreiche Ministerialen die Burghut ausübten,

479) H. KUNSTMANN (wie Anm. 372), S. 152–155, 162 f.

aber es gibt keinen Beleg dafür, daß sie es schlichtweg ihrer Ministerialität wegen taten. Dagegen finden wir Ministeriale seit dem ausgehenden 12. Jahrhundert mit Burglehen belehnt. Da nach den Dienstrechten des 11. und 12. Jahrhunderts auch die Ministerialen ihre Dienste auf Grund von Lehen *(beneficia)* ausübten und diese Lehen sich dem vasallitischen Lehenrecht annäherten[480], muß auch bei Burgmannen aus dem Ministerialenstand gefragt werden, auf Grund welcher Lehen sie die Burghut ausübten. Hier bietet sich nun wiederum das Burglehenrecht an, zumal eine Alternative dazu aus den Quellen nicht ersichtlich ist. Die im Burglehenrecht geforderte dauernde und enge Bindung an den Burgherrn steht ohnehin dem Dienstrecht sachlich nahe und war vielleicht sogar davon beeinflußt, ohne allerdings standesgebunden zu sein. Die Burglehenbriefe aus der ersten Hälfte des 13. Jahrhunderts zeigen, daß Ministeriale wie Nobiles nach den Formen des Burglehenrechts belehnt wurden.

Aus all dem ergibt sich, daß im 13. Jahrhundert in der Regel weder das Lehenrecht noch das Amtsrecht und wahrscheinlich auch nicht das Ministerialenrecht die rechtliche Grundlage für die zur Burghut bestellten Ritter war, sondern das *ius castrensis feodi*, das Burglehenrecht, das eigens zu diesem Zweck ausgebildet worden war. Daß in Einzelfällen auch andere Rechtsverhältnisse gewählt wurden, daß es Abwandlungen und Zwischenformen gegeben haben kann, darf bei der Vielfalt mittelalterlicher Rechtswirklichkeit natürlich keineswegs ausgeschlossen werden.

Das wichtigste Merkmal des Burglehenrechts und Grund aller weiteren Besonderheiten war die Wohnpflicht der Burgmannen auf der Burg, die dauernde Bereitschaft zur Burgverteidigung, die bis in die zweite Hälfte des 13. Jahrhunderts unabdingbar war und von der auch hochgestellte Burgmannen nur Dispens erhielten, wenn sie einen Vertreter stellten. Die Burgmannen erhielten zu diesem Zweck Wohnungen auf den Burgen eingeräumt oder Bauplätze, um sich selbst Bauten zu errichten. Die strengere Bindung des Burgmannes kommt auch zum Ausdruck in dem Verbot, Burglehen weiterzuverleihen oder zu veräußern, und in einer eigenen, von der übrigen Lehenkurie getrennten Gerichtsbarkeit, an der ausschließlich Burgmannen mitwirkten. Eine begreifliche Folge der stärkeren Belastung des Burgmannes war, daß es dem Herrn nicht erlaubt war, normale Lehen in Burglehen umzuwandeln. Die Burglehen blieben auch bei Besitzerwechsel an die Burg gebunden. Wenn aber die Burgdienste entfielen, sei es, daß die Burg zerstört wurde, sei es, daß Burg und Burglehen in die Hände verschiedener Herren kamen, sei es, daß die Burg in den Besitz eines Gleichrangigen (eines Genossen) gelangte, dann wurden Burglehen zu echten, vasallitischen Lehen und die Burgmannen zu normalen Lehenmannen.

480) K. Bosl, Dienstrecht und Lehnrecht im deutschen Mittelalter, in: Studien zum mittelalterlichen Lehenswesen, Vorträge und Forschungen, hg. von Th. Mayer, Band V, 1960, S. 82–90.

Bezeichnend für das Burglehenrecht, im Unterschied zum allgemeinen Lehenrecht, ist die von Anfang an verdinglichte Form. Der Charakter des Burglehenobjekts als Rechtsgrundlage und Entgelt für die Dienste wird häufig betont. Die Burglehen sind in den meisten Fällen auf einen festen Geldbetrag bezogen und nähern sich dadurch einer Besoldung. Entweder blieb die Summe beim Herrn und der Burgmann erhielt als Burglehen eine jährliche Rente von etwa 10 Prozent, oder der Herr zahlte den Grundbetrag aus und der Burgmann trug dafür als Pfand Güter oder Einkünfte im Wert von etwa 10 Prozent zu Burglehen auf. Diese geldbezogene Art des Burglehenobjekts fügte sich einerseits noch dem Lehenwesen ein und erlaubte doch, wie eine Besoldung, eine beweglichere »Personalpolitik«, als es die Vergabe liegender Güter vermochte.

Versucht man eine Beurteilung, so ist festzustellen, daß hier eine Rechtsinstitution ausgebildet wurde, die dem Zweck in vieler Hinsicht glücklich angemessen war. Die Grundformen waren dem Lehenwesen entnommen und entsprachen somit den ständischen Vorstellungen der Gesellschaft des Hochmittelalters. Die strenge und dauernde Verpflichtung des Mannes gegenüber der Burg gewährte dem Burgherrn die notwendige Sicherheit, die die Befestigung seines Hauses erst zuverlässig machte. Er hatte, ob selbst anwesend oder in der Ferne, die Gewähr, daß seine Burg gegen Angriffe verteidigt wurde. Der Burgmann aber konnte auf der Burg ein ritterliches Leben führen, erhielt in lehenrechtlichen Formen eine Art Besoldung, die im Wert auf den Dienst abgestimmt war, war selbst unkündbar, konnte aber seinerseits das Verhältnis lösen. Hier erscheinen in Formen, die der Zeit gemäß waren, die Interessen beider Seiten sinnvoll aufeinander abgestimmt.

Das galt natürlich nur solange, als sich beide Seiten streng an die Normen hielten. Einzelne Ausnahmen, die von Anfang an festzustellen sind, dürften dem System grundsätzlich noch nicht geschadet haben, wohl aber eine in der zweiten Hälfte des 13. Jahrhunderts einsetzende Auflockerungstendenz, die im Spätmittelalter zu einer allmählichen Annäherung an das allgemeine Lehenrecht führte und die Institution für den eigentlichen Zweck, die Sicherheit der Burgen, unbrauchbar machte.

Überblicken wir diese Untersuchung insgesamt, so sind es nur Spuren, die freigelegt und nachgeschritten werden konnten. Aber in Umrissen enthüllten sich doch Rechtsordnungen, die gezielt für die Burg entwickelt oder ihr angepaßt wurden und die über individuelle Formen hinaus allgemeine Bedeutung erhielten.

Zum Beschluß seien hier zwei Momente noch einmal hervorgehoben. In den ersten Abschnitten ergab sich ein eigentümlicher Dualismus der Burg als Rechtsbereich, eine Spannung zwischen zwei gegensätzlichen Rechtssphären, eine Mittelstellung, die indessen gerade geeignet ist, das Wesen der Burg zu erkennen. Als Befestigung war die Burg Gegenstand einer öffentlich-rechtlichen Konzession, als Sitz des Adels, der an der Herrschaft teilhatte, war sie Kriterium für die Teilnahme an fürstlichen Hoftagen, als Standort politischer und administrativer Zentren war sie ein Platz von hohem öffentlichem Interesse – als bewohntes Haus aber war sie privater Bereich und dem öffentlichen Recht entzogen. So kommt es, daß in der Burg zwar zahlreiche Verhandlungen geführt, Entscheidungen gefällt und auch rechtswirksame Verträge ausgestellt wurden, daß sie aber nicht zum Sitze öffentlicher Rechtsprechung werden konnte. Der »Burgfrieden« war für das öffentliche Recht nicht mehr als ein Hausfrieden, ein Immunitätsbereich ohne Einfluß und ohne Zutrittsrecht der richterlichen Vollzugsgewalt – für die Burgbesitzer aber war die Burg Gegenstand eines Ordnungs- und Friedensrechts, das oft bis in Einzelheiten in ausführlichen Verträgen geregelt wurde und das im Spätmittelalter zum Asylrecht und in manchen Fällen doch noch zur vollen Jurisdiktion entwickelt werden konnte. Die rechtliche Zwiespältigkeit der Burg führte bezeichnenderweise in der Frage des Anspruchs auf Fronen zu Unsicherheiten. Es ist den Burgherren jedenfalls nicht gelungen, den alten Burgbann und das Burgwerk auf ihre Dynastenwohnungen, deren öffentliche Schutzfunktion fragwürdig war, voll anzuwenden.

Ein anderes Moment geht aus den beiden letzten Abschnitten hervor: Die Burg erwies sich als eine Institution, von der bemerkenswerte Erneuerungen der Feudalstrukturen ausgingen. Das deutsche Lehenswesen war infolge seiner vasallenfreundlichen, auflösenden Tendenzen für die Verwaltung von Burgen, deren Sicherheit absolute Vasallentreue voraussetzte, mehr und mehr ungeeignet. Andererseits waren militärisch-administrative Aufgaben für die ritterlich-feudale Gesellschaft des Hochmittelalters außerhalb des Lehenrechts kaum vorstellbar. So wurde gerade die Burg zum Anlaß für die Einführung von Sonderformen des Lehenswesens, die der allgemeinen Tendenz entgegenwirkten. Dazu gehörten die Rezeption des in Frankreich entstandenen ligischen Rechts und vor allem die Entwicklung des Burglehenrechts, das – dem Zweck erstaunlich gut angepaßt – eine überraschend große Bedeutung und Verbreitung erhielt. Beide Lehenformen wirkten im Spätmittelalter weiter, das ligische Recht in dem territorialpolitisch wichtigen Öffnungswesen, das Burglehenrecht in dem noch wichtigeren Rat- und Dienerverhältnis bis hin zum Beamtenrecht [481]).

481) B. Diestelkamp (wie Anm. 371) weist nach, daß stilistische Elemente der Burglehenbriefe in die Bestallungsurkunden der landesherrlichen Diener übergegangen sind (S. 71–76). Die besondere Verpflichtungsintensität der Burgmannschaft einerseits und die auf einen Geldbetrag bezogene Gegenleistung des Herrn andererseits konnten vorbildlich für das spätmittelalterliche Dienstverhältnis werden. Schon Lamprecht erkannte den Zusammenhang des Burglehenrechts mit den späteren Dienstverträgen (wie Anm. 242a, S. 883 f., 1312 f.).

Die Rolle der Burg in der hochmittelalterlichen Verfassungsgeschichte der Landschaften zwischen Bodensee und Schwarzwald

VON HELMUT MAURER

Die auffällige Erscheinung, daß etwa seit der Mitte des 11. Jahrhunderts der Adel in vorher nicht gekanntem Ausmaß Burgen, und zwar vor allem Burgen auf Höhen, zu errichten beginnt, hat in den letzten Jahren auch im deutschen Südwesten das Interesse der historischen, archäologischen und baugeschichtlichen Forschung im besonderen Maße auf sich zu lenken vermocht [1]. Im Zentrum dieser wissenschaftlichen Bemühungen stand und steht freilich die Burg als solche, ihre Zeitstellung, ihre eigenen Rechts- und Verfassungsverhältnisse, ihre topographische Situation, steht die Burg als Bauwerk, als Wehrbau usw. usf. Zwar wurden – notwendigerweise – immer wieder auch die Funktionen der Burg als Herrschaftsmittelpunkt und ihre Bedeutung als Sitz einer adeligen Familie gebührend beachtet und entsprechend hervorgehoben [2].

Nur selten aber hat man sich bisher – sieht man einmal von der Arbeit von Jacob Friedrichs über »Burg und territoriale Grafschaften« ab [3] – die Frage gestellt, welche Auswirkungen dieser allenthalben zu beobachtende, alle Landschaften erfüllende Vorgang des hochmittelalterlichen, im wesentlichen vom hohen Adel getragenen Burgenbaus auf die Verfassung, auf die rechtliche »Struktur«, auf das »innere Gefüge« des umgebenden Landes ausgeübt haben mußte.

Eine solche Frage zielt freilich letzten Endes über das eigentliche Objekt einer solchen Untersuchung, über die Burg, hinaus auf die allgemeine Verfassungsgeschichte, in unserem Falle auf die Verfassungsgeschichte Schwabens im Hochmittelalter, genauer gesagt im Zeitraum zwischen der Mitte des 11. und der Mitte des 13. Jahrhunderts,

1) Vgl. vor allem Hans-Martin Maurer, Die Entstehung der hochmittelalterlichen Adelsburg in Südwestdeutschland, in: ZGORh 117, 1969, S. 295–332, und G. Wein, Burgen des alemannischen Adels im frühen Mittelalter (Protokoll des Konstanzer Arbeitskreises für mittelalterliche Geschichte Nr. 155 vom 8. XI. 1969) 1970 sowie G. P. Fehring, Kirche und Burg, Herrensitz und Siedlung, in: ZGORh 120, 1972, S. 1–50, insbes. S. 18 ff.

2) Dazu jetzt vor allem K. Schmid, Adel und Reform in Schwaben, in: Investiturstreit und Reichsverfassung (VortrrForsch 17), 1973, S. 295–319.

3) Diss. phil. Bonn, 1907.

und versucht dementsprechend die Burg als entscheidenden Faktor und als integrierenden Bestandteil dieses sich ständig wandelnden Verfassungsgefüges zu begreifen.

Die Antwort oder besser die Antworten auf die so definierte Fragestellung können und dürfen indessen beim augenblicklichen Stand der Forschung keineswegs für den gesamten schwäbisch-alemannischen Raum auf einmal gesucht und gefunden werden; würde man es dennoch tun, bestünde die Gefahr, daß etwaige landschaftliche Unterschiede in unzulässiger Weise verwischt werden könnten.

Das für eine derartige Untersuchung auszuwählende Gebiet muß stattdessen relativ kleinräumig, andererseits dennoch wiederum so umfangreich sein, daß wenigstens die wichtigsten, auch für benachbarte Räume anzunehmenden Grundtendenzen der verfassungsgeschichtlichen Dynamik einigermaßen greifbar und erkennbar sein mögen. Diesem Ziel mag es auch dienlich sein, wenn sich unsere Fragen auf einen Raum beziehen, der nicht nur Altsiedelland, sondern auch Gebietsteile umfaßt, die – wie der südöstliche Schwarzwald, der Randen und Teile Oberschwabens – erst im hohen Mittelalter der Besiedlung erschlossen worden sind, und der – auch das scheint uns für das Ergebnis wichtig – gegen das Ende unserer Epoche und dann vorab im Spätmittelalter nicht von der Bildung eines einzigen großen Territoriums erfaßt worden ist, sondern die Entstehung vieler kleiner Herrschaftsgebilde, aus denen dann im Spätmittelalter echte Landesherrschaften erwachsen sind, gesehen hat [4]. Ein solcher Raum läßt demnach von vornherein eine gewisse Vielfalt verfassungsgeschichtlicher Erscheinungsformen erwarten und bewahrt uns vor der Gefahr, allzu rasch eine klare Linie der Entwicklung suchen und finden zu wollen.

Dieser von uns gewählte Untersuchungsraum bildete – das ist damit schon angedeutet – nie die Einheit einer »historischen Landschaft«; es handelt sich vielmehr im wesentlichen um fünf einander benachbarte altbesiedelte Landstriche, um fünf pagi mit je ihrer eigenen Vergangenheit, nämlich im Osten um den Linzgau am Nordufer des Bodensees, dann – etwa in der Mitte des Raumes – um die beiden an den Hochrhein angrenzenden Gaue Hegau und Klettgau, dann – weiter im Westen – um den dem östlichen Schwarzwald vorgelagerten Alpgau und schließlich im Norden – an der oberen Donau – um die Baar, genauer um die westliche der zahlreichen frühmittelalterlichen Baaren.

Allen diesen altbesiedelten Landschaften ist gemeinsam, daß durch sie alte, bedeutende Fernwege zogen, die vor allem das Land um den oberen Neckar im Norden und das Land um die obere Donau im Osten mit dem heutigen Schweizer Mittelland und mit den Alpenübergängen im heutigen Graubünden verbanden. Alle fünf Landstriche bildeten also keineswegs eine Abseitslandschaft, sondern im Gegenteil eine wichtige

4) Vgl. dazu den Überblick bei K. S. Bader, Der deutsche Südwesten in seiner territorialstaatlichen Entwicklung, 1950, insbes. S. 115 ff.

Durchgangslandschaft, wenn sie in ihrer verkehrsgeographischen Bedeutung auch nicht mit den Landschaften der oberrheinischen Tiefebene verglichen werden können [5].

I.

Um nun die Wirkungen der Errichtung zahlreicher Burgen im hohen Mittelalter auf die Verfassung dieser zwischen Bodensee und Schwarzwald gelegenen Landschaften in dem in Frage kommenden Zeitraum zwischen 1050 und 1250 in ihrem ganzen Ausmaß und in ihrer ganzen Bedeutung erfassen zu können, scheint es uns freilich notwendig zu sein, zunächst einmal die rechtliche und politische Struktur dieser Landstriche in der Zeit v o r der großen Überlieferungslücke zwischen rund 950 und 1050 und damit zugleich vor der großen Burgenbauperiode des Hochmittelalters zu beschreiben. Denn nur auf einem solchen zeitlichen Hintergrund lassen sich die zu erwartenden Veränderungen des Hochmittelalters, läßt sich die Rolle der Burg in der hochmittelalterlichen Verfassungsgeschichte deutlich genug erkennen und abheben. Versucht man die entscheidenden, allen fünf Landstrichen in ungefähr gleichem Maße zukommenden Merkmale der Verfassungs- und Sozialstruktur in der ersten Hälfte des 10. Jahrhunderts zu bestimmen, dann ergibt sich – bei aller, der einzellandschaftlichen Unterschiede wegen gebotener Vorsicht – in etwa das folgende Bild [6]:

In beinahe allen fünf Einzellandschaften finden sich – als Zentren königlicher Herrschaftsausübung – mehr oder weniger umfangreiche Komplexe von K ö n i g s - g u t, das sich freilich im 10. Jahrhundert nicht mehr in jedem Falle in königlicher Hand zu befinden scheint.

Diese Beobachtung trifft etwa für den im Grenzbereich zwischen Klettgau und Alpgau gelegenen *regalis fiscus* Schleitheim, der sich bereits in der zweiten Hälfte des 10. Jahrhunderts im Besitz Herzog Burchards (II.) von Schwaben (954–973) befand und von diesem dann an die Abtei Reichenau geschenkt wurde [7], ebenso zu wie für den im wesentlichen auf Bodman selbst und den Hohentwiel reduzierten einstigen Fis-

5) Zur Kulturgeographie auch dieser Landschaften – statt der Einzelliteratur – R. GRADMANN, Süddeutschland, Bd. I u. II, 2. Aufl., 1956 (in Bd. II insbes. S. 166 ff. u. S. 374 ff.).

6) Im einzelnen ist zu vergleichen für den L i n z g a u V. ERNST, Beschreibung des Oberamts Tettnang, 2. Bearbeitung, 1915, S. 177 ff., für den H e g a u H. JÄNICHEN in: Der Landkreis Konstanz. Amtl. Kreisbeschreibung Bd. I, 1968, S. 287 ff., für A l p g a u und K l e t t g a u H. MAURER, Das Land zwischen Schwarzwald und Randen im frühen und hohen Mittelalter (Forsch. zur oberrhein. LdG. XVI) 1965, und für die B a a r K. S. BADER, Zur politischen und rechtlichen Entwicklung der Baar in vorfürstenbergischer Zeit, 1937.

7) Vgl. H. MAURER (wie Anm. 6), S. 51 ff. und jetzt TH. L. ZOTZ, Der Breisgau und das alemannische Herzogtum, 1974, passim (s. Registerposition Schleitheim).

kus Bodman [8], der zunächst in die Gewalt der sog. Kammerboten Erchanger und Berthold und später an Herzog Burchard (II.) von Schwaben – möglicherweise als Amtsgut – übergegangen war und das ganze 10. Jahrhundert über in Händen Burchards bzw. seiner Frau Hadwig verblieben ist. Der zweimalige Besuch des Hohentwiel durch Otto III. nach Hadwigs Tode beweist indessen, daß dieser Berg dem Königtum dennoch nicht ganz entfremdet worden war [9]. – Und wenn sich der gleiche König im Jahre 988 auf der Meersburg, dem Brückenkopf einer nach Konstanz hinüberführenden Fähre aufhält, so könnte man auch in dieser Burg königlichen Besitz erblicken wollen, der dem König durchaus noch zur Verfügung gestanden hätte [10].

Daß gerade diese, im eigentlichen Bodenseegebiet gelegenen befestigten Orte noch immer vom Königtum in Anspruch genommen werden, verwundert nicht, wenn man bedenkt, daß hier mehrere Straßen hindurchliefen, die einerseits vom Mittelrhein kommend und am Ostrand des Schwarzwaldes entlanglaufend zu den Bündner Pässen führten, andererseits von Ulm ausgehend und durch Oberschwaben ziehend, Zürich, einem wichtigen Stützpunkt des ottonischen Königtums und des schwäbischen Herzogtums, zustrebten [11]. Beide Routen dienten mit ihren Varianten als königliche Reisewege, und mit Hilfe beider Routen konnten überdies der Bischofssitz Konstanz und die beiden großen Reichsabteien Reichenau und St. Gallen leicht erreicht werden.

Die Lage in unmittelbarer Nähe des am südöstlichen Schwarzwald entlang zum Bodensee führenden königlichen Reiseweges mag es mit bedingt haben, daß ein anderer Komplex von Königsgut, der um Neudingen auf der Baar gelegene, auch im 10. Jahrhundert dem ottonischen Königtum offenbar noch keineswegs entfremdet war [12]. Das lehrt zumindest die Schenkung eines Besitztums in Trossingen durch den Königssohn Liudolf an die Reichenau, eines Besitztums, von dem es in der bestätigenden Urkunde Ottos I. vom 1. 1. 950 heißt, daß es zum Ort Neudingen gehört habe; was nur soviel heißen kann, daß es als Pertinenz des Königshofes Neudingen galt [13].

8) Über den Fiskus Bodman vgl. nächstens H. G. Walther, in: Sammelband Bodman, hg. von H. Berner.

9) Vgl. die ähnliche Wertung bei H. Jänichen (wie Anm. 6), S. 290 und jetzt Th. L. Zotz (wie Anm. 7) passim (s. Registerposition Hohentwiel) und künftig H. Maurer, Bodman, Wahlwies, der Hohentwiel und die Begründung der Herzogsherrschaft in Schwaben, in: Sammelband Bodman, hg. von H. Berner.

10) Dazu H. Maurer, Fähre, Burg und Markt. Studien zum vorstädtischen Meersburg, in: Die Stadt in der europäischen Geschichte. Festschr. Edith Ennen, 1972, S. 259–269.

11) Vgl. H. J. Rieckenberg, Königstraße und Königsgut in liudolfingischer und frühsalischer Zeit (919–1056), in: AUF 17, 1942, S. 32–154, insbes. S. 149 ff.

12) Vgl. M. Glunk, Die karolingischen Königsgüter in der Baar, in: SchrrVGBaar XXVII, 1968, S. 1–33, insbes. S. 13 ff.

13) MG DO I, Nr. 116, S. 198/199.

Dieser karolingische Königshof Neudingen, auf dem im Jahre 888 der abgesetzte Kaiser Karl III. gestorben war, hat nun aber – im Gegensatz zu den bereits genannten Komplexen von Königsgut – für die Verfassung der ihn umgebenden Landschaft noch eine besondere Bedeutung. Er ist nicht nur Mittelpunkt des Königsgutes auf der Baar, sondern ist zugleich – zumindest gegen Ende des 9. Jahrhunderts – Mittelpunkt des comitatus, der Grafschaft in der Baar. Denn nur so ist die Lagebezeichnung in einem Diplom Karls III. von 881 zu verstehen, wo es heißt: *in Alamannia, in comitatu Nidingen in pago Berchtoldsbara* [14]. Demnach ist die Grafengewalt in der Bertoldsbaar – im Gegensatz zu den benachbarten Landstrichen – auf einen Mittelpunkt fixiert, der bezeichnenderweise auf Königsgut ruht. Diese, das »innere Gefüge« der Baar wesentlich bestimmende frühe Mittelpunktsbildung muß indessen noch umfassendere Wirkungen gehabt haben, als es die Quellenzeugnisse des 9. und 10. Jahrhunderts zu erkennen geben. Denn wenn unter den während des Spätmittelalters östlich des Schwarzwaldes gebräuchlichen Getreidemaßen alle diese Maße auf einen Markt, auf eine Stadt bezogen werden, mit der einen Ausnahme des in der Baar gebräuchlichen »Neidinger Meß« [15], das nach einem Ort benannt wurde, der im hohen und späten Mittelalter nichts mehr war als ein einfaches Bauerndorf ohne Marktfunktionen, dann muß die Benennung dieses Maßes in eine frühere Epoche zurückweisen, in eine Epoche, da Neudingen Königshof und Mittelpunkt der Grafengewalt in der Baar zugleich gewesen war, d. h. in das 9. und 10. Jahrhundert [16].

Mit der Betrachtung des Königsgutes in den Landschaften zwischen Bodensee und Schwarzwald sind wir zugleich auf zwei Institutionen gestoßen, die im 10. Jahrhundert neben dem Königtum in unseren Landstrichen in entscheidendem Maße wirksam waren: auf das zu Beginn des 10. Jahrhunderts neu entstandene schwäbische Herzogtum und auf den noch aus der karolingischen Epoche stammenden comitatus, die Grafschaft.

Grundlagen und Wirkungen der Herzogsherrschaft im 10. Jahrhundert sind noch weitgehend unbekannt; fest steht indessen, daß vorab der Hegau mit dem Hohentwiel in der Mitte und daß der Bischofssitz Konstanz, daß die Abtei Reichenau und das Kloster Zurzach am unmittelbaren Rande unseres Untersuchungsraumes zu den entscheidenden Stützpunkten der schwäbischen Herzogsgewalt im 10. Jahrhundert gehörten [17].

14) MG D Karol. III, Nr. 138, S. 65; zur Sache vgl. auch M. Glunk (wie Anm. 12), S. 13 ff. u. W. Metz, Das karolingische Reichsgut, 1960, S. 179 sowie jetzt vor allem H. K. Schulze, Die Grafschaftsverfassung der Karolingerzeit in den Gebieten östlich des Rheins (Schriften zur Verfassungsgeschichte 19) 1973, S. 129 f.

15) Dazu H. Ammann, Schaffhauser Wirtschaft im Mittelalter, 1948, S. 164 mit der instruktiven Karte auf S. 163.

16) Zu den damit zusammenhängenden Problemen vgl. allg. M. Mitterauer, Zollfreiheit und Marktbereich (Forsch. z. LdKde v. Niederösterreich XIX) 1969, S. 71 ff.

17) Hierzu im einzelnen die in Anm. 6 genannte Literatur.

Die Institution der Grafschaft, die in allen fünf altbesiedelten Landstrichen auch im 10. Jahrhundert zumindest dem Namen nach noch Bestand hatte, ist freilich in den Quellen des 10. Jahrhunderts nur noch äußerst spärlich überliefert. Über die Familienzugehörigkeit bzw. Sippenzugehörigkeit der wenigen uns bekannt gewordenen comites des 10. Jahrhunderts wissen wir kaum etwas. Immerhin aber ist es bezeichnend, daß der im Jahre 920 für den Hegau überlieferte Graf Burchard mit Herzog Burchard von Schwaben identisch zu sein scheint [18], und daß der 929 für den Alpgau zuständige Graf Liutho zugleich die Grafschaft im Zürichgau innehatte und überdies als Vogt des Chorherrnstifts Zürich amtet und damit eindeutig mit jenem Ort stärker verbunden war, der im 10. Jahrhundert zu den wenigen »Vororten« der schwäbischen Herzogsherrschaft zählte [19]. Der Herzog von Schwaben hat offensichtlich auch die Grafschaften in unseren Landstrichen im wesentlichen unter seine Kontrolle zu bringen gewußt.

Noch weniger deutlich als die Rolle des Königtums, der Herzogsgewalt und der Grafen, lassen die Quellen die Bedeutung des Adels in den Landschaften zwischen Bodensee und Schwarzwald erkennen. Immerhin haben wir – vor allem in den Urkunden des Klosters St. Gallen – allenthalben Hinweise darauf, daß neben vielen Freien oder über weniger umfangreichen Besitz verfügenden Adeligen – eine Trennung zwischen beiden Gruppen erlauben die Quellen kaum – bedeutende Besitzkomplexe hochadeliger (wir gebrauchen diese Bezeichnung mit allem Vorbehalt), dem einstigen karolingischen »Reichsadel« zuzurechnender Familien zu finden sind [20], von denen etwa im Klettgau und im Hegau der dem 10. Jahrhundert angehörende, später nach Öhningen zubenannte Graf Kuno und seine Verwandtschaft [21] und dann im Alpgau an der unteren Schlücht, im Klettgau und vor allem im Linzgau die Angehörigen des sog. udalrichingischen Grafenhauses zu nennen wären [22].

Eine der entscheidenden Machtbasen dieser Udalrichinger lag offensichtlich in der östlichsten unserer Untersuchungslandschaften, im Linzgau, und zwar unmittelbar am Bodenseeufer, in Buchhorn, wo sie bereits im 9. und 10. Jahrhundert so etwas wie einen festen Sitz gehabt zu haben scheinen [23].

18) Vgl. G. Tumbült, Die Grafschaft des Hegaus, in: MIÖG, Erg.-Bd. 3, 1890–94, S. 619–672, hier S. 627, sowie G. Hedinger, Landgrafschaften und Vogteien im Gebiete des Kantons Schaffhausen, 1922, S. 95.

19) H. Maurer (wie Anm. 6), S. 48.

20) Dazu grundsätzlich die Beobachtungen bei H. Maurer (wie Anm. 6), S. 54 ff.

21) Dazu K. Schmid, Probleme um den »Grafen Kuno von Öhningen«, in: Dorf und Stift Öhningen, hg. von H. Berner, 1966, S. 43–94 und jetzt Th. L. Zotz (wie Anm. 7) passim.

22) Über die Udalrichinger vgl. zuletzt B. Bilgeri, Geschichte Vorarlbergs I, 1971, S. 88 ff., u. jetzt G. Bradler, Studien zur Geschichte der Ministerialität im Allgäu und in Oberschwaben (Göppinger Akademische Beitrr. 50) 1973, S. 72 ff.

23) Ebenda S. 88.

Und wenn Quellen des 12. Jahrhunderts den Grafen Kuno nach Öhningen[24] und den Sohn des Grafen Berthold, des Gründers eines Marktes in Villingen auf der Baar, nach eben diesem Villingen benennen[25], dann könnte auch dies immerhin darauf hindeuten, daß es im 10. Jahrhundert durchaus bereits Mittelpunkte adeliger Herrschaftsgebilde gegeben hat.

Das Beispiel des Grafen Berthold (von Villingen) zeigt im übrigen deutlich, daß im 10. Jahrhundert nicht nur für die Klöster, sondern auch für den hohen Adel die Gründung eines später vom König privilegierten Marktes[26] als Mittel diente, die Herrschaft – hier mit Hilfe des Handels – an einem Ort zu konzentrieren, so wie wir das schon früher für Königtum und Grafschaft am Beispiel von Neudingen gesehen hatten.

Aber zwischen diesem mehr oder weniger geschlossenen Hochadelsbesitz lagen – wie gesagt – in buntem Gemenge Besitzungen vieler Freier und weniger besitzmächtiger Adeliger und lagen vor allem – auch im 10. Jahrhundert – noch auffallend große Schenkungslücken, Räume also, die von Schenkungen an Klöster weitgehend frei geblieben sind, in denen sich aber – das sei schon hier vorausgreifend gesagt – für das 11. und 12. Jahrhundert mit einem Male die Existenz einigermaßen geschlossener Adelsherrschaften zu erkennen gibt[27].

Neben Königtum, Herzogsherrschaft, Grafschaft und Adelsherrschaft stellen die großen Herrschaften der Klöster entscheidende Faktoren innerhalb des Verfassungsgefüges unserer Landschaften dar, obgleich keines der alten Klöster unserem Raum selbst angehört. Sie liegen vielmehr sämtlich außerhalb, wenn auch meist unmittelbar am Rande unseres Gebietes. Grundbesitz und Herrschaftsrechte der Abtei St. Gallen haben ihre besonderen Schwerpunkte im Linzgau, im Hegau und in der Baar und zum Teil auch im östlichen Alpgau[28]; Besitzungen und Rechte der Reichenau konzentrieren sich auf den der Abtei am nächsten gelegenen Hegau, wo sie im 10. Jahrhundert in Allensbach gar einen Markt entstehen läßt, sowie auf die Baar und den nördlichen Alpgau[29]; dagegen sind Grundbesitz und Herrschaftsrechte der unterhalb des späteren Marktes Schaffhausen gelegenen Abtei Rheinau rechts des Rheins

24) Dazu wiederum K. SCHMID (wie Anm. 21).

25) E. HEYCK, Geschichte der Herzöge von Zähringen. 1891, S. 9 ff., u. H.-W. KLEWITZ, Die Zähringer, in: Schauinsland 84/85, 1966–1967, S. 27–48, hier S. 29 ff.

26) Zum Markt von Villingen vgl. H. BORCHERS, Untersuchungen zur Geschichte des Marktwesens im Bodenseeraum (bis zum 12. Jh.), in: ZGORh 104, 1956, S. 315–360, hier S. 335 ff.

27) Vgl. die Beobachtungen bei H. MAURER (wie Anm. 6) S. 60 f.

28) Vgl. G. MEYER VON KNONAU, Der Besitz des Klosters St. Gallen in seinem Wachstum bis 920, in: Mitt. zur vaterländ. G., hg. vom Histor. Verein in St. Gallen, N. F. 3, 1872, S. 87 ff. mit Karten im Anhang.

29) Vgl. F. BEYERLE, Die Grundherrschaft der Reichenau, in: Die Kultur der Abtei Reichenau, hg. von K. BEYERLE, Bd. I, 1925, S. 452–512, mit Karte im Anhang.

beinahe ausschließlich auf den Klettgau beschränkt, erreichen hier indessen eine überaus starke Dichte [30]. Und eine ähnliche Beschränkung dürfte im 10. Jahrhundert die Grundherrschaft der Bischöfe von Konstanz aufgewiesen haben; sie besaß ihren rechtsrheinischen Schwerpunkt eindeutig im südlichen Hegau [31]. Die Vogteien über diese umfangreichen geistlichen Herrschaften, deren örtliche Verwaltung durchweg Maiern *(villici)* übertragen war [32], spielten – im Gegensatz zum Hochmittelalter – im 10. Jahrhundert noch keine für die Verfassung der Landschaften relevante Rolle; die Klostervogtei hatte sich noch kaum zur sog. Herren- oder Edelvogtei gewandelt; die Vögte galten durchweg noch als Beauftragte der Äbte [33].

Gab es nun – und damit kommen wir unserem eigentlichen Anliegen schon sehr nahe – gab es nun in diesen Landschaften während des 10. Jahrhunderts bereits Burgen und – wenn es sie gab – spielten sie irgendeine Rolle innerhalb des eben beschriebenen Verfassungsgefüges?

Zunächst ist festzuhalten, daß die schriftlichen Quellen kaum einen Hinweis auf die Existenz von Befestigungsanlagen geben, und die wenigen Burgen, die in den Quellen genannt werden, stehen – im Gegensatz zum Hochmittelalter – durchweg in Beziehung zum Königtum oder zum Herzogtum [34]. Das trifft für die Meersburg zu, die wir als Brückenkopf einer wichtigen Fährverbindung, sowie als Aufenthaltsort Ottos III. kennengelernt und damit auf die Königstraße bezogen gefunden haben, und das gilt ähnlich für den von den Kammerboten Erchanger und Berthold gegen König Konrad I. befestigten Hohentwiel, der nicht nur durch die Gründung eines Klosters auf dem Burgberg durch Herzog Burchard und Herzogin Hadwig [35] als echter Sitz wenigstens dieses schwäbischen Herzogspaares ausgewiesen, sondern auch durch die wiederholten Aufenthalte Ottos III. zugleich mit der Eigenschaft eines königlichen Palatium belegt ist.

30) F. Gropengiesser, Der Besitz des Klosters Rheinau bis 1500. Diss. phil. Zürich, 1939 und H. Maurer (wie Anm. 6), S. 65 mit Karte Nr. 5 auf S. 63.

31) O. Feger, Das älteste Urbar des Bistums Konstanz (Quellen u. Forsch. z. Siedlungs- und Volkstumsg. d. Oberrheinlande III, 1), 1943, S. 5 ff.

32) Für St. Gallen etwa H. Bikel, Die Wirtschaftsverhältnisse des Klosters St. Gallen, 1914, S. 86 ff., für die Reichenau F. Beyerle (wie Anm. 29), S. 495 ff.

33) Dazu am Beispiel der Abtei St. Gallen K. H. Ganahl, Studien zur Verfassungsgeschichte der Klosterherrschaft St. Gallen (Forsch. z. G. Vorarlbergs und Liechtensteins 6), 1931, S. 121 ff., und E. F. Otto, Die Entwicklung der deutschen Kirchenvogtei im 10. Jh. (AbhhMittlNeuerG 72) 1933, S. 12 ff.

34) So auch für einen weiteren Bereich Schwabens H.-M. Maurer (wie Anm. 1), insbes. S. 305.

35) Vgl. F. Beyerle, Das Burgkloster auf dem Hohen Twiel, in: Hohentwiel, hg. von H. Berner, 1957, S. 125–135 und künftig H. Maurer (wie Anm. 9).

Die Anlage auf dem Hohentwiel könnte man im übrigen am ehesten mit einer hochmittelalterlichen Höhenburg vergleichen, wenn auch diese frühe Anlage – anderen Beispielen entsprechend – räumlich zweifelsohne viel ausgedehnter gewesen sein mochte, als die hochmittelalterliche Nachfolge-Burg auf dem Hohentwiel.

Und für die frühe Meersburg hat man festzustellen vermocht, daß sie aus einer weitausladenden Erdbefestigung, einem Abschnittswall bestand, der sie von dem dahinterliegenden Plateau abtrennte [36].

Hinzuweisen ist in diesem Zusammenhang auch darauf, daß in dem zum Klettgau gehörigen Kadelburg am Hochrhein, wo für das 9. Jahrhundert ebenfalls Königsgut nachzuweisen ist [37], eine kleine, auf dem Hochplateau über dem Dorf gelegene Abschnittsbefestigung festgestellt werden konnte [38]. Des Namens wegen fragt es sich allerdings, ob diese Burganlage wirklich auf das Königtum oder ob sie nicht doch viel eher auf die Initiative eines adeligen Herrn zurückgeht.

Von irgendwelchen Wirkungen auf die Verfassung der umgebenden Landschaften, etwa als Mittelpunkt eines Komitats, wissen wir für diese in den schriftlichen Quellen überlieferten frühen Burgen nichts; und ähnlich negativ muß diese Aussage auch für jene in unmittelbarer Nähe von Königsgut gelegene Burgen lauten, die nur auf archäologischem Wege nachweisbar sind. So ist die große Ringwallanlage mit Doppelgraben auf dem Fürstenberg hoch über Neudingen, in deren Innenfläche Funde aus dem frühen Mittelalter gemacht werden konnten [39], sicherlich dem Königshof Neudingen zugeordnet, und dennoch nennt sich die Grafschaft auf der Baar nicht nach dieser Wehranlage auf dem Fürstenberg, sondern nach dem möglicherweise gleichfalls befestigten Königshof in Neudingen selbst [40].

Und ebensowenig wissen wir von irgendwelchen rechtlichen Funktionen der hoch über Bodman gelegenen Wehranlage der Bodenburg [41].

36) W. Schmidle u. W. Deecke, Über einige prähistorische Refugien im südöstlichen Baden II, in: Badische Fundber., H. 8, 1927, S. 242–247, insbes. S. 247.
37) H. Maurer (wie Anm. 6), S. 50.
38) Dazu E. Gersbach, Urgeschichte des Hochrheins. Katalogband (Badische Fundber., Sonderheft 11), 1969, S. 208 f. u. S. 217.
39) Vgl. P. Revellio, Die Stammburg der Fürsten zu Fürstenberg, in: SchrrVGBaar XIX, 1933, S. 362–374, hier S. 363.
40) Hierfür ist die Publikation der Ergebnisse der 1972 und 1973 unter Leitung von Prof. Wolfgang Hübener-Freiburg in Neudingen veranstalteten Grabungen abzuwarten; vgl. vorerst W. Hübener, Pfalzen in Südwestdeutschland – archäologisch betrachtet, in: Protokoll des Alemannischen Instituts Freiburg i. Br. Nr. 50 vom 12. VI. 1974 und Protokoll des Konstanzer Arbeitskreises für mittelalterliche Geschichte Nr. 193 vom 7. XII. 1974, sowie M. Münzer, Die Geschichte des Dorfes Neudingen mit Kaiserpfalz, Kloster Maria Auf Hof und Pfarrkirche, 1973.
41) Zur Bodenburg schon Schmidle-Deecke (wie Anm. 36), S. 246; außerdem A. Beck, Die Bodenburg bei Bodman, eine Höhensiedlung der Spätbronzezeit, in: Vorzeit am Bodensee, Jgg. 1957/58, H. 1–4, S. 29–41, mit zu überprüfender Datierung.

Dagegen konnte erst jüngst die im Tal, neben einer alten Siedlung gelegene Burg Engen im nördlichen Hegau, die man bislang lediglich als Stammsitz einer seit dem endenden 11. Jahrhundert belegten Edelfreienfamilie von einiger Bedeutung eingestuft hatte, für das 10. bzw. beginnende 11. Jahrhundert als ein wichtiger Mittelpunkt weltlicher und kirchlicher Raumerfassung erwiesen werden[41a]. Zu ihr gehörte ein Bezirk, dessen Bewohner, die *suburbani, id est circa Engen*, eng an die Burg gebunden waren. Man wird den besonderen Bereich dieser Burg wohl am ehesten mit der für den mitteldeutschen Osten und den deutschen Südosten vertrauten Bezeichnung »Burgbezirk« oder mit dem für vergleichbare Erscheinungen am Mittelrhein gebräuchlichen Begriff »Burgbann« kennzeichnen dürfen. Ja, dieser »Burgbezirk« oder »Burgbann« vermochte sogar die räumliche und rechtliche Grundlage für die Organisation einer ländlichen Priestergemeinschaft, der Vorstufe eines spätmittelalterlichen Landkapitels, abzugeben.

Über die Rechtsqualität der Burg Engen im späten 10. bzw. frühen 11. Jahrhundert wissen wir freilich nichts. Das Bestehen eines sich um die Burg herumlegenden »Burgbannes« oder »Burgbezirkes« scheint uns jedoch – entsprechend den vergleichbaren Institutionen in anderen deutschen Landschaften – die Eigenschaft der frühen Burg Engen als Adelsburg auszuschließen. Wir werden vielmehr auch hier am ehesten mit einer auf Königsgut errichteten Wehranlage rechnen dürfen.

Verfassungsgeschichtlich bedeutsam sind demnach in dieser Periode nicht die frühen Burgen auf abgelegener Höhe, sondern einzig und allein das Palatium bzw. der umwehrte Königshof im Tal oder in der Ebene.

Diese Beobachtungen und die Tatsache, daß in den schriftlichen Quellen von Burgen des Adels überhaupt nie die Rede ist, obgleich die Archäologen vom Südostrand des Schwarzwaldes bis hinüber zu den Molassebergen des Linzgaus allenthalben eine Vielzahl teilweise sehr umfangreicher frühmittelalterlicher Befestigungsanlagen festgestellt haben[42], die – eben ihrer großen Zahl wegen – kaum alle auf die Initiative des Königtums oder des Herzogtums, sondern doch wohl viel eher auf die Initiative des Adels zurückgehen dürften und in einigen Fällen später in der Tat auch hochmit-

41a) Vgl. künftig H. Maurer, Die Hegau-Priester. Ein Beitrag zur kirchlichen Verfassungs- und Sozialgeschichte des frühen Mittelalters, in: ZSRG. Kan. Abt. 92/1975, S. 37–52. Die Arbeit unternimmt eine Exegese der bei A. Holder, Die Reichenauer Handschriften I, 1906, S. 502 (zu cod. CCXX) und ebenda, Bd. III, 1918 = K. Preisendanz, Zeugnisse zur Bibliotheksgeschichte, S. 10/11 veröffentlichten Schenkungsnotiz.

42) Für Alpgau und Klettgau jetzt E. Gersbach (wie Anm. 38), S. 195 ff., für die Baar W. Hübener, Beiträge der frühgeschichtlichen Archäologie zur Geschichte der Baar, in: Villingen und die Westbaar, hg. von W. Müller (Veröff. des Alemann. Instituts 32), 1972, S. 42–55, insbes. S. 48 ff., und für das Bodenseegebiet W. Schmidle-W. Deecke, Über einige prähistorische Refugien im südöstlichen Baden, in: Bad. Fundber. H. 7, 1927, S. 217–222 u. Heft 8, 1927, S. 242–247.

telalterliche Adelsburgen beherbergen, – dies alles beweist, daß diese zweifellos vorhandenen Burgen – mit Ausnahme des Hohentwiel und der Meersburg – nicht mehr waren als allenfalls in Notzeiten aufgesuchte Wehr- und Schutzbauten. Sie konnten und sollten zwar – wie etwa die Bodenburg und der Fürstenberg – einen Königshof, einen Adelshof oder auch – wie etwa die Warenburg über Villingen [43] – einen Markt auf ihre Weise ergänzen; für das Umland aber besassen sie noch keine erkennbare verfassungsgeschichtliche Bedeutung, noch keinerlei rechtliche Wirkungen, ja, sie vermochten nicht einmal den sie besitzenden Adelsfamilien den Namen zu verleihen.

Weder waren sie Mittelpunkte königlicher, noch waren sie feste und ständige Mittelpunkte adeliger Herrschaft, noch waren sie Zentren der Grafschaften.

II.

Ganz anders dann aber das Bild, das sich im Hochmittelalter darbietet. Jetzt, seit etwa der Mitte des 11. Jahrhunderts, sind die in großer Zahl entstandenen und noch entstehenden Burgen so sehr integrierender Bestandteil aller Formen von Herrschaft, daß es auch in der für das Folgende zu wählenden Darstellungsweise untunlich wäre, die Beschreibung des Verfassungsgefüges und die Betrachtung der Rolle der Burg in diesem »inneren Gefüge« voneinander zu trennen.

Vieles hat sich seit dem Wiedereinsetzen der Überlieferung um die Mitte des 11. Jahrhunderts gegenüber dem 10. Jahrhundert in den Landschaften zwischen Bodensee und Schwarzwald verändert. Das Königtum verfügte kaum mehr über feste Stützpunkte; das Königsgut war zumeist in andere Hände übergegangen. Nur noch mit Hilfe des von den Reichskirchen zu leistenden servitium regis konnte das Königtum in diesen Landstrichen überhaupt wirksam werden.

So finden wir etwa den einstigen Komplex von Königsgut um Neudingen auf der Baar (s. o. S. 59 ff.) seit dem endenden 12. Jahrhundert im Besitz der Herzöge von Zähringen [44], die – als Nachfahren des Villinger Marktgründers Berthold – schon seit langem in der nördlichen Baar, um Villingen und Aasen, mit Besitzungen und Rechten verankert waren [45]. Der einstige Königshof Neudingen selbst spielte für die Zähringer aber offensichtlich keine entscheidende Rolle mehr. Wichtig für die Herrschaft über das ehemalige Königsgut und im übrigen auch für die Ausübung der Grafengewalt in der Baar dürfte vielmehr jetzt, gegen Ende des 12. Jahrhunderts, der hoch

43) Zur Warenburg K. S. Bader, Kürnburg, Zindelstein und Warenburg, in: Schauinsland 64, 1937, S. 93–128, hier S. 115 ff.

44) Dazu K. S. Bader (wie Anm. 6), S. 24 f.

45) Vgl. H. Maurer, Ein päpstliches Patrimonium auf der Baar, in: ZGORh 118, 1970, S. 43–56.

über Neudingen gelegene Fürstenberg geworden sein, nach dessen – in die Nordostecke der umfangreichen frühmittelalterlichen Wehranlage hineingesetzter – Burg[46] sich die Allodialerben der Zähringer seit der Mitte des 13. Jahrhunderts sogar Grafen von Fürstenberg nennen. Die adelige Höhenburg hat damit den in der Ebene gelegenen einstigen Königshof endgültig abgelöst und ersetzt.

Der eigentliche Fiskus Bodman – den Hohentwiel hier einmal ausgeklammert –, dessen letzten Überrest ein noch bis ins Spätmittelalter unmittelbar dem Königtum zustehender Königshof darstellte, war im 11. Jahrhundert offenbar einem dem Hause der Udalrichinger zugehörenden Grafen Eberhard zur Verwaltung übergeben worden, und ebenso scheint im gleichen 11. Jahrhundert Herzog Welf (III.) Aufgaben dieser Art in Bodman wahrgenommen zu haben[47]. In der zweiten Hälfte des 12. Jahrhunderts aber begegnen wir in Bodman einer nach eben diesem Ort benannten Reichsministerialen-Familie, die auch den Königshof als Pfand innehat; und diese Bodmaner Ministerialen bauen nun hoch über Dorf und Königshof Bodman eine Burg, an die allmählich alle Besitzungen und Rechte des einstigen Fiskus Bodman angebunden werden[48].

Die frühmittelalterliche Wehranlage der Bodenburg – gleichfalls auf der Höhe gelegen – hatte demgegenüber neben Pfalz und Königshof nur sekundäre Bedeutung gehabt. Als nun aber eine Ministerialenfamilie mit der ständigen Verwaltung der Besitzungen und Rechte des Reiches betraut wurde und damit in Bodman ihren dauernden Sitz aufschlug, schien auch ihr der Bau einer Höhenburg zur Ausübung dieser Rechte notwendig zu sein. Die Burg war jetzt der primäre Herrschaftsmittelpunkt; der Königshof war hingegen jetzt auch hier zur Pertinenz der Burg herabgesunken.

Die einstige Herzogsburg oder vielleicht besser – Herzogspfalz[49] – auf dem Hohentwiel, deren zugehöriges Kloster von Heinrich II. nach Stein am Rhein hinunterverlegt worden war[50], befand sich in der zweiten Hälfte des 11. Jahrhunderts – möglicherweise als Amtsgut des Herzogs von Schwaben – in den Händen Rudolfs von Rheinfelden, bis sie nach dessen Tode zwischen den erbberechtigten Herzögen von Zähringen und den Herzögen von Kärnten aus dem Hause Eppenstein strittig wurde und schließlich ganz an die Eppensteiner fiel. Zu Beginn des 12. Jahrhunderts

46) Vgl. wiederum P. Revellio (wie Anm. 39), S. 367 ff. mit Plan auf S. 366 und zuletzt H. Maurer (wie Anm. 45), S. 51 mit Anm. 57; vgl. auch grundsätzlich K. S. Bader, Die fürstenbergischen Erbbegräbnisse (Veröff. aus dem F. F. Archiv 11) 1942, S. 16 ff.

47) Dazu G. Flohrschütz, Zur ältesten Geschichte der Herren von Bodman, Diss. phil. München, 1951, S. 80 ff. und neuestens B. Bilgeri (wie Anm. 22), S. 107 ff.

48) Darüber im einzelnen G. Flohrschütz (wie Anm. 47), insbes. S. 64 ff.

49) Zu dieser Einstufung vgl. H. Maurer, Rottweil und die Herzöge von Schwaben, in: ZSRG. 85, 1968, S. 59–77, hier S. 72.

50) Vgl. F. Beyerle (wie Anm. 35), S. 133.

gelangte sie an die mit den Eppensteinern verwandten, unterhalb des Berges ansässigen Herren von Singen, die nun auf den Twiel hinaufzogen und sich von da an Herren von Twiel nannten [51].

Aus der einstigen Herzogsburg, die bislang nur für kurze Zeiträume als Sitz hochadeliger Familien gedient hatte, war endgültig eine echte Adelsburg, ein fester Sitz einer Adelsfamilie geworden; und in vergleichbarer Weise diente auch die Meersburg nicht mehr unmittelbar als Stützpunkt des Königtums, sondern seit der Mitte des 11. Jahrhunderts als Sitz eines den Königen aus salischem Hause freilich eng verbundenen hochadeligen Geschlechtes [52].

War die Herzogsgewalt allenfalls noch in der Zeit Rudolfs von Rheinfelden und in der Epoche des zähringischen Gegenherzogtums vor allem durch die Institution der herzoglichen Landtage in unseren Landschaften wirksam [53], so zeigen die Grafschaften, die wir auch nach der großen Überlieferungslücke in all unseren fünf Einzellandstrichen – zumindest dem Begriff nach – vertreten finden, beinahe überall die Tendenz, in den Familien ihrer Inhaber vererbt zu werden. Kaum deutlich wird das bei den im Alpgau wirkenden Grafen, deren letzter im Jahre 1112 genannt wird [54]; dagegen wird diese Tendenz gut sichtbar bei den 1064 und 1067 als letzte in ihrer Reihe genannten Grafen im Klettgau, die einer im Klettgau selbst ansässigen Adelsfamilie angehören und sich später nach ihrem Sitz in einem Ort des Klettgaus Grafen von Rüdlingen nennen. Der Grafentitel ist jetzt auf einen adeligen Sitz bezogen, und gerade dieses Vorgangs wegen dürfte die Grafschaft selbst zu existieren aufgehört haben. Ob dieser Grafensitz als Burg bezeichnet werden kann, wagen wir allerdings nicht zu entscheiden.

Der Grafentitel, der den Rüdlingern als einstigen comites im Klettgau eignete, blieb ihnen auch erhalten, als sie zu Beginn des 12. Jahrhunderts ihren Sitz in den nahen Alpgau, nach Stühlingen, verlegten, wo sie hoch über dem Ort eine Burg gleichen Namens errichteten, nach der sie sich fortan benannten. Es ist bezeichnend, daß gegen Ende des 13. Jahrhunderts – dieses an der Burg haftenden Grafentitels wegen – die mit der Burg verbundene Herrschaft mit der Bezeichnung »Grafschaft zu Stühlingen« belegt wurde. An die Stelle der im 11. Jahrhundert in einem benachbarten Landstrich ausgeübten Grafschaft war – in der Hand der gleichen Adelsfamilie – eine an eine

51) Zur hochmittelalterlichen Geschichte des Hohentwiels vgl. die teilweise kontroversen Meinungen bei H. Jänichen, Die Herren von Singen und Twiel und die Geschichte des Hohentwiel von 1086 bis um 1150, in: Hohentwiel, hg. von H. Berner, 1957, S. 136–147; K. Schmid, Burg Twiel als Herrensitz, ebenda, S. 148–169, insbes. S. 148–157, u. neuerdings H. Jänichen: Zur Genealogie der älteren Grafen von Veringen, in: ZWLG 27, 1968, S. 1–30, hier S. 28 f.

52) H. Maurer, Fähre, Burg u. Markt, (wie Anm. 10), S. 263 ff.

53) Dazu H. Maurer, Rottweil (wie Anm. 49), passim.

54) Hierzu und zum folgenden die Einzelheiten bei H. Maurer, Land (wie Anm. 6), S. 106 ff.

Burg gebundene »Grafschaft« neuer Art getreten, eine Grafschaft, die indessen nichts weiter war als eine adelige Herrschaft mit höherem Titel. Die Grafenburg hatte die zur Burg gehörige Herrschaft zur Grafschaft werden lassen.

Ganz anders die Grafschaft der westlichen Baar [55]. In der zweiten Hälfte des 11. Jahrhunderts lag sie in Händen der Herzöge von Zähringen. Bemerkenswert dabei ist, daß diese Grafschaft auch jetzt wieder – zumindest bis zum Ende des 11. Jahrhunderts – an eine Örtlichkeit, diesmal jedoch nicht an einen Königshof, sondern an eine gräfliche Gerichtsstätte, nämlich an Aasen nahe Villingen gebunden war, einen Ort, der durch die Existenz auffallend zahlreicher, offenbar bäuerlicher Freier, die sich gleichfalls nach Aasen nennen, und durch das Vorhandensein einer Waibelhube ausgezeichnet ist [56]. Man wird annehmen dürfen, daß die starke Konzentration bäuerlicher Freier in Aasen dazu beigetragen hat, gerade diesen Ort zum Mittelpunkt der vor allem durch die Herrschaft über Freie charakterisierten Grafengewalt werden zu lassen.

In diesem Zusammenhang ist aber vor allem bemerkenswert, daß die Aasener Freien als Zugehörden einer in Aasen selbst stehenden Burg bezeichnet werden [57], von der zu vermuten ist, daß sie den ein weites Gebiet beherrschenden Zähringern – neben Villingen – als wehrhafter Stützpunkt auf der Baar gedient haben mochte.

Der Vorort der Grafschaft in der Baar war demnach im 11. Jahrhundert nicht nur durch eine Gerichtsstätte und durch eine Waibelhube als Dienstgut des gräflichen Gerichtsboten, sondern auch durch eine Burg ausgezeichnet, eine Burg des Grafen sehr wahrscheinlich, mit der freie Leute verbunden waren. Offenbar gehört also auch hier schon gegen Ende des 11. Jahrhunderts der Besitz einer Burg innerhalb der Grafschaft aufs engste zur Ausübung der Befugnisse des Grafen.

Obgleich sich die Erben der Zähringer, die Grafen von Urach bzw. deren die Grafenrechte und die zähringischen Allodien in der Baar innehabender Zweig seit der Mitte des 13. Jahrhunderts nach der Burg Fürstenberg Grafen von Fürstenberg nannten, hieß die Grafschaft, der comitatus, dennoch stets *comitatus de Bare* bzw. *in Bare* [58]. Erst im 15. Jahrhundert wurde auch hier die Burg des Grafen zum Mittelpunkt der Grafschaft, ist beispielsweise 1415 von der Grafschaft die Rede, *die zu Fürstenberg gehöret* [59], und endlich 1440 von der Grafschaft Fürstenberg, der gleichzei-

55) Dazu K. S. Bader, Baar in vorfürstenbergischer Zeit (wie Anm. 6), S. 24 ff.; Ders., Die Landgrafschaft Baar vor und bei ihrem Übergang an das Haus Fürstenberg, in: SchrrrVGBaar 25, 1960, S. 9–38, und H. Maurer, Patrimonium, (wie Anm. 45), passim.
56) Dazu im einzelnen H. Maurer, Patrimonium (wie Anm. 45), passim.
57) Vgl. MG SS XII, D. 455.
58) Die Belege bei K. S. Bader, Landgrafschaft (wie Anm. 55), passim.
59) FUB III, S. 88, Nr. 104.

tig die Landgrafschaft in der Baar gegenübersteht[60]; aber auch sie wird im Jahre 1500 zur Landgrafschaft Fürstenberg[61]. Hier also beginnt die Burg des Grafen erst spät, die Grafschaft an sich zu ziehen.

Wiederum anders gestaltet sich das Verhältnis von Burg und Grafschaft im Hegau[62]. Die Grafschaft ist zu Beginn des 12. Jahrhunderts innerhalb der Familie der vor allem im benachbarten Linzgau um Pfullendorf und Ramsberg begüterten Herren von Pfullendorf-Ramsberg erblich geworden[63], und obgleich die Pfullendorf-Ramsberger sich hin und wieder auch nach ihrer im Hegau und damit im Bereich ihrer Grafschaft selbst gelegenen Burg Stoffeln Grafen von Stoffeln nennen, wird in den Jahren 1111 bzw. 1125 ein im Hegau gelegener Ort dennoch nicht als in der Grafschaft des Grafen von Stoffeln, sondern in der Grafschaft des Grafen von Ramsberg gelegen bezeichnet. Auch hier also hat es die im Bereich der Hegau-Grafschaft gelegene Grafenburg Stoffeln keineswegs vermocht, zum Mittelpunkt der Grafschaft zu werden; es gab eine Grafschaft Stoffeln ebensowenig, wie es eine Grafschaft Ramsberg oder Pfullendorf gegeben hätte. Die Grafschaft im Hegau ist im übrigen unter den Ramsberg-Pfullendorfern noch vor der Mitte des 12. Jahrhunderts erloschen.

Innerhalb des Hegaus bildete sich eine Grafschaft erst wieder zu Beginn des 14. Jahrhunderts; sie hatte freilich mit dem hochmittelalterlichen Komitat im Hegau nichts mehr zu tun, sondern nannte sich nach der am Ostrande des Hegaus gelegenen Nellenburg, deren Inhaber ihren Grafentitel aus der einstigen Verwaltung von Grafschaften außerhalb des Hegaus herleiteten[64]. Bezeichnen sie ihre Herrschaft noch 1295 als *die herschaft ze Nellenburg*[65], so nennt sie Graf Eberhard von Nellenburg dann 1321 *comitatus noster in Nellenburg*[66]. Wie im Falle von Stühlingen hat die Burg eines Grafen auch hier etwa zur gleichen Zeit die zur Burg gehörende Herrschaft zur Grafschaft werden lassen.

60) FUB III, S. 231, Nr. 302.

61) FUB IV, S. 292, Nr. 309.

62) Vgl. die ältere, Anm. 18 angegebene Literatur.

63) Hierzu u. zum Folgenden K. Schmid, Graf Rudolf von Pfullendorf und Kaiser Friedrich I. (Forsch. z. oberrhein. LdG. I) 1954, S. 36 ff.

64) Über die jüngeren Nellenburger fehlt eine zusammenfassende Arbeit; vgl. jedoch den Überblick bei H. Berner, Die Landgrafschaft Nellenburg und die Reichsritterschaft des Kantons Hegau-Bodensee, in: Hegau 19, 1965, S. 57–86, insbes. S. 63 f., sowie neuerdings die Bemerkungen bei A. Kulenkampff, Die Grafen von Nellenburg in den Diensten Habsburgs, ebenda H. 27/28, 1970/71, S. 113–129.

65) Vgl. A. Krieger, Topographisches Wörterbuch des Großherzogtums Baden, Bd. II, 1905, Sp. 287.

66) Codex Diplomaticus Salemitanus, ed. F. von Weech, Bd. III, 1895, S. 279, Nr. 1211. – Es kann demnach – entgegen der immer noch (vgl. H. Berner, wie Anm. 64, S. 63) vertretenen Meinung – keine Rede davon sein, daß es eine »Grafschaft« Nellenburg bereits um 1100 gegeben habe.

Wiederum anders aber verhält es sich mit der Rolle der Grafen-Burg innerhalb der Grafschaft des Linzgaus. Auch hier war die Grafschaft während der ersten Hälfte des 12. Jahrhunderts in den Händen einer inmitten des Linzgaus, auf der Burg Heiligenberg, ansässigen Familie gleichen Namens erblich geworden [67]. Als nun die Grafen von Heiligenberg im Jahre 1277 ihre Herrschaft an die Grafen von Werdenberg verkauften, war in der Verkaufsurkunde außer von der Burg Heiligenberg nur vom *comitatus, qui ad eundem B. hereditario iure fuerat devolutus* die Rede [68].

Mit dem Linzgau wurde dieser Komitat offensichtlich nicht mehr in Verbindung gebracht. Unter den neuen Herren, den Werdenbergern, heißt die Grafschaft dann aber bereits 1279 *comitatus sancti Montis* [69] bzw. 1294 *graveschaft ze dem Hailigen Berge* [70], und 1282 nennt sich Swigger von Teggenhusen *per totum Sancti Montis comitatum iudex provincialis in pago, qui dicitur Linzgoe* [71].

Hier also ist die Grafschaft im Linzgau unmittelbar an die im Linzgau selbst stehende Burg des Grafen gebunden worden, und zwar so, daß sie schließlich nicht mehr nur Grafschaft des Grafen von Heiligenberg im Linzgau, sondern Grafschaft Heiligenberg bzw. Grafschaft Heiligenberg im Linzgau genannt wird.

Das Bild, das sich uns aus diesen Einzelbetrachtungen ergibt, ist auf den ersten Blick verwirrend. Dennoch scheint uns eine grundsätzliche Beobachtung für beinahe alle Grafschaften gültig zu sein: Ihre Inhaber hatten durchweg eine Burg, wenn nicht gar ihren Hauptsitz innerhalb ihres Grafschaftsbezirkes. Die Verfügung über eine eigene Burg innerhalb der Grafschaft scheint demnach – ganz im Gegensatz zum 10. Jahrhundert – nicht ganz unwesentlich gewesen zu sein.

Ansonsten aber ist das Verhältnis von Burg und Grafschaft, ist die Rolle der Grafenburg innerhalb der Grafschaft beinahe in jedem Landstrich eine andere. Selbst wenn sich seit dem endenden 11. und dem beginnenden 12. Jahrhundert die Grafen nach dieser ihrer Burg bzw. diesen ihren Burgen benennen, so werden diese Burgen doch erst frühestens gegen Ende des 13. Jahrhunderts zu echten Mittelpunkten der Grafschaften, geben sie den Grafschaften, die bislang auf einen Landstrich, auf einen Gau bezogen waren, sogar ihren Namen, wird aus der Grafschaft im Linzgau eine Grafschaft Heiligenberg. Während also auf diese Weise die innerhalb des Bereichs der Grafschaft gelegene Burg des Grafen, als Mittelpunkt seiner allodialen Herrschaft, allmählich auch zum Mittelpunkt der (alten) Grafschaft wurde, konnte aus der Burg eines Grafen, die außerhalb des Bereichs seiner Grafschaft lag, der Mittelpunkt einer

67) Über die Heiligenberger ist immer noch die Arbeit von C. B. A. Fickler, Heiligenberg in Schwaben mit einer Geschichte seiner alten Grafen, 1853, zu vergleichen. Vgl. jetzt aber auch I. J. Miscoll-Reckert, Kloster Petershausen als bischöflich-konstanzisches Eigenkloster, 1973, S. 112 ff. Zur Grafschaftsgeschichte des Linzgaus zuverlässig V. Ernst (wie Anm. 6), S. 213 ff.
68) FUB V, S. 179, Nr. 210.
69) Cod. Dipl. Sal. (wie Anm. 66) Bd. II, S. 225, Nr. 604.
70) Ebenda, S. 451, Nr. 870.
71) Ebenda, S. 266, Nr. 645, vgl. auch ebenda, S. 267, Nr. 648 zu 1282 VII 18.

mit der allodialen Herrschaft des Grafen völlig identischen, jedoch neugebildeten Grafschaft werden. So war aus der Herrschaft Nellenburg die Grafschaft Nellenburg und aus der Herrschaft Stühlingen die Grafschaft Stühlingen geworden.

Während in anderen Fällen – etwa im Linzgau – die Grafschaft mit Hilfe der Burg verherrschaftlicht wurde, war in den beiden zuletzt genannten Fällen die Herrschaft – wiederum mit Hilfe der Burg – »vergrafschaftlicht« worden. Jedesmal aber war es die Burg, die beide Formen von Grafschaften an sich zog und sie auf sich konzentrierte. Die Person des Grafen, an die auch noch im 12. Jahrhundert die Grafschaft alter Art unmittelbar gebunden gewesen sein dürfte, trat seit dem endenden 13. Jahrhundert in jedem dieser beiden Fälle hinter seine Burg, hinter den Mittelpunkt seiner eigenen Herrschaft zurück; die Burg war von nun an rechtlicher Bezugspunkt der Grafschaft.

Hatte das Aufkommen adeliger Höhenburgen seit der Mitte des 11. Jahrhunderts somit auch die Institution der Grafschaft nicht unwesentlich beeinflußt und verändert, ohne daß wir freilich über die einzelnen Auswirkungen dieses Vorgangs auf das innere Gefüge der Grafschaften genauer Bescheid wüßten, so bleibt als Nächstes nach der Rolle der Burg in den großen kirchlichen, vor allem klösterlichen Herrschaftsgebilden zu fragen. Hier hatten sich freilich seit dem 10. Jahrhundert in den Landschaften zwischen Schwarzwald und Bodensee entscheidende Veränderungen ergeben.

Die ausgedehnten grundherrlichen Komplexe der großen Klöster St. Gallen und Reichenau waren durch Verkauf, Tausch oder Entfremdung – vor allem in den klosterferneren Landstrichen – stark zusammengeschmolzen. Dagegen hatte das Kloster Rheinau seine umfangreiche Herrschaft im Klettgau – der großen Nähe zum Kloster wegen – wenn auch in der allgemein üblich gewordenen Form der Rentengrundherrschaft, weitgehend zusammenzuhalten vermocht [72].

Zu den Herrschaftsgebieten dieser alten Reichsabteien waren im Verlaufe des 11. Jahrhunderts in unserem Raum die bedeutenden Reformklöster Allerheiligen in Schaffhausen, St. Blasien und St. Georgen im Schwarzwald mit ausgedehnten Besitzungen und Rechten vor allem an den Randzonen des erst seit kurzem der Besiedlung erschlossenen südöstlichen Schwarzwaldes hinzugetreten [73]. Während klostereigene Burgen in der Verfassung dieser neugegründeten Reformklöster offenbar ebensowenig Platz fanden wie – nebenbei bemerkt – die klösterliche Ministerialität, so hatte die

72) Vgl. dazu die oben in Anm. 28–30 angegebene Literatur.

73) Zur Besitzgeschichte Allerheiligens, vgl. E. Schudel, Der Grundbesitz des Klosters Allerheiligen in Schaffhausen. Diss. phil. Zürich, 1936; zur Besitzgeschichte St. Blasiens H. Ott, Die Klostergrundherrschaft St. Blasien im Mittelalter. Beiträge zur Besitzgeschichte (Arbeiten zum Hist. Atlas von Südwestdeutschland IV), 1969 und zur Besitzgeschichte St. Georgens H.-J. Wollasch, Die Anfänge des Klosters St. Georgen im Schwarzwald (Forsch. zur oberrhein. Landesg. 9, XIV) 1964, S. 39 ff.

Burg, von der wir in der reichen klösterlichen Überlieferung des 9./10. Jahrhunderts noch nicht das geringste gehört hatten, jetzt, im 12. und 13. Jahrhundert, überall da die Herrschaftsgebiete der alten Reichsabteien erfaßt, wo sich noch einigermaßen geschlossene Besitz- und Rechtskomplexe erhalten hatten.

Besonders klar erkennbar ist dies etwa am Beispiel der Grundherrschaft der Abtei Reichenau [74]. Hier war beispielsweise das Maieramt der ehemaligen Reichenauer Villikation zu Orsingen und Eigeltingen im Hegau um 1110 mit der offenbar von der Abtei selbst errichteten Turmburg Langenstein, etwa in der Mitte zwischen Eigeltingen und Orsingen, verbunden und war seine Verwaltung einer auf dieser Burg Langenstein ansässigen und nach ihr benannten reichenauischen Ministerialenfamilie, die wohl schon vorher das Maieramt inngehabt hatte, übertragen worden [75]. Der Maierhof und das Maieramt waren zur Zugehörde einer außerhalb der alten Siedlungen angelegten Burg geworden, und aus dem klösterlichen Maier war ein nicht mehr auf dem Maierhof, sondern auf einer Burg sitzender klösterlicher Ministeriale erwachsen.

Die gleiche Entwicklung zeigt im übrigen auch die reichenauische Villikation Schleitheim am Westfuße des Randen [76]. Auch hier bestand ein klösterliches Maieramt, dessen Inhaber, eben der reichenauische villicus, den Zwing und Bann über Schleitheim und außerdem den Vorsitz im Fronhof- oder Maiergericht innehatte. Mag der sogenannte Burgstall im Dorf oberhalb des Fronhofes der erste wehrhafte Sitz des Maiers gewesen sein, so wurde dieser dörfliche Sitz um die Wende vom 12. zum 13. Jahrhundert durch die offenbar von der Abtei Reichenau hoch über Schleitheim erbaute Randenburg abgelöst. Ihre Inhaber, die gleichnamige reichenauische Ministerialenfamilie bzw. deren Nachfolger, hatten im 13. und 14. Jahrhundert die Randenburg stets zusammen mit der Vogtei des Dorfes und dem Maieramt in Schleitheim als Lehen der Abtei Reichenau inne.

Auch hier also war der reichenauische Fron- und Maierhof zur Pertinenz einer außerhalb des Ortes erbauten Höhenburg, die an klösterliche Ministeriale ausgetan war, herabgesunken. Die Burg war an seiner Stelle zum entscheidenden Bezugspunkt der Villikation geworden.

Auch die Herrschaftskomplexe des Klosters St. Gallen hatten da, wo sie noch eine gewisse Geschlossenheit aufwiesen, der Burg als wehrhafter und schützender Ergänzung bedurft. So etwa auch im hegauischen Möggingen auf dem Bodanrück [77], wo St. Gallen, das hier bis in die Neuzeit hinein über umfangreiche Besitzungen und

74) Dazu allg. F. BEYERLE (wie Anm. 29), S. 456 ff.

75) Darüber neuestens F. GÖTZ, Schloß und Herrschaft Langenstein im Hegau (Hegau-Bibliothek 22) 1972, S. 26 ff. u. S. 52.

76) Vgl. H. WANNER, Die reichenauische Herrschaft Schleitheim, Diss. phil. Basel, 1935, insbes. S. 51 ff.

77) S. F. GÖTZ, Die Beziehungen Möggingens zum Kloster St. Gallen und das Geschlecht der Herren von Möggingen, in: Möggingen 860–1960, hg. von H. BERNER, 1960, S. 37–56, hier S. 44 ff.

Rechte verfügte, neben dem Dorf eine Wasserburg anlegte, die – sicherlich zunächst als St. gallisches Dienstgut und dann als Lehen- an eine klösterliche Ministerialenfamilie, die sich nach Möggingen benannte, vergeben wurde. An dieser St. gallischen Lehensburg hing zudem die gesamte Ortsherrschaft über das Dorf Möggingen.

Von dieser sowohl von der Reichenau als auch von St. Gallen bevorzugten Art und Weise der Erbauung von Burgen zur Ergänzung der alten Villikationen und der Vergabe an einen klösterlichen Ministerialen unterschied sich die Art und Weise, wie St. Gallen die allerdings schon im 13. Jahrhundert nicht mehr genau erkennbaren Reste seines einst umfangreichen Besitzes im Alpgau, im Bereich der unteren Schlücht schützte, wesentlich.

Denn inmitten dieses einstigen klösterlichen Herrschaftsbereichs hatte die Abtei St. Gallen die Burg Gutenburg [78] erbaut, die sie seit der Mitte des 12. Jahrhunderts nicht etwa einer klösterlichen Ministerialenfamilie, sondern einer Familie edelfreien Standes, zu Lehen gab, die sich fortan nach dieser Burg »von Gutenburg« nannte. Schon im 13. Jahrhundert galt freilich all der umliegende, ehedem dem Kloster zugehörende Besitz bereits voll und ganz als Eigen der Gutenburger und lediglich der Turm der Gutenburg wurde bis ins 18. Jahrhundert hinein durch den Abt von St. Gallen als Lehen ausgegeben.

An all diesen Beispielen dürfte dies deutlich geworden sein: Im Gegensatz zum 10. Jahrhundert, da allein die Maierhöfe rechtliche Zentren der einzelnen klösterlichen Villikationen gewesen waren, hatten die Klöster sich vor allem im 12. Jahrhundert, wenn nicht schon im 11. Jahrhundert, bewogen gesehen, außerhalb der Siedlung, in der der Maierhof gelegen war, eine Burg zu errichten, die nun zumeist an einen aus dem Maierstand hervorgegangenen klösterlichen Ministerialen als Inhaber des Maieramtes vergeben [79] oder aber von vornherein als echtes Lehen an Edelfreie ausgetan wurde.

Die Burg hatte demnach auch in die klösterliche Herrschaften Eingang gefunden, hatte den Maierhof zur Nebensache werden lassen, den bisherigen Maier aus dem Verband des Dorfes herausgelöst und – wesentlich mit Hilfe der Burg – auf den Weg zur Ministerialität gelangen lassen.

78) Hierzu und zum Folgenden immer noch J. Bader, Das ehemalige sanktblasianische Amt Gutenburg, in: ZGORh 3, 1852, S. 355–384, insbes. S. 356 ff., u. H. Schwarz, Der Hotzenwald und seine Freibauern, in: Der Hotzenwald (Quellen u. Forsch. zur Siedlungs- und Volkstumsg. der Oberrheinlande II), 1941, S. 67–199, hier, S. 93 f., und neuestens H. Voellner, Die Burgen und Schlösser zwischen Wutachschlucht und Hochrhein, 1975, S. 77.

79) Zu diesem sozial- und standesgeschichtlichen Vorgang – am Beispiel der St. Galler Quellen – K. H. Ganahl (wie Anm. 33), S. 143 ff., und R. Sprandel, Das Kloster St. Gallen in der Verfassung des karolingischen Reiches (Forsch. z. oberrhein. LdG 7), 1958, S. 142 ff.; sowie neuestens G. Bradler: Ministerialität, (wie Anm. 22), S. 106 ff.; anhand des Reichenauer Materials F. Beyerle (wie Anm. 29), S. 495 ff., und A. Schulte, Die Reichenau und der Adel. Tatsachen und Wirkungen, in: Die Kultur der Abtei Reichenau, von K. Beyerle, Bd. I, 1925, S. 557–592, hier S. 590 ff.

Neben diesen klösterlichen Burgen, die eng mit einer Villikation verbunden waren, darf freilich ein weiterer Typ klösterlicher Wehrbauten nicht übergangen werden, der nicht primär auf die Grundherrschaft des Klosters bezogen war, sondern unmittelbar dem Inhaber der klösterlichen Herrschaft über Land und Leute, dem Abt, als Ort des Aufenthalts zur Verfügung stand. So diente die von der Reichenau auf einem der markanten Hegauberge, dem Mägdeberg [80], in der ersten Hälfte des 13. Jahrhunderts erbaute Burg dem Abt des Inselklosters wiederholt als Wohnsitz. Die für die gesamte Klosterherrschaft entscheidend wichtige Funktion dieser Burg wird dann aber vor allem darin deutlich, daß im Streit zwischen Bischof Eberhard von Konstanz und Abt Berthold von St. Gallen um die Beherrschung des Klosters Reichenau eben diese reichenauische Burg Mägdeberg im Hegau, die Burg der Reichenauer Äbte, als Ziel der Eroberung eine große Rolle spielte. Der Abt einer Reichsabtei hatte es demnach für notwendig erachtet, neben seiner in unmittelbarer Nähe des Klosters gelegenen Abtspfalz eine feste Burg innerhalb eines vom Kloster entfernter gelegenen Besitzkomplexes zum zeitweiligen Mittelpunkt seiner Herrschaft zu machen. Wir sehen: Auch für die Ausübung der Herrschaft durch den Abt selbst war die Burg von Wichtigkeit geworden.

Hatten die großen Reichsabteien den Burgenbau als wichtiges Instrument für die Ausübung von Herrschaft zu nutzen verstanden, so hatte sich demgegenüber der Bischof von Konstanz – zumindest in dem von uns untersuchten Gebiet – kaum in der Errichtung von Burgen hervorgetan. Die Bischöfe hatten es stattdessen seit der Mitte des 13. Jahrhunderts verstanden, aus adeliger Hand Burgen anzukaufen, die zugleich Mittelpunkte teilweise umfangreicher Herrschaften gewesen waren [81]. Das gilt etwa für die aus niederadeligem, reichsministerialischem Besitz erworbene Burg und Herrschaft Hohenbodman im Linzgau [82], das gilt aber in ganz besonderem Maße für Burg und Herrschaft Küssenberg im Klettgau [83]. Die Burg Küssenberg, Sitz der seit der Mitte des 12. Jahrhunderts nachweisbaren Grafen von Küssenberg, war Mittelpunkt einer Herrschaft, deren edelfreie Inhaber gegen die Mitte des 13. Jahrhunderts, also zur Zeit des Ankaufs durch den Bischof, zweifellos schon so etwas wie Landesherrschaft in ihrem Bereich ausgeübt hatten.

Im Gegensatz also zu den von den Klöstern zur Ergänzung und zum Schutz ihrer Villikationen errichteten Burgen, waren diese von den Bischöfen erworbenen Adelsburgen nicht Mittelpunkte niedergerichtlicher Ortsherrschaften, sondern Mittelpunkte kleiner Landesherrschaften, im Aufbau befindlicher kleiner Territorien. Jetzt, mit ihrer Einfügung in das werdende Territorium der Bischöfe von Konstanz, wurden aus den bisherigen Sitzen adeliger Familien und den bisherigen Mittelpunkten adeliger Herr-

80) Darüber E. Dobler, Burg und Herrschaft Mägdeberg (Hegau-Bibliothek II) 1959, S. 49 ff.
81) Darüber ausführlich O. Feger (wie Anm. 31), insbes. S. 15 ff.
82) Ebenda S. 63 f.
83) Ebenda S. 39 f. sowie jetzt H. Voellner (wie Anm. 78), S. 57 f.

schaften, Mittelpunkte bischöflicher Ämter, die sich weitgehend mit den ehemaligen Adelsherrschaften deckten und die nun von einem auf der Burg gesessenen bischöflichen Ministerialen verwaltet wurden [84].

Während also die von den Klöstern selbst errichteten Burgen die klösterlichen Grundherrschaften weithin erfaßt und zugleich wesentlich zur Bildung und zur Festigung der klösterlichen Ministerialität beigetragen hatten, waren die durch Kauf erworbenen Burgen – im Falle des Bischofs von Konstanz – bei der Bildung eines geistlichen Territoriums zum entscheidenden Ansatzpunkt der noch vor dem Ende des 13. Jahrhunderts sich allmählich verfestigenden Ämterorganisation geworden. Hier – am Beispiel der geistlichen Herrschaftsgebiete – zeichnen sich deutliche Rangunterschiede in der verfassungsgeschichtlichen Funktion der Burgen ab, die es auch für das Folgende im Auge zu behalten gibt.

Aber nicht nur die Klöster selbst erachteten es im Hochmittelalter als notwendig, die Ausübung ihrer grund- und ortsherrlichen Rechte durch die Errichtung von Burgen abzusichern. Auch die Vögte dieser Klöster, die nun »Edelvögte« und keine klösterlichen Beauftragte mehr waren [85], schienen die Vogtei über die klösterlichen Besitzungen und Rechte nur noch mit Hilfe einer Burg ausüben zu können. Ja, der Bau von Burgen durch die Klostervögte läßt die neue Form der nun durchweg von edelfreien Familien ausgeübten Vogtei in den Quellen überhaupt erst richtig sichtbar werden.

Diese neue Form der Ausübung der Vogtei über klösterliche Herrschaften mit Hilfe der von den Vögten selbst erbauten Burgen erfaßt im übrigen die alten Reichsklöster ebenso wie die jungen Reformklöster. Betrachten wir wiederum einige Beispiele: Als ein Mitglied der im Thurgau beheimateten edelfreien Familie von Klingen um die Mitte des 12. Jahrhunderts von den Herzögen von Zähringen mit der Untervogtei über die Abtei St. Georgen zu Stein am Rhein belehnt worden war, baute dieser Herr von Klingen offenbar bald danach unmittelbar über dem Kloster und der daneben erwachsenen Marktsiedlung am Rhein eine Burg, die nun Burg Klingen ob Stein hieß und zum Mittelpunkt einer hauptsächlich auf die Steiner Klostervogtei gestützten Adelsherrschaft im südlichen Hegau und im nördlichen Thurgau wurde [86]. Die Vogtei war somit mit einer vom Vogt erbauten und ihm zu Eigen gehörende Burg verbunden worden, die bezeichnenderweise den gleichen Namen wie die im Thurgau gelegene Stammburg der Familie erhalten hatte. Die Vogtei wurde – vorab mit Hilfe der Burg – voll und ganz in die adelige Herrschaft integriert.

84) Darüber ebenda S. 19 ff.

85) Zu diesem Wandel vgl. am Beispiel von St. Gallen die Anm. 33 genannte Literatur.

86) Dazu im einzelnen O. Stiefel, Geschichte der Burg Hohenklingen und ihrer Besitzer, Phil. Diss. Bern, 1921, insbes. S. 7 ff.

Hören wir im Falle von Stein am Rhein nichts von Streitigkeiten, die der Bau dieser Burg zwischen den Vögten und dem bevogteten Kloster ausgelöst haben könnte, so zeigt sich die ganze Schwere der Last, die der Bau von Burgen, ja schon allein die Innehabung von Burgen auf klösterlichem Besitz durch die Vögte für die betroffenen Klöster mit sich brachte, besonders eindrücklich am Beispiel des Klettgauer Besitzes der Reichsabtei Rheinau [87].

Schon um die Wende vom 11. zum 12. Jahrhundert hatten inmitten des Rheinauer Besitzkomplexes in der Klettgau-Ebene die edelfreien Herren von Weissenburg, die damals die Vogtei über das Kloster ausübten, ihre namengebende Burg offenbar auf klösterlichem Grund und Boden errichtet. Wenn die Herren von Weissenburg vor ihrem Aussterben, um das Jahr 1126, die Weissenburg – im übrigen mit ausdrücklich genannten *homines militares* und *homines rusticani* als Pertinenzen [88] – zusammen mit anderen umliegenden Besitzungen und Rechten der Abtei Rheinau schenkten, dann ist durchaus zu vermuten, daß nicht nur die Burg, sondern auch die Herrschaft Weissenburg weitgehend auf ehemaligen Rheinauer Besitzungen und Rechten beruhte.

Auch die Nachfolger der Weissenburger als Rheinauer Klostervögte, die Grafen von Lenzburg, glaubten offenbar, zur Ausübung der neugewonnenen Vogtei nicht auf eine eigene Burg im Bereich der klösterlichen Herrschaft verzichten zu können. Nach 1126 bauten sie auf klostereigenem Grund und Boden an leider nicht genau zu lokalisierender Stelle eine Burg, und diese Baumaßnahme war es denn auch vor allem, die zu harter Gegenwehr der Abtei gegen die Vogteiherrschaft dieser neuen Vögte führte. Ob das Kloster mit seinen Abwehrmaßnahmen Erfolg hatte, wissen wir allerdings nicht.

Ein Jahrhundert später, nachdem die Vogtei über Kloster Rheinau inzwischen an die im Alpgau beheimateten Herren von Krenkingen übergegangen war, bedienten sich auch diese neuen Vögte wiederum des altbewährten Mittels [89]: Nicht nur, daß sie wiederum – ohne Genehmigung durch den Abt – auf rheinauischem Boden, hoch über dem Klettgauer Tal, eine Burg errichteten und ihr – um den eigenen Herrschaftsanspruch zu dokumentieren – den Namen »Neu-Krenkingen« verliehen; sie hatten sich darüber hinaus auch der alten, zentral in der Klettgau-Ebene gelegenen Vogts-Burg Weissenburg bemächtigt.

Wenn auch Kaiser Friedrich II. im Jahre 1241 der Abtei Rheinau ihre Rechte an den ihr von den Krenkingern als Vögten widerrechtlich entfremdeten Besitzungen einschließlich der beiden Burgen bestätigte, so blieben die Krenkinger dennoch auch weiterhin in ungestörtem Besitz beider mit der Ausübung der Vogtei in Verbindung stehender Festen. Hatte schon die Namengebung »Neu-Krenkingen« gezeigt, wie sehr

87) Darüber zuletzt H. Maurer, Land (wie Anm. 6), S. 96 ff.
88) ZUB I, Nr. 255, S. 141; vgl. dazu H. Voellner (wie Anm. 78), S. 52 f.
89) Zum Folgenden ausführlich H. Maurer, Die Rheinauer Klostervögte und der Klettgau im 13. Jh., in: SchaffhausBeitrrVaterländG 48, 1971, S. 90–120.

diese Burg als Bestandteil der krenkingenschen (Allodial-)Herrschaft angesehen wurde, so machte dies noch mehr die Tatsache deutlich, daß sich seit 1262 eine Linie der Herren von Krenkingen sogar nach der Weissenburg benannte, ähnlich wie dies schon einmal Rheinauer Klostervögte um die Wende vom 11. zum 12. Jahrhundert getan hatten.

Erst Rudolf von Habsburg machte mit diesen, sich vor allem im widerrechtlichen Bau einer Burg und in der Aneignung einer bereits bestehenden klösterlichen Burg äußernden Übergriffen der krenkingenschen Klostervögte ein Ende, indem er im Jahre 1288 die Weißenburg belagerte und ihre Mauern brach.

Die gleiche, für das bevogtete Kloster mißliche Rolle spielte die Burg des Vogtes aber nicht nur für die alten Klöster, sondern ebenso auch für ein Reformkloster wie das von den Grafen von Nellenburg gegründete Kloster Allerheiligen in Schaffhausen. So berichtet uns Bernold für 1098 [90], daß in diesem Jahr der Vogt des Klosters, Graf Adalbert von Mörsberg, einen in der Nähe der Abtei gelegenen Turm befestigt habe. Als aber die Mönche mit Gebet und Gesang zu dieser Burg gezogen seien, um den Grafen um die Einstellung seiner Befestigungsmaßnahmen zu bitten, seien sie von den milites des Grafen zum Teil getötet und zum Teil verwundet worden.

Aus all dem sieht man: Zur Ausübung der Vogtei über ein Kloster gehörte – seit ihrer Umwandlung zur Edelvogtei – als untrennbarer Bestandteil dieser Funktion die Verfügung über eine Burg: Sei es, daß die Vögte sie auf klostereigenem Boden in unmittelbarer Nähe des Klosters oder inmitten eines klösterlichen Herrschaftskomplexes neu erbauten, sei es, daß sie sich eine dem Kloster gehörende Burg aneigneten.

Es war eine natürliche Folge dieser Vorgänge, daß mit diesen Burgen, auf die – zur Unterstreichung des angeblich allodialen Charakters – demonstrativ der Name der Stammburg der Vogtfamilie übertragen worden war, nicht nur die Vogtei selbst, sondern auch umliegende klösterliche Besitzungen und Rechte widerrechtlich als Pertinenzen verbunden wurden. Diese stets wiederkehrende und zu erwartende Tendenz war mit ein entscheidender Grund dafür, daß sich die Klöster so energisch gegen die Herrschaft der Vögte zur Wehr setzten. Die Rolle der Burgen innerhalb der hochmittelalterlichen Klostervogtei liegt damit offen zu Tage: Zu der in einer Familie erblich gewordenen Vogtei trat schon bald die Burg des Vogtes hinzu; sie wurde zum Mittelpunkt der Ausübung vogteilicher Rechte und schließlich zum Zentrum einer im Umkreis der Vogtsburg – auf ehemals klösterlichen Besitzungen und Rechten – gebildeten adeligen Herrschaft. Die Burg trug demnach entscheidend mit dazu bei, daß auch die Vogtei – noch viel konsequenter als die Grafschaft – verherrschaftlicht wurde.

In der adeligen Herrschaft über Land und Leute, auf die wir bei der Betrachtung einzelner Institutionen des hochmittelalterlichen Verfassungsgefüges letz-

90) MG SS V, S. 466; zur Sache C. A. Bächtold, Wie die Stadt Schaffhausen ihre Landschaft erwarb, in: Festschr. der Stadt Schaffhausen zur Bundesfeier, 1901, S. 44.

ten Endes immer wieder hingeführt worden sind, spielten zunächst indessen primär nicht die bislang betrachteten Burgen, spielten nicht die auf einstigem Königsgut erbauten und dann vom Reich zu Lehen gehenden Burgen, spielten nicht die ursprünglich von Klöstern errichteten und von Klöstern als Lehen ausgegebenen Wehrbauten, spielten nicht die aufgrund der Klostervogtei widerrechtlich angeeigneten oder erstellten Befestigungen die entscheidende Rolle. Zunächst war es vielmehr die allodidale Burg, die den Kern der adeligen Herrschaft erfaßte und umgestaltete, jene Burg also, die das eigentliche Charakteristikum der vorab in der zweiten Hälfte des 11. Jahrhunderts einsetzenden Burgenbauwelle darstellt und für andere Herrschaftsträger so sehr zum Vorbild geworden ist. Diese adelige Burg im engeren Sinne – genauer die Stellung der Burg innerhalb der Adelsherrschaft – und ihre verfassungsgeschichtliche Bedeutung für die umgebende Landschaft ist nun in einem letzten ausführlichen Kapitel an einigen ausgewählten, möglichst alle Einzellandschaften gleichmäßig berücksichtigenden Beispielen genau und umfassend zu betrachten.

Unsicher – und diese Bemerkung muß den folgenden Untersuchungen vorausgeschickt werden – ist es freilich, ob die Adelssitze[91], auf die sich die seit dem 11. Jahrhundert üblich werdenden Familiennamen beziehen, auch wirklich Burgen waren.

Eindeutig positiv muß die Antwort da ausfallen, wo der Familienname einen zweifelsfreien Burgennamen beinhaltet. Weniger gesichert aber ist eine Antwort dort, wo der Familienname auf einen alten Siedlungsnamen, einen Ortsnamen, etwa auf -ingen, -heim, -dorf usw., hinweist. Und dennoch wird man auch hier vermuten dürfen, daß der Sitz des Adeligen innerhalb einer Siedlung zumindest ein wehrhaftes Steinhaus gewesen war. Andererseits kann die Benennung nach einer alten Siedlung aber auch dann beibehalten worden sein, wenn die Burg, wie etwa im Falle der Grafen von Pfullendorf[92] oder der gleichfalls im Linzgau ansässigen Grafen von Frickingen[93] oder der Herren von Krenkingen im Alpgau[94], zwar bereits außerhalb der namengebenden Siedlung, aber doch immer noch innerhalb der Markung dieser Siedlung zu stehen kam und ein Wechsel im Familiennamen deswegen nicht notwendig erschien.

Häufiger aber wurde die Burg auf einer die Siedlung überragenden Höhe erbaut und damit so vollständig aus dem Verband der alten Siedlung gelöst, daß die Burg einen neuen Namen und danach auch die bisher nach der Siedlung benannte Familie den

91) Zur Problematik der hochmittelalterlichen Adelssitze – nicht zuletzt auch an Beispielen unseres Raumes – vgl. K. Schmid, Zur Problematik von Familie, Sippe und Geschlecht, Haus und Dynastie beim mittelalterlichen Adel, in: ZGORh 105, 1957, S. 1–62, insbes. S. 31 ff.

92) Vgl. K. Schmid: Pfullendorf (wie Anm. 63), S. 127.

93) Zu ihnen vgl. H. Jänichen, Die schwäbische Verwandschaft des Abtes Adalbert von Schaffhausen (1099–1124), in: SchaffhausBeitrrVaterländG 35, 1958, S. 7–83, hier, S. 27 f., und zur Burganlage Schmidle-Deecke (wie Anm. 42), S. 222.

94) Dazu weiter unten S. 222 ff.

Namen der neu errichteten Höhenburg annahm: Gut zu zeigen ist dieser Vorgang etwa am Beispiel der Herren von Singen-Twiel [95] und der Herren von Engen-Hewen im Hegau [96] oder der Herren von Geisingen-Wartenberg in der Baar [97].

Sehr oft wurde die Burg – wie etwa im Falle der Burg Heiligenberg [98], der Burg Fürstenberg [99] oder sehr wahrscheinlich auch der Küssaburg – in eine schon im Frühmittelalter oberhalb einer Siedlung errichtete Befestigungsanlage hineingesetzt, in eine jener frühen Wehranlagen, die vor dem 11. Jahrhundert noch kaum irgendwelche rechtlichen Funktionen innerhalb der adeligen Herrschaft wahrgenommen zu haben scheinen. In jedem Falle aber tritt der durchaus noch beibehaltene ursprüngliche adelige Sitz im Dorf rechtlich hinter die außerhalb des Dorfes erbaute Burg zurück. Sie wird nun anstelle des befestigten oder unbefestigten Adelshofes zum rechtlichen Mittelpunkt der Herrschaft und zum Sitz der adeligen Familie, des adeligen Geschlechts [100]. Dies wird im folgenden genauer zu zeigen sein.

Nun gab es freilich in den Landschaften zwischen Bodensee und Schwarzwald im 11. und 12. Jahrhundert eine Vielzahl edelfreier Familien, und selbst wenn man berücksichtigt, daß sich viele Adelige zunächst nach mehreren ihrer Sitze zugleich benannten, ist die Gesamtzahl der edelfreien Familien immer noch höchst ansehnlich [101]. Dementsprechend mußten sich auch die Burgen dieser zahlreichen Adelsfamilien auf verhältnismäßig engem Raum drängen, und dementsprechend klein dürfte die Zubehör dieser – den verschiedensten Familien gehörenden – Burgen gewesen sein.

Erst der bereits von Aloys Schulte festgestellte [102] und – bei allen Abstrichen an seinen Ergebnissen [103] – von der Forschung seitdem immer wieder bestätigte Vorgang, der im 12. Jahrhundert diese Vielzahl edelfreier Familien zusammenschmelzen und – aus welchen Gründen auch immer – einer wesentlich kleineren Zahl Platz machen ließ, läßt sowohl die Herrschaftsgebiete dieser übriggebliebenen Familien größer, als auch deren Burgenbesitz entsprechend zahlreicher werden.

95) Vgl. oben S. 203.
96) Dazu gleich Näheres unten S. 218 f.
97) Darüber A. Vetter, Geisingen, 1964, S. 55 ff. und über die adelige Familie neuerdings K. S. Bader, Zur Geschichte der Freiherren von Wartenberg, in: SchrrVGBaar XXVII, 1968, S. 114–128.
98) Vgl. Schmidle-Deecke (wie Anm. 42), S. 247.
99) Vgl. oben S. 202.
100) Vgl. Anm. 91.
101) Vgl. für einen Teilraum die Beobachtungen bei H. Maurer, Land (wie Anm. 6), S. 161 ff.
102) A. Schulte, Der Adel und die deutsche Kirche im Mittelalter, 1910, vor allem S. 44 ff. u. S. 295 ff.
103) Vgl. z. B. W. Sandermann, Die Herren von Hewen und ihre Herrschaft (Forsch. z. oberrhein. Landesg. 3), 1956, S. 19 f.

Andererseits scheint es daneben – vor allem in Räumen, die noch bis ins 10. Jahrhundert hinein von Schenkungen an Klöster freigeblieben waren [104] – bereits im 11. und frühen 12. Jahrhundert relativ umfangreiche und relativ geschlossene adelige Herrschaftsgebilde gegeben zu haben, in denen schon dieser ihrer Größe wegen die Existenz gleich mehrerer Burgen einer einzigen Adelsfamilie anzunehmen ist.

Mag dennoch insgesamt zunächst die Existenz einer einzigen Burg Charakteristikum der vielen kleinen Adelsherrschaften des 11. Jahrhunderts gewesen sein, so ist die Mehrzahl der Burgen zweifellos das Charakteristikum der erweiterten Adelsherrschaft des späten 12. und des 13. Jahrhunderts, und zwar nicht nur der von Edelfreien, sondern auch vielfach der von Ministerialen innegehabten Herrschaftsgebilde.

Welche Rolle spielten nun aber die den einstigen festen Sitz im Dorf ersetzende Hauptburg und die, sei es ererbten und zuerworbenen, sei es neu erbauten weiteren Burgen innerhalb der sich allmählich zu geschlossenen Gebilden wandelnden Adelsherrschaften und damit zugleich innerhalb des gesamten Verfassungsgefüges unserer Landschaften? Diese Frage wird nun im einzelnen zu exemplifizieren sein.

Beginnen wir im Linzgau mit den Grafen von Pfullendorf [105]; sie verfügten im 12. Jahrhundert neben ihrer im Norden ihres Herrschaftsgebietes gelegenen Stammburg Pfullendorf auch noch über die einen typischen Burgennamen aufweisende Burg Ramsberg im Süden ihrer Herrschaft. Außerhalb dieses eigentlichen, im Linzgau liegenden Herrschaftskomplexes stand darüber hinaus im Hegau die pfullendorfische Burg Stoffeln, die – wie wir sahen [106] – sehr wahrscheinlich mit der Innehabung der Grafschaft im Hegau zusammenhing. Schon hier zeigt sich, daß den Burgen einer Herrschaft eine ganz bestimmte rechtliche Funktion zugedacht gewesen sein mochte, auch wenn ihre Mehrzahl sicherlich zunächst und vordergründig dadurch bedingt gewesen sein dürfte, daß man zum Schutz eines größeren Herrschaftsgebildes eben mehrerer Burgen bedurfte. Aus der Beobachtung, daß sich die späteren Grafen von Pfullendorf zunächst noch abwechselnd nach allen drei Burgen benannten und erst nach der Mitte des 12. Jahrhunderts die Benennung nach der Burg Pfullendorf zur ausschließlichen machten, ergibt sich einerseits, daß zunächst alle drei Burgen als gleichrangig, und andererseits, daß später eine einzige, und zwar in diesem Falle die Stammburg, als ständiger Sitz bevorzugt wurde. Dieser Vorgang muß zugleich das Herrschaftsgebilde der Pfullendorfer selbst in seiner inneren Struktur verändert haben. Denn nun war die Herrschaft auf einen einzigen Mittelpunkt bezogen, während die beiden anderen Burgen, Ramsberg und Stoffeln, Ministerialen zur Verwaltung übergeben wurden, die sich teilweise schon in der zweiten Hälfte des 12. Jahrhunderts nach diesen Burgen benannten [107]. Im Spätmittelalter wandelten sich diese einstigen Hoch-

104) Vgl. oben S. 197.
105) Dazu im einzelnen K. Schmid, Pfullendorf, (wie Anm. 63), insbes. S. 89 ff. u. S. 217 ff.
106) Vgl. oben S. 205.
107) Vgl. K. Schmid, Pfullendorf (wie Anm. 63), S. 222 ff.

adelsburgen dann zu Mittelpunkten der jeweils nur einige wenige Orte umfassenden Herrschaften der niederadeligen Herren von Ramsberg im Linzgau [108] und der der Reichsritterschaft angehörenden Herren von Stoffeln im Hegau [109].

Als die pfullendorfische Herrschaft um 1180 durch Erbschaftsübergabe an die Staufer fiel [110], wurde aus der adeligen Herrschaft ein königliches *officium* [111] wurde aus der Burg Pfullendorf als bisherigem Mittelpunkt einer Adelsherrschaft und als Sitz einer hochadeligen Familie der Mittelpunkt eines königlichen Amtes und der Sitz eines königlichen Amtsmannes und wurden schließlich die ehemaligen Pfullendorfer Ministerialenburgen Reichslehenburgen [112].

Die hier eindrücklich festgestellte Mehrzahl der Burgen als Charakteristikum und als Mittel zur Erfassung und Durchdringung einer adeligen Herrschaft findet sich in ganz ähnlicher Weise auch für die im nördlichen Hegau um Engen – im übrigen innerhalb einer der charakteristischen Schenkungslücken des 9. und 10. Jahrhunderts – entstandene Herrschaft der Herren von Engen, die sich – nach dem Bau bzw. nach der Verlegung ihres Sitzes auf den hoch über Engen gelegenen Berg Hewen – seit dem letzten Viertel des 12. Jahrhunderts Herren von Hewen nannten [113]. Bis zur Mitte des 13. Jahrhunderts sind zu dieser neuen Hauptburg Hohenhewen, an die nun zweifellos all jene bislang auf Engen bezogenen Besitzungen und Rechte als Pertinenzen übergegangen waren, am nördlichen Rande des Herrschaftskomplexes noch die Burgen Neuhewen und Junghewen bzw. Hewenegg hinzugekommen, denen – gewissermaßen als Zeichen des Selbstbewußtseins der Familie – der Name der neuen Stammburg in abgewandelter Form zugeteilt wurde. Wie sich diese beiden späteren Burgen in ihren Funktionen innerhalb des hewenschen Herrschaftsgebildes voneinander und vom Hauptsitz unterschieden, hat auch eine neuere Arbeit über die Herren von Hewen nicht zu klären vermocht. Dafür aber, daß die Innehabung mehrerer Burgen bei Erbteilungen, bei Geldnot usw. immer dazu verleiten mußte, eine dieser Burgen mit ihren Pertinenzen aus der Gesamtherrschaft herauszubrechen und sie durch Vererbung, Tausch oder Verkauf in fremde Hände übergehen zu lassen, dafür ist die Burg Neuhewen ein besonders gutes Beispiel. Sie wurde von den Grafen von Hohenberg, die aus unbekannten Gründen in ihren Besitz gelangt waren, nach 1283, aber vor 1291 an die Habsburger verkauft, die mit ihr einen wichtigen Stützpunkt für ihre Territorialpolitik in diesem Raume gewannen [114].

108) Ebenda S. 222.

109) F. v. Hornstein-Grüningen, Die von Hornstein und von Hertenstein, Erlebnisse aus 700 Jahren, 1911, S. XCII.

110) Hierzu und zum Folgenden wiederum K. Schmid, Pfullendorf (wie Anm. 63), S. 169 ff.

111) Vgl. ebenda, sowie W. Metz, Staufische Güterverzeichnisse, 1964, S. 94 ff.

112) Vgl. K. Schmid, Pfullendorf (wie Anm. 63), S. 222 ff.

113) Hierzu und zum Folgenden W. Sandermann, Hewen (wie Anm. 103), insbes. S. 28 ff.

114) Ebenda, S. 74 f.

Noch etwas anderes aber ist an der Rolle der Burgen innerhalb der Herrschaft Hewen auch für andere adelige Herrschaftsgebilde zwischen Bodensee und Schwarzwald als charakteristisch aufzuzeigen: In Anlehnung an den ursprünglichen Stammsitz der Herren von Engen-Hewen, die Burg Engen, die noch 1291 »Engeyn hous« genannt wird, und ebenso in Anlehnung an das alte Dorf Engen wurde zwischen 1240 und 1280 von den Herren von Hewen eine Stadt gegründet [115]. Auffällig an dieser neugegründeten Stadt ist nun aber die Rolle, die die gleichfalls nach Engen benannten ritterlichen Dienstleute der Herren von Hewen – schon im 13. Jahrhundert erkennbar – innerhalb dieses Städtchens spielten. Sie waren offenbar auch weiterhin aufs engste der hewenschen Stammburg und jetzigen Stadtburg, der Burg Engenhaus, zugeordnet.

Bereits hier, im Falle von Engen, drängt sich die Vermutung auf, daß die neue Stadt neben ihren wirtschaftlichen Funktionen wesentlich als Burgstadt, als Erweiterung der Burg, verstanden wurde.

Von den bisher beschriebenen Formen des Verhältnisses von Burg und adeliger Herrschaft abweichende Erscheinungen lernen wir in der westlichen Baar kennen, wo nach dem Aussterben des Hauses Zähringen im Jahre 1218 der umfangreiche zähringische Allodialbesitz an die Grafen von Urach gefallen war, die sich nach ihrem neuen Herrschaftsmittelpunkt Freiburg i. Br. Grafen von Freiburg nannten [116]. Die zähringischen Besitzungen auf der Baar waren – seitdem die Zähringer ihren Hauptsitz im Breisgau errichtet hatten – zwar ein wichtiger, aber eben lediglich über den noch wenig erschlossenen Schwarzwald erreichbarer Besitzkomplex geworden, der trotz des zähringischen Marktes bzw. der zähringischen Stadt Villingen und trotz der Existenz der zähringischen Burgen in Aasen und auf dem Fürstenberg eines echten Mittelpunktes ermangelte, da die herrschende Familie eben außerhalb der Landschaft ihren Hauptsitz hatte.

Bemerkenswert ist nun, daß die für die Grafen von Urach-Freiburg zur Durchsetzung ihrer Herrschaft auf der Baar wichtigen Burgen sämtlich nicht im Altsiedelland lagen, sondern daß diese, wohl noch aus zähringischem Erbe übernommenen Burgen, unmittelbar in dem teilweise noch kaum der Siedlung erschlossenen Waldgebiet des südöstlichen Schwarzwaldes standen [117], daß vor allem die seit der Mitte des 13. Jahrhunderts wichtige Burg Fürstenberg nach der Herrschaftsübernahme, d. h. nach 1218, zunächst noch keine besondere Bedeutung besaß.

115) Ebenda, S. 34 ff.

116) Dazu H. Büttner, Egino von Urach-Freiburg, der Erbe der Zähringer, Ahnherr des Hauses Fürstenberg (Veröff. aus dem Fürstl. Fürstenberg. Archiv 6), 1939.

117) Hierzu ausführlich K. S. Bader, Kürnburg, Zindelstein und Warenburg (wie Anm. 43), passim, und H. Büttner, Egino (wie Anm. 116), S. 19 ff.

Mehrere, seit 1225 nachweisbare Aufenthalte des Grafen Egino V. von Freiburg, auf der mitten im Wald, wenn auch im Bereich eines durch den Schwarzwald führenden West-Ost-Verkehrsweges gelegenen Burg Zindelstein und die Rolle, die die gleichfalls mitten im Waldgebiet gelegene Burg Kürnburg seit etwa 1250 für den Sohn Eginos V., Graf Heinrich von Fürstenberg, spielte [118], zeigen, welche Bedeutung der Erschließung des Schwarzwaldes von den Grafen von Freiburg-Fürstenberg beigemessen wurde, und zeigen darüber hinaus, daß ein entscheidendes Mittel, um diese Rodungs- und Erschließungsvorgänge in die Hand zu bekommen, der Bau und die Innehabung von Burgen innerhalb des zu erschließenden Gebietes war. Hier, in diesem erst zu besiedelnden Gebiet, eröffnete sich überdies die Möglichkeit, diesen Burgen, die mit keiner dörflichen Siedlung verbunden waren und aus keiner dörflichen Siedlung erwachsen sein konnten [119], relativ geschlossene – durch Rodung und Besiedlung immer mehr wachsende – Herrschaftsgebiete als Pertinenzen zuzufügen, eine Möglichkeit, die im Altsiedelland im 13. Jahrhundert in diesem Ausmaß nicht mehr bestand.

Die Funktionen dieser Burgen zielten eindeutig auf weiträumige Herrschaft. Erst nach der Mitte des 13. Jahrhunderts ist die Burg auf dem Fürstenberg, mitten im Altsiedelland der Baar gelegen, zum Mittelpunkt der Herrschaft der Urach-Freiburger auf der Baar und zu dem ihnen von nun an den Namen verleihenden Sitz geworden [120]. Die beiden Schwarzwaldburgen, von denen übrigens die Burg Zindelstein in der ersten Hälfte des 13. Jahrhunderts nicht etwa einer dort dauernd ansässigen Dienstmannenfamilie, sondern einander ablösenden »Burggrafen« zur Verwaltung übergeben gewesen war [121], hatten lediglich noch periphere und lokale Bedeutung als Stützpunkte am Westrand des jetzt in der Mitte der Baar konzentrierten fürstenbergischen Herrschaftsgebildes.

Hier, im südöstlichen Schwarzwald, war uns eine neue Funktion der Burg innerhalb adeliger Herrschaft begegnet: die Funktion der Burg als Mittel zur Erschließung und Beherrschung eines bislang weithin unbesiedelten Raumes.

Draußen im Altsiedelland aber bedienten sich die Grafen von Fürstenberg weniger des Burgenbaues, als der Gründung von Städten [122]; daß diese zahlreichen kleinen,

118) Wie Anm. 117.

119) Zur Charakterisierung dieses Burgentyps vgl. K. S. Bader, Kürnburg, Zindelstein u. Warenburg (wie Anm. 43), S. 125 ff.

120) Vgl. A. Vetter, Die Geschichte der Stadt Fürstenberg (1959), S. 28 ff.

121) 1239 III 1 Zeugenreihe »... *Cunradus de Balgingen, olim burgravius in Sindelstain, Rudolfus de Bondorf, qui tunc in custodia habuit castrum de Sindelstain* ...« (FUB I, S. 179–180, Nr. 400).

122) Darüber jetzt einläßlich K. S. Bader, Villingen und die Städtegründungen der Grafen von Urach-Freiburg-Fürstenberg im südöstlichen Schwarzwaldgebiet, in: Villingen und die Westbaar, hg. von W. Müller (Veröff. des Alemann. Instituts 32) 1972, S. 66–85.

zumeist an bereits bestehende Burgen angelehnten Städte häufig nicht mehr waren als erweiterte Burgen, vermag wohl am eindringlichsten das Beispiel von Bräunlingen zu demonstrieren [123]. Das Dorf Bräunlingen, unmittelbar am Rande des Schwarzwaldes gelegen, wurde sehr wahrscheinlich in der zweiten Hälfte des 13. Jahrhunderts von den Grafen von Fürstenberg zur Stadt erhoben [124]. In dieser neugegründeten Stadt nun wurden vier Burglehen [125], die mit der in Bräunlingen stehenden Burg verbunden waren, und deren Mittelpunkt jeweils ein sog. Burgsäß, ein Säßhaus, innerhalb der Stadt bildete, an Ministerialen als Burgmannen ausgetan. Diese vier Burglehen mit ihren Burgsässen, deren jedem wiederum vier bäuerliche Güter als Zugehörden zugeordnet waren, stellten zwar innerhalb der Stadt wegen ihrer Exemtion vom Stadtrecht einen Fremdkörper dar. Sie gaben dieser kleinen Stadt aber den Charakter einer B u r g s t a d t, einer erweiterten Burg, einer Festung [126]. Diese von Burg und mehreren Burgsässen beherrschten Burgstädte – neben Bräunlingen wären für die Baar auch noch die Städte oder besser Städtchen Hüfingen [127], Blumberg [128] und Fürstenberg zu nennen – verleihen dem Verfassungsgefüge der Landschaften zwischen Bodensee und Schwarzwald insgesamt eine wesentliche Note [129].

Neben die Höhenburg war somit die Burgstadt getreten, die es ermöglichte, eine umfangreichere Verteidigungsmannschaft ständig in ihr verfügbar zu halten, als dies in den räumlich engen Höhenburgen möglich gewesen wäre. Burg und Stadt sind hier eine enge Verbindung eingegangen, und so mag denn auch dieser Typ entscheidend dazu beigetragen haben, die Ministerialität zu verbürgerlichen, zu verstädtern. Es ist im übrigen der Beachtung wert, daß hier, in Bräunlingen – wie wir das schon bei der nahe gelegenen Burg Zindelstein gesehen haben – für den Verwalter der Stadt-Burg der Titel eines Burggrafen erscheint [130].

123) Zum Folgenden J. Hornung, Geschichte der Stadt Bräunlingen, 1964, S. 492 ff.

124) Vgl. die Datierung bei K. S. Bader, Villingen (wie Anm. 122) S. 82.

125) Hierzu neben Hornung (wie Anm. 123), S. 492 ff. u. E. Balzer, Überblick über die Geschichte der Stadt Bräunlingen, 1903, S. 33 ff. u. S. 59 ff., vor allem F. Rech, Beiträge zur Geschichte der Stadt Bräunlingen, in: SchrrVGBaar XIII, 1913, S. 95–147, hier S. 128 ff.

126) Vgl. dazu auch die Wertung bei G. Tumbült, Zur Geschichte der deutschen Stadtverfassung. Verfassung der Stadt Bräunlingen in Baden, in WestdtZGKunst 16, 1897, S. 146–171, hier S. 149.

127) Vgl. F. L. Baumann, Zur Geschichte der Stadt Hüfingen, in Ders., Forschungen zur schwäbischen Geschichte, 1899, S. 310–342.

128) Vgl. K. S. Bader, Burg, Dorf, Stadt und Herrschaft Blumberg (1950), insbes. S. 11 ff.

129) Vgl. dazu auch für die Hegauer Burgstädte Tengen und Blumenfeld und insbes. Aach, das einer genauen Untersuchung wert wäre, die Bemerkungen bei K. S. Bader, Zehn Jahre Hegaugeschichtsverein, in: Hegau 20, 1965, S. 193–202, hier S. 198.

130) Dazu G. Tumbült (wie Anm. 126) S. 149 u. J. Hornung (wie Anm. 123), S. 493.

Die verfassungsgeschichtlichen Funktionen der Burg bzw. der Burgen innerhalb einer Adelsherrschaft, vor allem ihre sic hursprünglich stark voneinander unterscheidenden Aufgaben, werden aber vielleicht nirgendwo deutlicher als am Beispiel der Herrschaft Krenkingen, die sich über die beiden Landstriche des Alpgaus und des Klettgaus von Ost nach West ausgedehnt hatte [131] (vgl. zum Folgenden Karte 2).

Ursprünglicher Sitz der Familie war die Burg Krenkingen auf einem Felsen hoch über dem Schwarzwaldfluß Steina, nicht weit entfernt von dem namengebenden Dorf Krenkingen [132]. Zu vermuten bleibt, daß diese erstmals zu Beginn des 12. Jahrhunderts erwähnte edelfreie Familie [133], deren Burg den alten Siedlungsnamen beibehalten hatte, ursprünglich im Dorf selbst gesessen und dort ihren Herrenhof innegehabt hatte.

Der Bau der Burg außerhalb des Dorfes auf dem Felsen über der Steina kam auch hier einer Verlagerung des Schwergewichts vom Herrenhof zur Burg gleich. Der Herrenhof mit seinen Pertinenzen, seinen grundherrlichen, ortsherrlichen und leibherrlichen Rechten über Krenkingen und einige umliegende Siedlungen wurde nun selbst zur Pertinenz dieser Burg. Im übrigen lag der ursprünglich weitgehend geschlossene krenkingensche Herrschaftsbereich an unterer Steina, Schlücht und Wutach wiederum gerade da, wo bis ins 10. Jahrhundert hinein kaum Schenkungen an Klöster vollzogen worden waren und demnach für ein größeres Herrschaftsgebilde Platz frei geblieben war [134].

Im Laufe des 13. Jahrhunderts wurde dieses Herrschaftsgebiet wesentlich vergrößert, kamen dementsprechend auch weitere Burgen zu der Stammburg hinzu: am frühesten wohl die Burg Tiengen auf einem Hügel bei dem gleichnamigen Dorf, draußen, schon beinahe in der Ebene des Wutach-Hochrheintales gelegen; eine Burg, neben der die Herren von Krenkingen in der ersten Hälfte des 13. Jahrhunderts ein forum, einen Markt entstehen ließen, aus dem dann noch vor der Jahrhundertmitte eine civitas erwachsen ist [135]. Daß aber auch nach der Entstehung des Marktes und der Stadt die Burg Tiengen, die im Jahre 1229 König Heinrich (VII.) als Aufenthaltsort gedient hat-

131) Die folgenden Darlegungen stützen sich auf das ungedruckt gebliebene Kapitel »Die Herrschaft Krenkingen um 1260. Bestand und inneres Gefüge« meiner Freiburger Dissertation von 1963 über »Die Herren von Krenkingen und das Land zwischen Schwarzwald und Randen. Studien zur Geschichte eines landschaftsgebundenen Adelshauses im 12. u. 13. Jh.« Da ich eine Gesamtveröffentlichung dieses Kapitels auch in der Zukunft nicht beabsichtige, seien im Folgenden genauere Einzelbelege gegeben.

132) Zur Lage der Burg F. X. Kraus, Die Kunstdenkmäler des Kreises Waldshut (Die Kunstdenkmäler des Großherzogtums Baden 3), 1892, S. 14 f. u. E. Schuster, Die Burgen und Schlösser Badens, 1908, S. 15 f., sowie jetzt H. Voellner (wie Anm. 78), S. 61 ff.

133) Vgl. H. Maurer, Land (wie Anm. 6), S. 142 f.

134) Ebenda, S. 159.

135) Hierzu ausführlich H. Maurer, Die Anfänge der Stadt Tiengen und das politische Kräftespiel am Hochrhein um die Mitte des 13. Jhs., in: AlemannJb. 1964/65, 1966, S. 119–158, und jetzt H. Voellner (wie Anm. 78), S. 10 ff.

te [136]), für die Verfassungs- und Sozialstruktur dieser Stadt eine große Bedeutung besaß, beweisen die mit der Auftragung des *oppidum Tuengen* durch Heinrich (II.) von Krenkingen im Jahre 1262 an Bischof Eberhard von Konstanz und mit der Belehnung des Krenkingers mit dieser aufgetragenen Stadt durch den Bischof verbundenen Abmachungen [137]), unter denen vor allem diejenige zu beachten ist, die dem Krenkinger gestattet, Leute zu sich aufzunehmen und an diese Leute in der Stadt Tiengen bis zur Summe von 4 Mark Burglehen (*...per modum, qui vulgariter dicitur burchlen...*) auszutun. Auch hier also erweisen sich wiederum die enge Verzahnung von Stadt und Burg und die Rolle, die vor allem der im 13. Jahrhundert in unseren Landschaften gegründeten Städten als erweiterten Burgen, als Festungen zukam [138]).

Dürfte Tiengen – neben der Stammburg Krenkingen selbst – alter allodialer Besitz der Herren von Krenkingen gewesen sein, so kommen nun durch den Erwerb der benachbarten Herrschaft Gutenburg [139]) aus den Händen des gleichnamigen edelfreien Geschlechtes weitere Burgen hinzu: so der bisherige Sitz der Herren von Gutenburg, die Gutenburg selbst, deren Turm, wie wir bereits früher hörten – gewissermaßen als letzter Rest einer St. Gallischen Villikation im südlichen Alpgau – Lehen der Abtei St. Gallen war [140]), und außerdem die beiden hoch auf den Felsen über dem Fluß Schlücht liegenden »urbiumstationes« Isnegg und Gut-Krenkingen [141]), bei denen es sich also um Burgställe und – wie archäologische Beobachtunggen ergaben – dem baulichen Typ nach um Turmhügelburgen [142]), die unmittelbar am Schwarzwaldrand liegen, handelte, um Burgställe, die ebenso, wie die gleichzeitigen, ebenfalls hierher ge-

136) WARTMANN: UB St. Gallen III, S. 80, Nr. 867 = RI V, 1, Nr. 4138: *Datum apud Thiingen in castris.* Der Beleg war mir erst nach dem Erscheinen meiner Anm. 135 genannten Studie bekannt geworden. Die von Wartmann bevorzugte Identifizierung mit Thiengen bei Freiburg kommt deswegen kaum in Frage, weil von der Existenz einer Burg dort – im Gegensatz zu unserem Tiengen – nichts bekannt ist.
137) Vgl. REC III, Nr. 2051 = Vollabdruck in ZGORh 5, S. 229/30; zur Sache vgl. H. MAURER, Tiengen (wie Anm. 135).
138) Vgl. auch ebenda, S. 131, die Feststellungen für das 14. Jh.
139) Über diesen Erwerb wiederum H. MAURER, Tiengen (wie Anm. 135), S. 138, und neuestens H. VOELLNER, S. 77 ff.
140) Vgl. oben S. 210.
141) M. GERBERT, Historia NIGRAE Silvae III, Nr. CXLI zu 1275: ... *curiam sitam in Tuotelingen, mansum seu huobam et suopozam ibidem cum districtu et iurisdictione, que vulgariter dicuntur Twing et Bann in dicto oppido et oppido dicto Snürringen ac locis quibusdam seu urbiumstationibus, quae vulgariter dicuntur Burgstal et sunt haec diu Guot Krenckingen et Isenegge ...*
142) Über beide Burganlagen vgl. neben F. X. KRAUS, Kunstdenkmäler Waldshut (wie Anm. 132), S. 122; E. SCHUSTER, Burgen und Schlösser (wie Anm. 132), S. 160 u. vor allem H. VOELLNER, Die Schlüchtburgen bei Dietlingen und Schnörringen, in: Alb-Bote 171/1971, und neuestens DERS. (wie Anm. 78), S. 81 f u. 83 f.

hörenden und in der Nähe gelegenen *urbiumstationes* von Nöggenschwiel [143] – als völlige Ausnahmeerscheinungen in der Burgenverfassung unserer Landschaften [144] – nicht etwa einen Fron- oder Maierhof zur Pertinenz hatten, sondern umgekehrt selbst Pertinenzen des Maierhofs zu Dietlingen bzw. desjenigen zu Nöggenschwiel waren. Diese Burgställe stellten demnach lediglich Ergänzungen der Herrenhöfe dar, hatten es also nicht vermocht, zum Primären aufzusteigen und den Herrenhof zum Sekundären herabsinken zu lassen. Sie sind damit offensichtlich auf einer frühen Stufe der Burgenentwicklung stehen geblieben.

Der Gewinn der günstiger gelegenen Gutenburg hat Heinrich von Krenkingen bewogen, von seiner abgelegenen Stammburg Krenkingen hierher überzusiedeln. Aber obgleich der neue Sitz sogar bewirkte, daß der Name Heinrichs von Krenkingen im Jahre 1262 den Zusatz *dictus de Guttenburch* erhielt [145], vermochte der neue Hauptsitz dennoch nicht, die ursprüngliche Funktion der Stammburg, die seit 1305 als »Altun-Krenkingen« in den Quellen begegnet [146], hinfällig werden zu lassen: Die Burg Alt-Krenkingen blieb vielmehr auch weiterhin rechtlicher Mittelpunkt des alten Kerns der Herrschaft Krenkingen, d. h. der im nächsten Umkreis der Burg gelegenen Orts- und Niedergerichtsherrschaften über rund zehn Siedlungen [147]. Diese alte Einheit war bis 1361 ebenso zusammengeblieben [148], wie die von den Gutenburgern erworbenen Pertinenzen der Gutenburg [149]. Verlagert aber wurde vom alten auf den neuen Sitz vielmehr der Mittelpunkt der sich ständig erweiternden Gesamtherrschaft mit den ihr zukommenden landesherrlichen Rechten.

Ganz anders stellt sich demgegenüber die Rolle und Funktion der beiden im Klettgau gelegenen krenkingenschen Burgen dar, von denen wir bereits bei der Behandlung des Verhältnisses von Burg und Rheinauer Klostervorgtei gehört hatten [150]. Die bei-

143) WARTMANN: UB Abtei St. Gallen IV, S. 217, Nr. 1018 u. M. GERBERT: (wie Anm. 141), S. 195, Nr. CXLV zu 1279: ... *curia in villa Nökerswile sita, que vulgariter Maierhof nuncupatur ... cum ... molendinis, urbisstationibus* ... Dazu jetzt H. VOELLNER (wie Anm. 78), S. 81.

144) Hierher gehört allenfalls noch folgender Beleg aus der Urkunde über einen Tausch zwischen der Abtei Reichenau und den Grafen von Heiligenberg über Güter im Linzgau zu 1259: .... *curtis in Hermansberg cum iure patronatus ecclesie parrochialis ibidem site et castro Leonegge pertinentibus dicte curtis, curtis in Ahbiuge cum iure patronatus ecclesie ibidem site et fundo quandam castri Ahbiuge, eidem curti in Ahbiuge similiter pertinentibus* ... (Cod. Dipl. Sal. I. S. 381, Nr. 347).

145) Wie Anm. 137.

146) FUB V, Nr. 297, 1, hier fälschlich auf 1309 datiert.

147) Niederkrenkingen, Oberkrenkingen, Hagnau (dazu Seelbuch des Klosters Riedern, Blatt 20 = Fürstl. Fürstenberg. Archiv Donaueschingen, Klosterarchiv Riedern A 3, o. D.), Detzeln, Breitenfeld, Wutöschingen, Schwerzen, Willmendingen, Horheim und Lütisloh. Vgl. dazu die Verpfändungsurkunde von 1361, ZGO 22, S. 141/142.

148) Vgl. die eben genannte Urkunde von 1361.

149) Vgl. dazu J. BADER, Gutenburg (wie Anm. 78) mit Regesten.

150) Vgl. oben S. 213 f.

den erstmals 1241 in krenkingenschem Besitz erwähnten Burgen Weißenburg und Neu-Krenkingen [151], die sich die Krenkinger als Vögte von Rheinau widerrechtlich angeeignet bzw. auf rheinauischem Grund und Boden errichtet hatten [152], wiesen gegenüber den frühen krenkingenschen Burgen kaum irgendwelche geschlossene orts- und grundherrschaftliche Komplexe auf. (Vgl. Karte Nr. 2). Alles, was zu ihnen gehörte – es stammte, soweit es im Klettgau lag, wie bereits früher betont, zumeist aus rheinauischem Besitz – war weit über den Klettgau verstreut, und es ist – wenn man etwa die Burg Neu-Krenkingen mit der Burg Alt-Krenkingen vergleicht – bemerkenswert, daß an Neu-Krenkingen lediglich vier Schupposen, einige Hofstätten, einige Gärten, Weingärten und »Gerüte« als unmittelbare Pertinenzen hingen, daß ihr aber keine niedergerichtlichen und ortsherrschaftlichen Rechte in der nächsten Umgebung zugehörten.

Daran zeigt sich, daß diesen beiden Burgen Aufgaben zugekommen sein müssen, die in andere, weitere Bereiche führten, und das war eben – wie wir bereits gesehen haben – die Vogtei über ein Kloster. Da freilich mit Hilfe dieser Vogteirechte die krenkingensche Herrschaft auch im Klettgau aufgebaut werden konnte, wuchsen diesen Burgen mit der Zeit auch Funktionen zu, die denen der Stammburg Alt-Krenkingen ähnelten. Dies gilt vor allem für die Weissenburg, die nach der Mitte des 13. Jahrhunderts Sitz einer Linie des Hauses Krenkingen wurde und dieser Linie sogar einen neuen Namen verlieh [153].

Die allmählich zusammengekommene Mehrzahl der Burgen und die Teilung der Familie in Linien, denen jeweils eigene Burgen zugewiesen wurden, förderten auch im Falle der Herrschaft Krenkingen die Gefahr der Absplitterung einer oder mehrerer dieser Burgen mitsamt ihren Pertinenzen. Und so kam denn auch gegen Ende des 13. Jahrhunderts die Burg Neu-Krenkingen mit ihren über das ganze krenkingensche Herrschaftsgebiet verstreuten Pertinenzen durch Verkauf an die Habsburger [154], die auf der von ihnen erworbenen Burg einen Vogt installierten [155] und aus der Herrschaft »Neu-Krenkingen« ein habsburgisches »Amt Krenkingen« machten [156].

Mit all dem erweist sich die Herrschaft Krenkingen in ihrer an den Quellen abzulesenden Entwicklung von der Mitte des 12. bis zum Ende des 13. Jahrhunderts geradezu als ein Paradigma für die Verschiedenartigkeit der den Burgen innerhalb ein- und derselben Adelsherrschaft ursprünglich zukommenden Rollen: Wir lernten zu unter-

151) Vgl. RI V, Nr. 3214; Druck in ZUB II, Nr. 551. Zu beiden Burgen jetzt H. Voellner (wie Anm. 78), S. 52 f. und 54 f.

152) Zur Sache vgl. H. Maurer, Rheinauer Klostervögte (wie Anm. 89) insbes. S. 96 ff.

153) Dazu ebenda, S. 115 ff.

154) Vgl. hierzu ebenda, S. 113 ff.

155) Vgl. RI VI, Nr. 150 von 1274 IV 21; Vollabdruck bei C. B. A. Fickler, Quellen u. Forsch. z. G. Schwabens u. d. Ostschweiz, 1859, S. 95, Nr. XLVM.

156) Vgl. Das Habsburgische Urbar I (QSchweizG 14), 1894, S. 85–92.

scheiden zwischen Burgen, die – wie die krenkingensche Stammburg – einen geschlossenen Komplex von Niedergerichts- und Ortsherrschaften zur Pertinenz hatten, und Burgen, die als Sitze des Herrschaftsinhabers weiterreichende rechtliche Wirkungen innerhalb der Gesamtherrschaft besaßen. Wir beobachteten die Wirkungen von Erbteilungen auf das Burgensystem einer Herrschaft, vermerkten die Bedeutung der Benennung der Burgen als »Herrschaftszeichen« und der Benennung einzelner Linien nach verschiedenen Burgen der Herrschaft. Wir beobachteten die Ergänzung der Burgen durch die Burgstadt mit Burgsässen und mit Ministerialen als Burgmannen, wir erhielten Einblicke in Relikte einer älteren verfassungsgeschichtlichen Entwicklung, da Burgen noch als Pertinenzen von Herrenhöfen figurierten, und wir lernten den Fall kennen, da die Stammburg einer anderen edelfreien Familie nach dem Verkauf gar zum Sitz der neuen Inhaberfamilie wurde, obgleich deren bisherige Stammburg ganz in der Nähe der neu angekauften Burg lag, und wir sahen – im Falle der Burgen Gutenberg und Tiengen – daß gerade diejenigen Burgen, die nicht Allod waren, sondern vom Abt von St. Gallen bzw. vom Bischof von Konstanz zu Lehen gingen, daß diese Burgen die größte politische und rechtliche Bedeutung für die Gesamtherrschaft erlangten.

Überschaut man das Ganze, dann zeigt sich am Beispiel der krenkingenschen Burgen aber auch, daß letztlich all diese Burgen, welche Funktion sie auch immer ursprünglich besessen und welchem Herrn sie auch immer ursprünglich zugehört haben mochten, spätestens in der zweiten Hälfte des 13. Jahrhunderts unterschiedslos voll und ganz in die Gesamtherrschaft integriert worden sind und ihre ursprüngliche Rechtslage und ihre Funktionen nur noch bei differenzierterem Blick zu erkennen geben.

Unser Versuch, die Rolle der Burg in der Verfassungsgeschichte der Landschaften zwischen Bodensee und Schwarzwald oder genauer die Wirkungen der seit dem 11. Jahrhundert in großer Zahl entstehenden Burgen auf die Verfassung, auf das »innere Gefüge« dieser Landstriche sichtbar zu machen, hat neben vielen Einzelresultaten, die hier nicht noch einmal wiederholt werden sollen, vor allem dies gezeigt: Im Gegensatz zu der Epoche vor der großen Überlieferungslücke des endenden 10. und des beginnenden 11. Jahrhunderts sind von der hochmittelalterlichen Burg in der Tat ganz erhebliche Wirkungen auf das rechtliche, aber auch auf das soziale Gefüge des umgebenden Landes ausgegangen, ist kein räumlicher und ist kein sachlicher Bereich von diesen Wirkungen ausgespart geblieben. Die Burg hat vielmehr – so wird man ohne weiteres sagen dürfen – die landschaftliche Verfassung ganz entscheidend umgestaltet und verändert. Alle Institutionen und alle Herrschaftsformen, die seit der karolingischen Zeit in unserem Raume von Bedeutung waren und die landschaftliche Verfassung mitgestalteten, waren von den Wirkungen der Burg erfaßt und in ihren Bann gezogen worden: ob es sich nun um die auf wenige Örtlichkeiten beschränkten Maierämter der geistlichen Grundherrschaften, ob es sich um die vor allem auf »Zwing und Bann« gestützten Ortsherrschaften, ob es sich um die Vogteien über Klöster oder ob es sich um die unmittelbare königliche Herrschaft, ob es sich um die Grafschaften, ob es sich um die Herrschaften des Adels handelte, überall waren Burgen – neben und an Stelle von Herrenhöfen – nicht nur zu fortifikatorischen, sondern auch zu rechtlichen Mittelpunkten dieser Institutionen und der von diesen Institutionen erfaßten Räume geworden. Und überall war es nicht nur der Adel, sondern war es ebenso auch der hohe Klerus, war es der Bischof und waren es die Äbte, die sich der Burg als Herrschaftsmittel bedienten, wenn auch viele der von geistlichen Institutionen erbauten Burgen letztlich in adeligen Besitz übergingen und gleichfalls dem Aufbau adeliger Herrschaft nützten.

Den verschiedenartigen Funktionen der Burgen entsprach andererseits die unterschiedliche Stärke ihrer integrierenden, die verschiedensten Institutionen als Pertinenzen in ein wachsendes Herrschaftsgebilde einfügenden Wirkungen. Es bedarf keiner besonderen Erklärung, daß mit Hilfe einer Burg, mit der Vogteirechte über ein Kloster oder Grafschaftsrechte verbunden waren, einer Burg also, die eine Klostervogtei oder eine Grafschaft an sich gezogen hatte, leichter und in größerem räumlichen Rahmen ein Herrschaftsaufbau zu tätigen war, als mit einer Burg, die lediglich örtliche Rechte zur Pertinenz hatte. Insgesamt aber standen all diese eben beschriebenen, im Altsiedelland ebenso wie im hochmittelalterlichen Rodungsland zu beobachtenden verfassungsgeschichtlichen Wirkungen der Burg keineswegs isoliert, waren sie vielmehr Bestandteil jenes umfassenden Vorgangs der sog. Verherrschaftlichung von Institutionen und Ämtern und der letzten Endes auf die Schaffung von Territorien zielenden Bildung geistlicher und weltlicher Herrschaften, durch den die Verfassungsgeschichte des Hochmittelalters – auch in unseren Landschaften – so sehr gekennzeichnet ist. Innerhalb dieses verfassungsgeschichtlichen Prozesses erwies sich die Burg als wesentliches Instrument, um im Altsiedelland Herrschaft zu konzentrieren und in bisher unerschlossenen Räumen Herrschaft neu zu installieren, und um – in beiden Typen von Siedlungsräumen – Herrschaft konstant und topographisch genau fixiert auszuüben, Herrschaftsgebilde räumlich zu gliedern und neu hinzugewonnene Herrschaftsgebiete zu integrieren.

Aber die Burg hatte – auch in unseren Landschaften – nicht nur Wirkungen auf die Verfassung im rechtlichen Sinne; sie veränderte auch ganz entscheidend das soziale Gefüge dieser Landstriche: So trug sie im örtlichen Bereich mit dazu bei, die Verwalter der Maier- und Fronhöfe zu Ministerialen werden zu lassen und damit aus der ländlichen Bevölkerung herauszuheben; wie denn andererseits die Burgen des hohen Adels, die nicht selbst an einen Ministerialen ausgetan waren, dazu beitrugen, die soziale Schichtung der ländlichen Bevölkerung ihres unmittelbaren Umkreises dadurch nicht unwesentlich zu verändern, daß sie häufig eine Mehrzahl von homines militares, von Ministerialen, um sich scharten, die draußen, in den burgnahen ländlichen Siedlungen, ansässig wurden. In ähnlicher Weise beeinflußten die Burgen auch das soziale Gefüge der in unmittelbarer topographischer Anlehnung an sie seit etwa der ersten Hälfte des 13. Jahrhunderts entstehenden Städte, in denen die zur Burg gehörenden Burgmannen in Burgsässen, die zu Burglehen ausgegeben waren, Wohnung fanden.

Nicht zuletzt aber hatte die Burg entscheidende Wirkungen auf Entstehung und Wandlung von Adels-Geschlechtern, indem sie ihnen einerseits einen festen Mittelpunkt verlieh, andererseits aber – bei wachsender Burgenzahl – die Chance gab, aus dem einen adeligen Haus neue Adelsgeschlechter mit neuen Mittelpunkten entstehen zu lassen.

So hat die Burg in der hochmittelalterlichen Verfassungsgeschichte der Landschaften zwischen Bodensee und Schwarzwald nicht nur einen bedeutsamen Faktor dargestellt; sie hat vielmehr durch die von ihr ausgehenden Wirkungen die rechtlichen und sozialen Verhältnisse dieses Raumes in vielfältiger Weise entscheidend mitgeprägt und mitgestaltet.

Zur Geschichte der Burgen im Elsaß mit besonderer Berücksichtigung der Ganerbschaften und der Burgfrieden

VON FRANÇOIS RAPP

Mit der elsässischen Landschaft sind die Burgen eng verbunden [1]. Von vielen Bergen und Hügeln der Vogesen herab grüßen die Ruinen einst stolzer Herrensitze [2]. Für den Historiker sind diese vom Efeu überwachsenen Steingerölle und Gemäuerreste vor allem Zeugen, die ihm über die Vergangenheit manches offenbaren können, wenn er sie nur geschickt zu befragen weiß.

Sie zeigen ihm zuerst wie, vom 11. bis zum 13. Jahrhundert, der Kampf um die Vormacht sich entwickelt hat [3]. Auf den Karten, die er zeichnet, erscheinen die

1) Die Bibliographie des hier behandelten Themas ist umfangreich, aber sie besteht hauptsächlich aus Monographien, welche den einzelnen Burgen gewidmet sind. Zur Orientierung ist die von F. J. Himly, in den Lieferungen der Revue d'Alsace publizierte Bibliographie alsacienne von besonderer Wichtigkeit. Aufschlüsse über alle, oder zumindest die Mehrheit, der Schlösser. enthalten folgende Werke: L. Spach, Les châteaux-forts de l'Alsace, Caen, 1870; J. Naeher, Die Burgen in Elsaß-Lothringen, Straßburg 1886; F. Wolff, Elsässisches Burgenlexikon, Strasbourg 1908; P. Stintzi, Burgen und Schlösser im Elsaß 1951; G. Trendel, Les châteaux-forts des Vosges et du Jura alsacien, Strasbourg 1968. Einen Gesamtüberblick liefern einerseits der Aufsatz von F. Kiener, Le problème historique du château-fort en Alsace, in: Revue d'Alsace, 1948, und die sich daran anschließende Orientation bibliographique von F. J. Himly, andererseits die Aufsätze von R. Will, Classification architecturale des châteaux, Revue d'Alsace, 1962, und Châteaux des Vosges, architecture et histoire, Les Vosges alsaciennes, Strasbourg 1966. Vorliegende Arbeit fußt in der Hauptsache auf dem Material, das vom Verfasser für seine Dissertation gesammelt wurde. Eine kürzere Fassung dieses Diplome d'études supérieures ist von den Chantiers d'études médiévales et Centre d'archéologie médiévale, 1968, veröffentlicht worden, unter dem Titel F. Rapp, Le château-fort dans la vie médiévale, le château-fort et la politique territoriale.

2) Die genaue Zahl der elsässischen Burgen ist nicht leicht zu ermitteln. Wolff (wie Anm. 1), behandelt im ganzen 555 Gebäude, doch zählt er auch den von Wilhelm II. in Straßburg errichteten Kaiserpalast. Vor 1400 nachweisbar sind, den Chantiers d'archéologie zufolge, 450 (wie Anm. 1), S. 105–113.

3) Hier wird nur die Entwicklung kurz skizziert. In der von dem Centre d'archéologie herausgegebenen Diplômes wurde die Burgenbaupolitik der Kaiser und der Straßburger Bischöfe eingehender behandelt (wie Anm. 1, S. 47–110) und die Belege dazu geliefert. Einen klaren Durchblick gibt F. Kiener (wie Anm. 1).

Schlösser wie Marksteine, welche die Ziele der Bewerber um die Vorherrschaft zu erkennen geben. Die Burgenkette, dank welcher die Grafen von Egisheim ihr Stammschloß mit der Dagsburg verbanden, ist heute noch nicht ganz verschwunden: vom Süden nach Norden kann man ihren Spuren entlang wandern, von den drei Türmen, die den Flecken Egisheim überragen, nach Rappolstein, von da nach Dambach, dessen Häuser und Reben der Bernstein bewachte; dann führt der Weg zum Schloß Girbaden, dessen Bergfried von weit her zu sehen ist und nur in mäßiger Entfernung des Hausklosters Altorf errichtet worden war; Girbaden weist in nordwestlicher Richtung, über das mittlere Breuschtal, nach Niederhaslach, das Stift deren Kirche unter der Kontrolle von vielleicht drei Festungen, Hohenstein, Ringelstein und Nideck sich befand; und schließlich sind es nur noch wenige Meilen, die man marschieren muß, um auf dem lothringischen Abhang der Vogesen Dagsburg zu erreichen.

Diesem Burgensystem mußten die Kaiser mit einem anderen begegnen. Hugo von Egisheim hatte für den Papst Stellung genommen. Diesen *indefessus miles ecclesiae* bekämpfte der Herzog von Schwaben, Friedrich, dessen Bruder den Straßburger Bischofssitz inne hatte. Die Politik, welche von den ersten S t a u f e r n befolgt wurde, kann nur unvollständig und mit vielen Hypothesen rekonstruiert werden. Daß sie jedoch sehr aktiv gewesen ist und der Erbauung oder Vergrößerung von Burgen eine wichtige Rolle gewährte, geht schon aus dem berühmte Satz hervor, den Otto von Freising Friedrich dem Einäugigen widmet. Dessen Tätigkeit war sprichwörtlich geworden und es schien als ob dieser Fürst immer am Schwanze seines Pferdes eine Burg hinter sich zog. Unter der Herrschaft Friedrichs I. Barbarossa waren die elsässischen Schlösser in ein sehr weitgespanntes Franken, das Rheintal und Norditalien umfassendes Ganzes als Teilstück eingefügt. Wenn es nicht an großartigen Perspektiven fehlte, war auch im Detail die Einrichtung des Systems gründlich durchgedacht. Die Herzstücke des königlichen Besitzes auf dem linken Rheinufer, Schlettstadt und Hagenau, wurden sorgfältig geschützt. Schlettstadt bewachten Rathsamhausen in der Ebene, Kintzheim, auf den den Vogesen vorgelagerten Hügeln, und schließlich vom Gipfel des Estufin herab, die spätere Hoh-Königsburg. Um die Hagenauer Pfalz schlossen Ministerialensitze einen sehr großen Kreis; Fleckenstein, Winstein, Falkenstein, vielleicht auch Wasigenstein, Lützelhardt, Hohenburg im Gebirge, Surburg, Rittershofen, Betschdorf, Sufflenheim, Ettendorf, Mommenheim und Hochfelden bildeten diesen Ring. An der Zaberner Steige hielt die Festung Hoh-Barr Wache; sie war Besitz des dem Kaiser treuen Bischofs von Straßburg. Von der auf der ersten Lössterrasse gelegenen Haldenburg aus konnte die Straße, die von Norden nach Straßburg führt, beobachtet werden. Am Anfang des 13. Jahrhunderts verlangte die Änderung des Kräftespiels eine durchgreifende Anpassung des Befestigungssystems. Mit der Feindschaft des Herzogs von Lothringen mußten die kaiserlichen Beamten rechnen, und auf den Gehorsam des Straßburger Bischofs durfte man nicht zählen. Um ersteren die Einfallspforten in das Elsaß zu versperren, baute Wölfelin Kaysersberg und Pflixburg, westlich von Colmar; Girbaden wurde vervollkommnet und so die Sicherheit im Breuschtal vermehrt. Vor den Mauern des nun im päpstlichen Lager sich befindenden Straßburgs, stand die Haldenburg nicht mehr allein Wache. Südwestlich gab Schloß Illwickersheim (die Ortschaft heißt jetzt Ostwald) seiner Besatzung den Verkehr auf der Ill wie auf der Breusch zu kontrollieren. Die Straße von Zabern nach Straßburg konnte von der den Engpaß des Krontals überragenden Kronenburg zugeriegelt werden. Zu diesen Burgen im engeren Sinne können die befestigten Städte gezählt werden, Rosheim, Oberehnheim, Schlettstadt, usw. Als Kaiser Friedrich II. ins Grab sank, brach auch das staufische Festungssystem zusammen.

Während der »kaiserlosen, schrecklichen Zeit« des Interregnums litt auch das Elsaß schwer unter den Auswirkungen der Anarchie. Darüber liefert die Geschichte der Burgen ein nicht unwichtiges Zeugnis. Vor dem Jahre 1200 sind, zwischen Vogesen und Rhein, im ganzen 30 Schlösser erbaut worden, deren Bestehen durch sichere Quellenangaben belegt werden kann [4]. Die erste Hälfte des 13. Jahrhunderts sah mindestens 25 neue Festungen (die Städte nicht mitgerechnet) aus dem Boden wachsen, von 1250 bis 1300 kamen 61 andere dazu, davon waren etwa 35 im dritten Viertel des Jahrhunderts errichtet worden. Darunter befanden sich bestimmt viele *castella adulterina* deren Erbauer das Befestigungsrecht nicht besaßen. Diese Befugnis kam ursprünglich allein dem König zu (vgl. o. S. 89). Die Grafen, die eigentlich nur die Pflicht hatten, die Anwendung dieses Privilegs zu schützen, durften es selbst ausüben, vom Ende des 12. Jahrhunderts ab und waren befugt im Bereich ihrer Grafschaft Burgen zu bauen. Die mit den gräflichen Rechten ausgestatteten geistlichen Herrschaften, Bistümer und Abteien, verliehen ihren Prälaten ähnliche Möglichkeiten, die eventuell, auch den Vögten dieser Stifte, delegiert werden konnten. Aber nach 1250 nahmen sich auch Ritter das Recht, ihre Sitze zu befestigen. Das geht aus manchen Urkunden hervor, die nach dem Ende des Interregnums die widerrechtlich errichteten Schlösser sozusagen legetimieren sollten [5].

Der Zusammenbruch des Kaisertums brachte die ehrgeizigsten Herren auf den Gedanken, zumindest in einem engeren Rahmen ein starkes Territorium zusammenzuschmieden. Hochfliegende Pläne leiteten das Verhalten des mächtigsten geistlichen Fürsten im Elsaß; 1260 kam der Straßburger Bischofsstuhl an ein junges Mitglied des Kapitels. Walter von Geroldseck konnte mit Sicherheit auf die Hilfe seiner in der Mortenau reich begüterten Familie rechnen. Die weltliche Herrschaft des Bistums hatte sich während der ersten Hälfte des Jahrhunderts bedeutend verstärkt. Zu den zwei Hauptkomplexen des bischöflichen Gebiets, die einerseits in der Gegend von Zabern und anderseits außerhalb des Bistums, im Oberelsaß, im Ober-Mundat um Ruf-

4) Centre d'archéologie médiévale (wie Anm. 1), S. 94–95.

5) E. SCHRADER, Das Befestigungsrecht in Deutschland, 1909. Die Legitimierung, im Elsaß jedenfalls, geschieht meistens dadurch, daß der Erbauer der Burg diese einem über das Befestigungsrecht verfügenden Herren gab und als Lehen zurückbekam. In der Regel behielt sich der Lehensherr das Öffnungsrecht vor; Centre d'archéologie médiévale (wie Anm. 1), S. 12.

fach sich befanden, kam 1227 das Erbe der Grafen von Eguisheim – Dagsburg. Diese Erweiterungen mußten dann gegen die Angriffe der kaiserlichen Partei verteidigt werden, und aus dieser harten Prüfung war die bischöfliche Macht gestärkt hervorgegangen. Als dann Richard von Cornwall Walter von Geroldseck die Verwaltung der Reichsgüter im Elsaß anvertraute, erlag der geistliche Fürst der Versuchung, dank den verschiedenen Elementen, die das Schicksal ihm in die Hände gespielt hatte, am Oberrhein eine vorherrschende Macht zu gründen. Auf zwei Hindernisse stieß diese Politik: auf das aufstrebende Habsburgische Haus im Süden und in der Mitte der bischöflichen Herrschaft, die Stadt Straßburg, die immer mehr nach Freiheit lüstete. Gegen den ersten Gegner ließ Walter eine Burg in Mülhausen errichten und ein seiner nahen Verwandtschaft angehörender Herr von Geroldseck errichtete in nächster Nähe der Abtei Münster im Gregoriental die Schwarzenburg, welche den Schutz des Ober-Mundats vervollständigte. Die Kontrolle der nach Straßburg führenden Straßen sicherten die festen Häuser und Türme von Lingolsheim im Südwesten, Breuschwickersheim im Westen; Schwanau, im Süden, war in der Lage, die für die Stadt wichtige Verkehrsader zuzustopfen. Der offene Krieg zwischen dem Stadtherrn und den Bürgern entbrannte, als diese den Glockenturm von Mundolsheim, im Norden, niederrissen, weil sie befürchteten, der Bischof könnte dieses steinerne Gebäude zum Kernstück eines letzten Beobachtungsposten verwenden. Damit wäre die Blokade Straßburgs hermetisch geschlossen geworden. Für die Stadt war die Existenz im Spiele. Eine Schlacht genügte, um die Pläne des Bischofs zu vernichten. Bei Hausbergen schlugen die bürgerlichen Milizen das Ritterheer Walter von Geroldseck, der kurz darnach vor Gram und Schande starb.

Der Versuch Walthers von Geroldseck war der letzte; das Land, das zwischen Vogesen und Rheinstraße sich erstreckte, blieb in viele Stücke aufgespaltet. Bis 1648 sollte die Karte der Herrschaften im Elsaß ein buntes Farbenspiel ausbreiten. Kein Territorium brachte es fertig, sich bedeutend und dauernd auf Kosten der anderen, manchmal sehr schmalen, zu vergrößern. Keines sicherte sich wirklich den Vorrang und die Übermacht. Das politische Kräftespiel war sozusagen erlahmt und die Lage verknöchert. Umwälzende Veränderungen ereigneten sich nicht mehr. Dieser Zustand wirkte sich auf die Geschichte der elsässischen Burgen aus.

Nur diejenige, welche zum Besitz der mächtigsten Herren gehörten, konnten weiterhin Werkzeug einer manchmal großangelegten Politik bleiben. Je selbst die Schlösser, welche in den langsam sich zu Staatengebilden entwickelnden Territorien standen, wurden nicht alle der militär-technischen Entwicklung angepaßt; nicht auf allen straßburgisch-bischöflichen Burgen, ersetzten besoldete Landknechte die sich ablösenden Burglehensleute [6]; nur Hoh-Barr, zum Beispiel, wurde zur modernen Festung im

6) Im Elsaß erscheinen die Burglehen erst nach 1223 in den Urkunden. Am Anfang des 14. Jahrhunderts waren die größten Schlösser des Bischofs von Straßburg von Burg- oder Seß-

16. Jahrhundert umgebaut, während Bernstein, der Sitz des bischöflichen Amtmanns, für einen reichen und weiten Bereich – die Einrichtungen behielt die noch von den Egisheimern am Anfang des 13. Jahrhunderts – angelegt worden war; für ein Verwaltungsgebäude reichte der Schutz, den diese Mauern und dieser fünfeckige Bergfried abgaben, aus. Es war ja auch in der Kasse des Bischofs nicht Geld genug, um aus jeder Burg eine moderne Feste zu machen [7].

Umso schlimmer war es mit den Schlössern bestellt, welche Herren niederen Ranges gehörten und welche weitaus die Mehrheit waren. In den meisten Fällen konnte die Modernisierung der Verteidigungsanlagen nicht durchgeführt werden. Wenn Veränderungen zu beobachten sind, betreffen sie, in der Regel nur begrenzte Teile der Gebäude; oft sind es nur Verzierungen, welche das Aussehen des Palastes soweit wie möglich mit dem Geschmack des Spätmittelalters oder der Renaissance in Einklang zu bringen versuchten. Bekanntlich kämpften ja viele ritterliche Geschlechter mit drükkenden finanziellen Schwierigkeiten. Auch wenn die Söhne dieser ehrwürdigen Familien sich mit Töchtern des Patriziats verehelichten, konnten diese Sorgen nicht behoben werden. Die manchmal sehr komplizierten Erbteilungen spalteten die Güter in winzige Splitter auf. Fehden, wenn sie auch dem Sieger eventuell erlaubten, Gewinne zu erzielen, waren nicht nur für die ganze Gesellschaftsordnung eine schlimme Plage, sondern brachten auch denjenigen, welche diese Privatkriege führten, schwere Schäden.

Über das Leben dieses, der allgemeinen Entwicklung nicht gewachsenen Standes, liefert uns die Geschichte der Burgen während des 14., 15. und frühen 16. Jahrhunderts, nützliche Angaben. Mit den Schwierigkeiten, die der niedere Adel am Ende des Mittelalters und am Beginn der Neuzeit kannte, wird gewöhnlich und mit Recht, das Raubritterwesen in Verbindung gesetzt. Für das Grassieren dieses Übels ließen sich auch im Elsaß viele Beispiele anführen. Nennen wir hier nur die Schwanau, wahrscheinlich auf einer Rheininsel südlich von Straßburg, in der Höhe von Gerstheim gelegen. 1337 wurde diese *domus nociva* von den Truppen, welche elsässische und schweizerische Städte aufgeboten hatten, nach einer harten Belagerung, vollständig zerstört, weil die Besatzung dieses festen Schlosses die Schiffe auf dem Strom immer wieder ausgeplündert hatte [8]. Doch, wenn auch Ereignisse solcher Art nur zu zahlreich waren, waren sie dennoch nicht gewöhnlich. Bei weitem sind nicht alle elsässischen Burgen einmal Räuberhöhlen gewesen. Dagegen

leuten besetzt; Archives départementales du Bas-Rhin, abgek. A. B. R., G 377; ähnlich stand es mit den Habsburgischen Festungen; Habsburgisches Urbar (abgek. H. U.), hg. v. R. MAAG, II, S. 43.

7) Für die Beschreibung der Einrichtungen und die Datierung der Bauperioden siehe WOLFF (wie Anm. 1), TRENDEL (wie Anm. 1) und der Gesamtüberblick von R. WILL (wie Anm. 1).

8) Centre d'archéologie médiévale (wie Anm. 1), S. 12. Bereits 1269 soll Rudolf von Habsburg die in der Nähe von Reichenweier gelegene Burg Reichenstein zerstört haben (MGH SS XVII, S. 193).

sind die meisten und besonders die kleineren, von mehreren Eigentümern bewohnt worden. Dieser Zustand, der unbestreitbar mit der mißlichen materiellen Lage des Adels zusammenhing, zwang die Besitzer solcher geteilten Schlösser, gewissermaßen Hausordnungen aufzustellen, in denen die Pflichten wie die Rechte der Eigentümer, der Ganerben, aufgezählt wurden.

Diesen Aspekten, die für das Leben auf den spätmittelalterlichen Schlössern sehr kennzeichnend sind, nämlich dem Ganerbentum und den daraus erfolgenden Burgfrieden, wollen wir nun unsere Aufmerksamkeit zuwenden.

Ganerbenburgen findet man in der elsässichen Geschichte vom 12. Jahrhundert an. Odo von Deuil, der uns die ersten Nachrichten über die später berühmte Hohkönigsburg, damals noch Estufin genannt, liefert, lehrt, daß Kaiser Konrad III. einen Turm der Festung besaß, während der andere Eigentum des Herzogs von Schwaben war [9]. Doch ist uns bis jetzt kein zweiter Fall von Burgenteilung für diese frühe Zeit begegnet.

Noch im 13. Jahrhundert ist diese eigenartige Erscheinung selten. Der Straßburger Bischof, als er sich das Dagsburgische Erbe angeeignet hatte, gab dem Grafen Simunt von Leiningen – Dagsburg eine *munitio* zu Lehen, die sich außerhalb des Schlosses Girbaden, ein wichtiger Stützpunkt dieser Erwerbung, stand [10]. Zwanzig Jahre später stoßen wir auf einen zweiten Fall. Die Stadt Mülhausen hatte sich der Burg Landser bemächtigt und ihren Feind, Otto von Buttenheim, davongejagt. Nun war dieser nur einer der vier Brüder, welche dieses Schloß miteinander besaßen. Otto durfte nicht mehr zurückkommen und sein Anteil an der Burg wurde, dem Friedensabkommen gemäß, einem der Mülhauser Bürgerschaft treuen Herren verliehen [11]. Erst 1288 stellen wir fest, daß eine andere elsässische Burg geteilt wurde: die Hüneburg, deren Hälfte von den Trägern des Namens den Herren von Lichtenberg veräußert wurde [12]. Ähnlich erging es 1297 dem Schloß Freundstein [13].

Die Fälle häufen sich eigentlich erst in der zweiten Hälfte des 14. Jahrhunderts. Zwei begegnen uns in der Zeitspanne von 1360 bis 1370; in der Dezennie von 1370 bis 1380 sind es fünf, zwei zwischen 1380 und 1390. Am Ende des 14. Jahrhunderts sind Ganerbenburgen keine vereinzelte Erscheinung mehr [14]. Im Gegenteil, verhältnismäßig selten bleibt Schlössern die Entwicklung fremd, welche zur Aufteilung der meisten befestigten Herrensitze zu führen scheint. Meistens handelt es sich um umfangreiche Festungen, die mächtigen Fürsten gehören, so zum Beispiel Dachstein, Bernstein,

9) MGH SS XXVI, S. 70.
10) A. B. R., G 728, 1.
11) Cartulaire de Mulhouse, hg. v. X. Mossmann, I, S. 10.
12) Regesten der Herren von Lichtenberg, Verfasser F. Eyer (Maschinenschrift, A.B.R.), Nr. 79, dazu F. J. Himly, in: Revue d'Alsace, 1947, S. 159.
13) D. Schöpflin, Alsatia diplomatica, II, Nr. 803.
14) Centre d'archéologie médiévale (wie Anm. 1), S. 30.

Isenburg im straßburgisch-bischöflichen Bereich, Ensisheim und Bildstein im habsburgischen. Gründer eines Territorialstaates versuchten allem Anscheine nach, die wichtigsten Stellungen ihres Befestigungsnetzes einer für die militärische Rolle der Burgen verhängnisvollen Entwicklung zu entziehen. Dies glückte jedoch nur den größten Herren und auch ihnen nur in reltaiv seltenen Fällen [15]. Der niedere und selbst der mittlere Adelstand konnte der Zersplitterung nicht entgehen.

Die Ursachen, die zur Bildung des Ganerbentums führten, waren im elsässischen Raum, wie auch wohl in den anderen Gegenden des Reichs, verschieden [16]. Die erste, der wir begegnen, bestand eben, wie es dem Wort Ganerben zu entnehmen ist, im Erbrecht. Kehren wir zum frühesten festgestellten Falle zurück: die beiden Besitzer des Schlosses Estufin im Jahre 1147 waren Onkel und Neffe, die beide einen Teil der Schlettstadt, das Herzstück ihrer elsässischen Besitzungen, beherrschenden Festung behalten wollten. Ähnliche Fälle liefern uns spätere Quellen in großer Zahl. Erwähnen wir nur die Herren von Landser, denen wir bereits begegnet sind, die Herren von Lichtenberg, welche 1329 bis ins Detail den Teil jedes Familienmitglieds am Schlosse bestimmten, oder noch die Herren von Mörsberg, die das Habsburger Urbar nennt [17]. Natürlich mußten sich im Laufe der Zeit meistens die Bruchteile, welche jedem Erben zukamen, sich verkleinern. Besaßen seit 1288 zwei Herren die Hüneburg, so waren es 1406 bereits mindestens vier, die sich Herren dieses nicht zu den größten zu rechnenden Schlosses nannten [18].

Teile von Burgen wurden nicht nur vererbt, sondern auch noch verkauft oder verpfändet. 1397 hatte der Herr von Hohenfels sein Eigentum im Familiensitz Ludwig von Lichtenberg als Pfand vergeben. Einige Jahre vergingen. Ludwig kam auf den Gedanken, seinem Schwager Symunt von Zweibrücken den verpfändeten Teil der Burg Hohenfels abzugeben, um sich dadurch die tausend Gulden, die er notwendig brauchte, zu verschaffen. Ludwig wußte nicht mehr – wenigstens, behauptete er es nicht mehr zu wissen –, ob er selbst 1200 oder nur 600 Gulden dem Herren von Hohenfels geliehen hatte. Um eventuelle Schwierigkeiten zu entgegnen, trafen Ludwig und Symunt folgende Abmachung: Sollte Schloß Hohenfels mit 1200 Gulden eingelöst werden, konnte Symunt die ganze Summe für sich behalten und mitnichten dazu verpflichtet sein, 200 Gulden seinem Schwager zurückzuerstatten; genügten dagegen 600 Gulden, so mußte Ludwig sofort Symunt seinen Anteil an der Feste Winstein zur Ver-

15) Aufschlußreich für das Straßburger Bistum, A. B. R., G 377.

16) Für den Oberrhein ist die Bibliographie des Themas knapp. Benutzt wurden F. Mone, Über das Kriegswesen vom 13. bis 16. Jh., in ZGORh 1855, S. 37–65, 129–190 und K. Mugler, Über Ganerbschaften in den einst kurpfälzischen Landen, Diss. Erlangen, Landau, 1897.

17) Für Landser (s. Anm. 11), für Lichtenberg, Eyer, op. cit., Nr. 243 für Mörsberg, H. U., II, s. 414 u. 437.

18) Eyer (wie Anm. 12), Nr. 79 (1288) und Nr. 757 (1406). Siehe auch A. B. R., E 2009, 1a.

fügung stellen, und zwar solange er die restlichen 400 Gulden nicht bezahlt hatte. Dieses Geld mußte innerhalb von zwei Monaten dem Gläubiger, Symunt von Zweibrükken, geliefert werden [19].

Einige Jahre früher hatte nicht eine Verpfändung, sondern ein regelrechter Kauf zur Teilung eines Schlosses geführt. Der Graf von Salm verkaufte 1389 das Breuschtal, Burg und Stadt Schirmeck einbegriffen, an Johann von Ochsenstein, Claus von Grostein und Claus Richter. Der Vertrag verlieh den neuen Besitzern das Vorkaufsrecht. Fand sich aber keiner unter ihnen dazu bereit, den feilgebotenen Teil zu erwerben, so war der Verkäufer vollständig frei, seinen Besitz zu veräußern, wie er wollte. So geschah es auch mit Schirmeck: bereits 1389 gab Claus Richter ein Viertel seines Teils an Rudolf von Hohenstein weiter. Von diesem Zeitpunkt an war Schirmeck, Burg und Stadt, Eigentum von vier verschiedenen Herren, deren einer, Rudolf von Hohenstein, Anrecht auf nur ein Zwölftel des Ganzen hatte [20].

Welch wichtige Rolle die Geldsorgen in solchen Abmachungen spielten, kann an folgendem Fall erläutert werden. Der Graf von Lützelstein überließ seinem Bruder, seinen Vettern und anderen Herren noch ein Achtel des Stammschlosses, als Pfand für 1350 Gulden [21]. Dieser Gesamtbetrag bestand einerseits aus einem Kapital von 1200 Gulden und andererseits aus den 150 Gulden Zins, die der Graf eben für diese Hauptsumme schuldig war. Um eben zu diesem Geld zu kommen, ließen sich nun die Gläubiger einen Teil von Lützelstein und der von dem Schloß abhängigen Einkommen ausliefern. Der Mächtigste unter ihnen fungierte als Bevollmächtigter des Kastells und war mit dem Einziehen der Schulden beauftragt. Allen mußte die Burg, wenn sie es verlangten, zur Verfügung gestellt werden. An den Kosten jedoch, welche der Unterhalt der Gebäude sowie der Sold der Garnison darstellten, wollten die Pfandleiher verständlicherweise nicht teilhaben. Das ihnen gewährte Öffnungsrecht genügte ihnen vollständig. Für sie bot anscheinend Lützelstein hauptsächlich in finanzieller Hinsicht Interesse. Der militärische Wert des Schlosses bedeutete ihnen nur wenig. Dies war aber keineswegs in allen ähnlichen Abkommen der Fall.

So verfolgten sehr wahrscheinlich die Herren von Lichtenberg politische Ziele, als sie 1288 mit Walther von Hüneburg den oben bereits erwähnten Vertrag abschlossen und Jahrs darauf durch den Kaiser und den Straßburger Bischof bestätigen ließen [22]. Die Lichtenberger Dynastie war zu diesem Zeitpunkt im vollen Aufschwung; die von Hüneburg dagegen schien langsam dem Ende entgegen zu gehen. Johann I. von Lichtenberg, wenn er auch vorläufig nur die Hälfte des Schlosses besaß, war in der Lage, dem schwächeren Partner seinen Willen aufzuzwingen. Walther durfte seinen Anteil nicht an eine dritte Person auf irgend einer Art veräußern. Hätte er sich über dieses

19) Eyer (wie Anm. 12), Nr. 681.
20) A. B. R., G 1154,7.
21) Eyer (wie Anm. 12), Nr. 603.
22) S. Anm. 18.

im Abkommen ausdrücklich bestehende Verbot hinweggesetzt, so hätte er ipso facto alle seine Rechte auf die Hüneburg eingebüßt; Johann von Lichtenberg hätte sie sich vollständig angeeignet. Die Teilung der Burg entsprach also in diesem Falle den politischen Interessen eines aufwärtsstrebenden Geschlechts, das schließlich nach dem Aussterben der Herren von Hüneburg deren Wiege ihrem Territorium ganz einverleiben konnte.

Daß es nicht immer gelang, sozusagen stückweise durch Aufteilung einer Burg Herr zu werden, beweist ein anderes Beispiel. Die Herren von Fleckenstein waren darauf erpicht, ihre Stellungen in den nördlichen Vogesen auszudehnen. Die Burg Lützelhardt bot ihnen dazu Gelegenheit. Anscheinend befanden sich die Besitzer dieser kleineren Festung, das Rittergeschlecht Vogt von Wasselnheim, in einer schwierigen Lage. Vor 1369 bereits hatte es ein Viertel des Schlosses den Fleckensteinern verkauft; 1369 veräußerten sie denselben Erwerbern ein zweites Viertel, einen drittel Bruchteil vier Jahre später [23]. Hatten am Ende des 14. Jahrhunderts die Herren von Fleckenstein ihre Politik verändert oder hatten sie nun auch mit Schwierigkeiten zu rechnen? Jedenfalls lehrt uns eine Urkunde von 1394, daß sie noch nicht alleinige Besitzer von Lützelhardt geworden waren und daß sie sogar auf eine der vorher erworbenen Fraktionen hatten verzichten müssen [24].

In manchen Fällen wollten Lehensherren vielleicht dem Emanzipationswillen eines Vasallen Einhalt gebieten, indem sie gewissermaßen in der Burg des theoretisch untergeordneten Lehensmannes festen Fuß faßten. Die Herren von Hohenstein hätten den Bischöfen von Straßburg treu dienen müssen, war doch ihr Edelsitz – unweit der durch Chamisso zur Berühmtheit gelangten Nideck – ein Lehen dieser geistlichen Fürsten. Nun war die Treue dieses Geschlechts wankend. 1251 hatte der Bischoff Hohenstein belagern müssen, um es den Anhängern des Kaisers; denen sich die Herren von Hohenstein angeschlossen hatten, zu entreißen [25]. Als sich seinem Nachfolger, Konrad von Lichtenberg, die Möglichkeit bot, das Lehen mindestens teilweise wieder in den unmittelbaren Besitz des Bistums zu bringen, ließ er sie nicht entweichen und kaufte 1279 seinen unzuverlässigen Vasallen einen Teil der Feste zurück, um sie besser überwachen zu können [26].

23) F. Hefele, Freiherrlich von Gaylingsches Archiv im Schlosse zu Ebnet bei Freiburg i. B., Mitteilungen der badischen historischen Kommission, Karlsruhe, 1921–1940, Nr. 117 u. 129.

24) Hefele (wie Anm. 23), Nr. 182.

25) A. Hessel u. M. Krebs, Regesten der Bischöfe von Straßburg, II, Innsbruck, 1924–1928, Nr. 1268.

26) Wolff (wie Anm. 1), S. 142. Diese Maßnahmen genügten jedoch nicht um den Eigenwillen der Hohensteiner zu brechen. 1299 brachten sie den Bischof Friedrich I. von Lichtenberg dazu mit ihnen zu verhandeln (Hessel, Krebs, op. cit., n. 2504). Später gaben sie sich sogar dazu her Bischof Berthold von Buchegg, den seine Feinde innerhalb des Domkapitels gefangen genommen hatten, auf ihrem Schloß einzusperren. Daraufhin wurde aber dieses geschleift; E. Leupold, Berthold von Buchegg, Bischof von Straßburg, Straßburg, 1882, S. 105.

Zusammenfassend dürfen wir wohl sagen, daß im Elsaß für die Entstehung der Burgbesitzteilungen die Regelung der Erbschaften wohl eine bestimmende Rolle spielte, daß aber, besonders im Spätmittelalter, die dem niederen Adel ungünstigen wirtschaftliche Entwicklung die Zersplitterung verschlimmerten und daß, zumindest vereinzelt, politische Motive in diesen Prozeß hineinspielten.

Welchen Ursprungs der Zustand der Teilung auch war, er stellte den gemeinsamen Besitzern der Schlösser heikle Fragen, die unbedingt gelöst werden mußten.

Wie wirkte sich praktisch die Teilung einer Burg aus? Manche Schlösser deckten ein Areal, das umfangreich genug war um, tatsächlich in zwei, drei oder gar vier Stükke aufgetrennt zu werden und ebensovielen Besitzern die Möglichkeit zu liefern, Gebäude zu errichten oder nur einzurichten, in denen sie unabhängig von den Nachbarn leben konnten. Denken wir zum Beispiel an die Burg Nideck mit ihren zwei auf verschiedenen Höhenlagen gestaffelten Bergfrieden [27]. Aber zieht man in Betracht, daß die Gutenburg, welche das Dorf Le Bonhomme überragt, auch gemeinsames Eigentum der Rappolsteiner und der Herren Awelin war, so muß man gewissermaßen annehmen, daß manchmal die materielle Trennung der Anteile gar nicht durchführbar war [28]. Die Fläche die den Eigentümern der Gutenburg zur Verfügung stand, stellte wohl keine 100 Quadratmeter dar!

In einigen Urkunden können wir Auskünfte über die Art der Teilung finden. So erfahren wir aus dem Brief den, 1387, die Äbtissin von Andlau für Johann von Wangen ausstellte, als sie diesem Lehensmann Anteil an der Wangenburg gab, daß dieser Besitz folgende Gebäude umfassen sollte: auf der rechten Seite des Eingangs, einen *steinern Storg*, das Haus daneben, ein weiteres Haus im Vorhof. Es ist wohl erlaubt, aus diesen Angaben zu folgern, daß die für die Sicherheit wichtigen und allgemein für das Leben notwendigen Elemente, so Türme, Mauern, Tore, Brunnen, usw. ungeteilt blieben [29] (vgl. dagegen Bd. I, S. 536). Dieser Schluß wird bestätigt durch die Teilungsakte die Schloß Herrenstein und die kleine Burg Hoh-Eckerich betreffen. Darin wird ausdrücklich erwähnt, daß »die Zisternen, die zwei Türme, die Tore sowie alle, im Falle einer Gefahr nützliche Stücke gemeinsamer Besitz aller Teilhaber waren [30]. Die Verfasser der Urkunde für Eckerich fügten in einer ähnlichen Liste Brücken, Stege und Backstuben den rein defensiv wesentlichen Einrichtungen bei [31].

Wenn diese Teilungsart wahrscheinlich allgemein angewandt wurde, so gab es auch für diese Regel Ausnahmen. 1329 wurde das Stammschloß der Herren von Lichten-

27) F. Rapp, Comment les châtelains s'efforçaient de vivre en bonne intelligence. Le »Burgfrieden« du Nideck de 1422, in: Revue d'Alsace, 1955, S. 94–111.

28) Rappolsteinisches Urkundenbuch, hg. v. K. Albrecht, Nr. 501.

29) A. B. R., G 1395.

30) Urkundenbuch der Stadt Straßburg, hg. v. W. Wiegand, A. Schulte, G. Wolfram, VI, S. 610.

31) Rappolstein. UB, II, Nr. 634.

berg unter verschiedene Erben aufgeteilt. Wenn man die allerdings sehr unvollständig erhaltene Urkunde liest, kommt man zum Schluß, daß auch die Verteidigungseinrichtungen, Mauern, Tore, Türme und dergleichen, in der Teilung einbegriffen waren. Trennwände sollten errichtet, Türen zugemauert, Gitter gestellt werden. Jeder Teilhaber der Burg wollte vom andern unabhängig und vollständig getrennt leben können [32]. Beobachtet man aufmerksam die Ruinen des Dreisteins, am westlichen Abhang des Odilienbergmassivs gelegen, so gewinnt man ebenfalls den Eindruck, daß zwei Ganerben zwischen den beiden Hälften ihres früher vielleicht gemeinsamen Schlosses eine hohe und dicke Scheidemauer aufrichten ließen [33].

Daß auch Maßnahmen im Sinne der entgegengesetzten Lösung manchmal getroffen wurden, und daß die Gebäude ganz und gar gemeinsam benutzt wurden, ist nicht auszuschließen. Dann waren Objekt der Teilung nur die der Burg zugehörenden Einkünfte. Es war dann möglich – und eigentlich nur dann –, Bruchteile kleinsten und dazu sehr ungleichen Ausmaßes zu bilden und den Ganerben zur Verfügung zu stellen. Sonst mußte die Zerstückelung, schon aus rein materiellen Gründen aufhören!

Wie auch immer die Teilung durchgeführt wurde, es blieb doch ein heikles Problem: das Miteinander- oder Nebeneinanderleben von adligen Herren, in relativ hoher Zahl eventuell, mußte so ruhig wie möglich gestaltet werden, sonst verlor ja das Schloß jedes Interesse; sollte es doch seinen Einwohnern ein Mindestmaß an Sicherheit gewähren. Die Ordnungen, die von den Ganerben aufgestellt wurden, beweisen, daß die gemeinsamen Besitzer einer Feste dieses Anliegen immer im Auge behielten. In den elsässischen Archivbeständen sind Burgfrieden in großer Zahl erhalten [34].

Die Fragen, die zu Zwistigkeiten Anlaß geben konnten, waren sehr verschiedener Art. Untersucht man jedoch die erhaltenen Abkommen, so stellt man fest, daß zwei Fragen immer wieder in den Vordergrund rücken: erstens der Unterhalt des Schlosses, seine Bewaffnung und seine Bemannung und dann das Zusammentreffen von sich befehdenden Rittern, die von den Ganerben in die Burg eingelassen werden konnten.

Was der zuerst erwähnte Fragenkomplex betrifft, mußten die Ganerben darauf bedacht sein, das zur Kostendeckung notwendige Geld einzubringen und tüchtig zu verwalten. Die Einkünfte bestanden, wenn man dem Inhalt der meisten Burgfriedenurkunden Glauben schenkt, in der Hauptsache, aus dem «E n t h a l t u n g s - g e l d«, das die im Schloß aufgenommenen Gäste bezahlen mußten. In vielen Verträgen wird ausdrücklich bestimmt, daß die auf dieser Weise gewonnenen Summen für den »gemeinen Bau« verwendet werden müssen. Das Enthaltungsgeld war keineswegs gleichmäßig. Überall wurden verschiedene Preise verlangt, je nachdem der Gast auf einer hohen, mittleren oder niederen Stufe der Gesellschaftshierarchie stand. In der Re-

32) EYER (wie Anm. 12), Nr. 175 (1329).
33) WOLFF (wie Anm. 1), sub verbo Dreistein.
34) RAPP (wie Anm. 27), S. 94 u. 95.

gel wurde vom Fürsten das Doppelte von dem, was einem Freiherren abverlangt wurde, gefordert; ein Ritter konnte mit der Hälfte des vom Freiherren ausgelegten Geldes auskommen [35]. Gewöhnlich waren in der Preisliste Gold- oder Silbermünzen verzeichnet. Manchmal aber waren es auch Armbruste, deren Bauart, hie und da, festgelegt wurde oder deren Wert in Bargeld angegeben war, um die Umrechnung eventuell möglich zu machen [36]. Die Höhe des »Enthaltungsgeldes« veränderte sich auch im Verhältnis zu der Größe und zum militärischen Wert der den Gästen eröffneten Festungen. Herrenstein, unweit von Neuweiler, war ein bedeutendes Schloß auf deren Instandsetzung die Straßburger, unter den Mitbesitzern die mächtigsten, große Bedeutung gelegt hatten. Im Burgfrieden der 1399 abgeschlossen wurde, wurde vorgesehen, daß ein Fürst, bevor er in das Schloß Herrenstein eingelassen wurde, 60 Gulden und vier Armbruste, jede im Werte von 3 Gulden, geben mußte. Ein »Herre« kam mit 2 Armbrusten und 30 Gulden davon. Verlangte *sust einer* Einlaß, forderten die Verwalter von ihm 10 Gulden und eine Armbrust [37]. Ähnlich hohe Preise mußten die Gäste bezahlen, welche in Neu-Winstein sich aufhalten wollten. Unter den Eigentümern dieser Burg befanden sich die Pfalzgrafen [38]. Ebenfalls starkes »Enthaltungsgeld« mußte ausgelegt werden, wenn man in die Festen von Reichshofen und Gemar aufgenommen werden wollte [39]. Dagegen begnügten sich die Ganerben von der Nideck oder der Wangenburg mit viel bescheideneren Beträgen. Um in diesen Burgen sich aufhalten zu dürfen, brauchte ein Ritter nur 2 Armbruste, ein »Herre« nur 4 abzugeben, in Gulden umgerechnet, 6 oder 12 Gulden [40]. Vergleicht man diese Zahlen mit denen welche die Eigentümer von Herrenstein festgelegt hatten, erscheint der Unterschied sehr kraß, und es fällt schwer, die Gründe, die ihn erklären, mit Bestimmtheit zu ermitteln.

Erwähnen wir noch die Preisveränderungen, welche man für ein und dasselbe Schloß von einem Vertrag zum nächsten feststellt. 1362 verlangten die Ganerben der Burg Neu-Winstein nur 20 Gulden von einem Fürsten, von einem Gast, der einer niederen Gesellschaftsschicht angehörte, 12 Gulden. 1389 lagen die Forderungen bedeutend höher: ein Fürst mußte 40 Gulden und 4 Armbruste, ein Graf 20 Gulden und 2 Armbruste, ein Ritter 10 Gulden und 1 Armbrust bezahlen [41]. Ähnliche Tariferhöhungen können in den Burgfrieden, die für Schirmeck und Nideck abgeschlossen wurden, beobachtet werden [42]. Auch die Erklärung für diese Tatsache kann nicht

35) Die Reichsstädte sind auf diese selbe Stufe gestellt wie die Fürsten. Siehe, zum Beispiel, S. U., VI, S. 771 (Herrenstein, 1399).
36) So für Nideck, s. A. B. R., G 1154,9 und für Schirmeck, A. B. R., G 1154,6.
37) UB Stadt Straßburg, VI, S. 771.
38) A. B. R., E 2675 (1362) und C 275 (1389).
39) A. B. R., E 2862 (1404).
40) A. B. R., G 921,2 (1393) und G 1154,9 (1422).
41) Siehe Anmerkung 38.
42) Für Nideck, s. Anm. 40; für Schirmeck, A. B. R., G 1154,6 (1388) und 1155,7 (1447).

einfach sein: verschiedene Faktoren, so zum Beispiel die Vervollkommnung der Armbruste, können zu diesem Ergebnis geführt haben.

Wer zog das Enthaltungsgeld ein? Der älteste Burgfrieden (1362) von Neu-Winstein sah vor, daß jeder Eigentümer, der in das Schloß einen Gast aufnahm, das »Enthaltungsgeld« innerhalb zwei Wochen in die gemeinsame Kasse abliefern mußte [43]. Daraus darf man folgern, daß den Ganerben die Pflicht oblag, von den in die Burg eingelassenen Herren die verlangten Summen zu fordern. Wer aber verwaltete das auf diese Weise gewonnene Geld? Zum ersten Male erwähnt ein Burgfrieden die dafür zuständige Person 1422: genannt wird da der »Bumeister«; dieser Vertrauensmann, dessen Funktionen mindestens ein Jahr dauern sollte, war damit beauftragt, das Enthaltungsgeld einzusammeln; jeder Eigentümer verpflichtete sich, ihm die erhaltenen Gulden oder Armbruste in Monatsfrist zu übergeben [44]. Dem Baumeister war die Entscheidung über die zu unternehmenden Reparaturen, Verbesserungen oder Erweiterungen der Gebäude überlassen. Jedoch mußte er Rechenschaft ablegen. Im Burgfrieden, der 1460 von den Markherren von Mauersmünster für die Burgen Ochsenstein, Groß- und Klein Geroldseck verfaßt wurde, waren den finanziellen und technischen Aufgaben des »Baumeisters« andere, mehr juristische Dienste anvertraut [45]. Er spielte gewissermaßen die Rolle eines Friedensrichters, jedenfalls eines Schiedsrichters. Seinem Spruch mußten sich die Ganerben fügen. Wenn er es für notwendig erachtete, berief er eine allgemeine Versammlung der Markherren und er fungierte dann als Präsident der Sitzung. Als er von den Eigentümern der Mark gewählt wurde, erhielt er vor allem den Auftrag alle Streitigkeiten, die dem Burgfrieden schaden könnten, abzuwenden oder zu stillen. Die Verwaltung der Kasse blieb ihm, nach 1460 wie vorher, überlassen. Von ihm hing in weitem Maße das Bestehen des Friedens innerhalb des Burgbezirks ab.

Leider sind die Burgfriedensurkunden die einzigen Quellen, aus denen wir Auskunft über die Amtsführung des Baumeisters schöpfen könnten. Bis jetzt haben sich Rechnungen oder Sitzungsprotokolle in den Archivalien nicht auffinden lassen, so daß wir in der Regel auf die in den Verträgen vorhandenen Angaben angewiesen sind, wenn wir das Leben auf den Burgen rekonstruieren wollen. Daß die Verbesserungen an den Gebäuden für die Eigentümer eine schwere Sorge war, geht aus den Ausgabenverzeichnissen, *rari nantes in gurgite vasto*, die den Straßburger Stadtvätern für Herrenstein und den Domherren derselben Stadt für Frankenburg vorgelegt wurden. Arbeiten mittleren Ausmaßen verschlangen Hunderte von Gulden. Was die Waffen betrifft, liefern uns die Friedensordnungen Nachrichten nur über die Armbruste. Geschütze oder Hakenbüchsen werden nicht erwähnt, auch von Pulver und Kugeln ist

43) A. B. R., E. 2675.
44) RAPP (wie Anm. 27), S. 101–103.
45) A. B. R., H 563,13.

nicht die Rede, zumindest in den von uns eingesehenen Akten [46]. Auf genügenden Proviant legten die Schloßbesitzer großen Wert: der Burgfrieden, der für Nideck 1422 abgeschlossen wurde, setzte die Vorräte an Korn und Wein fest, welche ständig auf den Speichern und in Keller vorhanden sein mußten [47]. Hatte aus irgend einem Grund ein Gewerbe diese Reserven angegriffen, so war es verpflichtet, spätestens ein Monat, nachdem er dazu angehalten worden war, die konsumierten Mengen wieder zu ersetzen.

Schließlich werfen die Urkunden auf die Frage der Besatzung einiges Licht. Die Garnison bestand aus besoldeten Knechten. Die Zahl dieser Söldner lag in den uns bekannten Fällen niedrig. Schloß Neu-Winstein, in dem, wie wir oben feststellten, das Enthaltungsgeld den Gästen teuer zu stehen kam, wurde durch 6 Knechte bewacht [48]; neun waren es auf der Burg Herrenstein, solange keine besondere Gefahr bestand; waren hingegen eine regelrechte Belagerung oder nur ein Handstreich zu befürchten, dann schickte die Stadt Straßburg, Besitzerin des größten Teils des Schlosses, 12 Mann Verstärkung, während die übrigen Ganerben zusammen nur vier zu stellen versprochen hatten [49]! Der Betrag des Soldes ist in den bekannten Urkunden nicht erwähnt. Daß manchmal jeder Eigentümer die von ihm angeworbenen Soldaten bezahlen mußte, können wir aus der Klausel des Nidecker Burgfriedens folgern, in der bestimmt wird, daß die Besitzer spätestens innerhalb eines Monats den Beschwerden ihrer Leute Folge leisten und ihnen den geschuldeten Lohn geben müssen [50]. Das Ausreißen oder das Meutern eines Teils der Garnison wollten natürlich die Vertragspartner unbedingt verhindern [51].

Nun ist es an der Zeit, den zweiten Fragenkomplex zu untersuchen, über den die Burgfriedensurkunden Nachricht geben: eben die Ruhe innerhalb der Schloßmauern. Das Zusammentreffen und das Miteinanderleben von adligen Herren, deren einer oder gar viele an irgendeiner Fehde teilhatten, war eine der Hauptsorgen, die den Unterzeichnern des Paktes am Herzen lag. Daß man auf der Burg zwischen den Ganerben und ihren Gästen es nicht zum Handgemenge und noch weniger zur regelrechten

46) Für ziemlich geringfügige Reparaturen auf der Burg Herrenstein, gab die Stadt Straßburg 1478 1600 Gulden aus (Archives municipales de Strasbourg, VI, 468–469). Das Domkapitel, das die Frankenburg sich angeeignet hatte, legte für dessen Instandsetzung 1447 4000 Gulden aus (A. B. R., G 1474 und G 2702).

47) Rapp (wie Anm. 27), S. 100 und 108. Die vorgesehenen Reserven bestanden aus 30 Viertel (ungefähr 24 Zentner) Rocken und 3 Fuder (etwa 33 Hektoliter) Wein.

48) A. B. R., G 1395.

49) UB Stadt Straßburg, VI, s. 771.

50) Rapp (wie Anm. 27), S. 100 und 108.

51) Die Gäste der Burg Neu-Winstein mußten den 6 Knechten, welche die Besatzung bildeten, 16 Schilling bezahlen, bevor sie in das Schloß hereingelassen wurden (A. B. R., C 275).

Schlacht kommen lassen durfte, versteht sich von selbst. Daß diese Aufgabe jedoch schwer zu bemeistern war, beweisen die zahlreichen Bestimmungen der Urkunden, die ihr gewidmet waren.

Den Zweck, den der Vertrag verfolgte, erhellt der erste Satz des für Hoh-Eckerich 1398 geschlossenen Friedens: »Ein jeder von uns muß seines Lebens und seiner Habe vollständig sicher sein, in den Grenzen des Burgfriedens (hier als Bezirk verstanden). Keiner von uns darf es wagen, einem seiner Vertragspartner zu schaden, sei es an dessen Leib oder an dessen Güter, innerhalb dieses Bezirks und ganz besonders in dessen ihm eigenen Teil des Schlosses« [52].

Im letzten Jahre des 14. Jahrhunderts war in den elsässischen Urkunden der Bergfrieden, im räumlichen Sinne, seit langer Zeit bereits ein bekannter Begriff. Schon 1341 wurde, um den Freundstein, eine neutrale Zone abgesteckt [53]. Zwei Jahre später grenzten die Herren von Hoh Egisheim den Burgbezirk ab, in dem sie den Bann des Fleckens Egisheim benutzten [54]. Später wurden die Grenzen der Burgfrieden mit immer schärfer werdender Genauigkeit festgelegt, und in den Akten erscheinen dann lange Reihen von Flurnamen, die man nicht immer vollzählig identifizieren kann. Der Raum, in dem die Ganerben den Bestimmungen des Abkommens sich fügen mußten, war nicht immer sehr ausgedehnt. Für die Feste Herrenstein war vorgesehen, daß die Vertragspartner ihre Freiheit wieder fanden, wenn die Entfernung, die sie vom Schlosse trennte, zweimal der Schußweite einer Armbrust entsprach [55]. Dagegen deckte der für Nideck 1422 vorgesehene Friedensbezirk etwa 40 Quadratkilometer [56]. Diese Zone und diejenige, welche die Eigentümer von Schirmeck festgelegt hatten, überlagerten sich in weitem Maße.

Wie der Raum des Burgfriedens, wurde manchmal auch die Zeit, in dem er Kraft haben sollte, bestimmt. Nicht immer nämlich begnügten sich die Ganerben mit der feierlichen Erklärung, daß ihr Vertrag ewig dauern werde. Es kam vor, daß das Abkommen nur für die Lebensdauer der Partner vorgesehen war, so zum Beispiel 1379, als die Herrn von Ochstenstein die Friedensbedingungen für ihren gemeinsamen Besitz, Burg und Stadt Reichshoffen, niederschrieben ließen und beschwuren, nach dem Tode des sogenannten Jungen Ochstensteiner sollte der Vertrag hinfällig sein [57]. Einige Jahre früher 1338 verpflichtete sich der mit dem Schloß Gutenburg belehnte Herr von

52) Rappolstein. UB, II, Nr. 636.

53) Schöpflin, Alsatia diplomatica, II, s. 171.

54) A. B. R., G 122,4.

55) UB Stadt Straßburg, VI, S. 771. S. auch F. G. Lehmann, Dreizehn Burgen des Unterelsasses und Bad Niederbronn nach historischen Urkunden, Straßburg, 1878, S. 207.

56) Rapp (wie Anm. 27), S. 99 (Karte, S. 96).

57) A. B. R., G 721,2 und G 1154,6.

Awelin den Rappolsteinern gegenüber, ihnen, sobald sie es verlangten, die Feste zu öffnen, und solange Rappolsteinische Truppen dort einquartiert waren, einen Burgfrieden zu halten, einen intermittenten Burgfrieden gewissermaßen [58].

Der Dienerschaft mußten dieselben Pflichten obliegen wie den dieses Personal beschäftigenden Ganerben. Der Eid auf den Burgfrieden wurde 1399 im Falle von Herrenstein auch von den Knechten geleistet. Die neueingestellten Diener, Söldner oder Amtsleute mußten sofort nach ihrer Aufnahme schwören, daß sie den im Friedensabkommen Bestimmungen keinen Abbruch tun würden [59]. Nicht nur die in ihren Diensten stehenden Knechte und Vögte mußten die Ganerben dazu bringen, den Burgfrieden zu beschwören, auch ihre Erben. Die Markherren von Mauersmünster beschlossen 1394, kein Nachfolger werde in den Besitz seines Erbteiles gesetzt werden, solange er nicht den von allen Eigentümern der Mark verlangten Eid auf den Frieden geleistet hatte [60]. *Last but not least,* die Gäste welche das Schloß besuchten, mußten das feierliche Versprechen abgeben, dem Burgfrieden, während ihres Aufenthalts, in keiner Hinsicht zu schaden [61].

Das war aber der wunde Punkt des Friedensunternehmens. Die Fehden verliehen den Burgen ihre eigentliche Bedeutung. Hätten sich die Adeligen des Spätmittelalters nicht fortdauernd bekriegt, so hätten sie nicht auf die Möglichkeit der Aufnahme in eine Festung so großen Wert gelegt. Waren sie von einem Gegner geschlagen und verfolgt worden, war es für sie äußerst wichtig, in nächster Nähe den Zufluchtsort zu finden, der sie dem Zugriff der Feinde entzog [62]. Daß die Ganerben die Benutzung ihres Schlosses in diesem Sinne vorgesehen hatten, beweisen die Formeln, die in dem Burgfrieden für Wangenburg verwendet wurden: der Gast soll sich auf dem Schlosse aufhalten dürfen, solange der Krieg, in den er verwickelt ist, kein Ende gefunden hat; auch die etwaige Belagerung der Burg durch die Verfolger des eingelassenen Gastes wird ins Auge gefaßt. Brachte doch das von den Gästen bezahlte Enthaltungsgeld die für die Erhaltung des Schlosses unbedingt notwendigen Summen ein. Doch diese Tatsache hatte ihre Kehrseite. Befand sich nämlich unter den Ganerben ein Verwandter oder ein Verbündeter der den aufgenommenen Gast verfolgenden Ritter, so war es mit dem Frieden auf dem Schloß nicht gut gestellt. Sofort mußte der Flüchtige wieder aus seinem Asyl hinausgeführt werden. In acht von den eingesehenen Abkommen steht eine Klausel, die jeden Eigentümter zwingt, den Gast, den er aufgenommen hat, bis an die Grenze des Burgbezirks zu begleiten, sobald er eingesehen hat, daß er einem Feind

58) Rappolstein. UB. Nr. 501.
59) UB Stadt Straßburg, VI, S. 771.
60) A. B. R., H 563.
61) A. B. R., H 563 (für Wangenburg, zum Beispiel, 1393).
62) Für die rechtliche Grundlage dieser Aufnahme s. Deutsche Rechtswoeterbuch II, S. 1560.

eines Mitbesitzers Zuflucht gewährt hat [63]. Es war aber nicht immer materiell möglich, diesem Gebot ohne Verzug Folge zu leisten. So kam den Verfassern mancher Friedensabkommen der Gedanke, den Gästen, in diesem Fall, eine Frist zu gewähren. Der Ganerbe, der sich als Feind des eingelassenen Herren geoffenbart hatte, durfte einen Tag und eine Nacht lang die Feindseligkeiten nicht eröffnen. Doch auch diese Bestimmung hatte nicht alle Schwierigkeiten aufgehoben. Der abgewiesene Gast benutzte anscheinend den ihm bewilligten Aufschub, um den ihm feindlich gesinnten Ganerben anzugreifen oder in einen Hinterhalt zu locken. Um dieser Möglichkeit den Weg zu sperren, wurde in einigen Verträgen der Eigentümer, der einen Gast aufgenommen hatte, für dessen Verhalten, einen Tag und eine Nacht lang verantwortlich gemacht [64]. Es konnte auch vorkommen, daß sich unter den bereits aufgenommenen Rittern Feinde des Ankömmlings befanden. Die meisten Burgfriedensurkunden erkannten eine Priorität an. Von den beiden sich befehdenden Herren hatte derjenige das Recht, in der Festung zu bleiben, welcher zuerst sich beim Pförtner angemeldet und den verschiedenen Verpflichtungen des Abkommens genüge geleistet hatte. Während seines Aufenthalts konnten die Ganerben keinen Gast aufnehmen, der sich als sein Feind erweisen sollte [65].

Letztlich muß erwähnt werden, daß auch außerhalb der Gästeaufnahme Zwistigkeiten entstehen konnten und daß diese Tatsache den Verfassern von einigen Friedensurkunden nicht entgangen war. Kehren wir einmal mehr – zum 1394 für Mauersmünster unterzeichneten Vertrag zurück. Die Verteilung der Mark sollte bleiben, wie sie »von alters her« war [66]. Man wollte vermeiden, daß die Veränderung der Teile, durch Verkauf zum Beispiel, das Gleichgewicht innerhalb der Partnergruppe verschiebe, daß, eventuell ein Ganerbe die anderen an Macht um ein bedeutendes übertreffe und daß daher Mißhelligkeit entstehe. Im selben Akt wird den einzelnen Ganerben verboten, den Status der in der Mark wohnenden und ihnen gehörenden Leibeigenen auf irgend eine Art zu verändern. Auch derartige Maßnahmen hätten zu Händeln Anlaß geben können und mußten daher vermieden werden.

Wie groß auch die Mühe war, die sich die Ganerben gaben, um Konflikten aus dem Wege zu gehen, oft genug wahrscheinlich entsprach die Wirklichkeit nicht den Absichten. So konnten die gemeinsamen Besitzer eines Schlosses nicht umhin, an die

63) A. B. R., G 1154,6 (Schirmeck, 1388); C 275 (Winstein, 1389); A. B. R., E 2862 und G 721,2 (Reichshoffen, 1391, 1404); Rappoltstein. UB, II, Nr. 636, 728 (Gemar, 1404, 1406); A. B. R., M 563 (Maursmünster, 1394); A. B. R., G 921,2 (Nideck, 1422).

64) Rappoltstein. UB, II, Nr. 636 und Nr. 728; A. B. R., M 563.

65) Die Ganerben von Nideck waren verpflichtet seine Absicht einem Herren in der Burg Aufenthalt zu gewähren *dem andern teil verkunden mit syme offen versigelten briefe aht tage zu vor* (A. B. R. G 921,2). Daran schloß sich die erwähnte, übliche Klausel an: *und sol donoch der dem es verkundet wurde niemant enthalten wider die die vor enthalten sint ...*

66) A. B. R. H 563.

Schlichtung der Zwistigkeiten und an die Bestrafung der Fehler zu denken. Bestimmt wurde zuerst, wie gehandelt werden sollte, wenn die Knechte verschiedener Ganerben miteinander zankten. Unbedingt mußte verhindert werden, daß die Mißhelligkeiten sich von den Dienern bis zu den Herren fortpflanzten. Die Strafen, die zum Beispiel für Raufereien vorgesehen waren, mußten von allen im voraus gebilligt werden. Drei Stufen unterschieden viele Burgfriedensurkunden: Schläge büßten die Knechte mit zwei Wochen Kerkerhaft; vier Wochen mußten sie im Gefängnis bleiben und dazu 30 Schillinge entrichten, wenn sie nur oberflächliche Verletzungen ihrem Gegner geschlagen hatten; waren die Wunden aber tief, so war die Buße entsprechend schwer, 5 Pfund und zwei Monate Karger. Über einen Mord durften die Ganerben nicht zu Gericht sitzen; sie mußten den Täter der zuständigen Gerichtsbarkeit überliefern [67].

Wenn ein Ganerbe einen Fehler beging, wurden verschiedene Prozeduren angewandt, um ihn zur Wiedergutmachung zu bringen. In der Regel wurde ein Schiedsgericht eingesetzt, dessen Spruch die Unterzeichner des Burgfriedens im Voraus billigten und durchzuführen versprachen. Jede der Parteien ernannte einen Teil der Kommissionsmitglieder. Gewöhnlich war die Zahl für beide Gegner die gleiche. Nur im Burgfrieden für Wangenburg, 1393, durfte der Kläger zwei Richter bezeichnen, während der Angeklagte sich mit einem Namen begnügen mußte [68]. Um einer Meinung den Ausschlag zu geben und diese Gerichtsverhandlung zu führen, war ein Präsident unentbehrlich. Diese Notwendigkeit sehen die Ganerben nicht sofort ein: 1329 noch, im Burgfrieden, der für Lichtenberg aufgestellt wurde, wurde die Bezeichnung eines sogenannten »Obmanns« nur dann vorgesehen, wenn sich die Schiedsrichter nicht einigen konnten [69]. Später wurde bereits vor der Niederschrift des Burgfriedens von den versammelten Ganerben der Obmann gewählt, der dann, wenn ein Eigentümer sich eine Übertretung zu Schulden kommen ließ, sofort die Assessoren zusammenrief und die Verhandlung aufnahm [70]. Sehr oft war der Obmann ein zumindest relativ mächtiger Herr, der in der Umgebung seinen Sitz hatte, manchmal auch stellte ihn ein nahes Kloster [71]. Originell ist die Lösung auf die wir im Falle von Nideck gestoßen sind: die im Händel verwickelten Parteien ernannten je zwei Beisitzer; die Wahl des Obmanns mußte dem Lehnsherren der Ganerben, dem Bischof von Straßburg, überlassen werden [72]. Starb der Obmann während seiner Amtszeit, mußte,

67) A. B. R. G 1395.
68) A. B. R. G 1395.
69) Eyer (wie Anm. 12), Nr. 175.
70) In der Mark Maurmünster war der »Bumeister« auch »Obmann« des Schiedsgerichts (A. B. R. H 563).
71) A. B. R. C 3,1 bis.
72) A. B. R. G 921,2. Wäre der Bischof nicht in der Lage einen Obmann zu ernennen, mußten sich die vier Beisitzer auf einen Namen einigen.

spätestens ein Monat nach seinem Tode, zur Wahl seines Nachfolgers geschritten werden, stand in der Burgfriedenordnung von Gemar geschrieben (1406) [73]. Über das Prozeßverfahren geben die Urkunden einige Aufschlüsse, besonders diejenige, welche 1404 für Burg und Stadt Reichshofen verfaßt wurde [74]. Der Spruch des Schiedsrichters wurde durch die Mehrheit der Stimmen bestimmt. Wollte ein Mitglied der Kommission die Sitzung verlassen, war er dazu bemächtigt, wenn er vorher seine Meinung schriftlich ausgedrückt und den Zettel dem Obmann überreicht hatte. Das Urteil, das gefällt wurde, konnte sowohl schriftlich wie mündlich bekanntgegeben werden. Aber wie konnte man es vollstrecken? Wahrscheinlich fügten sich die verurteilten Ganerben nicht immer willig ihrem Schicksal. Jedenfalls sahen manche Burgfriedenurkunden die Maßnahmen vor, welche ergriffen werden sollte, wenn der Spruch der Schiedsrichter unausgeführt blieb. Die Markherrn von Mauersmünster gaben, 1394, dem Verurteilten eine »Gnadenzeit« von 4 Wochen. Hatte dieser aber, am Ende dieser Frist, noch nicht den Befehlen der Kommission Gehör geschenkt, so wurde sehr energisch mit ihm verfahren. Er galt als Eidbrüchiger; angreifen durfte man sowohl seine Person wie seine Habe, auch außerhalb des Burgbezirks. Sah er sich schließlich zur Übergabe gezwungen, mußte er 1000 Gulden an seinen Kläger bezahlen und, wenn er über das Bargeld nicht verfügte, wurde sein Eigentum in entsprechendem Umfang gepfändet [75]. Ein ähnliches Verfahren war vorgesehen für den Fall, daß der Angeklagte, von Anfang an, es nicht für notwendig erachtete vor dem Gericht zu erscheinen. Aus der Kommission schieden dann die Freunde des Abwesenden aus; neben dem Obmann saßen nur diejenigen Richter, die der Kläger ernannt hatte [76].

Alle Auswege wollten die Verfasser dem Verurteilten versperren, um ihn zur Kapitulation zu zwingen. So wollten diejenige, welche 1393 die Urkunde für Wangenburg unterzeichnet hatten, daß der hartnäckige Übertreter der Ordnung in keiner Weise die gepfändeten Güter ersetzen konnte; sie erinnerten daran, daß einem eidbrüchigen Adligen kein Lehen gegeben werden durfte [77]. Die Prozedur des Einlagers wurde, in einigen Fällen mindestens, nicht verschmäht. 1399, zum Beispiel, bezeichneten die beiden Partner, Schmassmann von Rappolstein und Antonius von Hattstatt, je vier Bürgen. Brach einer der zwei Ganerben den Frieden, schickten dessen Gewährsleute je einen Knecht mit einem Pferd nach Schlettstadt, wo sie bleiben sollten, bis sich der Schuldige ergeben hatte und das über ihn gesprochene Urteil ausgeführt hatte [78]. Al-

73) Rappolstein. UB, II, Nr. 728.
74) A. B. R. E 1390.
75) A. B. R. H 563.
76) A. B. R. H 563.
77) A. B. R. G 1395.
78) Rappolstein. UB, II, Nr. 728. S. auch A. B. R. G 1154,9 (Nideck, 1393). Das Verfahren der Einlager behandelt E. Friedländer, Das Einlager, Münster 1868.

lem Anschein hofften die Verfasser der Urkunde, daß die Bürgen eine allzuhohe Zeche nicht bezahlen wollten und auf den angeklagten Ganerben einwirken würden, um ihn fügsam zu machen.

Vergleicht man die verschiedenen Burgfriedensordnungen untereinander, so fällt vor allen Dingen auf, daß sich ihr Text im Laufe der Zeit ständig verlängert hat. Die ersten sind noch ziemlich einfach und kurz gehalten. Die Bestimmungen sind nach sehr allgemeiner Art. Dann merkt man, daß immer mehr konkrete Fälle vorgesehen werden, höchst wahrscheinlich, weil die Erfahrung dazu geführt hatte. Die Klauseln vermehrten sich; präzis wurden sie sozusagen ausgeklügelt, als ob man versuchte dem listigen Friedensübertreter und Rechtsverdreher mit ebenso subtilen Mitteln auch die letzte Hintertüre zu verschließen. Der Burgfriede gleicht einem Schiffe, das leck wird; jeden Riß will die Mannschaft kalfatern; umsonst. Denn die Leute an Bord sind es ja, die das Wasser durch die Planken hineinsickern lassen. Die Burgfriedensurkunden rükken nämlich den elsäßischen Adel in ein grelles Licht. Diese Dokumente sind doppelsinnig. Einerseits zeigen sie, wie zäh sich die Besitzer der Burg für Erhaltung des Friedens innerhalb ihres gemeinsamen Eigentums einsetzten. Aber andererseits liefern sie auch den Beweis dafür, daß praktisch ihr Ziel unerreichbar war. Dem Krieg, dem man draußen als einem beliebten Sport und eventuell auch als einer reichtumbringenden Tätigkeit frönte, konnte man schwer den Eingang zum eigenen Hause versperren, selbst wenn man noch so kompliziert jedes Türlein verbarrikadierte!

Bis zum Ende des 16. Jahrhunderts und hie und da bis ins frühe 17. Jahrhundert hinüber, siechten sozusagen die Burgen hin. Immermehr gewannen die modernen Züge im Zeitbild die Oberhand; das Erbe des Mittelalters erblaßte. Der Adel wurde unwiderstehlich in den Bann der Städte und der Fürstenresidenzen gezogen. Wohl oder Übel mußten die Ritter sich in Grundbesitzer, Offiziere, Beamte oder Hofleute umwandeln. Der monarchische, straff gegliederte französische Staat, dem das Elsaß nach 1648 einverleibt wurde, bescheinigte die Entwicklung, die lange vorher begonnen hatte. Bei weitem nicht alle Schlösser brauchten durch Kriegsereignisse zerstört zu werden. Verlassen, sanken sie in sich zusammen. Wald und Gestrüpp überwuchsen ihre Reste. In diesem Dornröschenschlag blieben die Burgruinen versunken, bis der Prinz der Romantik sie weckte.

Burghofstatt und Herrschaftseigen
Ländliche Nutzungsformen im herrschaftlichen Bereich *

VON KARL S. BADER

I.

Was ich heute darlegen möchte, will nicht in erster Linie als Beitrag zur Burgenforschung verstanden werden und mündet auch nicht unmittelbar in Unternehmungen des Konstanz-Reichenauer Kreises ein, die sich mit allgemeinen verfassungsgeschichtlichen Problemen der früh- und hochmittelalterlichen Burg beschäftigt haben. Immerhin bestehen starke innere Verwandtschaften: Die Agrarverfassung ist ja schließlich auch ein Teil der allgemeinen Verfassungszustände und selbstverständlich hat der hier sprechende Agrarrechtshistoriker auch Kenntnis von den Ergebnissen der neueren Burgenforschung zu nehmen. Dabei ist aber eines von vornherein festzustellen: was die allgemeine Forschung im Zusammenhang mit der Burg beschäftigt, gehört offensichtlich überwiegend dem herrschaftlichen Bereich an und ist auch dort unter diesem Gesichtspunkt betrachtet worden, wo es – etwa in den Arbeiten von Walter Schlesinger – um die Frage des Frühverhältnisses zwischen Burg und Stadt und um die Benennung von Frühformen der Stadt als *burgus-burg* ging. Mir geht es heute vom Standort dessen, der sich seit Jahrzehnten mit der Rechtsgeschichte des mittelalterlichen Dorfes, nacheinander mit deren dinglich-räumlichen Elementen, mit der ländlichen Verbandsbildung und – im nun endlich erschienenen dritten Band meiner »Studien zur Rechtsgeschichte des mittelalterlichen Dorfes«, der, so der Bandtitel, »Rechtsformen und Schichten der Liegenschaftsnutzung im mittelalterlichen

* Wiedergegeben ist hier der Vortrag, den ich am 29. Jan. 1973 im Konstanzer Arbeitskreis für mittelalterliche Geschichte (vgl. dessen Protokoll Nr. 179) gehalten habe. Dem Wunsch des Herausgebers des vorliegenden Sammelbandes, diesen Vortrag wegen seiner Sachbezüge in die »Vorträge und Forschungen« aufzunehmen, habe ich zugestimmt, wobei ich allerdings bemerken möchte, daß es mir aus zeitlichen Gründen nicht möglich war, umfangreichere weitere Forschungen anzustellen. Andererseits waren zu sehr auf die Vortragsform abgestellte Passagen wegzulassen oder umzugestalten. An einigen Stellen konnte ich gegenüber dem zeitgebundenen Vortrag die Zahl der Belege, in Anlehnung an mein »Dorf« III (wie Anm. 1) immerhin etwas vermehren.

Dorf«[1] behandelt – mit recht diffizilen und differenzierten Nutzungsformen beschäfigt hat, überwiegend um Fragen aus dem genossenschaftlich-bäuerlichen Bereich. Dabei steht im Vordergrund die ständige, bis zum Ende des Mittelalters und darüber hinaus bis zum Durchdringen individualistisch-liberalistischer Denkformen an der Wende vom 18. zum 19. Jahrhundert andauernde, ja, bis zum heutigen Tage nicht voll beendete Auseinandersetzung zwischen Einzelnutzung und Kollektivnutzung, die auch das Verhältnis zwischen Herrschaft und Genossenschaft umfaßt.

Hier münden nun auch die Fragen ein, die ich heute zu stellen und durchaus nicht abschließend zu beantworten gedenke. Vielfach handelt es sich um Vorstöße und Überlegungen, die näherer Durchleuchtung bedürfen, wozu gewiß auch die sich anschließende Diskussion bereits Gelegenheit geben wird[2]. Wenn Sie mich, methodisch zu Recht, mit einiger Skepsis gegenüber dem Vortragstitel, nach den Quellengrundlagen fragen, so muß ich zunächst auf langjährige Beobachtungen dessen verweisen, der das Leben im geschichtlichen und im gegenwärtigen Dorf einigermaßen zu kennen glaubt. Darauf habe ich in allen meinen Studien zur ländlichen Rechts- und Verfassungsgeschichte stets in erster Linie abgehoben, und das ist auch bei Auswertung und Deutung der urkundlichen Quellen immer von – für mich selbst – entscheidender Bedeutung geblieben. Meine ersten Studien galten, noch bevor ich mich der Rechtsgeschichte und der Jurisprudenz insgesamt zuwandte, dem ländlichen Namengut, insbesondere den Flurnamen, und dabei ergab sich ganz von selbst eine Verbindung von einst und heute. Gewissen Zweifeln, die Sie nach Anhörung des Vortrages hegen mögen, möchte ich damit von vornherein begegnen: die urkundlichen Zeugnisse, die mir zur Verfügung stehen, liegen meist relativ spät, später jedenfalls als diejenigen, die man braucht und heranzuziehen pflegt, um im Konstanz-Reichenauer Kreis oft berührte Probleme – etwa der Königs- oder Adelsherrschaft – zu behandeln. Ich möchte es mir versagen, hier, sozusagen im Vorbeigehen, dazu, insbesondere zur Frage der sogenannten Adelsherrschaft, Stellung zu nehmen; vom rechtshistorischen Standpunkt aus ist es für mich noch nicht ausgemacht, ob es diese Adelsherrschaft überhaupt oder doch in der im Kreis von Theodor Mayer und in der Schule von Gerd Tellenbach gebotenen Form gibt. Der Rechtshistoriker bringt sie jedenfalls vorläufig noch nicht recht in sein Konzept und sieht sich darauf angewiesen, für ihre Begründung bei älteren Formen der Sippenmunt oder der älteren Gefolgschaft Hilfe

1) K. S. Bader, Dorf III = Studien zur Rechtsgeschichte des mittelalterlichen Dorfes. Dritter Teil. Rechtsformen und Schichten der Liegenschaftsnutzung im mittelalterlichen Dorf mit Ergänzungen und Nachträgen zu den Teilen I und II, 1973. Teil I = Das mittelalterliche Dorf als Friedens- und Rechtsbereich, 1957; Teil II = Dorfgenossenschaft und Dorfgemeinde, 1962.

2) Die im Konstanzer Protokoll Nr. 179 mitaufgenommenen Diskussionsbeiträge sind im folgenden, soweit erforderlich, berücksichtigt worden, meist in Form etwas ausgiebigerer Behandlung der in der Diskussion angeschnittenen Sachverhalte.

zu suchen. So weit reichen aber gerade die auf unser heutiges Thema bezüglichen und dafür verwendbaren Quellen in aller Regel nicht zurück; sie gehören dem Hoch- und noch stärker dem Spätmittelalter an. Zum Urkundenbestand kommen dann, zumal für den Rechtshistoriker, die meist ja mehr indirekten Nachrichten über Burgengründungen und Rechtsausscheidungen hinzu, wie sie die überwiegend ex post, d. h. vom bereits gefestigten Rechtszustand her berichtenden Weistümer (im schweizerischen Sprachgebrauch Offnungen) und die mit ihnen näher als meist erkannt oder zugegeben verwandten Urbare bringen. Ihre Ergiebigkeit ist von Landschaft zu Landschaft verschieden, wie gerade die im Zürcher Kreis erbrachten Forschungen – etwa von Walter Müller [3], Karl-Heinz Burmeister [4] und Theodor Bühler [5] – gezeigt haben dürften. Es steht im übrigen auch bei der Burgenkunde nicht viel anders. Dort kam es von jeher vor allem auf den Ausgangspunkt des einzelnen Forschers an, dem es entweder mehr um die Bau- und Kunstgeschichte, um Besitz- und Machtfragen oder um Verknüpfung mit der allgemeinen oder doch der Verfassungsgeschichte zu tun war. So bieten etwa die Arbeiten des Aargauers Walther Merz [6] gerade wegen der Vertrautheit des Verfassers mit den allgemein landesgeschichtlichen, nicht zuletzt auch mit den rechtshistorischen Gegebenheiten des Burgenbaus für unsere Zwecke weit mehr als nicht minder zu schätzende sonstige Burgenwerke, z. B. solche über die mittelbadischen Burgen der Ortenau oder die württembergischen Burganlagen.

Kurz darf ich vielleicht noch einem möglichen und, wie mit scheint, sehr wahrscheinlich zum Ausdruck kommenden Einwand von vornherein begegnen. Es wird niemand aus Ihrem Kreise verwundern, daß ich bei meinen Untersuchungen vor allem den schwäbisch-alemannischen Sprach- und Rechtsraum im Auge habe; das ergibt sich aus dem gesamten Ansatz meiner agrarrechtshistorischen Forschungen. Daß dies zur Vorsicht mahnen läßt, ist niemandem besser bekannt als dem heutigen Redner. Ich möchte eben, was ich auch anderwärts nachhaltig betont habe, von Dingen sprechen, die ich aus eigener Anschauung und auch aus eigenem Erleben kenne, und ich habe mich selbst immer wieder daran zu erinnern, daß vor Verallgemeinerungen dringend gewarnt werden muß. Andere Länder, andere Sitten – bei der Verwandtschaft von Sitte und Recht heißt das zugleich auch: andere Rechtsformen. Immerhin habe ich, an-

3) W. Müller, Die Offnungen der Fürstabtei St. Gallen. Ein Beitrag zur Weistumsforschung (1964); Ders., Landsatzung und Landmandat der Fürstabtei St. Gallen. Zur Gesetzgebung eines geistlichen Staates vom 15. bis zum 18. Jahrhundert (1970).

4) K. H. Burmeister, Die Vorarlberger Landsbräuche und ihr Standort in der Weistumsforschung (1970); Ders. (Herausg.), Vorarlberger Weistümer I (= Österreichische Weistümer 18, 1973).

5) Th. Bühler, Gewohnheitsrecht und Landesherrschaft im ehemaligen Fürstbistum Basel (1972).

6) W. Merz, Die mittelalterlichen Burganlagen und Wehrbauten des Kantons Aargau, 3 Bde., 1904–29.

zugebende Belegstellen werden dies zeigen, mich auch in anderen, vor allem rheinisch-fränkischen Landschaften umgesehen, und das hat mir gezeigt, daß ich meine zunächst nur paradigmatisch verstanden sein wollenden Behauptungen einigermaßen guten Gewissens vertreten darf. Burgen wird man mit einigen Vorbehalten wohl überall unter ähnlichen Voraussetzungen, auch solchen geologisch-geographischer oder klimatologischer Art, antreffen; das über Vorgängen eines spezifischen Synoikismus entstandene deutsche Dorf des Hoch- und Spätmittelalters, für unsere heutigen Betrachtungen der Gegenpol zum Burgenwesen, tritt uns dagegen kaum irgendwo anders in so typischer Ausprägung entgegen wie im Mittelland der Schweiz, in Schwaben und Franken.

II.

Aus dieser kurzen Orientierung über Plan und Hilfsmittel unserer Enquête mag zunächst hervorgehen, daß wir uns vor allem mit Vorgängen zu befassen haben, die im Zeitraum zwischen Hoch- und Spätmittelalter liegen. Das kann aber nicht bedeuten, daß wir ältere Ansätze außer Acht lassen dürfen. Angesichts der besonderen Situation in der Entwicklung örtlicher strategischer Anlagen werden wir eine Zaesur rund um das Jahr 1000 annehmen dürfen – natürlich nicht um der runden Zahl wegen, sondern weil in relativer Übereinstimmung zahlloser Berichte im 11. Jahrhundert der Bau der Hochburgen, zumal auch solcher kleinerer Adelsgeschlechter, einsetzt. Für die Probleme der ländlichen Liegenschaftsnutzung spielt dies, wie zu erörtern sein wird, eine nicht unwichtige Rolle, und zwar einfach wegen der Platzlage. Wir verkennen dabei keineswegs, was neuere Forschungen der Mittelalter-Archäologie gezeigt haben [7], daß nämlich auch relativ spät in unserem urkundlichen Quellenmaterial erscheinende Burgen auf Plätzen angelegt worden sind, die auch frühgeschichtliche oder doch frühmittelalterliche Anlagen, etwa Schanzen, Ringwälle oder eher kurzlebige Fluchtburgen, aufweisen. Das ist zunächst für uns aber nur wichtig, weil sich zeigt, daß solche Frühwerke bereits außerhalb der eigentlichen bäuerlichen Nutzzone liegen; ein genealogisch-dynastischer Nachweis dafür, daß es sich bei den Erbauern der Frühanlagen um die Vorfahren der späteren Burgenbauer gehandelt hat, wird kaum je eindeutig zu erbringen sein.

Die Vorfahren der nachmaligen Burgherren haben wir vielmehr im Kern der älteren bäuerlichen Siedlung, die erst allmählich sich zum geschlossenen Dorf gestaltet, zu suchen. Sie sitzen im Frühmittelalter, eindeutig nachweisbar in der fränkischen Epoche, in ihren befestigten Höfen. Die *curtis fossata* mit ihrer zen-

7) Ich denke etwa an subtile Nachweise, wie sie W. Hübener neuerdings für die Baar – im Sammelband des Alemannischen Instituts Freiburg i. Br. über »Villingen und die Westbaar« 1972 – erbracht hat; vgl. auch o. S. 64 ff.

tralen *area* und mit weitläufigem, in den Pertinenzformeln aufscheinendem Zubehör ist eine geläufige Erscheinung; im älteren Urkundenbestand etwa des Klosters St. Gallen, aber auch in Traditionsbüchern bayrisch-österreichischer Klöster finden wir sie zu Haufen. Ihre wirtschaftliche Funktion läßt sich, da berichtende Quellen und urbariale Beschriebe noch so gut wie ganz fehlen, am besten eben aus den Zubehörformeln erkennen. Das dabei verwendete Formular, für das auch die in der Monumentenausgabe leicht zugängliche Formelsammlung des Marculf zeugt, bietet allerdings insofern ein nicht immer zuverlässiges Bild, als nicht alles, was in einer Pertinenzformel genannt ist, im konkreten Fall auch wirklich vorhanden gewesen sein muß. Die Umwallung der *curtis* mit Graben und Zaun – *sepibus fossisque vallata* – mag Schutz gegen räuberische Einzelgänger und gegen Tiere geboten haben – eine Feste im strategischen Sinne dürfte sie im allgemeinen noch nicht gewesen sein. Viele, wohl die meisten dieser *curtes* sind früher oder später in geistlichen Besitz übergegangen und damit für die sonst dürftige Quellenlage gesichert worden. Sie begegnen uns dann als grundherrliche Meier-, Keln- oder Dinghöfe in einem Villikationssystem, in dem sich nachmals die zum niederen Adel aufsteigenden Meier breit machen. Die Quellenüberlieferung mag indessen das Gesamtbild verzeichnen: daß es neben der königlichen und der geistlichen Grundherrschaft zahlreiche adlige Besitzkonglomerate – doch wohl das eigentliche Substrat der sogenannten »Adelsherrschaft« – gegeben hat, ist unzweifelhaft; wenn man die Adelsherrschaft über diesen Besitzgrundlagen aufbauen will, ist gegen den Begriff auch aus rechtshistorischer Sicht nichts einzuwenden, nur sagt dies zunächst über die Form und die verfassungsrechtliche Bedeutung der »Herrschaft« wenig oder nichts aus.

Die agrarrechtliche Struktur solcher Hofeinheiten ist nicht leicht zu erfassen. Wir befinden uns vorerst in einer Zeit, in der eine voll ausgebaute Zelgenwirtschaft noch nicht bestanden hat. Angesichts der relativ dünnen Besiedlung steht Bewohnern und Bebauern noch reichlich anbaufähiges Land zur Verfügung; man kann sich eine extensive Wirtschaft mit schlichtem Frucht-Brachwechsel leisten. Daß die Dreifelderwirtschaft, wie wir sie als Produkt einer langen, hochgezüchteten genossenschaftlichen Entwicklung – sogar in Gebieten, wo sie agrarwirtschaftlich gar nicht nötig gewesen wäre – kennen, eine relativ junge Erscheinung und jedenfalls nicht in die germanische oder frühfränkische Zeit zurückzuverlegen ist, dürfte heute Gemeingut der wirtschaftsgeschichtlichen Forschung sein; auch wenn sie in karolingischer Zeit angeordnet oder empfohlen worden ist, scheint sie sich doch nur mehr zögernd durchgesetzt zu haben. Die landschaftsgeschichtliche Einzelforschung zeigt ja immer wieder, daß das Dreizelgensystem in ganz verschiedene Etappen durchgedrungen ist, stellenweise ganz ausbleibt, andernorts ältere oder Mischformen, so ein Zwei- oder Vierzelgensystem hervorbringt. Nach Hans Jänichen [8] sind für solche Abweichungen häufig

8) H. Jänichen, Beiträge zur Wirtschaftsgeschichte des schwäbischen Dorfes, 1970, S. 149 ff.

Wüstungsvorgänge verantwortlich zu machen; Hugo Ott[9] hat für oberrheinische Teilgebiete aber wahrscheinlich gemacht, daß selbst im Altsiedelland das Dreifeldersystem starke Lücken aufweist und daß es hier des öfteren an der Brache als dritter Zelg und an die Fruchtfelder im Sinne der Nutzungsreserve ergänzendem Allmendland fehlt. Wo immer aber auch die Dreifelderwirtschaft durchdringt, ist sie verursacht oder begleitet von der uns[10] stark betonten Siedlungskonzentration. Damit befinden wir uns dann in der Frühzeit des eigentlichen Dorfes, dessen *vicini-nachgeburen* auf gegenseitige Abgrenzung der Nutzgebiete achten und bei wachsender Bevölkerungszahl auf Intensivierung der über archaische Formen häuslicher Autarkie hinausreichenden Ertragswirtschaft angewiesen sind.

So haben wir davon auszugehen, daß in den frühmittelalterlichen Herrenhöfen, also in einer vordörflichen Agrarepoche, mit den aus der siedlungs- und kulturgeographischen Literatur hinreichend bekannten Blockfluren gearbeitet worden ist. Eine ausführliche Erörterung der sich daraus ergebenden agrargeschichtlichen Zustände würde unseren heutigen engeren Rahmen sprengen. Nur auf einen gerade im schwäbischen Kernland vielerörterten, räumlich aber weit darüber hinaus reichenden Problemkreis muß, im Hinblick auf Funktion und Entwicklung des Herrenlandes, kurz eingegangen werden: auf die von Viktor Ernst[11] nachdrücklich – und bei einem Blick auf die landesgeschichtliche Literatur wird man sagen dürfen: mit nachhaltigem Erfolg – betonte Sonderstellung von Brühl und Breite. In diesen hofnahen Fluren erblickt Ernst bekanntlich die alte *terra Salica*, das eigentliche Herrenland, das sich zäh der Einbeziehung in die Zelgenwirtschaft widersetzt hat. Ohne Ernsts daraus für die Ständegeschichte gezogenen Schlüssen[12] auf den eher sagenhaften »Urmeier« zu folgen, habe ich im inzwischen erschienenen Ergänzungsband meiner »Studien« das scheinbar abgedroschene Theme unter veränderten Aspekten und mit verbreitertem Quellenmaterial wieder aufgegriffen[13]. Zahllose Quellenzeugnisse zeigen uns, daß es sich bei Brühl und Breite um in die jüngere Zelgenverfassung hineinragende Reste älterer Blockfluren handelt, was übrigens für die Kulturgeographen keine neue Erkenntnis darstellt. Gegenüber Ernsts absolut richtigen und nach dieser Seite hin nicht mehr anzweifelbaren Beobachtungen, wonach sich Brühl und Breite als überwiegend herrschaftliches Hofzubehör erweisen, ist nur wegen der von ihm gezogenen weiteren Folgerungen ein Vorbehalt anzubringen: nicht die vermeintlichen Vorfahren des niederen

9) H. OTT, Studien zur spätmittelalterlichen Agrarverfassung im Oberrheingebiet, 1970 (QForschAgrarG 23).
10) Besonders BADER, Dorf I (wie Anm 1), S. 33 ff. mit Nachträgen in BADER, Dorf III (wie Anm. 1), S. 257 f.
11) V. ERNST, Die Entstehung des deutschen Grundeigentums, 1926.
12) V. ERNST, Die Entstehung des niederen Adels, 1916 und V. ERNST, Mittelfreie. Ein Beitrag zur schwäbischen Standesgeschichte, 1920.
13) BADER, Dorf III (wie Anm. 1), S. 127 ff.

Adels, also die »Urmeier«, sondern grundherrliche Hofinhaber verschiedenster Provenienz haben Brühl und Breite als nächstliegendes Wiesen- und Ackerland in der Hand behalten und erst über sie, insbesondere über die geistlichen Grundherren, sind Brühl und Breite zur Pertinenz der Meierhöfe des Hoch- und Spätmittelalters geworden. Im entstehenden Dorf und in der sich verdichtenden Zelgenverfassung – Zahl der Zelgen für einmal dahingestellt – bleiben Brühl und Breite als Sonderfluren des Herrenhofes wie erratische Blöcke bestehen, auch wenn sie schon relativ früh (und wiederum in sehr verschiedener Form und Intensität) von der Zelgenwirtschaft erfaßt und – vor allem beim Ackerland der Breite – aufgeteilt, auch auf mehrere Zelgen verteilt erscheinen. Dabei mag, was in oberdeutschen Landschaften Brühl und Breite heißt, anderswo unter anderem Namen erscheinen und mit anderen Sonderfluren, etwa Werd oder Bündt, korrespondieren; all diesen Sondernutzungsgebieten habe ich in »Dorf« III [14] breiten Raum – mit allerlei Abwandlungen im Nutzungsvorgang – zugewiesen.

Im Kern einer solchen herrschaftlichen Besitzeinheit steht nun eben der Hof und den Mittelpunkt des Hofes bildet die Hofstätte, *stat.* Für Deutung und Vielfalt dieses Begriffes darf ich mich auf meinen 1965 unternommenen Versuch, vom agrar- und rechtssprachgeschichtlichen Standpunkt aus die Funktion der *stat*, des *locus legitimus* der zeitentsprechenden lateinischen Urkundensprache, darzulegen, berufen [15]. Da für uns heute unwesentlich lassen wir die Querbezüge Stätte-Stadt, also *area legitima* und *burgus-civitas*, beiseite; die Umbenennung, zugleich Umdeutung von lateinisch-romanisch *civitas-cité, city*, deutsch-fränkisch *burg-bourg* in die räumlich-dingliche Wort- und Denkform *stat-stadt*, bleibt auch für die Stadtrechtsgeschichte ein wichtiger, bezeichnender Vorgang. Für unser Thema bedeutsam ist, daß von der ländlichen *area legitima*, der Hofstatt, die Nutzungsrechte des Hofes ausgehen, was im übrigen durchaus seine Parallele im städtischen Annex des Bürgerrechts zur *area*, zur Hofstatt in der Stadt (in der westlichen Schweiz, insbesondere Bern-Solothurn, im Begriff des *odal-udel* vollzogen) haben mag. Den Schritt zur im Titel unseres Vortrages erscheinenden »Burghofstatt« brauchen wir im Moment noch nicht zu tun, da wir uns ja einstweilen noch in der Zeit der *curtis fossata*, noch nicht der befestigten (Höhen-) Burg befinden. Aber wichtig erscheint uns schon jetzt die Beobachtung, daß sich die genossenschaftliche Ordnung und die räumliche Anordnung des Dorfes rund um die Hofstatt der herrschaftlichen Besitzeinheit vollziehen und daß – neben Brühl und Breite – eine ganze Reihe spätmittelalterlicher Flurteile und Sonderfluren, wie schon angedeutet, auf den Herrenhof und seine Wirtschaftsformen ausgerichtet ist. Als *hof-*

14) Bader, Dorf III (wie Anm. 1).
15) K. S. Bader, Stat. Kollektaneen zur Geschichte und Streuung eines rechtstopographischen Begriffs, in: BlldtLdG 101, 1965, S. 8–66.

stat erscheint dann, sprachlich nun auch schon in der zugespitzten Form *êhofstat* – im Hinblick auf das Synonym *stat=locus legitimus* eigentlich ein Pleonasmus – die Zentrale der bäuerlichen Besitzeinheit, und schließlich bilden eben die (E-)Hofstätten in ihrer Gesamtheit das seinerseits mit Etterzaun und Graben umwehrte Dorf.

III.

Damit sind wir endlich bei der jüngeren Epoche, im Hoch- und in den Ausläufern auch bereits im Spätmittelalter, angelangt. Von Burgenform und -verfassung her gesehen dominiert nunmehr – neben zumal im Flachland sich vielfach erhaltenden Wasser- und sonstigen Tiefburgen, die ihre Kontinuität zur *curtis fossata* oft bis in die Einzelheiten hinein bewahren – die Höhenburg. Hier scheinen sich zwei wichtige Parallelvorgänge zu ergeben, wobei wir vorerst die Frage, was Ursache, was Wirkung ist, offenlassen. Aus einer Vielzahl von Gründen begibt sich der »Herr«, im übrigen nun auch häufig ein ständisch gesehen »kleiner Mann«, Ministeriale oder Dienstmann, aus dem Dorf heraus und hinauf in die Höhe. Das im 11. Jahrhundert erst so richtig als Produkt des Synoikismus sich bildende (relativ geschlossene) Dorf bleibt mehr oder minder schutzlos unten liegen; es umgibt sich, man möchte meinen fast zwangsläufig, mit dem bereits genannten behelfsmäßigen Schutzwerk des Dorfetters [16]. Es kann nun durchaus sein, daß die Entfernung des Dorfherrn aus dem entstehenden Dorfbereich den dörflichen Zusammenschluß gefördert hat, was näherer Untersuchungen bedürfte; es kann aber auch sein, daß gerade die Dorfkonzentration und die damit notwendigerweise verbundene Verflechtung der Nutzräume ihrerseits zur Wegverlegung der Burg an den Rand der Nutzfläche beigetragen haben. Agrargeschichtlich eindeutig ist jedenfalls, daß die Höhenburg nunmehr den engeren Zelgenbereich flieht und sich ihrerseits einen Ersatznutzraum schaffen muß.

Der hauptsächlich mit herrschaftlichen (»feudalen«) Vorstellungen arbeitenden Burgengeschichte mag es befremdlich sein, daß von uns das bäuerlich-genossenschaftliche Element der Burgenverfassung, wie es in der Zelgenordnung zum Vorschein kommt, ins Spiel gebracht wird. Hier aber muß der Agrarrechtshistoriker eine grundsätzliche Warnung anbringen: es ist völlig illusionär und damit auch unhistorisch anzunehmen, daß die Anlage von Burgen außerhalb oder am Rande des Dorfbereichs im Belieben einer Herrschaft oder gar ihrer kleinen Trabanten gelegen hätte. Die Nutzgemeinschaft der Dorfleute, die über eine lose Verbindung hofrechtlich abhängiger Prekaristen hinausgewachsen ist, hat da ein gewichtiges Wort mitzureden. Die Burg braucht allein schon für den Tagesbedarf, erst recht aber

16) Alles nähere dazu in Bader, Dorf I (wie Anm. 1), S. 74 ff. mit Nachträgen in Dorf III (wie Anm. 1), S. 262 ff.

für Notzeiten und fehderechtliche Verwicklungen einen eigenen Nutzraum. Das Ausweichen an den Rand der Nutzfläche – schon von der Fortikation und von neuen strategischen Konzepten her bedingte Notwendigkeit – fordert Auseinandersetzung, Verständigung mit den bäuerlichen Nutzungsgenossen. Mit einigem Nachdruck muß ich auch hier wieder einmal betonen, was zumal den Angehörigen meiner eigenen Zunft, den Rechtshistorikern, und ihrem markgenossenschaftlichen Leitbild (mit der oft etwas romantisch ausgestatteten Figur des »Obermärkers«) nicht recht in den Kopf will: der Herr, geistlich oder weltlich, Dynast oder Ministeriale, Lehnsherr oder Lehnsmann, war im agrarverfassungsgeschichtlichen Zusammenhang stets auch Genosse. Genosse ist auch der Kirchherr mit seinem Pfarrhof und die Ortskirche mit ihrem Wittum [17]. Genossenschaft bedeutet eben, germanistisch-rechtshistorisch gesehen, nicht ständischen oder besitzrechtlichen Egalitarismus, sondern zunächst und zuvörderst Nutzungsausgleich zwischen Berechtigten, vor allen Dingen Ausgleich zwischen Individualrecht und Kollektivnutzung. Wenn sich also der Burgherr, wo es die Verhältnisse zulassen oder erfordern, auf seinen Burgfelsen, erneut betont: vielfach an den Rand der agrarisch nutzbaren Fläche, begibt, muß er von etwas leben. Wir befinden uns ja noch in einer Epoche vor der Zeit eines präkapitalistischen Bezügersystems, d. h. vor der Ausbildung einer über Leiheformen sich vollziehenden Rentenwirtschaft. Zur Sicherung der Tagesnahrung für Familie und Troß bedarf er in der fehdelustigen Zeit des Hochmittelalters mit ihrem »täglichen Krieg« einer eigenen, dem Burgnest möglichst nahen und womöglich in den Schutzbereich einbezogenen Nutzfläche. Das braucht, zumal bei Kleinburgen, kein umfangreicher Nutzraum zu sein: für den häufigen Fall vorübergehender Zufuhrsperre genügen fürs erste einige Gärten, für Ziegen- oder Schafweide einige Weidflächen, die der Burg vorbehalten und deswegen von der allgemeinen Dorfweide, der Allmende, durch Einhegung geschieden sind. Als Zentrum dieses Nutzgebietes, zu dem noch Waldteile oder Buschwerk für Gewinnung von Brennholz hinzukommen mögen, figuriert genau wie im Dorfbereich eine *stat*, hier eben dann die Burghofstatt.

Das Wort kommt in dieser Form des fertigen Kompositums nicht allzu häufig, immerhin schon in der ahd. Glosse vor, wo es aber bezeichnenderweise etwas anderes, nämlich eine *stat* innerhalb des *burgus* oder diesen selbst bezeichnet. Daneben stehen Belege, in denen von der *burgstat*, *stat der burg*, *borchstalstede* usw. gesprochen wird; dafür sei auf die Wörterbücher verwiesen. Im Streit um einen vierten Teil der Feste Roggenbach trägt Wolf von Liechtenstein zu Schaffhausen 1443 vor, es sei ihm durch Erbgang ein Teil an Roggenbach, nämlich der hintere Turm und die Hofstatt zwischen

17) Dazu K. S. Bader, Universitas subditorum parochiae – des pfarrers untertanen. Zu Auffassung und Bezeichnung der spätmittelalterlichen Pfarrgemeinde, in: Festschrift Liermann, 1964, S. 11–25 (Erlanger Forsch. A 16), wo ich, immerhin in Parenthese, vom Pfarrherrn als »geistlichem Obermärker« gesprochen habe.

diesem Turm und einem vor kurzem erbauten Haus, zugefallen; das Urteil spricht *den hindern thurn und die hofstatt dazwüschendt und dem haus* ... dem Liechtenstein zu samt einem Viertel in Vorhof und *in holtz und in velde und in wasser und in wunne und in waide.* 1482 wird die Herrschaft Roggenbach an die Grafen von Lupfen verkauft, dabei *das burgstal Rogkempach den vordern thurm mitsambd der hofstatt, allem gemüre und gepuwen ob und nider der erden alklich entzwischen dem vorderen und dem hinderm thurmen gelegen, item den buwhof darunder und by dem nechst gemelten burgstal gelägen* [18]. Auf die Abwandlung bzw. Umdeutung *burgstat-burgstal* werden wir noch zu sprechen kommen. Ein *erbburghof* kann eine Lehen- oder Ganerbenburg sein, aber auch die zur Burg gehörige Hofstatt anzielen. Burghofstatt oder Hofstatt der Burg liegen *binnen ihren edern*, d. h. sie sind besonders umzäunt [19]. Die *stede des slotes* Ordenberg ist 1458 Hildesheimer Lehen [20]. Natürlich gehört zur Hofstatt auch die *hofreide, -reite,* in der Regel Zufahrt und engster Wirtschaftsraum der Hofstatt, im Fränkischen aber oft auch die Hofstatt selbst (1491/93) etwa in Wängi zwei Burgstätten mit ihrer *hofreite*) [21]. In welcher Wortform auch immer die Dinge erscheinen: die dahinter sichtbare Sache bedeutet die Stätte, mit der Nutzungsrechte der Burg verbunden sind. Wenn immer möglich wird man sie in den Burgfrieden einbeziehen, der vielfach über den Hausfriedensbereich hinausreicht. Hier erscheint die Burg mit ihrem *gering in den muren* selbst als Hofstatt. Davon zu unterscheiden ist dann aber die Hofstatt des unweit der Burg, aber vielfach außerhalb des eigentlichen Ringbereichs liegenden Bauhofs. Er ist offenbar oft schon gleichzeitig mit der Burg als besonderer Wirtschaftsteil angelegt worden, häufig als Vorhof, nicht selten aber auch als *vorstat* oder auch *stat* schlechthin benannt [22]. Eine Häusergruppe zu Ronsberg unter der alten Burg heißt *auf der statt*, was nichts mit einer echten städtischen Siedlung zu tun hat [23]. Um 1300 liegt vor der Grafenburg am Tor eine *hofstat*, worauf der Lehenburgmann dem Grafen wartet [24]. Mitunter schimmert aus der älteren Hofverfassung ein Zusammenhang zwischen früher *curtis* und jüngerer Burg durch. Vom Bauhof aus wurde im 11. Jahrhundert das Schloß Hach-

18) Freundliche Mitteilung v. H. Maurer, Konstanz, nach den Orig. in FFA. Donaueschingen, Lupfische Kopialbücher 1/XI, S. 85 ff. und GLA Karlsruhe 9/45b.

19) Zum Etter der Burg vgl. Bader, Dorf III (wie Anm. 1), S. 267.

20) W. Deeters, Quellen zur Hildesheimer Landesgeschichte, 1964, S. 60.

21) SchrrGBodensee 56, S. 64.

22) 1324 Hohenlohe: *burgstad* und *vorhof* (DRWB II, Sp. 641); *hofstatt* vor dem Schloß Donaueschingen (SchrrGBaar 11, S. 4); Wiese vor der Burg Wildenstein im Donautal, seit 1416 öfter als die *statt* bezeichnet (FürstbUB VI, Nr. 16/12); Acker hinter der Burg Immendingen, *den man nennt die statt* (FürstbUB VI, Nr. 24/1, VII, Nr. 95/11, 14–16 Jh.); ein Gut bei der alten Burg Rapperswil heißt 1349 die *hofstatt* (Quellenwerk z. Entstehung der Eidgenossensch. Urk. III, Nr. 838) usw.

23) R. Dertsch, Historisches Ortsnamenbuch von Bayern, Teil Schwaben, 1953, S. 57, 67.

24) Die Urkunden der Brixener Hochstiftsarchive, hg. v. L. Santifaller, I, Nr. 49.

berg-Hochberg im Breisgau erbaut; der Bauhof blieb, stets Allod, als Großgut erhalten [25]. Aus dem *althof* in Bühl, nachmals Meierhof, ist die Burg Alt-Windeck hervorgegangen, freieigener Besitz der Herren von Windeck, später Reichslehen [25a]. Aus solchen Vorhöfen, Vorstätten, Vorwerken können sich stadtähnliche Gebilde, Zwerg- oder Minderstädte, entwickeln, für die wir bekanntlich zahlreiche Beispiele besitzen; für das Zürichbiet sei etwa an die Kyburg, an Burg und Städtchen Grüningen, an das früh wieder zerstörte, der nahen Stadt lästige Glanzenberg oder an Regensberg erinnert; ein Musterbeispiel etwa auch Blumberg im oberen Aitrachtal, wo Burg, Vorstadt, Stadt und – hier jüngeres – Dorf bis in die Neuzeit säuberlich voneinander geschieden bleiben [26]. Nutzungsrechtlich ist ein solches *suburbium* häufig nicht mehr und nichts anderes als der engere Wirtschaftsbereich der Burg.

Neben diesem in den Burgbereich einbezogenen Burg- oder Bauhof erscheinen als Sekundärbildungen jüngere Bauhöfe in mehr oder minder weiter Entfernung von der Burg, oft am Bergsattel oder am Auslauf des Burgberges gelegen. Hierbei handelt es sich um Nutzflächen, die Spätrodungen darstellen, spät zu einer Besitzeinheit zusammengeschlossen, selten an Burgleute, vielmehr meist an Bauern zu Erbleihe ausgetan, gelegentlich aber auch wieder allodifiziert und zum Eigenbau der Burg gezogen. In einem burgenreichen Gebiet wie im Hegau stellen sie sich so zahlreich ein, daß sie nachmals, etwa im 17. und 18. Jahrhundert, die primäre Dorfsiedlung eines ausgesprochenen Altsiedellandes beinahe überdecken; für die Ortenau sei etwa Rohrburg an der Schutter genannt, wo 1344 Burg, Burgbühl, Vorhof und äußerer Hof nebeneinander genannt werden. Ich vermute, daß solche Wirtschaftsgebilde vor allem in reichsritterschaftlichen Orten entstehen, in denen der Ortsherr sich selbst um Feldnutzung und um ein ausgewogenes Verhältnis zwischen Dorf und Herrschaft bemüht.

Die agrarverfassungsrechtlichen Probleme treten im übrigen bei Kleinburgen viel deutlicher hervor als bei Burgkomplexen größerer Dynasten. Denn hier wird das Spannungsfeld zwischen Burgraum und dörflicher Flurbebauung offenkundig. Zahlreich sind in solchen Fällen die Hinweise darauf, daß es mit dem Nutzbereich der am Rand der agrarisch nutzbaren Flur liegenden Burg oft nicht zum besten stand. Betrachten wir die zum sozusagen unentbehrlichen Bestand gehörigen Kleinräume etwas näher! Zur Burg gehört, als engster und nächster Bezirk der Individualnutzung, der versorgungsmäßig wichtige Garten [27], der, wenn nur irgendwie geeigneter Platz vorhanden ist, innerhalb des *begriffs in den muren* liegt. Bei Fehden galt der Zugriff oft ge-

25) J. Naeher u. H. Maurer, Die altbadischen Burgen und Schlösser des Breisgaus, 2. Aufl. 1896, S. 10.

25a) Ortenau 21, S. 188; für Willstätt, ehedem Meierhof, dann Wasserburg, 12./13. Jh. *buhof* (Ortenau 21, S. 233).

26) K. S. Bader, Burg, Dorf, Stadt und Herrschaft Blumberg, ein geschichtlicher Überblick, 1950 (KulturschrrLandkreisDonaueschingen 2).

27) Dazu eingehend Kap. 3 von Bader, Dorf III (wie Anm. 1), S. 54 ff., insb. S. 60 f.

rade den Gärten, weil man hier die Burgbewohner am empfindlichsten traf; Fälle von Gartenwüstung in der Fehde sind oftmals und überall bezeugt [28]. Der Burgetter der Küssaburg im Klettgau, immerhin einer Großburg, reicht 1251 *unde alse der êtter die wingartin begrifen hat* [29]. Auf dem schmalen Gelände des »Steins« Rheinfelden liegt 1294 ein *burggarten* [30]. Zur Feste Aarburg gehört »der gart, lit under der burg, ist geheissen *der hofgart*« [31]. Der *purgkgarten* in Ramersdorf/NdB. ist 1330 erwähnt [32]. In Offstein wird ein Edelknecht 1372 mit *hofgering, hus und garten* belehnt [33]. In der Pfalz finden wir einen *baugarten* 1408 als Bestandteil des Burgbauhofs in Morschheim [34]. Das war wohl ein Krautgarten, kann aber auch ein Baumgarten sein, wie er von jeher zu Pfalzen, Königshöfen, aber auch zu jeder besseren Burg gehört [35]. *In pomerio sito ante castrum* wird 1252 in Oberhofen eine Urkunde ausgestellt [36]. Das bleibt so, auch wenn die Burg in Abgang kommt: 1554 erhebt K. Karl V. die Burgstall Leiblachsberg bei Lindau zum freien Edelmannssitz *sambt dem bamgarten, wie derselbe gart disser zeit gerings weise umb dass burgstall geht und mit einem Zaun eingefangen ist* [37]. Der Baumgarten um die Burgstelle Grafenberg bei Neuffen wird um 1550 als B ü n d t genutzt [38].

Auffällig sind, neben etwelchen Wiesen und Matten, die man meist schon nicht mehr einschirmen kann, die häufigen E g e r t e n, d. h. extensiv genutzte Klein- und Randflächen, vielfach Rodland in Waldnähe, deren Bebauung in verschiedenen Jahreszyklen nach Art von Brand-, Stock- und Reutäckern erfolgt; im Weinland gehören zu den Egerten auch stillgelegte Rebgärten [39]. Im Fränkischen ersetzt der D r i e s c h die überwiegend oberdeutsche Egert. Für die aus dem Zelgenverband ausgeschiedene Burg sind diese Egerten-Driesche typisch. Beim Burgenbau wich man ja in solche nut-

28) Z. B. A. Schwarz, Die Geschichte Vorarlbergs, in: Ders. (Hg.), Heimatkunde von Vorarlberg, 1949, S. 278; in der berüchtigten Lupfischen Fehde sind Gärten das Primärziel von »Raub und Brand«, geradezu ja Synonyme für Fehde, vgl. FürstenbUB VI, S. 331 ff.

29) FürstenbUB V, Nr. 156.

30) Urk. St. Martinstift Rheinfelden, 1935, Nr. 8.

31) Habsburger Urbar I und II, 1 hg. v. R. Maag, 1894, II, 2 hg. v. P. Schweizer u. W. Glättli, 1904; hier II, 1, S. 753. Einen weiteren Beleg aus dieser Epoche entnehme ich einer kürzlich erschienenen Lieferung des UBsüdlTeileKtStGallen n. 1206: *die burk ze Vadutz und den bu und den bomgarten bi der burk* (1322).

32) Traditionen Stift Rohr, 1966, S. 317.

33) MittBadHistKomm 38, 1916, S. m/93.

34) F. X. Glasschröder (Hg.), Urkunden zur pfälzischen Kirchengeschichte im Mittelalter in Regestenform, 1903, Nr. 626.

35) Vgl. Bader, Dorf III (wie Anm. 1), S. 74.

36) SolothUB II, Nr. 73.

37) SchrrGBaar 26, S. 53.

38) Altwürttemb. Lagerbücher aus österr. Zeit II, S. 563; zur Bündt allgem. Bader, Dorf III (wie Anm. 1), S. 97 ff.

39) Zu den Egerten Bader, Dorf III (wie Anm. 1), S. 162 ff.

zungsrechtliche Randlagen aus und man mußte, um geeigneten Platz zu schaffen, mit Rodungen nachhelfen [40]. Daß oben am Berg nicht eben das beste Feld lag, mußte man in Kauf nehmen. In der Umgebung der Höhenburg befindet sich ja auch viel Wald oder Busch [41]. Errichtet eine Adelsfamilie eine neue Burg, dann erobert den alten Platz der Wald zurück. Neben Holz und Holzmark gehört zur Burg Neu-Dettingen, ebenfalls typischerweise, eine *wytraitin*, das Gegenstück zur bäuerlich-dörflichen Hofreite [42]. Für bayrisch-österreichische Alpenländer sind schließlich die Burganger bezeichnend, hier, wiederum polar zum Dorfanger, das unüberbaute Grasland im engeren Burgbereich [43]. Der Brühl, den wir schon als Herrenland des Dorfes kennen gelernt haben, kommt auch als Burgbrühl vor, ist aber im allgemeinen als Blockflur im älteren Dorf außerhalb der Zelgenordnung verblieben. *Bona propria antiqua fundamentalia et principalia dicta salstaidtgut* [44] gehören hierher wie der Brühl zu Burg und Vorburg Neuhewen [45]; der Brühl ist ja wesentlicher Bestandteil des Salgutes.

Wichtig für die nutzungsrechtliche Komponente ist dann aber, daß all diese zur Pertinenz der Burg gehörigen Stücke in Feld und Wald einen Einfang oder Bifang bilden. *Infanc* oder, weitgehend synonym, *byfanc* heißt, wie wir im Abschnitt über »Sondernutzungsflächen in der Feldflur« [46] näher dargetan haben, in einem ganz allgemeinen Sinne »eingefangene«, d. h. von der Mitnutzung durch Dorfgenossen ausgenommene Fläche. Bekanntlich kommen solche Einhegungen schon früh für alle nur denkbaren Sondernutzungsgebiete vor. Der *infanc der burg* kann dabei verschiedenen Umfang annehmen. Mitunter ist er identisch mit dem Burgfrieden und wird wie dieser durch Geschoßwurf bestimmt; so reicht die Burgfreiheit Schattenstein so weit, als einer rings um das Schloß mit der Armbrust schießen kann [47], während ein ebenda genannter *umbschwaif* eine Burgfreiheit weiteren Ausmaßes bedeutet. Meist ist jedoch ein engeres Gebiet gemeint, wobei Umzäunung als Regel erscheint, ohne daß man sie direkt zum Befestigungswerk rechnen dürfte. Als Beispiel etwa genannt: der Turm zu

40) G. WEIN, Die mittelalterlichen Burgen im Gebiet der Stadt Stuttgart. Bd. 1. Die Burgen im Stuttgarter Tal, 1967, S. 138.

41) *... daz alt Windeck mit siner zuogehorde, welde und bösch, garten, als ez darumb lit und daran gelegen ist und von alterher zuo der Burge hat gehoret:* 1386 Ebersteiner Salbuch (ZGORh NF. 35, 1920, S. 143).

42) 1362: ROTH v. SCHRECKENSTEIN, Insel Mainau, 1873, S. 352; zur Weitreide und ihren Problemen BADER, Dorf III (wie Anm. 1), S. 179 ff.

43) So 1430 in Hirblingen (Lehenbuch d. Hochstiftes Augsburg, 1939, S. 59); um 1500 in Kematen (Tiroler Weistümer V, 1966, S. 272 f.).

44) G. LANDAU, Das Salgut, 1862, S. 40.

45) Habsburger Urbar (wie Anm. 31) I, S. 447 f.

46) BADER, Dorf III (wie Anm. 1), S. 105 ff.

47) Österreichische Weistümer VII NÖ. 1, S. 177.

Baar *mit dem invange, so darzuo höret*[48]; Burg zu Immendingen *mit graben und allem invang*[49]; Feste Möggingen *mit allem irem infang*[50]. *Burgfrieden und bevang* werden 1366 bei der Burg Landskron paarformelartig genannt[51]; als *bifang* erscheint 1388 der Burgbereich Friedberg[52]. Sinngemäß verweist der Burgeinfang natürlich auf einen weiteren, eben den nicht eingefangenen Nutzungsbereich, von der Burghöhe her gesehen im allgemeinen Allmende. Das Gehege des Burgeinfanges ist ein Zeichen dafür, daß hier die Individualnutzung beginnt und das Mitweidrecht der Dorf- und Allmendgenossen aufhört. Damit haben wir nun aber auch den eigentlichen Sinn der Burghofstatt deutlich vor uns: sie erweist sich als Hofstatt mit Sonderlage, am besten dem vor allem in der Schweiz sogenannten Steckhof vergleichbar, der aus der Gemeinweide ausgeschieden sein nutzungsrechtliches Sonderdasein führt. Daß solche Steckhöfe mitunter Burgbauhöfe oder aus solchen hervorgegangen sind, braucht nur noch der Verdeutlichung wegen hinzugefügt zu werden.

Ist mit dem Burgenbau erst einmal ein Sonderbereich geschaffen, so verläuft die Entwicklung nachmals in Richtung auf Erweiterung des zur Burg gehörigen Wald- und Weidgebietes. Der Burgherr ist anfänglich Gemeinmärker wie andere, wenn auch mit ständischer Sonderstellung, wohl meist auch mit über den Normalanteil hinausgehenden Einflußmöglichkeiten. Er versucht nun aber ständig, seinen Nutzanteil, zumal am Wald, zu erweitern und den Gemeinwald wo immer möglich zum Bannforst zu erklären. Über Vorgänge dieser Art berichten zahlreiche Weistümer, deren bäuerliche Tendenz darauf hinzielt, die Burg in ihren engen eigenen Bezirk zu verweisen. Bekanntlich dient dann das Jagdrecht als Mittel, die Herrschaftsrechte auszuweiten: über verliehenes Jagdregal oder selbstangemaßte Jagdhoheit werden weitere Hoheitsrechte am Wald, schließlich auch Recht am Boden und Landeshoheit, angestrebt, wogegen sich die Bauernschaft zur Wehr setzt. Der Ausgang des Ringens hängt ganz von den Machtverhältnissen ab. Immerhin muß man sagen, daß es in dieser Spätzeit zur Ausbildung neuer großer Forste, die ausschließlich der Herrschaft vorbehalten gewesen wären, kaum mehr gekommen ist; in irgendeiner Weise bleibt die Bauernschaft mitbeteiligt, zum mindesten bei der Holznutzung, teilweise aber auch, etwa im Gebiet der freien Pirschen Schwabens oder sonstwo bei der Niederjagd, bei Mitjagen und Mitweide. Andererseits nimmt die Burg aber auch an der Nutzung der Allmendwälder teil, wobei man ihr und dem Bauhof eine gemessene Zahl Mitweidvieh zugesteht. Der »Stein« zu Ortenberg hat nach der Offnung von Ohlsbach 1350 auch das Recht, sich im Gemeinwald zu beholzen[53].

48) 1308 (Quellenwerk z. Entstehung der Eidgenossenschaft I, 2, Nr. 439).
49) 1353 (FürstenbUB II, Nr. 304).
50) 1367 (Geschichte der Freiherren von Bodman, S. 82).
51) Quellen Herrschaft Landskron I, 1966, Nr. 499.
52) UBStadtFriedberg I, 1904, S. 313 f.
53) Ortenau 21, S. 308.

Im ganzen wird wohl gelten: je kleiner der Hoheitsbereich der Herrschaft, je geringer auch die Mit- und Sonderrechte in Dorf und Mark. Für Großburgen mag teilweise anderes gelten, obwohl auch sie sich nach den gemeindlichen Rechten zu richten hatten [54]. Wir wissen ja auch aus den Lagerbüchern größerer Landesherrschaften des 16. und 17. Jahrhunderts, wieviel Zugeständnisse an die bäuerliche Umgebung ständig zu machen waren. Bei den kleineren Burgen wird man sagen dürfen, daß Schmalhans häufig Küchenmeister war und daß sich adlige Familien, die für ihre verschiedenen Linien dann noch Teilburgen mit minimem Nutzbereich erbauten, nach einem »Nebenerwerb« umsehen mußten: entweder im Dienst der aufstrebenden Landesherrschaft oder in der fragwürdigen Umbiegung des dorfherrlichen Schutz und Schirms – auch in der ebenso anrüchigen Auslegung des eigenen oder zu Lehen gehenden Geleitsrechtes – zum Dasein des raubritterlichen Außenseiters. Dabei war mancher Burgherr, der rasch vom Felsen herab den Pfeffersäcken ihr Gut abnahm, in seiner genossenschaftlichen Umgebung als Dorfpatriarch hoch angesehen. Auf Ganerbenburgen, die Familien von 100 und mehr Köpfen zu ernähren hatten, gab es oft wenig zu nagen und zu beißen; ein insoweit unverfänglicher Zeuge wie der Zimmerische Chronist weiß uns davon einiges zu erzählen, auch davon, wie die zeitweilig arg verarmten Freiherren und nachmaligen Grafen von Zimmern sorgsam mit ihren eigenen Leuten umgingen. Man frägt sich, wenn man, um ein weiteres Beispiel zu nennen, das wilde Wutachtal mit seinen Steilhängen entlang geht, wovon all die – oft nur wenige Schritte voneinander entfernten – Burgnester und ihre Bewohner, überwiegend Angehörige einer einzigen Großfamilie, der Herren von Blumberg-Blumenegg, leben sollten, wenn nicht von geborgter Existenz.

Besonders deutlich wird der Rechtsgehalt der Burghofstatt dann, wenn die Burg in Abgang gerät. Das kann in Krieg und Fehde geschehen, ist aber unbestreitbar oft genug auch Zeichen der Verarmung gewesen.

Dadurch wird die Burg im Sprachgebrauch des späteren Mittelalters und der beginnenden Neuzeit zur Burgstall. Das Wort bereitet immer wieder etwelche Schwierigkeiten, zunächst vom Genus her; vorherrschend ist in den zeitgenössischen Quellen, in (richtiger) Anlehnung an *burgstelle*, das Femininum; Erinnerungen an *stallum*-Stall verführen aber häufig zu Neutrum und – vor allem in der deutschen populären Literatur – zum Masculinum. Die Frage der Herleitung kann den Linguisten überlassen bleiben [55]. Abschleifungen ergeben im Oberdeutschen Formen wie *burschel* [56], im Niederdeutschen *borchstede-borstel* uw. Die Sache selbst ist eindeutig. Die (der oder das) Burgstall bleibt im Sprachverstand der Herrschaft ebenso wie im bäuerlichen Verständnis der Liegenschaftnutzung Burg. Dabei beobachten wir Erschei-

54) Vgl. dazu das von J. J. SIEGRIST erwähnte Beispiel von Hallwil (Konstanzer Protokolle Nr. 179, S. 10 f.).

55) Für rechtliche Bezüge vgl. DtRechtsWb II, Sp. 641.

56) O. MERKT, Burgen, Schanzen und Galgen im Allgäu, 1951, S. 37.

nungen, wie wir sie auch oft beim (zeitweiligen) Abgang der bäuerlichen oder städtischen *area-hofstatt* finden; diese lebt als *locus legitimus* weiter, auch in Formen wie *brandstatt, gartenstatt, scheunenstatt* usw. [57]; besonders häufig auch bei der Mühle, die nach Brand oder bei zeitweiliger Aufgabe als *mülistat* ihr Mahlrecht behält. Wie die Denkformen verbunden werden, zeigt etwa das Beispiel der Burgstall Schmychen, deren ebenfalls abgängige Mühlstatt Ende des 15. Jahrhunderts mehrfach zusammen mit der abgegangenen Burg erscheint [58]. Wie es in der Umgebung der Burgstall aussieht, bringen auch Formen wie *öde stat* [59] zum Ausdruck. 1544 behauptet, ein eindrückliches Beispiel, der Junker Waldkirch zu Schaffhausen gegenüber der Dorfgemeinde Berg am Irchel, sein derzeitiger Steckhof sei *ein burgstal ... und in einem infang ingehaget*; man kommt überein, daß das Gut nutzungsrechtlich als *beschlossen* gelten soll, *wie das ußgemarchet und in einem infang ingehaget ist* [60]; die Sonderstellung der Burg bleibt also im Liegenschaftsrecht erhalten. Innerhalb seiner Zaungrenzen liegt 1380 *das burgstale* zu Hohenstein außerhalb des zugänglichen Nutzgebietes [61]. In die Burgstall Schatzberg gehört 1487 unverändert die Vogtei des Dorfes Eigeltingen mit weiteren Gerechtsamen [62]. Die Rechte der Burgstall Hohen-Rasch in Dorf und Allmende bleiben unverändert [63]. Sehr anschaulich wirkt die Situation bei der alten Burgstelle Urach, ehemals Ministerialenburg der Grafen von Urach-Freiburg bei Lenzkirch im Schwarzwald. Zu ihr gehören nach dem Lenzkircher Urbar von 1563 neben einigen Äckern und Matten ein Reutfeld, *Herrenschwendi* genannt, und die eigentlichen Burgäcker mit ca. 21 Mannsmahd, als Stockäcker genutzt, gelegen entlang der Straße am Weidgang derer von Lenzkirch, die zur Burgstelle fronpflichtig sind und bleiben. Der Weidgang ist zwar den Leuten von Lenzkirch auf Widerruf geliehen, soll aber wieder zur Burg genommen werden, wenn dort eine Herrschaft Sitz nehmen sollte [64]. Auch in den württembergischen Urbaren aus österreichischer Zeit, die uns soviel Einblick in agrargeschichtliche Zusammenhänge zur beginnenden Neuzeit vermitteln, finden wir charakteristische Beispiele: »Schloß oder Burgstall« Frauenberg bei Feuerbach ist gegenüber der Landesherrschaft mitsamt den Weiden steuer- und beschwerdefrei; Gärten *ringswyß umb das burgstal* werden, da keine Herrschaft oben sitzt, vom Amtmann genossen, das Feld besteht teilweise aus Egerten [65].

Der Schloßbereich in Stuttgart selbst zeigt 1520 ein besonders geartetes Bild: hier sind nicht Burg und nachmaliges Schloß, aber die dazu zuvor gehörigen Hofstätten in

57) Belege bei BADER (wie Anm. 15), S. 21 ff.
58) Urk. Langenstein (SchrrGBodensee 18, 1889, S. 20 ff.).
59) 1426 für die Neuenburg (Urk.Stadt Nördlingen III, 1965, Nr. 1649).
60) RQuellenZürich I, 1, S. 502 f.
61) Urk. Schwäbisch Hall I, 1967, Nr. U 690 ff.
62) E. v. HORNSTEIN, Die v. Hornstein und v. Hertenstein, o. J., S. 157.
63) 1547 (Archiv Haller v. Hallerstein I, 1965, S. 114).
64) Lenzkircher Urbar (Orig. Fürstenb. Archiv).
65) Altwürtembergische Lagerbücher IV, 1972, S. 142.

Abgang gekommen, die *grosse hofstatt* vor der Kanzlei bildet den Rest einer einzigen Hofstatt [66]. Burg bleibt also Burg, selbst wenn sie keine feste und brauchbare Burg mehr ist, sondern nur noch, im häufigen Sprachgebrauch der Quellen, *ein alt bös hus* wie etwa nach der Zerstörung im Bauernkrieg die Burg Neufürstenberg im Bregtal genannt wird; hier blieben allerdings nur der engste Umschwung an Buschwerk um die nackten Mauern von der Nutzung durch die Gemeinde (Hammer-)Eisenbach ausgenommen, das landwirtschaftlich nutzbare Gelände wurde zum neuen Verwaltungssitz, zur Amtsvogtei in der Stadt Vöhrenbach, übernommen. Auf der Warenburg, auch einem altfürstenbergischen und wohl schon zähringischen Sitz nahe der Stadt Villingen, findet sich 1556 nur noch *ein alt burgstall ohne thach, sunder nur ain hauffen stain*, wie aber hinzugefügt wird, »gleichwol in ainem infang« [67]; der zur Burg ehedem gehörige Bauhof wurde 1635 aus Besorgnis, er könne dem Feind in der Villinger Belagerung Unterschlupf gewähren, eingeäschert.

Wir sehen: Hofstattrecht der Burg dauert fort und späte Besitzrechte zeugen mitunter bis an die Grenze der Gegenwart vom Sonderbezirk, selbst wenn er nur noch aus Gestrüpp und Steinen besteht. Am beständigsten sind allerdings die Namen. Im St. Gallischen Rheintal heißt nach 1420 die Burgstelle »die Hoh Altstett« [68]. Die im 17. Jahrhundert verwahrloste Feste Dübelstein, später Waldmannsburg genannt, ist 1487 »sampt dem wingarten und wiswachs, so dann by der selben vesty in einem infang ingezünt gelegen« [69], behält aber mit Rechten und Pflichten die Deutung als *stat* [70]. Folgerichtig handelte die Gemeinde Unlingen, wenn sie 1429 Burgstall samt Hofstatt zu Asenheim erwarb und, unter Aufhebung der Absonderung, zur Allmende schlug; allerdings mußte sie die von der Hofstatt an Kloster Zwiefalten gehenden Abgaben bestehen lassen und selbst übernehmen [71]. Alte Burgstellen heißen im Flurnamenbild *burg* oder *stat*, gelegentlich auch *burgstadel* o. ä., selbst wenn der Platz im Gelände kaum mehr auszumachen ist; Kriegers »Topographisches Wörterbuch des Grossherzogtums Baden« [72] bringt Dutzende einschlägiger Namen, im Hist.-Biogr. Lexikon der Schweiz [73] kann man sie unter verschiedenen Formen und Kompositen leicht zusammensuchen; Flurnamensammlungen einzelner Orte und Landschaften ergeben stets neue Belege.

66) Altwürtembergische Lagerbücher III, 1972, S. 6 ff.
67) U. Rodenwaldt, Der Villinger Stadtwald, 1962, S. 29; vgl. auch Schauinsland 64, 1937, S. 118 ff.
68) St. Sonderegger, Grundlegung einer Siedlungsgeschichte des Landes Appenzell anhand der Orts- und Flurnamen, in: AppenzellischeJbb 85, 1957, S. 39.
69) E. Gagliardi (Hg.), Dokumente zur Geschichte des (Zürcher) Bürgermeisters Hans Waldmann I, 1911, S. 238 f.
70) Vgl. Diskussionsvotum W. H. Ruoff im Konstanzer Protokoll Nr. 179, S. 14.
71) Hornstein (wie Anm. 62), S. 125.
72) 2. Aufl. 1904.
73) 1921 ff.

Für unsere Beobachtungen wertvoller sind zahlreiche Burg-Sondermarken, die sich vielfach bis in die nahe Gegenwart erhalten haben und erst durch die allerneuesten Gemeindereformen ganz beseitigt worden sind. Es kommt nämlich gar nicht selten vor, daß alles, was irgendwie zum Nutzbereich der Burg gehört, auch Bauhöfe mit ihren Nutzbereichen, vom jüngeren territorialen Gemarkungsrecht als Sondermark fortgeführt worden ist [74]; ich habe – dies nur als Zeichen dafür, daß ich mich schon etwelche Zeit mit derartigen Fragen herumplage – auf das eindrückliche Beispiel von Wartenberg-Dreilärchen in der Baar hingewiesen: um 1480 werden zwei Burgen Wartenberg, die obere und die untere, mit dem großen Bauhof aus den Gemarkungen von Geisingen und Gutmadingen herausgeschält und bilden zusammen mit dem Ende des 18. Jahrhunderts angelegten Kolonistenweiler Dreilärchen bis zur Eingemeindung nach Geisingen eine eigene Gemarkung und Gemeinde [75]. Ähnliches hat sich bei den Zähringerburgen Zindelstein, Kürnberg und Heidburg abgespielt [76]. Die Zahl solcher Burgmarkgebilde ließe sich fast nach Belieben vermehren.

IV.

Unser Thema lautet nun aber nicht »Burghofstatt« allein, sondern »Burghofstatt und Herrschaftseigen«. Vom Eigen ist bisher noch kaum die Rede gewesen; immerhin sahen wir schon, daß eine Burghofstatt auch einmal als *erbburgstat*, *erbburghof* bezeichnet werden kann, was alsbald an die Paarformel *eigen und erbe* erinnert, und daß auch bei der Burghofstatt die Frage, ob Allod oder Lehen, eine Rolle spielen kann. Was hat es nun mit diesem Herrschaftseigen auf sich, das wir aus der Fülle von Fragen, die »Eigen« und »Eigentum« berühren, einzig herausgreifen? Betont sei, sozusagen als rechtzeitige Warnung, daß – im Gegensatz zu dem, was wir zur Burghofstatt vorgebracht haben – hier vielerlei offen ist und offen bleiben wird. Es handelt sich vorerst um einen bloßen Versuch, in verfassungs- und liegenschaftsrechtliches Neuland vorzustoßen. Dementsprechend müssen wir uns in diesem zweiten Teil kürzer fassen.

Ein Buch aus jüngster Zeit, das voluminöse – und in seiner ganz heterogene Erscheinungsformen zusammenraffenden Darstellungsart fast etwas monströse – Werk von Herwig Ebner, das sich im Untertitel selbst als »Beitrag zur Verfassungsgeschichte des Mittelalters« bezeichnet [77], enthebt uns zunächst der Aufgabe, nach allen Seiten

74) Zum Problem als solchen vgl. W. Merk, Badisches Gemarkungsrecht, 1918, S. 17 ff.

75) K. S. Bader, Die Gemarkungsgrenze, in: Grenzrecht und Grenzzeichen = Festschr. Theodor Knapp, 1940, S. 60 f.

76) Schauinsland 64, 1937, S. 103, 111; Kriegers topographisches Wörterbuch für das Großherzogtum Baden, 2. Aufl. 1904, Sp. 885 f.

77 H. Ebner, Das freie Eigen. Ein Beitrag zur Verfassungsgeschichte des Mittelalters, 1969 (Aus Forsch. und Kunst 2).

hin auszubreiten, was im älteren Sprachgebrauch *eigen* bedeuten kann. Die Auseinandersetzung der Rechts- und Verfassungsgeschichte mit diesem Buch steht noch weithin aus. Nach der überwiegend kritischen, jedoch nicht zu den Einzelheiten vordringenden Besprechung von Heinz Lieberich [78] sieht es nicht so aus, als ob die germanistische Privatrechtsgeschichte ihm zugestehen werde, es habe das vielschichtige Problem der Frühgeschichte des Grundeigentums und seiner nutzungsrechtlichen Funktionen gelöst; wir wollen aber bekennen, daß wir das hier zusammengetragene Material, auch wenn es stark auf inner- und südostösterreichische Verhältnisse ausgerichtet ist, für höchst beachtlich halten, selbst wenn mit den rechtshistorischen Begriffen stellenweise etwas sorglos umgegangen worden ist. Im Sinne der älteren Rechtssprache klingt die Vokabel *eigentum* nun einmal verdächtig; zur Dogmatik des modernen, durch das Römische und Gemeine Recht überlagerten Eigentumsbegriffes vermag das ältere deutsche Rechtswort auf den ersten Anhieb wenig oder nichts beizutragen. Wenn wir in älteren Quellen das Wort *eigen* mit allerlei Abwandlungen und Kompositen vernehmen, denken wir zuerst an den Gegensatz zu Lehen und Leihe, d. h. an Allod im Sinne von durch dingliche Einschränkungen unbelastetem Volleigentum. Noch bedeutsamer ist für den Germanisten der Sinngehalt, der uns schon vorhin in der Paarformel »Eigen und Erbe« begegnete; hier wird eigen nicht nur als schlichtes Allod, sondern spezifisch als freieigenes Hausgut, sozusagen Allod in einem verstärkten Sinne, angesprochen. Nur um diese von der deutschen Urkundensprache her gewonnenen Sinnmodelle, die weder bei Ebner noch in der allgemeinen rechtshistorischen Forschung erschöpfend herausgearbeitet sind, geht es uns im folgenden.

Für unser heutiges Thema, das ja »Burghofstatt und Herrschaftseigen« zueinander in Kontakt bringen will, knüpfen wir an ein hervorstechendes Beispiel an. Es handelt sich um die Habsburg unweit Brugg im Aargau, gewiß nicht um eine beliebige Feste, wenn man daran denkt, daß diese *Habesburch-Habichtsburg* einer der größten Dynastien Europas ihren Namen gegeben hat; dabei durchaus nicht um eine in ihren räumlichen Ausmaßen und in ihrer strategischen Bedeutung auf lange Zeit hin gesehen besonders wichtige Burg. Ihre Rolle als althabsburgische Heimstatt ist, soweit die gängigen Quellen reichen, relativ gut bekannt, wenn auch noch allerlei Zwischenstücke und Verknüpfungen fehlen. Zu den über die reine Textausgabe hinausführenden Anmerkungen des Herausgebers des Habsburgischen Urbars [79] kommen Forschungen von Ulrich Stutz [80] und seines aargauischen Freundes Walther Merz [81]; ergänzend

78) H. Lieberich, Rez. zu Ebner (wie Anm. 77) in: ZSRG. Germ 89, 1972, S. 289–91.
79) (wie Anm. 31).
80) U. Stutz, Das Habsburgische Urbar und die Anfänge der Landesherrschaft, in: ZSRG. Germ 25, 1904, S. 192 ff.
81) W. Merz, Die Habsburg, 1882 = Festschr. z. 600jährigen Gedenkfeier der Belehnung des Hauses Habsburg mit Österreich; Ders. (wie Anm. 6), insb. I, S. 199 ff.

im Hinblick auf die allgemeinen Zusammenhänge zumal der Sekundärepoche auch Bruno Meyer's »Studien zum habsburgischen Hausrecht« [82]. Eine Neubearbeitung der Geschichte der habsburgischen Haussitze nach dem jüngsten Quellenbestand ist, von uns anläßlich einer Exkursion des Zürcher Rechtshistorikerkreises angeregt, von Georg Boner zu erwarten. Dem soll hier nicht vorgegriffen, aber auch längst Bekanntes nicht überflüssig wiederholt werden. Was unsere heutige Problemstellung angeht, ist zunächst wichtig, daß der engere Burgplatz der Habsburg mit dem Hauptturm als *hofstatt* bezeichnet wird – eine echte Burghofstatt also im bereits erörterten Sinne, zu der im nächsten Nutzbezirk allerlei Zubehör aufgezählt wird, das sich von uns bereits bekannten Formen nicht unterscheidet. Bei der Habsburg müssen wir aber weiter in die Landschaft hinausführende Beobachtungen anstellen. Schon die Vorläuferin der Höhenburg auf dem Habichtsberg, die sekundär so genannte *Altenburg* im Einzugsgebiet des *castrum Vindonissense*, weist eine *hofstat inrent dem gemure* auf. Von *turn und hofstat* der nachfolgenden Hochburg ist seit dem 14. Jahrhundert die Rede; die Bezeichnung hat sich bis heute erhalten. Eine Burghofstatt unter vielen, käme nicht etwas anderes dazu: vom Burgendreieck Habsburg, Wildegg und Brunegg beherrscht liegt zu deren Füßen ein Gebiet, das als *Eigen* besonders herausgehoben und im Urbar in einem eigenen Abschnitt – *dú rehtung in dem Eigen* – behandelt wird [83]. Dieser Landstrich zwischen Aare und Reuss nördlich von Brugg gilt in der Literatur seit langem als freies Sondergut der Habsburger. Besteht hier über den engeren Nutzungsbereich hinaus ein Zusammenhang mit den Burghofstätten der Altenburg und der Habsburg? Außer Betracht kann füglich die Neuhabsburg am Vierwaldstättersee bleiben [84]. Mit anderen Worten: ist dieses habsburgische Herrschaftseigen insgesamt als Hausgut der Burg zuzuordnen? Bevor wir die Frage am Sonderfall weiter verfolgen, ist ein kleiner Umweg erforderlich, der uns aber nicht zu weit ab von der Burghofstatt führen soll.

Es gibt eine mit dem romanistisch gefärbten langobardischen Lehnsrecht in kräftigem Widerspruch stehende deutschrechtliche Lehre von der Lehenstatt, die im Anschluß an die pragmatisch berichtenden Hand- und Lehrbücher des 18. Jahrhunderts in neuerer Zeit von Heinrich Mitteis [85] wieder aufgenommen worden ist [86]. Danach muß, um es in tunlicher Kürze zusammenzufassen, ein nicht auf körperliche Gegenstände, zumal auf Liegenschaften, sondern auf Rechte und Renten lautendes Lehen auf einer

82) In: ZSchweizG 25 ff., 1945 ff.

83) Habsburger Urbar (wie Anm. 31) I, S. 132 ff.

84) Über sie Hist. Biogr. Lex. d. Schweiz IV, S. 30 f.

85) H. Mitteis, Lehnrecht und Staatsgewalt, 1933 (Nachdruck 1958), S. 476, unter Bezugnahme auf Homeyer, Ssp. II, 2 283 f. mit Ssp. Lehnrecht 11 § 3; und zuletzt eingehender von B. Diestelkamp, Das Lehnrecht der Grafschaft Katzenelnbogen, 1969, insb. S. 8 f.

86) Ich muß gestehen, daß diese *stat* mir in meinen Kollektaneen (Bader, wie Anm. 15) entgangen ist, wohl weil sie im Kompositum *lehenstat* in den von mir herangezogenen Quellen nicht vorkommt.

stat beruhen. Es handelt sich um für den allgemeinen Historiker wohl etwas komplizierte rechtshistorische Deduktionen, die heute im einzelnen nicht auseinandergelegt werden sollen. Vielmehr mag genügen festzustellen, daß hier eine ältere, typisch germanisch-deutschrechtliche Auffassung zum Zuge kommt, die nachmals mit kanonistischen Denkformen unterbaut worden sein mag: der Vorrang nämlich dinglich-räumlichen Denkens, das auf reale Haftung abstellt. Mit anderen Worten: man will wissen, wohin eine Gerechtsame »von Hause aus« gehört, d. h. welchen räumlichen Bezugs- und Mittelpunkt sie hat. Etwas ähnliches haben wir im bäuerlichen Rechtsbereich beobachtet, wo bei Ausgabe von Leiherechten oder Grundgülten eine davon nicht unmittelbar berührte Liegenschaft als Haftungsgegenstand zu stellen ist. Neben Formen wie *unter-*, *hinterpfand* oder *hintersatz*, die weitverbreitet sind, kommt dafür im innerschwäbischen Gebiet, vor allem im Umkreis der altwürttembergischen Kanzlei, der typische Ausdruck *urstat* vor; eine nicht mit der Abgabe selbst belastete Liegenschaft soll danach *ze urstat stan*[87]. Wir schweifen mit solchen Hinweisen nur scheinbar vom Problem des *eigen* ab; die Denkgrundlagen sind hier wie dort dieselben. Denn wenn verlangt wird, daß die bezogene *stat* ein *lediges eigen* sein soll, erkennen wir, wie die Begriffe sich überschneiden und sich verbinden. Von e i n e m hausrechtlichen Mittelpunkt aus sind die Zubehörrechte, auch die zu Lehen gehenden, geortet. Ist der Mittelpunkt eine herrchaftliche Burg, so bietet sich eben die Burghofstatt als Zentrum an — genau wie im bäuerlichen Bereich die *êhofstat* im Hinblick auf Flurnutzungs- und Allmendrechte. Im Falle des habsburgischen Eigen-»Amtes« wird dieses ganze Gebiet, ein Nutzraum hoheitsrechtlichen Einschlages, zum auf die Burg bezogenen »Eigen«.

Gewiß steht die wegen ihres großen Symbolwertes für die Geschichte des Hauses wichtige Habsburg mit solchen Erscheinungen nicht allein da. Ebner[88] hat, offenbar zu Recht, beobachtet, daß sich mit dem Eigen verbundene Herrschafts-, insbesondere gerichtliche Rechte besonders oft im althabsburgischen Gebiet finden. Sie sind kaum mit den Habsburgern nach Österreich gelangt. Nirgendwo anders tritt uns das »Eigen« mit verschiedensten Ausstrahlungen häufiger entgegen als in den österreichischen Alpenländern, und zwar mit wiederkehrender Regelmäßigkeit auch im bäuerlichen Lebensbereich. In Österreich und in Bayern sind die mit *eigen* gebildeten O r t s n a m e n am häufigsten; bei näherem Zusehen finden sie sich aber auch im deutschen Südwesten häufiger, als dies dem von Steiermark und Kärnten ausgehenden Ebner bekannt geworden ist. Auf einheitliche Funktionen und nutzungsrechtliche Zweckbestimmung lassen sich die zahlreichen »Eigen«-Formen vorerst — und vielleicht überhaupt — nicht bringen. Sein Buch stellt sich vorerst mehr als großer, angeschnittener Steinbruch dar — es wird an der künftigen Forschung liegen, das Material weiter zu

87) Dazu K. S. BADER, *Ze urstat stan* — Rechtsgeschichtliches aus dem Bereich des älteren Liegenschaftspfandes, in: Festschr. Hans Lentze, 1969 (ForschRechtsKulturG 4), S. 21 ff.
88) (wie Anm. 77).

sichten, zu vermehren und in den Gesamtbau der ländlichen Verfassungsgeschichte einzufügen.

Auf eine vielen von uns längst bekannte Tatsache muß jedoch auch heute schon hingewiesen werden. Gerade in Österreich, gewiß aber nicht nur dort, stehen *eigen* und *frei* in einem merkwürdig verschränkten Zusammenhang. Wie insbesondere auch Theodor Mayer, ursprünglich selbst stark an österreichischen Quellen orientiert, dargelegt hat und seine dankbaren Schüler von ihm übernommen haben, gibt es Eigengüter, die frei, und Freigüter, die eigen sind. Die ständischen und leiherechtlichen Grundlagen sind äußerst schwer zu erfassen. Der Mann, der »im Eigen« sitzt, kann ein Freier – Altfreiheit oder auf Siedlerprivileg beruhende Neufreiheit einmal dahingestellt – sein; der »Eigenmann«, nunmehr Personifikation des Grundholden, kann auf einem »Freigut« sitzen. Wir wissen es ja auch aus der neueren Verfassungsgeschichte: Leitsätze wie »Luft macht frei« und »Luft macht eigen« überschneiden sich je nach dem Blickpunkt des Stadt- oder Grundherrn, demnach auch je nach dem Gesichtspunkt des die Tatsachen einordnenden Historikers. Vorerst müssen wir darauf verzichten, alles unter einen Hut bringen zu wollen; insoweit scheint uns das Buch von Ebner mit seinem sichtbaren Bestreben, bereits allgemeine Entwicklungslinien erkennen zu wollen, verfrüht zu sein.

Wir möchten uns nun aber mit dem Paradebeispiel der Habsburg für heute doch nicht begnügen, sondern zum Abschluß noch einiges aus dem vorerst unübersehbar verstreuten Material an weiteren Beispielen für Wesen und Funktion des Herrschaftseigens hinzufügen. Es kann sich dabei nur um Paradigmata handeln, die uns allenfalls zeigen können, wie sich *stat* und *eigen* zu Komplementärbegriffen zusammenfügen. Ein solches Beispiel liegt, einer eher entlegenen Regestensammlung entnommen [89], aus Säckingen 1357 vor: in einem Streit vor den Lehensmannen um Eigen oder Lehen setzt der Herzog von Österreich als Kläger Termin und Malstatt auf einen Akker nächst der Stadt *(an dem felde nebend dem Crutze)* an, der sein, des Klägers, *lediges eigen* ist. Hier handelt es sich nicht um die eigentliche Lehenstatt, sondern um eine Art dinglicher Neutralisierung: der Gerichtsort soll eindeutiges Hausgut sein, auf das abgeleitete Rechte Bezug haben. Zu Überlegungen, die in unser Problem einschlagen, gibt eine Stelle aus dem Habsburgischen Urbar [90] Anlaß: danach ist die Burg Neuhewen – bekanntlich war das nur eine vorübergehende Erscheinung – habsburgisch, und zwar *der herrschaft eigen*. Zur Burg gehören – typischerweise – ein Brühl und eine Vorburg, die mit sechs Häusern besetzt ist, eine Scheune, zwei Rütinen und zehn (!) Gärten; daneben liegen weitere 14½ Juchart *an rutinen* – das gewöhnliche Zubehör einer gut ausgestatteten Burghofstatt. Die Vorburg mit ihren sechs Häusern ist immerhin Vorstufe einer kleinen, nicht weiterentwickelten Stadt – ähnlich wie im benachbarten Blumenfeld und in Blumberg, wo aus der *stat* immerhin dau-

89) Reg. d. Markgrafen v. Baden u. Hachberg, Nr. (H) 254, 259.
90) (wie Anm. 31) I, S. 447 f.

erhafte *stettlin* geworden sind: unter Neuhewen liegt noch heute das kleine Dorf Stetten – nomen est omen! Wir brauchen aber nicht im habsburgischen Herrschaftsbereich zu verweilen; anderswo tauchen ähnliche oder doch vergleichbare Erscheinungen auf. 1263 vergabt Graf Ludwig von Froburg an die Johanniter sein *castrum* Aarburg und die *curia* in Niederbipp »cum omnibus pertinentiis tam castri quam curie predicte« [91]: Hof und Burg sind Eigengut, ihr Schicksal bleibt sogar verbunden, wenn sie veräußert werden. In N e u d i n g e n liegt der Meierhof neben der karolingischen Pfalz, noch heute so genannt, obwohl es sich vielleicht nur um eine größere *curia regis* handelt, die bekanntlich K. Arnulf dem unglücklichen Karl III. (dem Dicken) überlassen hat, um ihn dort bei passender Gelegenheit – so die chronikalische Überlieferung – erdrosseln oder – wie die Volkssage will – im Sumpf ersticken zu lassen. Die von Wolfgang Hübener 1972 und 1973 vorgenommenen Probegrabungen haben zwar bisher nichts von Pfalz oder Königshof zu Tage gebracht (vgl. o. S. 59 ff.), wohl aber haben wir dort eine zähringische Burg zu suchen, die aus dem Königshof herausgewachsen zu sein scheint und Vorbote der Burg F ü r s t e n b e r g ist, nach der sich seit 1250 das gräfliche Haus Freiburg-Urach, bzw. eine ihrer Linien, und zwar die bis heute blühende, nennt. Hier runden sich die Dinge besonders hübsch ab: aus einer *curia regis* wird die Burg, die nach Verlegung auf den Fürstenberg (»vordersten Berg« eines Stranges des schwäbischen Juras) zum fürstenbergischen Haus- und Eigenkloster, Mariahof bei Neidingen, wird; Burg und Stadt Fürstenberg auf der Höhe sind Eigengut der Grafen zu Fürstenberg, auch wenn sie später zeitweise von Österreich zu Lehen genommen werden mußten; »Eigenkloster« und »Eigenstadt« bleiben durch Jahrhunderte hindurch miteinander eng verzahnt, Burg, Stadt und Gemeinde Fürstenberg sogar Teil der Dorfmark Neidingen [92]. Dieselbe gräfliche Familie gründet 1244/50 auf ihrem Eigengut im Bregtal (Schwarzwald) neben ihrer Burg die Stadt Vöhrenbach; gleichzeitig verzichtet sie auf alle Rechte an ihrer dort befindlichen Eigenkapelle zu Gunsten der Mutterkirche Herzogenweiler. Bei der Stadt und in die Nachbartäler hineinreichend liegt gräfliches Gut, das fortdauernd den Namen Eigen trägt, die Besiedlung der Täler selbst geht von diesem »Eigen« aus [93]. Dieses Eigen bleibt auch nach der Teilung im Hause Urach-Freiburg zunächst gemeinsames Hausgut. Ohne uns von unseren ländlichen Nutzungsproblemen zu weit entfernen zu wollen, mag darauf hingewiesen sein, daß auch S t a d t g r ü n d u n g u n d H e r r s c h a f t s e i g e n, wie der Fall Vöhrenbach zeigt, in enger Verbindung stehen, auch wenn Städte gelegentlich auf Fremdgut, auf der Grundlage der Vogtei, die ihrerseits »Hausbesitz« eines Geschlechts sein kann, angelegt worden sind. Wie sagt doch, um das wohl eindrücklichste Beispiel

91) SolothUB II, Nr. 203.

92) K. S. Bader, Die fürstenbergischen Erbbegräbnisse, in: FreibDiözArch 41, 1941; auch selbständig als VeröffadF.F.Archiv 11, 1942.

93) Zuletzt dargelegt in: Villingen und die Westbaar, in: VeröffAlemInstFreib 32, 1972, S. 73 ff.

einer Gründungsstadt anzuführen, der Herzog von Zähringen 1120 – nehmen wir einmal an, daß das Datum auch der jüngsten Kritik standhält – vom *fundus* der unter der Burg gelegenen Stadt Freiburg im Breisgau: *Ego Cunradus in loco mei proprii scilicet Friburg forum constitui.*

Sieht es anderswo anders aus? Die Habsburg fordert Untersuchungen über das Stammgut der Staufer und Welfen, der Rheinfelder und Zähringer geradezu heraus. Daß sich auch bei all diesen Familien Stammburgen mit starken Ausstrahlungen von Herrschaftseigen finden, wird in der Forschung bisweilen angedeutet. Vielleicht bieten unsere heutigen Andeutungen Anlaß, sich der Fragen näher anzunehmen. Da wäre dann auch zu prüfen, was es bedeutet, wenn 1365 das Haus Leiningen verlangt, daß die Madenburg auch nach ihrer Verpfändung samt allen zugehörigen Gütern wie Eigengut zu beschirmen ist, und heranzuziehen, was Götz Landwehr [94] über den Fortbestand von Eigenrechten bei Verpfändungen dargelegt hat. Oder, beispielsweise, man könnte sich fragen, was schon den alten J. U. v. Cramer in seinen als Quellennest unerschöpflichen »Wetzlarischen Nebenstunden« (Tl. 57, 1766) an Hand eines weitläufigen Urteils des Reichskammergerichts beschäftigt hat, ob zum Herrschaftsbereich der Burg Fürstenberg in Westfalen gehörige Dörfer trotz Verpfändung zum Allodgut der Burgfeste gehören. Schließlich wäre, was Ebner merkwürdigerweise fast völlig ausgeklammert hat, die noch immer im Fluß befindliche Lehre von der Eigenkirche nach den Forschungen von Ulrich Stutz daraufhin zu untersuchen, was sie für das Problem von »Burghofstatt und Herrschaftseigen« hergibt. Vieles, was auf Hausklöster zutrifft, die zur *grabstatt*, *ruhestatt*, zur Grablege also des adligen Geschlechts werden, könnte sich vielleicht auch im Bereich der Hausburg und ihrer Burghofstatt wieder, wenn auch unter veränderten Vorzeichen, finden. Erbbegräbnisse – etwa St. Peter auf dem Schwarzwald für die Zähringer, Neidingen für die Urach-Fürstenberger, Amtenhausen für die Wartenberger, um hier gesamthaft nur wenige Beispiele zu nennen – sind im mittelalterlichen Denken zum Handgemal einer adligen Familie geworden. Ist, alle nach wie vor bestehende Unsicherheit in der Deutung dieses Handgemals mitbedacht, vielleicht nicht auch die Burghofstatt so etwas wie ein Handgemal?

Wir beenden unsere Überlegungen mit einer Frage. Als Frage ist, um es wiederholt zu sagen, auch der Titel dieses Vortrags aufzufassen. Der Pfad, der hier durch ein Dikkicht zu legen versucht worden ist, mutet reichlich schmal und beschwerlich an. Das weiß ich selbst am besten, weil ich versucht habe, ihn erst einmal begehbar zu machen; es ist niemandem übelzunehmen, wenn er nicht gewillt ist, diesen Gedankenpfad mitzugehen.

94) G. LANDWEHR, Die Verpfändungen der deutschen Reichsstädte im Mittelalter, 1967 (ForschDtRechtsgesch 5).

95) (wie Anm. 77).

Die Burgen im mittelalterlichen Rätien

VON OTTO P. CLAVADETSCHER

Die große Bedeutung der Burg für das bündnerische Landschaftsbild kann keinem Besucher entgehen. Burgen säumen breite Talkessel, sie beherrschen aber auch enge Paßwege oder stehen scheinbar funktionslos völlig abseits. Trotz der zusammenfassenden Darstellung durch Erwin Poeschel [1] – für damals eine imponierende, mit den geltenden Vorstellungen in manchen Punkten nicht übereinstimmende Schau – sind die Fragen nach der verfassungs- und sozialgeschichtlichen Bedeutung dieser Burgen noch wenig geklärt.

Ein kurzer Vergleich mit den Verhältnissen in der Innerschweiz, dem Gebiet der werdenden Eidgenossenschaft, zeigt etwa, daß dort der Adel früh keine Rolle mehr spielte, während in Rätien die beiden Schichten, der Adel einerseits, die Bürger und Bauern anderseits, lange Zeit nebeneinander politisch wirkten, bald in gutem Einvernehmen, bald in mehr oder weniger heftigen Auseinandersetzungen. So blieb in Rätien mit dem Adel auch die Burg, während sie in der Innerschweiz gebrochen oder verlassen wurde.

Im folgenden soll nun aber nicht die Burg in den Mittelpunkt gestellt werden, weil daraus leicht der falsche Eindruck entstehen könnte, es habe in Rätien eine Art »Burgenverfassung« gegeben, wie sie für andere Gegenden tatsächlich feststellbar ist. Bei einem erneuten Gang durch die Bündnergeschichte soll lediglich der Faktor Burg etwas mehr berücksichtigt werden, als es bisher geschehen ist. Die politische Geschichte und ihre Träger bleiben also im Vordergrund, vielleicht aber vermag die Erkenntnis, daß die Burgen zu verschiedenen Zeiten eine verschieden große Rolle gespielt haben, die politische und ständische Entwicklung zusätzlich zu beleuchten.

* Spezielle Abkürzungen: BAC = Urkunde im Bischöflichen Archiv Chur; BUB = Bündner Urkundenbuch, bearb. v. E. Meyer-Marthaler u. F. Perret, 1955 ff.; CD = Codex Diplomaticus, Sammlung der Urkunden zur Geschichte Cur-Rätiens und der Republik Graubünden, 4 Bde., hg. v. Th. v. Mohr u. C. v. Moor, 1848 ff.; JHGG = Jahresbericht der Historisch-Antiquarischen Gesellschaft Graubünden.

1) E. Poeschel, Das Burgenbuch von Graubünden, 1929/30. – Eine Neubearbeitung ist im Gange.

Auch wenn also verfassungs-, stände- und rechtsgeschichtliche Fragen im Vordergrund stehen, so dürfen die sogenannten rätischen Kirchenburgen [2] doch nicht ganz übergangen werden. Rätische Kirchenburgen sind meist ziemlich ausgedehnte frühmittelalterliche Befestigungsanlagen an gut geschützten Stellen (besonders auf Felsköpfen) mit einer frühmittelalterlichen Kirche, welche im Frühmittelalter wenigstens zeitweise bewohnt waren (als Fluchtburgen für die ganze Umgebung) und oft an Stellen sich vorfinden, die schon prähistorisch besiedelt waren, auch wenn die Kontinuität nicht immer nachweisbar ist und vielleicht auch nicht bestand. Zuverlässige Aussagen über diese Anlagen sind deswegen nicht möglich, weil sie mit einer Ausnahme bis heute überhaupt nicht oder dann wissenschaftlich nicht einwandfrei archäologisch untersucht worden sind. Auf dem Felskopf Grepault [3] bei Trun sind die Mauern und die Kirche archäologisch als frühmittelalterlich bezeugt. Zur Siedlung der Früh- und Mittelbronze- und Spät-Latènezeit besteht keine Kontinuität. Die prähistorische und die mittelalterliche Besiedlung liegen also mindestens 500 Jahre auseinander. Auf dem Grepault stand nie eine Feudalburg, die Mauerreste am West- und Südrand sind durch Kleinfunde als frühmittelalterlich ausgewiesen. Die Kirche mit einfachem, rechteckigem Grundriß und halbrunder Apsis dürfte dem 6., wenn nicht gar dem 5. Jahrhundert angehören [4]. Sie war bis zur Ausgrabung völlig unbekannt, ist also in schriftlichen Quellen nicht erwähnt, weshalb auch das Patrozinium nicht ermittelt werden kann.

Wesentlich schlechter steht es um die Kenntnis der übrigen Anlagen, in denen frühmittelalterliche Kirchenburgen vermutet werden können. In diese Richtung weisen die ausgesprochene Schutzlage, welche schon von den urgeschichtlichen Siedlern ausgenützt worden ist, dann Ortsnamen wie Casti, Surcasti (Supra Castellum), sehr alte Patrozinien (Johannes, Pancratius, Georg), welche den Anlagen den Namen gaben, aber auch die Tatsache, daß solche Burgkirchen als Urpfarreien anzusprechen sind, wie auf Hohenrätien, Jörgenberg und St. Lorenz. Durch Kombination dieser Elemente dürfen etwa folgende Anlagen in unseren Zusammenhang hineingestellt werden: Crap Sogn Parcazi in Trin mit einer wohl frühmittelalterlichen Kirche und unda-

2) Dr. H. Erb, Direktor des Rätischen Museums in Chur, informierte mich über das Fundgut aus diesen Kirchenburgen. Auch für weitere Informationen und Ratschläge sei ihm herzlich gedankt.

3) Von vorrömischem * gripp- + altus (hoher Fels); vgl. A. Schorta, Rätisches Namenbuch, Bd. 2 (Romanica Helvetica Vol. 63), 1964, S. 166.

4) Über die Ergebnisse der Grabungen von 1932–34, 1942–43 und 1960 vgl. 29. Jber d. Schweiz. Ges. f. UrG., 1937, S. 115 ff. – 34. Jber ... 1943, S. 94. – Jb. d. Schweiz. Ges. f. Ur- und FrühG 56, 1971, S. 188.

tierten mittelalterlichen Funden [5], Jörgenberg bei Waltensburg mit Kirche [6] und prähistorischen, insbesondere bronzezeitlichen, bis heute aber keinen mittelalterlichen Funden [7], Hohenrätien mit einer mittelalterlichen Kirche, unter der wohl älteres Mauerwerk liegt, etwas prähistorisches Material, aber nichts aus dem Mittelalter [8]; St. Lorenz ob Paspels im Domleschg beherrscht das ganze Tal, war Talpfarrei und weist deutlich sichtbare Befestigungsspuren auf, die aber archäologisch noch nicht untersucht sind, während die Funde im Innern der Kirche sehr weit ins Mittelalter zurückreichen [9]. Auch beim Kirchhügel in Tiefencastel an der Julierroute dürfte es sich um eine Kirchenburg handeln, römische Funde sind gesichert. Weiter kommen in Frage Tschanüff bei Ramosch (Unterengadin), Mesocco mit seinen zahlreichen prähistorischen und spätantiken Funden, Surcasti im Lugnez, dessen Name auf ein castellum hinweist, Name und bisher nicht genauer untersuchte Mauerreste lassen auch in Casti im Schams eine Kirchenburg vermuten [10].

Gemeinsam ist all diesen Anlagen die ausgesprochene Schutzlage, meist auf einem Felskopf oder doch auf einer leicht zu befestigenden Anhöhe. Daß an manchen Orten prähistorische Siedlung nachzuweisen ist, läßt nicht unbedingt auf Kontinuität schließen, zeigt aber, wie sehr diese Schutzlage in die Augen stach. So hat denn die Deutung als Fluchtburgen für die ganze Umgebung manches für sich. Wenn auch im Frühmittelalter nicht mehr mit dauernder Besiedlung wie in prähistorischer Zeit gerechnet werden kann, so beweisen die Kirchen, daß diese Kirchenburgen doch für länger dauernde Benützung eingerichtet waren. Die Angaben über germanische und andere Züge über die Bündnerpässe sind zu ungenau und zu allgemein gehalten, als daß man den Ausbau dieser Kirchen- und Fluchtburgen mit bestimmten historischen Ereignissen in Zusammenhang bringen dürfte. Ebenfalls ist es bisher nicht möglich, sie irgendwie in die Verfassungs- und Ständegeschichte einzuordnen. Jede Aussage darüber, wer und was den Bau oder Ausbau solcher Anlagen veranlaßt haben könnte, wäre nichts mehr als eine allgemeine Vermutung. Nach Campell, einem Bündner Chronisten des

5) E. Poeschel, Die Kirchenburg Crap Soign Parcazi-Pankratiusstein bei Trins, in: Bündnerisches Mbl. 1933, S. 314–319. – H. Bertogg, Beiträge z. mittelalterlichen Geschichte der Kirchgemeinde am Vorder- u. Hinterrhein, phil. Diss., 1937, S. 38 ff.

6) 765 im Tellotestament bezeugt: *agrum super castellum;* BUB I, S. 18, Z. 6; im Reichsgutsurbar aus der Mitte des 9. Jhs.: *Habet ecclesiam sancti Georgii in Castello;* BUB I, S. 391, Z. 25.

7) Poeschel (wie Anm. 1), S. 232 ff. – Bertogg (wie Anm. 5), S. 41 f.

8) Poeschel (wie Anm. 1), S. 12, 22.

9) W. Sulser, B. Brenk, W. F. Volbach u. E. Vogt, Die Kirche St. Lorenz bei Paspels, in: ZSchweizArchäol 23, 1963/64, S. 61 ff.; besonders bemerkenswert ein Altar des 5./6. Jhs. (S. 68), ein Reliquiar aus dem 5. Jh. (S. 77), ein zinnernes Kruzifix aus dem 6./7. Jh. (S. 78 f.), viele Stoffreste aus dem 7./8., vielleicht sogar 6. Jh. (S. 89).

10) Nach den im Rätischen Museum in Chur deponierten, nicht publizierten Funden; vgl. oben Anm. 2.

16. Jahrhunderts, hätte König Pippin um 750 die Burg Hohentrins erbaut [11]. Die direkt über dem Dorf liegende Feudalburg Hohentrins stammt selbstverständlich aus viel späterer Zeit, in Frage käme höchstens der Bau oder vielleicht der Ausbau von Crap Sogn Parcazi durch Pippin. Obschon Campell die Nachricht über Pippin aus einem ehemaligen Disentiser Codex, den er selber in Davos gesehen habe, geschöpft haben will, so ist sie doch wenig wahrscheinlich, weil erst Karl der Große in Rätien stärker eingegriffen hat. Vorher führten die einheimischen Victoriden als Praesides und Bischöfe ein praktisch selbständiges Regiment [12]. Nicht ganz ausgeschlossen wäre immerhin, daß in dieser Chronistenstelle das gestiegene fränkische Interesse an Rätien sichtbar wird, nachdem Karl Martell in Alemannien die fränkische Herrschaft wieder gefestigt hatte.

Ausgrabungen in den Jahren 1964–66 und 1968 führten zu völlig neuen Erkenntnissen über die Geschichte der Burg Schiedberg bei Sagogn im Raume von Ilanz [13]. Die nachgewiesenen Siedlungsreste erstrecken sich über zwei Jahrtausende, von der mittleren Bronzezeit bis etwa 1400. Von besonderer Bedeutung ist aber das Grabungsergebnis, daß Schiedberg vom 4. bis zum 15. Jahrhundert kontinuierlich bewohnt war, denn Baureste aus dem 4. Jahrhundert n. Chr. sind gesichert, und erst eine Brandkatastrophe um 1400 zwang zur Aufgabe der Anlage. Ein spätrömisches Gebäude des 4. Jahrhunderts wurde im 5. und 6. Jahrhundert erweitert, im 7./8. Jahrhundert kam ein neuer Bau hinzu, der nach den Malereiresten einen bedeutenden Repräsentationsraum aufwies. Man ist natürlich versucht, die Verbindung mit dem Tellotestament von 765 herzustellen, wo es bei Sagogn heißt: *in castro sala muricia* [14]. Wir hätten damit den Sitz der Victoriden vor uns, und es wäre mindestens zu erwägen, ob nicht bereits der spätrömische Bau dieser Familie gehörte und im 7./8. Jahrhundert dieses Geschlecht, das die weltliche und geistliche Gewalt in Rätien innehatte, einen Ausbau vorgenommen habe. Der nun archäologisch faßbare Ausbau dieser Wehranlage vom 4. bis 8. Jahrhundert wäre somit ein Spiegelbild der zunehmenden Bedeutung des Victoridenhauses in der Merowingerzeit. Unter römischer Herrschaft noch wenig bedeutender einheimi-

11) Ulrici Campelli Raetiae alpestris topographica descriptio, hg. v. C. J. Kind (QSchweizG 1. Folge, Bd. 7), 1884, S. 25: *Liber quidam membranaceus pervetustus, olim annis hincretro supra 42 a Desertinensi coenobio nescio qua occasione ablatus, quem Davosii vidimus apud D. Andream Fabritium, testatur, quod arx alta Trirupes (castrum Hohentrims vocat ille) constructa olim sit circa annum Domini 750 per illustrissimum dominum regem et principem Pipinum, patrem Caroli Magni imperatoris.*

12) O. P. Clavadetscher, Die Einführung der Grafschaftsverfassung in Rätien u. die Klageschriften Bischof Viktors III. von Chur, in: ZSRG. Kan 39, 1953, S. 46 ff.

13) Vgl. den vorläufigen kurzen Bericht von W. Meyer-Hofmann, Burgstelle Schiedberg, in: Unsere Kunstdenkmäler 24, 1973, S. 143–148. – Eine umfangreiche Monographie ist vorgesehen, dürfte aber noch einige Zeit auf sich warten lassen.

14) BUB I, S. 15: *Hoc est curtem meam in Secanio ... Item in castro sala muricia, subter cellaria, torbaces in ipso castro ...*

scher Adel, funktionell etwa vergleichbar mit den Senatorenfamilien Galliens, dann einheimischer Adel unter fränkischer Herrschaft, deren Amtsträger sich bald mit den Victoriden versippt zu haben scheint, wie aus den neuesten Forschungen über den Victoridenstammbaum hervorgeht [15], kam seine Blütezeit mit dem fränkischen Niedergang. Der neuen, gehobenen, praktisch selbständigen Stellung sollte dann offenbar auch ihr Sitz entsprechen, und gerade der bemalte Raum in der *sala muricia* wäre ein schönes Zeugnis für das neue Selbstverständnis dieser Familie kurz bevor sie dann ausstarb, nachdem sie in Tello nochmals einen hervorragenden Vertreter gestellt hatte. Wenige Jahrzehnte nach seinem Tod wurde in Rätien die Grafschaftsverfassung eingeführt [16]. Andererseits wirft aber die Verbindung von Schiedberg mit dem Tellotestament neue Fragen auf. Zu wenig ist bisher beachtet worden, daß das Kloster Disentis als Bedachter später keinen Besitz in Sagogn hatte [17], so daß die Echtheitsfrage des Tellotestaments doch wohl neu überprüft werden muß. Zwar darf trotz manchen späteren Einschüben die Urkunde nach den neueren diplomatischen und linguistischen Forschungen in ihren wesentlichen Teilen als echt angesehen werden [18], damit ist aber über die Rechtskraft und Durchführung noch nichts ausgesagt. Das Fehlen jeglichen Disentiser Grundbesitzes in Sagogn während des ganzen Mittelalters und die Tatsache, daß das Hochstift Chur dort am meisten Rechte innehatte, legen doch wohl den Schluß nahe, daß die Schenkung nicht durchgeführt oder wieder rückgängig gemacht worden sei [19], da nicht einzusehen ist, wie später dieser große Disentiser Besitz in Sagogn an Chur übergegangen sein soll. Weil ferner in diesem Raum ehemaliger königlicher und gräflicher Besitz später in den Händen der Edelfreien erscheint, kann weiter kaum angenommen werden, daß Chur hier Rechtsnachfolger des Königs oder des Grafen gewesen sei. So bleibt wohl nur die Lösung, daß das Hochstift bei der bekannten divisio von ca. 806 auf Kosten von Disentis mit dem Sagogner Besitz für anderweitige Verluste an den König respektive den Grafen entschädigt worden sei. Ob die Schen-

15) Vgl. O. P. Clavadetscher, Zur Verfassungsgeschichte des merowingischen Rätien, in: Frühmittelalterliche Studien 8, 1974, S. 60 ff.

16) Clavadetscher (wie Anm. 12).

17) Der gesamte einschlägige mittelalterliche Quellenbestand wurde auf diese Frage hin durchgesehen.

18) BUB I Nr. 17 mit den Vorbemerkungen; dazu über die neuesten Arbeiten I. Müller, Zur rätisch-alemannischen Kirchengeschichte des 8. Jhs., in: SchweizZG 2, 1952, S. 21 ff.

19) Vgl. als Parallelfall die Schenkung Lothars I. an die cellula s. Marie (BUB 61 = MGH DD Lo I, 63) und dazu O. P. Clavadetscher, Das churrätische Reichsgutsurbar als Quelle zur Geschichte des Vertrags von Verdun, in: ZSRG. Germ 70, 1953, S. 2ff. – Die hier vermutete Rückgängigmachung der Schenkung ist durch eine der bündnerischen Geschichtsforschung bisher unbekannt gebliebene Urkunde von 1373 (Hauptstaatsarchiv München, Ritterorden 7684) zur Gewißheit geworden, vgl. Clavadetscher, Das Schicksal von Reichsgut und Reichsrechten in Rätien, in: VjschrSozialWirtschG 54, 1967, S. 59 f.

kung Tellos nie ausgeführt wurde oder ob der König anläßlich der divisio sie anfocht – mit der Begründung, daß Tello unberechtigterweise über »Staatsgut« verfügt habe – muß offen bleiben.

Über die älteren Burganlagen (vor ca. 1100) ist nur wenig bekannt. Schiedberg wurde im 10. und 11. Jahrhundert erweitert, die Ringmauer weiter hinaus verlegt und dadurch Raum für verschiedene Wohngebäude gewonnen. Wer dahinter steckt, ist völlig unbekannt. Zu denken wäre an einen mächtigen rätischen Vasallen oder einen Nachfolger eines der im rätischen Reichsgutsurbar verzeichneten Königsvasallen. In dieser Richtung muß denn auch die weitere Entwicklung gesehen werden. Quellenmäßig ist zwar nur festzustellen, daß um 1050 die Grafschaft in Oberrätien verschwindet. Andere Kräfte müssen also damals bereits an deren Stelle getreten sein, und zweifellos werden die Ereignisse des Investiturkampfes, der auch Rätien nicht unberührt gelassen hat, diese Entwicklung noch gefördert haben. Das durch den Wegfall der Grafschaft entstandene politische Vakuum dürfte kaum ohne machtpolitische Auseinandersetzungen zwischen dem einheimischen Adel wieder ausgefüllt worden sein. Vielleicht darf man den Ausbau von Schiedberg und die Entstehung anderer Befestigungsanlagen, etwa von Rhäzüns und Niederrealta in diesem Zusammenhang sehen.

Auch die Burgnamen vermitteln einigen Aufschluß. Die älteren Anlagen führten keinen Namen. Der Burgname Schiedberg war im Mittelalter unbekannt, die Anlage wurde wohl einfach als castrum (die Burg) bezeichnet wie im Tellotestament [20]. Andere übernahmen das Appellativum (Castelmur, wohl auch Castels u. a.) oder sind nach dem benachbarten Dorf genannt (Tarasp, Rhäzüns, Rialt, Ramosch, Mesocco, Riom). Die Burg ist hier sekundär oder sicher ursprünglich nicht beherrschend. Der Adel dürfte früher auf mehr oder weniger befestigten Höfen (siehe Tellotestament) gesessen haben und erst in der genannten Zeit machtpolitischer Auseinandersetzungen den Wehrcharakter des Hofs verstärkt oder eine neue Wehranlage gebaut haben. Noch in den bekannten Gamertinger-Urkunden von 1137/39 [21] sind die Namen der adeligen Zeugen wesentlich Herkunftsnamen: von Sagogn, von Pitasch, von Castrisch, von St. Peter, vom Schanfigg, von Chur, von Rhäzüns. Ein einziger Name weist auf die auch in Rätien nun anbrechende Zeit der sogenannten Feudalherrschaften und ihrer Burgen: Lutefridus de Belmonte.

Die zeitliche Einordnung der Burgen erweist sich als außerordentlich schwierig, da nur wenige Anlagen nach modernen Gesichtspunkten ausgegraben worden sind, das heißt, daß nicht nur die Mauern untersucht wurden, sondern vor allem auch die Umgebung der Burg mit deren Müll einbezogen wurde. Auf Schiedberg und in Niederrealta gelangte man so zeitlich wesentlich weiter zurück, sicher ins

20) Vgl. oben Anm. 14.
21) BUB 297–299.

11. Jahrhundert [22]; in Schiedberg ergab sich, wie oben erwähnt, sogar eine Siedlungskontinuität vom 4. bis 14. Jahrhundert. Eine zuverlässige Chronologie und damit eine bessere historisch-politische Einordnung wäre für die meisten Burgen erst nach neuen Grabungen möglich. Nur mit allen Vorbehalten kann daher heute eine gewisse Grobsortierung vorgenommen werden.

Eine ältere Schicht scheinen die Burgen mit lateinischen respektive rätoromanischen Namen zu bilden, archäologisch nachgewiesen für Niederrealta, nach dem Vorkommen der betreffenden Adelsfamilien auch etwa anzunehmen für Belmont, Montalt, Aspermont, vielleicht auch für Juvalt. Vorsicht ist aber geboten, da auch nachweislich jüngere Anlagen solche Namen tragen können. Das bekannteste Beispiel ist Guardavall im Engadin. Hier wissen wir durch das »Buoch der vestinen« von 1410, daß die Burg von Bischof Volkard von Neuburg, gestorben 1251, erbaut worden ist [23]. Alle späteren Nachrichten bezeugen eindeutig, daß Guardavall ein rein bischöflicher Verwaltungssitz war, besonders für die Erhebung des Zolls [24], daß also nicht einmal ein Churer Ministerialengeschlecht auf dieser Burg saß. Nur vorübergehend übergab es der Bischof zu Dienstrecht und auf jederzeitigen Widerruf dem bischöflichen Ammannsgeschlecht Planta aus Zuoz [25]. Ähnliches gilt für das 1272 durch den Bischof erbaute Schloß Fürstenau [26], das im 15. Jahrhundert zu einer der bischöflichen Residenzen wurde. Jünger sind selbstverständlich auch Anlagen wie Canova (Neu-Süns), Tschanüff bei Ramosch, Neu-Aspermont, welche begrifflich ältere voraussetzen.

Diese beiden Gruppen von Burgen, einmal die älteren, welche nach einem Ortsnamen genannt sind, dann diejenigen mit lateinischen Namen, sind verfassungsgeschichtlich etwa folgendermaßen einzuordnen: Auf ihnen saßen die Adelsfamilien, welche ihrer Funktion nach das Erbe der rätischen Grafen angetreten haben, die zum Teil sogar, wie man im Spätmittelalter sagen würde, zur vollen Landesherrschaft aufgestiegen sind. Ihr Kreis scheint zunächst noch etwas größer gewesen zu sein, sich dann aber auf einige klar faßbare Familien eingeschränkt zu haben, die sich eindeutig von den übrigen abheben, sei es von den ehemaligen Standesgenossen, sei es von den Ministerialen.

22) H. Erb, Archäologischer Vorbericht (Die Burg Niederrealta, Gemeinde Cazis, Graubünden) zu: Gerhilde Klumpp, Die Tierknochenfunde aus der mittelalterlichen Burgruine Niederrealta, Gemeinde Cazis/GR (SchrrReihe d. Rätischen Mus. Chur, H. 3), 1967, S. 1–5. Die ältesten Funde bilden zwei Mailänder Denare aus dem 2. Viertel des 11. Jhs.

23) J. C. Muoth, Zwei sogenannte Ämterbücher des Bistums Chur aus dem Anfang des XV. Jhs., in: JHGG 27, 1897, S. 15: *Item in dem obern Engdin hat das Gotzhus ain vesti genannt Wardavall. Die selben vesti hat ŏch gebuwen der egenant erwirdig herr byschoff Volkardus anno domini M°CC. LI°.* – Da das Ämterbuch jeweils bei der betreffenden Burg nicht das effektive Baujahr, sondern das Todesjahr des Erbauers anführt, ergibt sich als sichere Bauzeit nur die Regierungszeit Volkards (1237–1251).

24) Muoth (wie Anm. 23), S. 47. – CD 2, S. 121, 131 (bischöflicher Einkünfterodel um 1290).

25) CD 4,5 von 1377. – CD 4,52 von 1382.

26) Muoth (wie Anm. 23), S. 13.

Das Prädikat *nobilis* ist charakteristisch für diese Schicht. Es scheint sich im 12. Jahrhundert langsam durchgesetzt zu haben, begegnet es doch um 1170 zuerst bei den Taraspern und den Herren von Wangen-Burgeis [27], im 13. Jahrhundert dann auch bei den nordrätischen Herren, welche die älteren Burgen bewohnten. Das Prädikat kommt ausschließlich diesen wenigen Familien zu. Es gibt im ganzen rätischen Quellenmaterial keine einzige Ausnahme! Umgekehrt aber führten die Angehörigen dieser Familien nicht immer das Prädikat. Es würde hier zu weit führen, alle Gründe dafür aufzuzählen, nur beispielsweise sei auf einige hingewiesen: Stellung in der Urkunde (Aussteller, Empfänger, Zeuge, Dritter), Kanzlei und Schreiber [28].

Die Gamertinger-Urkunden von 1137/39 [21] fallen noch in die Zeit, in der die scharfe Trennung innerhalb des freien Adels in *nobiles* und andere noch nicht durchgeführt war. Diese Zeugenlisten lehren uns zusätzlich, daß im 12. Jahrhundert die Bedeutung oder vielleicht auch nur die Namengebung dieser Familien noch starken Schwankungen unterworfen war. Nachweisbar sind verwandtschaftliche Beziehungen bzw. Stammesgleichheit solcher nobiles-Familien. Die verschiedenen Zweige nannten sich dann nach verschiedenen Burgen, und es ist denkbar, daß weniger kräftige Linien auch ständisch rasch abgestiegen sind. Im 13. Jahrhundert ist dann eine gewisse Stabilisierung eingetreten. Die Schicht der nobiles hebt sich ganz klar vom übrigen Adel ab. Letzterer, ehemals mit größter Wahrscheinlichkeit ebenfalls freier Adel (wie etwa die Aspermont, die Grünenfels, vielleicht auch die Juvalt u. a.), trat in den Dienst des Bischofs oder der Herren von Vaz und verschmolz mit den nachweisbar ursprünglich unfreien Ministerialen wie den von Marmels, von Tinzen u. a. [29]. Sie bildeten dann die Dienstmannschaft des Hochstifts und waren dessen vornehmste und vornehmlichste Lehensträger, für die das Lehensgericht auf der Pfalz zuständig war. Ähnlich verhielt es sich mit den Dienstleuten der Freiherren von Vaz [30]. Auch sie verfügten über Ministerialen, die nicht unbedingt alle unfrei gewesen zu sein brauchten, aber dann auch mit solchen verschmolzen sind.

Alle diese kleineren Adelsfamilien, ob Dienstleute oder Lehensträger des Bischofs, der Klöster Disentis und Pfäfers oder der Edelfreien, ob Inhaber niederer Herrschaften, saßen auf Burgen, deren Namen sie in der Regel tragen. Auffallenderweise sind es fast ausschließlich deutsche Burgnamen, als ob wir uns in einem rein deutschsprachigen Gebiet befänden (Haldenstein, Rietberg, Schwarzenstein, Greifenstein, Straßberg, Strahlegg, Ringgenberg usw.). Diese Tatsache ist bisher zu wenig gewürdigt worden, und eine plausible Erklärung dafür fehlt vorläufig. Nur Modenamen —

27) BUB 380 (1165–1170).
28) Vgl. O. P. Clavadetscher, nobilis, edel fry, in: Histor. Forsch. f. W. Schlesinger, Köln/Wien 1974, S. 242 ff.
29) Von den Taraspern 1160 an das Hochstift geschenkte Dienstleute; BUB 341.
30) Vgl. neuestens über die Vazer J. L. Muraro, Untersuchungen zur Geschichte der Freiherren von Vaz, in: JHGG 100, 1970, S. 1–231.

wie man etwa annahm [31] – können es nicht gewesen sein, sowenig wie bei den Personennamen oder den Patrozinien. Ebenso verfehlt wäre aber die Annahme einer massiven Einwanderung deutschen Adels nach Rätien. Irgendwelche Spuren müßte dieser Vorgang in den Quellen doch wohl hinterlassen haben. Es muß einmal mehr darauf hingewiesen werden, daß im Hochmittelalter in Rätien das deutsche Recht das vulgärrömische der Lex Romana Curiensis verdrängt hatte. Wie in anderen Gegenden des Reichs setzte sich um 1320 die deutsche Urkundensprache durch. Man müßte aber doch das Rätoromanische erwarten, wenn es sich einfach um die Ersetzung der Schriftsprache durch die Volkssprache gehandelt hätte. Die Urkunden aber sind deutsch, man ist sogar versucht, auch für untere Schichten Zweisprachigkeit anzunehmen oder wenigstens die Kenntnis deutscher Rechtsausdrücke, wenn es in lateinischen Urkunden aus bis heute romanisch sprechenden Gegenden etwas heißt *vulgariter* mit nachfolgendem deutschem Ausdruck [32]. Ebenso deutlich kann belegt werden, daß Urkundensprache (deutsch) und Umgangssprache des betreffenden Gebietes sich nicht entsprachen [33]. Mit allem Vorbehalt sei die Vermutung aufgestellt, daß das Deutsche in Rätien die Sprache der höheren Schichten, ja vielleicht eine Art »Amtssprache« gewesen ist, und zwar auch in den romanisch sprechenden Gebieten. Wenn dies in den Südtälern weniger zum Ausdruck kommt, so liegt das vor allem daran, daß hier die Notariatsurkunde aus dem Süden Einzug hielt und mit ihr die lateinische Urkundensprache erhalten blieb.

In der zweiten Hälfte des 12. und im 13. Jahrhundert scheint der Burgenbau einen gewaltigen Auftrieb erhalten zu haben, offenbar war es nur noch möglich sich zu behaupten, wenn man über den Schutz einer starken Feste verfügte, wo man dem stärkeren Gegner trotzen und mit der Burg auch die mit ihr zusammenhängenden Rechte in bessere Zeiten hinüberretten konnte. In diesen Auseinandersetzungen mag auch manche der später festzustellenden Abhängigkeiten kleinerer von mächtigeren Adeligen be-

31) Dem Linguisten böte sich hier ein lohnendes Arbeitsfeld. Er interessierte sich bisher zu einseitig für das Rätoromanische und das Walserdeutsch.

32) Urkunde Nr. 34 v. 11. Juni 1456 im Gemeindearchiv Sils i. Engadin: *dedit ... massarius wulgariter arschätz florenos sex.* – Urkunde Nr. 1 v. 21. November 1503 im Gemeindearchiv Guarda: *ut comunis à vulgo als am obman ...* – Klosterarchiv Müstair XIII/4 v. 8. Juli 1409: *caytura wulgariter våll.* – Urkunde im Gemeindearchiv Sils Nr. 6 v. 1. Februar 1408: *teulonium quod dicitur fulgariter furlait.* – Urkunde im Gemeindearchiv Sils Nr. 122 v. 17. Oktober 1498: *de igne sive de karpentacione wulgariter zimber.*

33) Der Vogt von Zizers (nördlich von Chur) stellte 1491 eine lateinische Vollmacht aus (Staatsarchiv Graubünden, Mohr, Dok.sammlung 11, 1245). Darin wird *Vlricus Jacobi vulgariter Durisch Jacom* erwähnt. Die Urkundensprache dieses Gebietes ist eindeutig deutsch, das *vulgariter* aber bezieht sich auf die rätoromanische Umgangssprache.

gründet sein. So gerieten die Aspermont in Abhängigkeit vom Bischof, der auch im Besitz ihrer Burg erscheint [34], die von Reichenberg im Vintschgau standen im Kraftfeld der Vögte von Matsch.

Als im 14. Jahrhundert eine ganze Reihe edelfreier Familien ausstarben, ging dieser Konzentrationsvorgang weiter. Der Herrschaftsbereich der Kirche Chur konsolidierte sich nach dem Aussterben der Vazer, im Oberland traten zum Teil die Werdenberger Linien an die Stelle alten edelfreien Adels, aber man darf auf Grund der vielen Fehden des 14. Jahrhunderts wohl sagen, daß sie dort nie völlig Fuß fassen konnten, denn bald gerieten sie zwischen Hammer und Amboß: den einheimischen Adel und die Kommunalbewegung der Bünde. Zum Teil haben diese beiden Machtfaktoren schon recht früh zusammengearbeitet, wobei nicht zu übersehen ist, daß die ganze Walserbewegung, welche in der 2. Hälfte des 13. Jahrhunderts einsetzte, der bündischen Entwicklung entscheidende Impulse gegeben hat. Die Walsergemeinden verfügten selber über die niedere Gerichtsbarkeit, ihr Ammann oder später Landammann war auch Richter, nur das hohe, besonders das Blutgericht stand dem Inhaber der Landesherrschaft zu, also dem Bischof, den Vazern und später den Werdenbergern. Diese Herren verfügten aber in den Walsergebieten über keine Burgen als Herrschaftsmittelpunkte. Die Walsergemeinden sind »burgenfrei« [35], was wieder dafür spricht, daß im 13. Jahrhundert besonders der niedere Adel den Burgenbau betrieb, um die Grundherrschaft zu behaupten. Der Inhaber der hohen Gerichtsbarkeit hatte seine Sitze außerhalb der Walsergemeinden, man sah also diese Herren praktisch nie, die Walser waren tatsächlich autonom. So wissen wir etwa, daß die Leute des Rheinwalds, der ältesten Walsergemeinde in Graubünden, vor dem hohen Gericht in Tomils erschienen, als in Nachfolge der Vazer die Herren von Werdenberg die Landeshoheit ausübten [36]. Die kommunale Bewegung des späten 14. und des 15. Jahrhunderts hat dann die Burgen endgültig ihrer politischen Funktion als Kristallisationspunkte der Herrschaft beraubt. Wohl blieb die Gerichtsbarkeit mit der Burg noch manchenorts verbunden. Der Burgvogt war Richter, aber in zunehmendem Maße gewannen die Gerichte selber Einfluß auf die Bestellung der Ammänner und Vögte. Auf den bischöflichen Burgen saßen

34) BUB 1059, 1126, 1286 (aus den Jahren 1275, 1283, 1299). – Urkunden zur Schweizer Geschichte aus österreichischen Archiven 1, hg. v. R. Thommen, 1899, Nr. 340 v. 1328 usw.

35) Kein Gegenargument bilden die Burgen von Obersaxen: Moregg, Schwarzenstein, Heidenberg und Saxenstein. Lediglich Schwarzenstein ist 1289 einmal urkundlich als Rhäzünser Besitz belegt; Rätische Urkunden aus dem Centralarchiv d. fürstl. Hauses Thurn u. Taxis in Regensburg, QSchweizG 10, Nr. 9; ferner sind 1468 als rhäzünsisch das Gut Moregk, der hoff Saxenstein und der hoff Schwarzenstein belegt (Haus-, Hof- u. Staatsarchiv Wien). Gerade die Entstehung der Walsergemeinde Obersaxen dürfte das Verschwinden der Burgen und ihr Absinken zu Höfen bewirkt haben. – Zu diesen Burgen vgl. Poeschel (wie Anm. 1), S. 239 ff.

36) Ebenso gehörte der Ammann oder ein Altammann der Walsergemeinde Rheinwald im 15. Jh. regelmäßig zu den Rechtsprechern des Hochgerichts Tomils (Staatsarchiv Graubünden, Archiv Ortenstein Nr. 45 u. 76 v. 23. Oktober 1470 respektive 2. Mai 1482).

Vögte aus der Churer Dienstmannschaft, die seit dem 14. Jahrhundert zusammen mit dem Domkapitel, der Stadt Chur und den Tälern meistens im Gegensatz zum österreichfreundlichen Bischof standen [37] und sich in ihren Lehens- oder Pfandreversen verpflichteten, dem Domkapitel gewärtig und gehorsam zu sein, wenn kein »ainwelliger« oder ein »unnützer« Bischof vorhanden sei [38]. So sanken die Burgen zu Sammelstellen der Gefälle herab und zu Finanzobjekten, indem besonders durch den im 14. Jahrhundert dauernd finanzschwachen Bischof die Gotteshausburgen immer wieder verpfändet, das heißt an Leute verliehen wurden, die dem Gotteshaus Geld zur Verfügung stellten. Das streng gewahrte Lösungsrecht führte dazu, daß ein ständiger Wechsel auf den Burgen festzustellen ist, indem ein anderer Geldgeber die Ablösung ermöglichte und selber Pfandinhaber wurde [39]. Doch scheint diese Politik zum Teil auch dazu gedient zu haben, den Adel des Gotteshausbundes, die Dienstleute, bei der Stange zu halten. Trotzdem trat, besonders im späten 15. Jahrhundert, der eine oder andere in österreichische Dienste [40].

Als die Werdenberger in der sogenannten Schamserfehde 1451 versuchten, als ultima ratio doch wieder die Gewalt gegen die Bünde einzusetzen, waren es die Burgen, welche als Symbole der Herrschaft dem Zorn des Volkes zum Opfer fielen. Eine ganze Reihe von ihnen ist damals zerstört und nicht mehr aufgebaut worden. Im Friedensvertrag nach dieser Schamserfehde wurde bezeichnenderweise der Wiederaufbau ausdrücklich verboten [41]. Da der Bistumsverweser, der Konstanzer Bischof Heinrich

37) Zur Entstehung und Geschichte des Gotteshausbundes vgl. Festschrift 600 Jahre Gotteshausbund, 1967.

38) Etwa BAC v. 7. Dezember 1398, Pfandrevers für die Feste Rietberg: ... *warten sond dem capitel ze Chur oder dem merentall dez capitels so ain ainwelliger byschof ze Chur nit wår oder dz ain byschof vnnůtz wår ...*

39) Als Beispiel sei wieder Rietberg angeführt: 1409 Revers des Konradin Rambach auf Widerruf; BAC v. 13. Februar 1409. – 1426 wird Bartholomäus Planta Bürge gegenüber Zürich, erhält dafür Rietberg; Staatsarchiv Zürich C IV 6,5. – Der umstrittene Bischof Heinrich von Hewen verpfändet 1447 Rietberg an Hans Wellenberg um 600 Gulden, mit denen das Pfand von Planta gelöst wurde; BAC v. 7. Februar 1447. – Im Streit zwischen Domherren und Bürgern mit dem Bischof löste der Ministeriale Hans Ringg mit Zustimmung des »Gegenbischofs« Leonhard Wyssmair die Feste vom bischöflichen Parteigänger Wellenberg. Er erhielt Rietberg zu Pfand, welches 1483 auf den Sohn übertragen wurde; BAC v. 21. Juni 1483. – Hier wird deutlich, welche Rolle die Burgen im Kampf zwischen dem österreichfreundlichen Bischof und dem Gotteshausbund spielten.

40) Vgl. die Dienstreverse des Dietegen von Marmels von 1475; THOMMEN (wie Anm. 34), 4,455/III. – Rudolf Ringg von Tagstein 1487 (THOMMEN 5,156/II), wobei aber die III Bünde ausgenommen werden. – Hartwig Capaul 1488 (THOMMEN 5,174), ausgenommen werden die III Bünde, Bischof und Stadt Chur.

41) Staatsarchiv Graubünden, Ortenstein Nr. 21.

von Hewen, auf der Seite des adeligen Schwarzen Bundes stand, nahmen die Churer auch seine Feste Aspermont ein [42].

So endete die mittelalterliche Burg als sinnfälliger Ausdruck der Adelsherrschaft in Graubünden: entweder wurde sie zerstört – nämlich dort, wo sie ihre alte Funktion zu behaupten versuchte – oder sie erhielt im Rahmen der neuen Verhältnisse eine neue, meist unkriegerische Funktion im Gerichts- und Finanzwesen der Bünde. Als Beispiel sei erwähnt, daß die III Bünde, als sie 1509 die Herrschaft Maienfeld erwarben, jeweils für zwei Jahre einen Landvogt bestellten, der auf der Burg Maienfeld saß. Da das Gericht Maienfeld aber nicht nur Herrschaftsgebiet der III Bünde war, sondern gleichzeitig auch Glied des Zehngerichtenbundes, trat später der eigenartige Zustand ein, daß im Turnus ein Maienfelder selber Landvogt in Maienfeld werden konnte, also Herr und Beherrschter sozusagen in einer Person war [43]. Nichts vermag wohl die komplizierten politischen Verhältnisse im spätmittelalterlichen Graubünden deutlicher zu zeigen als dieses politische Kuriosum.

Für den Gesamtstaat – wenn wir die III Bünde der Einfachheit halber einmal so nennen wollen – behielten die Burgen aber doch einen gewissen militärischen Wert, wie die Geschichte des Schwabenkriegs von 1499 beweist. Wieder modern ausgedrückt, könnte man vielleicht sagen, ihr Schwergewicht habe sich vom innen- auf den außenpolitischen Bereich verschoben.

Diese sehr summarische chronologische Skizze der Bündner Burgengeschichte soll im folgenden nun in geographisch-politischer Anordnung noch etwas verdeutlicht werden.

Zunächst sei vom Gebiet des späteren Gotteshausbundes die Rede. Im Vintschgau und Unterengadin spielten neben dem Bischof die Herren von Tarasp, dann ein Nebenzweig, die Vögte von Matsch, eine wichtige Rolle, im 13. Jahrhundert schalteten sich auch die Grafen von Tirol, dann Görz, im 14. Jahrhundert die Brandenburger und später die Habsburger als Grafen von Tirol ein. Die Herren von Tarasp und die Vögte von Matsch gehörten zum erwähnten engen Kreis der nobiles, ihre Stellung beruhte wenigstens teilweise auf ehemaligem Reichsgut und Reichsrechten [44]. In der Auseinandersetzung dieser Mächte spielten die Burgen eine wichtige Rolle. Die Tarasper, welche bald ausstarben, vermachten im 12. Jahrhundert ihre Burg dem Hochstift Chur, doch konnte sich dieses offensichtlich nicht durchsetzen, gelangte die Burg doch über die Reichenberger – vielleicht verwandt mit Tarasp? – an die Gra-

42) Regesta episcoporum Constantiensium 4, 11710 (Klage Bischof Heinrichs vor den eidgenössischen Boten in Bern). – JHGG 63, 1933, S. 287.

43) P. Gillardon, Die Erwerbung der Herrschaft Maienfeld durch die III Bünde u. ihre Einrichtung als Landvogtei 1504–1509, in: Bündnerisches Mbl. 1936, S. 161–182, bes. S. 175.

44) Festschrift (wie Anm. 37), S. 40 ff.

fen von Tirol, dann an die Vögte von Matsch [45]. Nach einer Fehde in der Mitte des 14. Jahrhunderts mußten letztere die Burg an den damaligen Grafen von Tirol, Ludwig von Brandenburg, abtreten, erhielten sie aber als Lehen zurück [46]. Chur hatte seine Ansprüche noch nicht aufgegeben, mußte aber nach einer weiteren Auseinandersetzung mit den Matschern laut Schiedsspruch von 1421 auf die Burg Tarasp verzichten [47]. Bis 1803 blieb Tarasp österreichische Exklave im Bündner Gebiet.

Die Hälfte von *fundamentum et area*, worauf die Churburg bei Schluderns erbaut worden war, gehörte dem Bischof von Chur [48], die andere dem Grafen von Tirol [49], die Burg selber jedoch den Vögten von Matsch [50]. Auch hier unterlag letztlich der Bischof, indem er im 14. Jahrhundert seinen Teil den Matschern zu Lehen gab [51]. Da letztere 1363 mit ihren Burgen in österreichische Dienste traten [52] und sie die andere Hälfte der Burg offensichtlich bald von Österreich zu Lehen nehmen mußten [53], war auch hier die Frage der Landeshoheit bereits gegen Chur entschieden.

Die Fürstenburg bei Burgeis im obern Vintschgau wurde durch Bischof Konrad III. von Belmont (1273—1282) erbaut [54], doch vermochte dieser Burgenbau hier dem Bischof nicht mehr die Landesherrschaft zu verschaffen. Offensichtlich hatte der Graf von Tirol sich hier bereits durchgesetzt. In einer Kundschaft des Jahres 1454 bezeugten denn auch ansässige Leute, daß die Malefizgerichtsbarkeit über die Churer Gotteshausleute auf der Malserheide dem österreichischen Gericht Nauders zustehe, während dem Bischof nur die niedere Gerichtsbarkeit (um Geldschuld) zukomme [55].

45) BUB 341, 363, 772. – Nach einer allerdings durchgestrichenen Stelle in GOSWINS Marienberger Chronik wär Tarasp als Ersatz für die entzogene Grafschaft Sarntheim an die Vögte von Matsch gekommen; Tirolische GeschQ 2, 1880, S. 51, Anm. 2.

46) L. DEPLAZES, Reichsdienste u. Kaiserprivilegien der Churer Bischöfe von Ludwig dem Bayern bis Sigmund, in: JHGG 101, 1971, S. 39 f.

47) P. FOFFA, Das Bündnerische Münsterthal, 1864, S. 90. – Chur legte die Urkunde von 1160 (BUB 341) ins Recht, drang damit aber gegenüber den Tiroler Lehenbriefen der Vögte von Matsch nicht durch.

48) THOMMEN (wie Anm. 34) 1,365.

49) 1331 verlieh König Heinrich von Böhmen als Graf von Tirol an Ulrich und Egno von Matsch den halben *purchperch ze Churberch*; Schloßarchiv Churburg M 36.

50) GOSWIN (wie Anm. 45), S. 138: *quod illa castra ... que prius propria habebant, postea et deinceps a domino de Tirol in feodum haberent ...*

51) GOSWIN (wie Anm. 45), S. 141. – FOFFA (wie Anm. 47), Nr. 29: *Item dimidium castrum Curberg.*

52) THOMMEN (wie Anm. 34), 1,708.

53) Vgl. oben Anm. 50 und die Belehnung vom 8. März 1393: Kurberg halbe; Schloßarchiv Churburg M 130 u. Landesreg.arch. Innsbruck, Lehenurk. A 478. – Ob bei dieser »Umwandlung« von Eigentum (*superficies*) in Lehen nur die machtpolitische Lage maßgebend war oder ob vielleicht römisch-rechtliches Gedankengut einwirkte (*semper superficiem solo cedere*, D, 43,17), kann hier unerörtert bleiben.

54) MUOTH (wie Anm. 23), S. 16.

55) BAC v. 20. November 1454.

Anders entwickelten sich die Verhältnisse im Unterengadin. Um 1200 hatte der Bischof die Burg Steinsberg-Ardez gekauft [56]. Auch hier erhob Tirol Ansprüche, verzichtete aber 1228 nach einem Streit durch Vergleich [57]. Der Graf bestritt auch hier dem Bischof die Blutgerichtsbarkeit, derentwegen sie den König anrufen wollten. Weiter erreichte der Graf, daß der Bischof die Churer Lehen auch seinen Töchtern verleihen würde, was 1258 dann auch tatsächlich geschah [58]. Nach der Auseinandersetzung zwischen den Vögten von Matsch und dem Hochstift Chur nach 1400 verzichtete dann Matsch im Schiedsspruch von 1421 auf Steinsberg, ebenso auf die Feste Ramosch [59]. Diese gehörte zunächst den Herren gleichen Namens, welche auch dem freien Adel zuzurechnen sind, aber im 13. Jahrhundert nicht in den kleinen Kreis der nobiles aufzusteigen vermochten; die Tarasper und Matscher standen ihnen dabei offensichtlich im Wege. Wohl hatten im Jahre 1256 Graf und Gräfin von Tirol dem Nannes von Ramosch den Bau einer Burg im Engadin bewilligt, also versucht, dadurch diese Herren in ihren Machtbereich zu ziehen und durch eine neue, von ihnen bewilligte Burg die Grundlage für ihre Landesherrschaft zu legen [60]. Der Bau wurde aber nicht ausgeführt, woran der Bischof nicht unbeteiligt gewesen sein dürfte, auch wenn Nachrichten darüber fehlen. Jedenfalls steht baugeschichtlich fest, daß die ältesten Teile von Tschanüff (Ramosch) sicher ins 12. Jahrhundert zurückgehen, diese Burg also nicht auf Grund der Bewilligung von 1256 erbaut sein kann, sondern damals bereits stand. Im 14. Jahrhundert konnte der Graf von Tirol die Streitigkeiten innerhalb des Hauses Ramosch ausnützen. Swiker und Konrad von Ramosch versprachen 1365 den Österreichern die Offenhaltung der Burg, und nachdem Swiker seinen Bruder Konrad ermordet hatte, zog der Herzog die Burg und Herrschaft ein und verlieh sie an die Matscher [61]. In der Auseinandersetzung mit dem Hochstift Chur nach 1400 gewann aber Chur die Burg zurück, und diese Sachlage wurde dann im Spruch von 1421 bestätigt [47]. Auch Kundschaften aus dem Jahre 1446 [62], die ergaben, daß der Bischof Ramosch gewaltsam erworben habe, vermochten an den politischen Verhältnissen nichts mehr zu ändern. Aufschlußreich ist ferner eine Urkunde von 1239, wonach der Bischof den Vögten von Matsch den Markt von Müstair verpfändete, aber unter der ausdrücklichen Bedingung: nec munitionem aliquam ibi edificet [63].

56) BUB 524.
57) BUB 679.
58) BUB 932, 933.
59) Vgl. Anm. 47.
60) BUB 911.
61) CD 3,122. – Kundschaft vom 5. Dezember 1440 (Staatsarchiv Graubünden, Mohr, Dok.sammlung 8,170). – Thommen (wie Anm. 34), 1,761, 762.
62) R. Thommen, Drei Beiträge zur Bündnergeschichte, in: JHGG 63, 1933, S. 305 ff.
63) BUB 771.

Die Burgen haben demnach wesentlich mitbestimmt, zu wessen Gunsten in den verschiedenen Gebieten der Machtkampf zwischen Chur, Tirol und Matsch letztlich verlief, und dadurch wurde auch die heutige südöstliche Landesgrenze der Schweiz bestimmt: Tarasp blieb bis 1803 österreichisch, der obere Vintschgau als Machtbereich der Vögte von Matsch in der Grafschaft Tirol ebenfalls. Nur die Fürstenburg war offensichtlich zu spät erbaut worden, als daß sie im obersten Teil des Vintschgaus die politische Lage noch zu Gunsten des Bischofs hätte ändern können. Dieses Gebiet verblieb nach dem Schwabenkrieg den Österreichern, das Münstertal und das Unterengadin letztlich aber dem Gotteshaus und damit der Eidgenosschaft, auch wenn hier die österreichischen Rechte erst nach dem Dreißigjährigen Krieg, 1652, ausgekauft werden konnten.

Nur nebenbei sei bemerkt, daß nach den rätischen Quellen des 12. bis 14. Jahrhunderts (o. S. 279 ff.) von einem königlichen Befestigungsregal weder die Rede ist noch faktisch es irgendwie wirksam war, sondern es sind die angehenden Landesherren, die sich um das Burgbaurecht streiten und Abmachungen darüber treffen. Dies entspricht ja auch den tatsächlichen Machtverhältnissen besonders des 13. Jahrhunderts, und theoretischen Erörterungen über Regalrechte kann schon aus diesem Grunde keine zu große Bedeutung beigemessen werden. Es zeigt sich hier eine ähnliche Diskrepanz zwischen Theorie und Praxis wie etwa in neueren Arbeiten zur Geschichte des Landfriedens [64].

Im Bergell, das durch königliche Schenkung im Jahre 960 an den Bischof gekommen, und im Oberengadin, welches vielleicht noch etwas früher bischöflich geworden war, blieb die bischöfliche Herrschaft unbestritten [65]. Auch in der Burgengeschichte zeichnen sich diese Verhältnisse deutlich ab: Die aus römischer Wurzel entstandene Feste Castelmur unten im Bergell war immer bischöflich; auch der runde Turm in Vicosoprano war bischöfliches Lehen. Einen älteren einheimischen Adel hat es im Bergell nicht gegeben, die jüngeren Geschlechter der Castelmur, Salis, Stampa und Prevost sind erst im bischöflichen Dienst aufgestiegen, sie sind übrigens alle aus den für den lombardischen Raum typischen Notarsfamilien hervorgegangen. Auch im Oberengadin gab es keinen alten einheimischen Adel mit eigenen Burgen. Die führenden Planta waren bischöfliche Ammänner in Zuoz, hatten wohl ihre Türme, aber die Burg Guardavall wurde, wie oben erwähnt, erst durch den Bischof erbaut und beherbergte nie ein eigenes Adelsgeschlecht.

Nördlich der Alpen läßt sich der Machtkampf zwischen dem Hochstift Chur und den Freiherren von Vaz, dem weitaus mächtigsten Adelshaus Rätiens im 13. Jahrhundert, wieder am Schicksal der Burgen ablesen. Haupterbe der um 1050 verschwundenen Grafschaft in Oberrätien war zweifellos der Bischof, doch dürfte seine führende

64) Vgl. etwa H. ANGERMEIER, Königtum u. Landfriede im deutschen Spätmittelalter, 1966, passim.

65) CLAVADETSCHER, in: Festschrift (wie Anm. 37), S. 13 ff., 31 ff.

Stellung erst das Ergebnis langer Auseinandersetzungen mit dem Adel gewesen sein, die quellenmäßig kaum faßbar sind. Die Herren von Rialt (auf der Burg Niederrealt) werden kaum ursprüngliche Ministerialen von Chur gewesen sein, wenn sie auch bereits im 12. Jahrhundert als solche erscheinen. Der Bischof dürfte sie in seinen Machtbereich einbezogen haben, indem er ihnen die Vogtei über das Frauenkloster Cazis (ein bischöfliches Eigenkloster) und das Viztumamt im Domleschg übertrug, andererseits sie aber wahrscheinlich dazu veranlaßte, ihm dafür ihre eigenen Herrschaftsgebiete aufzugeben und sie als Lehen zurückzuempfangen. Auf diese Weise werden wohl das Schams und Teile des Domleschgs bischöflich geworden sein. Bis ins 15. Jahrhundert nahmen zuerst wohl die Rialt, dann sicher die Vaz und später die Grafen von Werdenberg-Sargans das Tal Schams und Besitz im Domleschg vom Bischof zu Lehen. Die Burgen spielten als Herrschaftsmittelpunkte eine wesentliche Rolle, so die Bärenburg im Schams und Ortenstein im Domleschg. Der Burgenbruch in der Schamserfehde und das Verbot des Wiederaufbaus [66] haben nicht zuletzt dazu beigetragen, daß die Grafen von Werdenberg-Sargans ihre Herrschaftsrechte verkauften [67] und damit vor dem Gotteshausbund und der kommunalen Bewegung endgültig kapitulierten, hatte doch das entscheidende Eingreifen des Gotteshausbundes zum Mißerfolg des werdenbergischen Überfalls auf das Schams geführt. Im bischöflichen Machtbereich aufgegangen sind auch die Herren von Aspermont, die ebenfalls ursprünglich nicht unfreie Dienstleute gewesen sind. Das nahe Chur hat diesen Prozeß zweifellos begünstigt. Burgname und Auftreten des Geschlechts [68] sprechen für ein höheres Alter. Sie werden wie die Rialt zu den freien Adelsfamilien gehört haben, deren Macht zum Teil auf Reichsgut beruht hatte, denen es dann aber infolge der überragenden bischöflichen Machtstellung nicht gelungen war, sich in die oberste Schicht der nobiles hinaufzuarbeiten. Dies gelang tatsächlich nur den Herren von Vaz, und darin liegen bereits die tieferen Gründe der dauernden Auseinandersetzungen mit dem Hochstift. Für die Vazer war es eine Schicksalsfrage, ob sie sich mitten im bischöflichen Interessengebiet halten konnten, für den Bischof und das Hochstift ergab sich die politische Aufgabe der Abrundung und Verklammerung durch Ausschaltung vazischen Einflusses. Zu beachten ist, daß die vazische Stellung oberhalb Chur (mit der Burg Straßberg), um Vaz und Lantsch (mit der Burg Belfort) die Julier- und Septimerstraße beherrschte, die sich im übrigen Verlauf ganz in den Händen des Bischofs befand. Noch komplizierter lagen die Verhältnisse im Domleschg mit den beiden Burgen Süns in der Mitte, später verstärkt durch Rietberg. Zwar war es dem Bischof gelungen, das wohl ursprünglich vazische äußere Domleschg um Tomils herum (mit der Burg Orten-

66) Staatsarchiv Graubünden, Ortenstein Nr. 21.

67) 1456 verkaufte Graf Georg von Werdenberg-Sargans alle Rechte im Schams und in Vaz an das Gotteshaus (JHGG 30, 1900, S. 94, Nr. 26), ebenso 1475 die Herrschaften Heinzenberg, Thusis und Tschappina (ib. S. 102, Nr. 30).

68) 1149 als Zeugen im Vogtgericht Chur (BUB 316).

stein) in Lehensabhängigkeit zu bringen, aber die Landesherrschaft verblieb den Rechtsnachfolgern der Vazer, den Grafen von Werdenberg-Sargans, woran auch ein riesiger Prozeß in den Jahren 1470–1472 nichts zu ändern vermochte [69]. Aus dieser Spannung zwischen dem Bischof und den Vazern heraus kann im wesentlichen auch die Burgenpolitik der Bischöfe des 13. Jahrhunderts verstanden werden. 1258 erwarb der Bischof Burg und Herrschaft Riom im Oberhalbstein von den Herren von Wangen/Burgeis [70], wohl nicht so sehr, um diese auszuschalten, als um zu verhindern, daß die Vazer sich hier festsetzten und damit die Julierroute an einer zweiten wichtigen Stelle unterbrechen und gefährden könnten. Der Bau des Schlosses Fürstenau [71] im südlichen Domleschg versteht sich am besten als Gegengewicht gegen die vazische Stellung mit den genannten Burgen, Alt- und Neusüns, Ortenstein und Rietberg. Durch den Burgenbau in Fürstenau, in dessen Umgebung das Stift seit dem Frühmittelalter bedeutenden Grundbesitz besaß [72], gelang es dem Bischof tatsächlich, hier seine Landesherrschaft durchzusetzen. Im Urteil von 1472, das den genannten Prozeß abschloß, verblieben Stock und Galgen in Fürstenau dem Bischof, während im übrigen Domleschg die hohe Gerichtsbarkeit den Grafen von Werdenberg-Sargans zustand. Aber auch auf die schon genannte Burg und Herrschaft Aspermont scheinen die Vazer Ansprüche erhoben zu haben, denn zwischen dem Bischof und Walter IV. von Vaz, der der Kirche Chur oft Schaden zugefügt habe, kam 1275 ein Ausgleich zustande. Walter gab alle Pfänder an Chur zurück, erhielt dafür aber zu Leibding verschiedene Güter und Rechte, unter anderem die Burg Aspermont [73]. So hatte er momentan sein Ziel erreicht, die Kirche konnte aber auf baldigen Rückfall dieser Gerechtsamen hoffen. Die Söhne dieses Walter endlich verglichen sich 1284 mit dem Bischof aufgrund eines Schiedsspruches. Eine wesentliche Rolle spielte darin der Burgenbau. Der Bischof verzichtete auf alle Ansprüche auf vazische Burgen, beide aber verpflichteten sich, keine *niwe vestin ze buwen aine vber dien andren*, im Streitfalle sollten zwei Schiedsrichter entscheiden [74]. Die beiden Parteien wollten also aufhören, durch Burgenbau in umstrittenen Gebieten das Blatt zu ihren Gunsten zu wenden. Die Wirkung dieses Schiedsspruchs scheint allerdings nicht überwältigend gewesen zu sein, denn

69) P. Liver, Der Kampf um die Landeshoheit im Domleschg zwischen den Grafen von Werdenberg-Sargans und dem Bistum Chur, in: JHGG 61, 1931, S. 183 ff., bes. S. 225 ff.

70) BUB 926, 927.

71) Muoth (wie Anm. 23), S. 13.

72) 857 tauschte der Bischof Besitz in Meran ein gegen solchen in Scharans im Domleschg (BUB 69). Daß es sich tatsächlich um Scharans handelt und nicht um Tscherms im Südtirol o. a., wurde nachgewiesen in Festschrift (wie Anm. 37), S. 8 f. – 926 schenkte König Heinrich I. Almens an Bischof Waldo (BUB 99). – Leider ist der betreffende Abschnitt des Reichsgutsurbars nicht erhalten, er ergäbe zweifellos weiteren Aufschluß über die Churer Rechte im Domleschg.

73) BUB 1059.

74) BUB 1135.

schon 1299 mußte sich ein weiteres Schiedsgericht mit dem Streit um verschiedene Burgen und um das Burgbaurecht befassen [75]. Neben Neu- und Altaspermont, Winegg und Haldenstein standen auch zwei Türme in Chur zur Diskussion, um die sich der Bischof als Stadtherr und der Vazer als Reichsvogt stritten. Im allgemeinen ging dieser Streit eher zugunsten des Bischofs aus, der damals auch im benachbarten Zizers die Burg Friedau errichtet hatte. Mit dem Aussterben der Vazer um 1337 besaß das Hochstift in seinem Interessengebiet keinen wirklichen politischen Gegner mehr.

Im Vorderrheintal, dem Gebiet des Oberen Bundes, gestalteten sich die Verhältnisse nach dem Untergang der oberrätischen Grafschaft wesentlich komplizierter, da hier keine überragende Macht vorhanden war wie in Mittelbünden der Bischof und später auch die Vazer. So konnten hier verhältnismäßig schwache Adelshäuser zu grafengleicher Stellung aufsteigen. Die Zahl der nobiles ist deshalb hier größer, es sind die Herren von Sagogn, Belmont, Wildenberg, Frauenberg, Sax-Misox, Montalt und Friberg [76]. Das Bild vereinfacht sicher aber wieder etwas, wenn man in Rechnung stellt, daß die Sagogn und Wildenberg stammesgleich waren, sehr wahrscheinlich auch die Friberg und Frauenberg, respektive die Montalt und Löwenberg. Im obersten Rheintal war das Kloster Disentis führend, das auch über einige Ministerialen mit ihren Burgen verfügte. Durch das Aussterben von Adelshäusern, etwa der Frauenberg, Wildenberg, Sagogn, Friberg, etwas später auch der Belmont und Montalt entstanden langsam die Verhältnisse des Spätmittelalters, nicht ohne daß es um die Erbschaften jeweils zu langwierigen Auseinandersetzungen gekommen war, etwa nach der Devise: Et gere bella et nube! Die Lage wurde nicht einfacher durch Erbansprüche der Werdenberger Linien, und gerade dieser Kampf der einheimischen Adeligen mit den unterrätischen Werdenberger Grafen trug wesentlich zur Entstehung des Grauen oder Oberen Bundes bei, kämpften doch schon früh Herren und Untertanen gemeinsam gegen die Fremden, so etwa in der Belmonter Fehde in der Mitte des 14. Jahrhunderts [77]. Die an sich nicht zu große Macht dieser Adeligen und die Fehden unter ihnen begünstigten die Kommunalbewegung, der sich früh schon der Abt von Disentis gewogen zeigte. So bestimmten die drei Hauptherren des Bundes, der Abt von Disentis, der Herr von Rhäzüns als Erbe verschiedener Herrschaften, und die Sax-Misox, ebenfalls als Erben (später trat der Bischof von Chur an ihre Stelle), zusammen mit ihren Gerichtsgemeinden immer mehr das politische Leben. Die Burgen wurden zu Verwaltungsmittelpunkten, manche gingen nachweislich ein, weil sie keine Funktion mehr hatten, war doch durch das Bündnis aus dem Gegeneinander ein Miteinander geworden.

Ganz andere Verhältnisse bestanden im Misox, das ebenfalls zum Grauen Bund ge-

75) BUB 1286.
76) Clavadetscher (wie Anm. 28).
77) L. Joos, Die Belmont'sche Fehde, d. h. der Überfall des Grafen Albrecht II. von Werdenberg-Heiligenberg auf die Gruob und das Lugnez vom 12. Mai 1352, in: Bündner Monatsbl. 1958, S. 1–15.

hörte. Die Landeshoheit der Sax-Misox, welche zwischen 1413 und 1416 in den Grafenstand erhoben worden waren, spiegelt sich auch in der Misoxer Burgengeschichte. Obschon einige Burgen und Türme in die vorsaxische Zeit zurückreichen, befanden sich im 14. und 15. Jahrhundert alle Befestigungsanlagen des Tales in der Hand der Saxer Haupt- und Nebenlinien. Beherrschend war das mächtige Kastell Mesocco als ausgesprochene Talsperre, das am Anfang des 15. Jahrhunderts wesentlich erweitert wurde. Nebenburgen standen in einer ganzen Reihe von Dörfern, in Norantola (castellum), Grono (Turm Fiorenzana), Roveredo (palatium und 2 Türme), S. Vittore (Turm), Monticello (Turm), S. Maria di Calanca (Turm). Hier war keine konkurrierende Macht vorhanden; mit der Herrschaft gingen 1481 auch diese Wehranlagen durch Kauf an Gian Giacomo Trivulzio, den mailändischen Condottiere und Rat, über [78].

Im Gebiet des Zehngerichtenbundes befinden sich nur wenige Burgen, ein wesentlicher Teil dieses Gebietes ist Siedlungsraum der Walser, also völlig burgenfrei. Die Burg Maienfeld gehörte im 13. Jahrhundert den Herren von Aspermont [79]. Ihr weiteres Schicksal [80] bis zum Übergang an die Grafen von Toggenburg [81] ist wenig durchsichtig, jedenfalls gelangte Maienfeld nicht direkt aus der Vazer Erbschaft an Toggenburg, wie man bisher annahm [82]. Nach längeren Auseinandersetzungen zwischen den Toggenburger Erben fiel die Herrschaft Maienfeld endlich 1437 an die Herren von Brandis und Aarburg [83], und 1509 veräußerten dann die Brandis – wieder nach langen, politisch bedingten Kaufverhandlungen – Maienfeld an die III Bünde [84].

78) Gertrud Hofer-Wild, Herrschaft und Hoheitsrechte der Sax im Misox, phil. Diss., 1949, S. 198 ff.

79) 1282 vermachte Heinrich von Aspermont die Burg seinem Bruder Egilolf (BUB 1115a).

80) Von 1342 bis 1355 sind die Meier von Windegg als Herren von Maienfeld bezeugt; CD 2,276, bes. CD 3,36; nach einem Liechtensteinischen Repertorium aus der 1. Hälfte des 18. Jhs. (Liechtensteinisches UB I/4,10) verkauften Ritter Johann von Bodman und seine Gemahlin, eine Tochter Hartmanns des Meiers von Windegg, Maienfeld an Friedrich von Toggenburg. Offen muß vorläufig bleiben, wie diese Nachricht mit der im gleichen Repertorium (ib. 11) zu 1359 gemeldeten in Einklang zu bringen ist, daß die Grafen von Werdenberg-Sargans die Burg Maienfeld an Friedrich von Toggenburg verkauft hätten. Es sind wohl einander widersprechende Ansprüche anzunehmen. Denkbar wäre, daß die Meier von Windegg die Herrschaft Maienfeld irgendwie von den Aspermont her erworben hatten, während die Werdenberger dieses Gebiet vielleicht als Teil ihrer Vazer Erbschaft betrachteten.

81) Vgl. die beiden in Anm. 80 erwähnten Regesten. – Bereits am 3. September 1362 urkundeten Kunigunde von Vaz und ihr Gemahl Friedrich von Toggenburg »ze Mayenueld in vnser vesti« (CD 3,103).

82) So neuestens noch J. Fulda, Zur Entstehung der Stadtverfassung von Maienfeld, jur. Diss., 1972, S. 26, 30.

83) Urkundenbuch der Abtei Sanct Gallen, 5, bearb. v. P. Bütler u. T. Schiess, Nr. 4026.

84) Vgl. oben Anm. 43.

Inhaber der späteren Gerichte waren als vazische Erben zunächst die Grafen von Toggenburg, nach ihrem Aussterben 1436 die Montfort, die Matsch, dann Kaiser Maximilian [85]. Sie besetzten auch die Burgen (Castels, Straßberg, Belfort) mit ihren Vögten und Beamten. Aber die Gerichtsgemeinden erstarkten auch hier, vor allem die große Walsergemeinde Davos, der die Österreicher nach einer Nachricht um 1470 herum sogar die Burg Belfort offenhalten mußten [86]. Ein Blick auf die Inhaber der Vogteien zeigt, wie sehr sich auch hier die Verhältnisse zugunsten der Untertanen gewandelt haben. Ab etwa 1400 erscheinen nur noch Maienfelder Bürger als Vögte in der Stadt Maienfeld [87], und in Castels herrschte am Ende des 15. Jahrhunderts ebenfalls das einheimische Element vor [88], während seit 1505 (zweifellos als Folge des Schwabenkrieges) wieder Adelige die Vogtei innehatten [89]. Die Vogtei Belfort gelangte sogar ganz in die Hand des Davoser Landammanngeschlechts Beeli [90]. Österreich konnte zwar auch nach dem Schwabenkrieg von 1499 diese Herrschaften noch behaupten, es ging aber im wesentlichen nur noch um die Gefälle, so daß analog zum Unterengadin nach dem Dreißigjährigen Krieg die österreichischen Rechte ausgekauft und damit die Gerichtsgemeinden zu ihren eigenen Herren wurden.

Im Früh- und Hochmittelalter verfügten die führenden Schichten über starke Wehranlagen, die Victoriden etwa in Schiedberg, die Nachfolger der Grafen in ihren Feudalburgen. Auch Bischof und Äbte trieben Burgenbau und Burgenpolitik.

Durch die häufigen Fehden ging manche Burg unter, andere wechselten den Besitzer. Erst die Kommunalbewegung des 14. und 15. Jahrhunderts beraubte dann die Burgen ihrer Funktion, indem die Gerichtsgemeinden selber Herrschaftsrechte ausübten. So wurden die Burgen immer mehr zu Verwaltungszentren oder wurden verlassen. Die Zeit der Burg als Inbegriff und Symbol der Adelsherrschaft war abgelaufen, die neuen kommunalen Kräfte bedurften ihrer nicht mehr. Am Ende des Mittelalters zeichnete sich bereits das heutige Landschaftsbild ab: Entweder wurde die Burg zur Ruine oder dann zum Wohnsitz des kleinen Adels und aufstrebender Bauern- und Bürgerfamilien, die ihren Reichtum in fremdem Solddienst erworben oder gemehrt hatten und ihn im Ausbau einer Burg zum bewohnten Schloß sichtbar werden ließen.

85) Vgl. dazu P. GILLARDON, Geschichte des Zehngerichtenbundes 1936, passim.

86) Haus-, Hof- u. Staatsarchiv Wien, 1455–1494, f. 14.

87) Vorher waren es Adelige (Fontnas, Haldenstein, Buwix). Erster Bürger 1397 Hans Seger (CD 4,232).

88) 1492–1496 Jann Heintz, 1499–1505 Hans Schuler von Davos.

89) Vgl. die allerdings unvollständige Liste bei GILLARDON (wie Anm. 85), S. 113 f.

90) 1441–1481 Ulrich Beeli, 1483–1510 Nicolaus Beeli. Zeitweise darf man geradezu von einer Personalunion zwischen Vogtei Belfort und Landammannamt Davos sprechen.

Zur Burgenverfassung in Franken

VON RUDOLF ENDRES

»Kaum ein anderes Gebiet in Deutschland ist so reich an Burgen und Schlössern wie das heutige Franken«, schreibt Bodo Ebhardt in seiner bekannten Monographie über die Wehrbauten in Europa [1]. Tatsächlich gehören zu den charakteristischen historischen Elementen und Merkmalen der fränkischen Landschaft neben den erhaltenen mittelalterlichen Städtebildern die vielen Burgen und Schlösser. Allein in dem heutigen Regierungsbezirk Unterfranken finden sich 296 Burgen und Schlösser, und im östlichen Franken, unter Einbeziehung der Ostabdachung des Steigerwaldes, wurden genau 265 Wehranlagen erschlossen, von denen 132 abgegangen sind, 60 sind ruinös und immerhin 73 noch heute bewohnt. Von den erschlossenen 265 Wehranlagen sind 151 Höhenburgen, 83 Wasserburgen und 32 Talburgen. Die Wasserburgen sind, entsprechend der Oberflächengestaltung, vor allem im Bereich der östlichen Steigerwaldabdachung und im Itz-Baunach-Hügelland zu finden, während die Höhenburgen auf Grund der geologisch-topographischen Gegebenheiten besonders in der Fränkischen Alb verbreitet sind, nämlich genau 100 Anlagen; allein im Tal der Wiesent finden sich 30 Höhenburgen [2]. Insgesamt jedoch ist die Zahl der tatsächlich einmal vorhandenen Wehranlagen noch höher anzusetzen; wurden doch im Bauernkrieg von den Aufständischen allein im Gebiet des Hochstifts Bamberg genau 197 Burgen oder adelige Häuser mehr oder weniger zerstört [3].

Hinsichtlich des Erhaltungsgrades der mittelalterlichen Wehranlagen fällt auf, daß bei den beiden Typen der Höhen- und Talburgen entschieden mehr Anlagen abgegangen sind, während die Zahl der noch heute bewohnten Wasserburgen verhältnismäßig groß ist; von den erschlossenen 82 Wasserburgen sind noch heute 40 bewohnt, dagegen bei den 151 Höhenburgen nur noch 24 [4].

1) Die Wehrbauten Europas im Mittelalter I, 1939, S. 420 ff.
2) K. Rudhart, Burgen und Wehranlagen im Landschaftsbild des östlichen Franken, Diss. Erlangen 1952 (Mschr.), bes. S. 218 ff.
3) R. Endres, Der Bauernkrieg in Franken, in: BllDtLdG 109, 1973, S. 61; Ders., Probleme des Bauernkrieges im Hochstift Bamberg, in: JbFränkLdForsch 31, 1971, S. 121 ff.
4) K. Rudhart, S. 222 f.

Für die reiche Verbreitung der Burgen und Schlösser im fränkischen Landschaftsbild, die heute gerne als »Wahrzeichen Frankens« fremdenwirksam verkauft werden, gelten als Ursachen und Beweggründe meist die landschaftliche und geologisch-topographische Vielgliedrigkeit und Vielgestaltung Frankens, die sich förmlich zum Burgenbau angeboten haben: die Basaltkegel der Rhön, die Urgesteinsfelsen des Fichtelgebirges, das Sandsteingebiet des Steigerwaldes und die steilen Dolomitfelsen des Frankenjura. Gleich wichtig wie die natürlichen Gegebenheiten und Voraussetzungen waren aber auch die historische Vielschichtigkeit und Vielgestaltung Frankens, vor allem das »Adelsland Franken« [5]. Denn in dem »territorium non clausum« war die Burg, das Haus eines Herrn, als Zentrum der personalen Herrschaftsrechte zugleich der Kern einer selbständigen politischen Einheit, eines »adeligen Territoriums«.

Die nachfolgenden Ausführungen werden sich hauptsächlich auf das östliche Franken beziehen und erstrecken, speziell auf das Territorium der Bischöfe von Bamberg. Es ist dies eine notwendige Folge der Quellenlage, genauer der gedruckt vorliegenden Quellen. Denn die Eintragungen in dem bischöflichen Urbar A von 1323—28 [6] und im Urbar B von 1348 [7], dem sogenannten Rechtsbuch des Bischofs Friedrich von Hohenlohe, das noch ausführlicher und genauer in seinen Angaben ist, ermöglichen gesicherte Aussagen zur Burgenverfassung in Nordostbayern, vor allem auch zu den nur schwer durchschaubaren Entwicklungen in dem Problemkomplex der Burgendienste. Die verschiedenen Formen der Wehrverfassung, vor allem das Burghutrecht in seinen lokalen Unterschieden und seinen Wandlungen im 13./14. Jahrhundert, lassen sich in einer dritten wichtigen Bamberger Quelle noch deutlicher fassen, nämlich in dem Registrum Burghutariorum ecclesie Babenbergensis [8] aus der 2. Hälfte des 14. Jahrhunderts. Eine vergleichbar aussagestarke Quelle ist das sogenannte Böhmische Salbüchlein von 1366—68 [9], welches die Burgenpolitik und das Burgenbesatzungssystem Kaiser Karls IV. in Nordostbayern, vor allem im Bereich der nördlichen Oberpfalz, aufzeigt und aufschlußreiche Vergleiche zu den Bamberger Verhältnissen ermöglicht. Die Würzburger Lehenbücher sind zu diesen Fragen weniger ergiebig, besonders was

5) Vgl. hierzu vor allem H. H. Hofmann, Adelige Herrschaft und souveräner Staat (Studien zur bayer. Verfassungs- und Sozialgeschichte II), 1962; Ders., Der Adel in Franken, in: Deutscher Adel 1430—1555, hg. von H. Rössler, 1965; siehe auch die einschlägigen Kapitel von A. Gerlich und R. Endres im Handbuch für bayer. Geschichte, hg. von M. Spindler, III, 1, 1971; G. Voit, Der Adel am Obermain (Die Plassenburg 28), 1969.

6) Das älteste Bamberger Bischofsurbar 1323/28 (Urbar A), hg. von W. Scherzer, in: 108. BerHistVBamb 1972, S. 5 ff.

7) Friederich's von Hohenlohe, Bischof's von Bamberg, Rechtsbuch (1348), hg. von C. Höfler (Quellensammlung für Fränk. G. 3), 1852.

8) Hg. von C. Höfler, in: 18. BerHistVBamb 1855.

9) Das »Böhmische Salbüchlein« Kaiser Karls IV. über die nördliche Oberpfalz 1366/68, hg. von F. Schnelbögl (Veröff. d. Collegium Carolinum 27), 1973.

die innere Organisation auf den Burgen anbelangt [9a]. Ergänzt werden kann das reiche burgenkundliche Quellenmaterial aus dem 14. Jahrhundert für Nordostbayern durch die Bamberger [10] und Eichstätter Bischofs-Regesten [11] sowie vor allem durch die einschlägigen Urkundenbücher und Regestenwerke fränkischer Dynasten- und Adelsgeschlechter, voran der Hohenzollern [12], Henneberg [13], Andechs [14], Hohenlohe [15], Schaumberg [16], Plassenberg [17], Aufseß [18], Orlamünde [19], Castell [20], der Vögte von Weida [21] sowie die Landbücher der Ämter Bayreuth und Plassenberg [22]. Ein weiterer Grund für die Bevorzugung Ostfrankens in unserer Untersuchung sind zahlreiche verdienstvolle burgenkundliche Arbeiten und Darstellungen für dieses Gebiet, hauptsächlich von H. Kunstmann [23]. Allerdings beschränkt sich H. Kunstmann,

9a) Lehenbuch des Würzburger Bischofs Gottfried III. von Hohenlohe (1317–1322, hg. von F. Hüttner, 1901; Das älteste Lehenbuch des Hochstifts Würzburg 1303–1345, bearb. von H. Hoffmann, QForschGHochstWürzburg 25) I, 1972; siehe auch Germania Sacra, Das Bistum Würzburg, bearb. von A. Wendehorst, I, 1962 und II, 1969.

10) Regesten der Bischöfe und des Domkapitels von Bamberg, hg. von E. von Guttenberg (Veröff. d. Gesellsch. f. fränk. G. VI, 2), 1932–63.

11) Die Regesten der Bischöfe von Eichstätt, hg. von F. Heidingsfelder (ebda VI, 1), 1915 ff.

12) Monumenta Zollerana, hg. von R. von Stillfried und T. Märker, 1852 ff., 7 Bde.

13) Hennebergisches Urkundenbuch, I, hg. von K. Schöppach, 1842, II, hg. von L. Bechstein und G. Brückner, 1847; hierzu auch E. Zickgraf, Die gefürstete Grafschaft Henneberg-Schleusingen, 1944.

14) Regesten der Grafen von Andechs, hg. von E. von Oefele, 1877.

15) Hohenlohisches Urkundenbuch, hg. von K. Weller, 2 Bde., 1891/1905.

16) Regesten des fränkischen Geschlechts von Schaumberg, 1, bearb. von O. von Schaumberg und E. von Guttenberg, 1930; 2, bearb. von O. von Schaumberg und W. Engel, 1930.

17) Regesten des Geschlechts von Blassenberg und dessen Nachkommen, hg. von F. C. von Guttenberg, in: ArchHistVObFrank 18, 2,3 u. 19,2 u. 20,2, 1891–93.

18) Regesten des Geschlechts von Aufseß bis 1400, hg. von E. von Aufsess, 1887.

19) Regesten der Grafen von Orlamünde aus Babenberger und Ascanischem Stamm, hg. von C. Chl. von Reitzenstein, 1871.

20) Monumenta Castellana, hg. von P. Wittmann, 1890.

21) Urkundenbuch der Vögte von Weida, Gera und Plauen, bearb. von B. Schmidt. I (Thüring. Geschichtsqu. V), 1885.

22) Das Landbuch A des Amtes Bayreuth 1386–1392, in: ArchHistVObFrank 29,2 1925, S. 101 ff.; hg. von F. Lippert, Das Landbuch der Herrschaft Plassenberg von 1398, in: Hohenzoller. Forsch. I, 1892, S. 163 ff.

23) Nach einer Fülle von Vorarbeiten erschienen als zusammenfassende Darstellungen: Burgen in Oberfranken I (Die Plassenburg 5), 1953 und II (ebda 10), 1955; Schloß Guttenberg und die früheren oberfränkischen Burgen des Geschlechts (Veröffentl. d. Gesellsch. f. fränk. Geschichte IX,22), 1965; Ders., Die Burgen der östlichen Fränkischen Schweiz (ebda IX,20), 1965; Ders., Die Burgen der westlichen und nördlichen Fränkischen Schweiz (ebda IX,28), 2 Teile, 1971/72; Mensch und Burg. Burgenkundliche Betrachtungen an ostfränkischen Wehranlagen (ebda IX,25), 1967. – Weiter sei aus einer Vielzahl von Einzeluntersuchungen noch hingewiesen auf E. Rühl. Kulturkunde des Regnitztales, 1932; Ders., Kulturkunde des Pegnitztales, 1961;

wohl unter dem Einfluß der Methode C. Schuchhardts [24], auf eine isolierte Betrachtung jeder einzelnen Burg, wobei die Erfassung des jeweiligen Baubestandes im Vordergrund seines Interesses steht. Die von F. Uhlhorn geforderte Darstellung der Burg im territorialen Geschehen fehlt weitgehend [25]. Eine vorbildliche Darstellung der politischen, militärischen, verwaltungstechnischen und wirtschaftlichen Funktion eines Burgensystems im Rahmen einer geschichtlichen Landschaft dagegen hat W. Emmerich mit seiner Untersuchung zu den Landesburgen in ottonischer Zeit geleistet [26]. Leider fehlen vergleichbare Arbeiten für die spätere Zeit [26a], vor allem für den Höhepunkt des Burgenbaus vom 11. bis zum 13. Jahrhundert [27].

Aus der Vielzahl der Probleme im Zusammenhang mit der mittelalterlichen Burgenverfassung in Franken sollen und können hier nur einige besonders aufschlußreiche und entscheidende Faktoren und Fragen herausgegriffen werden: einmal die Bedeutung des Systems der »Landesburgen« bei den Grafen von Schweinfurt sowie die Rolle der Burgen in der staufischen Reichslandkonzeption in Franken; weiter soll die Burgenpolitik der Bischöfe von Bamberg aufgezeigt werden sowie die Karls IV. beim Aufbau »Neuböhmens«; ferner soll an einem besonders eindrucksvollen Beispiel die Funktion der Burg beim Aufbau einer kleineren adeligen Herrschaft untersucht werden sowie das Aufsaugen der adeligen Herrschaftszentren durch die großen Territorien und die Reichsstadt Nürnberg auf dem Wege der Politik der Öffnungsrechte an Burgen; und schließlich soll noch auf das in Franken praktizierte System des Gewartens und der Burghuten genauer eingegangen werden und auf seine wirtschaftlich und sozial bedingten Veränderungen im Laufe des 14. und 15. Jahrhunderts.

Befestigte Wehranlagen gibt es in Franken seit Jahrtausenden, so z. B. die in das 3. Jahrtausend vor Christus zu datierende ausgedehnte Anlage auf dem Altenberg bei Burgerroth. Gegen Ende des 1. Jahrtausends errichteten dann die Kelten zahlreiche sogenannte Volksburgen oder Fluchtburgen, von denen die bekanntesten die auf dem Staffelberg, die Steinsburg auf dem Gleichberg bei Römhild und die Anlage bei Fin-

A. Sieghardt, Nordbayerische Burgen und Schlösser, 1934; H. H. Hofmann, Burgen, Schlösser und Residenzen in Franken, 1961; A. von und zu Egloffstein, Schlösser und Burgen in Oberfranken, 1972; wertvolle Materiale bieten auch die einschlägigen Bände der Bayerischen Kunstdenkmale und vor allem der Kunstdenkmäler von Bayern.

24) C. Schuchardt, Die frühgeschichtlichen Befestigungen in Niedersachsen, 1924.

25) F. Uhlhorn, Die territorialgeschichtliche Funktion der Burg, in: BllDtLdG 103, 1967, S. 9 ff.

26) W. Emmerich, Landesburgen in ottonischer Zeit, in: ArchGObFrank, Bd. 37, H. 3, 1957, S. 50–97.

26a) Vorbildlich an einem Einzelobjekt G. Pfeiffer, Die landesgeschichtliche Funktion der Plassenburg, in: JbFränkLdForsch 29, 1969, S. 245 ff.

27) M. H. von Freeden, Mainfränkische Burgen (Mainfränkische Heimatkunde 2), 1950, S. 70 ff.

sterlohr im Taubergrund sind [28]. Die vordringenden Germanen erbauten ebenfalls Befestigungsanlagen, wie etwa in der Rhön die Milsenburg oder den Mettermich. West- und Südwestfranken wurden auch noch vom römischen Limes mit seinen militärischen Anlagen erfaßt [29]. So erwuchs aus dem römischen *castellum Uizinburc* die Stadt Weißenburg, wobei, wie neueste Ausgrabungen ergeben haben, die Wiederaufnahme der Besiedlung bereits zur Merowingerzeit erfolgte, wie auch die zahlreichen vorgeschichtlichen Ringwälle offensichtlich kontinuierlich besiedelt oder zumindest benutzt wurden, wie etwa die Gelbe Bürg, die Houbirg oder der Hesselberg [30].

Das Römer-Kastell Weißenburg kann jedoch nicht gleichgesetzt werden mit den Kastellen, die im Zuge der fränkischen Landnahme in Franken entstanden sind. 716 bereits bestand das *castellum Hamulo*, 777 als *Hamalumburg* bezeichnet [31]. In das 8. Jahrhundert gehört auch die bekannte Briefstelle des Bonifatius an den Papst, wo von den neuerrichteten Bischofssitzen die Rede ist: *in castello, quod dicitur Wirzaburg, in oppido, quod nominatur Buraburg, in loco, qui dicitur Erphesfurt, qui fuit iam olim urbs paganorum rusticorum* [32]. Zusammenfassend werden diese Orte als *oppida sive urbes* von Bonifatius dem Papst vorgestellt. Sowohl durch die lateinische Bezeichnung wie auch durch die deutsche Endung-burg bezeugen die Ortsnamen das Vorhandensein einer Befestigungsanlage, wobei bei allen Orten, gleich Erfurt, ein Anknüpfen an vorfränkische Anlagen mit großer Wahrscheinlichkeit angenommen werden darf. Dies gilt sicher auch für Aschaffenburg, dem nicht umstrittenen *Ascapha* des Geographen von Ravenna, wo die Burg der Karolingerzeit an der Stelle einer keltischen Volksburg aus der Latènezeit gesucht wird [33]. Es muß daher der Meinung W. Schlesingers zugestimmt werden, daß bei allen diesen Namen der Begriff »Stadt« mitschwang [34], wie er bei den aus der Spätantike stammenden burg-Orten Regensburg, Augsburg oder Weißenburg noch deutlich zu fassen ist. Auch wenn eine germanische Volksburg wahrscheinlich namengebend war, so weisen diese fränkischen burg-Orte des 8. Jahrhunderts doch über die rein militärische Schutzfunktion hinaus. Es handelte sich viel-

28) K. Bittel, Das keltische Oppidum bei Finsterlohr, in: Jb. Württembergisch Franken NF 24/25, 1950, S. 69 ff.; Ch. Pescheck, Die Kelten in Unterfranken im Spiegel der Bodenfunde, in: MainfränkJbGKunst 11, 1959, S. 1 ff.

29) P. Endrich, Vor- und Frühgeschichte des bayerischen Untermaingebietes, 1961, bes. S. 118 ff.; H.-J. Kellner, Die Römer in Bayern, 1971.

30) H. Dannheimer, Die germanischen Funde der späten Kaiserzeit und des frühen Mittelalters in Mittelfranken (German. Denkmäler der Völkerwanderungszeit VII), 1962, 2 Bde., hier Textband S. 135 ff.

31) Urkundenbuch des Klosters Fulda I, 1, bearb. von E. E. Stengel, 1958, S. 144.

32) MG Epistolae III, 6, Nr. 50/51, S. 298 ff.

33) P. Endrich, S. 157; K. Dinklage, Burg und Stadt Aschaffenburg bis zum Ausgang des 14. Jahrhunderts, in: AschaffenburgJb 4, 1957, S. 51 ff.

34) W. Schlesinger, Burg und Stadt, in: Festschr. für Th. Mayer 1, 1954, S. 109; Ders., Städtische Frühformen zwischen Rhein und Elbe, in: VortrrForsch 4, 1958, S. 308 ff.

mehr um »komplexe Gebilde von oft nicht unbeträchtlicher räumlicher Ausdehnung«, um ein wehrhaftes politisch-kirchliches Zentrum [35].

Vor allem im Aufbau der Kirchenorganisation spielten diese -burg-Orte eine hervorragende Rolle. Dies gilt nicht nur für die von Bonifatius genannten neuen Bischofssitze Würzburg und Büraburg, dies trifft auch für Hammelburg zu, das von Herzog Heden zum Zwecke einer Klostergründung verschenkt wurde [36]. Es handelte sich also um Herzogs- bzw. um Königsburgen mit ausgedehnter überörtlicher Funktion, wie dies die Markbeschreibung für Würzburg nachdrücklich bestätigt. Sie lagen auf einem beherrschenden Terrassensporn über einem Flußlauf, und dazu gehörte eine villa, aus der bald eine Siedlung erwuchs. Dieser Typus ist neuerdings auch für Würzburg gesichert [37], er wird in Büraburg vermutet [38], ist für die Eiringsburg bei Bad Kissingen [39], die 822 an Fulda verschenkt wurde, sowie für Hammelburg [40] durch Grabungen nachgewiesen und darf auch für Karlburg angenommen werden, dessen Marienkloster in der villa zu Füßen der Burg an das neue Bistum Würzburg verschenkt wurde [41].

Diese -burg-Orte des 8. Jahrhunderts, in den Quellen als *castellum* oder *castrum* bezeichnet, sind nur in Unterfranken zu finden; im Obermaingebiet fehlen sie, was durchaus dem bisherigen Bild der Besiedlung und Erschließung Frankens entspricht. Beachtenswert in diesem zeitlichen Zusammenhang wäre eigentlich nur die Anlage auf dem Magnusberg bei Kasendorf, wo innerhalb ausgedehnter eisenzeitlicher Befestigungen eine jüngere nachgewiesen werden konnte, die von E. von Guttenberg als »Kastell«, entsprechend den unterfränkischen Verhältnissen, be-

35) W. SCHLESINGER, in: Westf. Forsch 7, 1953/54, S. 229 ff. (Rezension von E. ENNEN, Zur Frühgeschichte der europ. Stadt, 1953).

36) O. DOBENECKER, Regesta diplomatica necnon epistolaria historiae Thuringiae I, Nr. 7. Vgl. F.-J. SCHMALE, in: Handbuch der bayer. Geschichte, III/1, S. 17.

36) W. SCHLESINGER, in: Geschichte Thüringens, hg. von H. PATZE und W. SCHLESINGER, I, S. 317 ff.; O. MEYER, Hammelburg zwischen Fulda und Würzburg, in: MainfränkJbKunst 18, 1966, S. 135 ff.

37) K. LINDNER, Untersuchungen zur Frühgeschichte des Bistums Würzburg und des Würzburger Raumes (Veröffentl. des Max-Planck-Instituts f. G. 35) 1972, bes. S. 108 ff.

38) J. VONDERAU, Die Ausgrabungen am Büraberg bei Fritzlar 1926/31 (22. Veröff. d. Fuldaer GV.), 1934; neuerdings werden seine Ergebnisse in Zweifel gezogen von N. WAND, Die Büraburg bei Fritzlar, Diss. Marburg 1970.

39) G. HOCK, Die Eiringsburg bei Bad Kissingen, in: BayerVorgeschichtsbl. 13, 1936, S. 73 ff.

40) K. DINKLAGE, Hammelburg im Frühmittelalter, in: MainfränkJbGKunst 11, 1959, S. 18–63.

41) A. WENDEHORST, Das Bistum Würzburg I (wie Anm. 9a), S. 15. Zusammenfassend und durch neueste archäologische Befunde ergänzend, neuerdings K. WEIDEMANN, Archäologische Zeugnisse zur Eingliederung Hessens und Mainfrankens in das Frankenreich vom 7. bis zum 9. Jahrhundert, in: Nationes 2: Althessen im Frankenreich, hg. von W. SCHLESINGER, 1975, S. 95–120.

zeichnet wurde [42]. Auch macht W. Emmerich mit guten Gründen auf Kastl in der Nähe des Königshofes Lauterhofen aufmerksam [43].

Dagegen sind für Oberfranken mehrere frühgeschichtliche Befestigungen im Gelände von K. Schwarz in das 6.–9. Jahrhundert datiert worden [44]. Es handelt sich dabei um Wall- und Grabensysteme um Bergkuppen, um Abschnittsbefestigungen von etwa 60 m x 100 m sowie um einige runde oder halbrunde Ringwälle. Allerdings stehen diese Anlagen, deren Vorkommen ausschließlich auf den Westrand der Alb beschränkt ist, in keinem erkennbaren Zusammenhang zu irgendwelchen Siedlungen.

Im 9./10. Jahrhundert taucht dann am Jurarand ein weiterer Typ frühmittelalterlicher Wehranlagen auf, die »ebenerdigen Ansitze« auf der Spitze schmaler Bergsporen. Sie werden in ihrer Verbreitung von dem gleichzeitigen oder etwas jüngeren Typ der Turmhügel ergänzt, die über ganz Oberfranken und seine Nachbarlandschaften verbreitet sind, und zwar in entschieden größerer Zahl als die von K. Schwarz erstellte Karte aufzeigt [45]. Denn vielfach haben sich die Turmhügel oder Turmhügelburgen zu einem Ansitz weiterentwickelt oder wurden überbaut oder eingeebnet, so daß sie für den Archäologen nicht mehr greifbar sind. Für den Historiker jedoch erscheinen sie später in den Quellen zumeist unter der Bezeichnung »Wale« [46]. Die Turmhügel oder ihre Weiterentwicklung, die Turmhügelburgen, kommen in Bergsporn-, Bergrücken-, Hang- und Tallagen vor. Im Mittelpunkt der Gesamtanlage stand ein runder oder auch viereckiger Kernhügel, die Motte, von unterschiedlichem Durchmesser, in der Regel etwa 12–40 m, und verschiedener Höhe, umgeben meist von einem Ring- oder Abschnittswall samt Außenwall. Aus späteren Abbildungen läßt sich auch das Aussehen des Turmes rekonstruieren: er war aus Stein errichtet, mit einem überkragenden Obergeschoß aus Fachwerk und mit einem Satteldach [47].

Dieser Typus der jüngeren Turmhügel oder Turmhügelburgen war, wie wir noch sehen werden, fast ausschließlich siedlungsgebunden; sie standen mit einem größeren

42) M. Hundt, Zur Vor- und Frühgeschichte des Obermainlandes, 1950; E. von Guttenberg, Historisches Ortsnamenbuch von Bayern. Land- und Stadtkreis Kulmbach, 1952, S. 103.

43) W. Emmerich, Landesburgen in ottonischer Zeit (wie Anm. 26), S. 53; vgl. auch K. Bosl, Das Nordgaukloster Kastl, in: VerhhHistVObPfalz 89, 1939, S. 9 ff.

44) K. Schwarz, Die Vor- und frühgeschichtlichen Geländedenkmäler Oberfrankens, 1955, bes. S. 35 ff.; siehe auch R. von Uslar, Frühgeschichtliche Befestigungen zwischen Alpen und Nordsee, in: BllDtLdG 94, 1958, S. 65–110.

45) Ebda, Anhang. Ergänzungen zu Schwarz sind vor allem zu finden bei K. Dietel, Alte Wehranlagen im Landkreis Münchberg, in: Bll. vom Fichtelgebirge 44, 1957, Nr. 8; J. Kröll, Die Turmhügel in der Umgebung von Creußen, in: Heimatbote 8, 1956, Nr. 6; F. W. Singer, Ein vergessener »Turmhügel« im Kohlwald, in: Sechsämterland 11, 1960; W. Emmerich, Siedlungsforschung in Oberfranken, in: ArchGObFrank 40, 1960, S. 30 f.

46) Vgl. H. Kunstmann, Mensch und Burg (wie Anm. 23), S. 27 ff.

47) Für Gesamtfranken grundlegend K. Gumpert u. Schreibmüller, Frühmittelalterliche Turmhügel in Franken, 70. Jber. Mittelfranken, 1950.

Ort oder mit einer Burganlage in einem funktionalen Zusammenhang, entweder als Warten an Grenzen oder an Straßen oder als Außenverteidigungsanlagen im Vorfeld einer Hauptburg. Sie waren die Vorläufer der späteren kleinen Herrenhöfe oder Ansitze, auf denen sich vielfach der niedere Ortsadel entwickelte. Zu ihnen gehörte ein landwirtschaftlicher Eigenbetrieb von beträchtlicher Größe, dessen Wirtschaftshof zumeist gleich neben dem Turmhaus lag. Die Besitzer dieser Turmhügel waren zu Kriegsdienst verpflichtet, ihr Aufstieg in den niederen Adel war ebenso möglich wie das Absinken in das Bauerntum. Es hat den Anschein, daß sich aus dem Bautypus der Turmhügel, dessen Herkunft aus dem niederrheinischen Raum W. Emmerich vermutet [48], einerseits die weiträumigen wasserumgebenen Ansitze im Flachland weiter entwickelten, andererseits aber auch die beengten Höhenburgen, wofür H. Kunstmann zahlreiche Beispiele erbringen konnte [49]. Die Turmhügel lassen sich auch keineswegs auf einen bestimmten Zeitraum beschränken; sie waren selbst im Hoch- und Spätmittelalter noch im Gebrauch [50]. So sind sie z. B. noch als Kern von Waldhufendörfern in den Rodungsgebieten der Mittelgebirge zu erkennen. Vereinzelt konnte auch bei Schenkungen in geistliche Hand ein Umbau zu Wehrkirchen erfolgen, wie W. von Erffa etwa an den Beispielen Hirschfeld, Welitzsch und Gärtenroth aufzeigte [51].

Auffallend ist der enge Bezug der Turmhügelanlagen in den Kleingauen um die Hauptburgen der Markgrafen von Schweinfurt. Diese »Landesburgen der ottonischen Zeit«, wie W. Emmerich sie nannte, die fast ausnahmslos im Besitz der Markgrafen von Schweinfurt waren, entweder als Eigenburgen oder als Amtsburg, wie in Bamberg, stellen sich als ein völlig selbständiger Burgentyp dar, mit ganz bestimmten Funktionen, so daß mit Recht von einem eigenständigen Burgensystem der Schweinfurter gesprochen werden kann. Wir sind über die wichtigste allodiale Burgengruppe der Schweinfurter, also über die namengebende Burg am Mittelmain sowie über Ammerthal, Creußen und Kronach, verhältnismäßig gut unterrichtet, da sie von Thietmar von Merseburg in seiner Chronik im Zusammenhang mit dem Aufstand Hezilos von Schweinfurt im Jahre 1003 genau beschrieben werden [52]. Thietmar, der auf Grund seiner genauen Kenntnisse der Burgen in Mitteldeutschland, etwa der urbs Lebusa oder Meißen, durchaus als Burgenfachmann angesehen werden kann [53], kannte

48) W. Emmerich, Siedlungsforschung in Oberfranken, S. 32.

49) H. Kunstmann, Burgen und Burgställe um Bad Berneck, in: Geschichte der Stadt Bad Berneck, 1957, S. 41 ff.

50) H. Kunstmann, Burgen in Oberfranken II (wie Anm. 23), S. 156.

51) W. von Erffa, Wehrkirchen in Oberfranken (Die Plassenburg 11), 1956.

52) Thietmar von Merseburg, Chronik (Freiherr vom Stein-Gedächtnisausgabe), 1957, V, passim (= Thietmar).

53) Thietmar, VI; F. Geppert, Die Burgen und Städte bei Thietmar von Merseburg, in: ThürSächsZGKunst 16, 1927, S. 162 ff.

die Burgen der ihm nah verwandten Schweinfurter Grafen wohl aus eigener Anschauung [54]. Denn er reiste auf der Rückkehr von seiner Bischofsweihe in Neuburg a. d. Donau vermutlich über die Burgen und Herrschaftszentren seiner Vettern nach Merseburg, also über Ammerthal, Creußen und Kronach. Weiterhin nahm er 1012 an der Domweihe in Bamberg teil [55], so daß er mit den ostfränkischen Verhältnissen aufs engste vertraut war, was auch seinen genauen, Lokalkenntnisse voraussetzenden Schilderungen von der Niederwerfung des Aufstandes Hezilos ohne Schwierigkeiten zu entnehmen ist.

Die Linie Ammerthal-Creußen-Kronach war die Mittelachse des Herrschaftsbereichs der Schweinfurter, der vom Mainknie bei Schweinfurt bis an den Böhmerwald und in das Fichtelgebirge hineinreichte, wahrscheinlich sogar bis ins Egerland, vom Frankenwald bis zum Regen und zur Donau. Sie vereinten die Grafenämter des Volkfeldes und des Radenzgaues sowie des Nordgaues. Dieser Raum war, wie eine Aussage des Bischofs von Würzburg bezeugt, vor allem im Osten noch von weiten Wäldern erfüllt, in die seit dem 10. Jahrhundert, den Flüssen folgend, die Erschließung und Besiedlung von Westen und Süden her vordrang. Den Altsiedelgebieten vorgelagert, begannen sich vorgefundene Siedlungshorste zu selbständigen Herrschaftsbereichen auszudehnen, wobei die Schweinfurter, besonders nach ihrem Sturz, zur Rodung in verstärktem Maße auch Slawen aus Mitteldeutschland einsetzten [56]. Weder Hezilo noch die Zeitgenossen glaubten daran, nach Ausweis Adalbolds, daß die castella munimenta der Schweinfurter erobert werden könnten [57]. Tatsächlich wurde auch keine der Schweinfurter Burgen von Heinrich II. im Kampf eingenommen, trotz des mitgeführten zahlreichen Kriegsmaterials, vielmehr wurden sie alle freiwillig aufgegeben [58]. Die civitas Amardela hat man, wie Ausgrabungen bestätigt haben, auf dem Bergsporn, auf dem heute der Ort Oberammerthal liegt, zu suchen, und zwar als eine so ausgedehnte Anlage, daß selbst ein größeres Kontingent polnischer Hilfstruppen zusätzlich mit aufgenommen werden konnte [59]. In Creußen hat man sich ebenfalls eine weiträumige Anlage vorzustellen, die einer Vielzahl von Schutzsuchenden, voran der markgräflichen Familie, Aufenthalt gewähren konnte [60]. Es handelt sich um den Mauerbezirk der

54) Zur Verwandtschaft zwischen Thietmar und dem Markgrafen von Schweinfurt siehe Einleitung zur Frh. vom Stein-Gedächtnisausgabe.

55) Thietmar, S. 308; Bamberger Regesten, Nr. 103.

56) Siehe R. Endres, Die Rolle der Grafen von Schweinfurt in der Besiedlung Nordostbayerns, in: JbFränkLdForsch 32, 1972, S. 43 bes. S. 15 ff.; Ders., Das Slawenmotiv bei der Gründung des Bistums Bamberg, in: 109. BerHistVBamb 1973, S. 161–182; J. Schütz, Ortsnamentypen und slawische Siedlungszeit in Nordostbayern, in: JbFränkLdForsch 28, 1968, S. 309–320.

57) Adalboldi, Vita Heinrici II. imp., MGH SS 4, S. 690 ff.

58) Thietmar, V.

59) Thietmar, V, S. 32 ff.

60) Thietmar, ebda; vgl. auch J. Kröll, Geschichte der Stadt Creußen, 1958, S. 38 ff.

heutigen Oberstadt, ca. 130 m x 140 m, unter Einschluß des heutigen Kirchturms in die Befestigungsanlagen. Auf dem hohen Terrassensporn, der vom Roten Main und dem Schwarzbach gebildet wird, hatte die Burg nur von einer Seite Zugang und war so leicht zu verteidigen. Auf diese Burg bezogen waren 10 Burgmanngüter, die sich später im Besitz des niederen Adels aus der Umgebung befanden. Die Burgmannhäuser lagen zum Teil innerhalb der Oberstadt, vor allem an den Toren zum engsten Burgbezirk, zum Teil in der Siedlung unterhalb der Burg. Den Oberbefehl in den Landesburgen führte ein *custos civitatis*; in Creußen war es Bukko, der Bruder Hezilos. Zur Herrschaftsburg gehörten ferner ein ausgedehntes Salland in Eigenbewirtschaftung und weiterhin ein umfangreicher Forst mit Zeidelwirtschaft; bei Creußen war es der Spechteshart, der »Franken und Baiern trennte«, in dem Heinrich II. nach seinem Sieg sich bei der Jagd erholte [61]. Gesichert und begrenzt war der Kleingau um Creußen durch mehrere Turmhügel an den wichtigsten Altstraßen als Sicherungs- und Warnanlagen, alle in funktionalem Bezug zur Hauptburg, und zwar nachweislich in Altenkünßberg, Boden, Nankenreuth, Schnabelwaid, Emtmannsberg, Neuhof, Altencreußen, Thurndorf und Gottsfeld. Auffallend sind auch die vielen slawischen Orte um Creußen – dies ist selbst ein slawischer Ortsname –, die vor allem auf den bewaldeten Höhenzügen am Ostrand des Kleingaues massiert auftreten, also im Rodungsgebiet. Insgesamt deckt sich der Creußener Kleingau in seiner Ausdehnung in auffallendem Maße mit dem späteren Halsgerichtsbezirk Creußen und dem Pfarreisprengel Creußen. »Der Creußner Raum um die Schweinfurter Burg war also ein in wirtschaftlicher, politischer, militärischer, verwaltungstechnischer, fiskalischer, juristischer und kirchlicher Hinsicht organisierter Kleingau« [62].

Ein ähnliches Bild zeigt der Kronacher Raum. Auch hier erweist sich die Schweinfurter Grundherrschaft im »Nordwald« mit der zerstörten Burg im Zentrum und ihrem Fronhof als Rodungskern als eine ausgedehnte Waldherrschaft, mit einem eigenen Zeidelgericht, die sich über den ganzen nördlichen Frankenwald bis zum Rennsteig und ostwärts bis zur oberen Rodach erstreckte. Auffallend sind wiederum die vielen slawischen Rodungsnamen: Pressig, Posseck, Tschirn, Teuschnitz, Grössau, Welitsch, Reitsch usw. [63].

Neben den von Thietmar von Merseburg eingehend geschilderten Schweinfurter Landesburgen Ammerthal, Creußen, Kronach und Schweinfurt werden von W. Emmerich auch die Anlagen in Roßtal, Nabburg, Cham, Burgbernheim, Salz, Burgkunstadt, Hollfeld, Banz, Burgebrach sowie auch die Burgen der älteren Babenberger, Theres

61) Damit ist keineswegs der Spessart gemeint, wie zumeist fälschlich angegeben wird, was aus dem Zusatz Adalbolds (Vita Heinrici, S. 69) eindeutig hervorgeht.

62) R. Endres, in: JbFränkLdForsch 32, S. 31 f.

63) R. Endres, ebda, S. 32; K. Heinold-Fichtner, Die Bamberger Oberämter Kronach und Teuschnitz (Schrr. d. Instituts f. fränk. Landesforsch. 3), 1951, S. 20 ff.; E. Schwarz, Sprache und Siedlung in Nordostbayern (Erlanger Beitr. z. Sprach- und Kunstwiss. 4), 1960.

und Bamberg, zum Typ der Landesburgen gerechnet[64]. Alle diese Anlagen standen nicht im Zusammenhang mit dem bekannten Burgenbeschluß von 926 gegen die Ungarn[65], auch nicht mit den *munitiones* von 908 für den Bischof von Eichstätt[66]. Bei letzteren Verteidigungsanlagen muß wohl an Turmhügel oder Turmhügelburgen gedacht werden.

Den genannten Landesburgen, vor allem denen der Schweinfurter, ist gemeinsam, um dies nochmals zusammenzufassen, daß es sich um Plätze von überlokaler und überregionaler Bedeutung handelte, die in den zeitgenössischen Quellen als castrum, castellum, urbs oder civitas bezeichnet werden[67]. Sie sind in der Regel kirchliche Zentren und Vororte festbegrenzter Bezirke, von Kleingauen oder Markbezirken. Auffallend ist ihre Bedeutung in der Forstwirtschaft und Forstverwaltung; weiterhin sind sie Rodungszentren, von denen aus die Rodung vorangetrieben wird, nicht zuletzt unter Einsatz von Slawen. Die Landesburgen stehen in der Verfügungsgewalt der Grafen; nur bei Nabburg scheint das Königtum noch durch[68]. Einheitlich ist bei allen Landesburgen die strategische und topographische Lage: auf einem beherrschenden nach 3 Seiten steil abfallenden Terrassensporn über einen Fluß, an einer Brücke oder an einer Fernverkehrsstraße. Bemerkenswert ist der ausgedehnte, stark ausgebaute militärische Charakter der Anlagen, die nach Meinung der Zeitgenossen uneinnehmbar waren. Dazu gehörte ein Suburbium, in dem die Burgmannschaft sowie die Handwerker und Händler untergebracht sind; aus diesen Siedlungen entwickelten sich in der Regel später Städte, wie z. B. Schweinfurt. Das militärische Kommando in diesen Landesburgen führte ein comes oder custos civitatis, welcher der jeweiligen Grafenfamilie angehörte. Er hatte die Wehrbereitschaft der Burg zu organisieren, wobei er im Vorfeld von einem Kranz von Turmhügeln oder kleinen wehrhaften Gutshöfen unterstützt wurde, die ihm auch das Burg- und Wachkorn zu liefern hatten. Diese zentralen Anlagen in einem Kleingau, die allem Anschein nach bis auf wenige Ausnahmen auf die Eigeninitiativen der Schweinfurter im Ostfränkischen und im Nordgau zurückgehen, waren weder Städte im späteren Rechtssinn noch alleinige Wehrbauten, weshalb W. Emmerich zu Recht sie unter dem eigenen Begriff der »Landesburgen« zusammenfaßte.

Nach dem Aussterben der mächtigen Schweinfurter und der Aufteilung ihres Erbes in der Mitte des 11. Jahrhunderts ist ein entscheidender Wandel in der Herrschaftsstruktur Frankens erkennbar: der Territorialaufbau des neugegründeten Bistums Bamberg tritt in den Vordergrund, aber auch der Adel baut seine Position aus. Zur

64) W. Emmerich, Landesburgen (wie Anm. 26), S. 58 ff.

65) Siehe hierzu H. Büttner, Zur Burgenbauordnung Heinrichs I., in: BllDtLdG 92, 1956, S. 1–17.

66) MGH Dipl. Karol IV, Nr. 58; siehe auch F. Buchner, Burgen und Burgställe des Eichstätter Bistums, in: SammelblHistVEichstätt 25/26, 1910/11.

67) Tabellarische Übersicht bei W. Emmerich, Landesburgen (wie Anm. 26), S. 90 f.

68) W. Emmerich, ebda. S. 81 ff.

gleichen Zeit rückt Franken auch wieder verstärkt in den Blickwinkel der Reichsterritorialpolitik, die dann unter den Staufern vollends die Politik in Franken prägte.

Zu dem Typus der seit dem ausgehenden 11. Jahrhundert mehr und mehr in Erscheinung tretenden Höhenburgen ist zu bemerken, daß sie – wie bereits angeführt – an die Turmhügel und ebenerdigen Ansitze anknüpften, während der bisher bestimmende Typ der Landesburgen mit den Schweinfurtern offensichtlich ein Ende fand. Lediglich die Auswahl des Platzes, die beherrschende Spornlage, sowie die Funktion in den Rodungsgebieten werden von den Landesburgen übernommen. Daß die Höhenburgen tatsächlich als etwas Neues, als Neuentwicklung verstanden werden, zeigt auch die Namengebung [69]. Die Bezeichnungen *civitas* und *urbs* verschwinden aus den zeitgenössischen Quellen, nur noch *castrum* ist in Gebrauch. Vereinzelt werden bei den deutschen Namen noch Siedlungsnamen gebraucht, wie etwa bei den -feld-Namen Waischenfeld und Tüchersfeld. In der Regel jedoch erfolgen seit der 2. Hälfte des 11. Jahrhunderts die Benennungen der neuen Anlagen nach dem Schema Erbauer + stein, wie etwa Gößweinstein, Pottenstein, Albewinestein. Dabei bringt das Grundwort -stein einmal die topographische Lage auf den hohen Dolomitfelsen zum Ausdruck, zum anderen deutet es aber auch die Beschränktheit des Burgenraumes an im Vergleich zu den vorherigen ausgedehnten Landesburgen, die sogar mit *urbs* und *civitas* bezeichnet werden konnten.

Die namengebenden Erbauer und Inhaber der Höhenburgen waren zunächst Edelfreie, wie Pfalzgraf Botho von Kärnten oder Graf Gozwin, die auch in der allgemeinen Landesverwaltung eine hervorragende Stellung innehatten, was u. a. ihre Teilnahme an den Bamberger Landessynoden von 1059 und 1087 bezeugt [70]. Doch diese edelfreie Schicht, die liberi der Urkunden, wurde bald von den aufstrebenden Territorialmächten, die über reichere Einnahmen und eine erheblich stärkere Finanzkraft verfügten, aufgesaugt bzw. aufgekauft. Die Ministerialen der Territorialmächte übernahmen nun die Verwaltung der landesherrlichen Burgen und erbauten vielfach selbst neue Burganlagen.

Eindrucksvoll läßt sich eine zielbewußte Burgenpolitik als Mittel der Territorialpolitik bei Bischof Otto dem Heiligen von Bamberg verfolgen, die ihm schon seine Biographen nachrühmten [71]. Bei seiner konsequenten Burgenpoli-

69) Siehe F. Schnelbögl, Die deutschen Burgennamen, in: ZBayerLdG 19, 1956, S. 205–235; H. Kunstmann, Mensch und Burg (wie Anm. 23), S. 1–34; H. Schreibmüller, Zur Burgenkunde. Burgennamen, in: 73. Jahresber. d. Histor. V. Mittel-Franken, 1953, S. 88 ff.

70) Bamberger Regesten, Nr. 312 und 545.

71) Herbordi Dialogus de Ottone episcopo Bambergensi. In: Bibliotheca rerum Germanicarum, ed. von Ph. Jaffé, Bd. 5: Monumenta Bambergensia, 1869, S. 693 ff. Zur Territorialpolitik Bischof Ottos vgl. E. von Guttenberg, Die Territorienbildung am Obermain, (79. BerHistVBamb), 1927, S. 157 ff.; Ders., Germania Sacra, Das Bistum Bamberg I, 1937, S. 126 ff.; J. Looshorn, Das Bistum Bamberg II, 1, 1888.

tik ist klar zu erkennen, daß Otto einmal an die weitere Ausdehnung des Herrschaftsbereiches dachte, zum anderen aber im Innern des Hochstifts mit Hilfe der Burgen und der dazugehörigen Herrschaftsbereiche den zerrissenen Besitzstand abzurunden und die Laiengewalten des Bistums auszuschalten trachtete. Deutlich wird dieses Bestreben schon bei dem ersten Erwerb Ottos erkennbar, 1107 bei der Burg Albeguinstein »in bauguarie provincia in pago nortgue« 72). Mit ihr greift Otto in den ausgedehnten und noch ausbaufähigen Komplex des Veldner Forsts ein. In der gleichen Gegend, also dem baierischen Nordgau, erwirbt er noch die Burgen und Besitzgruppen Henfenfeld, Eschenfeld, Königstein, Stierberg, Hohenstein und Hartenstein, sichert also damit die Bamberger Territoriumsgrenze im Südosten ab.

Äußerst wichtig für den weiteren inneren Ausbau des Bamberger Territoriums wurden die Güterkomplexe und Burgen, die aus der ehemals Schweinfurter Besitzmasse stammten und die nun – nachdem sie mehrfach den Besitzer gewechselt hatten – von Otto für das Hochstift erworben wurden. So konnte der Bischof die Felsenfeste Pottenstein mit reichem Zubehör an sich ziehen und sich damit mitten in die Burgengruppe zahlreicher edelfreier Geschlechter im Fränkischen Jura schieben 73). Wenig später scheint Otto seinen Besitz im Nordjura um Pottenstein mit dem Erwerb von Gößweinstein abgerundet zu haben, wo er sogleich einen praefectus castelli einsetzte, der dem edelfreien Geschlecht von Schönfeld aus der Nachbarschaft angehörte 74). Otto gelang es also, mit der Betrauung von Burgen die ansässigen Edelfreien langsam an das Hochstift zu binden. Außerdem gewann Otto, wie sein Biograph Herbord überliefert 75), auch Burggaillenreuth im Wiesenttal, womit seine Neuerwerbungen im Zentrum der Fränkischen Alb abgeschlossen wurden. Denn den letzten edelfreien Stützpunkt im Jura, die mächtige Burg Waischenfeld, konnte er nicht erringen, sein Versuch hierzu mißlang 76). Dagegen konnte Otto den Bamberger Besitzstand im Obermaingebiet abstützen, indem es ihm gelang, die Edelfreien von Niesten zur Lehensaufnahme zu bewegen und somit die Verfügungsgewalt über die Burg Niesten zu gewinnen, deren Verteidigungswert 1127 besonders gerühmt wird 77).

Wie die Erwerbungen im Nordgau der Absicherung des Hochstifts gegenüber den Ansprüchen Eichstätts dienten, so hatte die Burg Ebersberg im Norden des Steigerwaldes die Bamberger Besitzgruppe um Zeil gegenüber Würzburg abzusichern; hieraus erwuchs später ein Bamberger Amt als Exklave im Würzburger Hochstift. Mit der

72) Ph. Jaffé, Regesta Pontificum Romanorum I, 2, 1885, Nr. 6191.

73) F. Wachter, Pottenstein, 1895, S. 7 ff.

74) G. Voit, Der Adel am Obermain, 1969, S. 331 ff. Gößweinstein und Pottenstein werden 1160 ausdrücklich zu den alten Bamberger Burgen gezählt, die von Kaiser Friedrich I. gegen eine Lehenvergabung gesichert werden. Mon. Boica 29, I, S. 354 f.

75) Jaffé, S. 724.

76) E. von Guttenberg, Territorienbildung (wie Anm. 71), S. 160 f.

77) H. Kunstmann, Burgen in Oberfranken II, S. 28 ff.

Zuweisung von Mistelbach an seinen Bruder Friedrich griff Otto weit über den Jura nach Osten hinaus, wie mit dem Erwerb von Höchstadt an der Aisch 1157 außerhalb der Westgrenze des Diözesansprengels das spätere Vordringen im Steigerwald vorgezeichnet wurde.

Entscheidend für die weitere Entwicklung des Hochstifts Bamberg wurde der Gewinn der Herrschaft Kronach im »Nordwald«. Die ehemalige Landesburg der

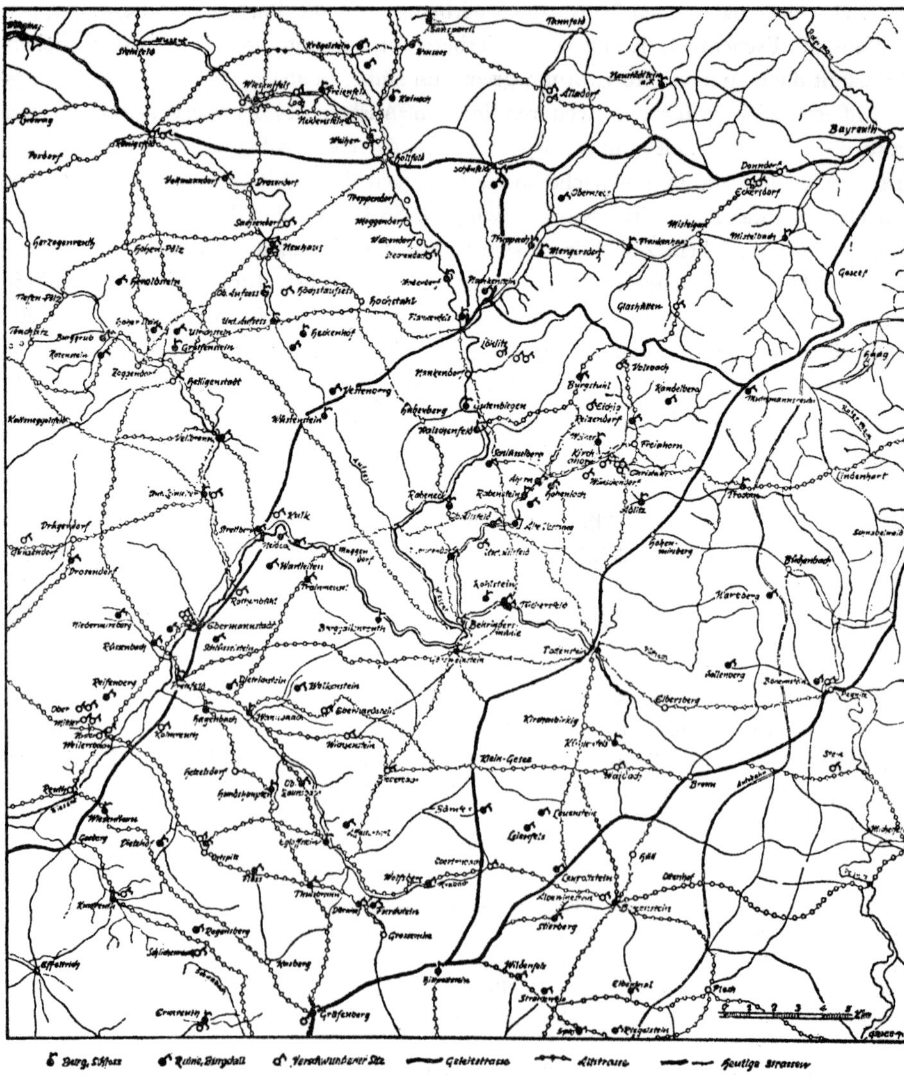

Burgen und Straßen in der »Fränkischen Schweiz«

Schweinfurter war über Mähren an die Salier gelangt [78]. Auf Bitten Ottos schenkte Heinrich V. das Herrschaftsgut 1122 an die Bamberger Kirche [79], offensichtlich als Lohn für die Vermittlung Ottos im Streit des Saliers mit Würzburg [80]. Mit Kronach gewann Bamberg reiches Rodungsland im Frankenwald und die Sicherung der Straßen nach Thüringen. Zum Schutz der Rodungsarbeiten erwarb Bischof Eberhard II. die hennebergische Burg Nordeck und an der äußersten Bistumsgrenze die Burg Nordhalben.

Aber nicht nur der Erwerb von bereits vorhandenen Burgen zeichnet Ottos weitgespannte Territorialpolitik aus, wobei er bemerkenswerterweise in keinem Fall mit Gewalt vorging, vielmehr auf friedlichem Wege die Laiengewalten für den Bamberger Territorialaufbau gewann, Otto legte auch selbst Neubauten an. So errichtete er in Kronach, wo offensichtlich die abgebrannte Landesburg Hezilos noch nicht aufgebaut worden war, ein steinernes Haus und einen Turm, woraus später die Landesveste Rosenberg erwuchs. Auch Zeil erhielt ein neues steinernes Haus.

Die Nachfolger Ottos setzten die zielbewußte Territorialpolitik und Herrschaftskonsolidierung mit Hilfe der Burgen weiter fort, die Schritt für Schritt aus dem Lehensverhältnis mit den edelfreien Geschlechtern gelöst [81] und Ministerialen übertragen wurden, die sich bald nach diesen Sitzen nannten. Auf diese Weise wurden die Burgen als Stützpunkte der Territorialherrschaft enger an den bischöflichen Landesherrn und das Hochstift gebunden.

Begünstigt wurde aber auch der Ausbau des hochstiftischen Territoriums durch das Aussterben der führenden hochadeligen Geschlechter, voran der Markgrafen von Schweinfurt. Das Aussterben der Abenberger, der Hochstiftsvögte, am Ende des 12. Jahrhunderts brachten den Bischöfen von Bamberg durch Lehenheimfall der Laienvogtei die Verfügung über wichtige und reiche Stiftsgüter. Dieser Erfolg wurde durch die Ausschaltung der Vogteirechte weiterer Edelfreier oder Ministerialen über Stifts- und Klostergüter im Laufe des 13. Jahrhunderts fortgesetzt [82]. Die Entvogtung, die zugleich reichen finanziellen Gewinn für die Bischöfe brachte, ist in den Urbaren A und B deutlich zu erkennen. Dagegen gingen die ausgedehnten Güter im Nordgau, über welche die Grafen von Sulzbach die Vogtei besaßen, verloren.

Die Lehengrafschaft im Radenzgau war seit 1149 nachweislich im Besitz der mächtigen Andechs-Meranier, die als drittes bedeutendes Grafengeschlecht in Franken 1248

78) K. Heinold-Fichtner (wie Anm. 63).

79) Mon. Boica 29, I, S. 242 f.

80) Vgl. A. Wendehorst, Das Bistum Würzburg I (wie Anm. 9a), S. 129 ff.

81) Kaiser und Papst bestätigten 1160 und 1185 die Lehensfreiheit der bischöflichen Burgen. Mon. Boica 29, I, S. 354 f. und E. von Guttenberg, Germanica Sacra, Das Bistum Bamberg I, S. 159.

82) E. von Guttenberg, Territorienbildung (wie Anm. 71), S. 177 ff.

erloschen. Der letzte Meranier, Otto VIII., hatte versucht, die Verluste seines Geschlechts in Baiern gegenüber den Wittelsbachern durch den Aufbau eines eigenen Territoriums in Franken auszugleichen, und zwar auf der Grundlage der Bamberger Gerichtslehen und der Obermaingüter, die den Andechsern als Teilerben der Schweinfurter um die neuerbaute Burg Plassenberg als Herrschaftszentrum zugefallen waren. Nur die Grafschaftslehen sowie die Burgen Niesten und Lichtenfels konnte der Bamberger Bischof aus dem Streit um die Meranier-Erbschaft gewinnen. Die eigentliche Erbmasse fiel an die meranischen Allodialerben, nämlich die Burggrafen von Nürnberg, die Grafen von Orlamünde und die Edelherren von Truhendingen, die im Interregnum zeitweise den Grafentitel führten [83]. An dem konzentrierten Landesaufbau der Zollern fand nun die Expansionspolitik der Bischöfe bald ihre Grenzen. Um Kulmbach und Bayreuth schufen die Burggrafen ein eigenes Territorium, das sie im Laufe des 14. Jahrhunderts erheblich ausdehnten, einmal durch reiche Erbschaften, wie 1338 des Erbteils der Orlamünde und 1373 des Regnitzlandes, zum anderen aber auch durch zielbewußten, systematischen Auskauf des Adels durch Lehenauftragungen, Gewartungs- und Öffnungsrechte an Burgen, wofür ihnen eine hervorragende Finanzpolitik die nötigen Grundlagen und Voraussetzungen schuf [84].

Nach dem Meranierer be war Bamberg vorrangig um die innere Ausgestaltung seines Territoriums bestrebt. Mit dem Erwerb der Burgen Liebenbrunn, Tüchersfeld, Ahorn, Schönbrunn und Marloffstein wurden weitere Lücken im Innern geschlossen [85]. Alle diese Burgen waren zugleich Zentren ausgedehnter Grundherrschaften, also militärische und wirtschaftlich-verwaltungstechnische Stützpunkte der Territorialherrschaft. Die Urbare des 14. Jahrhunderts zeigen dann auch die Burgen als Sitze von Ämtern bzw. lassen die Entwicklung der Ämter aus den Burgen samt den dazugehörigen Zugehörungen und Herrschaftsrechten verschiedener Art erkennen. Das unvollständige Urbar A nennt 16 *officia* und eine ganze Anzahl von selbständigen Burgen, die nicht zugleich Amtssitz waren. Das vollständigere Urbar B verzeichnet 27 *officia* – ohne die Nachträge von etwa 1360 –, wobei 2 *officia* aus dem Urbar A jetzt in 4 Ämter zerlegt und 4 Burgen ohne Amt im Urbar A nun als Amtssitz angeführt werden; außerdem entwickelten sich aus 7 *castra* des Urbars B später noch eigene Ämter. Die Ämtereinteilungen zu Verwaltungs-, Wirtschafts- und Gerichtszwecken sind also aus ursprünglich grundherrlichen und vogteiherrlichen Herrschaftsverbänden um eine Burg ent-

83) Ebda, S. 203 ff.; E. VON AUFSESS, Der Streit um die Meranische Erbschaft (mit Regesten), in: 55. BerHistVBamb 1893; E. VON OEFELE, Geschichte der Grafen von Andechs; zuletzt O. MEYER-E. ROTH-K. GLUTH, Oberfranken im Hochmittelalter, 1973, S. 133 ff.

84) A. SCHWAMMBERGER, Die Erwerbspolitik der Burggrafen von Nürnberg in Franken (bis 1361), 1932; K. P. DIETRICH, Territoriale Entwicklung, Verfassung und Gerichtswesen im Gebiet um Bayreuth bis 1603 (Schrr. d. Inst. f. fränk. Landesforsch. 7), 1958; A. GERLICH, in: Handbuch d. bayer. Geschichte III/1, S. 298 ff.

85) E. VON GUTTENBERG, Germania Sacra, Das Bistum Bamberg, S. 58 f.

standen. Im 14. Jahrhundert werden die neuen Ämter zum Teil noch nach diesen Burgen benannt, zum Teil aber auch schon nach den Städten und Märkten, vielfach zu Füßen einer älteren Burg, in denen der bischöfliche Amtmann seinen Sitz genommen hatte. Reine Burgenämter gab es 1348 im Hochstift Bamberg nur noch 14 [86].

Besonders deutlich gemacht werden kann die neue Burgenamtsorganisation, die Amtsentstehung aus einem Burgbezirk als Kristallisationskern, an dem Beispiel Neuhaus-Veldenstein, wobei allerdings dazukommt, daß dieses Amt als Exklave inmitten fremder Besitzungen entstand, also auch dementsprechend militärisch abgesichert werden mußte [87]. Bei der Vergabe der Bamberger Truchsessenlehen 1269 an die Wittelsbacher wurde neben Vilseck auch das Castrum Neuhaus vom Bischof einbehalten [88]. Im Urbar A erscheint diese neue Burg erstmals unter der Bezeichnung Veldenstein, zu der, neben dem Markt Neuhaus unterhalb der Burg, vor allem der ausgedehnte Wald, genannt Veldner Forst, mit allem Zubehör gehörte. Auch bestand bereits ein Amt Veldenstein, das seinen Sitz auf der Burg hatte. Zwischen 1269 und 1323/28 war also nachweislich um die Burg Veldenstein als Mittelpunkt eine umfangreiche Bamberger Grundherrschaft zusammengefaßt und in einem Amt organisiert worden, während gleichzeitig alle anderen bambergischen Lehen im Nordgau an die Wittelsbacher verloren gingen.

Die außergewöhnliche Bedeutung der Burg Veldenstein als Fluchtpunkt der Exklave, der dauernd besetzt und besonders militärisch ausgebaut sein mußte, verdeutlicht, neben der hohen Anzahl von Burgmannen, der Vertrag mit den Leuchtenbergern von 1331: dem Landgrafen von Leuchtenberg wird auf Lebenszeit die Burg als deren Pfleger und Amtmann übertragen; dafür wird er verpflichtet, binnen 4 Jahren für 400 Pfund Heller in der Burg militärische Bauten aufzurichten. Diesen Vertrag mußte neben dem Burghauptmann auch die von ihm eingesetzte Mannschaft beschwören, die somit Mann für Mann direkt an den bischöflichen Landesherrn gebunden wurde.

Den Kern des zur Burg gehörigen Amtes oder später Oberamtes Veldenstein-Neuhaus bildete der Veldensteiner Forst, in dem die beiden Hämmer Schrott und Rotenbruck besondere industrielle Unternehmungen darstellten. Nach dem Urbar A waren in dem Wald 18 Förster nach Lehenrecht eingesetzt, die von ihren Forsthuben aus rodeten und den Holzhaber bezogen. Ein Teil der Forsthuben war auch als Burggut vergeben. Neben der Holzwirtschaft spielte auch die Zeidlerei eine wichtige Rolle. Nach

86) Siehe die Karte bei H. Jakob, Wüstungstendenzen und Wüstungsursachen im ehemaligen Hochstift Bamberg Anno 1348, in: BerrDtLdKde 41, 1968, S. 251 ff.; für die Ämterorganisation der späteren Zeit vgl. M. Hofmann, Die Außenbehörden des Hochstifts Bamberg und der Markgrafschaft Bayreuth, in: JbFränkLdForsch 3, 1937 und 4, 1938.

87) W. Schwemmer, Die Burg und das ehemalige Bamberger Oberamt Veldenstein, in: 92. BerHistVBamb 1952/53, S. 35–160.

88) Monumenta Wittelsbacensia, ed. von F. M. Wittmann, Bd. I (Quellen und Erörterungen zur Bayer. und Dt. Geschichte 5), 1857, Nr. 97.

dem Urbar A betrieben 24 Zeidler im Forst ihr Handwerk, von denen jeder 6 Bienenvölker halten durfte; 1348 werden bereits 47 Zeidler erwähnt. Durch Rodung, selbst noch im 14./15. Jahrhundert, und durch Neuanlage von Dörfern versuchten mehrere Adelsfamilien, voran die Egloffstein, Stör und Breitensteiner, die im Besitz Veldensteiner Burghutlehen im Bischofswald waren, sich ausgedehnte Grundherrschaften um ihre Burgen aufzubauen, was schließlich die Bischöfe als Landesherrn und Amtsinhaber zu verhindern wußten. Desgleichen wehrten sie den Versuch der Leuchtenberger ab, über ihr Jagdrecht festen Fuß im Wald zu fassen. Die Burg Veldenstein als Amtssitz inmitten fremden Territoriums hatte also besondere militärische und strategische Bedeutung, da hier eigene Herrschaftsrechte verteidigt und die Ansprüche Fremder abgedrängt werden mußten.

Während also in den Altsiedelgebieten, im Innern des Territoriums, die Burgen zu Mittelpunkten der grundherrlichen Verwaltung wurden, Amtsfunktionen wahrnahmen und die militärische Aufgabe sich auf die Sicherung des Landfriedens beschränkte, waren die Burgen in den Waldgebieten an den Grenzen oder gar als Exklaven Stützpunkte der Kolonisation und der Herrschaftsbildung und zugleich stark ausgebaute militärische Bastionen zur Sicherung vor Übergriffen.

Diese Doppelfunktion der mittelalterlichen Burgen als Militär- und Rodungszentren läßt sich bereits in ihrer Rolle in der staufischen Königslandpolitik in Franken fassen [89]. Schon unter dem Salier Heinrich III. sollte Nürnberg zum Mittelpunkt des Reichsgutes in Franken aufgebaut werden, vor allem gegenüber dem neugegründeten, von Kaiser Heinrich II. so überreich ausgestatteten Bistum Bamberg. Die Organisation des verbliebenen oder revindizierten Reichsgutes wurde Otnand anvertraut, dem vermutlichen Stammvater der Reichsministerialen von Eschenau, einem der bedeutendsten Königsdiener im 11. Jahrhundert [90]. Seine Hauptaufgabe war, das Reichsgut in dem Raum zwischen Pegnitz, Erlanger Schwabach und Forchheim dem Reich gegenüber den Ansprüchen Bambergs zu erhalten, was schließlich nur zum Teil gelang. Im Zusammenhang mit der Reorganisation des Reichsgutes wurden vom König den Reichsministerialen auch Gebiete übertragen, die erst noch gerodet werden mußten, wie etwa das Waldgebiet an der Straße nach Eger an Otnand 1061 [91].

89) Grundlegend und zusammenfassend für diesen Abschnitt K. Bosl, Die Reichsministerialität als Träger staufischer Staatspolitik in Ostfranken und auf dem bayerischen Nordgau, 1941; Ders., Die Reichsministerialität der Salier und Staufer (Schrr. der MGH 10), Bd. 2, 1951; Ders., Das staufische Nürnberg, Pfalzort und Königsstadt, in: Nürnberg-Geschichte einer europäischen Stadt, hg. von G. Pfeiffer, 1971, S. 16 ff.; H. H. Hofmann, Nürnberg. Gründung und Frühgeschichte, in: JbFränkLdForsch 10, 1950; F.-J. Schmale, Das staufische Jahrhundert in Franken, in: Handb. d. bayer. Geschichte III, 1, S. 72 ff.

90) H. Schreibmüller, Otnand, der erste große Reichsministeriale in Franken, in: Franken in Geschichte und Namenwelt, 1954, S. 12 ff.

91) K. E. Lorenz, Der Naabwald des Ministerialen Otnant, in: Die Oberpfalz 40, 1952, S. 150 ff.

Zwar erfolgte somit schon unter Heinrich III. die Eindämmung der Ausdehnung Bambergs, und auch Heinrich V. griff mehrfach entscheidend in Franken ein, doch der eigentliche Ausbau Ostfrankens zur terra imperii vollzog sich erst unter den Staufern, vor allem unter Barbarossa. Dabei ist ein klares geopolitisches Konzept in der Reichsguts- und damit auch »Staats«politik erkennbar. Politischer, administrativer und militärisch-strategischer Mittelpunkt der Terra imperii war die Burg Nürnberg, das Zentrum eines großen Königsgutkomplexes. Nürnberg war das Verwaltungszentrum des Reichsgutes in Franken und auf dem Nordgau, wie es das Reichssalbüchlein vom Ende des 13. Jahrhunderts aufzeigt[92]. Der Umfang des Reichsgutkomplexes ist deutlich erkennbar durch einen Kranz von Reichsministerialenburgen um das Zentrum abgesteckt, die einen Sperriegel nach außen bilden, vor allem gegen Bamberg. Zu diesem Burgenring, der zugleich die Sicherung der wichtigsten Straßen von und nach Nürnberg übernommen hat, zählen die Reichsministerialenburgen Eschenau, Kirchrüsselbach, Gründlach, Altenberg oder Alte Veste, Bürglein, Buttendorf, Wilhermsdorf, Schniegling, Rasch, Penzenhofen, Altenthann bei Altdorf und Wettenhofen bei Neumarkt. Die entsprechende Dienstmannschaft für die Organisation des Reichsterritoriums um Nürnberg, vor allem für die Wachmannschaften auf den zahlreichen Burgen, entzogen die Staufer der Bamberger Hochstiftsministerialität, wie K. Bosl überzeugend nachweisen konnte anhand der Weißenoher Urkunde von 1140[93].

Der Aufbau des Reichsterritoriums um Nürnberg war jedoch keineswegs allein für Franken von Belang. Vielmehr muß die terra imperii um Nürnberg in dem großen Gesamtzusammenhang der territorialen Reichspolitik der Staufer gesehen werden. Darin nahm Nürnberg eine wichtige Brückenfunktion ein zwischen den Kernlandschaften des Reiches am Oberrhein und den staufischen Hausgütern in Schwaben einerseits und den Gebieten im Osten, dem Egerland, Vogtland und Pleißnerland andererseits, also den Gebieten westlich und nördlich des Herzogtums bzw. Königreichs Böhmen, die zur Rodung und zum Landesausbau und damit zur Herrschaftsbildung anregten[94].

Burgen bildeten das Rückgrat und das Burgensystem die erkennbaren Leitlinien der staufischen Königsgutkonzeption, die von Südwestdeutschland über Franken schließlich im Eger- und Pleißnerland als Keil nach Osten auslief (vgl. Bd. I, S. 114 ff.). Als wichtiges Verbindungsstück zwischen dem Reichsgutzentrum Nürnberg und dem Reichsland um Eger kaufte Barbarossa von Bamberg die Vogteiämter Amberg, Velden, Auerbach, Vilseck und Pegnitz und wenig später von den sulzbachischen Erbtöchtern die Burgen Parkstein, Hahnbach, Thurndorf, Floß und Creußen, die 1188 an die Staufer

92) MGH Const. III, Nr. 644.

93) MGH D Konrad III, Nr. 50 und 151; K. Bosl, in: Nürnberg (wie Anm. 89), S. 19.

94) Vgl. hierzu W. Schlesinger, Egerland, Vogtland, Pleißenland. Zur Geschichte des Reichsgutes im mitteldeutschen Osten. In: Forschungen zur Geschichte Sachsens und Böhmens, hg. von R. Kötzschke, 1937, S. 61–91, wiederabgedruckt in: W. Schlesinger, Mitteldeutsche Beiträge zur deutschen Verfassungsgeschichte des Mittelalters, 1961, S. 188–211.

fielen[95]. Damit war die Verbindung zwischen den beiden Reichsgutzentren nahezu lückenlos hergestellt; nur die beiden wichtigen Burgen Waldeck und Pleystein der Leuchtenberger konnten nicht erworben werden.

Dabei darf nicht übersehen werden, daß die Reichsministerialen in den drei Reichtsgutzentren um Nürnberg, Eger und Altenburg auch gerodet haben, daß sie die eigentlichen Träger der Kolonisation waren. Um die neuerrichteten Burgen der Ministerialen, die sich nach diesen festen Sitzen benannten, entstanden neue Herrschaftsbereiche, wie etwa im Fichtelgebirge die Herrschaften Sparrenberg, Blankenberg, Reitzenstein, Hirschberg oder Gattendorf, die sich später verselbständigen konnten[96]. Zunächst aber waren die Reichsministerialen auf dem Burgenkranz auf das Zentrum Nürnberg bezogen. Sie hatten die Verkehrswege zu sichern und mußten von Zeit zu Zeit auf die Hauptburg ziehen zur Burghut oder zu Verwaltungsdiensten am Reichsgut. Die Hoheitsrechte des Königs vertrat auf der Hauptburg der Burggraf. Ihm oblag in der Hauptsache das militärische Kommando über die Burgbesatzung auf der Nürnberger Burg wie auch über die im Umkreis wohnende Reichsministerialität. Er leitete auch das ständische Gericht über die Burgmannen und über die der Burg zugeordneten Reichsministerialen, nahm jedoch nicht das Hochgericht über das Reichsland und die Stadt wahr, eine Vorsichtsmaßnahme zur besseren Sicherung der königlichen Rechte und zur Eindämmung der Eigenbestrebungen der Burggrafen, die eventuell beim Wechsel des Amtes von den Raabs an die schwäbischen Zollern am Ende des 12. Jahrhunderts vorgenommen wurde. Denn um 1200 erscheint im Zuge einer Verwaltungsreorganisation des Reichsgutes um Nürnberg ein neuer Reichsbeamter, der provisor oder seit 1220 Reichsbutigler. Er war der Oberbeamte des Reichs in dem Reichsland, der Träger der neuen Verwaltungsorganisation und Vorsitzende im kaiserlichen Landgericht, das wahrscheinlich ein Domänengericht war. Er nahm die kaiserlichen Schutzvogteien in den umliegenden Klöstern wahr, wie z. B. in der Zisterze Heilsbronn; er nahm alle Abgaben im Reichsland ein und organisierte die Dienste der Königsleute, für die er auch neue Burgen gründete. Um den Beamtencharakter des Butiglers zu wahren, wurde dieser Oberbeamte nie aus den bedeutenderen Reichsministerialengeschlechtern der Umgebung genommen. Der Hochadel mit seiner eigenständigen Territorialpolitik sollte aus dem Reichsland um Nürnberg herausgehalten werden, das vom Butigler und den Reichsministerialen auf den umliegenden Burgen allein zum Nutzen des Reiches verwaltet und erhalten werden sollte. Allerdings darf neben dem klar erkennbaren Burgensystem die wachsende Rolle der Städte als Mittel der Reichspolitik der Staufer nicht übersehen werden, gerade in Franken[96a].

95) Siehe E. Klebel, Die Grafen von Sulzbach als Vögte des Bistums Bamberg in Bayern, in: MIÖG 41, 1926, S. 108–128, wiederabgedruckt in: E. Klebel, Probleme der bayerischen Verfassungsgeschichte, 1957, S. 306–324.

96) Vgl. H. Sturm, Tirschenreuth. Histor. Atlas von Bayern-Altbayern, H. 21, 1970, S. 22 ff.

96a) Siehe Karte 22 im Bayer. Geschichtsatlas, hg. von M. Spindler, 1969.

Nach dem Untergang der staufischen Reichslandkonzeption gelang es den zollerschen Burggrafen jedoch, die *comicia burcgravie* zu erringen und den Reichsbutigler auszuschalten [97]. Außerhalb ihres burggräflichen Amtssprengels konnten sie sich ein eigenes Territorium aufbauen, wobei auch ihnen, wie allen fränkischen Territorialmächten, der Schwund der adeligen Sippen, vor allem das Aussterben fast aller edelfreien Geschlechter im ausgehenden Mittelalter sehr entgegen kam. Nach den prosopographischen Untersuchungen E. von Guttenbergs [98] lebten von den 20 Edelfreiengeschlechtern, die im 11. Jahrhundert am Obermain nachzuweisen sind, G. Voit zählt sogar 25, im 14. Jahrhundert nur noch 3, und von den rund 130 Bamberger Ministerialenfamilien des 13. Jahrhunderts blühten im 16. Jahrhundert nur noch 17.

Lediglich die Aufseß, die jedoch der ärgeren Hand folgten, und die Schlüsselberger spielten im 14. Jahrhundert von den ehemals vorhandenen Edelfreien in Nordostbayern noch eine Rolle [99]. Der Stammsitz der Edelherrn von Schlüsselberg lag in Adelsdorf im Aischgrund, nach dem sie sich 1128–1203 von *Otlohesdorf* nannten. Zwischen 1130 und 1151 nannte sich das gleiche Geschlecht auch *de Chrutsare*, was mit Creußen zu identifizieren ist, und schließlich nach 1172 auch mehrfach nach der Burg Greifenstein. Seit 1219 bzw. 1223 aber führten die Edelfreien von Otlohesdorf/Creußen/Greifenstein fast nur noch den Namen Schlüsselberg. Nachweisbar erstmals in der Umgebung des Bischofs Otto des Heiligen, stiegen die Schlüsselberger im 12./13. Jahrhundert zu hoher Bedeutung in Franken auf. Ihre Macht und ihr Ansehen beruhten auf ihrem reichen Besitz, der wohl zu einem Gutteil aus Rodung hervorgegangen ist. Neben dem Stammschloß Adelsdorf und weiteren reichen Besitzungen im Aischgrund gehörte den Schlüsselbergern die Burg Senftenberg mit zahlreichen Zugehörungen im Regnitztal und am Jurarand. Im Jura selbst hatten sie Anteil an der Burg Greifenstein mit reichem Zubehör im Aufseß- und Leinleitertal; die nahegelegene Burg Rotenstein war ihr Eigenbesitz. Mit den Burgen Streitberg und Neideck aber beherrschten sie das Wiesenttal und damit die Verkehrsstraße durch die Fränkische Alb. Im Mittel- und Oberlauf der Wiesent geboten die Schlüsselberger mit ihren Anteilsrechten an Burg Rabeneck und vor allem mit der mächtigen Burg Waischenfeld samt ausgedehnter Herrschaft, die ihnen 1216 durch Erbschaft zugefallen waren und in derer unmittelbaren Umgebung sie die namengebende Burg Schlüsselberg erbauten. Mit der Burg Rabenstein, wo ihre Ministerialen Groß saßen, beherrschten sie das Ailsbach- und Ahorntal und die dort verlaufende Altstraße aus dem Pegnitztal. Strategisch und verkehrs-

97) G. Pfeiffer, Comicia burcgravie in Nurenberg, in: JbFränkLdForsch 11/12, 1953, S. 45–52.

98) E. von Guttenberg, Territorienbildung, S. 298; vgl. auch G. Voit, Der Adel am Obermain, 1969.

99) Zum Folgenden W. von Bibra, Die Reichsherren von Schlüsselberg, in: 62. BerHistVBamb 1903 und R. Endres, Konrad von Schlüsselberg, in: Fränk. Lebensbilder 4, 1971, S. 27 ff. und die dort genannten Quellen und weiteren Literaturangaben.

technisch außerordentlich wichtig aber war der Besitz der Burg Gößweinstein, gleichsam das Zentrum der Fränkischen Alb. Gegen Nürnberg zu konnten die Schlüsselberger mit der Reichspfandschaft Heroldsberg bis in den Sebalder Reichswald vordringen, und nach Osten bildeten die Burgen Stierberg und Betzenstein die Grenze gegenüber den verwandten Landgrafen von Leuchtenberg und gegen Pfalz-Baiern. Im Steigerwald lag um die Burg Thüngfeld als Kristallisationskern reicher allodialer Besitz; dazu kamen noch Wertheimer Besitzungen mit der Burg über Stadtprozelten als Verwaltungsmittelpunkt. Diese weitgehend geschlossenen Machtzentren um die genannten Burgen in Franken waren straff zusammengefaßt und organisiert durch die Halsgerichte Schnaid, Eggolsheim, Senftenberg, Waischenfeld und Ebermannstadt-Neideck, aus denen später bambergische Ämter hervorgingen. Als wirtschaftliche Zentren wurden noch die neuen Städte Waischenfeld, Ebermannstadt und Schlüsselfeld ausgebaut und gefördert. Verwaltet wurde das Herrschaftsgebiet der Schlüsselberger von nachweislich 18 Ministerialenfamilien, die sich zum Teil nach den Burgen nannten, auf denen sie saßen, wie etwa die Neideck, Rotenstein oder Waischenfeld. Vom Steigerwald über die Regnitzfurche und die Alb bis in die Oberpfalz hinein erstreckte sich das im Ausbau befindliche, weitgehend geschlossene und vereinheitlichte Territorium der Schlüsselberger, als es in den Alleinbesitz Konrads, des engen Vertrauten Ludwigs des Baiern, kam. Doch der Reichsfahnenträger war söhnelos, und man gewinnt den Eindruck, daß die in ihrer Territorialpolitik rücksichtslos-energischen zollerischen Burggrafen sich bereits frühzeitig Gedanken um das zu erwartende Erbe machten. So versuchten sie schon 1343 in dem schlüsselbergischen Jurateritorium Fuß zu fassen, als sie sich das Öffnungsrecht über die Burgen Aufseß und Freienfels sicherten. Konrad von Schlüsselberg, den zahlreiche wirtschaftliche und finanzielle Beziehungen mit dem städtischen Bürgertum verbanden sowie mit seinen eigenen Schutzjuden, verbündete sich als einziger Angehöriger des Adels 1344 mit den Reichsstädten Nürnberg, Rothenburg und Windsheim und mit der Bischofsstadt Würzburg gegen die wichtigsten Territorialmächte in Franken, nämlich gegen die Burggrafen von Nürnberg, die Grafen von Henneberg und die beiden Bischöfe von Bamberg und Würzburg. Als sich dann Konrad auch das Zoll- und Geleitrecht im Wiesenttal und »über das Gebirge« anmaßte, also damit die volle Landeshoheit in seinem Jurateritorium beanspruchte, was bezeichnenderweise von den Nürnberger Kaufleuten widerspruchslos akzeptiert wurde, da schlossen sich die bereits etablierten Mächte in Franken gegen den neuen Herrschaftsanspruch zusammen.

Unter geschickter Ausnützung der allgemeinen politischen Lage in Franken und im Reich, vor allem des Wechsels im Königtum, beseitigten sie das junge Territorium der Schlüsselberger und stellten das Kräftegleichgewicht in Franken wieder her. Bei der Aufteilung des schlüsselbergischen Besitzes sicherten sich die Burggrafen die für sie günstig gelegenen Burgen Rabenstein und Betzenstein, und die beiden Bischöfe nahmen gemeinsam die Burgen Senftenberg, Thüngfeld, Neideck, Streitberg, Greifenstein und Waischenfeld in Besitz. Der Bamberger Bischof kaufte schließlich Burg für Burg vom Würzburger Anteil und arrondierte sein Territorium; um das nötige Geld hierfür zu bekommen, mußte Lupold von Bebenburg den Ostteil des Veldner Forstes und die Ortschaft Erlangen an Karl IV. verkaufen [100]).

Mit Hilfe einer systematischen Burgen-, aber auch schon Städtepolitik hatten sich die Edelherren von Schlüsselberg im 13./14. Jahrhundert ein weitgehend konsolidiertes Jurateritorium aufgebaut, waren schließlich aber am gemeinsamen Widerstand der bereits vorhandenen Territorialmächte gescheitert. Nach ihrer Ausschaltung war das Kräftegleichgewicht in Franken endgültig fixiert, das praktisch ohne größere Veränderungen bis zum Ende des Alten Reiches Bestand hatte. Bezeichnenderweise wurde am Ende des 14. Jahrhunderts der Versuch der Egloffsteiner, um ihre Juraburgen Leienfels und Bärenfels eine eigene Landesherrschaft aufzubauen, sofort von der Koalition von Bischöfen, Burggrafen und Reichsstadt Nürnberg unterbunden [101]).

Nach der Zerschlagung des Juraterritoriums der Schlüsselberger tauchte jedoch für einige Jahrzehnte eine neue Macht in Nordostbayern auf, welche die anstehende Auseinandersetzung um den politischen Vorrang in Franken nochmals hinausschob, ihn aber nicht verhindern konnte. Es war Kaiser Karl IV., der seine Hausmacht, sein »Neuböhmen«, bis vor die Tore Nürnbergs schob und zielbewußt eine Landbrükke zwischen Prag und Frankfurt anstrebte [102]). Das Interesse Karls an den Gebieten westlich des Böhmerwaldes zeigte sich erstmals bei seiner Vermählung mit Anna, der Tochter des Pfalzgrafen Rudolf. Der Böhmenkönig ließ sich nämlich von seinem Schwiegervater pfandweise die Burgen und Ortschaften Auerbach, Hartenstein, Velden, Plech und Neidstein zuweisen. 1353 rundete er diesen Erwerb ab mit dem Kauf der Vesten Waldeck, Neustadt, Störnstein, Hirschau und Lichtenstein und 12 000 Mark Silber, womit Ruprecht der Jüngere aus dem Gefängnis in Sachsen freigekauft wurde. Weiterhin erwarb Karl im gleichen Jahr noch die Burgen, Städte und Märkte Sulzbach, Rosenberg, Thurndorf, Hiltpoltstein, Hohenstein, Lichtenegg, Frankenberg, Lauf, Eschenbach, Hersbruck, sowie endgültig Auerbach, Velden, Plech, Hartenstein

100) Vgl. S. Krüger, Lupold von Bebenburg, in: Fränk. Lebensbilder 4, S. 49 ff.

101) R. Endres, Konrad von Schlüsselberg, S. 46. Umfassend zu den politischen Verhältnissen in Franken im 14. Jahrhundert zuletzt H. H. Hofmann, Territorienbildung in Franken im 14. Jahrhundert, in: VortrrForsch 14, II, 1971, S. 255 ff.

102) Aus der Fülle der Literatur sei verwiesen auf S. Grotefend, Die Erwerbspolitik Kaiser Karls IV., 1909; W. Schneider, Neuböhmen, Jur. Diss. Erlangen 1949 (Mschr.); H. H. Hofmann, Böhmisch Lehen vom Reich. Karl IV. und die deutschen Lehen der Krone Böhmen, in: Bohemia-Jb. 2, 1961, S. 112–124; Ders., Karl IV. und die politsche Landbrücke von Prag nach Frankfurt am Main, in: Zwischen Frankfurt und Prag, hg. vom Collegium Carolinum, 1963, S. 51–74; H. Liermann, Franken und Böhmen, ein Stück deutscher Rechtsgeschichte, 1939; W. Volkert, in: Handb. d. bayer. Geschichte III, 2, 1971, bes. S. 1281 ff.; vor allem aber das »Böhmische Salbüchlein« (wie Anm. 9) mit der sachkundigen Einleitung von F. Schnelbögl, wo auch die Einzelbelege ausgewiesen sind.

und Neidstein für die 20 000 Mark Silber, die Karl seinem verstorbenen, stets geldbedürftigen Schwiegervater geliehen hatte. In den folgenden Jahren rundete Karl seinen Besitz in der Oberpfalz durch systematische Aufkäufe von Burgen, durch Öffnungs- und Burghutverträge planmäßig ab und dehnte ihn weiter aus. So gelang ihm der Öffnungsvertrag für die Veste Plößberg bei Bärnau und, besonders wichtig, über den Rothenberg bei Schnaittach, den Karl am 13. Dezember 1353 mit dem Heinrich Wildensteiner abschloß. Damit waren wichtige Teile »Neuböhmens« schon zu Beginn der 50er Jahre im Besitz Karls. Durch Willebriefe, namentlich für Floß und Parkstein sowie Hohenstein, ließ er sich seinen Besitz von den Kurfürsten bestätigen und dem Bischof von Bamberg durch Schiedsspruch die angemaßte Lehenshoheit über die Burgen Hartenstein und Neidstein entziehen. Vor allem aber hatte Karl bereits die Kontrolle über die wichtige Reichsstraße Nürnberg—Prag gewonnen, die nachweislich seit dem 13. Jahrhundert eine große Rolle spielte als Verbindung der Rheinlande über Nürnberg mit Böhmen.

Viele Mitglieder des einheimischen, geldbedürftigen Adels traten ihre Burgen und Sitze an Karl ab und traten in seine Dienste. Von Heinrich Wildensteiner, der ihm schon den Rothenberg übergeben hatte, ließ sich Karl noch die Burg Strahlenfels zu Lehen übertragen und schließlich sogar den Wildenstein. Ludwig von Hohenlohe verkaufte seine Burg Reicheneck an die Krone Böhmen, und die Ritter von Perge trugen 1354 ihre Burg Spieß dem König als böhmisches Mannlehen auf. 1365 erwarb Karl die Lehenschaft über die Burgen Stierberg, Pleystein und Reichenstein; 1358 öffneten die Kemanter ihre Burg Hauseck und erfolgte die Öffnung der Burg Grub; 1360 trug Friedrich von Heideck seine Veste Heideck der Krone Böhmen zu Lehen auf, und im gleichen Jahr tauschte Karl die Vesten Parkstein und Karlswald ein und kaufte die Veste Strahlenfels. Alle seine Erwerbungen inkorporierte Karl, dessen finanzielles Übergewicht fast erdrückend war, staatsrechtlich dem Königreich Böhmen.

In Franken westlich Nürnberg konnte Karl allerdings nur Stützpunkte für seine Landbrücke erringen, beginnend mit der Öffnung von Schloß Wilhermsdorf 1358, während er im Osten geschlossene Gebietskomplexe schuf. Alle böhmischen Amtssitze in Baiern und Franken waren dem Hauptmann oder Pfleger in Sulzbach zugeordnet. Amtssitze waren in der Mehrzahl Burgen, die in der Regel »Vesten« genannt wurden, vereinzelt auch »Haus«. Den dazu gehörigen Verwaltungsbezirken, den Ämtern, standen »Burggrafen« oder »Pfleger« vor, nur selten taucht die Bezeichnung »Amtmann« auf. Neben den beiden wichtigsten Stützpunkten und Zentren »Neuböhmens«, Sulzbach und dem Rothenberg, gab es 1366/68 noch folgende Ämter und Amtssitze: Lichtenstein, Lichtenegg, Puchberg, Neidstein, Erlangen, Hiltpoltstein, Strahlenfels, Hollenberg, Frankenberg, Pegnitz-Beheimstein, Thurndorf mit der Stadt Eschenbach, Auerbach mit der Stadt, Lauf, Hartenstein mit den Märkten Velden und Plech, Breitenstein, Hirschau, Parkstein mit der Stadt Weiden, Floß mit Vohenstrauß, Störnstein mit Neustadt an der Waldnaab, Bärnau und Tachau, dazu noch die Veste Hohenstein für die Verwaltung der Vogtei- und Propsteigüter um Hersbruck. Ein fast lückenloses

Netz von Ämtern erstreckte sich über »Neuböhmen« und garantierte eine straffe Verwaltungsorganisation.

Die Verzeichnisse der Waffen auf den Vesten lassen Rückschlüsse auf die militärische Stärke und Bedeutung der jeweiligen Burgen und Amtssitze zu: Sulzbach hatte 36 Mannschaften, Lauf, Hiltpoltstein und Hohenstein je 18, Frankenberg 20, Rosenberg 14, Thurndorf 15, Lichtenstein ebenfalls 15 und Lichtenegg nur 9 Mannschaften. Weiterhin geht aus dem Sal-Büchlein hervor, daß in einigen Städten auch die Bürgerschaft zur Verteidigung mit beigezogen wurde: in Auerbach 150 Mann, in Sulzbach 144 und in Weiden 100 Mann.

Neben Sulzbach war von besonderer Bedeutung die Burg Rothenberg, die Karl 1360 aufgekauft hatte und die er systematisch als militärisches und administratives Zentrum ausbaute. Am 5. Februar 1363 verpflichtete er in der Burg Lauf 20 Mitglieder des fränkisch-oberpfälzischen Adels zur Burghut auf dem Rothenberg [103]. Die Ritter erklärten sich bereit, zeitlebens auf der Burg zu wohnen und mindestens einen reisigen Knecht zu halten. Die Entlohnung der Burgmannen erfolgte durch Überweisung verschiedener Einkünfte aus dem Amte Rothenberg oder auch anderer Ämter bzw. durch die Überlassung mehrerer Stadtsteuern, wie etwa von Hersbruck, Auerbach, Pegnitz und Weiden; außerdem standen den Burgmannen die Geleitseinnahmen von Lauf zu, also von der stark frequentierten Fernverkehrsstraße von Nürnberg nach dem Osten. Außer auf dem Rothenberg finden sich Burghuten in »Neuböhmen« auch noch auf mehreren anderen Burgen, wie z. B. zu Neidstein, Hartenstein, Störnstein, Floß oder Parkstein; die Zahl der Burgmannen schwankt dabei zwischen 4 und 15.

Karl IV. übernahm also das Burghutsystem, das im fränkisch-baierischen Raum schon vor der böhmischen Zeit praktiziert wurde, und baute es systematisch in die Verwaltung »Neuböhmens« ein. Die Burgenbesatzungen, die Burgmannen und Pfleger, holte er in der Regel aus dem einheimischen Adel, den er auf diese Weise fest für seine Politik gewann. Nur die Spitzenpositionen, wie der Hauptmann zu Sulzbach oder der Burggraf auf dem Rothenberg, waren böhmischen Adeligen vorbehalten, die vielfach auch für die niederen Burgämter ihre Leute aus Böhmen mitbrachten. Daher erklärt sich auch das päpstliche Zugeständnis, daß die Pfarrer auf dem Rothenberg, in Sulzbach und in Neustadt an der Waldnaab den tschechischen Besatzungsangehörigen samt deren Familien und Gesinde in tschechischer Sprache die Beichte abnehmen und ihnen die Sakramente spenden durften [103a].

Alles deutet darauf hin, daß sich Karl auf Dauer in »Neuböhmen« einrichten wollte. Dies beweisen nicht nur die staatsrechtliche Inkorporation seiner Erwerbungen in das Königreich Böhmen 1355 und seine Landfriedenspolitik, wobei er als Teilneh-

103) M. Schütz, in: Die Fundgrube, Heimatbeilage der Pegnitzzeitung 3, 1927.

103a) R. Klier, Tschechische Dienstmannen auf den Burgen der Luxemburger in Neuböhmen? in: Mitteil. der Altnürnberger Landschaft 12, 1963, S. 1–14.

mer der fränkischen Landfrieden die politischen Machtverhältnisse im Vorfeld seines »neuböhmischen Reiches« stabilisieren und kontrollieren wollte [104], davon zeugt auch der Name der um 1358 an der oberen Pegnitz von Karl neu aufgerichteten Burg Beheimstein [105]. Gleichermaßen Ausdruck seines politischen Programms ist die Namengebung des von ihm wieder aufgebauten Schlosses in Lauf nach dem hl. Wenzel, den Karl bekanntlich sehr verehrte, wie er auch auf dem Rothenberg eine Wenzelskirche errichtete [106].

Neben den Burgen und Vesten als Stützpunkten seiner Herrschaft, vor allem als Wirtschafts- und Verwaltungsmittelpunkten, förderte Karl aber auch in hohem Maße die Städte als Zentren der Verwaltung, der Marktwirtschaft und der Gerichtsbarkeit, wie allein die Beispiele Auerbach, Erlangen [107] und Prichsenstadt [108] beweisen.

Doch das »neuböhmische Reich« war nur von kurzer Dauer. 1373 verzichtete Karl auf den Südteil Neuböhmens zu Gunsten der Wittelsbacher. Bei Böhmen verblieb nur der nördliche Teil, das neugeschaffene Landgericht Auerbach, ein Teil des alten Landgerichts Sulzbach, das aus dem alten Grafschaftsgericht entstanden war.

Für die innere Organisation des Lebens auf den fränkischen Burgen, d. h. für den Burgendienst, die militärische Sicherung und die vielfältigen Verwaltungsfunktionen geben vor allem das Bamberger Urbar B und das Registrum Burghutariorum höchst aufschlußreiche Einblicke. In diesem Zusammenhang sollen weniger das alltägliche Leben und die adeligen Lebensformen auf den Burgen behandelt werden [109], wovon Ulrich von Hutten in seinem bekannten Brief an Willibald Pirckheimer eine eindrucksvolle Schilderung gibt [110], vielmehr sollen das Funktionieren der Burghutverfassung untersucht werden, die Fragen nach den verschiedenen Burgenbesatzungen und ihrer Entlohnung sowie vor allem die mit

104) H. Angermeier, Königtum und Landfriede im deutschen Spätmittelalter, 1966, G. Pfeiffer, Die königlichen Landfriedenseinungen in Franken, in: Vorträge und Forschungen 14,2, 1973, S. 229–253; Ders., Die politischen Voraussetzungen der fränkischen Landfriedenseinungen im Zeitalter der Luxemburger, in: JbFränkLdForsch 23, 1973, S. 119 ff.

105) Vgl. hierzu Die Kunstdenkmäler von Bayern – Landkreis Pegnitz, bearb. von A. Schädler, 1961, S. 413 f.

106) W. Kraft-W. Schwemmer, Kaiser Karls IV. Burg und Wappensaal zu Lauf (Schriften der Altnürnberger Landschaft 7), 1960.

107) J. Bischof, Die Gründung der Altstadt Erlangen als Stützpunkt Karls IV., in: ZBayerLdG 32, 1969, S. 104–130.

108) G. Wöppel, Prichsenstadt, 1968; vgl. auch W. Störmer, Die Gründung von Kleinstädten als Mittel herrschaftlichen Territorienaufbaus, in: ZBayerLdG 36, 1973.

109) Zu diesen vor allem kulturgeschichtlich interessanten Fragestellungen siehe H. Kunstmann, Mensch und Burg (wie Anm. 23), und R. Endres, Adelige Lebensformen in Franken zur Zeit des Bauernkrieges, 1974.

110) Ulrich von Huttens Schriften, hg. von E. Böcking, 1, 1859, Nr. 90, S. 195 ff.

Hilfe der Gewartungs- und Öffnungsrechte betriebene Burgenpolitik der territorialen Mächte in Franken [111].

Im Bambergischen erfahren wir erstmals von einer Burgenbesatzung in der 2. Hälfte des 11. Jahrhunderts, als König Heinrich IV. den im Sachsenaufstand gefangengenommenen Widersacher Herzog Otto von Northeim dem Bischof Rupert von Bamberg, seinem treuen Anhänger, übergab. Dieser überstellte den Gefangenen *militibus suis* zur Bewachung *in castello quodam*. Welchen Standes diese Ritter waren, läßt sich nicht mehr bestimmen [112]. Es scheint aber so zu sein, daß der ursprüngliche Dienst auf einer landesherrlichen Burg nicht organisiert war, wie in späteren Zeiten, sondern daß ein oder mehrere Ritter die Burg zur Bewachung vom Landesherrn übertragen bekamen, wobei es weiter keine Rolle spielte, ob es sich dabei um Edelfreie oder Ministerialen handelte. So verzichtete beispielsweise 1221 der Ministeriale der Bamberger Kirche, Heinrich von Sletine, zugunsten des Klosters Michelsberg auf die Burg Helfenrod und erhielt sie vom Abt *in commissione* zurück [113], d. h. nicht nach Lehenrecht wurde sie ihm übertragen, sondern im Auftrag des Klosters hatte er die Burg als militärischen Stützpunkt zu besetzen. Noch eindeutiger ist der Kauf der Burg Rohrbach durch den Bischof Timo 1197. Er beließ die bisherigen Besitzer, Gottfried und Bruno, offensichtlich 2 Edelfreie, auf der Burg und übergab ihnen *ad servandum nobis castrum, ut fieri assolet* 2 Grundstücke als Besoldung [114]. Der Dienst auf einer Burg war also ursprünglich eine Art Vertrauensposten, der meist Edelfreien, vereinzelt auch treuen Ministerialen überlassen wurde, wofür sie mit Grundstücken entlohnt wurden. Vielfach legten sich die Familien, denen die Betreuung der landesherrlichen Burgen übertragen war, auch den Namen der betreffenden Burg zu, wie etwa die Giech oder Gößweinstein, allerdings zunächst nur so lange sie auf dieser Burg Dienst taten; bei einigen wurde der Name der landesherrlichen Burg sogar zum Geschlechternamen, wie z. B. bei den Giech oder bei den Plassenberg. Dabei muß aber für Franken eine wichtige Feststellung getroffen werden: alle Geschlechter, die ursprünglich auf landesherrlichen Burgen Dienst taten, verschwinden spätestens zu Beginn des 14. Jahrhunderts. An ihre Stelle treten nun sogenannte Kastellane, die aus verschiedenen adeligen Familien stammten. Diese Erscheinung hängt sicher mit dem Aussterben der meisten edelfreien Geschlechter und sehr vieler Ministerialienfamilien zusammen [115]. Andererseits aber boten die neuen Kastellane dem Landesherrn die Möglichkeit, die Diensthabenden auf den einzelnen Landesburgen leichter auszutauschen, auf diese Weise also

111) Grundlegend H. Kunstmann, Mensch und Burg (wie Anm. 23), S. 141 ff., wo eine Fülle von Einzelbelegen erbracht werden.

112) Siehe hierzu E. von Guttenberg, Titel und Standesbezeichnungen des oberfränkischen Adels, in: FamiliengeschichtlBl 24, 1926.

113) H. Kunstmann, Mensch und Burg (wie Anm. 23), S. 141.

114) E. von Guttenberg, Germania Sacra, Das Bistum Bamberg, S. 161 f.

115) Siehe oben S. 313.

eine zu enge und langdauernde Verflechtung adeliger Familien mit einer ursprünglich landesherrlichen Burg zu vermeiden. Die Empörung des Willebrand von Niesten auf der bischöflichen Burg gleichen Namens gegen seinen bischöflichen Landesherrn war hier ein warnendes Beispiel.

Kastellane, und zwar jeweils mehrere, wurden von den Bischöfen von Bamberg schon seit der Mitte des 12. Jahrhunderts eingesetzt, etwa auf den Burgen in Lichtenfels oder Burgkunstadt. Während des Streites um die Erbschaft der Meranier nach 1248 ernannte der Bischof je 5 Kastellane auf den benachbarten Burgen Schellenberg und Regensberg, deren Dienste er mit Geld entlohnte [116].

E. v. Guttenberg war noch der Meinung, daß diese zum Burgendienst eingesetzten ritterlichen *castellani, burgenses* oder *castrenses* des 13. Jahrhunderts identisch seien mit den »Burgmannen« oder *purchmanni* des 14. Jahrhunderts [117]. H. Kunstmann aber konnte den überzeugenden Beweis erbringen, daß dies nicht der Fall ist, daß vielmehr vom 12. bis zum 14. Jahrhundert eine grundlegende Veränderung in der Organisation des Burgendienstes stattgefunden hat [118]. Während im 12. und 13. Jahrhundert der ritterliche Kastellan verpflichtet war, auf der Burg zu wohnen, und sein Burgendienst entweder durch ein *castellum beneficium* oder durch Geld abgegolten wurde, tritt im 14. Jahrhundert der neue Begriff der »Burghut« in Erscheinung, die durch »Burgmannen« und nicht durch *castellani, castrenses* oder *burgenses* wahrgenommen wird. Kastellan war jetzt nur noch der militärische Kommandant auf einer Burg, der stets ein Adeliger war und dem die niedere Burgbesatzung unterstellt war. Nur im Kriegsfall konnte er auch auf die Burgmannen zurückgreifen, die in der Regel nicht mehr auf der Burg wohnten und in Friedenszeiten auch nicht zu irgendwelchen Dienstleistungen auf der Burg verpflichtet waren.

Grundsätzlich wird in dem Urbar B auch unterschieden zwischen der *custodia* und der *castellania castrensis*, wobei die castellania die militärische Dienstleistung des Burgkommandanten meint, während die custodia die Bewachung der Burg bedeutet, die eine Angelegenheit der gesamten Burgbesatzung war. Besonders klar aber wird das Nebeneinander der 3 Arten von Burgbesatzung auf der Burg Wildenberg: hier werden deutlich getrennt voneinander die Entlohnung des Kastellans, die Ausgaben für die niedere Burgbesatzung und die zugeteilten Burghuten aufgezählt [119]. Allerdings finden sich auch schon um die Mitte des 14. Jahrhunderts vereinzelt Beispiele dafür, daß begonnen wurde, das Amt des militärischen Kommandanten einzusparen und die Funktion des Kastellans durch den Vogt oder Amtmann mit ausüben zu lassen. Abgeschlossen war diese Entwicklung, die im Zusammenhang mit dem sinkenden Wert und den nachlassenden militärischen Funktionen der Burgen gesehen werden muß, zu

116) P. Oesterreicher, Denkwürdigkeiten der fränk. Geschichte, 1837, S. 111.
117) E. von Guttenberg, Territorienbildung (wie Anm. 71), S. 309.
118) H. Kunstmann, Mensch und Burg (wie Anm. 23), S. 143 f.
119) Urbar B (Anm. 7), S. 122 ff.

Beginn des 15. Jahrhunderts, wo die Nennung eines Kastellans aus den Quellen verschwindet. Die castellania, die militärischen Aufgaben des Burgkommandanten, waren jetzt offiziell an den Amtmann, den Beamten der Administration, übergegangen. Der Wandel der Burgen vom militärischen Stützpunkt der Territorialherrschaft zum Sitz eines Amtes, zum Stützpunkt der Landesverwaltung, wird so auch in den Veränderungen der höheren Burgenbesatzung und ihrer Funktionen deutlich erkennbar.

Im 14. Jahrhundert tauchen in den Quellen und in den sich in auffallendem Maße häufenden sogenannten Burghutverträgen die Bezeichnungen Burgmannen auf oder auch die latinisierte Form *purchmanni* des deutschen Wortes, und zwar deutlich geschieden von *castellani*, *castrenses* oder *burgenses*, denen die *custodia castrensis* oblag. An zwei aufschlußreichen Burghutverträgen sollen die wichtigsten Merkmale dieser neuen Institution aufgezeigt werden. Am 29. Mai 1304 [120] bestätigt der Ritter Heinrich von Schaumberg, daß ihn der Bischof von Würzburg unter seine Burgmannen aufgehoben habe, und zwar sei der Burgendienst auf der Burg Geiersberg abzuleisten. Da aber der Bischof die zugesagten 100 Pfund Heller aus Geldmangel nicht bar bezahlen konnte, verspricht er statt dessen, von der Bede von Mellrichstadt 10 Pfund jährlich so lange zu bezahlen, bis die Gesamtsumme von 100 Pfund erreicht wird. Die gezahlten Raten sollen die Schaumberg in Gütern in der Umgebung der Burg Geiersberg anlegen und diese aufgekauften Güter im Wert von 100 Pfund vom Bischof als Entlohnung für die Burghut in Empfang nehmen. Als Beispiel für die Lösung eines Burghutvertrages sei die Burghut von Schwanberg angeführt, die die Zollern gegen 500 Pfund vom Bischof von Würzburg erhalten hatten [121]. Diese Burghut war vertraglich auf die Dauer von 10 Jahren festgelegt worden, wofür die Zollern jährlich 50 Pfund erhalten hatten. Nach Ablauf der Zeit war der Vertrag 1344 von den Burggrafen aufgekündigt worden.

Die Burghut oder *purchuta* war also ein Amt, das gegen Entlohnung abgeleistet wurde, und zwar ursprünglich in Bargeld, dann wegen des Mangels an barem Geld auch durch Verpfändung von Einkünften oder Gütern, bis sich schließlich gegen Ende des 14. Jahrhunderts die Entlohnung durch Grundbesitz überwiegend durchsetzte. Dabei wurden die Burghutgüter zunächst nur auf Zeit ausgegeben, nur bis zur Tilgung des für die Burghut ausgesetzten Geldbetrages. Damit garantierte das Burghutverhältnis für den Burgbesitzer, den Landesherrn, eine freie Verfügung über die Besitzungen; andererseits hatte die Übernahme einer Burghut für den Burgmann keine standesrechtlichen Konsequenzen, wie beim Lehenrecht, weshalb selbst die Burggrafen von Nürnberg oder die gefürsteten Grafen von Henneberg als Burgmannen in die Dienste der fränkischen Bischöfe traten.

120) Regesten (Anm. 16) II, Nr. 3.
121) Mon. Zollerana (Anm. 12) III, S. 115.

In der Regel war die Burghut an eine bestimmte Burg gebunden, es finden sich aber auch Beispiele für nicht ortsgebundene Burghuten. So besaß etwa der Peter Zirkendorfer in Busbach einen Hof, *davon diente er der Herrschaft uff Sloße oder anderswohin nach irer notdurft und heisse* [122]. Die Dienstleistungen der Burgmannen auf den Burgen waren nach dem sogenannten Burghutrecht geregelt, dessen genaue Bestimmungen leider kaum bekannt sind. Wenn die Dienstleistung langfristig oder gar dauernd war, so mußte auf der Burg Wohnung genommen werden. In diesem Falle hatten die Burgmannen des 14. Jahrhunderts die gleichen Dienstobliegenheiten wie die castrenses des 12./13. Jahrhunderts. Doch war die *residentia continua* oder *personalis* oder auch *heblicher Sitz* nicht auf allen Burgen gegeben. Eine statistische Auswertung der Burghuten insgesamt ergibt sogar, daß die Burghuten mit Wohnpflicht weitaus in der Minderzahl waren [123]. Umfaßte eine Burg mehrere Burghuten, so erstreckte sich die Wohnpflicht auf der Burg nur auf einige wenige Burgmannen. Diese gehörten dann, neben dem militärischen Kommandanten, dem adeligen Kastellan, und der niederen Besatzung zur ständigen Burgbesatzung.

Diese Burgmannen mit ständigem Wohnsitz auf der Burg müssen aber seit dem 14. Jahrhundert von den eigentlichen Burgmannen unterschieden werden. Denn diese *purchmanni* wurden nur im Bedarfsfall zum Burgendienst, d. h. zur Verteidigung der Burg herbeigezogen. So heißt es z. B. bei der Burghut des Heinrich von Kotzau in Obersteinach: *als oft er des ermant wird nach Burggutsrecht* [124]. Dabei konnte der Burghutdienst entweder in eigener Person, *mit ir selbs leibern*, abgedient werden oder auch durch einen gleichwertigen Ersatzmann. Einige spätere Burghutverträge deuten aber auch darauf hin, daß mit der Burghut vielfach noch weitere Verpflichtungen mit übernommen werden mußten, wie etwa die Heeresfolge oder die Haltung eines reisigen Pferds, das bei Bedarf von der Herrschaft angefordert wurde. Auch durften, nach dem im Bambergischen geltenden Burghutsrecht, keine Burgmannen in die Dienste einer anderen Herrschaft gleichzeitig eintreten oder Kriegsdienste leisten, ohne Wissen des Bischofs.

Seit etwa der Mitte des 15. Jahrhunderts setzte – zumindest nachweislich im Bamberger Territorium – eine Änderung im Burghutsystem ein, also auch in der Art der Burgenbesetzung und Burgenverteidigung. Denn mit der Zusammenlegung und Verminderung der Burghutgüter ging auch die Zahl der adeligen Burgbesatzer zurück, und zwar der ständig dort Wohnenden wie auch der im Bedarfsfall akut Berufenen. An ihre Stelle treten Untertanen oder Söldner, die gegen einen gewissen Sold fest angestellt werden. Diese nichtadelige Burgbesatzung bedeutet somit das Ende des Burg-

122) Das Landbuch A des Amtes Bayreuth 1386–1392, in: ArchOberfrank 29, 2, 1925, S. 119.

123) Vgl. die tabellarische Übersicht bei H. Kunstmann, Mensch und Burg (wie Anm. 23), S. 159 f.

124) H. Kunstmann, Mensch und Burg, S. 158, Burghut und Burggut werden in den Quellen synonym gebraucht.

hutsystems in Franken. Die Burghutlehen oder Burggüter aber nahmen den Charakter erblicher Mannlehen an und wurden nun weiter verlehnt, vereinzelt schon an Bürgerliche.

Während also der Burgendienst seit dem 11. Jahrhundert in Franken ein ausschließliches Privileg des Adels gewesen war, war im ausgehenden Mittelalter nur noch der militärische Kommandant, der Kastellan, ein Angehöriger des Adels. Hatte das Burghutsystem im 14. Jahrhundert schon die Möglichkeit geschaffen, daß der Burgendienst übernehmende Adel auch nicht ständig auf der Burg wohnen mußte, so wurde im 15. Jahrhundert mit der Aufgabe des Burghutsystems der Adel fast völlig abgelöst von einer besoldeten nichtadeligen Wachmannschaft. An die Stelle der *purchmanni*, der akut Berufenen wie der wenigen ständig Wohnhaften, traten angeworbene Söldner, was im Bauernkrieg von 1525 dazu führte, daß praktisch keine Burg wirklich verteidigt wurde, vielmehr fast alle Wehranlagen oder Sitze den Aufständischen kampflos überlassen wurden. »Drei wehrliche Männer« hätten ausgereicht, eine Burg vor den Bauern zu retten, wie Markgraf Kasimir von Ansbach-Bayreuth nicht zu Unrecht behauptete [125].

Ein Beispiel, das den Wechsel in der Burgenbesatzung nochmals verdeutlichen soll, sei aus den Jahren 1493/94 angeführt [126]. Am 16. März 1493 bezogen Merthein von Redwitz, der Amtmann zu Burgkunstadt, und Karl von Schaumberg als Amtmann zu Niesten das Schloß Niesten, um es gegen die Baiernherzöge in Verteidigungsbereitschaft zu bringen. Zur Besetzung der Burg verordneten sie 3 Mann vom Rat und 3 von der Gemeinde Burgkunstadt sowie einen Torwächter, der Bürger von Weismain war; 2 Tage später trafen noch 7 Landsknechte auf der Burg Niesten ein, die eigens von den beiden Amtmännern angeworben worden waren. Weiterhin heißt es ausdrücklich, daß von den adeligen Burgmannen keiner zum Burgendienst gerufen wurde, weder Hans Rauscher von Lindenberg, noch die Gebrüder Motschiedler, obwohl sie im Besitz der beiden Burggüter von Niesten waren. Da der Kriegsfall nicht eintrat, läßt sich nicht sagen, ob bei akuter Gefahr die Verpflichtung zur Burgenverteidigung für die adeligen Nutznießer der Burghutgüter noch bestanden hätte.

Über die niedere Burgenbesatzung, die neben dem adeligen Kastellan als Befehlshaber auf der Burg wohnte, hat H. Kunstmann speziell für das 14. Jahrhundert aufschlußreiches Material zusammengestellt, vor allem aus dem Urbar B, und dieses mit dem Burgenbesatzungssystem Karls IV., so weit es im Neuböhmischen Salbüchlein von 1366/68 aufgezeichnet ist, verglichen [127]. Sowohl im Bambergischen wie in Neuböhmen setzte sich die niedere Burgenbesatzung aus Türmern, Wächtern und Pförtnern zusammen; die neuböhmischen Burgen hatten auch stets ihren eigenen Koch. Ein grundsätzlicher Unterschied in den beiden Besatzungssystemen dagegen be-

125) R. ENDRES, Der Bauernkrieg in Franken (wie Anm. 3), S. 58.
126) H. KUNSTMANN, Mensch und Burg (wie Anm. 23), S. 162 f.
127) Ebda., S. 250 f.

stand hinsichtlich der militärischen Burgmannschaft. Denn im Bambergischen bildeten ja die Burgmannen, die nur in Notzeiten gerufen wurden, die militärische Besatzung, während es auf den neuböhmischen Burgen sich um eine feststationierte Mannschaft handelte, um Berittene und Gewappnete zu Fuß unter einem Burggrafen. Wurden von Karl IV. Burghutverträge mit dem oberpfälzisch-fränkischen Adel abgeschlossen, so war stets die Wohnpflicht auf der Burg unabdingbare Voraussetzung, wie dies im Falle Rothenberg überliefert ist. Diese straffe militärische Organisation in Neuböhmen bestand also auch in Friedenszeiten, während die bambergischen Burgenbesatzungen letztlich nur noch auf den Kriegsfall ausgerichtet waren; zur Sicherung des Landfriedens war eine kostspielige Dauerbesetzung nicht nötig. Außerdem waren die Burgenbesatzungen im Neuböhmischen zahlenmäßig entschieden stärker, auch im Kriegsfall, also mit den herbeigerufenen bambergischen Burgmannen. So war z. B. die Burg Niesten 1493 nur mit 14 Mann besetzt, die Burg Neideck 1348 mit ebenfalls 14 Mann, während die Burg Sulzbach selbst in Friedenszeiten ständig 35 Mann zählte. Lediglich die Fluchtburgen der fränkischen Raubritter waren stärker besetzt; 24 Adelige zählten die Nürnberger bei der Belagerung des Raubritternestes Spieß. Auf den kleinen Eigenburgen des landsässigen Adels aber lebten, so weit sich das bei dem dürftigen Quellenstand rekonstruieren läßt, praktisch keine ständigen militärischen Burgbesatzungen mehr, weshalb im Kriegsfall eigens Landsknechte angeworben werden mußten; zumeist halfen sich die Adeligen auch bei der Burgenverteidigung, was vereinzelt sogar vertraglich fixiert wurde [128]).

Eine wichtige Rolle in der Burgenpolitik in Franken, vor allem im 14. Jahrhundert, spielen das »Gewarten« und die »Öffnung« einer Burg. Das Gewarten, lateinisch *respicere*, mit einer Burg war eine besondere Art oder Form des Burgendienstes, denn in vielen Abmachungen des 14. Jahrhunderts werden die Begriffe Gewarten und Öffnen nebeneinander gebraucht, keineswegs synonym; es handelte sich also beim Gewarten und Öffnen einer Burg um zwei verschiedene Vorgänge. Sieht man die überlieferten 33 bischöflich-bambergischen Gewartungsverträge mit adeligen Burgenbesitzern durch [129]), so fällt auf, daß sich in 12 Fällen das Gewarten nur auf einzelne Burgenteile bezog, während bei einer Öffnung stets die ganze Burg zur Verfügung gestellt werden mußte. Außerdem scheint es so zu sein, daß unter Gewarten die Unterstützung mit Burg und Burgbesatzung im Kriegsfalle verstanden wurde. So verpflichteten sich beispielsweise 1369 die Gebrüder von Tanndorf, den Burggrafen im Falle eines Krieges mit ihrer Burg samt der darin befindlichen Mannschaft zu dienen [130]). Das Gewarten, ein bisher noch kaum erschlossener spezieller Komplex des Burgendienstes, bestand offensichtlich darin, daß der adelige Burgenbesitzer mit seiner ganzen Burg

128) Ebda, S. 167 ff.
129) Aufstellung bei H. Kunstmann, S. 252 f.
130) Mon. Zoll. IV, S. 174.

oder nur Teilen hiervon samt seiner eigenen Burgenbesatzung im Kriegsfall in die Dienste eines anderen trat. Dabei ist zu beachten, daß die Belehnung mit einer Burg keineswegs für den Lehnherrn das Recht auf Öffnung oder Gewartung beinhaltete; vielmehr mußten hierfür eigene vertragliche Regelungen mit entsprechenden finanziellen Vergütungen getroffen werden. Bei den 33 bambergischen Gewartungsverträgen erfolgte die Entlohnung in acht Fällen durch Geld und in vier durch Güter. Die Gewartungsverträge waren auf lange Dauer angelegt, konnten allerdings aufgelöst werden gegen Rückzahlung der vertraglich festgelegten Summe, soweit diese nicht abgedient worden war. Doch war es in der Regel dem gerade an Bargeld stets bedürftigen Adel nicht möglich, diese Summen den reichen Landesherrn wieder zurückzuzahlen. Andererseits aber tat sich mit dem Gewarten für den verarmten Adel eine einträgliche finanzielle Quelle auf und gab auch den für den einzelnen Adeligen unzweckmäßig gewordenen militärischen Anlagen samt Besatzung eine neue Funktion im territorialen Verband. Deshalb spielten das Gewarten und die Öffnung einer Burg gerade im Grenzbereich zweier Territorien eine große Rolle. Ein Beispiel soll dies verdeutlichen: 1327 versprach Otto von Aufseß, den Burggrafen von Nürnberg mit seiner Burg Aufseß und der halben Burg Wüstenstein zu gewarten [131]; 1342 schloß Albrecht der Ältere von Aufseß mit den Burggrafen einen Gewartungsvertrag für seinen Teil an der Veste Aufseß und für Freienfels ab, gewartete aber schon ein Jahr später mit eben diesen Burgen dem Bischof von Bamberg gegen 200 Pfund Heller [132]. Die Burgen, die zu dieser Zeit zur weiteren Herrschaftsbildung und -ausdehnung für die kleineren Adeligen unbrauchbar geworden waren, wurden nun von diesen, gegen entsprechende Entlohnung und Vergütung, den großen Territorialmächten zur Verfügung gestellt, die ihrerseits mit ihrer Finanzkraft, dabei sich gegenseitig überbietend, den Adel auskauften und ihr Territorium arrondierten bzw. Enklaven beseitigten, beginnend mit der Einbeziehung der adeligen Burgen und Burgenbesatzungen in die Landesverteidigung. Es spielte dabei zunächst keine Rolle, ob es sich dabei um Eigenburgen des Adels oder um Lehenburgen handelte, nur war bei Lehenburgen allem Anschein nach lediglich ein Gewartungsvertrag mit dem Lehenherrn möglich. Auch konnten in den Gewartungsabkommen gewisse Personen oder Personengruppen ausgenommen werden, bei deren Kriegseintritt der Gewartungsvertrag hinfällig wurde, was bei dem territorial zersplitterten Franken nicht ohne Bedeutung war.

Im 15. Jahrhundert wurde zwischen dem Gewarten und dem Öffnen einer Burg kein Unterschied mehr gemacht, was sicher eine logische Folge der nachlassenden oder gar fehlenden Burgenbesetzung und der Waffenentwicklung ist. Obwohl die Meinungen hinsichtlich der Entstehungsgeschichte wie auch der territorialgeschichtlichen Bedeutung des Öffnungsrechtes noch immer auseinander gehen, liegen die wesentlichen

131) Regesten des Geschlechts von Aufseß (wie Anm. 18), Nr. 75.
132) Ebda, Nr. 110 und 111.

Merkmale des *ius apreturae* eindeutig fest [133]. Das Öffnungsrecht ist dadurch gekennzeichnet, daß die Burg in Kriegszeiten die Besatzung des Vertragspartners aufzunehmen hatte, mit dem ein Öffnungsvertrag geschlossen worden war (s. o. S. 124 ff.). Der Kriegsherr hatte dabei die vollen Kosten für das eingelegte Kriegsvolk zu tragen und im Schadensfalle für die Schäden an der Burg aufzukommen. Dabei muß grundsätzlich zwischen lang- und kurzfristigen Abkommen unterschieden werden. Bei einem eingehenden Vergleich ergibt sich, daß kurzfristige Abkommen immer dann geschlossen wurden, wenn die zu öffnenden Burgen in fremden Territorien lagen; im eigenen Territorium wurden vom Landesherrn die Genehmigung zur Errichtung oder zum Wiederaufbau einer Burg nur dann erteilt, wenn der Adelige sich bereit erklärte, seine zu errichtende Burg zu öffnen; solche Öffnungsklauseln wurden z. B. vom Bischof von Bamberg 1315 bei Gutenberg gestellt oder 1489 bei Burg Rabenstein durch die zollerischen Markgrafen. Auch bei Verpfändungen wurde stets vom Landesherrn die Öffnung der Burg verlangt. Das jeweilige Lehenrecht spielte bemerkenswerterweise bei der Öffnung keine Rolle. So öffnete z. B. die bambergische Burg Stein sich 1387 dem Burggrafen [134]. Hierin unterscheidet sich das Öffnungsrecht also von der Praxis des Gewartens.

Während der Bischof von Bamberg die Gewartungsverträge auffallend bevorzugte, sind solche Abkommen zwischen den Burggrafen und dem Adel selten; insgesamt nur fünf zollerische Gewartungsabkommen gegenüber 33 bambergischen sind überliefert. Aber auch reine Öffnungsverträge wurden von den Burggrafen seltener geschlossen. Sie bevorzugten dagegen offensichtlich Verträge, die Gewarten und Öffnen miteinander verbanden, also die Burgen und ihre Besatzungen voll in das territoriale Verteidigungssystem einbezogen. Insgesamt 21 solcher Abkommen sind erhalten, hauptsächlich aus der 2. Hälfte des 14. Jahrhunderts [135]. Dann endet dieses System, denn alle für die markgräfliche Verteidigungs- und Territorialpolitik entscheidenden Adelsburgen waren in das ansbachische und kulmbach-bayreuthische Burgensystem eingegliedert. Während die bischöflich-bambergischen Gewartungsverträge in den Jahren zwischen 1340 und 1370 massiert auftreten, hier also eine aktive Burgenpolitik gegenüber dem fränkischen Adel stattfand, sind Öffnungsverträge erst seit der Mitte des 15. Jahrhunderts überliefert, abgesehen von der Wahrung der Öffnungsrechte bei der Neuanlage von Burgen innerhalb des Bamberger Territoriums. In Bamberg erkannte man allem Anschein nach erst später als die Markgrafen den Wert des Öffnungsrechtes für die Territorialpolitik.

133) Siehe hierzu und zum Folgenden G. Pfeiffer, Die Offenhäuser der Reichsstadt Nürnberg, in: JbFränkLdForsch 14, 1954, S. 153–179. Vgl. auch Gelegenhait der landschaft mitsampt den furten und hellten darinnen, hg. von F. Schnelbögl und H. H. Hofmann (Schriftenreihe der Altnürnberger Landschaft 1), 1952.

134) Mon. Zoll. V, S. 197 f.

135) Zusammenstellung und Nachweise bei H. Kunstmann, S. 286, Anm. 266.

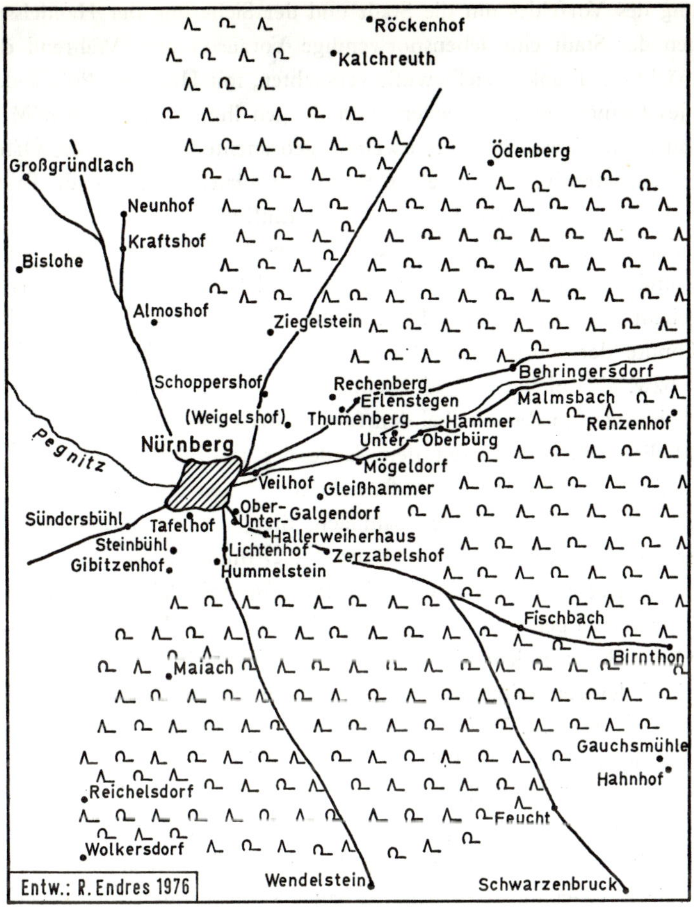

Nürnbergs Offenhäuser innerhalb zweier Meilen im 16. Jh.

Für den adeligen Burgenbesitzer auf der anderen Seite bedeutete die Öffnung wie die Gewartung seiner Burg eine wichtige Einnahmequelle, waren sie wertvolle Verkaufsobjekte. So nahm beispielsweise der Ritter Stiebar im Jahre 1388 700 fl plus Zinsen, insgesamt fast 800 fl ein, dafür daß er seine Burg Rabeneck der Reichsstadt Nürnberg auf nur 8 Jahre öffnete, und im gleichen Jahr erhielt Hilpolt von Hohenfels für die Öffnung seiner Sulzbürg die beträchtliche Summe von 1100 fl [136].

Eine besondere militärisch-strategische Bedeutung besaß das System der offenen Häuser bei der Reichsstadt Nürnberg, denn es diente

136) Die Chroniken der dt. Städte, 1, 1862, S. 187.

der Sicherung des Vorfeldes um die Stadt und der Sicherung der Handelsstraßen, für das Gedeihen der Stadt eine lebensnotwendige Voraussetzung. Während die anderen Territorialmächte in Franken zielbewußt versuchten, mit Hilfe der Politik der Burghuten sowie des Öffnens und Gewartens von Burgen ihren militärischen Machtbereich und damit auch ihr Territorium auszuweiten, gebrauchte Nürnberg die Öffnungsrechte ausschließlich defensiv, nur für einen Sicherheitsgürtel um die Stadt. Erstmals 1363 nahm die Reichsstadt durch das Öffnungsrecht Einfluß auf die befestigten Ministerialensitze in der Umgebung der Stadt, das wegen der ständigen Reibereien mit den Burggrafen und wegen der laufenden Fehden und Störungen des Landfriedens verstärkt ausgebaut wurde. Mit dem Privileg des Meilenrechts, 1378 von Karl IV. erlangt [137], konnte der Nürnberger Rat im Umkreis von 2 Meilen jeden Burgenbau verhindern, bzw. ein solcher bedurfte seiner Zustimmung. Während anfangs die Öffnungsverpflichtung vom Rat nur bei den festen Sitzen eigener Bürger geltend gemacht wurde, fand dieser Grundsatz seit dem Ende des 14. Jahrhunderts auch gegenüber fremden Adeligen Anwendung. So mußten Friedrich und Georg Kratz, die 1386 Bürger werden wollten, ihre Schlösser Sambach, Steppach, Aisch und Stolzenroth für Offenhäuser des Nürnberger Rates erklären [138]. Öffnungsrechte über fränkische Burgen gewann der Rat aber auch durch Dienstverträge mit Adeligen oder direkt durch Kauf. Öffnungsrechte gelangten auch durch die politischen Bündnisse der Landfrieden in die Hand des Rates, indem die Partner gegenseitig sich ihre Burgen öffneten. Vor allem aber half der Rat seinen Bürgern beim Erwerb von Burgen und sicherte sich hierauf das Öffnungsrecht. Weiterhin übernahm der Rat die volle Sorge für die Verteidigung, Waffenausrüstung und Besatzung der Offenhäuser und leistete im Falle der Zerstörung oder Beschädigung Schadenersatz in einer vorher bestimmten Höhe.

Die Öffnungsrechte, die im 14. und 15. Jahrhundert in Kauf-, Dienst- oder Bündnisverträgen mit Fremden gewonnen wurden, waren jedoch alle nur kurzzeitig; sie blieben für die Entwicklung und den Ausbau des Territoriums der Reichsstadt ohne Belang. Dies gilt noch mehr für die Öffnung der entfernten Schlösser Königswart und Tachau im Egerland, die um 1500 für 1650 fl jährlich von den Guttensteinern gekauft wurden; beide Burgen sollten den Schutz des Nürnberger Handels nach Prag übernehmen [139].

Wesentliche Bedeutung in der Territorialpolitik Nürnbergs kommt dagegen den Offenhäusern Nürnberger Bürger in der Umgebung der Stadt zu. Denn die Handhabung des Öffnungsrechtes, die Ausweitung des Meilenrechtes und die Kontrolle bei Veräußerungen gaben dem Rat die Möglichkeit, das Nürnberger Umland wie ein

137) v. Wölckern, Historia Norimbergensis diplomatica, 1738, S. 449.
138) G. Pfeiffer, Offenhäuser (wie Anm. 133), S. 159.
139) Ebda, S. 162.

Territorium zu organisieren [140]. Militärisch spielten seit dem 16. Jahrhundert die vielen Landsitze des Patriziats kaum mehr eine Rolle, wohl aber das Recht auf Verkaufskontrolle und vor allem die Ausübung der Hoheitsrechte der personalen Territorialobrigkeit über die bäuerlichen Hintersassen der patrizischen Burgen, nämlich Steuer, Reiß, Ungeld, Botmäßigkeit und das jus episcopale [141]. Allerdings entstanden aus diesen Hilfsburgen um die Stadt keine landesherrlichen Ämter. Im sogenannten »Neugebäuprozeß«, der bis zum Ende des Alten Reiches dauerte, erhoben die zollerischen Markgrafen Einspruch gegen diese Burgen- und Territorialpolitik Nürnbergs, da sie selbst die Landeshoheit bis vor die Tore der Reichsstadt beanspruchten [142]. Dieser Prozeß aber wurde nie entschieden, denn er stand in ursächlichem Zusammenhang mit der Frage nach dem Wesen der Territorialhoheit in Franken, nach den Grundlagen der Staatlichkeit auf dem »klassischen Boden territorialer Zersplitterung« [143], die auch nie entschieden wurde.

140) Vgl. H. Dannenbauer, Die Entstehung des Territoriums der Reichsstadt Nürnberg, 1928; W. Leiser, Kommunalverfassung im Landgebiet der Reichsstadt Nürnberg, in: MittVGNürnb 60, 1973, S. 206 ff.; R. Endres, Zum Problem der Landeshoheit in Franken. Der Übergang Eschenaus an Bayreuth, in: ebd., 61, 1974.

141) G. Pfeiffer, Offenhäuser (wie Anm. 133), S. 170 ff.

142) W. Koch, Der possessorische Fraischprozeß und der Begriff der Landeshoheit, Diss. Erlangen 1950 (mschr.).

143) Vgl. R. Endres, in: Handb. d. bayer. Geschichte, III/1, S. 349 und die dort genannte Literatur.

Hochadelige und landesherrlich-wittelsbachische Burgenpolitik im hoch- und spätmittelalterlichen Bayern

VON PANKRAZ FRIED

In den Veröffentlichungen, die sich mit der Bau- und Kunstgeschichte bayerischer Burgen befassen, ist die nicht unwichtige Beobachtung gemacht worden, daß Altbayern im Vergleich zu Franken oder gar zu den Rheinlanden ein verhältnismäßig burgenarmes Land ist [1]. Die Erklärung hierfür wird in der Tatsache gesucht, daß der wittelsbachische Landesstaat die Adelsherrschaft stärker als anderswo zurückgedrängt und in ihrer Entfaltung gehemmt hat.

Dieser, von der heutigen Burgenlandschaft Bayerns ausgehende Befund und Erklärungsversuch scheint sich prima vista mit jener anderen Beobachtung zu decken, daß in der Literatur, soweit ich sehe, bisher nie expressis verbis von einer Burgenpolitik hochadeliger Geschlechter oder der wittelsbachischen Landesherrn die Rede ist. Demgegenüber hat die wittelsbachische Städtepolitik eine große Aufmerksamkeit gefunden, auch wenn die Stadt in Bayern, verglichen mit anderen deutschen Gebieten, keine dominierende Rolle gespielt hat [2]. Kam der Burg im hochmittelalterlichen Bayern also nur eine untergeordnete Bedeutung zu? Oder handelt es sich um eine Forschungslücke, die bis jetzt nicht geschlossen worden ist?

Nun, es ist keineswegs so, daß die Funktion der Burg beim Aufbau hochmittelalterlicher Adelsherrschaften oder bei der Grundlegung der wittelsbachischen Landesherrschaft übersehen worden wäre. M. Spindler hat zuletzt zusammenfassend ihre diesbezügliche Bedeutung herausgestellt [3]: »Hand in Hand mit der Durchführung der Gerichts- und Verwaltungsorganisation, mit der Bildung von Territorien überhaupt, von frühen Zeiten an ging die Errichtung von Burgen als Herrschafts- und Verwaltungszentren wie als militärische Stützpunkte zum Schutz und zur Verteidigung des Landes, dessen Besitz solange gesichert war, als die Burgen feindlichen Angriffen standhielten.

1) Zuletzt: H. G. Richardi, Burgen in Bayern. Ein romantischer Wegweiser zu 60 Burgen, 1973.

2) Vgl. F. Prinz, Städtewesen, Gewerbe, Handel und hochma. Gesellschaft, in: Spindler, Handbuch der bayr. Gesch. I, 1967, 404 ff.; W. Volkert, Das spätmittelalterliche Städtewesen, in: Spindler, Handbuch der bayer. Gesch. II, 1969, S. 516 ff.

3) M. Spindler, Grundzüge des inneren Wandels 1180–1314, in: Spindler, Handbuch der bayer. Gesch. II, 1969, S. 64.

Die Kriege der Zeit wurden meist als Verwüstungs- und Burgenkriege geführt, seltener durch große und offene Kampfhandlungen entschieden. Besetzung und Brechung der Burgen des Gegners und Errichtung neuer in seinem Gebiet war gleichbedeutend mit dessen Inbesitznahme«.

Spindler stützt sich bei seinen Ausführungen auf eine, von G. Diepolder neu erarbeitete Karte im Bayerischen Geschichtsatlas über die Herrschaftsverhältnisse Bayerns um 1200, auf der erstmals die Burgen der Dynastengeschlechter und ihrer Ministerialen eingetragen sind; über die Karte wird unten im einzelnen noch zu berichten sein [4]. Nicht erst seit Vorliegen des bayerischen Geschichtsatlasses, sondern bereits in seinem Buche über die Entstehung der wittelsbachischen Landesherrschaft hat Spindler [5] sich nach dem damaligen Stand der Forschung mit der Burg beschäftigt und dabei die Möglichkeit erörtert, ob den neugebildeten territorialen Landgerichten nicht auch Burgbezirke zugrunde liegen könnten, wie dies seinerzeit v. Voltelini für die südtirolischen Gerichte nachzuweisen glaubte. Einen kausalen Zusammenhang zwischen Burg- und späteren Gerichtsbezirk sieht Spindler nur auf dem bayerischen Nordgau als möglich an, schränkt jedoch ein, daß eine Beweisführung zugunsten der Burgentheorie am Versagen der Quellen scheitert. Dagegen stellt Klebel in seinem 1953 erschienenen Aufsatz »Mittelalterliche Burgen und ihr Recht« lakonisch fest, daß »eigene Bezirke, die zu einer Burg gehören«, in der Regel in Bayern und Österreich nicht nachweisbar sind [6]. Es stimmt nachdenklich und scheint ganz zu der eingangs geäußerten Ansicht zu passen, daß sich Ernst Klebel, der kaum ein Gebiet mittelalterlich-bayerischer Verfassungsgeschichte unbeackert gelassen hat, — von der erwähnten neunseitigen Skizze abgesehen, die kaum Neues bringt — sich so gut wie gar nicht mit der Burg als solcher beschäftigt hat [7]. Gewiß macht er an einer Stelle die grundsätzliche Bemerkung: »Burg, Schrannen, Bußengerichtsbarkeit, Leibherrschaft, Maierhofsystem mit Viehgroßbetrieb lassen sich also als Kennzeichen der Herrschaft des 12. Jahrhundert anführen« [8], sicherlich finden sich einige wenige weitere Stellen über Burghut, Burglehenrecht und Burgrecht sowie über die Bewehrung der Burg durch Burgmannen und mit Burggesessen oder durch einen Burggrafen mit festen Burghut-

4) Bayer. Geschichtsatlas, hg. v. M. Spindler, Red. G. Diepolder, 1969, Karte 18/19, S. 76 ff. Zur kartographischen Darstellung der Burgen vgl. F. Uhlhorn (wie Anm. 20).

5) M. Spindler, Die Anfänge des bayerischen Landesfürstentums (Schriftenreihe zur bayer. Landesg., Bd. 26, 1937), S. 143 f. Spindler stützt sich u. a. auf A. v. Hofmann, Das deutsche Land und die deutsche Geschichte, 3 Bde. 1930.

6) E. Klebel, Mittelalterliche Burgen und ihr Recht, in: Anzeiger der phil.-hist. Kl. AK. Wien, 1953, S. 370 ff.

7) Vgl. Schriftenverzeichnis und Register, in: Probleme der bayerischen Verfassungsgeschichte. Gesammelte Aufsätze von E. Klebel (SchrrReihe z. bayer. Landesg. 57), 1957.

8) E. Klebel (wie Anm. 7), S. 414.

einkünften [9]. Insgesamt aber steht ganz die institutionengeschichtliche Untersuchung bei Klebel im Vordergrund, bedingt durch die vorgefaßte, jedoch nie geäußerte Meinung des ehemaligen Studenten der Kunstgeschichte, daß die Beschäftigung mit der Burg primär doch eine Angelegenheit der Kunsthistoriker und Denkmalpfleger sei. Daß die Burg auch in Bayern eine über das Kunstgeschichtliche hinaus gehende Bedeutung im Mittelalter hatte, enthüllte jüngst schlagartig die gezielte Fragestellung Klaus Fehns nach den zentralörtlichen Funktionen früher Zentren in Altbayern [10]. Wie von selbst rückte dabei die »verwirrende Vielfalt von Burgen des Adels«, wie Fehn sich ausdrückt [11], seit dem 11. Jahrhundert in den Mittelpunkt der Darstellung. Fehns fundamentale Feststellung: »Der Aufbau des wittelsbachischen Territorialstaats erfolgte von den Burgen her«, läßt aufhorchen, ist jedoch wegen der schon offenkundig gewordenen bayerischen Forschungslücke nur mit einem Anmerkungshinweis auf die allgemeinen Ausführungen E. Ennens vom Jahre 1942 abgestützt [12]. Fehn lehnt die zuletzt von H. Fischer [13] postulierten militärischen Burgbezirke, die der territorialen Amtsorganisation zugrunde liegen sollen, auch für den Bereich der Landesburgen in der Oberpfalz ab, wo die wittelsbachische Organisation durchwegs auf jüngere Bezirke aufbaut [14]. Im einzelnen wird auf die Ergebnisse Fehns wie auch auf meine bisherigen eigenen Feststellungen später einzugehen sein.

Ziehen wir das Fazit aus der eben gegebenen kurzen Bibliographie raisonnée — die natürlich nur den für unser Thema wichtigen Bereich berücksichtigen und die Frage nach der nur mit archäologischen Methoden zu erforschenden frühmittelalterlichen Burg ausklammern muß [15] —: Die Verfassungsgeschichte der Burg im hochmittelalterlichen Bayern ist ein ausgesprochenes Desideratum der Forschung, mehrfach angerissen, doch nirgends ausführlich, grundlegend und umfassend behandelt. Dies will nicht besagen, daß nicht eine Unsumme von Materialien zur Geschichte einzelner bayerischer Burgen in den Sammlungen und Zeitschriften der historischen Vereine [16],

10) K. Fehn, Die zentralörtlichen Funktionen früher Zentren in Altbayern, 1970.
11) K. Fehn (wie Anm. 10), S. 59.
12) K. Fehn (wie Anm. 10), S. 248.
13) H. Fischer, Burgbezirk und Stadtgebiet im deutschen Süden (Wiener rechtsg. Arbb. 3), Wien 1956.
14) K. Fehn (wie Anm. 10), S. 248.
15) Vgl. die Literaturzusammenstellung über die frühen Flucht- und Landesburgen bei Fehn (wie Anm. 10), S. 43 ff.; Fehn hat damit eine wichtige Grundlage für eine künftige archäologische Burgenforschung gelegt, der sich die vorgeschichtliche Abteilung des Bayer. Landesamts für Denkmalpflege unter der Leitung von K. Schwarz verstärkt widmen will.
16) Vgl. G. Stetter, Die gescheiterte bayer. Topographie, in: ObBayerArchVaterldG 87, 1965, S. 231 ff.
9) E. Klebel (wie Anm. 7), Register (unter Burg).

in den historisch-[16a] und kunsttopographischen Werken[17] und neuerdings gerade auch in den Bänden des historischen Atlas von Bayern[18] enthalten wären, nicht zu vergessen die ungedruckte Burgenkartei des Landesamts für Denkmalpflege, das eben dabei ist, einen Burgenführer herauszubringen[19]. Detail- und zusammenfassende Arbeiten zur Burgenverfassungsgeschichte fehlen jedoch fast gänzlich. Dieser Mangel kann nicht mit einem Schlage ausgeglichen werden, sondern nur in einer Reihe von Einzelbemühungen; die nachfolgende Studie möchte hierfür ein erster Beitrag sein.

Das Thema der Untersuchung wird, wie schon angedeutet, in der Erörterung der Frage bestehen, ob sich eine Burgenpolitik bei der hochmittelalterlichen Territorienbildung im bayerischen Raume nachweisen läßt, die der bekannten wittelsbachischen Städtepolitik voraus oder mit ihr wenigstens einher geht. Die Fragestellung erscheint berechtigt, seitdem Untersuchungen, die sich mit der Territorienbildung außerbayerischer Länder befaßt haben, zum Ergebnis gelangt sind, »daß eine Hauptaufgabe der Burgen darin bestand, Stützpunkt einer Territorialherrschaft zu sein«[20]. W. Schlesinger hat bereits 1938 von einem neuen Typus von Burgen im mitteldeutschen Osten gesprochen, die im Besitz von Dynasten oder Landesherren »zum Mittelpunkt territorialer Verbände, eben der Ämter und Herrschaften« wurden und »Schöpfungen einer bewußten Burgenpolitik des aufkommenden Landesfürstentums, teilweise auch des Reiches« waren[21]. Durch die beiden Zitate ist bereits der Inhalt dessen angeklungen, was wir unter dem Begriff »territoriale Burgenpolitik« verstehen wollen: Organisation von vorhandenen Herrschaftsrechten und -pflichten über Land und Leute zu einer Burg als Mittelpunkt, wobei offenbleibt, ob daraus ein landesherrliches Amt entsteht; die Möglichkeit, daß Burgenbau und Burgenorganisation (Burgenamtsorganisation) eher Folge einer vorangegangenen Gerichtsbezirksbildung sind, ist für Bayern,

16a) Vgl. W. Volkert, Topographische Nachschlagwerke für Bayern (Mitt. f. d. Archivpflege in Bayern, Sonderheft 7), 1971.

17) Die Kunstdenkmale des Königreichs Bayern, 1895 ff.; Bayer. Kunstdenkmale, Kurzinventare, 1958 ff.; W. Meyer, Burgen und Schlösser in Altbayern, 1961; W. Meyer, Karte 18: Noch erhaltene Burgen und feste Schlösser in Schwaben, in: Hist. Atlas von Bayern-Schwaben, hg. v. W. Zorn, 1965, S. 19 f.; K. Erdmannsdorfer, Burgen und Schlösser in Oberbayern, in: Burgen und Schlösser 72/I, 1972, S. 3 ff.

18) Hg. v. d. Komm. f. bayer. Landesg., H. 1, 1949 ff.

19) Bearb. v. W. Meyer.

20) Vgl. E. Ennen, Burg, Stadt und Territorialstaat in ihren wechselseitigen Beziehungen, in: RheinVjbll 12, 1942, S. 48 ff., hier 56. Vgl. F. Uhlhorn, Die territorialgeschichtliche Funktion der Burg. Versuch einer kartographischen Darstellung (Bl. f. dt. Lg. 103) 1967, 9–31.

21) W. Schlesinger, Burgen und Burgbezirke. Beobachtungen im mitteldeutschen Osten, in: Festschr. R. Kötzschke z. 70. Geb., 1937, S. 104; Neudruck: W. Schlesinger, Mitteldeutsche Beiträge zur deutschen Verfassungsgeschichte des Mittelalters, 1961, S. 158–187.

wie schon M. Spindler[22] ausgeführt hat, stets in Betracht zu ziehen. Insbesondere wird dort der Burg ein besonderes Gewicht an der Amtsentstehung zugebilligt werden müssen, wo der Landesherr, gestützt auf Ansprüche geringerer Art, sich erst die erforderlichen Rechte, entgegen dem Einspruch der rechtmäßigen Besitzer, aneignen mußte, oder da, wo diese eines Stützpunktes gegen die Übergriffe fremder Gewalten bedurften, – kurz, wo die Stellung nur mit starker militärischer Gewalt zu halten war[23]. Damit ist bereits der Inhalt dessen angeklungen, was wir 2) unter »territorialer Burgenpolitik« verstehen: Planmäßige, systematische Anlage von Burgen, zur äußeren und inneren Sicherung des Territoriums, vor allem zur Landfriedewahrung. Letzteren Gesichtspunkt hat, soweit ich sehe, zuletzt J. Richard in seinem Reichenau-Vortrag 1967 an französischen Beispielen herausgearbeitet: »Mais c'est le mouvement des paix qui a le plus largement utilisé l'existence des châteaux et des châtellenies pour asseoir la paix publique«[24]. Dies steht ganz im Einklang mit der schon früher von H. Lieberricht[25] speziell für die bayerischen Verhältnisse geäußerten Ansicht, daß im stärkeren Aufkommen des Befestigungswesens geradezu eine Schutzmaßnahme gegen das adelige Fehdewesen erblickt werden muß, dem man rechtlich mit der Landfriedensbewegung zu steuern suchte.

Soweit zum Begriff Burgenpolitik. Zum Begriff »Burgenverfassung« wäre anzumerken, daß er in einem speziellen und allgemeinen Sinne gebraucht werden kann. Unter ersterem verstehen wir ein lückenloses Netz von geschlossenen Burgbezirken, bei denen die Burg der Mittelpunkt für die militärische und gerichtliche Verwaltung ist; wesentlich ist, daß der militärische Burgbannbezirk das frühere, primäre ist. Unter Burgverfassung im allgemeinen Sinne können wir eine innere Verfassung begreifen, bei der die Burgherrschaft die dominierende, wenn auch nicht alleinige Rolle spielt, oder bei der die Burg in der landesherrlichen Ämterverfassung den gerichtlichen und sekundär den militärischen Mittelpunkt bildet.

Ein Wort noch zu den Quellen: Seit dem 11. Jahrhundert sind Burgen entweder direkt als solche in den Quellen erwähnt oder man kann indirekt schließen, daß eine Burg existiert, wenn ein bedeutendes Edelgeschlecht sich nach einem Orte nennt. Bei Nennungen von bedeutenden Ministerialen ist gleichfalls an das Vorhandensein einer Burg zu denken, vor allem, wenn sich im 14./15. Jahrhundert am gleichen Ort eine Burg nachweisen läßt. Eine überaus wertvolle Hilfe ist die Aufbereitung einschlägiger Quellen in den historischen Atlasbänden, wenngleich festzustellen ist, daß der Funk-

22) M. Spindler (wie Anm. 5), S. 144.

23) E. Ennen (wie Anm. 20), S. 57 (Zitat M. Frisch).

24) D. Richard, Le château dans le structure féodale de la France de l'Est au XIIieme siécle, in: VortrrForsch 12, 1968, S. 169 ff.

25) H. Lieberich, Das baierische Heerwesen bis 1800, in: Mitt. f. d. Archivpflege in Oberbayern Nr. 37, 1950, S. 1075 ff.

tion der Burg nicht immer die entsprechende Bedeutung zugemessen wird. Besonders wichtige Quellen sind diejenigen, die über die Rechtsverhältnisse beim Burgenbau Auskunft geben; Burgenpolitik ist ja wesentlich bis 1300 »Burgenbaupolitik«, wovon nachher nicht mehr in diesem Ausmaß die Rede sein kann. Es erscheint deswegen angezeigt, in einem ersten, kurzen Abschnitt die einschlägigen Rechtsquellen vorzuführen. Wir sind uns dabei bewußt, daß Theorie und Wirklichkeit hier in manchem auseinanderklaffen können. In einem zweiten Abschnitt erfolgt dann die regionale Untersuchung der Funktion der Burg in der Territorienbildung, um dann in einem dritten, letzten die Existenz einer wittelsbachisch-landesherrlichen Burgenpolitik grundsätzlich zu erörtern.

I.

Es ist davon auszugehen, daß nach deutscher Rechtsauffassung jedes bewohnte Haus samt dem zugehörigen Hofraum einen besonderen Friedensschutz genoß [26]. Bewaffnetes Eindringen, die sog. Heimsuchung wird demgemäß in den Landfrieden des hohen Mittelalters als schwerer Friedbruch geahndet und im 14. Jahrhundert in Bayern als Kriminalfall in die sog. Vitztumswandel aufgenommen. Die Befestigung des Hauses galt in der Rechtsauffassung der Zeit jedoch als Verzicht auf den Zustand der Wehrlosigkeit, die allein ja die Voraussetzung für die Gewährung des Rechtsschutzes war. So führt z. B. der Schwabenspiegel aus [27]: »Man seit, daz borge ... deheinen vride soln han, den man an in gebrechen moge; daz ist durch die werlichen veste, die die borge hant ...« Diese Stelle bezieht sich jedoch zunächst nur auf die eigentlichen Burgen, die sog. »festen Häuser« oder »Festen«. Sie bilden den Gipfel einer ganzen Hierarchie von Schutzbauten, angefangen von den Großburgen bis hinunter zu den mit Gräben und Palisaden bestückten einfachen hölzernen Sitzen des niederen Ministerialadels. Im Schwabenspiegel ist anschaulich geschildert, welche Befestigungsarten nicht als Burgenbauten im Sinne des Rechts anzusehen waren und daher vom Landrichter nicht genehmigt werden mußten [28]. *Ane des lantrichters urlop so mac man wol graben in die erde als tief als ein man mit einer schvvel vf geschiezzen mac vz der erden, also daz er deheinen schamel macht. Man mac wol bowen ane sin urlop drier gademe hoch mit holze oder mit stainen ob der erde ane ... zinnen und ane brustwer ... man mac och wol ane sin urlop einen hof an ebener erde umbevahen mit einer mur, als hoh, daz ein man sitzende uf einem rosse oben an die mure mit einer hant reiche, ane zinnen und ane brustwer und ane allerhand wer. In derselben wise so mac och ein man*

26) Nach H. Lieberich (wie Anm. 25).
27) Schwabenspiegel. Kurzform I und II. Hg. v. K. A. Eckhardt (MGH, Fontes iuris Germanici antiqui, N. S. T. IV/I u. II, 1960/61, Art. 264 (II, 170).
28) Schwabenspiegel Art. 143 (I, 248).

einen hof mit holze umbemachen (vgl. Bd. I, S. 516). Demgemäß stellt der Schwabenspiegel im gleichen Artikel fest: *Man sol och deheine burc bowen noch dorfer veste machen noch berge mit vestunge ane des lantrichters urlop.* Dieser Festlegung entspricht auch der Satz im Weistum des bayerischen Landgerichts Hirschberg von 1320, wonach Burgen- und Brückenbau in die Kompetenz des Landgerichts fielen [29]. War das Befestigungsrecht zunächst gräfliches Recht, so ist es spätestens seit 1220 bzw. 1231 Bestandteil der landesfürstlichen Rechte. Die Anlage von Befestigungen auf fremden Grund und Boden war zumindest in nachstaufischer Zeit an die Zustimmung der Grundherren gebunden [30]. Eine spezifisch bayerische Bestimmung findet sich in den Landfrieden des 13. Jahrhunderts die ein Einkommen von 30 Pfund Pfennig zur Voraussetzung eines erlaubten Burgenbesitzes ansieht [31]. Von der fortgeschrittenen territorialstaatlichen Entwicklung ist der Artikel 32 des bayerischen Landfriedens von 1281 Zeuge, nach dem niemand eine Burg haben soll, er habe sie denn ohne des Landes Schaden [32]. Ob sich dahinter eine Art landesherrliches Befestigungsregal verbirgt, wie dies im österreichischen Landrecht niedergelegt ist, bleibt noch zu klären.

Die Zerstörung von landschädlichen festen Häusern kann nach den bayerischen Landfrieden von gerichtswegen erfolgen und ihre »Wüstung« durch Feuer oder Niederreißen *(brennen und werfen)* ist die regelmäßige Folge der Achtverhängung [33].

Ein sog. landesherrliches Öffnungsrecht für alle Burgen des Territoriums hat sich, soweit bis jetzt festzustellen ist, als allgemeine Rechtsbestimmung nicht durchgesetzt [34]. Jedoch schließen Landesherr und Ritterschaft von Fall zu Fall derartige Verträge ab. Beispiele sind hierfür zur Genüge aus spätmittelalterlichen Quellen beizubringen [34a].

II.

Wir kommen zum zweiten Abschnitt, der sich mit dem Zusammenhang von Burg und Territorienbildung befaßt. »Daß die Grafen sich nicht mehr nach ihren Gauen sondern nach ihren Burgen nennen, darin hat seit jeher man mit Recht den Beginn der Territorialisierung gesehen«, resümierte E. Ennen 1942 und verwies

29) H. D. Müller, Das »Kaiserliche« Landgericht der ehem. Grafschaft Hirschberg (Deutschrechtl. Beiträge VII/3), 1921.

30) Schwabenspiegel Art. 143 (I, 248); Reichsweistum v. 14. 4. 1294 u. 10. 10. 1295.

31) Landfrieden von 1244 § 48, 1256 § 40, 1300 § 63; (QErörtBayer(Dt)G 5/6), 1857/61; P. Fried, Zur »staatsbildenden« Funktion der Landfrieden im frühen bayerischen Territorialstaat (Festschr. M. Spindler z. 75. Geb.) 1969, S. 283 ff.

32) Quellen und Erörterungen V, 343, Nr. 140.

33) Landfrieden v. 1244 § 23 (QErörtBayer(Dt)G 5, S. 82), 1256 § 24 (QErörtBayer(Dt)G 5, S. 145), 1300 § 71 (QErörtBayer(Dt)G 6, S. 121); Regensburger Stadtrecht 1230 § 2.

34) Zum Öffnungsrecht vgl. H. Lieberich (wie Anm. 25).

34a) Vgl. z. B. Hist. Atlas Dachau/Kranzberg, passim.

darauf, daß ganze Territorien von einer Burg aus ihren Ursprung nahmen [35]. Für die bayerischen Verhältnisse stellte Max Spindler fest, daß sich seit dem 11. und 12. Jahrhundert die Grafen sich nach Burgen zu benennen pflegten. Ein- und derselbe Graf nannte sich aber des öfteren auch nach anderen Burgen, von denen man nicht sicher ist, daß sie nicht auch außerhalb des gräflichen Amtsbereiches gelegen haben können [36]. Doch darf für die Zeit um 1100 angenommen werden, daß die Burg, nach der sich ein Graf am häufigsten nennt, auch der herrschaftliche Mittelpunkt der Grafschaft war. Bei der späteren Landgerichtsbildung wirkten jedoch auch andere, im alten Grafschaftsbereich angelegte Burgen sprengelbildend.

Einen anschaulichen Überblick über den Zusammenhang von Burg und hochadeliger Herrschaftsbildung hat zuletzt G. Diepolder mit der *Karte der Herrschaftsverhältnisse* im Raum des heutigen Bayern um 1200 geliefert [37]. Die Autorin hat in sie mehr oder weniger ihr gesamtes Wissen, das sie durch langjährige Mitarbeit am historischen Atlasunternehmen von Bayern angesammelt hatte, eingebracht. Damit ist vielleicht zu entschuldigen, daß das Kartenbild infolge zu vieler Eintragungen überladen wirkt. Es sind alle in den Quellen erwähnte Hauptburgen der gräflichen Geschlechter eingetragen, ferner die Sitze von Edelfreien und der wichtigsten Ministerialenfamilien, hinter denen G. Diepolder immer eine Burg vermutet [37a]. Die Zugehörigkeit der Ministerialen und edelfreien Vasallen zum Dienst- und Lehensherrn ist farbig gekennzeichnet. Die Herrschaftskomplexe der großen Dynastengeschlechter treten damit deutlich in Erscheinung wie z. B. der Wittelsbacher, Andechser, Bogener, Ortenburger und Diepoldinger, sowie der Falkensteiner, Wasserburger, Plainer, Meglinger, Moosburger, Frontenhauser, Halser, Kirchberger, Abensberger, Hohenburger, Hirschberger, Sulzbacher, Leuchtenberger, um nur die wichtigsten zu nennen. Schließlich ist das staufische Gebiet am Lechrain und in der Oberpfalz nicht zu übersehen, das durch Haupt- und Ministerialenburgen erschlossen ist. Bei den großen Hochadelsherrschaften ist deutlich zu erkennen, wie sich die Sitze der Lehens- und Dienstleute um die Hauptburgen häufen und gegen die Ränder des Herrschaftsgebietes hin abnehmen. Obgleich es noch der weiteren Einzelinterpretation der Karte bedürfte, die vor allem die strategische und verkehrssichernde Funktion bestimmter Burgen zu berücksichtigen hätte – sie liegt im Falle von Landsberg am Lech, Falkenstein am Inn und Burghausen an der Salzach auf der Hand –, so ist als Haupteindruck festzuhalten, daß man nach dem Kartenbild mit gutem Grund von einer Art Burgenverfassung sprechen kann, die das ganze Land um 1200 überzogen hat und den hochmittelalterlichen Lehensstaat auf bayeri-

35) E. Ennen (wie Anm. 20), S. 56.

36) Spindler (wie Anm. 5), S. 13.

37) Bayer. Geschichtsatlas, hg. v. M. Spindler, Red. G. Diepolder, Karte 18/19.

37a) »Es lohnt sich, auf dieser Karte, auf der nahezu jede Signatur wenigstens eine kleine Ministerialenburg anzeigt, die namentlich eingetragenen Orte zu betrachten« (Erläuterung z. Karte 18/19).

schen Boden zum Ausdruck bringt. Allerdings muß berücksichtigt werden, daß auf die Burg hin noch nicht alle Herrschaftsrechte des Adels orientiert waren – es gibt noch genügend Fronhöfe und Gerichtsstätten, die nicht zu einer Burg gehören – und daß es vor allem die Hochstifte und zahlreiche Klöster sind, deren Grundbesitz im Fronhofs- und Ämtersystem ohne Burgen verwaltet wird, wenngleich sie herrschaftlich dem gräflichen Vogt und damit einer Vogtburg zugeordnet sind. Insgesamt kann man aber von einer erstaunlich großen herrschaftlichen und wirtschaftlichen Erschließung des Landes von der Burg aus für die Zeit um 1200 sprechen.

Als Zustandskarte vermag das Kartenbild nur wenig über die territoriale Burgenpolitik der Dynasten aussagen, bestenfalls das Ergebnis der Entwicklung seit der Mitte des 11. Jahrhunderts verdeutlichen. Burgenpolitik ist insbesonders bei denjenigen größeren Dynastenherrschaften um 1200 zu vermuten, die das Ergebnis herrschaftlicher Machtkonzentration sind. Sie ist, wenn es eine solche gegeben hat, dann vor allem auf der Ebene des territorialen Herzogtums zu suchen, für das die stammesherzogliche Grundlage nur wenig Boden abgab, wie es die wenigen und vergeblichen Ansätze Herzog Heinrichs des Löwen zeigen. Um zu einem exakten Ergebnis zu kommen, wäre es nötig, jede der auf der Karte um 1200 erscheinenden Burgen und Hochadelsherrschaften auf ihre Hauptfunktion hin zu untersuchen. Der Rahmen dieser Studie gestattet jedoch nur das Eingehen auf einige wenige Fälle, die aber in ihrer Aussagekraft typisch fur die Mehrzahl der anderen sind. Es bot sich an, statt des Herrschaftsraumes der Grafen von Andechs, – die im allgemeinen als der Prototyp eines nichtwittelsbachischen Hochadelsgeschlechts in Bayern gelten und als solches von der neuesten bayerischen Geschichtsforschung zur Genüge gewürdigt worden sind – zunächst einmal das altwittelsbachische Gebiet unter dieser Fragestellung zu einem Zeitpunkt zu betrachten, als die Wittelsbacher noch als Grafen und Vogte agierten.

Die wittelsbachischen Stammlande lagen bekanntlich im ausgehenden 11. und 12. Jahrhundert im Raum zwischen mittlerer Isar und unterem Lech; sie umschlossen den alten Mittelpunkt des Raumes, die Bischofsstadt Freising [38]. Vor dem waren hier die mächtigen Grafen von Ebersberg begütert, die die Grafen von Scheyern 1045 beerbten. V. v. Volckamer, der den Raum der alten Stammgrafschaft Scheyern für den historischen Atlas von Bayern bearbeitet hat, machte die interessante Beobachtung, daß die Scheyerner Grafen in den ererbten Gebieten nicht an den alten Mittelpunkten festhielten, sondern sich neue in Gestalt von Burgen schufen [39]. Statt des alten Mittelpunktes Geisenfeld errichteten sie um 1070 die Burg Scheyern, wonach sich Angehörige des Geschlechts zum ersten Male nennen. Als die Burg um 1120 aufgelassen und in ein Familienkloster umgewandelt wird, siedelt das

38) Vgl. Hist. Atlas von Bayern, Teil Altbayern, Hefte Aichach (1956), Dachau/Kranzberg (1958), Pfaffenhofen (1963), Moosburg (1950); Ms. Erding (Fried).
39) Hist. Atlas: Pfaffenhofen, S. 10 f.

Geschlecht nicht auf den alten ebersbergischen Vorort Kühbach-Hörzhausen über, sondern erbaut sich bei dem benachbarten Ort Wittelsbach eine Burg, wonach die Familie künftig sich nennt. Im Land östlich von Freising wird der alte Mittelpunkt Ebersberg gleichfalls nicht übernommen, sondern nördlich davon die Burg Wartenberg kurz nach 1100 als neues Herrschaftszentrum errichtet. Eine Seitenlinie des Scheyerner Grafengeschlechts sitzt seit dem gleichen Zeitpunkt auf einer neu erbauten Burg beim Orte Dachau, südwestlich von Freising [40)].

Daß sich hinter der Anlage dieser Burgen eine massive Herrschaftspolitik der Scheyerner Grafen verbirgt, hat gleichfalls V. v. Volckamer erstmals erkannt. So sieht er in der Burg Scheyern den gräflichen und vogteilichen Stützpunkt gegenüber der Freisinger Hochkirche, deren Vogtei seit der zweiten Hälfte des 11. Jahrhunderts in der Nachfolge eines Grafen Udalschalk den Grafen von Scheyern zustand. »Aufgegeben, zum Kloster gemacht wird Scheyern erst nämlich gerade in der Zeit, in der [die näher bei Freising gelegene Burg] Wartenberg die Aufgabe übernehmen kann, Stützpunkt des Hochvogts gegenüber Freising zu sein« [41)]. Eine ähnliche Funktion dürfte der Burg Dachau zugekommen sein, deren Inhaber, die Grafen von Dachau, gleichfalls Vogtrechte über Freisinger Stifte innehatten [42)]. Vergegenwärtigt man sich diese systematische Umzingelung des Bischofssitzes Freising mit festen Burgen, so wundert es nicht, daß sich dasjenige Grafengeschlecht in diesem Raume nicht mehr halten konnte, das ältere Rechte über die Freisinger Kirche innehatte und auf dem Freisinger Lehen Ottenburg südwestlich von Freising saß, das genau in der Mitte zwischen der Burg Dachau und der Stadt Freising lag. Dem ungestümen wittelsbachischen Druck weichen die Ottenburger Grafen [43)] schließlich zu Beginn des 12. Jahrhunderts Schritt für Schritt zurück und verlegen sich fast gänzlich auf die Beherrschung des Eichstätter Raumes, wo ihnen die Hochstiftsvogtei zugefallen war und sie dann bis zu ihren Aussterben 1305 auf den Burgen Grögling und Hirschberg im Altmühltal sitzen. Die Ottenburg selbst ist um die Mitte des 12. Jahrhunderts wieder im direkten Freisinger Besitz, und zwar in der Hand des berühmten Bischofs und Geschichtsschreibers Otto, der den Wittelsbachern, wie aus einzelnen Quellenbelegen indirekt zu schließen ist, Widerstand leistete: so ist um 1150/60 von einem Neubau der Ottenburg anläßlich einer Güterauflassung die Rede *(in castro Ottenburch cum primo construebatur)* – ein Beweis übrigens auch dafür, daß Reichsbischöfe längst vor der Confoederatio von 1220 auf ihrem Grund und Boden Burgen errichten ließen [44)]. Als Herzöge von Bayern gingen die Wittelsbacher dann noch rigoroser als ihre gräflichen Ahnen gegen

40) Hist. Atlas: Dachau/Kranzberg, S. 6 ff.

41) Hist. Atlas: Pfaffenhofen, S. 10.

42) Hist. Atlas: Dachau/Kranzberg, S. 6 ff.

43) Vgl. hierzu P. Fried, Zur Herkunft der Grafen von Hirschberg, in: ZBayerLdG 28, 1963, S. 82 ff.

44) Hist. Atlas: Dachau/Kranzberg, S. 208 ff.

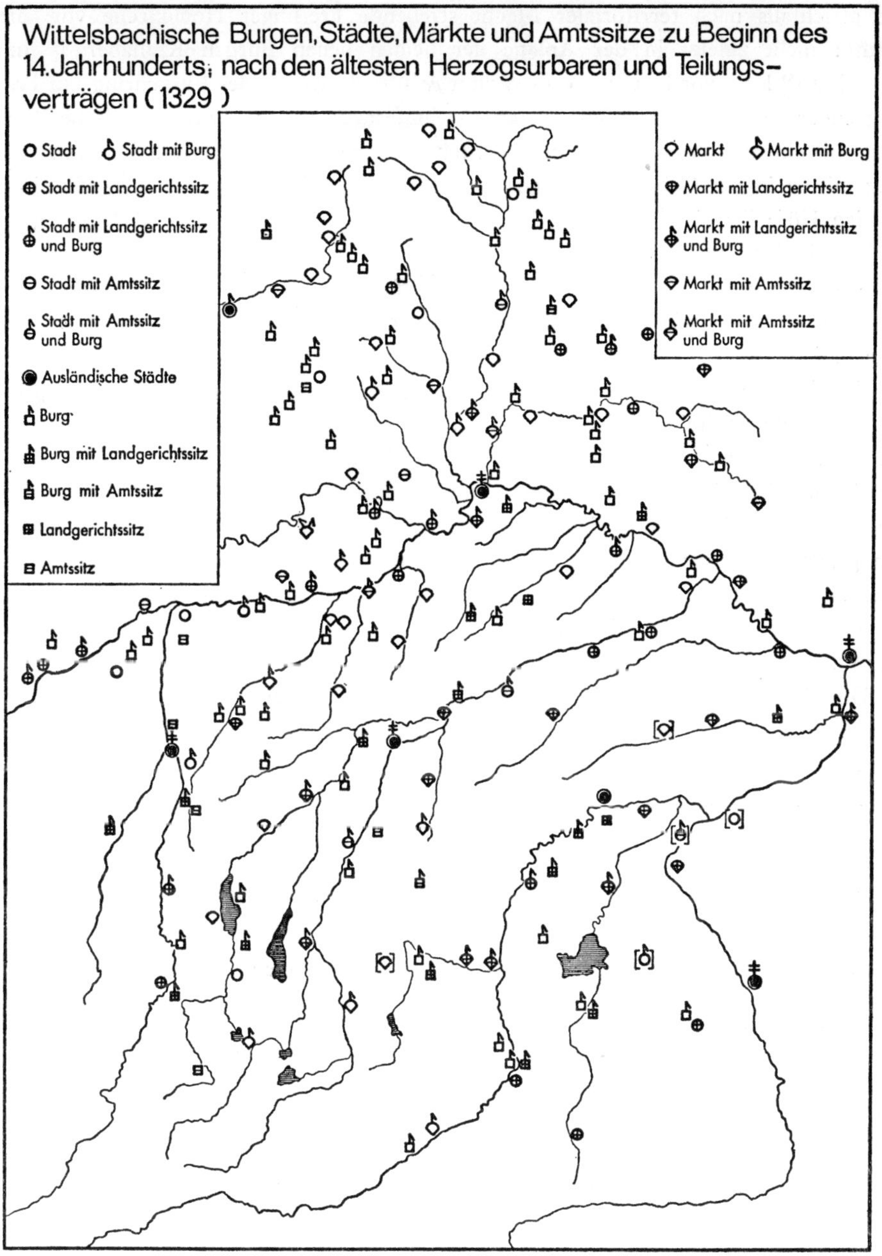
Wittelsbachische Burgen, Städte, Märkte und Amtssitze zu Beginn des 14. Jahrhunderts; nach den ältesten Herzogsurbaren und Teilungsverträgen (1329)
Stadt
Stadt mit Burg
Stadt mit Landgerichtssitz
Stadt mit Landgerichtssitz und Burg
Stadt mit Amtssitz
Stadt mit Amtssitz und Burg
Ausländische Städte
Burg
Burg mit Landgerichtssitz
Burg mit Amtssitz
Landgerichtssitz
Amtssitz
Markt
Markt mit Burg
Markt mit Landgerichtssitz
Markt mit Landgerichtssitz und Burg
Markt mit Amtssitz
Markt mit Amtssitz und Burg

die gleichfalls nach territorialer Macht strebende Freisinger Hochkirche vor: dies kommt nicht zuletzt in der Anlage der beiden neuen Burgen Kranzberg [45] und Landshut [46] kurz vor bzw. nach 1200 zum Ausdruck, womit der Burgenring um Freising enger gezogen wurde. Von ersterer steht fest, daß sie als wittelsbachische Vogtburg mit einem eigenen Burgkommandanten nur eine Stunde Wegs westlich von Freising mitten in ein Gebiet hineingebaut wurde, in dem die Wittelsbacher nur einige wenige Höfe ihr eigen nannten, dafür aber Freisinger Hochstifts- und Klostergüter massiert in den Dörfern lagen.

Von der Burg Landshut wird angenommen, daß sie sich in gleicher Weise gegen den Freisinger wie gegen den Regensburger Bischof gerichtet hat. Hinzu kommt eine gezielte Ansiedlung von wittelsbachischen Dienstmannen, von denen die meisten wohl auf festen Burgen im Umkreis der Stadt Freising saßen und der hier gleichfalls stark vertretenen freisingischen Ministerialität Widerpart leistete [47]. Es bedarf keiner weiteren Erklärung mehr, daß bei dieser wittelsbachischen Machtentfaltung – gerade in Gestalt einer bewußt betriebenen Burgenpolitik – der Bischof von Freising im Rennen um die Ausbildung einer Landesherrschaft auf der ganzen Strecke den kürzeren gezogen hat: gerade daß das Stadtgebiet mit einem eng gezogenen Burgfrieden noch als reichsunmittelbares Gebiet gerettet werden konnte, nachdem es bereits in den ersten Jahrzehnten des 13. Jahrhunderts dem Herzog kurzfristig zu Lehen aufgetragen war [48].

Der Bau der Burg Wittelsbach selbst bedarf noch einer Erläuterung [49]. Er wird verständlich, wenn man weiß, daß sie Herrschaftsmittelpunkt des wittelsbachischen Vogtes über die zahlreichen Güter des Augsburger Benediktinerstiftes St. Ulrich und Afra östlich des Lechs war, die die Wittelsbacher Pfalzgrafen bevogteten. Also auch hier ist die Funktion einer Schutz- und Zwingburg gegeben, die die Ausbildung einer geistlichen Landesherrschaft auf der Grundlage der Grundherrschaft von vorneherein vereiteln sollte. Mit der geschilderten territorialpolitischen Funktion geht jene andere Hand in Hand, die in der Beherrschung und Beschützung der Grund- und Vogtuntertanen im Fehdezeitalter liegt. Zum Unterhalt einer großen Dynastenburg war die Zuordnung von Abgaben und Scharwerk nötig, die bisher nur im engen Bereich einer Fronhofswirtschaft von den Untertanen geleistet wurden. Mit all den genannten Bur-

45) Hist. Atlas: Dachau/Kranzberg, S. 16 f.

46) Landshuter Urkundenbuch, Bd. I, bearb. v. Th. Herzog, (Bibliothek familieng. Q. Bd. 23) 1963, S. 13 ff.

47) Vgl. hier G. Flohrschütz, Der Adel des Wartenberger Raumes im 12. Jh., in: ZBayerLdG 34, 1971, S. 85 ff. u. S. 462 ff.

48) G. Diepolder, Hist. Atlas: Hochstift Freising, Ms. i. d. Kommission f. bayer. Landesgeschichte.

49) G. Diepolder, Das Landgericht Aichach, Phil. Diss München, Maschr. 1950; Hist. Atlas: Aichach.

gen ist deswegen auch die Entstehung von Ämtern verbunden gewesen, die Grund- und Vogtholden zu einem Abgabe- und Leistungsverband zusammenschlossen. Hier liegt auch einer der Ansätze für die Auflösung des alten Villikationssystems, die Ph. Dollinger anhand Baumburgs Quellen für Bayern nachzuweisen suchte [50].

Zur Hochadelsburg gehörte schließlich in der Regel noch die Ausstattung mit Burgmannen, die als zur Burg gehörig betrachtet wurden. Im Falle Dachau ist dies beim Verkauf der Burg Dachau 1182 an den bayerischen Herzog bezeugt [50a].

Es ist einleuchtend, daß die wittelsbachischen Burgämter ihre Fortsetzung in der Ämterorganisation des wittelsbachischen Territorialstaates finden [51]. Allerdings: eine direkte Kontinuität läßt sich nur im Falle Dachau nachweisen, wo nach dem Übergang der Grafenherrschaft 1182 an den wittelsbachischen Herzog auf der Burg Dachau ein herzoglicher Richter eingesetzt wurde. Die Burg Dachau wurde so zum Mittelpunkt des gleichnamigen wittelsbachischen Gerichts, dem wohl irgendwie der gräfliche Herrschaftsbezirk der Dachauer zugrunde liegt. Anders verhielt es sich bei der Burg Wittelsbach. Sie war nach der Ächtung des Pfalzgrafen Otto von Wittelsbach, des Königsmörders von Bamberg, 1208 von Herzog Ludwig von Bayern geschleift worden, nachdem dieser dessen Besitz konfisziert hatte. Als Zentrum des wittelsbachisch-landesfürstlichen Amtes erscheint deswegen im ältesten landesherrlichen Urbar von ca. 1230 nicht die Burg Wittelsbach, sondern das ganz in der Nähe gelegene, zum Marktort aufgestiegene Aichach. Zentrenbildend war aber eindeutig der Herrschaftsverband der ehemaligen Burg Wittelsbach gewesen. Der gleiche Vorgang ist zeitlich früher auch bei der Burg Schleyern zu erkennen: ihre herrschaftsorganisierende Wirkung hat sich im wittelsbachischen Amt Pfaffenhofen fortgesetzt, dessen Mittelpunkt, der Markt Pfaffenhofen, gleichfalls in unmittelbarer Nähe zu der 1120 in ein Familienkloster umgewandelten Burg Scheyern liegt. Im engeren Raum um Freising, wo eine frü he wittelsbachische Ämterbildung durch die territorialen Bestrebungen der Freisinger Hochkirche erschwert war, kam es erst im 13. Jahrhundert zu organisatorischen Maßnahmen. Das zu erschließende Amt der Burg Wartenberg, auf der schon im frühen 12. Jahrhundert ein wittelsbachischer Richter amtierte, scheint seine Fortsetzung im Burgamt Landshut gefunden zu haben, zu dem um 1230 der gesamte herzogliche Grund- und Vogteibesitz westlich und östlich von Freising, in eine Vielzahl von Schergenämtern gegliedert, gehörte. Während die richterliche Funktion des wartenberger Richters auf den Landrichter in der um 1230 neu gegründeten Stadt Erding übergegangen sein muß, wurde um die Mitte des Jahrhunderts die Vogtburg Kranzberg zum Mittelpunkt eines Amtes und Sitz eines Gerichtes gemacht. Das Amt Landshut selbst wurde zu keinem Gerichtssprengel weitergebildet, sondern erscheint später in wesent-

50) L'évolution des classes rurales en Bavière, Paris 1949.

50a) Hist. Atlas: Dachau/Kranzberg, Einleitung.

51) Vgl. hierzu die einschlägigen Hefte des historischen Atlasses (wie Anm. 38).

lich verkleinerter Form als Hofkastenamt. Halten wir als Ergebnis fest: Noch um die Mitte des 13. Jahrhunderts wird zwar eine Burg zum Gerichtssitz gemacht, aber in drei Fällen begegnet in dieser Funktion bereits ein Markt bzw. eine Stadt.

Wenden wir uns vergleichshalber nichtwittelsbachischen Hochadelsherrschaften zu. Als solche ist das den wittelsbachischen Stammlanden südöstlich sich anschließende Herrschaftsgebiet der Grafen von Falkenstein zwischen Inn und Mangfall deswegen für eine Untersuchung hervorragend geeignet, weil der berühmte Codex Falkensteinensis [52] aus der Zeit um 1180 einen frühen und vollständigen Einblick in ihre innere Verfassung gewährt. Der gesamte Grund- und Vogtbesitz wurde von vier Ämtern aus verwaltet, deren Mittelpunkt jedesmal eine Burg war: Neuburg an der Mangfall, Falkenstein nördlich von Kufstein in dem Tal, Hartmannsberg am Langpürgner See westlich des Chiemsees und Herrnstein in Niederösterreich zwischen Baden und Wiener-Neustadt an der Piesting. Die Ämter, denen Prokuratoren vorstanden, bildeten keine geschlossene Bezirke, sondern Güterverbände in ausgedehnter Streulage mit Verdichtung um die jeweilige Burg. E. Klebel [53] und auf ihn sich stützend der Bearbeiter des einschlägigen Atlasbandes [54] nehmen an, daß die Grafen von Falkenstein über ihre Güter und Vogteien nur die sog. Bußen- und Schrannengerichtsbarkeit ausgeübt haben, doch darf es als sicher gelten, daß die Falkensteiner in einem nicht mehr in seinen genauen Grenzen zu ermittelnden Bezirk auch gräfliche Hochgerichtsbarkeit ausgeübt haben. Der Codex Falkensteinensis zeigt die Herrschaft der Falkensteiner auf dem Höhepunkt ihrer Entfaltung; ihre Entstehung und Organisierung ist quellenmäßig seit Beginn des 12. Jahrhunderts zu verfolgen. Heiratsverbindungen mit den benachbarten Grafen von Weyern-Neuburg, die ihrerseits mit den Grafen von Sulzbach versippt waren, waren der Grund für den Aufstieg des Geschlechts nach 1125. Nach 1180 macht sich, wie aus den Traditionen zu ersehen ist, die Tendenz geltend, den Streubesitz noch stärker zu arrondieren. Kennzeichnend für diese Grafenherrschaft ist, daß Burgämter und gräfliches Hochgericht noch nicht koordiniert sind; letzteres dürfte noch von den Grafen persönlich wahrgenommen worden sein. Welches Schicksal erleiden nun die Burgherrschaften beim Übergang an den Wittelsbacher Herzog, der kurz vor der Mitte des 13. Jahrhunderts in gewaltsamer Weise vor sich geht? Zunächst ist davon auszugehen, daß die Wittelsbacher bereits zur Besitzzeit der Falkensteiner um 1230 in diesem Raume die Ämter Aibling und Heimburg innehatten; 1238 kam noch die Burgherrschaft Valley hinzu, die bis dahin eine Nebenlinie der Scheyerner Grafen innehatte [55]. Im wittelsbachischen Amt Aibling

52) H. Petz / H. Grauert / H. Mayerhofer, Drei bayerische Traditionsbücher aus dem XII. Jh.: I. Codex Falkensteinensis, ed. H. Petz, 1880, S. 1 ff.
53) E. Klebel (wie Anm. 7), S. 406 ff.
54) Hist. Atlas: Aibling, 1967, S. 61 ff.
55) Hist. Atlas: Aibling, S. 165 ff.

muß die falkensteinische Burgherrschaft Neuburg aufgegangen sein, zu der die Vogtei über den Bamberger Besitz zu Aibling gehörte; letztere ist bereits um 1230 in wittelsbachischer Hand (Amt Aibling). Zusammen mit einem Teil des wieder aufgelösten Amtes Heimburg, der das scheyerische Erbe aus der Zeit der Gräfin Haziga umfaßt, wurde daraus das Gericht Aibling nach der 2. Hälfte des 13. Jahrhunderts gebildet, dessen Mittelpunkt das Dorf (1230) bzw. der Markt Aibling war. Das Burgamt Falkenstein mit dem Hauptort Flintsbach und der Proptei Auerdorf erscheinen um 1270 als wittelsbachische Ämter; 1310 wurde Falkenstein als geschlossener Herrschaftsbezirk von den bayerischen Herzögen verpfändet; im Laufe der folgenden Jahrhunderte sinkt die Burgherrschaft auf die Stufe einer bayerischen Hofmark ab. Aus dem Amte Auerdorf entwickelt sich das Gericht Auerburg [56]. Das Burgamt Hartmannsberg bestand gleichfalls zunächst als selbständige Einheit in der wittelsbachischen Organisation weiter [57], wenn man von der Absplitterung der Schrannen Prien [58] und Hohenaschau [59] absieht, die später eine eigene Herrschaft bilden. 1394 wird die Burg mit allen Zugehörungen von Herzog Stephan an die Pienzenauer als Hofmark verkauft.

Fassen wir zusammen: Obgleich mehrere Burgämter vorhanden waren, ging die wittelsbachische Ämterorganisation ihre eigenen Wege. Das Nachwirken der falkensteinischen Burgorganisation besteht also im wesentlichen darin, daß das wittelsbachische Landgericht stärker als in den Stammlanden durchsetzt ist von Burgherrschaften, an denen Hoch- und Schrannengerichtsbarkeit haftet. Es ist dies eine Erscheinung, die vor allem, wie G. Diepolder [60] gezeigt hat, im niederbayerischen Raume anzutreffen ist und in der Oberpfalz ihre besondere Ausprägung gefunden hat. Deswegen finden sich dort auch Burgen in wesentlich größerer Zahl als im bayerischen Oberland, wo die großen Dynastenherrschaften der Wittelsbacher und Andechser die Ausbildung kleinerer Adelsherrschaften stärker verhindert haben. Merken wir uns für die folgende Analyse noch vor, daß Sitz des wittelsbachischen Landgerichts nicht eine Burg, sondern der Markt Aibling wird.

Der Rahmen dieser Studie gestattet es nicht, weitere ausführliche Beispiele zu bringen. Vorbereitet ist die Untersuchung der Andechser, Bogener und Ortenburger Grafenherrschaften, ferner die Geschichte der beiden Burgherrschaften Peißenberg und Rauhenlechsberg am Lechrain, an denen adelige und landesherrliche Burgenpolitik im

56) G. Diepolder, Hist. Atlas: Auerburg. (Ms. i. d. Kommission f. bayer. Landesgeschichte).

57) Hist. Atlas: Wasserburg-Kling, 1965, S. 93 ff.

58) A. Sandberger, in: Heimatbuch der Gemeinde Prien, 1958, 444 ff.

59) A. Sandberger, Die Entstehung der Herrschaft Aschau-Wildenwart, in: ZBayerLdG 11, 1938, S. 362 ff.

60) G. Diepolder, Ober- und niederbayer. Adelsherrschaften im wittelsbachischen Territorialstaat des 13.–15. Jhs., in: ZBayerLdG 25, 1962, S. 33 ff.

Spätmittelalter sinnfällig demonstriert werden kann [61]. Ein breiter Raum wird der staufischen Burgenpolitik auf bayerischem Boden eingeräumt werden müssen, weil sie vielleicht vorbildhaft für die spätere landesherrlich-wittelsbachische gewesen ist. Es sei gestattet, kurz dazu noch einige Bemerkungen zu machen, die sich auf das Gebiet des bayerischen Lechrains beziehen, das ich zuletzt zusammen mit S. Hiereth für den Historischen Atlas von Bayern untersucht habe [62].

Als frühe Mittelpunkte des welfischen Besitzes, auf den der staufische zum größten Teil zurückgeht, sind gegen Ende des 11. Jahrhunderts die Burgen Peiting und Mering bezeugt. Eine alte Welfenburg ist gleichfalls Kaufering, auf der Herzog Heinrich der Schwarze geboren ist. Um 1160 erbaut Herzog Heinrich der Löwe einige Kilometer südlich von Kaufering der »Landesburg« zum Schutz des Lechübergangs der neuen Salzstraße und setzt seinen Vasallen Heinrich von Stoffen als Burggrafen ein. Eine Reihe von Indizien spricht dafür, daß sie auch als Vogtburg zur Beherrschung der in diesem Raume liegenden Vogtgüter diente, die Herzog Heinrich der Löwe bevogtete. Auf dem Burlaberg bei Schongau-Altenstadt erbaute der früh verstorbene Welf VII. († 1167) eine Burg [63]. Eine größere Anzahl von Ministerialen saß im Umkreis dieser Burgen. 1191 geht der gesamte Besitz Welfs VI. an die Staufer über, die damit ein fast geschlossenes Reichland am Lechrain aufbauen, das nach Karl Bosl im Konzept der staufischen Reichslandpolitik die Brücke zwischen den Reichsländern in Franken und der Oberpfalz zu Reichsitalien hin bilden sollte [64]. Die Hauptorte staufischer Reichslandverwaltung sind seit dem Beginn des 13. Jahrhunderts das *castrum* Mohringen (Mering), wo ein staufischer Präpositus agiert, ferner das alte *oppidum* Schongau-Altenstadt, in dem Vögte und Pröpste der Staufer namentlich erwähnt sind. Nach 1225 ersteht als staufische Gründung die neue Stadt an der Stelle der heutigen Stadt Schongau. Staufische Ministerialen sind für eine Reihe von Orten bezeugt; die bedeutendsten von ihnen saßen auf den Burgen Schwangau [65] und Hegnenberg [66]. Die Inhaber der letzteren Burg erbauten um die Mitte des 13. Jahrhunderts erst die Burg Haltenberg, deren Burgfried heute noch an die staufische Zeit des Lechrains erinnert [67]. Über die Burg Landsberg schweigen in staufischer Zeit die Quellen; der Grund liegt

61) P. Fried, Adelige Herrschaft und früher Territorialstaat. Zur Geschichte der Herrschaften Peißenberg und Rauhenlechsberg, in: Gesellschaft und Herrschaft. Eine Festgabe für K. Bosl z. 60. Geb., 1969, S. 51 ff.

62) Hist. Atlas: Landsberg/Schongau, 1971.

63) Hist. Atlas: Landsberg/Schongau, S. 232 f. (Stadt Schongau).

64) K. Bosl, Karte 23: Welfen- und Staufergüter in Schwaben vom 11. bis zum 13. Jh., in: Historischer Atlas von Bayerisch-Schwaben, hg. v. W. Zorn, 1955, S. 24 f.

65) J. Frhr. v. Hormayr-Hortenburg, Die goldene Chronik von Hohenschwangau, 1842.

66) P. Fried, Das staufische Reichsdienstmannengeschlecht von Hegnenberg, in: Amperland, 4, 1968, S. 32.

67) Hist. Atlas: Landsberg/Schongau, S. 116 f.

vermutlich darin, daß die zugehörige Wessobrunner Vogtei 1180 von Heinrich dem Löwen an die Wittelsbacher kam, die sie von ihrem Amt Weilheim aus verwalten. Die Stadt wurde erst, wie ich seinerzeit dargetan habe [68], zu Beginn der sechziger Jahre von Herzog Ludwig dem Strengen unter Beteiligung Konradins (?) gegründet. Eine staufische Anlage war auch die Feste Friedberg bei Augsburg, bei der 1264 der genannte Herzog im Einverständnis Konradins eine Stadt gründet [69]. Durch Erbverträge abgesichert gehen alle genannten Burgen und Städte 1268 an den Bayernherzog über, der alle Ämter in die landesherrliche Organisation übernimmt. Die einzige größere Änderung besteht in der Umorganisation der Wessobrunner Vogtei vom Amte Weilheim zum neu eingerichteten Wittelsbachischen Amte Landsberg.

Vom Lechrain hinauf noch ein kurzer Blick zum staufischen Reichsland in der nördlichen Oberpfalz, dessen Aufbau und Gliederung zuletzt H. Sturm in seinem Atlasband Tirschenreuth untersucht hat [70]. Im frühen 12. Jahrhundert, also zur Besitzzeit der Diepoldinger, gingen Landesausbau und strategische Sicherung durch Burgenausbau Hand in Hand, so daß Sturm geradezu von einem »Burgensystem« spricht, das damals entstanden ist. Mit dem Übergang an Barbarossa 1167 setzt die Umgestaltung des Landes zur Terra Imperii ein, die zur Grundlage zweier Territorien, des Reichslandes Eger und des Stiftlandes Waldsassen wurde. Im Zuge des nun weiter fortgetriebenen Landesausbaues wurde »rings um die Reichsburg Eger, von den westlichen und südlichen Massierungen diepoldingischer Burgen in den Quellgebieten der Eger, Röslau und Waldnaab ausgehend und mit den Burgen Hartenberg und Königsberg über die Ostgrenze des Egerer Territoriums übergreifend, durch Ausbau einer gestaffelten Sperrlinie das Burgensystem im Reichsland Eger außerordentlich verdichtet. Zwar in erster Linie Stützpunkte und Ansatzstellen zur Bildung ausgebreiteten grundherrlichen Gutsbesitzes, dienten diese Burgen und Ministerialensitze wohl im besonderen der Sicherung gegenüber der wachsenden Aktivität des benachbarten Königreiches Böhmen« [70a].

III.

So eindeutig es nach den angeführten Beispielen ist, daß wir es beim Aufbau der Hochadelsherrschaften im 11. und 12. Jahrhundert mit einer ausgeprägten »Burgenpolitik« zu tun haben, so zweifelhaft ist es nach dem, was bis jetzt über die Funktion der Burg im wittelsbachischen Landesfürstentum angeklungen ist, ob von einer wittelsbachisch-landesherrlichen Burgenpolitik gesprochen werden kann. Im Falle von Aichach,

68) P. FRIED, Die Stadt Landsberg am Lech in der Städtelandschaft des frühen bayerischen Territorialstaats, in: ZBayerLdG 32, 1969, S. 71.
69) Hist. Atlas: Friedberg/Mering, 1952.
70) Hist. Atlas: Tirschenreuth, 1970, S. 16 ff.
70a) Hist. Atlas: Tirschenreuth, S. 28.

Pfaffenhofen, Erding, Aibling haben wir gesehen, daß nicht die Burg, sondern der neugegründete Markt und die neugegründete Stadt zum Mittelpunkt des landesherrlichen Amtes gemacht wurde. Am Beispiel der Falkensteiner Burgen war zu ersehen, daß sie nicht als Zentren der landesherrlichen Amtsorganisation verwendet wurden. Man fragt sich nicht zu Unrecht: Mußte es nicht gerade die Politik einer zielstrebigen Landesherrschaft sein, dem adeligen Burgenwesen entgegenzuwirken, war nicht das aufstrebende Bürgertum der gegebene Verbündete des Landesherrn gegen den fehdesüchtigen Landadel?

Eine eindeutige Antwort auf diese Fragen kann nur gegeben werden, wenn von einem Gesamtüberblick ausgegangen werden kann, der einigermaßen das zahlenmäßige Verhältnis von Burg und Stadt als Amtssitz in jener Zeit aufzeigt. Es wurde deswegen unternommen, die in den wittelsbacher Urkunden und Teilungsverträgen sowie Herzogsurbaren [71] enthaltenen Angaben in einer Kartenskizze »Wittelsbachische Burgen, Städte, Märkte und Amtssitze zu Beginn des 14. Jahrhunderts« darzustellen [72]. Die Aussage der Karte läßt sich stichwortartig in folgenden sieben Punkten zusammenfassen:

1. Die landesherrlichen Städte und Märkte sind noch bei weitem gegenüber den Burgen in der Minderzahl. Die Städte selbst finden sich vor allem an wichtigen Grenz- und Verkehrspunkten; die größeren unter ihnen sind Residenzstädte. Der Markt als typisch bayerische Form der Kleinstadt ist zahlreich vertreten.

2. Bei fast allen landesherrlichen Städten und Märkten besteht eine landesherrliche Burg, die meistens die Keimzelle der städtischen Siedlung ist.

3. Die landesherrlichen Amtssitze befinden sich noch in der überwiegenden Zahl auf Burgen; bei einer ganzen Reihe von ihnen besteht noch keine Stadt- oder Marktsiedlung (Kranzberg, Heimburg, Pähl, Merching, Ebbs, Marquartstein, Kraiburg, Kling, Mörmoosen, Griesbach, Inkofen, Rottenburg, Kirchberg(-Illenbach), Mitterfels, Haidau, Murach usw.).

4. Die Zahl der landesherrlichen Burgen, die keine Amtssitze sind, ist weitaus größer als die gleiche Kategorie Städte und Märkte.

5. Aus den Quellen geht hervor, daß Hoheitsrechte wie Gericht, Geleit, Zölle usw. fast immer Annexen der Burgen und Städte sind.

6. Es fehlen auf der Karte die verpfändeten landesherrlichen Burgen sowie alle Burgen und Märkte im Besitz des Adels.

7. Die ergänzende Interpretation der Karte der bayerischen Teilherzogtümer um 1350 im Bayerischen Geschichtsatlas [73] bestätigt den angegebenen Befund, macht dar-

71) Ausgewertet wurden u. a. die Herzogsurbare von ca. 1230, ca. 1270, ca. 1330 (Mon. Boica 36a/b); Teilungsverträge 1310 u. 1329 (QErörtBayer(Dt)G, 1861, Nr. 233 u. Nr. 274).

72) P. Fried (wie Anm. 68) 71; Hist. Atlas: Landsberg/Schongau, Kartenskizze 5.

73) Bayer. Geschichtsatlas, hg. v. M. Spindler, Red. G. Diepolder, 1969, Karte 20.

über hinaus noch die zahlreichen niederbayerischen und oberpfälzischen Adelsherrschaften sichtbar, ohne allerdings die Burgen generell zu berücksichtigen.

Alles in allem: Die Burg spielt in der Frühzeit des wittelsbachischen Territoriums als Sitz der landesherrlichen Ämter gegenüber der Stadt noch die bedeutendere Rolle. Diese Tatsache ist weniger darin begründet, daß die Burg für die Gerichtsverwaltung besonders geeignet gewesen wäre – hierfür wiesen Stadt und Markt zweifellos die größeren Vorzüge auf. Die Ursachen liegen in militärischen und sicherheitswahrenden Funktionen der Burg, die insbesonders der Durchführung des Landfriedens zugute kamen. Damit wurde sogar bis zu einem bestimmten Umfang der landesherrliche Burgenbau gefördert. Markt- und Stadtgründungen wie Aichach, Erding, Aibling und Schongau, um nur einige zu nennen, wurden entweder von Anfang an oder noch im 13. Jahrhundert mit einer Stadtburg ausgestattet, die zum Amtssitz wurde [74].

Die dominierende Stellung der Burg in der frühen territorialen Ämterverfassung deckt sich mit jener anderen, bisher kaum beachteten Erscheinung, daß gegen Ende des 13. Jahrhunderts in so gut wie allen Ämtern und Gerichten herzogliche Pfleger auftreten, von denen die Richter abhängig und in den Hintergrund gedrängt werden. Im einzelnen würde es zu weit führen, hier für ein gutes halbes Hundert wittelsbachischer Gerichte, in denen Pfleger genannt werden, sämtliche Quellenbelege vorführen zu wollen [75]. Der Pfleger wurde von der bisherigen Forschung als »Verwaltungsbeamter« aufgefaßt; daß dabei eine Übertragung von modernen Vorstellungen wie Trennung von Justiz und Verwaltung auf frühere, ganz anders geartete Verhältnisse vorliegt, ist nicht zu verkennen [76]. Ihn pauschal zum Nachfolger der Vögte zu ererklären, wie Riezler [77] es tut, oder ihm, wie E. Rosenthal [78] es unternahm, indirekt mit den früheren Grafen in Verbindung zu bringen, ist gleichfalls eine unhaltbare Ansicht. Die wichtigste Aufgabe des Pflegers bestand zweifellos in der Burghut, also in einer militärischen Funktion. Wie die erst in größerer Zahl seit dem 15. Jahrhundert vorliegenden Bestallungsbriefe von Pflegern zeigen, war er darüber hinaus für die Si-

74) H. Keller, Oberbayer. Stadtbaukunst des 13. Jhs., in: Festschr. W. Goetz z. 80. Geb., 1948, S. 116, Anm. 132; H. u. K. Dachs, Stadt Erding, 1961, S. 24 f.; Hist. Atlas: Aibling, S. 242 f.

75) Zusammenstellungen: 1) Die Reihenfolgen der Gerichts- und Verwaltungsbeamten Altbayerns vom 13. Jh. bis zum Jahre 1803. Von E. Geiss, in: OberBayerArchVaterlG 26, 1865/66, S. 26 ff. Bayer. Behörden und Beamte. Von G. Ferchl (OberBayerArchVaterldG 53), 1908; vgl. auch die Einleitung! Siehe auch die Hefte des Historischen Atlasses; H. Lieberich, Landherren und Landleute (SchrrReihe z. bayer. Landesg. 63), 1964.

76) So H. Lieberich, Einige Grundbegriffe des kurbayer. Verfassungsrechts (Mitt. f. d. Archivpflege in Oberbayern Nr. 2) 1940, S. 41 ff.

77) Geschichte Baierns. Bd. II, 1880, S. 529.

78) E. Rosenthal, Geschichte des Gerichtswesens und der Verwaltungsorganisation Bayerns, 2 Bde., 1889/1906, hier Bd. I, S. 322 ff., 54.

cherheit im Gerichtssprengel verantwortlich[79]. Im 15. Jahrhundert tritt er als Führer des bäuerlichen Landaufgebots in Erscheinung. Seit dem 16. Jahrhunderts ist nachweisbar, daß der Pfleger die Gemeinde- und Kirchenaufsicht wahrnimmt[80]. Man geht deswegen nicht fehl, wenn man als seine wesentliche Funktion im 13. und 14. Jahrhundert die militärische Verteidigung des Territoriums und des Landfriedens gegenüber dem Adel ansieht. Sein Amtsbezirk ist so gut wie immer identisch mit dem Gerichtssprengel; es gibt jedoch Fälle, daß in einem Gericht noch zusätzlich andere herzogliche Burgpflegen liegen. Hinter der Einsetzung von Pflegern in den landesfürstlichen Gerichten und in der Schaffung von Pflegeämtern gegen Ausgang des 13. Jahrhunderts verbirgt sich also nichts anderes als die Installation einer das ganze Territorium überziehenden Burgenverfassung[81]. Damit wird der funktionale Charakter, der der Burg anhaftet, deutlich erkennbar: Von Haus aus Werkzeug des Adels zur Verteidigung und Durchsetzung von adeligem Eigenrecht wird sie in der Hand des Landesherrn zum staatsbildenden Instrument gegen den Adel selbst, der sich gegen die Einordnung in den werdenden Landesstaat zur Wehr setzt.

Die Hauptaufgabe der Pflegeamtsverfassung bestand jedoch in erster Linie in der militärischen Verteidigung und Stützung der Territorialherrschaft. Dies erklärt, daß das Lehenswesen im frühen bayerischen Territorialstaat, wie E. Klebel[82] festgestellt hat, von Anfang an nur eine untergeordnete Rolle gespielt hat. Der Pfleger, der Beamter war, wurde wie der Inhaber eines Burglehens zum herzoglichen Kriegsdienst aufgeboten, zu dem er mit einer genau festgesetzten Zahl von Berittenen zu erscheinen hatte. Burg- und Pflegeämter waren so etwas wie Militär- und Polizeistationen des Landes, wenn man moderne Umschreibungen gebrauchen will.

Der herzogliche Burgkommandant, der Pfleger, wurde durch seine Stellung zum wichtigsten Beamten im Gerichtsbezirk, der für die äußere und innere Sicherheit sowie für das ritterliche Land- und Lehensaufgebot der herzoglichen Vasallen, Dienstleute und Landgerichtsbeamten verantwortlich war.

Obgleich Quellen fehlen, darf angenommen werden, daß das im 15. Jahrhundert erscheinende Gerichtsscharwerk gleichzeitig mit der Einrichtung der Pflegeämter zum Zwecke der landesherrlichen Burgenerhaltung allgemein eingeführt worden ist, soweit es nicht schon vorher als Vogtscharwerk bestanden hat[83].

Diesem Land- oder Gerichtsscharwerk waren nicht nur die unmittelbaren herzoglichen Urbars- und Vogtbauern des Gerichts unterworfen, sondern auch diejenigen des

79) Hauptstaatsarchiv München, Staatsverwaltung 1166, 1167 f. 36, 89 (Hist. Atlas Dachau-Kreuzberg 19).

80) Salbuch des Landgerichts Dachau, 583, Hauptstaatsarchiv München, Ger. Dachau, Lit. 4; Fried, Herrschaftsgeschichte 42 Anm. 100.

81) Erstmals P. Fried, »Modernstaatliche« Entwicklungstendenzen im bayer. Ständestaat des Spätmittelalters, in: VortrrForsch 14, 1969, S. 301 ff., hier S. 328.

82) E. Klebel, Territorialstaat und Lehen, in: VortrrForsch V, 1960, S. 195 ff.

83) Vgl. P. Fried (wie Anm. 81), S. 328 ff.

Ministerialadels, soweit dieser nicht durch eigene Lehenskriegsdienstleistung davon befreit war. Da die Mehrzahl des niederen Adels, der auf kleinen, meist unbewehrten Sitzen im Land saß, dem Land- und Lehensaufgebot aktiv nicht mehr Folge leisten konnte, wurden seine Untertanen zum Landscharwerk herangezogen. Die Scharwerksleistung hatte vermutlich schon im 14. Jahrhundert eine Klassifizierung aller im Gericht liegenden Güter im Gefolge, und zwar nach ihrem Vermögen, ob sie mit einem ganzen, halben oder einem viertelten Gespann für das Landscharwerk einspannen konnte. Das daraus sich entwickelnde Hoffußsystem sollte dann im 15. Jahrhundert die einheitliche Klassifikationsgrundlage für die Landsteuerbelegung und den bäuerlichen Wehrdienst abgeben. Weniger vom Gericht als vielmehr vom Burgen-, Militär- und Steuerwesen ist deswegen die Intensivierung der landesherrlichen Obrigkeit auf der unteren Ebene ausgegangen.

Es ist bereits in anderem Zusammenhang gestreift worden, von wo die Vorbilder für diese territoriale Burgenorganisation herrühren könnten. Bei den engen Beziehungen zwischen den Wittelsbachern und den Staufern im 13. Jahrhundert ist daran zu denken, daß die Burgenverfassung der Reichländer, für die uns ja zu Genüge »capitanei«, »provisores« und »procuratores«, also Burggrafen und Pfleger bezeugt sind, einen Einfluß ausgeübt haben könnte [84]. Sodann hat v. Voltelini [85] für Südtirol eine gleichartige Verfassung im Rahmen der Atlasarbeiten aufgezeigt, wobei allerdings der Burgbezirk als die primäre und der Gerichtssprengel als sekundäre Bildung anzusehen ist. Es wäre eine lohnende Aufgabe für eine vergleichend betriebene Studie nachzuweisen, ob es sich bei der Pflegamtsverfassung um eine bayerische Eigentümlichkeit handelt, oder ob sie unter anderen Namen sich auch in anderen Gegenden findet.

Zum Abschluß dieses Abschnitts stellt sich die Frage nach dem Verhältnis von landesherrlicher Burgen- und Städtepolitik. E. Ennen hat seinerzeit festgestellt, daß mit der Burgenpolitik meistens auch eine Städtepolitik verknüpft war [86]. K. Fehn geht sogar soweit mit der Feststellung, daß im wittelsbachischen Territorialstaat seit der Übernahme des Herzogtums Neugründungen von Burgen »in der Regel nur noch zusammen mit der Anlage einer Stadt« erfolgten [87]. Diese Beobachtung ist soweit richtig, wenn man diejenigen Burgen nicht übersieht, bei denen sich keine Stadt- oder Marktsiedlungen entwickelt haben. In allen bisherigen Untersuchungen zur wittelsbachischen Städtepolitik wird betont, daß in sehr vielen Fällen die ursprüngliche Burg zum Ausgangspunkt der Stadt oder des Marktes wurde [88]. Schließlich gilt auch für Bayern das, was für andere Räume festgestellt worden ist [89], daß nämlich die Wittels-

84) Vgl. P. Fried (wie Anm. 81), S. 323.

85) H. v. Voltelini, Die Entstehung der Landgerichte im bayer.-österreichischen Rechtsgebiet (Arch. f. Österr. Gesch. XCIV), 1907.

86) E. Ennen (wie Anm. 20), S. 56.

87) K. Fehn (wie Anm. 10), S. 248 f., 250.

88) Volkert Fehn (wie Anm. 10), S. 250.

89) E. Ennen (wie Anm. 20), 68.

bacher nicht eigentlich die Initiatoren des Städtewesens gewesen sind, sondern eine bestehende Entwicklung gefördert und für ihre territorialen Zwecke benützt haben. Die Burg behielt aber ihre dominierende Bedeutung bei, gerade und weil offenbar wurde, daß sich die Stadt im Bündnis mit anderen auch gegen die Landesherrschaft richten konnte. K. Fehn [90], der sich zuletzt, wenn auch in anderem Zusammenhang, mit Burg und Stadt in Bayern beschäftigt hat, kommt zum gleichen Ergebnis, wenn er ausführt, daß von einem »planmäßig angelegten Städtenetz im Sinne eines fürstlichen Stützpunktsystems« in der frühen Wittelsbacherzeit noch nicht die Rede sein kann. »So wichtig die Wittelsbacherstädte auch politisch waren, als Verwaltungszentren [gemeint ist wohl als Amts- und Gerichtssitze] spielten die Burgen in unserem Zeitraum noch eine wesentlich größere Rolle«: eine richtige Feststellung Fehns, der allerdings die quellenmäßige Fundierung bisher fehlte.

IV.

Wir sind uns bewußt, daß nur einige, wenn auch wesentliche Aspekte der Burg im hochmittelalterlichen Bayern behandelt werden konnten und andere, nicht weniger wichtige wie z. B. die innere Verfassung von Burgherrschaften oder die Frage nach dem Verhältnis von Burg und Landstandschaft übergangen werden mußten, von der Beschäftigung mit dem frühmittelalterlichen Burgenwesen, den Landesburgen der Oberpfalz oder der Burgenpolitik eines Herzogs Ludwigs im Bart im Spätmittelalter ganz abgesehen. Doch raffen wir nochmals die wichtigsten Einsichten, die wir mit unseren Studien gewonnen zu haben glauben, in einigen wenigen Sätzen zusammen:

1. Die Burg spielte beim Aufbau und in der inneren Verwaltung der bayerischen Dynastenherrschaften seit dem 11. Jahrhundert die dominierende, wenn auch nicht alleinige Rolle. Eine Burgenverfassung im Sinne eines lückenlosen Netzes adeliger Burgenbezirke besteht jedoch nicht.

2. Die Wittelsbacher bedienen sich als Landesherren zum Aufbau und zur inneren Neuorganisation des Territoriums in weit stärkerem Maße der Burg als der Stadt.

3. Gegen Ende des 13. Jahrhunderts verfolgt die Einrichtung einer territorialen Burgenverfassung in Gestalt der Pflegeamtsorganisation. Die Burg wird damit zum festesten Pfeiler und Stützpunkt landesherrlicher Macht. Wenn von wittelsbachischer Städtepolitik in Zukunft – zu Recht – die Rede ist, dann muß in einem Atemzug auch von der gleichzeitigen »wittelsbachischen Burgenpolitik« gesprochen werden. Ihre weitere Untersuchung ist eine Forschungsaufgabe, die im Zusammenhang mit einer intensiven Burgenforschung nach den Methoden K. Lechners [91] zu erfolgen hätte.

90) K. Fehn (wie Anm. 10), S. 249.
91) K. Lechner, Entwicklung und Probleme der Burgenforschung (Unsere Heimat Jg. 22), Wien 1951, S. 97–108.

Burg und Adel in den österreichischen Ländern

VON MICHAEL MITTERAUER

Die Problemstellung Burg und Adel bietet eine Vielfalt möglicher Betrachtungsweisen. Nur einige wenige Aspekte können hier herausgegriffen werden. Im Zentrum steht die Frage, ob und inwieweit sich Prozesse des sozialen Wandels im Adel auf Burgenbau und Burgenverfassung ausgewirkt haben. Konkreter formuliert: ob innere Gliederung und Rangunterschiede des Adels in bestimmten besitzrechtlichen oder baulichen Formen der Burg als Herrschaftsmittelpunkt eine Entsprechung haben, ob mit aufsteigenden neuen Adelsgruppen auch neue Typen des Wehrbaus Verbreitung finden, ob der Übergang adeliger Geschlechter von einer Burgenform zu einer anderen als Ausdruck einer veränderten sozialen Position zu sehen ist, ob Verschmelzungsprozesse zwischen bisher voneinander geschiedenen Teilgruppen des Adels Angleichungstendenzen im Burgenwesen zur Folge gehabt haben etc. Die Frage nach solchen Zusammenhängen soll im Vergleich der Entwicklungen in den einzelnen österreichischen Ländern untersucht werden, wobei damit im wesentlichen auf den Raum des heutigen Österreich Bezug genommen wird. Diese ländervergleichende Methode läßt von vornherein gewisse positive Resultate erwarten. Zeigt doch schon ein ganz grober Überblick über die jeweilige Zusammensetzung der adeligen Ständekurien einerseits, die Zahl und Art der Wehrbauten andrerseits, daß diesbezüglich Entsprechungen gegeben sind [1]. Das Land Österreich unter der Enns mit seinem besonders mächtigen Herrenstand ist auch besonders burgenreich. Ähnlich verhält es sich in der Steiermark. Das Hochstiftsland Salzburg, in dem der landständische Adel durchwegs ritterlich war, zeigt eine relativ geringe Zahl von Burgen. In Tirol stehen am Ausgang des Mittelal-

1) Über die Zusammenhänge zwischen Landstandschaft und Qualität des Adelssitzes allgemein O. Brunner, Land und Herrschaft, 5. Aufl., 1955, S. 240. – K. Lechner, Besiedlungs- und Herrschaftsgeschichte des Waldviertels, in: Das Waldviertel 7/2, 1937, S. 256. – E. Klebel, Gedanken über den Volksaufbau im Südosten, in: DtArchLdVolksforsch 2, 1938, Nachdr.: Probleme der bayerischen Verfassungsgeschichte, SchrrReiheBayerLdG 17, 1957, S. 394 ff. und 403 ff. Zu Struktur und Umfang der adeligen Ständekurien in den einzelnen österreichischen Ländern: P. Feldbauer, Herren und Ritter, Herrschaftsstruktur und Ständebildung 1 (Sozial- und wirtschaftshistorische Studien 1973). Burgenzahlen bei H. Ebner, Burgen, Schlösser und wehrhafte Stätten, in: Steiermark, Land und Leute, 2. Aufl., 1971, S. 462.

ters in einer einheitlichen Adelskurie nur einige wenige Herrengeschlechter einer breiten Ritterschaft gegenüber. Unter den zahlreichen Wehrbauten des Landes überwiegen dementsprechend die Edelsitze bei weitem, die hier besonders deutlich von den Burgen geschieden werden [2]. Solche Relationen sind freilich grob vereinfachend und vermögen bestenfalls einer ganz oberflächlichen ersten Orientierung zu dienen. Es kann natürlich keinesfalls davon die Rede sein, daß zur Zeit, als uns die Landstände voll entwickelt entgegentreten, nur der herrenmäßige Adel burgsässig gewesen wäre. In Kärnten etwa finden wir im Spätmittelalter zeitweise nur zwei Familien dem Herrenstand zugehörig [3]. Die Zahl der Burgen ist hier jedoch im Vergleich zu den Nachbarterritorien durchaus nicht auffallend gering. Wir müssen eben bei solchen Gegenüberstellungen ebenso die Burgen in der Hand des Landesfürsten, der Bischöfe, mancher Klöster berücksichtigen, aber auch die des Niederadels, der sie zu Lehen, zu Pfand und unter verschiedenen anderen Rechtstiteln besaß. Eigenburgen, wie sie sich in den österreichischen Ländern in gar nicht geringer Zahl bis ins ausgehende Mittelalter erhalten haben, scheinen jedoch – soweit sie in Adelsbesitz waren – grundsätzlich den Landherrenfamilien vorbehalten gewesen zu sein [4]. Daß zwischen Standesqualität und Burgenbesitz prinzipiell auch noch zu dieser Zeit ein Zusammenhang bestand, zeigen die ältesten Standesverbesserungen durch Privileg, wie sie unter Albrecht II. und Friedrich III. in Österreich einsetzen. Wurde eine Adelsfamilie »geherrt«, wie es mitunter die Urkunden formulieren, so geschah dies auf eine bestimmte Burg als Herrschaftsmittelpunkt, deren Rechtsstellung verändert wurde, wie etwa bei den Spaur auf Hoheneck, oder auf einen Rittersitz, der – ebenso nach Veränderung der Rechtsverhältnisse – zur Burg ausgebaut werden mußte, wie bei den Eitzingern auf Schrattenthal [5]. Anfang des 16. Jahrhunderts beginnen Erhebungen in den Ritterstand in Verbindung mit der Freiung eines bisher abgabenpflichtigen Hauses bzw. Gutes, das dadurch zum »Edelmannsgut« oder »Freihof« wird [6]. In derartigen Zusammenhängen dürfen wir aber nur schwache Andeutungen sehen, die von einer Spätphase der Entwicklung her einen ersten Zugang zu den höchst komplizierten Querbeziehungen und Wechselwirkungen zwischen der Rechtsstellung des Adelssitzes und der Standesqualität der Familie vermitteln.

2) J. Weingartner, Tiroler Edelsitze, in: Festschr. für E. Ottenthal, 1925, S. 294 f. – Ders., Tiroler Burgen, 1962, S. 145 ff.

3) P. Feldbauer (wie Anm. 1), S. 122.

4) M. Mitterauer, Formen adeliger Herrschaftsbildung im hochmittelalterlichen Österreich, in: MIÖG 80, 1972, S. 270, 337.

5) E. Zernatto, Die Zusammensetzung des Herrenstandes in Österreich ob und unter der Enns von 1406–1519, phil. Diss. Wien (Msch.), S. 53 f. und 237 ff. – S. Adler, Zur Rechtsgeschichte des adeligen Grundbesitzes in Österreich, 1902, S. 86 ff.

6) Lechner (wie Anm. 1), S. 257.

Blenden wir zurück auf die Frühstadien dieses Entwicklungsprozesses, so stellt sich zunächst die Frage, ab wann denn überhaupt für den hier behandelten Raum von Adelsburgen gesprochen werden darf. Damit sind Probleme berührt wie die Verwendung der Bezeichnung »burg« für frühe Wehranlagen im allgemeinen, die Abgrenzung gegenüber der von solchen »Burgen« zu städtischen Siedlungen hinführenden Entwicklungslinie, das Verhältnis von König und Aristokratie hinsichtlich der Rechte an diesen Wehranlagen – alles Probleme, die hier nicht im einzelnen weiter ausgeführt werden können [7]. Es sollen daher bloß ein paar Ansatzpunkte erwähnt werden, die eine ungefähre Begrenzung des Untersuchungszeitraums ermöglichen.

Verschiedene Hinweise markieren für die hier behandelten Gebiete die ausgehende Karolingerzeit als entscheidende Phase für die Anfänge der Adelsburg. 895 schenkt König Arnulf dem Edlen Waltuni, einem Ahnherren der Gurker Stifterfamilie, bisheriges Lehensgut mit zwei Burgen im Trixnertal in Unterkärnten – sicherlich ein eindeutiger Beleg für die Existenz adeliger Eigenburgen [8]. Für die Neuanlage von Burgplätzen im südöstlichen Markengebiet gibt es für diese Zeit mehrfache Anzeichen [9]. Beachtung verdienen die Namen von solchen Burgsiedlungen, wie etwa Wilhelmsburg. Der Ortsname deutet auf ein besonderes Verhältnis des namengebenden Gründers zu dieser Burgsiedlung [10]. Es liegt nahe, Analogien zu den von Personennamen abgeleiteten Bezeichnungen jüngerer Adelsburgen zu ziehen [11]. Wohl schon im frühen 10. Jahrhundert entstand die »Styraburg« (Steyr), Zentrum einer ausgedehnten Adelsherrschaft, die sich Jahrhunderte hindurch ihre ursprüngliche Geschlossenheit ohne

7) In räumlich weiterem Rahmen hat sich der Verf. mit diesen Fragen auseinandergesetzt in: Herrenburg und Burgstadt, Bayerische Geschichte als Tradition und Modell, in: ZBayerLdG 36, 1973, (Festschr. für Karl Bosl zum 65. Geburtstag), S. 470–521.

8) MG Dipl. Arn., Nr. 138. Wahrscheinlich handelte es sich um die Burgen Ober- und Mittertrixen. Niedertrixen ist eine jüngere Ministerialenburg; H. WIESSNER, Burgen und Schlösser um Klagenfurt, Feldkirchen, Völkermarkt (Kärntens Burgen und Schlösser 2), 1965, S. 125, 133 und 134.

9) Über spätkarolingische Großburgen im südöstlichen Markengebiet E. KLEBEL, Die Städte und Märkte des bayerischen Stammesgebietes in der Siedlungsgeschichte, in: ZBayerLdG 12, 1939, S. 58 – K. LECHNER, Grundzüge einer Siedlungsgeschichte Niederösterreichs vom 7. bis zum 12. Jahrhundert, in: Archaeologia Austriaca 50, 1971, S. 336 ff.

10) Als Gründer der Burgsiedlung wird ein Angehöriger des Markgrafengeschlechts der Wilhelminer angenommen: LECHNER, Grundzüge (wie Anm. 9), S. 347. – R. BÜTTNER, Burgen und Schlösser – Dunkelsteinerwald (Niederösterreichs Burgen und Schlösser II/2, 1973), S. 54 ff. – Über die Wilhelminer zuletzt W. STÖRMER, Früher Adel (Monogr. GMA 6/1), 1973, S. 227 f. Auf Markgrafen *(duces)* aus diesem Hause könnte auch der Name des etwa gleichzeitig entstandenen Herzogenburg zurückgehen (K. LECHNER, Königs- und hochadelige Namen in Niederösterreich, Studien zur österreichisch-bayerischen Dialektkunde 4, 1967, S. 91 f. – DERS., Grundzüge (wie Anm. 9), S. 347.

11) Zum Fehlen der von Personen abgeleiteten Burgnamen bei den älteren Burgstädten MITTERAUER, Herrenburg (wie Anm. 7), S. 477, Anm. 27.

wesentliche Veränderungen erhielt und durch Rodung weiter ausdehnte, so daß sie zur wohl größten Herrschaft des österreichischen Raumes wurde [12]. Nach ihr benannten sich die Otachare, das Markgrafengeschlecht der Kärntner Mark seit der Mitte des 11. Jahrhunderts. Nur kurzfristig für einen Adeligen namengebend war die 900 über dem älteren Vorort Lorch angelegte Ennsburg [13]. Hier wird übrigens bereits der Zusammenhang eines Burgenbaus mit Besitzungen einer Reichskirche greifbar, wie er für jüngere Adelsburgen als ein charakteristisches Motiv noch aufzuzeigen sein wird [14]. Parallel zum Aufstieg des Burgherren zu fürstlichem Rang erfolgte bei beiden Burgplätzen späterhin der Ausbau zur Stadt [15].

Zwar reichen im österreichischen Raum vereinzelt Adelsburgen bzw. Wehrbauten, die man als Übergangsformen zu solchen bezeichnen könnte, schon bis in die ausgehende Karolingerzeit zurück; für das 10. und frühe 11. Jahrhundert wissen wir jedoch über adeligen Burgenbau oder Burgenbesitz nur herzlich wenig. Die östlichen Gebiete standen zunächst unter ungarischer Herrschaft. Nach der Lechfeldschlacht wurde hier ein neuer Markengürtel organisiert. Wie allgemein in Markengebieten, waren die Einrichtungen der Wehrverfassung zunächst fest in der Hand des Markgrafen als Beauf-

12) Die erste Nennung der Styraburg liegt zwar erst um 990 (M. HEUWIESER, Die Traditionen des Hochstifts Passau, QuErörtBayerG NF 6, 1930, S. 82), ihre Anlage gehört jedoch sehr wahrscheinlich schon in die ausgehende Karolingerzeit; E. KLEBEL, Zur Frühgeschichte Wiens, AbhGQKde Stadt Wien, Festgaben für Hans Voltelini 4, 1932, S. 17. Zur Erstreckung der Herrschaft Steyr im 13. und 14. Jahrhundert vgl. A. DOPSCH, Die landesfürstlichen Urbare Nieder- und Oberösterreichs aus dem 13. und 14. Jahrhundert (Österreichische Urbare 1/1), 1904, S. 169 ff. und S. 247 ff.

13) Ein *Aribo de Ensinburc* begegnet 1034 (MGM Dipl. K. II Nr. 211). Nach F. TYROLLER, Genealogie des altbayerischen Adels im Hochmittelalter (Genealogische Tafeln zur mitteleuropäischen Geschichte, Lfg. 4 ff.), 1962, S. 135 u. 139 handelte es sich bei ihm um einen Angehörigen der Grafen von Wels-Lambach. Denkbar wäre auch eine Zugehörigkeit zu den Otacharen, bei denen einerseits der Name Aribo vorkommt, die andrerseits im 12. Jahrhundert als Burg- und Stadtherren von Enns begegnen. Ob die einmalige Nennung eines Adeligen nach der Ennsburg ihre Einstufung als Adelsburg rechtfertigt, erscheint freilich fraglich. H. KNITTLER, Städte und Märkte, Herrschaftsstruktur und Ständebildung 2 (Sozial- und wirtschaftshistorische Studien 1973), S. 52, vermutet hier eine Vogtburg über Besitz des Passauer Eigenklosters St. Florian, deren zugehörige Verkehrssiedlung im 12. Jahrhundert von den Otacharen zu einem Fernhandelsplatz ausgebaut wurde.

14) In der Urkunde König Ludwigs von 901, durch die er die Ennsburg dem Passauer Eigenkloster St. Florian schenkt, heißt es, daß die *civitas* teils auf Klostergrund, teils auf Boden der *prefectura terminalis* errichtet worden sei (MGM Dipl. Lu IV Nr. 9). Zusammenhänge mit Passau ergeben sich auch in der Folgezeit immer wieder (A. ZAUNER, Lorch und Enns, Enns-Lorch-Lauriacum, Festschr. zur 750-Jahr-Feier des Stadtrechtes von Enns, 1962, S. 56 ff.).

15) Über die Zusammenhänge zwischen Stadtbezeichnung und fürstlichem Rang des Ortsherren allgemein KLEBEL (wie Anm. 9), S. 48. – KNITTLER (wie Anm. 13), S. 158 f.

tragten des Königs. Das gilt vor allem für das Burgwerk als rechtliche und materielle Grundlage für die Schaffung von Wehranlagen [16]. Für allodialen Burgenbau adeliger Familien neben dem Markgrafen war da wenig Platz.

Ein Unterschied zwischen der Mark Österreich und der südlich angrenzenden Kärntner Mark verdient Erwähnung. Die großen Burgplätze der Babenberger, von denen es 1027 ausdrücklich heißt, daß sie zur Mark gehören [17], entwickeln sich durchwegs kontinuierlich zu Städten oder städtegleichen Märkten [18]. Einzig Gars, das schon früh durch die Burgstadt Eggenburg abgelöst wurde und über die Burggrafenfamilie in Adelshand kam, machte diese Entwicklung nicht mit [19]. Zum Teil sind noch lange in diesen frühen Burgstädten Reichsrechte nachzuweisen wie etwa in der *orientalis urbs Cremisa*, wohl im 11. Jahrhundert der Hauptburg der Mark, oder in Tulln [20]. Charakteristisch ist auch das Verhältnis von Burgort und Mutterpfarre, die hier immer in direkter örtlicher Verbindung erscheinen [21]. In der Kärntner Mark hingegen hat sich keine der frühen Burganlagen zur Stadt entwickelt, weder die Hengistburg, die die Hauptburg der frühen Eppensteiner Markgrafen gewesen sein dürfte, noch die Primaresburg oder die Dietenburg [22]. Nicht einmal einfache Burgsiedlungen haben sich hier erhalten. Es ist auch bei keiner von ihnen eine alte Mutterpfarrkirche gegeben. Diese entstanden vielmehr hier in Anschluß an karolingische Königshöfe, die schon 860 in großer Zahl an das Hochstift Salzburg geschenkt wurden [23]. Direkte

16) M. MITTERAUER, Burgbezirke und Burgwerksleistung in der babenbergischen Mark, in: JbLkNdÖsterr NF 38, 1970, S. 217 ff.

17) TH. BITTERAUF, Die Traditionen des Hochstifts Freising 2 (QuErört.BayerG NF 5), 1909, S. 278.

18) M. MITTERAUER, Zur räumlichen Ordnung Österreichs in der frühen Babenbergerzeit, in: MIÖG 78, 1970 (Festschr. f. H. Appelt), S. 118. – KNITTLER (wie Anm. 13), S. 23 ff.

19) Die babenbergische Markgrafenburg steht in funktionaler Kontinuität zu einer slawischen Burgwallanlage. Aufgrund der steckengebliebenen Entwicklung, wie sie die Zentralortsverlagerung nach Eggenburg bedingte, ist hier die ursprüngliche Konstellation markgräflicher Burgzentren besonders schön zu sehen. Beachtenswert erscheint vor allem die Lage der Urpfarrkirche St. Gertrud in der Vorburg; A. KLAAR, Die Burgen Raabs, Gars und Schallaburg, in: Unsere Heimat 36, 1965, S. 121 ff.

20) K. LECHNER, Mittelalterliches Reichsgut und Rechtsrechte in den österreichischen Donauländern, in: Ber. über den 8. Österreich. Historikertag in St. Pölten 1965, S. 35, 39; MGH Dipl. K III, Nr. 37. – Zur Stellung von Krems: KNITTLER (wie Anm. 13), S. 23.

21) Das Zusammenfallen von Burgort und Mutterpfarre als besonderes Charakteristikum dieser markgräflichen Burgbezirksmittelpunkte zum Unterschied von jüngeren Städten, die in Anschluß an Vogtburgen entstanden, betont KNITTLER (wie Anm. 13), S. 27.

22) Über diese frühen Burgen der Kärntner Mark EBNER (wie Anm. 1), S. 463. – DERS., Burgen und Schlösser Graz-Leibnitz-Weststeiermark (Steiermarks Burgen und Schlösser 3), 1967, S. 148 und 200. – Zum Problem frühe Burgen und Städteentwicklung in der Steiermark: KNITTLER (wie Anm. 13), S. 70 ff.

23) MGH Dipl. LudDt, Nr. 102. Dazu H. PIRCHEGGER, Die kirchliche Einteilung der Steiermark vor 1783, in: ErlHistAtlÖsterr Alpenländer II/1, 1940, S. 4 f.

Beziehungen zum König lassen sich bei keiner dieser Burgen nachweisen. Auch an die Mark erscheinen sie nicht so eng gebunden, daß sie mit der Markgrafenwürde weitergegeben worden wären. Bei der Hengistburg ergeben sich deutliche Beziehungen zu Salzburg, so daß sich die Frage stellt, ob sie nicht überhaupt auf Hochstiftsboden errichtet wurde [24]. Für ihre Entstehung sind jedenfalls andere rechtliche Voraussetzungen anzunehmen als bei den königlich-markgräflichen Burgplätzen der babenbergischen Mark, Voraussetzungen, die denen früher Adelsburgen ähnlich gewesen sein könnten.

Wie schwierig klare Zuordnungen und Typisierungen in dieser Frühphase sind, zeigt der Fall der schon in der 2. Hälfte des 11. Jahrhunderts in ein Kloster umgewandelten Babenbergerburg Melk [25]. Markgraf Luitpold I. hatte 976 oder kurz danach die Burg einem Grafen Sizo abgenommen. Es handelt sich bei ihm um den Chiemgaugrafen Sigihard, den Bruder und Vogt Erzbischof Friedrichs von Salzburg. Das Hochstift hatte 860 den Königshof Melk geschenkt erhalten. Die Burg ist also auf Kirchengut errichtet worden und war unter dem Titel der Vogtei in Adelshand gekommen [26]. Durch ihre frühe Übernahme seitens des Markgrafen machte sie jedoch dann eine Entwicklung mit, die in vieler Hinsicht parallel zu der auf Königsgut angelegter Markgrafenburgen verlief.

Die von Markgraf Luitpold aus der Burg Melk vertriebenen Sighardinger haben erst etwa ein Jahrhundert später in der Mark Burgen zu errichten begonnen, zunächst die Schallaburg, dann Peilstein, beide wiederum in Anschluß an Salzburger Kirchenbesitz [27]. Noch für die erste Hälfte des 11. Jahrhunderts ist die Burg der mit ihnen verwandten Grafen von Ebersberg zu Persenbeug im Westen der Mark belegt [28]. Sie war mit dem zugehörigen Komitat Reichslehen, ebenso wie dies später von den Grafschaften der Schalla-Peilstein berichtet wird. Über ihr Aussehen wissen wir einiges aus der Schilderung eines Unglücksfalls, der sich anläßlich der Verhandlungen über das Erbe der Grafen von Ebersberg 1045 hier abspielte und dem Kaiser Heinrich III. fast zum Opfer gefallen wäre [29]. Es muß sich beim zentralen Herrenhaus der Burg

24) H. Dopsch, Die Hengstburg, Wildon und die Herkunft der Grafen von Güssing, in: Südostdeutsche Semesterbl. 20/21, 1968, S. 46. – Feldbauer (wie Anm. 1), S. 77. – Knittler (wie Anm. 13), S. 71. Beachtenswert erscheint auch, daß sich nach dem Aussterben der Eppensteiner ein Salzburger Ministeriale nach Hengist nennt; SalzbUB 2, 1916, S. 231 u. 293.

25) Über die Entwicklung früher Wehranlagen in Melk zusammenfassend zuletzt Büttner, Dunkelsteinerwald (wie Anm. 10), S. 151 ff. mit ausführlichen Literaturangaben.

26) M. Mitterauer, Zollfreiheit und Marktbereich (ForschLkNd Österr 19, 1969), S. 59 ff.

27) Mitterauer, Zollfreiheit (wie Anm. 26), S. 53. – Ders., Formen (wie Anm. 4), S. 276 ff. und 290.

28) Über sie zuletzt W. Pongratz / G. Seebach, Burgen und Schlösser, Ysper-Pöggstall-Weiten (Niederösterreichische Burgen und Schlösser II/2), 1972, S. 80 ff. – Zur Grafschaft Persenbeug: Lechner, Waldviertel (wie Anm. 1), S. 36 ff.

29) Chronicon Eberspergense, MGH SS XX, 1868, S. 14.

um einen Saalbau von ziemlich beträchtlichen Ausmaßen mit mindestens zwei, vielleicht sogar drei Geschossen gehandelt haben. Solche Herrenhäuser lassen sich nach den Forschungen Adalbert Klaars in Niederösterreich verschiedentlich bei Burgen des 11. Jahrhunderts feststellen[30]. Sie finden sich ebenso bei den Palasbauten babenbergischer Burgstädte wie Krems und Klosterneuburg, eine Verbindungslinie, die zu den Pfalzanlagen hinüberführt. Ihre typischen Dimensionen sind 20–25 m in der Länge und 10–12 m in der Breite. Als charakteristische Bauteile der Burgen des 11. Jahrhunderts hat Klaar nachgewiesen: Ein solches mehrgeschossiges festes Haus in der Mitte des Berings sowie die Burgkapelle in Randlage; Türme hingegen fehlen zunächst. Als Beringburgen mit diesem Baubestand sind die Grafenburgen Schalla und Raabs sowie die später in Adelshand gelangte Markgrafenburg Gars gesichert. Auch der frühe ebersbergische Grafschaftsmittelpunkt Persenbeug scheint diesem Typus zuzuzählen zu sein.

Auch außerhalb der Markengebiete sind es in dem hier untersuchten Raum bis in die zweite Hälfte des 11. Jahrhunderts ausschließlich gräfliche Familien, die als Erbauer und Besitzer von Burgen erscheinen. Obwohl vereinzelt sogar noch im 11. Jahrhundert ihre Komitate mit *pagi* in Zusammenhang gebracht werden – etwa der Eppensteiner Komitat *in pago Ensitala*[31] – darf man sicherlich bei ihren Herrschaftszentren nicht von »Gauburgen« oder »Gaugrafenburgen« sprechen[32]. Zwar scheinen manche von ihnen noch über Reste nicht veräußerten Königsguts verfügt zu haben, es ist jedoch in keinem Fall belegbar und insgesamt eher unwahrscheinlich, daß solche Fiskalgutkomplexe die Grundlage für die Errichtung von Burgen gebildet haben[33]. So befand sich etwa in Grafengaden (heute St. Leonhard bei Gröding) – man beachte den sprechenden Ortsnamen –, wo zu Recht der Mittelpunkt jener Restbestände von Königsgut vermutet wird, die zur ehemaligen Grafschaft im Salzburggau gehört hatten, keine Burg, sondern wohl nur ein Herrenhof. Bis ins frühe 12. Jahrhundert verblieb dieser Fiskalhof zusammen mit einem ausgedehnten Königsforst in der Hand von Angehörigen der alten Grafenfamilie des Salzburggaus bzw. von deren Erben, die

30) KLAAR, Burgen (wie Anm. 19), S. 124. – DERS., Grundfragen der Typenbildung der hochmittelalterlichen Burg, Bericht über den 9. österreichischen Historikertag in Linz, 1968, S. 72.

31) MGH Dipl. H II, Nr. 123.

32) So etwa H. EBNER, Burgen und Schlösser im Ennstal und Murboden (Steiermarks Burgen und Schlösser 1), 1963, S. 10 u. 66 für Judenburg.

33) Als ein später Sonderfall ist vielleicht die St. Michaelsburg im Pustertal anzusprechen. Das 1214 erstmals genannte *Castrum sancti Michaelis* war der Sitz des Landgerichts *in valle Pustrissa*, das offenbar mit der 1041 an Brixen geschenkten Restgrafschaft im Pustertal übereinstimmt; vgl. dazu E. BRUCKMÜLLER, Täler und Gerichte, Herrschaftsstruktur und Ständebildung 3 (Sozial- und wirtschaftshistorische Studien 3), 1973, S. 29. Es handelt sich hier freilich um einen relativ späten Burgenbau, noch dazu innerhalb eines geistlichen Immunitätsgebiets. Mit der Frage der Entstehung früher Adelsburgen hat der Fall nichts zu tun.

sonst vielfach als Burgenbauer erweisbar sind [34]. Einiges weist jedoch darauf hin, daß solche frühe Grafenburgen auf Kirchengut bzw. in Anschluß an dieses in neu gerodetem Ausbauland errichtet wurden. So etwa geht die Entstehung der Hohenburg in Oberkärnten auf eine Grafenfamilie zurück, die im ausgehenden 10. und frühen 11. Jahrhundert die Hauptvogtei über das Hochstift Freising innehatte. Das Hochstift Freising besaß schon seit 895 die zum Königshof Liburnia-Lurn gehörige Kapelle mit reichem Grundbesitz in der Umgebung. Im Anschluß an diesen Kirchenbesitz schufen sich die Vögte durch Rodung eine ausgedehnte Herrschaft. Nicht der alte Königshof Lurn, nach dem der Oberkärntner Lurngau benannt ist, bildete den Mittelpunkt ihrer »Grafschaft«, sondern die auf Kirchengut neu errichtete Höhenburg [35]. Innerhalb des Lurnfelds, der zentralen Siedellandschaft dieses großen Gaus, ist es dadurch zwar nur zu einer geringfügigen Schwerpunktverlagerung gekommen – die Voraussetzungen dieser Verschiebung freilich deuten auf wesentliche Umschichtungsprozesse in der Herrschaftsstruktur des Raumes. Vergleichbar ist die Situation im obersteirischen Eichfeld, einer ähnlich bedeutsamen Altsiedellandschaft in günstiger Verkehrslage. Ein Fiskalgutbezirk um einen Königshof kam hier bereits 860 an Salzburg [36]. Als neues Zentrum entstand die Eppensteiner Grafenburg Judenburg [37]. Die Eppensteiner sind auch sonst mit ihren frühen Burgenbauten in unmittelbarem Anschluß an Salzburger

34) K. Bosl, Forsthoheit als Grundlage der Landeshoheit in Bayern, in: Gymnasium und Wissenschaft (Festschr. des Maximiliansgymnasiums in München 1949), Nachdr.: Zur Geschichte der Bayern (Wege der Forschung 60), 1965, S. 460 ff. – Handbuch der historischen Stätten, Österreich 2, 1966, S. 379. – Zu den Burgenbauten der Sighardinger vgl. o. S. 358.

35) G. Moro, Zur Geschichte der Hohenburg, in: Carinthia I 148, 1958, S. 302 ff. – Historische Stätten, Österreich 2, S. 229 f. und 282 f. – E. Klebel, Eigenklosterrechte und Vogteien in Baiern und Deutschösterreich, in: MÖIG 14, 1938, Nachdr.: Probleme der bayerischen Verfassungsgeschichte (wie Anm. 1), S. 259. – Zu den genealogischen Zusammenhängen zwischen den Freisinger Vögten des 10. und 11. Jahrhunderts und Bischof Altmann von Trient, der als Letzter seines Geschlechts 1142 die Hohenburg dem Erzstift Salzburg vermachte, mit einigen unsicheren Konjekturen: Tyroller (wie Anm. 13), Taf. 2 und 16.

36) Die *curtis ad Undrimas* ist mit E. Klebel, H. Pirchegger und anderen gegen F. Posch, Zur Lokalisierung des in der Urkunde von 860 genannten Salzburger Besitzes, MittGesSalzbLk 101, 1961, S. 244, mit Fohnsdorf oder einem Platz in dessen näherer Umgebung gleichzusetzen. Jedenfalls verfügte das Erzstift hier über bedeutenden alten Besitz sowie über eine Mutterpfarre, wie sie sich auch sonst bei den 860 geschenkten Höfen zumeist findet. Im Gebiet dieser Mutterpfarre entstand Judenburg; Pirchegger, Die kirchliche Einteilung (wie Anm. 23), S. 59 ff. Für die spätere Grafschaft um Judenburg wird als ursprüngliche Bezeichnung *Undrima* oder *Undrimatal* vermutet; H. Pirchegger, Die Grafschaften der Steiermark im Hochmittelalter (wie Anm. 23), S. 210 f.

37) F. Popelka, Die Judenburger Ritterstadt und das karolingische Wehrsystem in Karantanien, in: MIÖG 62, 1954, S. 308 ff., erwägt Entstehung der Burg noch in karolingischer Zeit. Die postulierten Zusammenhänge mit einer Edlingersiedlung sind jedoch nicht überzeugend. Ebensowenig Wahrscheinlichkeit hat seine Vermutung, daß der ursprüngliche Name der Burg Eppen-

Besitz nachzuweisen [38]. Im Raum des späteren Landes Tirol, für den die Forschung in besonderem Maße das Fortleben von Strukturen der Grafschaftsverfassung postulierte [39], zeigt etwa der alte Grafensitz Amras deutliche Zusammenhänge mit Kirchengut. Er liegt dem älteren Zentralort Wilten unmittelbar benachbart. Hier bestand ein dem Bischof von Brixen gehöriges Kollegiatstift, das 1130 in ein Prämonstratenserkloster umgewandelt wurde. Dieses unterstand der Vogtei der Grafen von Andechs-Dießen, die sich im ausgehenden 11. Jahrhundert auch nach der wohl von ihnen erbauten Burg Amras nannten [40]. Mit einer »Gaugrafschaft« im Inn- und Norital hat die Grafenburg nichts zu tun.

Ernst Klebel hat gezeigt, daß im bayerisch-österreichischen Raum die Vogteirechte über die Hochstifte und Reichsabteien seit der Mitte des 10. Jahrhunderts im wesentlichen in der Hand eines Hauptvogtes zusammengefaßt werden, weiters, daß sich hier seit der Mitte des 11. Jahrhunderts die Erblichkeit der Vogteien durchsetzt [41]. Die so entstehenden Hauptvögtegeschlechter führen durchgehend den Grafentitel. Im ausgehenden 11. Jahrhundert kommt bei ihnen die Benennung nach Burgen auf (vgl. Bd. I, S. 451 ff.). Das Recht, von den Leuten der Hochstifte und Reichsabteien Burg-

stein gewesen wäre (S. 310). Diese Namensform gehört eindeutig einer jüngeren Schicht an. Die sogenannten »Eppensteiner« – diese ein einzigesmal auftretende Bezeichnung des Grafengeschlechts stammt aus einer Quelle des 12. Jahrhunderts – sind um 930 erstmals im Raum ihrer »Hausgrafschaft« nachweisbar; FELDBAUER (wie Anm. 1), S. 105.

38) Vgl. dazu o. S. 358 über die Hengstburg, die eppensteinische Hauptburg in der Kärntner Mark. Ähnliches gilt etwa auch für den alten Burgort Graslupp, den Mittelpunkt der gleichnamigen *provincia;* KNITTLER (wie Anm. 13), S. 74 f.

39) Vor allem die zahlreichen einschlägigen Arbeiten von O. STOLZ; ebenso aber auch noch F. HUTER, Wege der politischen Raumbildung im mittleren Alpenstück, in: Die Alpen in der europäischen Geschichte des Mittelalters (VortrrForsch 10), 1965, S. 245 ff.

40) O. STOLZ, Politisch-historische Landesbeschreibung von Tirol, in: AbhHistAtlÖsterrAlpenländer (ArchÖsterrG 107/1), 1923, S. 319 ff. und 335 ff. – Nennung des Grafen Otto von Dießen nach Amras: O. REDLICH, Die Traditionsbücher des Hochstifts Brixen (Acta Tirolensia 1), 1896, S. 118. Er begegnet auch sonst hauptsächlich in Urkunden des Hochstifts Brixen, dem er eng verbunden gewesen sein muß; Belege bei TYROLLER (wie Anm. 13), S. 150. Auch die nach der Erhebung der Andechser zu fürstlichem Rang 1180 von den Andechsern als Nachfolgezentrum von Amras angelegte Stadt Innsbruck entstand in Anschluß an Besitz des Klosters Wilten. – Zur Abfolge der Vororte in diesem Raum: KNITTLER (wie Anm. 13), S. 122 f.

41) KLEBEL, Eigenklosterrechte (wie Anm. 35), S. 257. Im Prinzip zustimmend mit Modifikationen hinsichtlich des Zeitpunkts der Erblichkeit: STÖRMER (wie Anm. 10), S. 424 ff.

42) STÖRMER (wie Anm. 10), S. 411, betont, »daß es comites oder doch grafenbare Familien sind, die diese herrschaftsintensivierenden Kirchenvogteien innehaben.« Der Grafentitel der Hauptvögtegeschlechter kann so einesteils aus der unmittelbaren Verbindung von Grafschaft und Vogtei erklärt werden, wobei die aus letzterer erwachsenden Rechte immer mehr die Herrschaftsformen bestimmen, andernteils aber auch aus unabhängig von älteren Grafschaftsresten entstandenen Vogteiherrschaften, die aufgrund ihrer strukturellen Übereinstimmung nun

werksleistungen zu fordern, stand den Hauptvögten schon im 10. Jahrhundert zu [43]. Es liegt nahe, zwischen diesen Phasen der Vogteientwicklung und dem adeligen Burgenbau Zusammenhänge herzustellen. Daß die rege Burgenbautätigkeit des 12. Jahrhunderts eine sehr wesentliche Wurzel in Vogteirechten des Adels hat, wird uns noch mehrfach beschäftigen. Verbote, auf Kirchengut ohne Erlaubnis der betreffenden Kirche unter dem Titel der Vogtei Burgen zu errichten, setzen für unseren Untersuchungsraum erst im ausgehenden 12. Jahrhundert ein [44]. Im Zusammenhang mit dem Recht der Vögte auf Burgwerksleistung muß freilich betont werden, daß sich in den Markgebieten auf Grund der Besonderheit ihrer Wehrverfassung offenbar besonders lange diesbezüglich eine Monopolstellung des Markgrafen erhalten haben dürfte [45].

Hinsichtlich der Namen von Burgen gräflicher Geschlechter aus dem 10. und 11. Jahrhundert fällt auf, daß in ihnen der Bestandteil *-burg* noch mitunter vorkommt. In Kärnten wären dazu etwa die schon erwähnte Hohenburg, weiters Ortenburg, Moosburg und Heunburg zu nennen, in Tirol Sonnenburg, in der heutigen Steiermark Judenburg und vielleicht auch Grauscharn-Pürgg im Ennstal. Gerade in der Blütezeit des Burgenbaus verschwinden dann diese Namensformen im österreichischen Raum fast vollständig und werden erst wieder in der 2. Hälfte des 13. Jahrhunderts gebräuchlich, dann meist in Ablöse von Zusammensetzungen mit *-berg* [46]. Die Namengebung solcher früher Grafenburgen scheint anzudeuten, daß bei ihnen im Verständnis der Zeitgenossen noch in stärkerem Maße das Bewußtsein eines Zusammenhangs mit den in älteren Zeiten als »Burgen« bezeichneten frühstädtischen Wehranlagen gegeben war.

Über die bauliche Gestalt früher Burgen gräflicher Geschlechter außerhalb der schon untersuchten Markengebiete sind wir ziemlich schlecht informiert. Manche wurden später überbaut, so daß der ursprüngliche Bestand überhaupt nicht mehr erkennbar ist, wie etwa bei Amras. Manche wurden in Klöster umgewandelt, wie

ebenso als »Grafschaften« verstanden werden konnten. Beide Wege dürften zu der vielfach als »Allodialgrafschaft« mißverstandenen jüngeren Grafschaft geführt haben, die weder räumlich noch in ihrem inneren Aufbau der karolingischen Grafschaft entspricht.

43) E. Schrader, Das Befestigungsrecht in Deutschland von den Anfängen bis zum Beginn des 14. Jahrhunderts, 1909, S. 67 ff. – Mitterauer, Herrenburg (wie Anm. 7), S. 498 ff.

44) 1184 wird dem Grafen Heinrich von Tirol, dem Vogt des Bischofs von Trient, von Kaiser Friedrich I. nach dem Urteil des Pfalzgrafen untersagt, innerhalb eines von jenem lehensrührigen Komitats ohne dessen Zustimmung eine Burg zu errichten; MGH Const. I, S. 422. Das Befestigungsrecht der Vögte wird zumeist erst aus solchen Verboten des 12. bzw. 13. Jahrhunderts erkennbar. Das heißt aber natürlich keineswegs, daß es erst in dieser Zeit entstanden wäre, wie dies vielfach in der Literatur mißverständlich gedeutet wird. Wir erfassen mit solchen Zeugnissen nicht die Anfangs- sondern die Schlußphase des vogteilichen Burgenbaurechts, die mit dem allgemeinen Prozeß der Entvogtung zusammenfällt.

45) Mitterauer, Herrenburg (wie Anm. 7), S. 482.

46) Lechner, Grundzüge (wie Anm. 9), S. 352.

die Sonnenburg im Pustertal oder das oberösterreichische Lambach – ein für den Zusammenhang zwischen herrschaftlichem und geistlichem Mittelpunkt von Adelsgeschlechtern beachtenswertes Phänomen 47). Manche sind vollkommen abgekommen, oder es hat sich an der Burgstelle bloß eine Kirche als Relikt der Gesamtanlage erhalten, wie in Hohenburg oder Pürgg im Ennstal 48). Soweit aus den baulichen Resten Schlüsse gezogen werden dürfen, ergeben sich Parallelen zu dem von Klaar für Niederösterreich gewonnenen Ergebnissen: Beringanlage mit festem Haus im Mittelpunkt und Burgkapelle erscheint für diesen Typus charakteristisch. Das Herrenhaus tritt also kombiniert mit einem Außenbering auf, der die Verbindung zu älteren Formen der Wallburg herstellt 49). Wichtig ist die Burgkapelle (s. Bd. I, S. 123 ff.) als herrschaftliche Eigenkirche. Das Recht auf den Besitz einer solchen Eigenkirche steht zum Unterschied von später zu behandelnden Adelsgruppierungen bei diesen führenden Geschlechtern ganz außer Zweifel. Seit der Mitte des 11. Jahrhunderts erhalten sie ja sogar in zunehmendem Maße für ihre Eigenkirchen Pfarrechte 50). Dadurch werden jedoch in der Regel nicht Burgkapellen zu Pfarrkirchen. Wenn überhaupt eine Beziehung der Eigenpfarre zur Burg besteht, so liegt die Pfarrkirche außerhalb derselben, wodurch sich ein Nebeneinander von herrschaftlichen Kirchenanlagen ergibt 51).

Burgenbau bzw. Burgenbesitz nichtgräflicher Adelsgeschlechter läßt sich im österreichischen Raum erst in der 2. Hälfte des 11. Jahrhunderts

47) K. Bosl, Die germanische Kontinuität im deutschen Mittelalter, in: Miscellanea Mediaevalia 1, 1962, Nachdr.: Frühformen der Gesellschaft im mittelalterlichen Europa, 1964, S. 89. – F. Prinz, Bayerns Adel im Hochmittelalter, in: ZBayerLdG 30, 1967, S. 113.

48) H. Wiessner, Burgen und Schlösser um Hermagor, Spittal, Villach (Kärntens Burgen und Schlösser 3), 1967, S. 53 f. – Historische Stätten, Österreich 2, S. 125 f.

49) Klaar, Grundfragen (wie Anm. 30), S. 77. Vgl. auch das Schema der Entwicklung der Befestigungsformen bei R. v. Uslar, Studien zu frühgeschichtlichen Befestigungen zwischen Nordsee und Alpen, 1964, S. 221.

50) E. Klebel, Die Kirchenverfassung des Mittelalters in Kärnten und ihre Beziehungen zu Bayern und Slawen, in: Carinthia I, 120, 1930, S. 85. – M. Mitterauer, Pfarre und ländliche Gemeinde in den österreichischen Ländern, in: BllDtLdG 109, 1973, S. 9 f.

51) Pfarrkirchen innerhalb der Befestigungsanlage gab es bloß bei den königlich-markgräflichen Großburgen des 11. Jahrhunderts, z. B. in Gars (vgl. o. Anm. 19), Eggenburg oder Deutsch-Altenburg, der Vorgängersiedlung von Hainburg (E. Klebel, Altenburg und Hainburg, in: MIÖG 47, 1933, S. 57 ff.) sowie bei frühen bischöflichen Burgen. So lag die Pfarrkirche St. Ulrich zu Wieselburg, die im ausgehenden 10. Jahrhundert zugleich mit dem aufgrund königlicher Erlaubnis von Bischof Wolfgang von Regensburg errichteten *castellum qui vocatur Zuisila* erbaut wurde, von vornherein innerhalb der Umwallung; H. Ladenbauer-Orel, Der Kirchenberg in Wieselburg an der Erlauf, in: JbVerLkNdÖsterr NF 37, 1965/7, S. 28 ff. – Dies., Das ottonische Castellum Wieselburg an der Erlauf, in: JbRömGerm Zentralmuseums Mainz 12, 1965, S. 127. Die architektonische Besonderheit dieses eigenartigen Zentralbaus könnte mit seinem Charakter als Burgkirche zusammenhängen. – Das unterschiedliche Verhältnis von adeligen und bischöflichen Eigenkirchen zu Burganlagen ist sicherlich verfassungstopographisch bedingt.

nachweisen. Die frühesten diesbezüglichen Erwähnungen finden sich in Brixener Traditionen [52]. Freilich erscheint es in dieser Zeit – wie auch noch das ganze 12. Jahrhundert hindurch – schwierig, Grafenfamilien und nichtgräfliche Hochfreien exakt voneinander zu scheiden. Angehörige desselben Geschlechts begegnen einesteils als *comites*, anderenteils als *nobiles*, *liberi*, *ingenui viri* etc. [53]. Erst in der 2. Hälfte des 12. Jahrhunderts kommt es allmählich zu einer Stabilisierung, wobei jedoch noch weiterhin immer wieder Übergänge zur Führung des Grafentitels durch bisher nicht so bezeichnete Familien auftreten. Die fließenden Grenzen zwischen Grafen und Hochfreien werden auch daran deutlich, daß beide Gruppen in den sich formierenden Territorien immer stärker zu einem einheitlichen *ordo nobilium* bzw. *liberorum* zusammenwachsen. Andrerseits müssen in frühen Phasen doch auch starke Unterschiede bestanden haben. In Urkunden, vor allem aus der 2. Hälfte des 11. und der 1. Hälfte des 12. Jahrhunderts, werden Hochfreie oft als *milites* von Grafen genannt. Für ihre ständische Einstufung ist freilich bemerkenswert, daß sie in den Zeugenreihen zunächst nicht immer als gesonderte Gruppe nach den Grafen, sondern manchmal zwischen diesen in jeweiliger Zuordnung zu ihren Herren eingereiht sind [54]. Man wird also diese üblicherweise als »Hochfreie« oder »Edelfreie« qualifizierte Gruppe insgesamt als eine in sich sehr differenzierte Adelsschicht zu sehen haben.

Auffallend ist, daß sich solche hochfreie Geschlechter anfangs fast durchwegs nicht nach Burgen nennen oder – vorsichtiger formuliert – nicht nach Plätzen, die vom Namen her als Burgen erkennbar wären oder wo sich Reste von Burgen erhalten haben [55]. Die ursprünglichen Benennungen beziehen sich zumeist auf dörfliche Siedlun-

52) 1050/65 Schenkung eines Drittels des *castrum* Kiens durch einen Edlen Erchinger; REDLICH (wie Anm. 40), S. 40. Die Burg ist *lapideis ligneisque edificiis constructum*; eine zugehörige *curtis* liegt unterhalb des *castrum*. 1075/90 Schenkung der Hälfte der Burg Reischach durch einen *ingenuus* Tagini; REDLICH (wie Anm. 40), S. 117; hier erscheint eine unmittelbar bei der Burg errichtete Kirche zugehörig. Die beiden Schenkungen dürften mit dem Eintritt der Tradenten in die Hochstiftsministerialität zu tun haben; FELDBAUER (wie Anm. 1), S. 213.

53) O. DUNGERN, Comes, liber, nobilis in Urkunden des 11. bis 13. Jahrhunderts, in: AUF 12, 1932, 181 ff.

54) Z. B. BITTERAUF (wie Anm. 17), S. 319 f.

55) STÖRMER (wie Anm. 10), S. 51 ff., 93 ff. u. 508 weist mit Nachdruck darauf hin, daß es in Bayern nicht die großen Grafengeschlechter sind, die sich als erste nach ihrem Herrschaftssitz nennen, sondern kleine, relativ unbedeutende Familien. Mit vorsichtiger Zurückhaltung stellt er dabei fest, daß »wir bisher keineswegs wissen, ob es sich bei diesen Ortsnennungen um Stammburgen handelt« (S. 93). Zurecht wendet er sich in diesem Zusammenhang gegen die von K. SCHMID immer wieder vorgetragene These, daß die »Gründung« eines Adelsgeschlechtes mit dem Aufkommen der Benennung nach einem Herrschaftszentrum, dieses wiederum mit der Erbauung von Stammburgen zu tun habe. Vom österreichischen Material ausgehend, läßt sich ebenso sagen, daß einerseits der Burgenbau des Adels viel weiter zurückreicht als seine Herkunftsbezeichnungen, daß andererseits gerade die frühen Herkunftsbezeichnungen zum weitaus überwiegenden Teil nicht an Burgen orientiert sind.

gen oder auf Höfe. Das besagt natürlich noch nichts über eventuelle Wehrhaftigkeit hochfreier Adelssitze des 11. oder frühen 12. Jahrhunderts. Soviel wird man wohl feststellen dürfen, daß bei dieser Adelsschicht jedenfalls nicht Burgen im Wortverständnis der Zeit am Anfang der Entwicklung standen. In den um 1200 bereits konsolidierten Territorien, wie Österreich, Steiermark oder Kärnten hingegen verfügen dann freilich die mit den Grafenfamilien verschmelzenden hochfreien Geschlechter durchwegs über echte Burgen, die als *castra* oder als *urbes* bezeichnet werden. Das Verhältnis des hochfreien Adels zur Burg bzw. allgemeiner zum Wehrbau ist also in dieser Entwicklungsphase sehr komplex zu sehen. Fragt man nach Zusammenhängen zwischen Adelsrang und Burgtyp so wird man hier zeitliche und räumliche Differenzierungen in den jeweils gegebenen Herrschaftsrechten zu bedenken haben. Einige Beispiele sollen diesbezüglich mögliche Konstellationen veranschaulichen.

Besonders frühe und wertvolle Informationen besitzen wir über die Burg Hernstein im südöstlichen Niederösterreich, einerseits durch den berühmten Falkensteiner Kodex aus der Zeit um 1170, das Hausbuch der ursprünglich hochfreien und später gräflichen Besitzerfamilie [56)], andrerseits durch einen etwa 100 Jahre später mit den Erben der Falkensteiner um Burg und Herrschaft ausgebrochenen interessanten Rechtsstreit [57)]. Die Burg entstand auf Rodungsland in Anschluß an eine Königsschenkung an Tegernsee von 1020 zwischen den Flüssen Piesting und Triesting [58)]. Der Ahnherr der Falkensteiner war damals *advocatus fiscalis* des Reichsklosters, ein Amt, das die Familie nach längerer Unterbrechung später wiedergewann [59)]. Als namengebender Erbauer der Burg darf sein Sohn Herrand angesehen werden [60)]. Dessen Sohn Reginold nennt sich 1125 erstmals nach *Herrandistein*. Die Burg wird 1170 *urbs*, später *castrum* genannt. Sie war Mittelpunkt einer *comicia* bzw. einer *prepositura* der falkensteinischen Grundherrschaftsverwaltung. Burg und Herrschaft werden 1267 als *freizaygen* bezeichnet, eine Besitzqualität, die damals einer ministerialischen Landher-

56) H. Petz, H. Grauert, J. Mayerhofer, Drei bayerische Traditionsbücher, in: Festschr. zum 700 j. Jubiläum der Wittelsbacher Thronbesteigung, 1880, S. 1 ff. – J. Zahn, Geschichte von Hernstein in Niederösterreich und den damit vereinigten Gütern Starhemberg und Emmerberg, in: Hernstein in Niederösterreich, hg. v. M. A. Becker II/2, 1889.

57) FontRerAustr II/31, S. 288 ff.

58) MGH DHII, Nr. 431; zur Entstehung von Burg und Herrschaft ausführlich Mitterauer, Formen (wie Anm. 4), S. 292 ff.

59) QErörtBayerG 9, S. 2 und 22; zur Vogtei über das Reichskloster Tegernsee ausführlich neuerdings Störmer (wie Anm. 10), S. 441 ff.

60) Weder Tyroller (wie Anm. 13), S. 216, noch O. v. Dungern, Genealogisches Handbuch zur bairisch-österreichischen Geschichte, 1931, S. 74 ff. übernehmen in ihre genealogische Aufstellungen über die Falkensteiner die vom Hausbuch eindeutig berichtete Filiation zwischen Patto und Herrand; Petz (wie Anm. 56), S. 44. Bei beiden fehlt eine zureichende Begründung für diese Abweichung von den Angaben des Kodex.

renfamilie in Österreich nicht zustand [60a]. Noch heute heißt die Siedlung unter der Burg Aigen. Als Lehen vom Herzog wird im Falkensteiner Kodex die Burgwerksleistung der Herrschaftsleute angeführt [61]. Eine Abhängigkeit von einer gräflichen Familie ist bei den Falkenstein-Hernsteinern bezüglich Hernstein nicht zu erkennen, wohl aber bezüglich verschiedener Besitzungen und Rechte in Bayern bzw. Tirol [62]. Für die Entstehung von Burg und Gerichtsherrschaft Hernstein scheint also eine selbständig ausgeübte oder zumindest früh verselbständigte Teilvogtei über Tegernseer Klosterbesitz die Grundlage gebildet zu haben [63].

Das äußere Erscheinungsbild dieser frühen Dynastenburg muß sowohl nach den Angaben des Falkensteiner Kodex wie auch nach den Bauresten eher bescheiden gewesen sein. Sie bestand bloß aus einem quadratischen Wohnturm und einer benachbarten Doppelkapelle. Eine zweite Kirche befand sich in der unter der Burg gelegenen Dorfsiedlung – Ausdruck jenes charakteristischen Herrenrechts, das später unter der Bezeichnung geistliche Lehenschaft immer wieder als wichtige Herrschaftspertinenz erscheint. Ein gesondertes Herrenhaus fehlte. In seiner Kleinräumigkeit kontrastiert dieser Burgentyp stark gegenüber den großflächigen Anlagen in der Tradition der Wallburgen, wie wir sie bei Grafenburgen gefunden haben.

Beachtung verdient der Burgname. Er enthält mit seiner Ableitung vom Namen des Burggründers ebenso wie die zeitgleich oder kurz darauf aufkommenden Wappenburgnamen eine starke Akzentuierung des adeligen Eigentumsanspruchs [64]. Ob diese Be-

60a) Zur Interpretation der umstrittenen Urkundenstelle von 1267: Mitterauer, Formen (wie Anm. 4) S. 294 f.

61) Die Lehenschaft bezieht sich bloß auf die *iusticia operum que in urbibus ducis fieri debent*, also nur auf die Burgwerksleistung, sicher nicht auf die Falkensteiner Burgen selbst, die – wie Lechner, Grundzüge (wie Anm. 9), S. 375, zurecht bemerkt – keineswegs als *urbes ducis* aufgefaßt werden können. Es ergibt sich diesbezüglich kein Widerspruch zu der von mir (Burgbezirke, wie Anm. 16, S. 228) gegebenen Interpretation der Stelle.

62) Folgende Grafen waren nach dem Falkensteiner Kodex um 1170 Lehensherren der Familie: die Grafen von Burghausen und von Sulzbach, der Markgraf von Kraiburg, der Hallgraf von Wasserburg, die Grafen von Schalla und Peilstein, der Markgraf von Steier, der Graf von Ortenburg und der Pfalzgraf von Wittelsbach; Petz (wie Anm. 56), S. 7 f. Lehen von hochfreien Herren fehlen bezeichnenderweise in der Aufzählung. Zusammenhänge mit Vogteirechten gräflicher Hauptvögte ergeben sich vor allem bezüglich der Sulzbacher Lehen um Aibling; E. Klebel, Die Grafen von Sulzbach als Vögte des Bistums Bamberg in Bayern, in: MIÖG 41, 1926, Nachdr.: Probleme (wie Anm. 1), S. 310.

63) Nimmt man bezüglich der niederösterreichischen Besitzungen eine zeitweise Abhängigkeit von gräflichen Hauptvögten an, so wäre am ehesten an eine solche von den 1045 ausgestorbenen Grafen von Ebersberg zu denken, die sich verschiedentlich als Teilvögte von Tegernsee nachweisen lassen; Störmer (wie Anm. 10), S. 442 ff.

64) Mitterauer, Formen (wie Anm. 4), S. 304. Zu Beziehungen zwischen Wappenbild und Burgname für die Steiermark: Ebner (wie Anm. 1), S. 465. Allgemein dazu – freilich in recht oberflächlicher Weise – F. Schnellbögl, Die deutschen Burgennamen, in: ZBayerLdG 19, 1956, S. 220 f. Zusammensetzungen mit Tiernamen in Burgenbezeichnungen sind grundsätzlich über

tonung auf das Verhältnis zur bevogteten Kirche zu beziehen ist oder vielleicht als Differenzierung gegenüber anderen adeligen Besitzformen verstanden werden soll, könnte zu weiteren Überlegungen Anstoß geben. Wichtig ist auch die Bezeichnung *stein*. Sie betrifft hier nur den wehrhaften Herrensitz selbst, nicht eine zugehörige Dorfsiedlung, wie allgemein mit *-stein* zusammengesetzte Burgnamen, wenn überhaupt so erst sekundär von der Burg auf die korrespondierende Siedlung übergegangen zu sein scheinen [65]. Die Trennung von Burg und Siedlung auch durch unterschiedliche Bezeichnungen, wobei nicht Zusammensetzungen mit *-burg* sondern solche mit *-stein* oder *-berg*, später auch mit *-fels* oder *-egg* dominieren [66], markiert die Entwicklung hin zur isolierten adeligen Höhenburg.

Selten wird man bei einer frühen Dynastenburg Stellung des gründenden Adelsgeschlechts, rechtliche Voraussetzungen des Burgenbaus, Pertinenz des Herrschaftssitzes, Verhältnis zur Siedlung, bauliche Gestalt und Name der Burg derart miteinander in Verbindung bringen können, wie das bei Hernstein der Fall ist. Einzelne der hier gemeinsam beobachteten Faktoren und Merkmale lassen sich jedoch im gleichen Zeitraum auch an anderen Beispielen des österreichischen Raums in Zusammenhang stehend fassen. Die hier auftretende Konfiguration scheint daher nicht zufällig.

In Hernstein läßt sich kein älterer Herrschaftssitz als Funktionsvorgänger der isolierten Herrenburg des hochfreien Geschlechts nachweisen. Es ist sehr fraglich, ob überhaupt hier einer bestanden hat. Bei einigen etwas jüngeren Beispielen dieses Burgentypus wird jedoch eine solche Abfolge faßbar. Interessant ist in diesem Zusammenhang etwa Liechtenstein bei Mödling, die Stammburg des heute noch blühenden

Wappentiere vermittelt zu erklären. Vulgärinterpretationen, wie etwa die Ableitung aus dem häufigen Vorkommen des betreffenden Tieres in der Gegend, erscheinen in Hinblick auf Zusammensetzungen etwa mit Löwe oder Greif völlig unhaltbar. Auch andere Wappenfiguren begegnen in Burgennamen, z. B. in Sonnberg, Sternberg, Plankenstein u. a. Ebenso scheinen mitunter Wappenfarben für Burgbezeichnungen bestimmend geworden zu sein, wobei freilich bei diesem Namentypus auch andere Ableitungen eine Rolle spielen dürften (z. B. Zusammensetzungen mit »Gold« und »Silber« in Montangebieten). Eine Auswertung der Wappenburgnamen könnte für das Aufkommen des Wappenwesens im Hochmittelalter interessante neue Perspektiven eröffnen.

65) Zu den mit »-stein« zusammengesetzten Burgennamen und ihren Entsprechungen: MITTERAUER, Herrenburg (wie Anm. 7), S. 518. Eine schöne Illustration für die Bedeutung von »-stein« in Burgenbezeichnungen geben die Namen von zwei Burgen der Grafen von Lechsgemünd in Osttirol. In Windisch-Matrei und Virgen werden im 13. Jahrhundert noch Burg und Siedlung mit demselben Namen charakterisiert. Später setzen sich jedoch hier die Bezeichnungen Weißenstein und Rabenstein durch – freilich bloß für den Wehrbau allein; Historische Stätten, Österreich 2, S. 487 und 490. – Als Beispiele für die Benennung von Siedlungen nach den korrespondierenden Höhenburgen sei etwa für Niederösterreich auf die Stadt Dürnstein oder den Markt Rapottenstein verwiesen.

66) Zu solchen Burgennamen allgemein mit weiterführenden Literaturangaben: SCHNELLBÖGL (wie Anm. 64) S. 205 ff.

Fürstengeschlechts [67]. Der älteste Adelssitz, eine einfache Hausberganlage, stand in direkter Verbindung mit der Ortschaft Enzersdorf (heute Maria-Enzersdorf), nach der sich auch das Geschlecht ursprünglich genannt haben dürfte. Erst um 1140 ist die etwa 600 m abseits auf einer Felsrippe gelegene Burg Liechtenstein nachweisbar. Der älteste Baubestand umfaßt auch hier nur Wohnturm und Burgkapelle. Letztere ist einfacher gestaltet als in Hernstein und direkt an den Turm angebaut. Die ursprünglich hochfreien Liechtensteiner waren Gefolgsleute der Grafen von Cham-Vohburg. 1142 erhielten sie bisherigen cham-vohburgischen Lehensbesitz zu Petronell an der Donau von König Konrad II. zu Eigen übertragen [68]. Auch in Petronell folgte eine jüngere Burg abseits des Ortes auf eine ältere mit ihm verbundene Hausberganlage [69]. Die Errichtung neuer Herrschaftssitze könnte bei diesem freien Adelsgeschlecht ursächlich mit der gleichzeitig beobachtbaren Lösung von der gräflichen Herrenfamilie zusammenhängen [70].

Hochfreie Gefolgsleute hatten im österreichischen Raum in der zweiten Hälfte des 11. und im 12. Jahrhundert eine Reihe großer Grafengeschlechter, so die Sighardinger, die Formbacher, die Cham-Vohburger, die Sulzbacher, die Eppensteiner, die Andechser und die Welfen [71]. Soweit sich die Familien abhängiger Hochfreier genealo-

67) R. Büttner, Burgen und Schlösser zwischen Wienerwald und Leitha (Niederösterreichische Burgen und Schlösser I/1), 1966, S. 80 ff.

68) MGH Dipl. K III, Nr. 79. Dazu H. Hirsch, Das unechte Diplom Konrads III. für die Herren von Kranichberg und seine echte Vorlage, in: JbLkdNdÖsterrNF 26, 1936, S. 247 ff.

69) Büttner, Wienerwald (wie Anm. 67), S. 113 ff.

70) Es ist in diesem Zusammenhang auch zu bedenken, daß kaum ein Jahrzehnt vor dem Verzicht Markgraf Diepolds von Vohburg auf die Lehenshoheit über Petronell mit seinem Vetter, Bischof Hermann von Augsburg, die Hauptlinie der Grafen von Cham-Vohburg ausgestorben war; Tyroller (wie Anm. 13), S. 180 ff. Als hochfreie Gefolgsleute dieser Linie lassen sich in Niederösterreich etwa die Herren von Bornheim nachweisen; Font RerAustr II/51, S. 18.

71) Hochfreie Gefolgsleute der Grafen von Schalla-Burghausen begegnen etwa v. 1131 in einer Urkunde Erzbischof Konrads I. v. Salzburg und 1142 in einer Tradition des Klosters Michaelbeuern; Salzburg UB 2, S. 226 und 1, S. 796. – Von den hier angeführten Edelfreien verdienen vor allem die Herren von Ibm im oberösterreichischen Innviertel sowie die Herren von Amerang Beachtung. Die letzteren nannten sich später nach Burgschleinitz am niederösterreichischen Manhartsberg, einem Herrschaftssitz, der offenbar in Anschluß an den alten sighardingischen Besitzkomplex um Sitzendorf an der Schmida entstanden ist; V. Handel-Mazetti, Die Herren von Schleinitz, in: JbHerGenVerAdler NF 23, 1913, S. 1 ff.; über Sitzendorf: Historische Stätten, Österreich 1, S. 555 ff. – In Abhängigkeit von den Sighardingern dürften auch einige hochfreie Geschlechter des Raums um Traismauer gestanden sein; vgl. u. Anm. 78. – Als hochfreie Gefolgsleute der Grafen von Formbach wären in Niederösterreich etwa die aus Niederbayern kommenden Herren von Rotingen-Grie-Ranna zu nennen; Lechner, Waldviertel (wie Anm. 1), S. 62 f. Über das Abhängigkeitsverhältnis der Schaunberger und der Ried-Tumeltshamer gegenüber den Formbachern vgl. Anm. 72. – Von den Bornheimern und den Vorfahren der Liechtensteiner als Gefolgsleute der Cham-Vohburger war schon die Rede; vgl. Anm. 70. – Mit den Grafen von Sulzbach kamen einige hochfreie Geschlechter aus Nieder-

gisch verfolgen lassen und soweit wir über ihre jeweiligen Herrschaftssitze informiert sind, kann gesagt werden, daß keine von ihnen vor Lösung des Abhängigkeitsverhältnisses zum Burgenbau übergegangen ist. Wo mehrfache Lehensbindungen zu Grafengeschlechtern bestanden, dürfte jedenfalls jener Besitzkomplex, als dessen Mittelpunkt die neuerrichtete Burg entstand, frei von einer solchen Abhängigkeit gewesen sein. Direkte Zusammenhänge scheinen zwischen dem Aussterben verschiedener Linien der Grafen von Formbach und dem Burgenbau bis dahin von ihnen abhängiger Edelgeschlechter in Ober- und Niederösterreich zu bestehen [72]. Nach dem Tod des letzten Eppensteiners 1122 wurden in der Steiermark zahlreiche Burgen hochfreier Familien errichtet [73]. Aber nicht nur das Erlöschen einer gräflichen Herrenfamilie ist als Ursa-

bayern ins obere Mühlviertel; F. WILFLINGSEDER, Die alten Herrengeschlechter zwischen Ilz und Haselgraben, in: MittObÖsterrVolksbildungswerkes, 21/22), 1957, S. 13 ff. P. FELDBAUER, Der Herrenstand in Oberösterreich (Sozial- und wirtschaftshistorische Studien 1972), S. 65 ff. Edelfreie *milites* der Eppensteiner werden mehrfach erwähnt; K. E. KLAAR, Die Herrschaft der Eppensteiner in Kärnten, in: ArchVaterldGKlagenfurt 61, 1966, S. 48 u. 51. – Ursprünglich von den Andechsern abhängig waren die in Tirol reich begüterten Herren von Eschenlohe; G. DIEPOLDER, Oberbayerische und niederbayerische Adelsherrschaften im wittelsbachischen Territorialstaat des 13.–15. Jahrhunderts, in: ZBayerLdG 25, 1962, S. 46. – Über die Burgeis-Wanga und die Tarasper als hochfreie Gefolgsleute der Welfen in Tirol: M. MITTERAUER, Ständegliederung und Ländertypen, in: Herrschaftsstruktur und Ständebildung 3 (wie Anm. 1), S. 183.

72) Die Grafen von Formbach-Viechtenstein erloschen 1145 mit dem Tod Graf Dietrichs II.; TYROLLER (wie Anm. 13), Tafel 9. – 1146 nennen sich die Julbacher erstmals nach der neuerrichteten Burg Stauff, 1160 nach dem nahen Schaunberg, das dann endgültig zum Hauptsitz dieses bedeutenden Geschlechtes wurde; G. GRÜLL, Burgen und Schlösser im Innviertel und Alpenvorland (Oberösterreichs Burgen und Schlösser 2), S. 113 ff. u. 129 ff.; FELDBAUER, Herrenstand (wie Anm. 71), S. 175 ff. Ihr ursprünglicher Sitz Julbach hängt eng mit Besitzungen des von den Formbachern gegründeten und bevogteten Klosters Suben zusammen (DIEPOLDER, wie Anm. 71, S. 58), über das sie später genauso wie über das Hauskloster Formbach selbst Hauptvögte waren. Untervögte des letzteren dürften sie in Abhängigkeit von den Grafen von Formbach-Pütten gewesen sein (*coram comite Ekkeperto et Wernhardo de Julbach;* UBLdobd Enns 1, S. 727). Ihr Nachrücken in ehemals gräflich formbachische Rechte wird man wohl nicht durch Verwandtschaftsbindungen (so TYROLLER, wie Anm. 13, S. 345), sondern durch Verselbständigung aus einem früheren Abhängigkeitsverhältnis zu erklären haben. – Eine ähnliche Situation könnte bei den Tumeltshamern vorliegen, die ursprünglich »milites« der Grafen von Formbach-Radlberg waren (FontRerAustr II/51, S. 5, TYROLLER, wie Anm. 13, S. 460. Weitere Hinweise auch bei H. DIENST, Babenberger Studien, Wiener Dissertationen aus dem Gebiet der G. 7, 1966, S. 136 ff.). Vierzehn Jahre nach deren Aussterben 1122 werden sie erstmals nach ihrer nahe Tumeltsham neuerbauten Burg Ried genannt (Salzb. UB 1, S. 249).

73) Vor allem durch die Sippe der Waldegg-Freistritz-Traisener. Noch vor 1136 entstand die namengebende Burg Waldegg, heute in Niederösterreich gelegen; F. HALMER, Burgen und Schlösser zwischen Baden-Gutenstein-Wiener Neustadt (Burgen und Schlösser Niederösterreichs 1/2), S. 158 ff. 1140 ist die Stammburg der Herren von Liechtenstein erstmals belegt, die ebenfalls dieser Sippe zuzuzählen sind; H. DOPSCH, Landherren, Herrenbesitz und

che einer solchen Lösung zu sehen. Im oberösterreichischen Mühlviertel ist bei dem mit den Grafen von Sulzbach als Hauptvögten von Niedernburg ins sogenannte »Land der Abtei« gekommenen niederbayerischen Edelfreien schon nach Verlust der Vogteirechte und noch vor dem Aussterben des Grafengeschlechts Herrschaftsbildung um freieigene Burgen erkennbar [74].

Welche Rolle die Lösung aus der Abhängigkeit gräflicher Geschlechter für den Burgenbau bzw. die Herrschaftsbildung von deren hochfreien Gefolgsleuten gespielt haben dürfte, läßt sich auch indirekt daraus erschließen, zu welchem Resultat ein Beibehalten derartiger Bindungen führte. Die hochfreien Familien von Felben und von Walchen im oberen Pinzgau scheinen hier bis ins frühe 13. Jahrhundert in Abhängigkeit von den Grafen von Lechsgmünd zu Mittersill bzw. von Plain gestanden zu haben [75]. Spätestens mit dem Erwerb der Grafschaft Mittersill durch Erzbischof Eberhard II. von Salzburg 1228 gerieten sie in Abhängigkeit vom Erzstift [76]. Ihre namengebenden Sitze blieben einfache Türme in Verbindung mit den gleichnamigen Dörfern, der sogenannte Felberturm und der Walcherturm [77]. In Niederösterreich ergeben sich einige interessante Hinweise über Adelssitze hochfreier Familien, die sich nicht aus der Abhängigkeit ihrer gräflichen Herren zu lösen vermochten, für den Raum des großen

Herrenstand in der Steiermark 1100–1500, Phil. Diss. Wien, Masch., 1969, S. 139 ff. – Nach Walter von Traisen könnte die um 1145 im Besitz Liutolds von St. Dionysen, eines Verwandten der Familie, nachweisbare Burg Waldstein benannt sein; H. Ebner, Burgen und Schlösser Graz-Leibnitz-Weststeiermark (Steiermarks Burgen und Schlösser 3), S. 192. Unmittelbar als Vasall der Eppensteiner läßt sich der Hochfreie Gundakar von St. Martin im Mürztal nachweisen; Klaar (wie Anm. 71), S. 58 und 61, dessen Nachkommen nach dem Aussterben ihres Herrengeschlechts die Burg Kindberg erbauten; über diese: H. Ebner, Burgen und Schlösser im Mürztal und Leoben (Steiermarks Burgen und Schlösser 3), 1965, S. 971. Bei allen diesen Familien ist ein deutlicher Zusammenhang ihrer Herrschaftsbildung mit Besitzungen des Hochstifts Salzburg erkennbar; Feldbauer, Herren und Ritter (wie Anm. 1), S. 108 f., 68 f., 92. – Von den Vogteirechten der Eppensteiner über Salzburger Besitz in Karantanien war bereits in Rede (vgl. o. S. 357).

74) Die Sulzbacher erloschen 1188. Die Vogtei über Niedernburg hatte jedoch schon lange vorher Heinrich der Löwe an das Herzogtum gezogen; Feldbauer, Herrenstand (wie Anm. 71), S. 65 f. Von den ehemaligen Sulzbacher Gefolgsleuten errichteten bereits vor 1155 die Schönheringer in ihrem Rodungsstreifen die Burg Blankenberg, vor 1160 die Kirchberger die Burg Falkenstein; G. Grüll, Burgen und Schlösser im Mühlviertel (Oberösterreichs Burgen und Schlösser 1), 1962, S. 154 u. 21 ff.

75) Ihre Herrschaftssitze lagen jedenfalls innerhalb der Grafschaften dieser beiden Geschlechter.

76) Über ihre Stellung in der Salzburger Ministerialität: Feldbauer, Herren und Ritter (wie Anm. 1), S. 186.

77) Historische Stätten, Österreich 2, S. 337 und 287. – H. Klein, Zur Geschichte Felbens und des Felber Tales, Z. d. Alpenver. 73, 1942, Nachdr.: Beiträge zur Siedlungs-, Verfassungs- und Wirtschaftsgeschichte von Salzburg (Festschr. für H. Klein, MittGesSalzbLk ErgB 15), 1965, S. 23 ff.

Königsgutsbezirks um Traismauer, der 860 an Salzburg gelangt war [78]. Noch 1386 besaßen in Teilen dieses Bezirkes die Erben des alten Hauptvögtegeschlechts die Hochgerichtsbarkeit als Lehen des Erzstifts [79]. Mit einer selbständigen Herrschaftsbildung von deren hochfreien Vasallen ist also zumindest in diesem Bereich nicht zu rechnen. Nun wird bereits 1115 hier ein namengebener Ansitz einer solchen Familie als *curtis ... tantum sepe circumdata* erwähnt [80]. Reste eines Erdwerks sind noch erhalten. Spuren von Hausberganlagen lassen sich auch bei anderen frühen Ansitzen hochfreier Geschlechter in diesem Raum nachweisen [81]. Wo es zu keiner Lösung des Abhängigkeitsverhältnisses kam, scheinen also bescheidenere Formen der Wehranlagen vorgeherrscht zu haben, die – jedenfalls im Wortverständnis der Zeit – von den Burgen unterschieden wurden.

Offen ist freilich noch die Frage, warum die Verselbständigung hochfreier Edelgeschlechter gegenüber ihren früheren gräflichen Herren den Burgenbau dieser Familien begünstigte. Als ein wesentlicher Faktor wird dabei wiederum die Vogtei über Kirchengut zu bedenken sein. Zwar finden sich nur ganz ausnahmsweise urkundliche Hinweise auf solche Hochfreie als Untervögte der gräflichen Hauptvögte [82]. Aus einer Analyse der mit ihren Burgen verbundenen Herrschaftsrechte ergibt sich jedoch sehr häufig ein Zusammenhang mit Vogteirechten über Besitzungen eines, mitunter sogar mehrerer Hochstifte, bzw. von bischöflichen Eigenklöstern oder Reichsabteien [83].

78) Über den Umfang dieses Fiskalgutbezirkes: A. Mosser, Salzburg und das Königsgut an der Traisen, in: MIÖG 77, 1969, S. 249 ff. In diesem Bereich lagen allein drei Sitze der hochfreien Traisener Sippe, nämlich St. Andrä an der Traisen, Reidling und Rassing, weiters Preuwitz und Ponsee; R. Büttner, Burgen und Schlösser zwischen Greifenstein und St. Pölten, in: Niederösterreichs Burgen und Schlösser II/1, S. 150, 51, 146, 86 u. 38. Jenseits der Traisen setzt sich die Häufung alter Hochfreiensitze mit Au an der Traisen, Inzersdorf (beide vielleicht ebenfalls zur Traisener Sippe zu zählen, vgl. dazu Dopsch, Landherren, wie Anm. 73, S. 110 ff.), Getzersdorf, Anzenberg und Kuffern fort. Zum Teil kann hier noch mit hochfreien Gefolgsleuten von Salzburger Hauptvögten gerechnet werden, zum Teil mit solchen von Vögten des anschließenden Besitzkomplexes des Freisinger Eigenklosters Moosburg um Hollenburg, der ebenfalls noch in karolingische Zeit zurückreicht.

79) Die Grafen von Maidburg als Nachfolger der Plainer, die hier ihrerseits die Sighardinger beerbten; O. Stowasser, Das Land und der Herzog, 1925, S. 55 u. 117 ff.; dazu Mosser (wie Anm. 78), S. 275 f.

80) ArchÖsterrG 9, 1853, S. 254. Es handelt sich um Ponsee. Vgl. dazu Büttner, Greifenstein (wie Anm. 78), S. 9 u. 40. Das hier bzw. im benachbarten Preuwitz ansäßige Geschlecht nannte sich auch nach Pötzleinsdorf; Dienst (wie Anm. 73), S. 73 f. Da dort ebenso Besitzzusammenhänge mit dem Salzburger Vögtegeschlecht der Sighardinger gegeben erscheinen (vgl. dazu Klebel, Frühgeschichte, wie Anm. 12, S. 71 ff.), ist an einem Abhängigkeitsverhältnis zu diesem Geschlecht nicht zu zweifeln.

81) Etwa in Rassing; Büttner, Greifenstein (wie Anm. 78), S. 146 f.

82) Vgl. etwa o. Anm. 71 über die Julbacher.

83) Für einige Stammherrschaften oberösterreichischer Herrengeschlechter beispielhaft durchgeführt bei Feldbauer, Herrenstand, S. 89 ff.

Später auftretende Lehensbindungen ursprünglich freieigener Burgen gegenüber einer Kirche erweisen sich oft als ein Indiz in dieselbe Richtung [84]. Es ist also hier dann bei der Lösung der Abhängigkeitsverhältnisse hochfreier Familien mit einer Verselbständigung von Teilvogteien zu rechnen, bzw. mit der regional begrenzten Übernahme von Rechten, die in der insgesamt räumlich weiter ausgreifenden Vogteigewalt der Herrenfamilie begründet sind. Im Resultat ergibt sich daraus dieselbe Konstellation, wie sie im Fall von Hernstein bei einer offenbar von vornherein selbständigen Vogtei über Teilbesitz einer Reichskirche gegeben erscheint [85]. Freilich wird man beim Burgenbau hochfreier Geschlechter nicht nur an Vogteirechte als Grundlage denken dürfen. Die Bedeutung von Königsschenkungen erweist etwa der Fall der Liechtensteiner zu Petronell [86].

Wo sich hochfreie Gefolgsleute gegenüber ihren gräflichen Herrengeschlechtern verselbständigen konnten, veränderte sich die Herrschaftsstruktur des betreffenden Gebietes [87]. Es ergab sich eine relativ kleinteilige Raumgliederung. Die Verteilung der Burgzentren wurde dichter.

Im Prinzip kamen den neuentstehenden Herrschaftsmittelpunkten nichtgräflicher Hochfreier dieselben Funktionen zu wie denen der großen Grafengeschlechter. In erster Linie hatten sie die Aufgabe, Schutz zu gewähren. Wie weit das noch unmittelbares Zufluchtsrecht innerhalb der Wehranlage für die umwohnende Bevölkerung bedeutete, läßt sich aus den überlieferten Quellen nicht entnehmen. Sollte das der Fall gewesen sein, so könnten die kleineren Dimensionen solcher Burgen von Hochfreien mit der geringen Erstreckung ihres Einzugsbereichs zusammenhängen. Jedenfalls bedingte die Schutzfunktion nun auch bei Sitzen dieser Adelsgruppe den Übergang zu Beringanlagen, wie sie für die älteren Zentren gräflicher Geschlechter charakteristisch erscheinen, wenn auch meist in bescheideneren Ausmaßen. Die Verselbständigung be-

84) Mitterauer, Formen (wie Anm. 4), S. 297. Die Unterschiede in der Herrschaftsbildung der Hauptvögtegeschlechter und ihrer hochfreien Vasallen sind hier freilich zu wenig deutlich herausgearbeitet.

85) Unabhängig von einem gräflichen Herrengeschlecht ausgeübte Vogtei über Teilbesitz einer Reichskirche dürfte etwa auch bei den Herren von Perg im oberösterreichischen Machland die Grundlage der Herrschaftsbildung dargestellt haben. Die Familie nennt sich seit ihrem frühesten Auftreten meist ganz betont »Vögte von Perg«. Sie bevogtete Besitz zwischen Aist und Naarn, der schon in karolingischer Zeit an St. Emmeram in Regensburg gelangt war. Ein Abhängigkeitsverhältnis zu einem der Hauptvögtegeschlechter von St. Emmeram ist nicht zu erkennen; zu dieser Herrschaftsbildung: Feldbauer, Herrenstand (wie Anm. 71), S. 58 ff., mit Korrekturen gegenüber der von mir in Zollfreiheit und Marktbereich (wie Anm. 26) vertretenen Auffassung. Beachtenswert erscheint hier übigens die appellativische Bezeichnung der Vogtburg als »Berg«, die dem häufig auftretenden Burgnamen »Stein« entspricht.

86) Auch die Stammburg der bedeutenden Herren von Lengenbach in Niederösterreich geht auf diese Wurzel zurück; Büttner, Greifenstein (wie Anm. 78), S. 92 ff.

87) Diepolder (wie Anm. 71), S. 66.

deutete auch in anderer Hinsicht eine veränderte Stellung in der Wehrverfassung: Die hochfreien Herren verfügten nun selbst über ritterliche Gefolgsleute, die – zumindest zeitweise – in der Burg ihren Dienst versahen. Aber nicht nur neue militärische Funktionen sind bei der Umgestaltung von Sitzen verselbständigter hochfreier Familien zu bedenken. Auch in kirchlicheren Belangen konnten sich durch neue Rechte Veränderungen ergeben. Zwar finden sich schon vor dem Übergang zum Burgenbau bei Höfen hochfreier Herren Kapellen [88]. Zum Unterschied von der aus der Unfreiheit kommenden Ministerialität dürfte ihnen das Recht auf Eigenkirchen zugestanden sein. Pfarrkirchen hingegen entstehen im Anschluß an die Sitze hochfreier Familien grundsätzlich erst, wenn sie landesunmittelbar geworden sind. Schließlich bedeutet die im Burgenbau zum Ausdruck kommende Lösung aus Abhängigkeit auch in wirtschaftlicher Hinsicht neue Möglichkeiten. Dabei ist vor allem an die verschiedenen Bannrechte zu denken, die zu den Pertinenzen einer echten Herrschaft gehören [89].

Neue Rechte und Aufgaben und die sich aus ihnen ergebenden Folgeeinrichtungen machten einen Umbau oder Neubau des Herrschaftssitzes notwendig. Die befestigten Höfe, die auf künstlichen Erdwerken errichteten hölzernen oder steinernen Wohntürme [90] und die sonstigen mehr oder minder bescheidenen Ansitze freier Gefolgsleute waren für die im Zuge der Verselbständigung zuwachsenden Funktionen zumeist nicht ausreichend. War ein entsprechender Ausbau des alten Sitzes infolge seiner Eingliederung in die Siedlung nicht möglich, so konnte sich die Notwendigkeit einer Neuanlage abseits derselben ergeben. In der Entwicklung der Wehrbauten hochfreier Geschlechter muß diese Lösung aus der direkten Einordnung in ein zugehöriges Dorf als eine wichtige Zäsur angesehen werden.

Das Phänomen einer solchen Abfolge von Adelssitzen innerhalb eines engeren Herrschaftsbereichs, wie es sich dann auch etwas später bei Anlagen von Ministerialen findet, ist für den niederösterreichischen Raum in neueren burgenkundlichen Arbeiten ziemlich eingehend untersucht worden [91]. Die dafür verwendete Bezeichnung »Burgenspringen« erscheint freilich nicht sehr glücklich. Treffender charakterisiert ein Tiroler Burgenforscher die Erscheinung mit dem Ausdruck »Vertikalverschiebung« [92]. Er

88) So besaß etwa um 1108/16 der Hochfreie Marchward in dem nach ihm benannten Markersdorf an der Pielach neben einem Herrenhof gemeinsam mit seinem Bruder Friedrich auch eine Eigenkirche, die jedoch nicht über Pfarrechte verfügte; FontRerAustr II/69, S. 402. Zu einem Burgenbau ist es hier nicht gekommen.

89) Feldbauer, Herrenstand (wie Anm. 71), S. 13 ff. u. S. 27 ff.

90) Über die bauliche Gestalt solcher wehrhafter Adelssitze für Niederösterreich ausführlich H. P. Schad'n, Die Hausberge und verwandte Wehranlagen in Niederösterreich, in: Prähist. Studien 3, 1953.

91) W. Pongratz / G. Seebach, Burgen und Schlösser Litschau-Zwettl-Ottenschlag-Weitra (Niederösterreichs Burgen und Schlösser III/1, 1971), S. 11. – Dies., Ypser (wie Anm. 28), S. 10.

92) M. Bitschnau.

ist freilich insoferne nicht ganz zutreffend, als solche Verlagerungsprozesse durchaus auch in gleichbleibender Höhenlage stattfinden können.

Besonders deutlich kommen derartige Verlagerungsprozesse in Burgennamen zum Ausdruck. Zusammensetzungen des ursprünglichen Ortsnamens mit *Ober-* wie Oberranna, Oberkindberg etc. stellen eine anschauliche verbale Fassung der skizzierten »Vertikalverschiebung« dar[93]. Der Zusammenhang mit dem Namen des älteren Ansitzes kann jedoch auch ganz aufgegeben werden. Es kommt dann zu totalen Neubildungen[94]. Von solchen für die isolierte Höhenburg charakteristischen Namen war ja bereits die Rede[95]. Hat die Verselbständigung und eigene Herrschaftsbildung der hochfreien Familie nur einen Ausbau des alten Sitzes zur Folge, so bleiben Burg- und Siedlungsname ident[96]. Es kann aber auch bei einer in räumlicher Distanz angelegten Burg der ursprüngliche Siedlungsname unverändert beibehalten werden[97].

Die voll entwickelte Höhenburg edelfreier Dynasten um die Mitte des 12. Jahrhunderts umfaßt als charakteristischen Baubestand in dem von der Ringmauer umschlossenen Areal Bergfrit, Palas und Burgkapelle. Sie erweist sich so einerseits als die Erbin der Grafenburgen des 11. Jahrhunderts mit Bering und festem Haus, denen sie freilich im Umfang des bebauten Areals meist nachsteht. Auch haben die Palasbauten gegenüber den festen Häusern im allgemeinen an Wehrhaftigkeit verloren. Andererseits schließt sie an die frühen Turmburgen hochfreier Geschlechter an, wie sie jedenfalls schon im ausgehenden 12. Jahrhundert in isolierter Höhenlage errichtet wurden, wobei jedoch der Turm seine ursprüngliche Wohnfunktion eingebüßt hat. Der Turm stellt das Verbindungsglied zu jenen einfacheren Formen von Ansitzen edelfreier Ge-

93) Die von den hochfreien Herren von Amerang-Schleunz am niederösterreichischen Manhartsberg angelegte Burg bzw. Burgsiedlung wird im 14. Jahrhundert nebeneinander als »Burgschleunz« und als »Oberschleunz« genannt; H. WEIGEL, Historisches Ortsnamenbuch von Niederösterreich, 1, 1964, S. 282.

94) Der Prozeß der Neubildung eines Burgennamens gegenüber einer alten Siedlungsbezeichnung erscheint in besonders anschaulicher Weise in einer Formulierung der Gründungsurkunde des Klosters Kleinmariazell im Wienerwald von 1136 faßbar. Die *urbs propria* der Haderiche von Nöstach wird hier als *Svarzenburch ... que pridem antiquitus nomine alio Nezta vocabatur* bezeichnet; Babenberger UB 1, 1950, S. 11.

95) Vgl. o. S. 366 f. Beispiele für hochfreie Geschlechter wären diesbezüglich: aus Niederösterreich Elsarn-Falkenberg (Zur Erstnennung der Herren von Eulenschwang-Stein nach der Burg Falkenberg im Strassertal kurz nach dem Kauf des Erbes Reginperts von Elsarn vgl. TYROLLER, wie Anm. 13, S. 430), aus Oberösterreich Hausruck-Wolfsegg (FELDBAUER, Herrenstand, wie Anm. 71, S. 144), aus Kärnten Projern-Karlsberg. Im letzteren Fall läßt sich sogar der namengebende Erbauer der Höhenburg unmittelbar fassen; HERMANN WIESSNER, Burgen und Schlösser um Friesach, St. Veit, Wolfsberg (Kärntens Burgen und Schlösser 1), 1964, S. 57.

96) In Niederösterreich könnte das etwa bei den Hochfreien von Asparn an der Zaya (Historische Stätten, Österreich 1, S. 204) oder von Kilb an der Sierning zutreffen (ebda., S. 345).

97) Z. B. bei der Burg der hochfreien Herren von Puchheim in Oberösterreich.

schlechter her, wie wir sie dort vorfinden, wo eine Verselbständigung nicht stattgefunden hat.

Gegenüber dem Turm ist sicherlich der Hof der ältere Typus von Ansitzen edelfreier Geschlechter. In agilolfingischer und karolingischer Zeit lebte der Adel im bayerisch-österreichischen Raum grundsätzlich auf *curtes* [98]. Und auch noch in der Phase vor dem Übergang zum eigentlichen Burgenbau im 11. Jahrhundert scheinen die hochfreien Familien vorwiegend auf Herrenhöfen ansässig gewesen zu sein. Daß für die weitere Entwicklung dann doch der Wohnturm den entscheidenden Anknüpfungspunkt bildete, hat sicherlich vor allem fortifikatorische Gründe. Bei Wehranlagen auf künstlich angeschütteten Erdwerken mußte in Hinblick auf die geringe zur Verfügung stehende Fläche die mehrgeschossige Bauweise notwendig mehr und mehr in den Vordergrund treten. Die richtungsweisende Bedeutung des Wohnturms könnte jedoch auch wirtschaftliche Voraussetzungen haben. Solange Eigenwirtschaft vorherrscht, dominiert die *curtis* als adeliger Herrensitz. Je mehr die Versorgung durch Natural- und vor allem dann durch Geldabgaben zunimmt, desto eher werden Gestaltungsformen möglich, die sich vom traditionellen Typus des Wirtschaftshofes absetzen. Die Entlastung des Adelssitzes von unmittelbar verbundenen Wirtschaftsfunktionen schafft Voraussetzungen für eine stärkere wehrtechnische Ausgestaltung, wie sie im Wohnturm realisiert erscheint. Dieser Entlastungsprozeß erlaubt ja dann auch das Abwandern der Adelsburg in landwirtschaftlich nicht nutzbare Höhenregionen, das seinerseits mit den Fortschritten der Belagerungstechnik mehr und mehr zu einer fortifikatorischen Notwendigkeit wird.

Im 12. Jahrhundert und zum Teil noch darüber hinaus finden wir bei den Sitzen hochfreier Adelsgeschlechter das ganze skizzierte Spektrum unterschiedlicher Wehranlagen vom leichtbefestigten Herrenhof bis zur voll entwickelten Höhenburg zeitgleich nebeneinander. Es handelt sich hier also keineswegs um einander ablösende »Stilstufen« des Burgenbaus, auch nicht um eine lineare Abfolge wehrtechnischer Neuerungen. Entscheidend für die bauliche Gestaltung des Adelssitzes erscheint vielmehr in erster Linie die Stellung des jeweiligen Geschlechts im Gefüge der herrschaftlichen Ordnung des Landes. Unmittelbarkeit zum Land bzw. Abhängigkeit gegenüber einer der alten Grafenfamilien erscheint dabei als entscheidendes Kriterium, dem die grundsätzliche Möglichkeit oder Unmöglichkeit der Erbauung einer Burg im Sinne der Zeit entspricht. Beim Burgenbau im engeren Sinne ergeben sich wiederum Unterschiede je nachdem, ob eine ältere Anlage umgestaltet wurde oder ob ein Neubau an anderer Stelle sie ersetzte: Im letzteren Fall können wir die Ausgestaltung nach Vorstellungen und Möglichkeiten der jeweiligen Zeit natürlich besser fassen. Als ein maßgeblicher differenzierender Faktor kommen weiters die Geländebedingungen hinzu. Gerade bei den Neuanlagen werden dann aber vor allem Unterschiede nach dem wirtschaftlichen

98) STÖRMER (wie Anm. 10), S. 467.

Potential der erbauenden Familie zu bedenken sein. Im 12. Jahrhundert erscheint in Österreich das Burgwerk als Robotleistung der umwohnenden Bevölkerung schon weitgehend abgelöst [99]. Burgenbau wurde damit zu einer Finanzfrage. Der Reichtum der burgenerrichtenden Geschlechter schlug sich jedoch weniger in der Typologie des Baubestands als in den Dimensionen und der Ausgestaltung der Neuanlagen nieder.

Ebenso wie bei den wehrhaften Sitzen der Hochfreien läßt sich auch bei denen der Ministerialität im 12. Jahrhundert eine reiche Typenvielfalt beobachten. Manche Entwicklungen scheinen diesbezüglich parallel zu laufen, freilich mit einer gewissen zeitlichen Phasenverschiebung. Da der Aufstieg der Ministerialität eng mit dem Werden der Territorien zusammenhängt, sind hier typologische Unterschiede stärker als bei den Hochfreien in einer länderweisen Behandlung zu fassen.

Am frühesten ist der Einsatz von Ministerialen im Rahmen der Herrschaftsorganisation in der babenbergischen Mark greifbar, hier wiederum vor allem in den in frühsalischer Zeit neugewonnenen Gebieten östlich des Wiener Walds und nördlich der Donau. Dieser Raum wurde in durchgehender Dorfsiedlung erschlossen. Auf weite Strecken hin läßt sich hier jedes Dorf als alter Ministerialensitz nachweisen [100]. Die urkundlichen Belege gehen diesbezüglich in reicher Zahl bis ins frühe 12. Jahrhundert zurück. Es kann kaum daran gezweifelt werden, daß die so weit verbreitete Entsprechung zwischen Dorf und Sitz eines markgräflichen Dienstmanns aus der ursprünglichen Organisationsform dieses Raumes zu erklären ist [101].

Die urkundliche Bezeichnung solcher Sitze ist schlicht *domus*, also Haus [102]. Zahlreiche archäologisch faßbare Hausberge des Gebietes lassen sie als mehr oder minder stark ausgebaute Erdwerke erkennen [103]. Die Bauten auf den künstlich errichteten Erdhügeln sind in frühen Phasen vorwiegend aus Holz, späterhin zunehmend aus Stein anzunehmen. In Verbindung mit dem Herrenhaus standen bloß Wirtschaftsgebäude. Kapellen hingegen fehlen ursprünglich [104]. Die älteste Kirchenorganisation

99) Mitterauer, Burgbezirke (wie Anm. 16), S. 225 ff.
100) Mitterauer, Formen (wie Anm. 4), S. 311 ff.
101) Klebel, Zur Rechts- und Verfassungsgeschichte des alten Niederösterreich, in: JbLdKdeNdÖsterr NF 28, 1939/43, vor allem S. 26 u. 69.
102) Babenberger UB 1, S. 206. Vgl. dazu Mitterauer, Formen (wie Anm. 4), S. 313.
103) Vgl. Die Karte bei Schad'n (wie Anm. 90).
104) Kirchen auf Hausberganlagen, die von Ministerialen errichtet wurden, entstanden durchwegs sekundär. Wenn in Kühnring, dem Stammsitz des großen Dienstmannengeschlechtes der Kuenringer, das Herrenhaus auf dem mächtigen Hausberg wohl schon von Anfang an mit einer Eigenkirche in unmittelbarer Verbindung stand, so ist das ein leicht erklärbarer Ausnahmefall. Das namengebende Herrschaftszentrum der Familie geht nämlich auf eine Schenkung König Heinrichs IV. an deren Ahnherren Azzo von Hetzmannswiesen von 1056 zurück. Es lag hier also freies Eigen vor, nicht Inwärtseigen wie bei den Gütern, mit denen die markgräfliche Dienstmannschaft im Normalfall ausgestattet war; vgl. dazu Mitterauer, Formen (wie Anm. 4), S. 280 f.

liegt hier ganz in der Hand des Markgrafen [105]. Das Recht Eigenkirchen zu errichten, scheint den Ministerialen zunächst gefehlt zu haben.

Eine Verbindung zu Eigenkirchen findet sich dann erst bei jüngeren Formen solcher Ministerialensitze in Dörfern, wie sie etwa in den Rodungsgebieten des Waldviertels vor der Mitte des 12. Jahrhunderts entstanden [106]. Das ehemalige Herrenhaus läßt sich späterhin mehrfach als Pfarrhof nachweisen. Dieser Funktionswechsel wurde möglich, da sich in diesem Raum die babenbergischen Ministerialen seit dem letzten Viertel des 12. Jahrhunderts statt ihrer wehrhaften Höfe bei den Dörfern Höhenburgen zu bauen begannen. Der Anstoß zu dieser Entwicklung muß freilich im Zusammenhang mit allgemeinen Veränderungen in der Stellung der babenbergischen Ministerialität gesehen werden.

Während die älteren Sitze babenbergischer Dienstmannen durchwegs in den neuerschlossenen Kolonisationsgebieten liegen, treffen wir sie – vor allem seit der Mitte des 12. Jahrhunderts – in zunehmendem Maße auch in den altbesiedelten Teilen der Mark bzw. des Herzogtums [107]. Hier treten sie mitunter von vornherein nicht in Verbindung mit Dörfern sondern als Besitzer von isolierten Höhenburgen auf. In vielen Fällen ist eindeutig nachweisbar, daß sie von diesen Burgen aus im Auftrag ihrer Herren die Untervogtei über Reichskirchengüter ausübten, besonders schön etwa bei der auf Tegernseer Boden errichteten Kuenringerburg Dürnstein in der Wachau, zu der auch Vogteien über Besitzungen der Hochstifte Freising und Passau sowie einiger Passauer Eigenklöster gehörte [108]. Das Privilegium minus von 1156 mit seinem viel umstrittenen Gerichtsparagraphen dürfte dabei eine Rolle gespielt haben, daß seit der Jahrhundertmitte immer mehr Vogteien in die Hand von Ministerialen gelangten und diesen damit die Möglichkeit zum Burgenbau gaben. Einzelne der großen Ministerialenburgen reichen allerdings schon vor 1156 zurück, so etwa Streitwiesen im Weitental, ursprünglich bloß aus einem mächtigen Wohnturm und einer Burgkapelle bestehend [109]. Nach dem Vorbild solcher ministerialischer Vogtburgen werden dann gegen Ende des 12. Jahrhunderts von babenbergischen Dienstmannen auch in Herrschaften anderen Ursprungs Höhenburgen angelegt [110] – zunächst in den großen Rodungsherrschaften des Waldviertels, des Wienerwalds und des Voralpengebiets, dann auch in den klei-

105) H. Wolf, ErlHistAtlÖsterrAlpenländer II/6, 1955, S. 24 ff.

106) Pongratz-Seebach, Litschau (wie Anm. 91), S. 10. Zum Typus der jüngeren Ministerialenherrschaften in Rodungsgebieten: Mitterauer, Formen (wie Anm. 4), S. 308 ff.

107) M. Mitterauer, Ständegliederung und Ländertypen, Herrschaftsstruktur und Ständebildung 3 (wie Anm. 33), S. 127.

108) Mitterauer, Formen (wie Anm. 4), S. 299 ff.

109) Pongratz-Seebach, Ysper (wie Anm. 28), S. 117. Der Baubestand dieser Ministerialenburg entspricht mit Wohnturm und Kapelle durchaus dem von frühen Burgen hochfreier Dynasten.

110) Mitterauer, Formen (wie Anm. 4), S. 120.

neren Dorfherrschaften des Weinviertels. Ebenso wie bei den Burgen hochfreier Geschlechter kommt es also zu diesem Prozeß der »Vertikalverschiebung«, freilich in einem gewissen zeitlichen Abstand. Auch die Burgenbezeichnungen sind ähnlich [111]. Baulich stimmen diese Ministerialenburgen des ausgehenden 12. Jahrhunderts mit den bei den Hochfreien schon einige Jahrzehnte zuvor erreichten Formen überein: Drei Bauteile erscheinen regelmäßig durch eine dem Gelände angepaßte Ringmauer miteinander verbunden: zunächst der Bergfried, von der Turmburg abstammend, nach Verlust seiner Wohnfunktion jedoch zum reinen Wehrbau geworden, dann der aus dem »festen Haus« durch Abgabe der Wehreigenschaften entwickelte Palas und schließlich die Burgkapelle [112]. Die formale Angleichung des Herrschaftssitzes entspricht auch hier dem sich anbahnenden Verschmelzungsprozeß zwischen den Hochfreien und den Dienstherren des Landes.

In Österreich ging die alte babenbergische Dienstmannschaft insgesamt in die Gruppe der Landherren über [113]. So unterschiedlich auch die geschilderten Ansatzpunkte waren, sie führten grundsätzlich zur Ausbildung vollqualifizierte Herrschaften und zum Burgenbau. Bloß die von ausgestorbenen Grafenfamilien des Landes an den Herzog gefallenen Ministerialen blieben ritterlich [114]. Ganz anders verlief die Entwicklung in den übrigen Territorien des österreichischen Raums. Jeweils nur ein Teil der Landesministerialität wurde herrenmäßig. Auch im Burgenbau finden diese unterschiedlichen Entwicklungen ihren Niederschlag.

Jener auf Dorfherrschaften gestützte Ministerialentypus, wie er in der babenbergischen Mark in den in frühsalischer Zeit erworbenen Gebieten begegnet ist, findet sich sonst bloß in der Kärntner Mark, und zwar in seiner älteren Form in dem heute zu Niederösterreich gehörigen Wiener Neustädter Gebiet, in seiner jüngeren Form auch in der Oststeiermark; er spielt jedoch hier insgesamt bei weitem keine so große Rolle wie im nördlichen Nachbarterritorium [115]. Es handelt sich offenbar um eine spezifische Form der Herrschaftsorganisation im Ausbauland der Marken.

Viel bedeutsamer ist der Typus der ministerialischen Untervögte. Im Auftrag ihres Herren ausgeübte Vogteirechte scheinen allgemein in dem hier untersuchten Raum die maßgebliche Wurzel der Herrschaftsbildung von Dienstmannen gewesen zu sein. Über herrenmäßige Ministerialen verfügten ausnahmslos nur fürstliche Geschlechter, neben den Babenbergern die Otachare in der Steiermark, in Oberösterreich und in Unterkärnten, die Spanheimer als Herzoge von Kärnten, die Welfen und nach ihnen die Staufer in Tirol, nach 1180 hier auch die zu Herzogen erhobenen Andechs-

111) Z. B. Ottenstein statt Döllersheim, Lichtenfels statt Friedersbach, Ronberg statt Ron, Hornberg statt Horn etc.

112) Pongratz-Seebach, Ysper (wie Anm. 28), S. 10 f.

113) Feldbauer, Herren und Ritter (wie Anm. 1), S. 20 ff.

114) Feldbauer, Herren und Ritter (wie Anm. 1), S. 54 f.

115) Feldbauer, Herren und Ritter (wie Anm. 1), S. 75 und 85 ff.

Meranier [116]. Sie fehlen hingegen bei den Grafen von Tirol [117], denen erst in der zweiten Hälfte des 13. Jahrhunderts die Ausbildung eines fürstlichen Territoriums gelang – und zwar genauso wie etwas früher den Erzbischöfen von Salzburg gerade durch Überwindung hochfreier und ministerialischer Herrschaftsrechte, nicht mit Hilfe der Dienstmannschaft [118].

Die große Zeit der Herrschaftsbildung von Ministerialen im Zuge des Territorialausbaus ihrer Herren ist im Südosten die 2. Hälfte des 12. Jahrhunderts. Damit setzt auch eine Welle des Burgenbaus ein. Die Burgen der Ministerialen dürften ebenso wie die zugehörigen Herrschaften ursprünglich grundsätzlich Eigenbesitz gewesen sein, und zwar in der spezifischen Besitzform des Dienstmanneneigens [119]. Genauso wie den Hochfreien ermöglichten Vogteirechten auch den Ministerialen die Errichtung von Eigenburgen. Lehensbindungen zur bevogteten Kirche treten meist erst sekundär auf [120]. Lehenschaft vom Landesfürsten begegnet bei den namengebenden Stammherrschaften der Ministerialen prinzipiell nicht. Eine solche Bindung erscheint bis ins 15. Jahrhundert hinein mit der Herrenqualität unvereinbar [121].

Als Pertinenzen von Ministerialenburgen lassen sich schon um 1200 alle jene Rechte feststellen, die später das Zubehör einer »rechten Herrschaft« ausmachen, so geistliche und weltliche Lehenschaft, Erbvogtei, Hoch- und Niedergericht, vereinzelt sogar Marktrecht und Zoll. Diese Rechte sind weniger für die Gestaltung der Burg selbst als für die der zugehörigen Burgsiedlung wesentlich. In der Namengebung wird nun mitunter der Burgname auch für den Siedlungsnamen bestimmend [122]. Unter der Dominanz der Burg kam es also wiederum zu einer Einheit von Burg- und Siedlungsbezeichnung kommen.

Von den behandelten herrenmäßigen Dienstmannen der Markgrafen- bzw. Herzogsgeschlechter des 12. Jahrhunderts zu unterscheiden sind die *ministeriales maiores* der Hochstifte – und zwar sowohl hinsichtlich ihrer ständischen Qualität als auch hinsichtlich der Wehrbauten, in denen sie ihren Sitz hatten [123]. Eine vergleich-

116) FELDBAUER, Herren und Ritter (wie Anm. 1), S. 64 ff., 147 ff., 127 ff., 225 ff. u. 219 ff.

117) FELDBAUER, Herren und Ritter (wie Anm. 1), S. 225.

118) MITTERAUER, Ständegliederung (wie Anm. 107), S. 186 ff.

119) Über das Inwärtseigen der Ministerialen zuletzt H. EBNER, Das freie Eigen, 1969, S. 74 ff.

120) MITTERAUER, Formen (wie Anm. 4), S. 299 ff.

121) 1444 gestattete Friedrich III. den Herren von Hohenberg ausdrücklich durch Privileg, sich weiterhin nach Hohenberg Herren zu nennen, obwohl die Herrschaft vom Landesfürst zu Lehen ging; Volltext der Urkunde bei DOPSCH, Landherren (wie Anm. 73), S. 15 f.

122) In Niederösterreich etwa bei Rapottenstein und Dürnstein, von denen sich das erstere zum Markt, das letztere sogar zur Stadt entwickelte.

123) FELDBAUER, Herren und Ritter (wie Anm. 1), S. 171 ff. u. 251. – MITTERAUER, Ständegliederung (wie Anm. 107), S. 164, 172 ff. u. 184. – Von einem der großen Ministerialen des Hochstifts Passau, Marquard von Wesen, heißt es vor 1147, daß er *curtim in qua habitat sicut fossatis circumfosit et maceria circumdedit.* ArchÖsterrG 9, S. 257; dazu BÜTTNER, Greifenstein (wie Anm. 78), S. 9.

bare Herrschaftsbildung ist ihnen – abgesehen von einigen wenigen, aus anderen Zusammenhängen erklärbaren Ausnahmefällen [124] – im allgemeinen nicht gelungen. Von den angeführten Herrenrechten fehlten ihnen grundsätzlich Patronat und Erbvogtei über Pfarrkirchen, ebenso Hochgerichtsrechte zu Eigen. Auch zur Marktentwicklung ist es in den Siedlungen bei ihren Sitzen nie gekommen. Im Salzburger Hochstiftsterritorium läßt sich ziemlich deutlich die allgemein geminderte Qualität dieser Sitze beobachten. Es handelte sich zunächst bloß um befestigte Höfe. Erst seit Anfang des 13. Jahrhunderts kommt es vereinzelt zur Anlage von Höhenburgen, wozu die erzbischöfliche Erlaubnis notwendig gewesen zu sein scheint [125]. Auch die *ministeriales maiores* der Brixener Bischöfe saßen ursprünglich auf befestigten Höfen und Türmen [126]. Jedoch schon seit der Mitte des 12. Jahrhunderts begegnen hier Dienstmannenburgen [127]. Das dürfte mit der früheren Entwicklung dieses Hochstiftsterritoriums zusammenhängen. Ebenso wie die Bischöfe von Trient besaßen die von Brixen in der 2. Hälfte des 12. Jahrhunderts herzogliche Rechte [128]. Auch die Beziehungen der Hochstiftsministerialität zum fürstlichen Vögtegeschlecht könnte eine Rolle gespielt haben. Beachtenswert erscheint, daß die namengebenden Stammburgen zumeist vom Bischof zu Lehen gingen [129]. Diese von der Situation in den östlichen Territorien abweichenden Verhältnisse gelten auch für die Burgen einiger Dienstmannengeschlechter der Grafen von Tirol in der 1. Hälfte des 13. Jahrhunderts.

Eine führende Stellung in der Dienstmannschaft der Hochstifte nahmen jeweils die Burggrafen der bischöflichen Hauptburgen (vgl. u. S. 392 ff.) ein. Sie unterscheiden sich in ihrer Rechtsstellung nicht von den ministerialischen Burggrafen weltlicher Großer und können daher mit diesen zusammen behandelt werden [130]. Charakteristisch für die ministerialischen Kastellane ist es, daß sie über einen eigen

124) So etwa aus der Ministerialität des Hochstifts Salzburg die Pettauer in der Steiermark, aus der des Hochstifts Bamberg die Weißenecker in Kärnten; Mitterauer, Ständegliederung (wie Anm. 107), S. 164; Feldbauer, Herren und Ritter (wie Anm. 1), S. 146 ff.

125) 1259 erhielten die Kalhamer vom Erzbischof die Erlaubnis zur Errichtung der Burg Wartenfels. Die Urkunde spricht freilich auch hier noch bloß von einer *munitio*; SalzbUB 4, S. 43.

126) Etwa die mächtigen Herren von Völs oder die verschiedenen Zweige der Herren von Vilanders; Historische Stätten, Österreich 2, S. 574. – Weingartner, Tiroler Burgen (wie Anm. 2), S. 209. – Zu den Stadttürmen der Brixener Ministerialen vgl. u. S.

127) So etwa erbaute die Brixener Burggrafenfamilie, die sich noch ursprünglich nach ihrem Stadtsitz *de Porta* nannte, die Burgen Voitsberg, Pfeffersberg und Gernstein, Feldbauer, Herren und Ritter (wie Anm. 1), S. 209 f.

128) Über die fürstliche Stellung der Bischöfe von Brixen und Trient: J. Ficker – P. Puntschart, Vom Reichsfürstenstande 2/3, 1923, S. 133 ff. u. 143 ff.

129) Feldbauer, Herren und Ritter (wie Anm. 1), S. 210 f.

130) Feldbauer, Herren und Ritter (wie Anm. 1), S. 250. – Mitterauer, Ständegliederung (wie Anm. 107), S. 165 und 172 f.

wehrhaften Sitz in Zusammenhang mit der Herrenburg verfügten, und zwar ursprünglich wohl in der für Ministerialen typischen Besitzform des Inwärtseigens – eine Erscheinung, die bei jüngeren Formen der Burghut nicht mehr anzutreffen ist. Bei diesen ministerialischen Burggrafensitzen handelte es sich um Wohntürme, die entweder in direktem Anschluß an die Hauptburg oder in deren Nähe errichtet wurden. Als ältestes Beispiel ist in diesem Zusammenhang wohl der Turmhügel am Taberberg neben der markgräflichen Hauptburg in Gars am Kampf zu nennen, der vielleicht noch ins ausgehende 11. Jahrhundert zurückreicht [131]. Er wurde aufgegeben, als die Burggrafenfamilie in die Hauptburg selbst zog. Als Sitz ministerialischer Burggrafen bei einer bischöflichen Burg ist wohl der den Pettauern gehörige »Alte Turm« auf der erzbischöflichen Burg Leibnitz (s. u. S. 412 f.) zu nennen, ihn ablösend dann ein jüngerer Wehrbau, der dem anschließenden Schloß Polheim zugrundeliegt [132]. Ein Turm der schon zu Ende des 11. Jahrhunderts erwähnten Burggrafen von Säben dürfte später zur Burg Branzoll über Klausen ausgebaut worden sein [133]. Auf diese Weise konnten sekundär aus dem Nebeneinander von Hauptburg und burggräflichem Turm Doppelburgen bzw. Burgengruppen entstehen. Freilich gehen Doppelburgen nicht immer auf eine derartige Konstellation zurück [134]. Besonders häufig finden sich solche Burggrafentürme bei den Burgen der Grafen von Görz in Kärnten [135]. Die ministerialischen Kastellane der Grafenfamilie nannten sich nach diesen Burgen. Sie verfügten aber nicht über die zugehörigen Herrenrechte. Die burggräfliche Ministerialität der Görzer in Kärnten blieb so auch insgesamt ritterlich.

Neben dieser Erscheinung, daß ein Dienstmann als Burggraf eingesetzt wurde, der dann bei der Hauptburg seinen Eigenturm errichtete, finden wir auch Fälle, in denen mehrere Ministerialenfamilien mit der Burghut betraut sind. 1258 wird eine *universitas burgravionum in Villaco et circa Villacum* erwähnt und der *universitas civium*

131) A. Eibner, Der »Tabor« eine mittelalterliche Wehranlage in Gars am Kamp/Niederösterreich, in: ZArchäolMa 1, 1973, S. 111 ff. – M. Mitterauer, Die Burggrafen von Gars und die Wehranlage auf dem Taberberg, ebenda S. 123 ff.

132) Mitterauer, Burggrafen (wie Anm. 131), S. 127.

133) Vom Baubestand der Burg Branzoll ist jedenfalls nur der Turm alt; Weingartner, Tiroler Burgen (wie Anm. 2), S. 56. – Zu den Burggrafen von Säben: Feldbauer, Herren und Ritter (wie Anm. 1), S. 211.

134) Auf die Entstehung von Doppelburgen durch Ausbau der Vorburg oder des Meierhofs im Tal verweist Ebner, Burgen, Schlösser und wehrhafte Stätten (wie Anm. 1), S. 462.

135) Burggrafentürme bzw. wahrscheinlich aus solchen entstandene Doppelburgen finden sich in Eberstein, Hornburg, Moosburg, Falkenstein, Rottenstein und Flaschberg; H. Wiessner, Burgen und Schlösser um Friesach, St. Veit Wolfsberg, in: Kärntens Burgen und Schlösser 1, 1964, S. 17 u. 53; Ders., (wie Anm. 8), S. 78. – W. Knapp, Burgen im oberen Drautal, in: Carinthia I, 144, 1954, S. 637 ff.; hier auch allgemeine Hinweise zum Problem der Burgdoppelpositionen, freilich unter einseitiger Betonung des strategischen Moments.

der Bamberger Bischofsstadt Villach gegenübergestellt [136]. In Brixen besitzen vier der ältesten und bedeutendsten Ministerialengeschlechter des Hochstifts je einen Turm in der Stadt [137]. Mehrere Dienstmannengeschlechter saßen auch auf der Kärntner Burg Freiberg, einem *castrum capitale* der Herzogsfamilie, in der sich eine Mehrzahl von Türmen nachweisen läßt [138]. Besondere Beachtung verdienen in diesem Zusammenhang die ministerialischen R i t t e r g e m e i n d e n von Judenburg und Steyr. In Judenburg, einer der Hauptburgen, wenn nicht überhaupt der Hauptburg der Eppensteiner im 11. Jahrhundert, besaßen zur Burg gehörige niedere Ministerialen im Burgareal – streng getrennt von der Bürgerstadt – wehrhafte Häuser, zum Teil zu Türmen ausgebaut. Diese später ritterlichen Geschlechter hatten jedoch zugleich auch in der Umgebung feste Höfe bzw. Turmhöfe, nach denen sie sich nannten [139]. Deutliche Analogien dazu ergeben sich in der alten Burgstadt Steyr, dem Stammsitz der Otachare, der sicher noch ins 10. Jahrhundert zurückreicht [140]. Die Familien der ursprünglich ministerialischen Rittergemeinde besaßen in der ausgedehnten Herrschaft mehr oder minder stark befestigte Höfe, anfänglich zu Eigen, und zwar zu Inwärtseigen, später als Lehen. Auch in der Burgstadt selbst sind sie begütert. Innerhalb der sich geschlossen erhaltenden Herrschaft hat sich keiner dieser Edelsitze des Niederadels zu einer Burg entwickelt. Auch erscheinen nirgends Herrenrechte mit ihnen verbunden.

Eine Vielzahl k l e i n a d e l i g e r A n s i t z e, die in ihrer Wurzel auf die Ausstattung einer ministerialischen Dienstmannschaft zurückgehen dürften, findet sich überhaupt häufig in der Umgebung alter gräflicher Hauptburgen. Neben den angeführten Beispielen könnten hier weiter genannt werden: für Tirol das sogenannte »Burggrafenamt« um die Burg Tirol und das Gebiet um die Burg Eppan sowie für Niederösterreich besonders die Grafschaft Peilstein mit ihren zahlreichen Höfen der gräflichen Dienstmannschaft [141]. In den namengebenden Stammherrschaften hochfreier Geschlechter sind dazu keine Analogien festzustellen [142]. Als zwei Strukturtypen könnten dementsprechend einander gegenübergestellt werden: Gräfliche Hauptburgen mit einer Vielzahl kleiner Ministerialensitze in der Umgebung einerseits, andererseits Burgmittelpunkte von Außenbesitzungen, die bloß einem ministerialischen Burggrafen anvertraut wurden, der hier einen eigenen Ansitz errichtete.

136) MonHistDucCarinthiae 4/1, S. 522.

137) G. Töchterle, Die Brixener Castellane und die Ministerialen am Michaelstor, in: Der Schlern 13, 1932, S. 9 ff.

138) Wiessner, Friesach (wie Anm. 135), S. 20.

139) Popelka (wie Anm. 37), S. 299 ff.

140) Feldbauer, Herren und Ritter (wie Anm. 1), S. 45 ff., 94 und 100 ff.

141) Weingartner, Edelsitze (wie Anm. 2), S. 298. – Mitterauer, Formen (wie Anm. 4), S. 324 ff.

142) In der alten hochfreien Herrschaft Hernstein etwa finden sich nur Burgrechtslehen von Vasallen, jedoch keine ministerialischen Inwärtseigen *habentes feudum ... et existentes vasalli ... racione castri et comicie Herrantstein*; FontRerAustr II/31, S. 289.

Das Verhältnis der Ministerialität zur Burg ist in dem hier untersuchten Raum also insgesamt sehr differenziert zu sehen. Grundsätzlich läßt sich sagen, daß nur jene großen Dienstmannengeschlechter fürstlicher Herren Eigenburgen errichteten, die auch echte Herrschaften ausbildeten. Gemeinsam mit den wenigen überlebenden gräflichen und hochfreien Familien formiert sich aus ihnen der Herrenstand der spätmittelalterlichen Territorien, der jedoch nur in den östlichen Ländern als eigene Kurie in Erscheinung tritt. Alle anderen ministerialischen Gruppen bleiben im Prinzip ritterlich und stellen – soweit sie ans Land fallen – eine wichtige Wurzel des werdenden Ritterstandes dar [143]. Für die Ritterschaft ist die charakteristische Form das Edelmannsgut – zumeist Lehensbesitz – nur ausnahmsweise bis ins 14. und 15. Jahrhundert Eigengut als Rest alten ministerialischen Inwärtseigens. Die spezifischen Herrschaftspertinenzen fehlen hier. Für die Stammsitze finden sich als Bezeichnung: Turm, Turmhof, Sedelhof, Ansiedel, Ansitz, Gesäß, Häusel, Stock, Freisitz etc. [144]. Von den charakteristischen Burgbezeichnungen Burg, Feste, festes Haus werden sie deutlich geschieden. Die Zahl solcher Adelssitze von geminderter Wehrhaftigkeit muß im 12. und 13. Jahrhundert sehr groß gewesen sein. In Tirol kam es noch im 14. Jahrhundert mit den Schildhöfen des Passeiertales zur Neuanlage derartiger Wehrbauten [145]. In diesem Land haben sich überhaupt infolge der Dominanz des ritterlichen Kleinadels solche Ansitze besonders zahlreich erhalten [146]. In Niederösterreich hingegen findet der quantitative Rückgang des Ritterstandes auch in der geringeren Zahl von Edelsitzen eine Entsprechung. Viele von ihnen wurden früh zu Bauernhöfen. Ihr ursprünglicher Charakter ist kaum erkennbar [147].

Die ständische Abgrenzung zwischen herrenmäßigem und ritterlichem Adel, wie sie sich im Lauf des 13. Jahrhunderts in Österreich immer deutlicher abzeichnet, fand auch in rechtlichen Bestimmungen über den Burgenbau ihren Niederschlag. Das österreichische Landrecht, das in seinem Kern noch in die ausgehende Babenbergerzeit zurückreicht, setzt fest, daß ohne landesherrliche Genehmigung keine Burg mehr erbaut werden dürfe; nur *auf ebener erd* sollte es erlaubt sein, Anlagen bis zu zwei Gaden hoch zu errichten und zwar bloß mit einem in den Maßen genau festgelegten Graben, jedoch ohne Ringmauer und ohne Zinnen (vgl.

143) Zusammenfassend dazu FELDBAUER, Herren und Ritter (wie Anm. 1), S. 246 ff.

144) LECHNER, Waldviertel (wie Anm. 1), S. 175. – EBNER, Burgen, Schlösser und wehrhafte Stätten (wie Anm. 1), S. 467. – WEINGARTNER, Edelsitze (wie Anm. 2), S. 295.

145) Historische Stätten, Österreich 2, S. 545 f. – WEINGARTNER, Edelsitze (wie Anm. 2), S. 300.

146) Vgl. die Zusammenstellung der Ansitze bei WEINGARTNER, Tiroler Burgen (wie Anm. 2), S. 145 ff.

147) Zahlreiche Hinweise auf solche ehemalige Edelmannssitze in Niederösterreich finden sich vor allem in den Bänden II/2 sowie III/1 und 2 der Reihe Niederösterreichs Burgen und Schlösser (wie Anm. 10 und 91).

o. S. 98 f.). Die freie Errichtung solcher Adelssitze mit eingeschränkter Wehrhaftigkeit ist dabei grundsätzlich nur auf Eigengut vorgesehen [148]. Die Bestimmung scheint sich vor allem gegen die vielen kleinen Inwärtseigner zu richten, die zu Beginn des 13. Jahrhunderts aus der Dienstmannschaft ausgestorbener Grafenfamilien an die Babenberger gefallen waren. Wir besitzen auch sonst Zeugnisse, die die Angleichungsbestrebungen dieser Gruppen an die Landherren als ein besonderes ständisches Problem der Zeit erscheinen lassen [149]. Das Landrecht zieht hier vom Bautypus her scharfe Grenzen. Der Typus der vollentwickelten Höhenburg bleibt durch das Verbot jenen Herrenfamilien vorbehalten, die bereits über solche Herrschaftsmittelpunkte verfügen. Aber auch bei ihnen scheint damit jenem Prozeß des Burgenbaus durch Verlegung von Herrschaftssitzen, wie wir ihn seit der Mitte des 12. Jahrhunderts beobachten konnten, eine Grenze gesetzt. Gewisse Verschärfungen der Burgenbaubestimmungen sowie vor allem die Schleifung vieler neuerrichteter Burgen in der Zeit König Ottokars weisen in dieselbe Richtung. Auch in den anderen Territorien geht die Errichtung adeliger Eigenburgen im Lauf des 13. Jahrhunderts zurück. Wo es zur Erbauung neuer Adelsburgen kam, spielen landesfürstliche Genehmigung bzw. von vornherein gegebene Lehensbindung eine entscheidende Rolle. Nicht Burgenneubau sondern Umbau und Ausbau schon bestehender Adelssitze sind dafür maßgeblich, daß die mittelalterlichen Burgen des untersuchten Raumes in ihrem äußeren Erscheinungsbild so besonders stark vom Baubestand des 13. und 14. Jahrhunderts geprägt sind.

Es wurde versucht, Prozesse der Ausbildung hochmittelalterlicher Adelsherrschaft mit Prozessen des adeligen Burgenbaus in Parallele zu stellen. Zweifellos findet die in dieser Zeit gewordene herrschaftliche Grundstruktur der Territorien im Prinzip in der Zahl und Verteilung der Burgmittelpunkte ihre Entsprechung. Dabei ist freilich zu sehen, daß die in unterschiedlichen Prozessen der Herrschaftsbildung entwickelten Bautypen von Herrschaftssitzen auch ohne die entsprechenden herrschaftlichen Grundlagen Anwendung finden konnten. So eng auch diese Entwicklungen zusammenhängen – nicht jede Burg muß in ihrem Ursprung Herrschaftsmittelpunkt gewesen sein. Manche Adelsburgen unterscheiden sich in ihren rechtlichen Pertinenzen nur wenig oder überhaupt nicht von ritterlichen Sitzen. Die besonderen Ursachen solcher Konstellationen – vor allem in den westlichen Ländern des untersuchten Raumes – wurden ja schon angedeutet [150].

Das Verhältnis von Adel, Burg und Herrschaft ist mit dem 13. Jahrhundert nicht mehr primär unter dem Aspekt der Neuentstehung von Adelsherrschaften bzw. der Neuerrichtung korrespondierender Burgzentren zu sehen. Die Frage des Besitzrechtes des Adels an der Burg tritt seither in den Vordergrund und damit der Problemkreis

148) E. SCHWIND – A. DOPSCH, Ausgewählte Urkunden zur Verfassungsgeschichte der deutsch-österreichischen Erblande im Mittelalter, 1895, S. 68 f.

149) MITTERAUER, Formen, S. 324 ff.

150) Vgl. o. S. 380 über den Burgenbau der Salzburger und Brixener Hochstiftsministerialen.

landesfürstlicher Adelspolitik als Burgenpolitik. Karl Lechner hat in diesem Zusammenhang zurecht immer wieder auf die intensiven Bemühungen der österreichischen Landesfürsten um die Lehensauftragung freieigener Burgen verwiesen, ebenso auf die Öffnungsverträge, sowie die Pfandschaftspolitik [151]. Ähnliches gilt, wenn auch vielleicht nicht im selben Ausmaß, für Steiermark und Kärnten. Anders liegen die Dinge in den westlichen Territorien Salzburg, Tirol und der Grafschaft Görz. Freieigene Adelsburgen bzw. Adelsherrschaften konnten hier gar kein Problem darstellen, da von den Voraussetzungen der Landesentstehung her ihre Zugehörigkeit zum Lande ja nur in Ausnahmefällen unter ganz besonderen Bedingungen möglich war [152]. Die Länder der Grafen von Tirol und Görz sind im Prinzip auf der Basis der Akkumulation von Adelsherrschaften entstanden. Im Salzburger Hochstiftsterritorium hat einerseits die Übernahme der adeligen Vogteirechte, andererseits ebenso die Eingliederung von Adelsherrschaften die Grundlage gebildet. Zumindest der Bestand von Lehensbindungen war daher in diesem Territorium die Voraussetzung für die Zugehörigkeit zum Land [153]. Bezeichnend für die abweichenden Gegebenheiten ist etwa, daß in Tirol nicht adeliger sondern landesfürstlicher Burgenbau die letzte wichtige Phase der Neuerrichtung von Burgmittelpunkten darstellt [154]. Die landesfürstliche Burgenpolitik hat daher im Westen ganz andere Akzente als zu gleicher Zeit in den östlichen Territorien. Vergabe von Burgen zu Burghut oder Pflege steht hier im Vordergrund, nicht mehr Lehensauftragung von Eigenburgen. Grundsätzliche Strukturunterschiede der beiden Ländergruppen kommen hierin zum Ausdruck. Sie finden in der Ausbildung der spätmittelalterlichen Landstände deutlich faßbar ihre Entsprechung: In den östlichen Ländern entsteht ein vom ritterlichen Kleinadel klar abgegrenzter Herrenstand, während eine analoge Gruppierung in den westlichen Territorien grundsätzlich fehlt.

151) Lechner, Waldviertel (wie Anm. 1), S. 136 ff. – Ders., Die Bildung des Territoriums und die Durchsetzung des Territorialstaates im 14. Jahrhundert 2 (VorrForsch 14), 1971 S. 426 f. und 457.

152) Einen Sonderfall stellen etwa die Vögte von Matsch dar. Die Herrschaften dieses hochfreien Geschlechts im oberen Vintschgau waren dem Land Tirol durch einen Bündnisvertrag angegliedert, der den Landesfürsten – ähnlich wie in den Gebieten der Bischöfe von Brixen und Trient – die Wehrhoheit zuerkannte; M. Wiesflecker, Meinhard der Zweite, in: VeröffInstÖsterrGForsch 16, 1955, S. 105.

153) Wiesflecker (wie Anm. 152), S. 207.

154) Mitterauer, Ständegliederung (wie Anm. 107), S. 189.

Burgenbau und Burgenpolitik des Erzstiftes Salzburg im Mittelalter

VON HEINZ DOPSCH

Burgenkunde und Burgenforschung sind bis in die jüngste Vergangenheit ein Stiefkind der Salzburger Landesgeschichte gewesen. Im Gegensatz zu den Nachbarländern Tirol, Kärnten und Steiermark fehlte es sowohl an detaillierten Einzeluntersuchungen als auch einer zusammenfassenden Darstellung der Salzburger Wehrbauten [1]. Die Mittelalter-Archäologie hat seit vielen Jahre ihre ganze Kraft auf die Grabungsarbeiten an den frühmittelalterlichen Salzburger Domen konzentriert. Umso erfreulicher ist es, daß gerade in den letzten Jahren nicht nur wichtige Einzeluntersuchungen vorgenommen wurden [2], sondern auch Vorarbeiten zu einem Burgenbuch [3] und Grabungen an einem besonders interessanten Objekt [4] eingesetzt haben. Der vorliegende Beitrag

1) F. V. ZILLNER, Salzburger Geschlechterstudien, in: MGSL 17, 1877; 19, 1879; 21, 1881; 22, 1882, und E. RICHTER, Untersuchungen zur historischen Geographie des ehemaligen Hochstiftes Salzburg und seiner Nachbarländer, in: MIÖG Erg. Bd. 1, 1885, S. 590–738, bringen einiges über Burgen. Für das gesamte Bundesland Salzburg liegt die Österreichische Kunsttopographie (Bde. 7, 9–13, 16, 17, 20, 22, 25) vor. Ein Gesamtverzeichnis der österreichischen Burgen ist im Anzeiger der österr. Akademie d. Wiss., phil.-hist. Kl. 92 (1955) enthalten, einige Salzburger Wehrbauten auch bei O. PIPER, Österreichische Burgen, 4 Bde. in 8 Tlen, Wien 1902–1909. – Erläuterungen zum Historischen Atlas der österreichischen Alpenländer I/1, Salzburg, bearb. v. E. RICHTER und A. MELL, Wien 1917.

2) H. KLEIN, Die Stauffenecker (Burggrafen von Plain), MittGesSalzbLdKde 67, 1927, S. 18–29. – DERS., Zur Geschichte der Burg Mauterndorf, Salzburger Volksblatt vom 14. 5. 1938 (Wiederabdruck in MittGesSalzbLdKde 112/113, 1972/73). – DERS., Der Streit um das Erbe der Herren von Goldegg, MittGesSalzbLdKde 82/83, 1942/43, S. 1–48. – Eine Zusammenfassung gibt H. KLEIN in: Hdb. Hist. Stätten Österreichs II, hg. v. F. HUTER, 1966, S. 323–391. – Für den Rupertiwinkel (Gerichte Laufen und Stauffeneck) liegt die sorgfältige Arbeit von H. SCHEDL, Gericht, Verwaltung und Grundherrschaft im bayerischen Salzach-Saalach Grenzland unter der Herrschaft der Salzburger Erzbischöfe, Phil. Diss. masch. (München 1956) vor.

3) F. ZAISBERGER und W. SCHLEGEL bereiten in der Reihe Burgenbücher des Birkenverlags Wien, in der bereits Ober- und Niederösterreich, Steiermark, Kärnten und Burgenland bearbeitet wurden, drei Bände über die Burgen Salzburgs vor.

4) F. EBERHERR, Bericht über die Ausgrabung einer Wehranlage in Eugendorf-Hofkalham im Frühjahr 1973, in: MittGesSalzbLdKde 112/113, 1972/73. – H. DOPSCH, Zur Geschichte der Burg Kalham (ebenda), S. 265–276.

kann jedoch in Anbetracht der Forschungslage nur die Grundzüge der Entwicklung andeuten, wobei die landesfürstliche Burgenpolitik, die im Erzstift Salzburg in weit größerem Maß dominiert hat als in den habsburgischen Nachbarterritorien, im Vordergrund steht.

Das Erzstift und die Residenzstadt Salzburg sind schon durch ihren Namen eng mit den Problemen der mittelalterlichen Burgenverfassung verbunden. Der Name Salzburg ist – wenn man den Ableitungen der Germanisten glauben darf – nicht direkt vom Salz als dem wichtigsten Handelsprodukt, sondern als Klammerform vom Flusse Salzach abzuleiten. Die primäre Form soll Salzachburg gelautet haben, so daß der Name die Lage der Burg am Fluß kennzeichnete. Mit ihrer beherrschenden Position und den mittelalterlichen Bauteilen ist die Feste Hohensalzburg bis heute ein Wahrzeichen von Stadt und Land geblieben.

Eine der umstrittensten Fragen ist für Salzburg – so wie für manche andere Bischofsstadt des Frühmittelalters – das Problem der Kontinuität. Da heute die Meinung einer beschränkten Fortdauer der Siedlung und Bevölkerung allgemeine Anerkennung gefunden hat [5], könnte man auch eine bauliche Kontinuität der spätrömischen Befestigungsanlagen vermuten. Die kurz nach der Erhebung Salzburgs zum Erzbistum aufgezeichnete »Notitia Arnonis« berichtet:

Primum quidem traditit Theodo predictum oppidum simulque castrum superiorem domno Hrodberto ...

Obwohl in Salzburg als Sitz eines bayerischen Teilherzogtums noch weiterhin eine Herzogspfalz bestand [7], ist der Ausdruck *castrum superius* nicht als Gegensatz zu einer unteren Burg, sondern eher als Teilbegriff des castrum zu deuten, das die gesamte Burgsiedlung und damit auch das oppidum umfaßte. Das kommt auch noch im deutschen Namen Salzburg für die Stadt zum Ausdruck. Innerhalb dieses castrum superius, das man als eine spätrömische Befestigung oder zumindest als eine von Romanen ange-

5) A. Dopsch, Wirtschaftliche und soziale Grundlagen der europäischen Kulturentwicklung I, Wien 1923, S. 176 f. – J. K. Stadler, Beiträge zur Rechtsgeschichte der Stadt Salzburg im Mittelalter (Südostbayerische Heimatstudien 9), 1934, S. 6 f. – K. Oettinger, Das Werden Wiens, Wien 1951, S. 176 f. – I. Zibermayr, Noricum, Bayern und Österreich, Horn ²1956, S. 129. – M. Hell, Ein frühgeschichtlicher Grabfund bei der Michaelskirche in Salzburg, in: MittGesSalzbLdKde 98, 1958, S. 239. – H. Klein, Iuvavum-Salzburg, in: VortrrForsch 4, 1958, S. 77–85 und Ders., Salzburg an der Slawengrenze, Südostdeutsches Archiv 11, 1968, S. 2 ff., hat sich dezidiert gegen jede Kontinuität in Salzburg, sowohl auf kirchlichem als auch auf weltlichem Gebiet, ausgesprochen. Seine Einwände sind jedoch durch die Arbeiten von F. Prinz, (zuletzt) Salzburg zwischen Antike und Mittelalter, in: Frühmittelalterliche Studien 5, 1971, S. 20 ff., zurückgewiesen worden.

6) Notitia Arnonis c. I, Salzburger UB I, hg. v. W. Hauthaler u. F. Martin, S. 4.

7) H. Wolfram, Die Zeit der Agilofinger – Rupert und Virgil, in: Geschichte Salzburgs I, hg. v. H. Dopsch und H. Spatzenegger, Salzburg 1976. – F. Pagitz, Der Pfalzbezirk um St. Michael in Salzburg, MittGesSalzbLdKde 115, 1975, S. 175–241.

legte Fluchtburg deutet [8], wird um 730 eine Martinskirche genannt [9]. Obgleich sich die obere Burg, so wie heute die Feste Hohensalzburg, auf dem Festungsberg befand, ist die Burgstelle nicht dieselbe. In den Mauern des castrum superius errichtete nämlich der hl. Rupert das Kloster Nonnberg, dessen Leitung er seiner Nichte Erentrudis anvertraute. Die spätrömische Wehranlage befand sich also auf dem der Salzach nächstgelegenen, aber doch niedrigeren östlichen Sporn des Festungsberges. Um eine wirksame Verteidigung zu ermöglichen, mußte damals aber auch der nach Südwesten anschließende Bergrücken mit Mauern bewehrt sein. Die Feste Hohensalzburg, deren Anfänge in das Jahr 1077 zurückreichen, konnte daher nicht an derselben Stelle wie das spätrömische castrum superius errichtet werden – dort befand sich ja das Kloster Nonnberg – aber der Festungsberg hat, von kurzen Unterbrechungen abgesehen, seine Wehrfunktion seit der Spätantike bewahrt.

Zwei weitere Burgen, die an der Stelle römischer oppida errichtet wurden, sind Pettau im Bereich des antiken Poetovio und Leibnitz nahe dem römischen Flavia Solva. Von Pettau berichtet der Biograph Erzbischof Konrads I., daß sich dort eine alte Burg befand, die lange Zeit in Trümmern lag und vom Erzbischof wieder aufgebaut wurde [10]. Auch diese Pettauer Burg entsprach so wie das castrum superius in Salzburg dem Typ der frühmittelalterlichen Fliehburg, in deren Mitte sich eine Kirche befand. Die Burg war wohl von den Ungarn zerstört worden und der Neubau von ca. 1125–1130 knüpfte nur in der Wahl des Platzes, der mit dem Pettauer Schloßberg ja vorgezeichnet war, an die spätantiken bzw. frühmittelalterlichen Befestigungen an [11]. Die Leibnitzer Burg hingegen war eine vollkommene Neuanlage, die außerhalb des antiken Stadtgebietes von Flavia Solva errichtet wurde [12]. Während für die bisher genannten Wehranlagen durchwegs der Terminus castrum gebraucht wurde, erwähnen die Breves Notitiae am Ende des 8. Jahrhunderts zu Laufen an der Salzach ein *castellum*. Obwohl der Bayernherzog Odilo zu Laufen *villam, casam et curtem cum territorio* besaß [13], ertauschte Bischof Virgil um 740 das Kastell zu Laufen nicht vom Herzog, sondern von einem gewissen Swiker. Über Lage, Größe und Aussehen dieser spätrömischen Wehranlage lassen sich nicht einmal Vermutungen anstellen.

8) H. Klein, Iuvavum-Salzburg (wie Anm. 5), S. 80 ff.

9) Breves Notitiae c. VII, in: Salzburger UB II A, S. 7. – Vgl. H. Klein, Nockstein?, in: MittGesSalzbLdKde 76, 1936, S. 169 f. – J. K. Stadler (wie Anm. 5), S. 10.

10) Vita Chunradi archiepiscopi Salisburgensis, c. 20, MG SS 11, S. 75.

11) B. Saria, Pettau (ZHistVSteierm Sdbd. 10), Graz 1965, S. 14. – J. Klemenc, Ptujski Grad v kasni antiki, Ljubljana 1950, S. 9 f.

12) E. Staudinger, Welche Ausdehnung hatte Flavia Solva?, in: Schild von Steier 9, 1959/61, S. 27–33. – 1000 Jahre Leibnitz 970–1970, Festschr., hg. v. d. Stadtgemeinde Leibnitz, Graz o. J., S. 24–35. – O. Lamprecht, Geschichte und Bedeutung der Burg Leibnitz-Seggau, in: Bll. f. Heimatkunde 46, 1972, S. 16 f.

13) Breves Notitiae c. IX, in: Salzburger UB II A, S. 10.

Der Wortlaut in den Breves Notitiae

Virgilius episcopus conparavit hoc castellum ad Swikerum ad Lŏffi [14]

legt vielmehr die Möglichkeit einer Verschreibung nahe. Deshalb sind auch alle bisherigen Deutungsversuche ohne konkretes Ergebnis geblieben.

Eine echte Kontinuität des Wehrbaues von der Antike zum Mittelalter hat es also im Erzstift Salzburg nicht gegeben. Manche Burgen wie Hohensalzburg und Pettau entstanden zwar an der Stelle antiker Vorläufer, ihr Bau erfolgte aber erst im Hochmittelalter zum Schutze der darunterliegenden Städte und Märkte.

Solange die Salzburger Erzbischöfe mit der Politik der deutschen Könige, von denen sie bis ins 11. Jahrhundert eingesetzt wurden, konform gingen und unter dem Schutz des Reiches standen, erfahren wir nichts von erzbischöflichem Burgenbau. Erst das entschiedene Eintreten Erzbischof Gebhards für Papst Gregor VII. und die wichtige Position, die Salzburg dann bis zum Ende des 12. Jahrhunderts als Hochburg der päpstlichen Partei einnahm, bedingten eine Sicherung des erzstiftischen Besitzes durch die planmäßige Anlage von Burgen. Aufgrund der mittelalterlichen Territorialentwicklung wurde Salzburg sehr treffend als »unvollendeter Paßstaat« charakterisiert [15]. Dieser Paßlage trugen die von Gebhard errichteten Burgen Rechnung. Während Heinrich IV. in Canossa die Lösung vom Kirchenbann erreichte, ließ Erzbischof Gebhard, der zu den Wählern des Gegenkönigs Rudolf von Schwaben zählte, die Burgen Friesach, Werfen und Hohensalzburg erbauen, um dem König den Rückweg aus Italien zu verlegen [16]. Heinrich IV., der das Osterfest 1077 in Aquileia gefeiert hatte, konnte auch nicht über die zweifellos bequemeren Salzburger Alpenpässe heimreisen, sondern mußte den Rückweg *per Caranthaniae angustias* nehmen. Man deutet diese Erzählung dahingehend, daß der Kaiser über den Heiligenbluter- oder den Felbertauern in den Pinzgau zog, der damals noch zu Bayern gehörte [17]. Alle drei Burgen, mit deren Bau Gebhard damals nur begonnen hatte, sind in der Folge wichtige Stützen der Erzbischöfe geblieben; Hohensalzburg und Werfen galten bis zur Saekularisation des Erzstiftes als Hauptburgen des Landes. Obwohl von den Gebhardsburgen keine erhalten ist und es wohl improvisierte Holzbauten waren, sollen ihre Grundzüge für den Burgenarchäologen auch heute noch deutlich erkennbar sein [18]. Bei der Burg auf dem

14) Breves Notitiae c. XIV, in: Salzburger UB II A, S. 17.

15) H. Klein, Salzburg, ein unvollendeter Paßstaat, in: VortrrForsch 10, 1965, S. 275–291.

16) Vita Gebehardi et succ. c. 7, MG SS 11, S. 39. – Vgl. H. Klein (wie Anm. 15), S. 283.

17) Bertholdi Annales z. J. 1077, MG SS 5, S. 294. – H. Klein, Die Salzburger Alpenstraßen und ihre Bedeutung für den mittelalterlichen und neuzeitlichen Verkehr, Bericht über den 6. österreichischen Historikertag 1960, Wien 1961, S. 23, sprach sich für den Heiligenbluter- (Rauriser-) oder den Felbertauern aus, ebenso in dem Anm. 15 zit. Aufsatz.

18) A. Klaar, Burgenkarte, in: Romanische Kunst in Österreich, Ausstellungskatalog, Krems 1964, S. 278.

Petersberg oberhalb von Friesach ist vermutet worden, daß Gebhard dort bereits bestehende Verteidigungsanlagen nur erweitern und verstärken ließ [19].

Hatte Gebhard, der 1088 auf der von ihm errichteten Feste Hohenwerfen gestorben ist, die Anfänge einer erzbischöflichen Burgenpolitik geschaffen, so mußte sein Nachfolger Thiemo am eigenen Leib erfahren, wie gefährlich eine Burg werden konnte, deren Verteidigungswirkung gegen den eigenen Herrn gerichtet wurde. Nach der unglücklichen Schlacht bei Saaldorf 1097, in der er dem kaiserlichen Gegenerzbischof Berthold von Moosburg unterlegen war, floh Thiemo nach Kärnten, wurde aber auf der Flucht von Anhängern seines Gegners gefangen, bevor er noch die schützende Petersburg von Friesach erreichen konnte. Um diese bis dahin erfolglos belagerte Burg einzunehmen, banden Thiemos Feinde den gefangenen Erzbischof auf eine Belagerungsmaschine und setzten ihn den Geschossen der Verteidiger aus. Diese erkannten jedoch ihren Oberhirten und wußten ihn zu schonen. Auch als man zwei seiner Verwandten, die mit ihm gefangen worden waren, mit dem Tode bedrohte, weigerte sich Thiemo die Verteidiger zur Übergabe der Burg aufzufordern. Nach den Angaben der Passio Thiemonis wurden daraufhin die beiden Verwandten des Erzbischofs wirklich geköpft, der unglückliche Thiemo selbst aber in einer anderen Burg eingekerkert, von wo er schließlich entkommen konnte [20].

Unter Thiemos Nachfolger Konrad I. erreichte der planmäßige Burgenbau des Erzstiftes einen ersten Höhepunkt. Er vollendete die Burgen Hohensalzburg und Hohenwerfen und versah sie mit Befestigungen, die für die damalige Zeit ganz außerordentlich erschienen. Konrads Biograph bezeichnet Hohensalzburg selbst als völlig uneinnehmbar, bei Werfen fügt er hinzu, daß die Burg im Verein mit dem dortigen Engpaß des Salzachtales jedem, der nach Kärnten, in den Pongau oder in den Pinzgau gelangen wolle, gleichsam zurufe: »Bis hierher kannst du gelangen, weiter aber nicht mehr [21]!« Den Markt Friesach, der von dem kaiserlichen Gegenbischof Berthold von Gurk an den Kärntner Herzog gekommen war, konnte Konrads Suffragan, Bischof Hiltebold von Gurk, erobern. Der Markt,der am linken Ufer des Metnitzbaches lag, wurde nun vollkommen zerstört und die Bewohner Friesachs gezwungen, sich am rechten Flußufer unmittelbar unter der Salzburger Feste auf dem Petersberg anzusiedeln. Erzbischof Konrad ließ damals den gewaltigen Bergfried errichten, der heute noch steht und erbaute gleichzeitig im Norden des Marktes die Burg Geyersberg. Noch zu Lebzeiten des Erzbischofs wurde der Markt durch weitere Befestigungen in seinem Umkreis, zu denen der Virgilienberg und der Rote Turm zählen, geschützt, und der Petersberg selbst durch Mauern gegen den Ort an seinem Fuße gesichert. Auch heute noch sind die erhaltenen Burgen und Ruinen in und um Friesach so

19) T. ZEDROSSER, Die Stadt Friesach in Kärnten, Klagenfurt 1953, S. 27.

20) Passio Thiemonis archiepiscopi c. 8, MG SS 11, S. 56.

21) Vita Chunradi arch. Salisb. c. 20, MG SS 11, S. 74.

eindrucksvoll, daß die Worte von Konrads Biographen, Friesach gleiche eher dem Wohnsitz des Kaisers als eines Bischofs, nicht nur als reine Übertreibung zu werten sind [22]. Im Schutze der Friesacher Befestigungen hat Erzbischof Konrad I. eine Münzstätte errichtet, deren Erzeugnisse die Friesacher Pfenninge, zur ältesten und wichtigsten Territorialmünze für den Ostalpenraum wurden. Sie hat die zweite Münzstätte des Erzstiftes in Laufen (seit dem Ende des 12. Jahrhunderts in Salzburg) an Bedeutung weit übertroffen [23]. Die Verlegung und Befestigung des Marktes Friesach bewirkte nicht nur dessen Übergang aus bischöflich Gurker Besitz in den der Salzburger Erzbischöfe, sondern wirft auch ein bezeichnendes Licht auf das Verhältnis von Burg und städtischer Siedlung – Friesach wird schon 1215 als Stadt bezeichnet – im Erzstift.

Zum Schutze gegen die Ungarn, von denen die Salzburger Besitzungen in der Mittel- und Untersteiermark immer wieder heimgesucht wurden, begann Konrad in Leibnitz mit der Anlage einer großen Burg, die zu seinen Lebzeiten allerdings unvollendet blieb, baute in Pettau die alte Burg, die lange zerstört gewesen war, wieder auf und errichtete in Reichenburg an der Save die südlichste Festung des Erzstiftes. Diese drei Burgen sollen dann die Einfälle der Magyaren fast völlig eingedämmt haben [24]. Die Burghut dieser neuerrichteten Burgen hat der Erzbischof in die Hände ihm treu ergebener Ministerialen gelegt. Das Salzburger Burggrafenamt aber wurde von Konrad dem Friedrich von Haunsberg anvertraut, der ein Angehöriger eines bedeutenden hochfreien Geschlechtes war. Die Haunsberger verfügten östlich der Salzach über eine quasi-gräfliche Stellung mit hoher Gerichtsbarkeit und zahlreichen Alloden, waren aber gleichzeitig Stadtherren von Linz und zählten zu den bedeutendsten Grundherren in Österreich ob der Enns und in Bayern [25]. Zu diesem Fall, daß ein Hochfreier das Burggrafenamt einer Feste versieht, ohne dabei in seiner Stellung gemindert zu werden, gibt es weder in Salzburg noch sonst auf dem Gebiet des heutigen Österreich eine Parallele. Sicher ist es bezeichnend dafür, welche Bedeutung der Hohensalzburg als Hauptfeste des Erzbistums beigemessen wurde. Da in der älteren Literatur der Haunsberger fälschlich als Salzburger Ministeriale angesehen

22) Vita Chunradi arch. Salisb. c. 16 und c. 20, MG SS 11, S. 72 f. und 74 f. – K. Zeillinger, Erzbischof Konrad I. von Salzburg (Wiener Diss. aus dem Gebiete d. G. 10), Wien 1968, S. 27 ff. – T. Zedrosser (wie Anm. 19), S. 30 ff. – A. Ogris, Der Kampf des Bistums Gurk um Friesach bis zum Beginn des 14. Jhs., Carinthia I, 161. Jg., 1971, S. 163–174.

23) E. Baumgartner, Beiträge zur Geldgeschichte der Friesacher Pfennige, Carinthia I, 150. Jg., 1960, S. 84 ff. – B. Koch, Der Salzburger Pfennig, in: NumismatZ 75, 1953, S. 36 ff.

24) Vita Chunradi arch. Salisb. c. 20, MG SS 11, 75.

25) F. Tyroller, Genealogie des altbayerischen Adels im Hochmittelalter, in: Genealogische Tafeln zur mitteleurop. Geschichte, hg. v. W. Wegener 1962–1969, S. 432 f. Tafel 42 B. – V. v. Handel-Mazetti, Das Gemärke von Wildberg im Jahre 1189, Jb. d. Museums Francisco-Carolinum 57, 1899, Beilage IV.

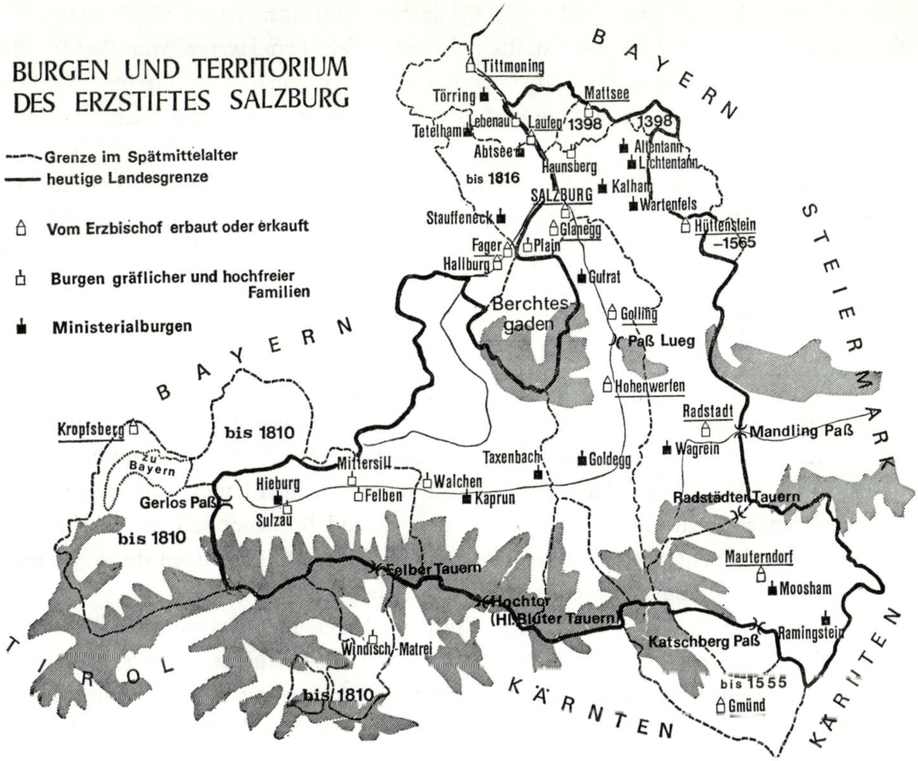

wurde, bedarf die Frage, ob Vergleiche mit den hochfreien Burggrafen anderer deutscher Städte wie Regensburg, Nürnberg oder Magdeburg angestellt werden dürfen, noch einer genauen Prüfung [26]. Auch bei den Werfener Burggrafen, die sich erst seit 1209 nach der von ihnen erbauten Feste Gutrat nannten, hat man hochfreie Abkunft vermutet, doch fehlt dafür bisher jeder gesicherte Nachweis. Daß die Werfener Burggrafen von Anfang an zu den bedeutendsten Ministerialenfamilien des Landes zählten, steht aber außer Zweifel [27]. Die Burghut der Festen Friesach und Leibnitz, die später als Sitz der Vizedomämter eine zentrale Stellung einnahmen, wurde Angehörigen derselben Ministerialenfamilie verliehen. Aus dieser Familie stammte auch der berühmte

26) S. Rietschel, Das Burggrafenamt und die hohe Gerichtsbarkeit in den deutschen Bischofsstädten während des frühen Mittelalters 1905, S. 70 ff. und J. K. Stadler (wie Anm. 5), S. 23 f. sind von der falschen Annahme ausgegangen, daß Friedrich von Haunsberg so wie seine Nachfolger im Burggrafenamt ein Ministeriale des Erzbischofs war.
27) F. V. Zillner, Die Werfener Burggrafen, in: MittGesSalzLdKde 21, 1881, S. 24–79.

Bischof Roman I., der 1131–1167 das Salzburger Suffraganbistum Gurk leitete [28]. Die Burggrafen von Pettau aber stellten die einflußreichen Herren von Pettau, die nicht nur die bedeutendsten Dienstmannen des Erzstiftes, sondern bei ihrem Erlöschen im 15. Jahrhundert auch die reichste und mächtigste Herrenfamilie der Steiermark waren [29].

Erzbischof Eberhard II. (1200–1246), ein Parteigänger der Staufer, konnte mit kaiserlicher Unterstützung und durch die reichen Einkünfte der kurz zuvor eröffneten Saline Hallein eine Reihe von Grafschaften und wichtigen Gütern erwerben. Es gelang ihm die Schaffung eines großen, geschlossenen Territoriums, das vom Vizedomamt (später Hofmeisteramt) Salzburg aus verwaltet wurde [30]. Die weiter entfernten Besitzungen, die Exclaven in den Herzogtümern Steiermark und Kärnten bildeten, wurden den Vizedomämtern Leibnitz und Friesach unterstellt [31]. Die Erzbischöfe mußten gegenüber den dort gelegenen Burgen, die größtenteils durch den Tauernhauptkamm von der Residenz getrennt waren und relativ selbständige Verwaltungsmittelpunkte bildeten, eine andere Politik verfolgen, als innerhalb des werdenden Landes. Deshalb soll im folgenden zunächst ein Überblick über Burgenbau und Burgenpolitik im Territorium bzw. im Lande Salzburg gegeben und diesem dann die zentralen Burgen der sogenannten auswärtigen Besitzungen gegenübergestellt werden.

Den Charakter als Hauptburgen des Erzstiftes haben Hohensalzburg und Hohenwerfen bis zum Ende des geistlichen Fürstentums bewahrt. Neben dem großzügigen Ausbau der beiden Anlagen, der durch Jahrhunderte fortgesetzt wurde, kommt das in einer Reihe von Sonderrechten zum Ausdruck. Den Burggrafen von Hohensalzburg, die nach Friedrich von Haunsberg durchwegs Ministeriale waren, oblag nicht nur die Führung der wehrhaften Mannschaft von Burg und Stadt, seit dem Ende des 13. Jahrhunderts stand ihnen mit dem Amt des Hauptmannes zu Salzburg grundsätzlich auch der Oberbefehl über alle erzbischöflichen Truppen zu. Dazu kamen die Oberaufsicht über den Markt und die Salzburger Münze und die Gerichtsbarkeit innerhalb des Burgfrieds [32], anfänglich wohl auch eine Art von Exekutivgewalt. Ein sehr deutliches Zeugnis dafür ist jener Vorfall, der sich unter der Regierungszeit Erzbischofs Konrads ereignete. An der Spitze einer Verschwörung der Ministerialen gegen den Erzbischof

28) J. OBERSTEINER, Die Bischöfe von Gurk. Aus Forschung und Kunst Bd. 5, Klagenfurt 1969, S. 26 f. und 54 f. – H. DOPSCH, Ministerialität und Herrenstand in der Steiermark und in Salzburg, in: ZHistVSteierm 62, 1971, S. 26.

29) H. PIRCHEGGER, Die Herren von Pettau, in: ZHistVSteierm 42, 1951, S. 3–36.

30) CH. STÖLLINGER, Erzbischof Eberhard II. von Salzburg, Phil. Diss. Masch. Wien 1972. – H. DOPSCH, Die Entstehung des Territoriums, in: Geschichte Salzburgs I, hg. v. H. DOPSCH und H. SPATZENEGGER, Salzburg 1976.

31) E. MARX, Das Salzburger Vizedomamt Leibnitz, Phil. Diss. Masch., Salzburg 1972.

32) J. K. MAYR, Geschichte der Salzburger Zentralbehörden von der Mitte des 13. bis ans Ende des 16. Jhs., in: MittGesSalzbLdKde 64, 1924, S. 10, 19 f., 35 f.; 65, 1925, S. 40 ff. – J. K. STADLER (wie Anm. 5), S. 24. – R. SCHLEGEL, Veste Hohensalzburg, Salzburg 1952, S. 14.

stand damals der Propst Albwin, der einem nicht gerade vornehmen Dienstmannengeschlecht entstammte. Er war auf Rat seiner Mitverschworenen nach Rom gereist, um dort Anklage gegen seinen Metropoliten zu erheben, damit an der Kurie aber nicht durchgedrungen. Bei der Rückkehr aus Italien wagte er es aus Furcht vor dem Erzbischof nicht, sich in der Öffentlichkeit sehen zu lassen und versuchte nachts heimlich die Salzachbrücke zu überschreiten. Dabei wurde er jedoch entdeckt und der Salzburger Burggraf, der bereits erwähnte Hochfreie Friedrich von Haunsberg, ließ Albwin gefangennehmen und blenden [33]. Dieser Vorgang scheint mir doch ein bezeichnendes Licht auf die bis heute umstrittene Frage zu werfen, ob dem Burggrafen von Hohensalzburg zumindest innerhalb des Burgfrieds eine Gerichtsbarkeit zustand oder nicht. Seit der Vereinigung des Burggrafenamtes mit dem des Hauptmannes zu Salzburg sind dessen richterliche Befugnisse unbestritten [34].

Besonders deutlich wird die Stellung von Hohensalzburg und Hohenwerfen in der Zeit der Sedisvakanz. Die Pfleger der Burgen wurden sofort dem Oekonomen, der im Namen des Domkapitels die Zwischenregierung führte, unterstellt. Am Ende des Mittelalters wurde zunächst dem Burghauptmann zu Salzburg ein Domherr zur Kontrolle beigegeben, seit 1560 wurde unmittelbar nach dem Eintritt einer Sedisvakanz ein Domherr als Gubernator mit der Leitung der Feste Hohensalzburg betraut und ihm der Burghauptmann oder Pfleger unterstellt. Im Jahre 1619 wird erstmals ein weiterer Domherr zum Gubernator von Hohenwerfen bestellt, der rangmäßig aber dem Gubernator von Hohensalzburg unterstand. Die Amtszeit der Gubernatoren dauerte vom Eintritt der Sedisvakanz bis zur Wahl des neuen Erzbischofs, wurde aber später bis zum Eintreffen der päpstlichen Bestätigung ausgedehnt. Zu den wichtigsten Aufgaben der Gubernatoren gehörte die Vereidigung der stationierten Besatzung auf das regierende Domkapitel und die Sorge für Ruhe und Ordnung. Verdächtige Vorfälle mußten sofort dem Domkapitel gemeldet werden, fremde Personen fanden nur mit einer Vollmacht des Domkapitels Einlaß. Besonders diese Bestimmung wurde so rigoros gehandhabt, daß bei Beginn der Sedisvakanz mit der Besatzung auch eine Hebamme auf der Burg eingeschlossen wurde, die für die Frauen der Burgbesatzung zu sorgen hatte. Sie konnte erst nach erfolgter Wahl des neuen Erzbischofs die Burg verlassen. Selbst Domherren durften sich ohne Vollmacht nicht länger als einen Tag auf der Burg aufhalten, eine Nächtigung war ihnen untersagt. Das Amt des Gubernators war schon wegen der mangelnden Bequemlichkeit und dem damit verbundenen Entgang des Prä-

33) Vita Chunradi arch. Salisb. c. 10, MG SS 11, S. 69. – Vgl. G. Hödl, Ministerialität und Stadt in Salzburg, in: Stadt und Ministerialität, hg. v. E. Maschke und J. Sydow, Veröff. d. Komm. f. gesch. Landeskunde in Baden-Württemberg, Reihe B, Bd. 76, 1973, S. 147 f.
34) Vgl. Anm. 32.

zenzgeldes – eine Entschädigung wurde erst im 18. Jahrhundert gewährt – alles andere als beliebt und es wurden meist Domherren aus dem unteren Teil der Rangliste damit betraut [35].

Hohensalzburg und Hohenwerfen galten nicht nur als unbezwingliche Symbole der bischöflichen Macht, sie haben sich dieses Rufes auch stets als würdig erwiesen. Hohensalzburg wurde niemals erobert, Werfen ist nur im Bauernkrieg von 1525 durch mangelnde Vorsicht des Pflegers gefallen [36]. Aufgrund der großen Sicherheit, welche diese Burgen allen darin Untergebrachten boten, wurde ihnen bald eine Funktion zugedacht, die bisher noch kaum beachtet wurde, nämlich die der Burg als Gefängnis. Auf Hohenwerfen wurden die von Graf Meinhard von Görz im Frieden von Lieserhofen 1252 als Geiseln gestellten Söhne Meinhard und Albert vom Salzburger Erwählten Philipp jahrelang interniert. Auch Ludwig, der 1292 in Gefangenschaft geratene Sohn des Herzogs Meinhard von Kärnten, wurde hier eingekerkert. Der erste prominente »Gast« auf Hohenwerfen war jedoch ein Salzburger Erzbischof, der böhmische Prinz Adalbert, der 1198 von seinen Ministerialen 14 Tage lang auf Burg Werfen festgehalten wurde, um eine Reihe von Zugeständnisse von ihm zu erpressen [37]. Andererseits haben auch die aufständischen Bauern im Jahre 1525 nach der Einnahme von Werfen ihre Gefangenen, darunter den Landeshauptmann von Steiermark Siegmund von Dietrichstein, hierher gebracht, um sie besonders sicher zu inhaftieren [38]. Von den vielen Gefangenen der Feste Hohensalzburg war zweifellos Erzbischof Wolf Dietrich von Raitenau der prominenteste, der nach fast sechsjähriger Gefangenschaft im Jahre 1617 auf der Burg verstarb [39]. Unter den relativ zahlreichen Stadtburgen des Erzstiftes hat höchstens Hohensalzburg Funktion und Charakter einer Zwingburg gehabt. Die verhältnismäßig große Besatzung unter der Führung des Burghauptmannes war und blieb ein Druckmittel in der Hand des Erzbischofs, und auch Leonhard von Keutschach hat nach seinem Gewaltstreich gegen den Salzburger Stadtrat 1511 die Gefangenen zunächst auf die Burg bringen lassen [40]. Genauere Angaben über die Größe der Burgbesatzung sind erst aus den Bauernkriegen 1525/26 bekannt.

35) E. Mayrhofer, Die Sedisvakanzen im Erzstift Salzburg, Phil. Diss. Masch., Salzburg 1969, S. 110 ff. – H. Wagner und H. Klein, Salzburgs Domherren von 1300–1514, in: MittGesSalzbLdKde 92, 1952, S. 3.

36) K. Köchl, Die Bauernkriege im Erzstift Salzburg 1525/26, in: MittGesSalzbLdKde 47, 1907, S. 30. – A. Hollaender, Studien zum Salzburger Bauernkrieg 1525, in: MittGesSalzbLdKde 72, 1932, S. 27.

37) H. Wiesflecker, Meinhard II., in: Schlern-Schriften 124, Innsbruck 1955, S. 29, 35 ff., 280 f. – Widmann I, 285. – H. Klein, Werfen, in: Hdb. d. Hist. Stätten Österr. II, S. 389.

38) K. Köchl (wie Anm. 36), S. 39. – A. Hollaender (wie Anm. 36), S. 38.

39) F. Martin, Erzbischof Wolf Dietrichs letzte Lebensjahre 1612–1617, in: MittGesSalzbLdKde 50, 1910, S. 157–229.

40) Widmann II, S. 375 ff.

Damals befanden sich samt den zahlreichen Bauarbeitern und Handwerkern sowie den Kindern etwa 100 Personen auf der Burg, von denen aber nur 24 die wehrhafte Mannschaft bildeten: 6 Torschützen, 2 Übergeher und 16 Wächter. Für den Kriegsfall war allerdings eine Besatzung von 200 Mann vorgesehen. Die Burg war außerdem mit 17 großen und mittleren sowie 13 kleineren Geschützen bewehrt[41]. Abgesehen von den grundsätzlich andersartigen Voraussetzungen hat auch die beherrschende Stellung von Hohensalzburg dazu beigetragen, daß die Salzburger Erzbischöfe im Gegensatz zu den rheinischen Metropoliten die Herrschaft über die Bischofsstadt nie abgeben mußten.

Neben diesen zentralen Burgen haben die Erzbischöfe auch eine Reihe von Grenzburgen sowie Wehranlagen zum Schutze wichtiger Straßen und Pässe errichtet. Im Nordwesten wurden an der Grenze gegen Bayern vor allem die Städte besonders stark befestigt und teilweise mit beherrschenden Stadtburgen versehen, die bei Anwesenheit des Erzbischofs auch als Residenz dienten.

Das Zentrum der erzbischöflichen Salzschiffahrt, Laufen an der Salzach, wird 1041/60 als *urbs* bezeichnet, 1144 wird ein Stadtrichter erwähnt. Spätestens seit dem Beginn des 12. Jahrhunderts war die Stadt mit einer starken Burg versehen, auf der auch die damals in Laufen befindliche erzbischöfliche Münzstätte untergebracht war. Im Spätmittelalter war die Laufener Burg eine beliebte Sommerresidenz der Erzbischöfe. Aber auch die 26 Türme der Laufener Stadtmauer, von der heute nur mehr drei erhalten sind, wurden an Laufener Bürger verliehen. So verpflichtete sich Ezechiel Gänsel, Bürger und Ausferge zu Laufen, im Jahre 1459 für den Fall, daß ihm der Zinkenturm übergeben werde, dem Erzbischof damit zu dienen und gewärtig zu sein[42].

In Tittmoning hängt auch die Stadtwerdung mit der Errichtung der erzbischöflichen Burg zusammen. 1234 ertauschte Eberhard II. vom Kloster Nonnberg den Grund für die Stadt und ließ noch im selben Jahr den Schloßberg befestigen. Bereits 1242 wird dann Tittmoning erstmals als Stadt *(oppidum)* bezeichnet. Auch die Erzbischöfe haben bisweilen auf der noch heute gut erhaltenen Burg Aufenthalt genommen[43]. Für Mühldorf, das schon 995 *oppidum* genannt wird, ist seit 1197 ein erzbischöflicher Burggraf bezeugt. Es ist bezeichnend für die Auswahl der Burggrafen aus wenigen bevorzugten Familien, daß dieser erste Kastellan von Mühldorf dem Ge-

41) R. Schlegel (wie Anm. 32), S. 44 f.

42) Salzburger UB I, S. 238, Nr. 14, S. 379 Nr. 243; ebenda II, Nr. 222 f. – H. Gentner, Topographische Geschichte der Stadt Laufen, ObBayerArchVaterldG 22, 1863, S. 219 ff. – E. Paur, Geschichte von Laufen an der Salzach, Laufen 1922.

43) Salzburger UB III, Nr. 906, Nr. 989. – W. Schlaich, Tittmoning, in: Handbuch d. histor. Stätten Deutschlands 7, Bayern, 1961, S. 706 f.

schlecht der Gutrater entstammte und ein Bruder des Werfener Burggrafen war [44]. Die nahe der Stadt gelegene Burg Dornberg hat Graf Eberhard von Dornberg 1223 dem Salzburger Erzbischof Eberhard II. verkauft, wobei festgesetzt wurde, daß der Graf die Burg auf Lebenszeit als Burggraf innehaben sollte; gleichzeitig wurde den Ministerialen des Dornbergers das Recht der Hochstiftsministerialen verliehen [45]. Burg Dornberg ist in der Folge weniger durch ihre militärische Bedeutung sondern als Konferenzort zwischen Salzburg und Bayern hervorgetreten, wozu sie als Salzburger Exclave auf bayerischem Gebiet besonders geeignet war. In den Jahren 1254 und 1275 wurden hier zwischen den Erzbischöfen und den Bayernherzogen die sogenannten »Erhartinger Verträge« abgeschlossen, in welchen eine klare Grenze zwischen dem Erzstift und dem Herzogtum Bayern festgelegt wurde, die bis zum Ende des geistlichen Fürstentums in Kraft blieb [46].

Ein neuralgischer Punkt zwischen Salzburg und Bayern war Reichenhall. Die Hoheitsrechte über die Salinenstadt waren stark aufgesplittert. Neben dem Bayernherzog sind vor allem die Grafen von Plain, die Grafen von Wasserburg, die sich auch »Hallgrafen« nannten, und die Grafen von Peilstein zu nennen. Nach einigen Übergriffen der Reichenhaller Bürger gegen Salinen des Erzbischofs kam es 1196 zu einem wilden Racheakt des Erzstiftes. Erzbischof Adalbert III. hat damals nicht nur die Stadt geplündert und niedergebrannt, sondern auch die Hallburg als Zwingfeste errichtet. Die Bürger wandten sich daraufhin völlig dem Bayernherzog zu. Erst nach langwierigen Auseinandersetzungen kam es zum Vergleich zwischen Bayern und dem Erzstift. Der Vertrag von 1218 sicherte einerseits dem Bayernherzog die unter Heinrich dem Löwen aus dem Erbe der Grafen von Peilstein erworbenen Grafschaftsrechte in Reichenhall zu, beließ aber Salzburg im Besitz der Hallburg und der ebenfalls von den Peilsteinern stammenden Feste Fager und der Münzstätte. Gleichzeitig mußte sich der Herzog verpflichten, seine neuerbaute Feste völlig zu schleifen *(destruere et derelinquere)* und behielt nur Burg Karlstein. Für alle Burgen wird jedoch ausdrücklich der Vorbehalt getroffen, daß der Vertragspartner sie durch Rechtsvertrag oder durch freundschaftliches Übereinkommen erwerben könne *(in iure evincere vel per amiciciam obitnere)* [47]. Das Ende war dennoch ein gewaltsames; die Salzburger Festen

44) Salzburger UB II, Nr. 512, Nr. 521 f. – W. Schlaich, Mühldorf (wie Anm. 43), S. 435 f. – K. Fehn, Die zentralörtlichen Funktionen früher Zentren in Altbayern, 1970, S. 94. – H. Knittler, Herrschaftsstruktur und Ständebildung Bd. 2, Städte und Märkte (Sozial- und wirtschaftshist. Studien, hg. v. A. Hoffmann und M. Mitterauer), Wien 1973, S. 141.

45) Salzburger UB III, Nr. 783.

46) Salzburger UB IV, Nr. 29, Nr. 84. – Martin, Reg. I, Nr. 212 f., Nr. 735. – E. Richter (wie Anm. 1), S. 655 ff. – M. Spindler, Die Entstehung des bayerischen Landesfürstentums SchrrReihe z. bayer. LdG. 26, 1937, S. 28 f. – H. Schedl (wie Anm. 2), S. 10 ff.

47) MG SS 11, S. 549, 588, 778, jeweils z. J. 1196. – Salzburger UB III, Nr. 732. – A. v. Meiller, Regg. z. Geschichte d. Salzburger Erzbischöfe, Wien 1866, S. 162, Nr. 104–106.

wurden zerstört, die herzogliche Burg Gruttenstein errichtet und Salzburg schließlich gänzlich aus der Stadt verdrängt [48]. Den Schutz der Grenze hat dann die Stammburg der Grafen von Plain, die 1260 aufgrund eines Vertrages ans Erzstift fiel [49], sowie die Feste Stauffeneck, welche die Plainer Burggrafen schon vor 1248 errichtet hatten [50], übernommen. Beide Burgen blieben Gerichtssitze, die von Pflegern verwaltet und als Grenzfesten bis ins 18. Jahrhundert instand gehalten wurden. Stauffeneck ist heute noch bewohnt.

Kein ernstzunehmender Gegner war für das Erzstift zunächst die benachbarte Fürstpropstei Berchtesgaden. Erst als es am Ende des 12. Jahrhunderts wegen der Saline am Tuval zu einer harten Auseinandersetzung zwischen der Propstei und dem Salzburger Domkapitel gekommen war, die 1198 durch einen Schiedsspruch Erzbischof Adalberts gelöst wurde [52], schritt man auch hier zum Bau von Verteidigungsanlagen, schickte dazu aber andere ins Feuer. Auf Betreiben des Erzbischofs oder des Domkapitels erbaute Kuno aus dem Geschlecht der Werfener Burggrafen, der als Lehensträger der Grafen von Plain die Grafschaft Kuchl und damit das Landgericht dieser Gegend innehatte, auf einem Felsvorsprung des Tuvals, der später Gutratsberg genannt wurde, die Burg Gutrat. Die Feste ist ein Jahrhundert später an das Erzstift gefallen ohne daß es darum wie bei zahlreichen anderen Ministerialenburgen zu besonderen Streitigkeiten gekommen wäre [53]. Kurz zuvor hatten die Erzbischöfe selbst die Burg Glanegg als Grenzfeste gegen Berchtesgaden errichtet. Sie liegt am Nordfuß des Untersberges und beherrscht die für den Salzhandel so wichtige Straße von der Berchtesgadener Saline Schellenberg nach Großgmain und Reichenhall. Die zwischen dem Burghügel und dem Untersberg sich hinziehende Straßensperre diente auch in neuerer Zeit noch vorwiegend der Kontrolle der Salzsäumerei von Schellenberg und Hallein in Richtung Tirol und Bayern [54].

48) H. KLEIN, Zur älteren Geschichte der Salinen Hallein und Reichenhall, in: VjSchrSozWirtschG 38, 1952, S. 323 ff. (Wiederabdruck in: Festschr. H. KLEIN, MittGesSalzbLdKde Erg. Bd. 5, 1965, S. 402 ff.).

49) Salzburg UB IV, Nr. 12, MARTIN Reg. I, Nr. 94. – O. PIPER (wie Anm. 1), Tl. 5, S. 121 ff. – H. KLEIN, Großgmain, in: Hdb. d. Hist. Stätten Österr. II, S. 341. – F. TYROLLER (wie Anm. 25), S. 115 f. Stammtafel 7.

50) H. KLEIN, Die Stauffenecker (wie Anm. 2).

51) O. STOLZ, Geschichtskunde des Zillertales, Schlernschriften 63, 1949, S. 42 ff.

52) Salzburger UB II, Nr. 480, 505, 517, 518, 520; Salzburger UB III, Nr. 585, 589, 598, 600, 616. – A. PRINZINGER, Der Tuval im Streite zwischen Salzburg und Berchtesgaden, in: MittGesSalzbLdKde 27, 1887, S. 518–527. – H. KLEIN (wie Anm. 48), S. 311 ff. – F. KOLLER, Hallein im frühen und hohen Mittelalter, in: MittGesSalzbLdKde 116, 1976, S. 1–116.

53) Salzburger UB III, Nr. 627 (erste Erwähnung von Gutrat). – F. V. ZILLNER (wie Anm. 27).

54) Österr. Kunsttopographie Bd. 11, S. 78. – H. KLEIN, Glanegg, in: Hdb. d. Hist. Stätten Österr. II, S. 338 f.

Im Süden waren die wichtigsten Alpenübergänge, der Radstädter Tauern und der Katschberg, dreifach geschützt. Kaiser Heinrich II. hatte 1002 dem Erzbischof Hartwig ein Gut im Lungau mit Zöllen und Tafernen geschenkt, das nach dem Tod des Erzbischofs an das Domkapitel fiel[55]. Diese erstgenannte Zollstätte in den Ostalpen, an der vom Domkapitel der Markt Mauterndorf errichtet wurde, nimmt eine zentrale Position an der Kreuzung der Katschbergstraße mit dem Murtalweg ein. Als das Salzburger Domkapitel 1253 von Papst Innozens IV. die Erlaubnis erhielt, zum Schutz seiner Besitzungen auf seinem eigenen Grund und Boden Burgen zu bauen[56], errichtete es oberhalb des Marktes an der Straße die Burg Mauterndorf. Eine direkte Parallele zu diesem auffallenden Privileg, womit der Papst einem anderen Domkapitel den Burgenbau gestattet hätte, ist nicht bekannt; man kann jedoch in diesem Zusammenhang auf ein Privileg Papst Alexanders IV. für Paderborn (vgl. Bd. I, S. 558) verweisen, das diesem Bistum das Recht des Burgenbaues gewährte. Beim Privileg Innozenz IV. für das Salzburger Domkapitel wird man aufgrund des Jahres 1253 zunächst an die Zustände im Reich denken. Gerade im Südosten und damit auch im Erzstift Salzburg fehlte seit Jahren jeder Einfluß der Königsmacht, so daß schon dadurch ein Eingreifen der Kurie als notwendig erscheinen konnte. Daneben muß aber auch bedacht werden, daß der Salzburger Erzbischof Eberhard II. nach dem Ende der Grafen von Lebenau 1229 die Vogtei über das Domkapitel endgültig eingezogen hatte und seither selbst ausübte[57]. Vielleicht hat der Papst als übergeordnete geistliche Instanz daraus das Recht abgeleitet, in die Verhältnisse des Salzburger Domkapitels einzugreifen. Burg Mauterndorf blieb bis zur Säkularisation im Besitz des Domkapitels und ist, trotz einiger Anbauten des 14.–16. Jahrhunderts, die besterhaltene hochmittelalterliche Burg im Lande Salzburg[58].

Aber auch dem Erzbischof gelang es, in unmittelbarer Nähe eine wichtige Position in die Hand zu bekommen. Die am Ende des 12. Jahrhunderts erbaute Feste Moosham im Lungau (sö. von Mauterndorf), die in der zweiten Hälfte des 13. Jahrhunderts bereits aus einer oberen und unteren Burg bestand, befand sich im Besitz des steirischen Ministerialen Offo von Saurau. Als dieser in seiner Eigenschaft als Vogt die Besitzungen des Domkapitels und des Klosters Admont bedrückte, gab das dem Erzbischof Friedrich den nötigen Rechtsgrund, um 1281 die alte Burg Moosham, und damit ist wohl die obere Burg gemeint, zu belagern und einzunehmen. Der Saurauer mußte nicht nur auf die Burg verzichten, sondern eidlich versprechen, den Lungau überhaupt

55) MG DH II, Nr. 33, Salzburger UB II, Nr. 64. – E. Klebel, Der Lungau, Salzburg 1960, S. 55 ff.
56) Martin Reg. I, Nr. 181, 182, Salzburger UB IV, Nr. 24.
57) Salzburger UB III, Nr. 838. – F. Martin, Die kirchliche Vogtei im Erzstifte Salzburg, in: MittGesSalzbLdKde 46, 1906, S. 365 f. – H. Dopsch, Die Grafen von Lebenau, in: Das Salzfaß, Zs. des histor. Vereins Rupertiwinkel, NF 4, Heft 2, Tittmoning 1970, S. 46 f.
58) H. Klein, Mauterndorf (wie Anm. 2).

zu meiden. Vier Jahre später leisteten auch Otto von Moosham und sein gleichnamiger Sohn auf beide Burgen Verzicht, die hinfort wie alle wichtigen Festen des Erzstiftes von Pflegern verwaltet wurden [59].

Im Süden des Katschbergs hatte das Erzstift zwischen 1142 und 1149 durch den Übertritt der Freien von Rauchenkatsch und das Erbe des Bischofs Altmann von Trient einen großen geschlossenen Besitz erworben, in dessen Zentrum am Zusammenfluß von Lieser und Malta der ummauerte Markt Gmünd angelegt wurde [60]. Die Erhebung zur Stadt war mit der Errichtung der erzbischöflichen Burg verbunden. Beide werden 1292 erstmals genannt. Die Burg war seit 1400 Sitz des Landgerichtes, wurde nach dem verheerenden Stadtbrand von 1504 wieder aufgebaut und hielt auch der Belagerung durch die Bauern 1525 stand [61].

Die Nordrampe des Radstädter Tauernpasses und zugleich seine Ostgrenze im Ennstal gegen die Steiermark hat das Erzstift nicht durch eine Burg, sondern durch eine planmäßig angelegte Stadt gesichert. Dazu wurde der alte Markt Radstadt nach Osten an den Zusammenfluß von Taurach und Enns verlegt, mit Mauern umgeben und 1289 mit dem Salzburger Stadtrecht privilegiert [62]. Bereits sieben Jahre später hat die junge Stadt dem vereinten Angriff der Herzoge Albrecht von Österreich und Heinrich von Kärnten erfolgreich widerstanden. Die erst seit 1401 nachweisbare Burg war Sitz des Pflegers, der zugleich die Funktionen des Land- und Stadtrichters wahrnahm [63].

Im Lungau wurde die Ostgrenze durch die Burg Ramingstein im Murtal gesichert, auf die der Ministeriale Rudolf von Fohnsdorf 1301 verzichten mußte. Sie wurde seither von Pflegern verwaltet [64]. Zur Deckung der mit dem Kloster Mondsee strittigen Westgrenze errichtete das Erzstift vor 1323 nordöstlich von St. Gilgen die

59) MG SS 9, S. 807. – Salzburger UB IV, Nr. 109, Nr. 130, MARTIN Reg. I, Nr. 1008, Nr. 1200. – E. KLEBEL (wie Anm. 55), S. 78, 104, 116. – Österreichische Kunsttopographie Bd. 22, 129 f. – H. KLEIN, Moosham, in: Hdb. d. Hist. Stätten Österr. II, S. 358 f.

60) SUB 207a, b. – G. MORO, Zur Geschichte des Lieser- und Katschtales, in: Carinthia I, 136.–138. Jg. 1948, S. 176 f.

61) MARTIN, Reg. II, Nr. 126, Salzburger UB IV, Nr. 182. – Monumenta historica ducatus Carinthiae V, Nr. 127, VI Nr. 209. – H. GRABNER, Geschichte der Stadt Gmünd in Kärnten, Phil. Diss. Masch., Wien 1964, S. 30. – E. KLEBEL, Die Städte und Märkte des bayerischen Stammesgebietes in der Siedlungsgeschichte, ZBayerLdG 12, 1939, S. 58 f. – G. MORO, Gmünd, Hdb. Hist. Stätten Österr. II, S. 215 f.

62) Salzburger UB IV, Nr. 152; MARTIN Reg. I, Nr. 1354.

63) A. HESSEL, Jahrbücher d. Deutschen Reiches unter König Albrecht I. von Habsburg, 1931, S. 45 ff. – H. KLEIN, Radstadt, in: Hdb. Hist. Stätten Österr. II, S. 365 f.

64) MARTIN, Reg. I, Nr. 470, 532, 753. – H. KLEIN, Ramingstein, in: Hdb. Hist. Stätten Österr. II, S. 366 f.

Burg Hüttenstein, die der Sitz eines eigenen Pfleggerichtes wurde [65]. Dieser Kranz von Grenzburgen rund um das geschlossene Territorium des Erzstiftes wurde im Nordosten geschlossen, als 1398 die Burg Mattsee samt der gleichnamigen Herrschaft vom Bistum Passau gekauft und darin ein Salzburger Pfleggericht installiert wurde [66].

Im Landesinneren wurde südlich des Passes Lueg um 1240 die Burg Golling gemeinsam mit dem Markt errichtet. Sie hatte neben dem Schutz der Talenge auch eine wichtige Verkehrsfunktion an der Einmündung des Lammertales in das Salzachtal wahrzunehmen. Dem Pfleger der Burg war nicht nur die Verwaltung des erzbischöflichen Urbaramtes Kuchl, sondern auch der dortige Landrichter unterstellt, der am Ende des 15. Jahrhunderts seinen Sitz nach Golling verlegte [67].

Entscheidende Fortschritte erzielte die erzbischöfliche Territorialpolitik durch den Ankauf der Stammburgen gräflicher und hochfreier Geschlechter. Aufgrund von Verträgen, die schon in den Jahren 1177/83 abgeschlossen worden waren, gelang 1207 die Erwerbung der großen Herrschaft Windischmatrei mit der gleichnamigen Burg um die enorme Summe von 2850 Mark vom Grafen Heinrich von Lechsgemünd, der sich auch nach Matrei und Mittersill nannte. Bezeichnenderweise spricht der Kaufvertrag von der Burg Matrei, als deren Zubehör nicht nur alle weiteren Besitzungen des Grafen, sondern auch die zahlreichen Ministerialen, sowie Dörfer und weitere Burgen bezeichnet werden. Da spätestens beim Tode des Grafen auch dessen Grundbesitz im Pinzgau mit der Burg Mittersill an das Erzstift fiel, verfügte dieses nicht nur über einen weiteren wichtigen Alpenübergang, sondern auch über die beiden Burgen, die ihn im Norden und Süden sicherten [68]. Daß nicht nur in den Kaufbriefen sondern auch für das Erzbistum als Käufer wirklich die Burg als Herrschaftszentrum im Vordergrund stand, zeigt das Ende der Hochfreien von Haunsberg. Erzbischof Eberhard II. kaufte 1211 mit Zustimmung des Domkapitels und der Ministerialen vom letzten Haunsberger Gottschalk dessen Stammburg, bestehend aus der oberen und unteren Feste Haunsberg samt einigen wehrhaften Eigenleuten, wobei er gleichzeitig das Zugeständnis machte, daß auf der oberen Burg nur ein von Gottschalk bestimmter Burggraf eingesetzt werden dürfe [69]. Das Herrschaftsgebiet der Haunsberger östlich der Salzach fiel hingegen samt dem Hochgericht und der Ministerialität an die Grafen

65) Der bei Martin, Reg. III, Nr. 376 zitierten Urkunde ist zu entnehmen, daß schon 1323 eine Burg Hüttenstein bestand. 1326 dürfte dann der Ausbau zu einem Pfleggerichtssitz erfolgt sein (Martin, Reg. III, Nr. 696). – E. Richter (wie Anm. 1), S. 718. – Erläuterungen I/1, S. 48 ff.

66) W. Erben, Quellen zur Geschichte des Stiftes und der Herrschaft Mattsee, in: FontRerAust II/49, 1896, S. 174 ff.

67) Erläuterungen I/1, 45 f. – H. Klein, Golling, in: Hdb. d. Hist. Stätten Österr. II, S. 340.

68) Salzburger UB II, Anhang 2, Nr. 68, ebenda III, Nr. 561, 605–608, 791.

69) Salzburger UB III, Nr. 646; vgl. auch Nr. 645a, b.

von Lebenau, wurde mit deren Grafschaft vereinigt und erst nach dem Ende dieser Grafen vom Erzstift eingezogen [70].

Obwohl eine obere und eine untere Burg Haunsberg genannt werden, zeigen sowohl der geringe Kaufpreis als auch die heute noch vorhandenen Ruinen, daß es eine verhältnismäßig kleine Wehranlage war. Vor allem der Felsen, auf dem sich die obere Burg erhob, bot nur einem Wohnturm Platz. Diese einfachen Wohntürme waren die charakteristische Bauform der Stammsitze von hochfreien Geschlechtern, da sie schon im 12. Jahrhundert errichtet wurden, während die große Zeit des Burgenbaues im Erzstift erst ins 13. Jahrhundert fällt. Die Grafenburgen Mittersill und Lebenau sowie die Stammburgen der Hochfreien von Haunsberg, Felben und Walchen, vertreten durchwegs diesen Typ des Wohnturms und auch die Stammburg der Grafen von Plain, das sogenannte Salzbüchsel, war zwar eine etwas größere, aber doch sehr einfache Anlage. Nicht diesem Typ entspricht jedoch die Burg Windischmatrei, die mit ihren ausgedehnten Wällen und Gräben eher an die viel ältere Form der Fluchtburg erinnert. Der Wert der Burg wurde weniger durch die Größe als durch die günstige Lage und manches damit verbundene Sonderrecht bestimmt. So beherrschte etwa die kleine Burg der Grafen von Lebenau nicht nur die Straße und den Fluß, mit ihr war auch eine Maut auf der Salzach verbunden.

Während die Grafenburgen entweder durch Kauf oder durch Verträge mit Bayern zusammen mit den Grafschaften an das Erzstift kamen, wurde auf die kleineren hochfreien Familien weniger Rücksicht genommen. Sie wurden sicher mit sanfter Gewalt aber auch durch besondere Vergünstigungen in die erzbischöfliche Ministerialität integriert. Die Verleihung von Burgen und das ihnen gewährte Recht auf Burgenbau hat dabei eine wichtige Rolle gespielt. Ein typisches Beispiel bieten die Hochfreien von Felben, deren Stammsitz ganz in der Nähe der Grafenburg Mittersill liegt und so klein ist, daß man vergeblich versucht hat, außer diesem Felberturm noch eine Burgstelle zu finden [71]. Nach ihrem Übertritt in die erzbischöfliche Ministerialität am Beginn des 13. Jahrhunderts wurde ihre Machtbasis wesentlich verbreitert. Friedrich von Felben, der nach einem Streit mit dem Erzbischof Friedrich erst 1292 mit Erzbischof Konrad IV. einen Vergleich schloß, besaß damals neben der Stammburg noch die Festen Kaprun und Sulzau sowie einen Anteil an dem Burgstall zu Maierhofen. Die Bestimmungen des damals geschlossenen Übereinkommens sind so aufschlußreich, daß sie eine besondere Erwähnung verdienen. Der Felber übergab dem Erzbischof die Burg Sulzau, verzichtete auf alle Allodialansprüche bezüglich der Burg und erhielt vom Erzbischof auf fünf Jahre die Burghut nach Salzburger Recht übertra-

70) H. Dopsch (wie Anm. 57), S. 41 f.

71) H. Klein, Zur Geschichte Felbens und des Felber Tales, Zs. d. Deutschen und österr. Alpenvereins 73, 1942, S. 76–86 (Wiederabdruck in: Festschr. H. Klein, MittGesSalzbLdKde Erg. Bd. 5, 1965, 19–32).

gen. Innerhalb dieser fünf Jahre sollte er auf dem Burgstall zu Maierhofen eine neue Burg errichten, diese mit zwei Gaden des Turms mauern und darauf ein hölzernes Zimmer setzen, außerdem eine Ringmauer nur so hoch bauen, als ein Mann mit der Hand zu erreichen vermag. Bis zur Fertigstellung dieses Baues besetzte der Erzbischof die Burg Kaprun mit zwei seiner Ministerialen. Nach Vollendung des Baues sollte Friedrich von Felben dem Erzbischof die Burg Sulzau einantworten und dafür die neue Burg zu Maierhofen (Hieburg) und die Feste Kaprun zu Lehen erhalten. Daß unter den Lehen, die zur Burg Sulzau gehörten, eines den Namen Torwaertelsstat führte, sei nur am Rande erwähnt [72].

Die Erzbischöfe hatten für die von ihnen gebauten, erkauften und sonst erworbenen Burgen einen Grundsatz, der konsequent eingehalten wurde: Die Burgen wurden nicht an Ministeriale verlehnt, sondern ausnahmslos mit erzbischöflichen Pflegern besetzt. Durch diese Art der pflegschaftsweisen Vergabung blieben die Burgen stets in allen Belangen der unmittelbaren Kontrolle des Erzbischofs unterstellt, und die Gefahr einer Entfremdung oder gar Allodialisierung, die bei der Verlehnung von Burgen immer drohte, war weitgehend gebannt. Trotzdem haben sich – abgesehen von den wenigen Hochfreien, die in erzbischöfliche Dienste traten – gerade aus den Reihen der Burggrafen die führenden Ministerialenfamilien des Erzstiftes rekrutiert. Ihnen konnten die Erzbischöfe auf die Dauer den Burgenbau nicht verwehren, der vor allem im 13. Jahrhundert in großem Stil einsetzte. Obwohl diese Burgen nicht, wie in der Steiermark, überwiegend freies Eigen der Ministerialen, sondern zumeist Lehen vom Erzbistum waren, haben sie den Erzbischöfen die größten Schwierigkeiten bereitet. Dazu gab einerseits die Regentschaft schwacher Erzbischöfe Anlaß, unter denen sich die Dienstmannen außerordentliche Rechte anmaßten, andererseits aber war die Reaktion auf ein hartes Regiment nur allzuoft der Versuch, samt den Burgen in den Dienst anderer Länder, vor allem Bayerns, zu treten.

Bereits im 13. Jahrhundert bieten die Ministerialen von Kalham ein spektakuläres Beispiel von Raubrittertum. Mit Erzbischof Friedrich von Walchen, der selbst dem letzten hochfreien Geschlecht des Erzstiftes entstammte, war ein energischer Vertreter der landesfürstlichen Macht zur Regierung gekommen. Als die Kalhamer nicht aufhörten, von ihrer Burg aus die Umgebung in weitem Umkreis zu berauben und sowohl den Handel als auch die öffentlichen Straßen verunsicherten, berief der Erzbischof nach Beratung mit dem Domkapitel und den Ministerialen ein Gericht aus den ritterlichen Standesgenossen der Übeltäter zusammen. Nachdem in ordentlichen Prozeßverfahren die Acht über die Kalhamer verhängt worden war, nahm der Erzbischof die Burg Ende Juli – Anfang August 1275 ein und machte sie dem Erdboden gleich. In einem Brief an König Rudolf von Habsburg erläuterte er die Gründe für sein Vorgehen und beschuldigte gleichzeitig die Kalhamer mit Přemsyl Otakar von Böhmen ein

72) Salzburger UB IV, Nr. 168; Martin, Reg. II, Nr. 137 f.

Bündnis geschlossen zu haben. Ausgrabungen, mit denen zu Ostern 1973 an der Burgstelle begonnen wurde, haben eine starke Brandschicht zutage gefördert, wodurch die Angaben der schriftlichen Quellen bestätigt werden [73]. Der Erzbischof verfolgte aber nur die Übeltäter und nicht die ganze Familie.

Konrad von Kalham hatte 1259 von Erzbischof Ulrich die Erlaubnis erhalten, auf den von seinem künftigen Schwiegervater übernommenen Lehen zu Thalgaueck eine Burg zu bauen, mit der er dem Erzbischof dienen mußte. Sollte ihm diese nicht zusagen, so konnte er mit Zustimmung des Erzbischofs einen zweiten Wehrbau errichten. Konrad nannte sich hinfort nach der von ihm erbauten Burg Wartenfels, zählte zu den verläßlichsten Dienstmannen und Räten der Erzbischöfe und hat bereits 25 Jahre vor seinem Tode die Burg an den Erzbischof abgetreten, da er keine Erben hatte. Auch Wartenfels wurde hinfort von einem Pfleger verwaltet, dem das Landgericht unterstellt war [74].

Die für zahlreiche Salzburger Ministerialen charakteristische Doppelstellung zwischen dem Erzstift und Bayern mußten als erste die Herren von Goldegg büßen. Wulfing von Goldegg war im deutschen Thronstreit auf seiten Ludwigs des Bayern, während sein Herr, Erzbischof Friedrich III., für den Habsburger Friedrich den Schönen eintrat. Nach der Schlacht bei Mühldorf ließ der Erzbischof nicht nur den Hauptsitz des Goldeggers zu Altenhof westlich Goldegg, sondern auch dessen Burgen Wagrain und Taxenbach brechen. Mit Altenhof war auch die Kirche zerstört worden. Der Erzbischof baute nun selbst zu Taxenbach eine neue Burg, zu der ihm der Goldegger auch das Landgericht abtreten mußte. Die Feste Wagrain wurde niemals wieder aufgebaut, trotzdem behielt dieser Besitz der Goldegger die Stellung einer Hofmark [75].

Ebenfalls auf bayerischer Seite standen die Herren von Tann. Bereits 1314 mußte Eckart von Tann geloben, den ohne Wissen des Erzbischofs Weichart begonnenen Ausbau der Burg Lichtentann einzustellen und auch seinen Söhnen den Weiterbau zu verbieten [76]. Als nach dem kinderlosen Tod des Niklas von Tann Erzbischof Ortolf dessen Lehen ohne Rücksicht auf Niklas Neffen Eckart (XII.) einzog, ging dieser zu Herzog Stefan von Niederbayern über. Die Folge war, daß in dem Ende 1357 ausgebrochenen Krieg zwischen Salzburg und Bayern, der auch als Tanner-Fehde bezeichnet wird, sowohl die Feste Lichtentann als auch Tetelham, dessen Burggraf der Tanner war, den Bayern in die Hände fielen. Die schwerwiegende Auseinandersetzung wurde 1362 durch einen Schiedsspruch beigelegt, demzufolge die Festen Altentann und Lich-

73) MARTIN, Reg. I, Nr. 739 f. – H. DOPSCH und F. EBERHERR (wie Anm. 4).
74) MARTIN, Reg. I, Nr. 324 f.; II, Nr. 528 f., III, Nr. 547. – H. DOPSCH (wie Anm. 4).
75) Salzburger UB IV, Nr. 297, MARTIN, Reg. III, Nr. 348, Nr. 761. – F. V. ZILLNER, Pongau-Goldegg, in: MittGesSalzbLdKde 17, 1877, S. 145–208. – H. KLEIN, Goldegg, in: Hdb. d. Hist. Stätten Österr. II, S. 339 f.
76) MARTIN, Reg. III, Nr. 1172.

tentann an den Erzbischof kamen. Erst 1369 wurde Eckart wieder mit Altentann belehnt, nachdem er schon 1364 wieder zum Burggrafen von Tetelham eingesetzt worden war. Trotzdem versuchten er und sein gleichnamiger Sohn, noch 1379 den Bayernherzogen die Burg Altentann testamentarisch zu vermachen, indem sie behaupteten, daß Altentann ihr freies Eigen sei und zum Gericht Henndorf gehöre, welches ein bayerisches Lehen wäre. Beide Behauptungen waren falsch, und die Feste fiel nach dem Ende des Geschlechts ebenso wie Tetelham ans Erzstift zurück [77].

Dieser Versuch, Burgen den bayerischen Herzogen in die Hände zu spielen oder samt der Burg in bayerische Dienste zu treten, blieb kein Einzelfall. Er betraf vor allem Burgen die im Salzburger Gebiet linksseitig der Salzach, dem sogenannten Rupertiwinkel, lagen. Dem ihm treu ergebenen Konrad von Kuchl hatte Erzbischof Ortolf 1355 gestattet, auf der Insel im Abtsee eine Burg zu errichten. Diese Burg hat dann im Dienste des Erzbistums einem Angriff der Bayern, die durch den Bau eines Dammes den Seespiegel heben und so die Burg unter Wasser setzen wollten, erfolgreich widerstanden. Unter der strengen Regierung des Erzbischofs Pilgrim von Puchheim, der die Rechte des Erzstiftes gegenüber den Dienstmannen mit unerbittlicher Härte durchsetzte, wandten sich auch die Kuchler den Bayernherzogen zu und Eberhard der Kuchler verkaufte 1385 die Feste Abtsee mit allem Zubehör den Herzogen Stefan, Friedrich und Johann von Bayern. Damit war die zum Schutz des Erzstiftes errichtete Burg zu einem Pfahl im Fleische geworden. Als es nach der bayerischen Gefangenschaft des Erzbischofs Pilgrim im Oktober 1389 neuerlich zum Krieg mit Bayern kam, war der bedeutsamste Erfolg der Salzburger Truppen die Rückeroberung der Inselfeste im Abtsee. Im Friedensschluß von 1390 bezahlte der Erzbischof nicht weniger als 12 000 fl. dafür, daß er die Feste behalten durfte [78].

Der spektakulärste Fall ist aber zweifellos jener des Kaspar von Törring gewesen. Die Burg Törring lag im Erzstift Salzburg, sie war Allod des gleichnamigen Geschlechtes und Mittelpunkt einer vom Erzstift verliehenen Hofmark. Bereits im 13. Jahrhundert waren die Törringer endgültig zu bayerischen Dienstmannen geworden und es kam zwischen ihnen und dem Erzstift zu wiederholten Auseinandersetzungen. Als Kaspar Törringer im Jahre 1400 von seiner Burg aus Salzburger Kaufleute beraubt hatte, setzte Herzog Stephan von Bayern ein Schiedsgericht ein, das nach mehrfacher Abänderung folgenden Vertrag vermittelte: der Törringer sollte statt einer finanziellen Wiedergutmachung zunächst dem Erzbischof vier Jahre mit der Burg Törring dienen, schließlich einigte man sich auf eineinhalb Jahre, in denen Kaspar von Törring auch mit 15 Spießen dem Erzbischof gegen jedermann, ausgenommen gegen Bayern und seine

77) F. V. Zillner, Die Tann, in: MittGesSalzbLdKde 22, 1882, S. 106–168.

78) HStA München, AStA, Hochstiftsliteralien Salzburg Nr. 178, 245, 246, 256. – W. Brugger, Die Kuchler, Das Salzfaß NF 1–3, 1967–1969, 7 Folgen (auch als Separatdruck erschienen). – H. Dopsch, Steinbrünning und seine Herrschaftsgeschichte, Das Salzfaß NF 7, 1973, S. 12 f. – Widmann II, S. 132 f.

engsten Freunde, Dienst leisten sollte [79]. Burg Törring lag damit zwar innerhalb des Erzstiftes und in einer Salzburger Hofmark, wurde aber als bayerische Burg angesehen, auf deren Dienste der Erzbischof prinzipiell kein Recht mehr hatte. Als Hauptmann des bayerischen Ritterbundes geriet Kaspar Törringer aber auch mit Herzog Heinrich dem Reichen von Niederbayern-Landshut in Konflikt, weil er das Banneramt und das Jägermeisteramt beanspruchte. Im großen Bayerischen Krieg, der Ende 1420 ausbrauch, richtete sich dann eine der ersten militärischen Aktionen des Herzogs gegen seinen alten Feind Kaspar Törringer. Nach erfolgter Absage rückte er mit den Dienstmannen der Törring benachbarten Städte Burghausen, Reichenhall, Ötting und Braunau vor die Burg, erstürmte, plünderte und zerstörte sie völlig. Aus den Quadern der niedergerissenen Feste errichtete er in Burghausen den mächtigen Zwinger, der den hohnvollen Namen Beiß-Törring erhielt. Herzog Heinrich betonte allerdings, daß er die Burg »in rechter Fehde« erobert habe. Die langwierigen Prozesse, die der Törringer bis zu seinem Tode vor den Femegerichten gegen den Herzog geführt hat, sind bekannt [80]. Was aber doch Beachtung verdient ist die Tatsache, daß der Salzburger Erzbischof, in dessen Land die Burg lag und der die Hofmarksgerechtigkeit für Törring verliehen hatte, von keiner Partei ins Spiel gebracht wurde und niemals selbst eingegriffen hat. Das zeigt doch sehr deutlich, daß im Erzstift diese Burg, obwohl sie im Lande lag, nicht mehr als zum Lande gehörig angesehen wurde.

Zusammenfassend kann man der erzbischöflichen Burgenpolitik einen Erfolg innerhalb des erzstiftischen Territoriums wohl kaum absprechen. Obwohl die Leitung eines geistlichen Fürstentums wegen der unterschiedlichen Persönlichkeit und Regierungsauffassung der einzelnen Erzbischöfe und wegen der häufigen Sedisvakanzen instabil und großen Rückschlägen ausgesetzt war, trug das konsequente Festhalten an einem Grundsatz seine Früchte: Alle vom Erzstift gebauten, gekauften, eroberten und ertauschten Burgen wurden nicht mehr als erbliches Lehen ausgegeben, sondern mit Pflegern besetzt. Damit übernahmen die Burgen als Zentren der erzbischöflichen Verwaltung und Gerichtsbarkeit neben der Verteidigungsfunktion derart wichtige Aufgaben, daß man sehr gut von einer mittelalterlichen Burgenverfassung des Erzstiftes sprechen kann.

Zu den Verhältnissen im benachbarten Herzogtum Bayern, besteht jedoch ein wesentlicher Unterschied. In Bayern war zumeist die Einteilung in Gerichte die ältere Stufe, und die Burgen wurden erst später als Sitz dieser Gerichte planmäßig ange-

79) Salzburger Landesarchiv, Geheimes Archiv III, 663 (Hofmark Törring), 862 (Schiedssprüche des Herzogs Stephan).

80) S. Riezler, Geschichte Bayerns Bd. 3 (Gotha 1889, Neudruck 1964), S. 249 f., 254, 290 ff. – Als aber Erzbischof Eberhard 1423 dem Oswald Törringer von Stein die Lehen verlieh, die zuvor dessen Vater Oswald innehatte, befand sich darunter »Die vest zu dem Stein (Stein an der Traun, Oberbayern) in seinem Lande gelegen, mit allem Urbar, Gütern und Zehent im Lande.

legt. Im Erzstift hingegen erfolgte die Einteilung in Gerichte auf der Grundlage der bereits bestehenden Burgen, und auch die alten Grafenburgen blieben nach dem Erwerb durch das Erzstift Sitz eines Landgerichtes. Dieses Festhalten an den Burgen als Gerichtssitzen zeigt sich deutlich bei den Grafenburgen Lebenau und Plain. Obwohl ihre militärische Funktion längst aufgehört hatte und sie auch verkehrsmäßig ungünstig lagen, wurden sie als Sitz von Landgerichten bis ins 17. Jahrhundert immer wieder instand gesetzt. Nach Lebenau wurde das Landgericht, nachdem es einige Jahrzehnte in der bedeutenden und verkehrsgünstigen Stadt Laufen ansässig war, sogar zurückverlegt und die Burg dazu fast völlig neu gebaut [81]. Demgegenüber bildet die spätere Anlage von Burgen als Gerichts- oder Verwaltungssitze, wie sie bei Golling und Hüttenstein der Fall war, eine Ausnahme.

Über die Rechtsstellung und Funktion der Burgen unterrichten uns die Pflegschaftsreserve, die anläßlich der Amtseinsetzung vom Pfleger oder Burggrafen an den Erzbischof ausgestellt wurden. Die Salzburger Kammerbücher im Wiener Haus-, Hof- und Staatsarchiv überliefern eine große Anzahl derartiger Reverse aus dem Spätmittelalter und der Neuzeit. Obwohl die Urkunden nicht nach einem genauen Formular ausgestellt wurden, folgen sie doch alle denselben Richtlinien, die dem Salzburger Dienstrecht entsprechen, das bereits im 13. Jahrhundert bezeugt ist. Der Pfleger oder Burggraf mußte die Feste ständig besetzt halten. Wenn er nicht selbst auf der Burg seinen Sitz nahm, so konnte der Pfleger seinerseits einen Burggrafen einsetzen, der von ihm unter Eid genommen wurde. In manchen Pflegschaftsreversen ist aber die Klausel enthalten, daß der Pfleger persönlich die Burghut der ihm anvertrauten Feste versehen mußte. Eine Verletzung dieser Pflicht konnte zum Entzug der Burg durch den Erzbischof führen [82]. Der Pfleger war verpflichtet, für den ordentlichen Bauzustand und die Wehrfähigkeit der Burg zu sorgen. Die Zusage zur Verbauung einer größeren Geldsumme auf der Burg durch den Pfleger bildete oft die Voraussetzung für die Verleihung der Burghut an ihn. Aber auch der Erzbischof stellte beim Amtsantritt des Pflegers eine beachtliche Summe bereit, die innerhalb einer gewissen Zeit zur Instandsetzung der Burg verwendet werden mußte. Für die baulichen Maßnahmen wurden bisweilen ganz genaue Richtlinien vorgeschrieben [83]. Wenn die Burg

81) H. Schedl (wie Anm. 2), S. 57 f. – H. Dopsch (wie Anm. 57), S. 49.

82) Erzbischof Eberhard III. entzog 1406 dem Nikolaus Reichemburger einen Turm zu Rann, da dieser den Turm weder besetzt noch baulich instandgehalten hatte; Registrum Eberhardi im Salzburger Landesarchiv, Nr. 38, hg. v. F. Koller, Staatsprüfungsarbeit am Inst. f. österr. Geschichtsforsch., Masch., Wien 1974. – Zur Residenzpflicht vgl. die Pflegschaftsreverse für Raschenberg (1405) und Althofen (1432), Registrum Eberhardi Nr. 97, Nr. 315.

83) Erzbischof Eberhard III. verlieh 1419 an die Brüder Peter und Andreas Moshaymer Festung und Gericht zu Lengberg zu Leibgeding, mit der zusätzlichen Auflage, daß sie einen Zwinger auf ihre Kosten rund um die Festung bauen, der am folgenden St. Georgstag in einem Jahr fertiggestellt sein muß. Den Erben steht nach ihrem Tod weder auf die Burg noch auf den Zwinger ein Anspruch zu (Registrum Eberhardi, Nr. 150).

durch die Schuld des Burggrafen Schaden nahm – vor allem Brände sind häufig bezeugt, so mußte dieser aus eigenen Mitteln für die Wiederherstellung sorgen [84]. Bei zunehmendem Verfall der Feste konnte ihm die Burghut entzogen werden [85]. Für die Instandsetzung von Burgen, die im Verlaufe eines Krieges beschädigt wurden, hatte hingegen der Erzbischof selbst zu sorgen. Gab ein Pfleger die Burghut vorzeitig auf oder verwendete er das zum Ausbau vorgesehene Geld nicht der Widmung entsprechend, so mußte er es zurückerstatten. Nach seinem Tode hafteten die nächsten Angehörigen dafür. Mit der Burghut verbunden war der Begriff des *offen haus*. Der Burggraf oder Pfleger war verpflichtet, die ihm anvertraute Feste für den Erzbischof oder dessen Vizedom, in Zeiten der Sedisvakanz für das Domkapitel, offenzuhalten. Manche Burggrafen unterstanden nicht direkt dem Vizedom sondern – wegen der großen Entfernung – einem Hauptmann, so z. B. die Pfleger der Burgen an der Save (Lichtenwald, Reichenburg, Pischätz) dem Hauptmann zu Rann (heute Brežice, Slowenien) [86]. Dem Erzbischof stand das Recht zu, jederzeit Truppen in die Burg zu legen, doch mußte er für deren Verpflegung selbst sorgen. Die Pfleger durften ohne Zustimmung des Landesfürsten von der Feste aus keine Angriffe oder Kriegshandlungen eröffnen. Als Entschädigung für die Burghut erhielten sie vom Erzbischof eine festgelegte Geldsumme, bei kleineren Burgen eine bestimmte Menge Naturalien. Dem Pfleger unterstanden auch die Bauern des umliegenden erzstiftischen Grundbesitzes. Diese Urbarsleute durften weder durch neue, ungebührliche Steuern noch durch übergroße Robotleistungen – worunter auch das Burgwerk fiel – bedrückt werden. Nach dem Tode des Pflegers hatte ein von ihm vorher bestimmter Vertrauensmann die Burg bis zur Übernahme durch das Erzstift zu verwalten. Bei der pflegschaftsweisen Vergabung fungierte der Burggraf – sofern er den Vertrag nicht vorher löste – auf Lebenszeit als Verwalter des Erzbischofs. Aber auch bei der viel selteneren Form der Belehnung, die nur in schwierigen Situationen und auf den auswärtigen Besitzungen angewandt wurde, stand weder den direkten Nachkommen noch den Verwandten ein Erbrecht zu [87].

Die wichtigen Burgen im Erzstift und auch auf den großen steirischen und Kärntner Gütern waren Sitz eines Land- oder Pfleggerichtes, bisweilen auch eines erzbischöfli-

84) 1424 verlieh Erzbischof Eberhard III. dem Koloman Windischgrätzer Feste, Landgericht, Urbar und Amt Arnfels (Steiermark) zu Leibgeding, wobei sich der Belehnte verpflichten mußte, die niedergebrannte Burg, die er schon vorher als Pfleger verwaltet hatte, binnen vier Jahren auf eigene Kosten aufzubauen. (Salzburger Kammerbücher III, Bl. 453, Nr. 211. Registrum Eberhardi, Nr. 270, Nr. 286a).

85) Vgl. Anm. 82.

86) Vgl. den Pflegschaftsrevers des Friedrich von Rot für die Burghut von Pischätz im Jahre 1426, Salzburger Kammerbücher III, Bl. 659, Nr. 289.

87) Als Beispiel der Verlehnung vgl. Anm. 84. Die übrigen Bestimmungen sind in fast allen den Aufgaben eines Pflegers vgl. H. SCHEDL (wie Anm. 2), S. 59 ff. – R. HÄRTEL, Pflegerfamilien und Burgenpolitik, in: ForschGLdKdeSteierm. 28, 1974, S. 301–320.

chen Urbaramtes. Auch andere wichtige Funktionen wie die Einhebung von Maut oder Zoll, die Aufsicht über den unter der Burg gelegenen Markt, die Einsetzung eines Marktrichters und die Einhebung von Abgaben konnte mit dem Burggrafenamt verbunden sein. Alle diese Hoheitsrechte erscheinen, sofern sie nicht einzeln aufgezählt werden, einfach als Zubehör *(zugehörung)* der Feste, womit die zentrale Stellung der Burg in der mittelalterlichen Verfassung des Erzstiftes Salzburg besonders deutlich zum Ausdruck kommt. Die Pfleger haben alle diese Funktionen zumeist selbst ausgeübt. Sofern ein eigener Landrichter bestellt wurde, unterstand er dem Pfleger, von dem er auch eingesetzt wurde [88]. Seit dem Spätmittelalter überwogen durch die Übergabe der Landgerichte, die nach der Erwerbung der Grafschaften oder dem Ende der damit belehnten Ministerialenfamilien an das Erzstift gefallen waren, in die Hände der Pfleger, im Erzstift die sogenannten Pfleggerichte [89]. Das Amt des Burggrafen oder Pflegers war für den Großteil der Salzburger Dienstmannen geradezu der Beruf. So haben die Mitglieder der Familie Nußdorf auf nicht weniger als zwanzig verschiedenen Burgen des Erzstiftes und des Bistums Passau das Amt des Pflegers oder Burggrafen ausgeübt [90].

Die gute wirtschaftliche Situation des Erzstiftes, vor allem die reichen Einkünfte aus dem Salzbergbau und Salzhandel, ermöglichten auch den Ministerialen gegenüber eine konsequente Verfolgung dieser Burgenpolitik. Während in den habsburgischen Ländern beim Erlöschen einer Dienstmannenfamilie deren Burgen und Herrschaften meist ohne Probleme in den Besitz des nächstverwandten oder testamentarisch bedachten Geschlechts übergingen und so die Macht der wenigen noch blühenden Familien ständig vermehrten, haben die Salzburger Erzbischöfe die Burgen eines erloschenen Geschlechts als heimgefallene Lehen eingezogen. Im Gegensatz zu den Habsburgern, die zu immer neuen Verpfändungen wichtiger Burgen gezwungen waren, um ihre aufwendige Reichspolitik zu finanzieren, haben die Erzbischöfe zahlreiche Burgen durch Kauf erworben und der Verwaltung von Pflegern unterstellt [91]. Eine Gefährdung dieser erfolgreichen Burgenpolitik des Erzstiftes bedeuteten die großen Zahlungen, die nach der Wahl eines neuen Erzbischofs an Rom geleistet werden mußten. Sie konnten auch durch die Ausschreibungen von Weihsteuern nicht immer gedeckt werden und zwangen den Erwählten auch zur Verpfändung von Burgen (s. Bd. I, S. 560 f.), auch von solchen, die innerhalb des geschlossenen Territoriums lagen [92]. Seit dem Ende des Mittelalters kamen noch die finanziellen Verpflichtungen, die aus den Wahlkapitula-

88) Erläuterungen I/1, 46. – H. Schedl (wie Anm. 2), S. 59 f.
89) Erläuterungen I/1, S. 10 f.
90) H. Dopsch (wie Anm. 78), S. 16. – Vgl. die Kartei Franck im Salzburger Landesarchiv.
91) Eine Gegenüberstellung bei H. Dopsch (wie Anm. 28), S. 3–30.
92) Erzbischof Eberhard III. mußte in den Jahren nach seiner Wahl zur Deckung dieser Schulden unter anderem die Burgen Stein im Lavanttal, Pischätz und Matrei in Osttirol verpfänden (Registrum Eberhardi Nr. 8, 35, 47).

tionen erwuchsen, hinzu. Eine dauernde Schädigung des Erzstiftes ist dadurch aber nicht eingetreten.

Erst in das 14. und 15. Jahrhundert fällt im Erzstift die Entwicklung von Hofmarken. Die Hofmarksgerechtigkeit wurde vom Erzbischof verliehen und beinhaltete vor allem die Niedergerichtsbarkeit über einen relativ geschlossenen Grundbesitz. Mittelpunkt dieser Hofmarken waren zumeist Burgen, doch mußte das nicht unbedingt der Fall sein. Es gab Hofmarken, deren Zentrale ein Wirtschaftshof war, und das Beispiel der Hofmark Wagrain, die auch nach der Zerstörung der Burg bestehen blieb, wurde bereits erwähnt. Dem Erzbischof stand es frei, mit Zustimmung oder auf Wunsch des Hofmarksherrn die Hofmarksgerechtigkeit auf eine andere Burg oder Herrschaft zu übertragen. Im Vergleich zu Bayern war die Zahl der Hofmarken freilich gering, sie betrug im Erzstift kaum mehr als ein Dutzend [93].

Auf die Bauform der Burgen wurde schon kurz verwiesen. An die Stelle der einfachen Wehr- und Wohntürme des 12. Jahrhunderts traten im 13. Jahrhundert größere Wehranlagen und häufig auch Doppel- oder Mehrfachburgen. Vorherrschend wurde damals die seit dem Ende des Hochmittelalters geradezu als typisch geltende Form der Burg mit Ringmauer, Bergfried, Pallas und den Nebengebäuden. Es konnten aber auch weiterhin relativ einfache Anlagen als Wohnsitze angesehener Familien dienen. Ein Zweig der Ministerialen von Itzling nannte sich nach Bergheim, obwohl er dort nur ein »Gesäß« innehatte, und die Stammsitze der Familien von Thurn und von Weißpriach – letzterer entstammte sogar ein bedeutender Erzbischof – waren einfache Türme [94].

Über das Burgwerk steht für das Erzstift eine genauere Untersuchung noch aus. Für die erzbischöflichen Haupt- und Grenzburgen ist die Verpflichtung der Urbarsleute zum Scharwerk sicher. Die Pfleger mußten sich beim Amtsantritt ausdrücklich verpflichten, die dafür notwendigen Robotleistungen nicht willkürlich zu erhöhen und in den Bauernunruhen und -kriegen am Ende des Mittelalters zählte die Robotpflicht zu den Klagepunkten. Für jene Adelsburgen, die erst später in erzbischöflichen Besitz übergingen, scheint ursprünglich keine Burgwerkspflicht bestanden zu haben, da die Bauern bis weit in die Neuzeit gegen diese unberechtigte Beschwerung Einspruch erhoben haben [95].

Es ist nicht zuletzt der konsequenten Burgenpolitik der Erzbischöfe zuzuschreiben, daß sich in Salzburg aus den führenden Ministerialen kein Herrenstand als gesonderte

93) H. Krawarik, Zur Bezeichnung Hofmark in Österreich, in: MIÖG 77, 1969, S. 128 ff. – Eine Übersicht über die Salzburger Hofmarken in den Erläuterungen I/1, 9.

94) Martin, Reg. II, Nr. 263. – F. Zillner, Itzling-Fischach-Bergheim-Radeck, in: MittGesSalzbLdKde 19 (1879), 1–64. – H. Klein, St. Jakob am Thurn und Weißpriach, in: Hdb. Hist. Stätten Österr. II, S. 378 u. 389.

95) Das Schwarwerk wird vor allem in den Grenzgebieten im Isengau, über die Bayern das Hochgericht besaß, häufig genannt (Verträge im HHStA, Wien).

Vertretung des höheren Adels auf den Landtagen entwickelt hat, sondern die letzten bedeutenden Dienstmannenfamilien relativ verarmt im Ritterstand aufgegangen sind [96]. Ein Umschwung in der Burgenpolitik des Erzstiftes trat erst mit dem Nepotimus des Frühbarock ein. Bedeutende Burgen und Herrschaften wurden an die Verwandten der Erzbischöfe vergeben, ihre Besitzungen nicht selten zu Hofmarken erhoben und an die Stelle des wehrhaften Burgenbaues trat schließlich die Schlösserkultur der Primo- und Sekundogenituren erzbischöflicher Familien, die besonders das Antlitz der Residenzstadt geprägt hat.

Zum Verhältnis von Burg und Stadt, das bereits gestreift wurde, wäre noch anzumerken, daß die großen Wehrbauten des Erzstiftes grundsätzlich der darunterliegenden Siedlung die Möglichkeit zur Stadtentwicklung bieten sollten. Tittmoning, Mühldorf und Laufen, Friesach und Gmünd, Pettau und Rann haben sich im Schutze erzbischöflicher Burgen entwickelt. Aber auch der Markt Werfen war seiner Anlage nach als Stadt geplant und wird bereits 1242 als *oppidum* bezeichnet [97]. Für Leibnitz hatte Erzbischof Konrad IV. 1296 von König Adolf die Erlaubnis erhalten, den Markt mit einer Mauer, Türmen und Wällen zu schützen. Dies hätte die Erhebung zur Stadt bedeuten können, doch in den Friedensverhandlungen mit Herzog Albrecht von Österreich mußte das Erzstift auf das Recht der Ummauerung verzichten [98].

Das Wort Burg für den Wehrbau findet sich in den schriftlichen Quellen zur mittelalterlichen Salzburger Geschichte sehr selten, in den Urkunden fehlt es fast vollkommen. Neben dem dominierenden Terminus *veste* wird häufig die Bezeichnung *haus* verwendet. Sehr oft kommt jedoch das Wort Burg in den verschiedensten Zusammensetzungen wie Burghut, Burggraf, Burgrecht etc. vor.

Da ein Überblick über die sogenannten auswärtigen Burgen des Erzstiftes in Kärnten und der Steiermark wegen der differenzierten Rechtsverhältnisse und der unterschiedlichen Entwicklung den Rahmen dieser Arbeit sprengen würde, sollen nur exemplarisch zwei wichtige Burgen vorgestellt werden. Leibnitz als Sitz des Salzburger Vizedoms für die mittel- und untersteirischen Besitzungen und die Burghauptmannschaft Pettau, die in den Händen der bedeutendsten Salzburger Ministerialen lag.

Die Burg Leibnitz war bereits im 11. Jahrhundert Sitz eines erzbischöflichen Amtmannes, der über den örtlichen Supanen stand. Seit 1234 ist die Feste dann als Sitz des Salzburger Vizedoms nachzuweisen. Feste, Vizedomamt und Burghut wurden vom Erzstift grundsätzlich gemeinsam verliehen. Dem Vizedom stand neben den Aufgaben der Verwaltung auch die Rechtssprechung zu. Er setzte den Stadtrichter von Rann und den Marktrichter von Lichtenwald ein. Nachdem das Erzstift 1458 für Leibnitz

96) R. Mell, Geschichte der Landstände im Erzstift Salzburg, in: MittGesSalzbLdKde 43–45, 1903–1905. – W. Erben, Beiträge zur Geschichte der Ministerialität im Erzstift Salzburg, in: MittGesSalzbLdKde 51, 1911, S. 185–208. – H. Dopsch (wie Anm. 28), 26 ff.

97) Salzburger UB II, Nr. 989. – H. Knittler (wie Anm. 44), S. 141 f.

98) Martin, Reg. II, Nr. 284; Salzburger UB IV, Nr. 184. – E. Marx (wie Anm. 31), S. 28 f.

die hohe Gerichtsbarkeit erhalten hatte, verlieh der Vizedom dem von der Bürgerschaft gewählten Richter das Markt- und Landgericht Leibnitz, während er selbst die erste Berufungsinstanz war. Für sein Amt sowie für die Burghut von Leibnitz wurde der Vizedom teils in Geld, teils in Naturalien entschädigt. Schon die Tatsache, daß zumindest ein Teil der im Vizedomamt eingenommenen Naturalabgaben auf der Burg gelagert werden mußte, setzte einen großen Bau voraus. Dazu kam noch, daß Erzbischof Eberhard II. anläßlich der Gründung des Bistums Seckau 1219 den Bergfried im Norden der Burg dem neuen Bistum schenkte. Dieser dem Bistum Seckau gehörige Teil wurde durch eine Mauer vom erzbischöflichen Teil der Burg getrennt. Bischof Rudmar von Seckau baute, nachdem er 1341 die Erlaubnis zur Erhöhung des Turmes erhalten hatte, kurzerhand den ganzen Anteil an der Burg um, befestigte ihn besser und vollzog durch die Erhöhung der Zwischenmauer die endgültige Trennung vom salzburgischen Schloß Leibnitz. Dagegen versprach Bischof Friedrich von Seckau 1400 dem Erzbischof, daß er im Falle der Anwesenheit des Metropoliten seinen Anteil an der Burg räumen und dem Erzbischof als Residenz anbieten wolle. Außerdem mußte der Seckauer Türmer hinfort auch den Erzbischof in seinen Treueid einbeziehen. Trotzdem bildete sich für den Anteil des Bistums Seckau an der Burg ein eigener Name aus, der heute an der ganzen Anlage als Schloß Seggau haftet. Davon unterschied man als »Salzburger Häuser« den Wohntrakt des Erzbischofs, der zusammen mit dem Vizedomtrakt das sogenannte Mitterhaus bildete, und die südlich vorgelagerte kleine Burg, auf der von 1130 bis 1369 erzbischöfliche Burggrafen aus der Familie der Leibnitzer saßen. Sie hatte den bergseitigen Hochburgzugang zu sichern und wird heute nach jener Familie, die sie bis 1575 innehatte, als Polheimer Schloß bezeichnet. Im sogenannten Ungarischen Krieg erhielt auch Leibnitz mit Zustimmung des Erzbischofs Bernhard von Rohr eine magyarische Besatzung, wurde 1490 von der Artillerie Maximilians schwer beschädigt und von Erzbischof Friedrich unter großen finanziellen Opfern zurückgelöst. Schwerer wog noch, daß Salzburg damals die *Landeshoheit* über die steirischen Besitzungen endgültig eingebüßt hatte und diese mit der steirischen Landschaft »mitleiden«, daß heißt alle Abgaben und Steuern an den steirischen Landesfürsten leisten mußte. Erzbischof Wolf Dietrich faßte deshalb zunächst den Plan, Burg und Herrschaft Leibnitz gegen die seckauische Herrschaft Wasserberg, die dem Erzstift näher lag, einzutauschen. Als der Seckauer Bischof Martin Brenner darauf nicht einging, blieb dem Erzbischof nichts anderes übrig, als Burg und Herrschaft dem Bistum Seckau zu schenken, da sie für das Erzstift seit langem ein Defizit waren [99].

99) E. Marx (wie Anm. 31), S. 29 f. – H. Ebner, Steiermarks Burgen und Schlösser 3, Wien 1967, S. 116 f. – Als wichtigste (gedruckte) Quellen für den Salzburger Besitz in Steiermark und Kärnten sind zu nennen: A. Lang, Die Salzburger Lehen in der Steiermark bis 1520, VeröffentlHistLdKommSteierm 30 und 31, 1967 und 1969. – Ders. und G. A. v. Metnitz, Die Salzburger Lehen in Kärnten bis 1520, FontRerAustr II/79, 1971.

Welch großartigen Aufstieg eine Burggrafenfamilie im Dienste des Erzstiftes nehmen konnte, zeigt am besten das Beispiel der Herren von P e t t a u. Bei ihrem Erlöschen im Jahre 1438 vereinigten sie neben der Burghut der Pettauer Burgen weit über 20 Festen und Herrschaften in ihrer Hand, die teils Lehen vom Erzstift und vom steirischen Landesfürsten, teils aber auch Eigenbesitz waren. Bereits 1276 konnten sie gegen die Ungarn 200 Reisige ins Feld stellen und schon im 12. Jahrhundert hatten sie von den Magyaren auf eigene Faust ein beachtliches Gebiet erobert, auf dem sie mit Erlaubnis des Königs Rudolf die Stadt *Friedau* gründeten[100]. Während Friedau und die Burg *Polstrau*, mit der sie 1245 von König Bela belehnt worden waren, später als Salzburger Lehen galten, wurde die Lehenshoheit über die Burg *Ankenstein* von den Ungarn bis zum Ende des Mittelalters vergeblich beansprucht. Ein Weistum des Jahres 1493 besagte, daß die Pettauer mit diesem Schloß weder dem römischen noch dem ungarischen König gewärtig gewesen wären; es stand ihnen frei damit zu dienen, wem sie wollten, die Untertanen waren nur ihnen gegenüber zum Kriegsdienst verpflichtet. Zur Burg gehörte ein freies Gericht, das von niemandem zu Lehen ging, sowie Urfahr und Maut. Getreide- und Weinzehent standen allein der Herrschaft zu. Diese einzigartige Stellung von Burg und Herrschaft zwischen zwei Reichen, unabhängig von beiden, fand erst unter Maximilian I. ihr Ende, der sie endgültig der Steiermark eingliederte[101].

Macht und Reichtum der Pettauer mußten über kurz oder lang zur Auseinandersetzung mit ihren Lehensherrn, den Salzburger Erzbischöfen, führen. Als König Bela von Ungarn 1250 Pettau belagerte, sah sich der Erzbischof gezwungen, ihm Burg, Stadt und Herrschaft um 3000 Mark Silber zu verpfänden. Als Rechtsnachfolger der Könige Přemysl Otakar und Bela hat Rudolf von Habsburg 1279 Burg, Stadt und Herrschaft Pettau um 2100 Mark dem Salzburger Ministerialen Friedrich von Pettau verpfändet und ihm deren Besitz auf zwei Jahre gegenüber dem Erzbischof garantiert. Der Pettauer sah nun die Möglichkeit gekommen, dieses große, geschlossene Gebiet für sich selbst zu behaupten. Erzbischof Friedrich berief aber schon im folgenden Jahr das Lehengericht ein, das dem Pettauer alle angemaßten Rechte absprach und ihm nur die Burghut der beiden Pettauer Burgen sowie Maut und Zoll in der Stadt, die zusammen mit der Burghut verliehen wurden, beließen. Kam der Erzbischof nach Pettau, so mußte der Burggraf die Feste verlassen; ihm blieben auf dem Schloßberg nur 12 Hofstätten mit Baumgärten für seine ritterliche Mannschaft, vor allem die Burgwächter, sowie ein Getreidekasten.

Der Streit ging jedoch weiter, da der Pettauer statt der ihm zustehenden 226 Mark Silber für die Burghut weit mehr als 2000 Mark bezog und eigenmächtig Salzburger

100) H. PIRCHEGGER, Die Herren von Pettau, in: ZHistVSteierm 42, 1951, S. 3–36.
101) H. PIRCHEGGER, Die Untersteiermark in der Geschichte ihrer Herrschaften und Gülten, Städte und Märkte, Buchreihe der Südostdeutschen Hist. Komm. 10, 1952, S. 88 ff.

Lehen verlieh. Nachdem der Fall bis zur Kurie gegangen war, konnten König Rudolf und sein Sohn Albrecht trotz des gebotenen Landfriedens nur mit Mühe einen offenen Kampf zwischen dem Erzbischof und seinem Dienstmann, die beide schon ihre Truppen gesammelt hatten, verhindern. Der Pettauer mußte sich schließlich mit der Burghut zu den obengenannten Bedingungen zufrieden geben und der Versuch einer Allodialisierung dieses großen Salzburger Besitzes war gescheitert [102]. Aufgrund der Verträge mit dem Erzbischof besaßen die Pettauer zwar ein Anrecht auf die erbliche Verleihung der Burggrafschaft an sie, doch sollten nie mehr als zwei Pettauer zugleich die Burghut innehaben. In diesem Amt rückte auch nicht jeweils der älteste nach, sondern der Erzbischof ernannte beim Tode eines Burggrafen jenen aus der Familie der Pettauer, der ihm vorgeschlagen wurde, zu dessen Nachfolger [103].

Neben den Burgen und Städten des Erzstiftes verdienen auch der *befestigte* Markt und die *Wehrkirche* als für die auswärtigen Besitzungen typische Wehranlagen Erwähnung. Bekannte Beispiele sind Althofen und Sachsenburg in Kärnten für den Markt, Maria Saal für die Wehrkirche [104]. Eine Sonderform des Wehrbaues im Bereich geistlicher Herrschaften stellt der sogenannte *Zehentturm* dar. Ein gut erhaltenes Exemplar des 13. Jahrhunderts steht noch heute in *Baierdorf* bei Murau. Der 24 Meter hohe Turm mit seinen fünf Geschossen und einer Mauerdicke von 1–2 Meter sollte in erster Linie nicht ein Wehrbau, sondern ein Schüttkasten für das Zehentgetriede sein, das im dritten Stockwerk eingelagert wurde. Er wurde 1296 errichtet, nachdem der seit 1070 bestehende Turm von Herzog Albrecht I. von Österreich zerstört worden war. In Notzeiten, wie im Ungarnkrieg von 1479 bis 1490, bot er der Bevölkerung des Ortes Baierdorf Schutz [105].

Insgesamt war die Burgenpolitik des Erzstiftes in den sogenannten auswärtigen Besitzungen viel schwieriger als im Lande selbst. Die oft hunderte Kilometer entfernten Wehrbauten waren nur schwer zu kontrollieren und um einen wirksamen Schutz zu garantieren, mußte man sich oft zur *Verlehnung* an mächtige Dienstmannen entschließen. Dazu kam die unterschiedliche Stellung in den einzelnen Ländern, denn für manche seiner Besitzungen stand dem Erzstift nur das Niedergericht zu. Letztenendes aber waren nicht diese immer akuten Probleme, sondern eine verfehlte Burgenpolitik ausschlaggebend für den Verlust der wichtigsten auswärtigen Positionen und Hoheitsrechte des Erzstiftes. Als Kaiser Friedrich III. versuchte, dem Salzburger Erzbischof Bernhard von Rohr den ehemaligen Erzbischof von Gran, Johann Beckenschlager, als

102) MG SS 9, 794; MG Dt. Chron. V (Österr. Reimchronik), Vers 5768 f. und 5784. – MARTIN, Reg. I, Nr. 300, 927, 955, 957–959, 1142, 1144, 1221, 1248–1250, 1276. – H. PIRCHEGGER (wie Anm. 100).

103) MARTIN, Reg. III, Nr. 1065.

104) Vgl. die betreffenden Artikel im Hdb. d. Hist. Stätten Österr. II, S. 198 f., 253, 275.

105) F. HUTTER, Der Zehentturm in Baierdorf bei Schöder, in: ZHistVSteierm 36, 1943, S. 36–53. – H. EBNER, Steiermarks Burgen und Schlösser 1, Wien 1963, S. 21 ff.

Koadjutor und Administrator aufzuzwingen, entschloß sich Bernhard zu einem Bündnis mit dem Ungarnkönig Matthias Corvinus und öffnete diesem Vertrag entsprechend im Jahre 1480 den Ungarn alle Burgen, Städte und festen Plätze des Erzstiftes in Kärnten und in der Steiermark [106]. Erst nach dem Tode des Ungarnkönigs gelangten die von ihm besetzten Plätze wieder an das Erzstift. Die Burgen und Herrschaften Gmünd, Pettau und Rann, die inzwischen von den Kaiserlichen erobert worden waren, hat Maximilian trotz vorher gemachter Zusagen nicht mehr herausgegeben. Erst 1506 bzw. 1511 hat er dem Erzstift Gmünd und Pettau unter dem Vorbehalt des Wiederkaufs um insgesamt 50 000 Gulden verpfändet. Schon vor diesem Rückkauf, der 1555 eintrat, hatte Salzburg durch den ungarischen Krieg seine landesfürstlichen Rechte auf den auswärtigen Besitzungen, die in den habsburgischen Ländern lagen, verloren. Dadurch waren viele Besitzungen so entwertet, daß sie defizitär und, wie das gesamte Vizedomamt Leibnitz verkauft und verschenkt wurden [107].

Der erfolgreichen Burgenpolitik des Erzstiftes im Lande, die ein ganz wesentlicher Faktor der *Territorienbildung* war, steht damit ein entscheidender Mißerfolg bei den auswärtigen Besitzungen gegenüber. Die unglückselige Entscheidung des Erzbischofs Bernhard, den Ungarn die Burgen des Erzstiftes zu öffnen, hat mit einem Schlage vieles vernichtet oder zumindest entwertet, das die Erzbischöfe im Laufe von Jahrhunderten unter großen Opfern, aber dafür auch mit entsprechenden Erfolgen aufgebaut hatten. Dieser traurige Fall zeigt wohl am eindringlichsten, welche Bedeutung den Burgen und der Burgenpolitik des Erzstiftes noch am Ende des Mittelalters zukam.

106) F. Zaisberger, Bernhard von Rohr und Johann Beckenschlager, Erzbischof von Gran, Phil. Diss. Masch. Wien 1963. – Widmann II, S. 310 ff. – K. Nehring, Matthias Corvinus, Kaiser Friedrich III. und das Reich, Südosteuropäische Arbeiten 72, 1975, S. 111 ff.
107) E. Marx (wie Anm. 31), S. 137 ff.

Friedrich von Rot der Ältere reversiert dem Erzbischof Eberhard III. von Salzburg über die pflegschaftsweise Verleihung der Feste Pischätz (Salzburg, 1426 April 24)

Salzburger Kammerbücher III, 659 n 289.
Reg.: A. LANG, Die Salzburger Lehen in Steiermark II, S. 362 Nr. 415/1.

Ich Fridreich von Rot der elter bekenn offenleich mit dem brief für mich und all mein Erben und tun kund allen den er furkumbt. Als der hochwirdig fürst mein genädiger herr, her Eberhart erzbischof ze Saltzburg, legat des stuls ze Rom, nach rate der erwirdigen herren, herrn Johannsen tumprobst und herrn Eberharden techant ze Saltzburg mich umb solich dinst so ich im und seinem gotshaus getan han und noch hinfür tun sol auf sein und seines gotshaus veste ze Bischätz [1] behauset und mir die mein lebttag und nicht verrer gelassen hat. Also sol und wil ich dieselb veste ze Bischätz mein lebttag mit allen nützen, gericht und gütern, als denn darzu gehören, unverkert in pflegweis ynnehaben und sol er und sein nachkomen mit zu den obgenanten nützen jerlich zu pessrung der purkchuet getraid, waitz und habern für zwanzig pfunt wyenner pfennig geben in solichem anslag, als denn der getrayd in der herschaft ze Rayn [2] ain vergleich jargang hat. Ich sol auch die obgenant vesten ze Bischätz mit mein selbs person besitzen und wesentlich innehaben und die bewaren, damit si wol versorgt sey als ander sein pfleger tun und schuldig sind ze tun, und die urbarlawt so darzu gehören gütlich hanndeln und uber den gewöndlichen dinst nicht stewern noch besweren getrewlich und angeverde und sol dieselb sein obgenante veste Bischätz sein und seines gotshaus und nachkomen zu aller irer notdurft von mir offen und gewertig sein als ander seine häwser und vesten bey tag und pey nacht wider meniklich an all aufzüg als oft si des begern und ir notdurft ist. Auch sol ich, wenn ich selb ze Bischätz nicht gesein möcht ungeverlich, mit dem pfleger und burggraven dem ich die emphilhe in solcher mass bestellen, wenn ich mit dem tod abgienge da got lanng vor sey, das denn derselb pfleger und burggraf mit der obgenanten vesten und behawsung zu Bischätz nyemand wartund sein und die nyemand antwurte denn meinem obgenanten herren von Saltzburg und seinen nachkomen, die mit rechter wal des Capitels ze Saltzburg erwelet werden, oder irem vitztumb, oder dem haubtman ze Rayn der des gewalt hat an irer stat. Auch sol ich obgenanter Fridreich von Rot von der obgenanten vesten ze Bischetz noch darzu dhainerlay krieg noch angriff tun an des obgenanten meines herren von Saltzburg und seiner nachkomen willen und wissen in dhainerlay weis, damit er und sein gotshaus und die iren ze schaden komen und von yemand wart und zuspruch gewinnen möchten ungeverleich. Wenn ich auch obgenanter Fridreich von Rot mit dem tod abgee, so sullen noch mügen mein hawsfraw noch all mein erben noch ander yemand von meinen wegen zu der obgenanten vesten und pfleg ze Bischätz noch irer zuegehörung hintz dem obgenanten meinem genedigen herren seinem gotshaus und nachkomen noch allen den iren dhainerlay vordrung noch ansprach nicht haben, weder mit recht noch an recht, gaistleich noch werltleich, in dhainerlay weis trewlich und angeverde. Auch hat mir der obgenant mein genediger herr von Saltzburg umb mein dinst schäden und zusprüch gentzlich ledig und los trewlich angeverde. Und darüber ze urkund gib ich den brief versigelten mit meinem aigen anhungenden insigel und zu pesserer sicherhait der sachen hab ich gepeten den weysen vesten Hannsen Hunkerl richter zum Hällein [3], das er sein insigel zu zeugniss der warhait auch an den brief gehangen hat, im und seinen erben an schaden, der geben ist ze Saltzburg an sannd Jorgen tag nach Christi gepurde im vierzehenhunderten und darnach im sechsundzwainzigisten jare.

1 Pischätz, heute Pišece w. Zagreb, Slowenien.
2 Rann an der Save, heute Brežice, Slowenien.
3 Hallein, Stadt im Land Salzburg.

ZUSAMMENFASSUNG

Die Burgen in Verfassung und Recht des deutschen Sprachraumes

VON HANS PATZE

»Die Politik des Mittelalters war gutenteils Burgenpolitik«, stellt H. Ebner eingangs dieser beiden Bände fest. Gegenstand der vorgelegten Beiträge ist allerdings nicht die Burg als Ziel politischer Bestrebungen und militärischer Auseinandersetzungen; darüber könnte man nur exemplarisch handeln, wollte man eben nicht die politische Geschichte des Mittelalters über große Strecken darstellen. Auch die Burg, größtes und in unvergleichlicher Zahl erhaltenes Profanbauwerk des Mittelalters, mußte – in erhaltener Gestalt oder im verklärten Zustand der Ruine – außerhalb unserer Betrachtungen bleiben. Mit ihr haben sich seit der Romantik so viele Architekten und Geschichtsfreunde beschäftigt, daß für sie der besondere Terminus »Burgenkundler« in Gebrauch kam. Nur zwei Beiträge der vorgelegten Bände sind, freilich in einer streng wissenschaftlichen Ausprägung, dieser Spezies zuzuordnen, einer hat zudem vorwiegend methodischen Charakter (I, S. 181 ff.), der zweite betrifft ein ganz spezielles Gebäude im Komplex der Baulichkeiten einer Burg: die Doppelkapelle.

Zwei Aufsätze befassen sich ausschließlich mit Befestigungen des Frühmittelalters, andere streifen diese Perioden des Burgenbaues. Solche Darlegungen haben in erster Linie die Aufgabe, Vorstufen der hochmittelalterlichen Burg aufzuzeigen oder die Frage anzuschneiden, wo sich Übergänge von der frühmittelalterlichen zur hochmittelalterlichen Befestigungstechnik erkennen lassen und wo Cäsuren zwischen diesen Epochen des Verteidigungswesens bestehen. Während der Archäologe, der die überdeckten oder kaum mehr unmittelbar sichtbaren Verteidigungsanlagen erforscht, seine Einsichten in der Regel direkt aus dem Objekt gewinnen muß und nur selten schriftliche Quellen zur Deutung der Befunde zur Verfügung hat, steht hier gewissermaßen das Unsichtbare der Burg im Mittelpunkt, das sich in erster Linie aus schriftlichen Quellen und Karten rekonstruieren läßt. Daraus ergibt sich, daß der Schwerpunkt der Untersuchungen im hohen und späten Mittelalter liegt. Der zeitliche Endpunkt unseres Programms ist durch die Einführung der Feuerwaffen und die damit beginnende militärische Entwertung der mittelalterlichen Burg und ihre Abgrenzung gegen die neue Festungsbautechnik gegeben.

Innerhalb der aufgezeigten zeitlichen Grenzen wurde das Thema auf den deutschen Sprachraum eingeschränkt, der sich, Böhmen ausgenommen, weitgehend mit dem alten Deutschen Reich deckt. Diese Selbstbescheidung war aus methodischen Gründen geboten. Über die rechts- und verfassungsgeschichtliche Funktion von Burgen kann nur dann mit der Aussicht auf neue Ergebnisse gesprochen werden, wenn eine detaillierte Kenntnis der Verfassungs- und Rechtszustände des Landes, in dem sich die Burgen erheben, vorausgesetzt werden darf. Eine Erweiterung des Kreises der Beiträge auf Frankreich, England, Spanien, Italien, die Kreuzfahrer- oder andere Staaten hätte zu Überblicken und Verallgemeinerungen geführt, die kaum neue Erkenntnisse zu Tage gefördert hätten. Die Selbstbegrenzung auf die deutschsprachigen Länder, die ein Grundsatz des Konstanzer Arbeitskreises für mittelalterliche Geschichte ist, dürfte diesem Thema ebenso zu gute gekommen sein wie den Untersuchungen über die Landgemeindeverfassung und den Territorialstaat des 14. Jahrhunderts (VortrrForsch 7, 8, 13, 14).

Wir haben, wie es in den genannten Bänden geschehen ist, auch bei diesem Gegenstand die Verhältnisse in einzelnen Landschaften verglichen. Selbstverständlich konnten nicht alle historischen Landschaften bzw. späteren Territorien behandelt werden. Von großen weltlichen Territorien blieben die Mark Brandenburg und die von den Wettinern beherrschten Länder, also die Mark Meißen und die Landgrafschaft Thüringen, unberücksichtigt.

Nicht jede historische Landschaft oder behandelte Herrschaft wurde unter gleichen Fragestellungen untersucht, sondern es wurde eine Staffelung der Themen vorgenommen. Durch diese thematische Abstufung ist die Vielseitigkeit des Stoffes hervorgetreten. Abgesehen davon, daß auf drei Tagungen nicht die ganze Fülle des Stoffes behandelt werden konnte, mußte der Tatsache Rechnung getragen werden, daß die Burgen einer Herrschaft das Ergebnis eines speziellen historischen Prozesses sind, der im benachbarten Territorium anders verlaufen sein kann. In der Fragestellung untereinander vergleichbar sind die Beiträge über die niederrheinischen Territorien (Janssen), die welfischen Fürstentümer (Patze), die Pfalz (Schaab), Württemberg (H.-M. Maurer), Elsaß (Rapp), Bodenseegebiet (H. Maurer), Rätien (Clavadetscher), Franken (Endres), Bayern (Fried), Salzburg (Dopsch) und Österreich (Mitterauer). Daß Burgen im Zusammenhang mit anderen Elementen der Verfassung stehen und nur von diesen her zu begreifen sind, zeigen eindrucksvoll die Beiträge über Friesland (van Lengen) und den Ordensstaat Preußen (Benninghoven).

Die zweite Gruppe von Beiträgen der vorliegenden Bände behandelt Themen, die landschaftlich nicht gebunden sind. Nur wegen der Fülle des Stoffes beschränkt sich die Behandlung der methodischen Probleme, die bei der archäologischen Erforschung der Burgen entstehen und die mit Fragen der Rechtsgeschichte des Adels verkoppelt sind, auf Niedersachsen (Last). Hiermit stehen die Untersuchungen über Burg, Kloster und Stift (Lewald) in einem gewissen Zusammenhang. Den Anteil des Kirchenrechts an den rechtlichen Ordnungen innerhalb einer Burg zeigen der Beitrag »Weltliche und kirchliche Rechtsverhältnisse der mittelalterlichen Burgkapelle« und in Ausschnitten der Aufsatz über die Burgen in Niedersachsen (Patze) an. Zu dieser Gruppe allgemeiner Themen gehört der Beitrag über die Reichsburgen, von denen einige zeitlich vor die Periode der hochmittelalterlichen Höhenburgen zurückreichen.

Es ist leicht zu erkennen, daß die Beiträge kein Supplement zu den burgenkundlichen, d. h. in erster Linie architekturgeschichtlichen Werken von Piper, Schuchardt oder Bodo Ebhard bieten. Die beiden Bände sind keine Rechts- und Verfassungsgeschichte der Burg im deutschen Sprachraum. Die landschaftlich vergleichende Betrachtungsweise läßt Unterschiede hervortreten, die von einer generalisierenden Zusammenschau abhalten. Dies sich vor Augen zu halten, ist ebenso notwendig, wie Hinweise auf vergleichbare rechtliche Sachverhalte nicht unterdrückt werden sollten.

1. Die Frage der Zeitstellung, der Kontinuität und der Funktion früher Befestigungsanlagen ist meist nur mit archäologischen Methoden zu klären, oft auch nur einer Klärung näher zu bringen. Ungebrochene Kontinuität oder zeitweise ausgesetzte Verwendung römischer Befestigungen bis ins Frühmittelalter konnte an vielen Plätzen festgestellt werden. In Oudenburg und vielleicht in Aardenburg in Flandern scheint man sich der römischen Befestigungen zur Abwehr der Normannen bedient zu haben. Auch in Altrip (gegenüber Mannheim), Regensburg, Horburg im Elsaß, Salzburg und Pettau ist nach Jahrhunderten Wiederbenutzung römischer Kastelle zu beobachten. Daß unter dem Gelände der Reichsburg Friedberg, deren Erbauung in die zweite Hälfte des 12. Jahrhunderts gesetzt wird, römische Spolien lagen, dürften schon ihre Erbauer bemerkt haben. Der Verfall der römischen Befestigungen und der zu ihnen gehörigen Zivilbauten hat sich über Jahrhunderte erstreckt. Die großen Trümmerflächen waren höchstens als Steinbrüche zu verwenden, im übrigen aber der Bebauung und Nutzung durch kleinere Siedlergruppen auf natürliche Weise entzogen. Nur größere Verbände konnten an ihnen ein Interesse haben, weil nur sie rein manuell mit den Spolien etwas anfangen konnten. Die Kirche und der Stammesherzog hatten in Regensburg und Salzburg Bedarf an Spolien für großvolumige Steinbauten. Der Verfall und das Vergessen mancher römischer Befestigungen und die Wiederverwendung anderer zeigen, daß Wehranlagen nur in einer herrschaftlichen Ordnung eine Funktion haben, daß sie nur in einem Rechtsgefüge möglich sind und sich nur in Rechtsbindungen erhalten können.

Auch für prähistorische und frühgeschichtliche Verteidigungsanlagen stellt sich die Frage, ob sie später wiederbenutzt wurden; sie kann auch mit archäologischen Mitteln nicht immer sicher beantwortet werden. In Rätien stehen Kirchen in manchen frühmittelalterlichen Befestigungsanlagen. An diesen Plätzen oder in ihrer Nähe finden sich prähistorische Siedlungsspuren, die mehrere hundert Jahre älter sein können. Es verhält sich häufig wohl so, daß eine günstige natürliche Verteidigungslage immer wieder Siedler angezogen hat. Solche Kirchenkastelle dienten als Fluchtburgen. Kontinuierliche Verwendung läßt sich vereinzelt sicher nachweisen. Der

Burgberg Schiedberg b. Ilanz am Hinteren Rhein ist vom 4. bis zum 15. Jahrhundert immer wieder bebaut worden. Ein spätrömisches Gebäude mit Erweiterungen ist zu Tage gekommen. Für einen Bau des 7./8. Jahrhunderts könnte das Tellotastament von 765, die Quelle zur Geschichte Rätiens in diesem Jahrhundert, eine Deutungshilfe bieten. Es wurde vermutet, daß Schiedberg sich damals im Besitz der Viktoriden befunden hat. Befestigte Kirchenanlagen sind zumal im Alpenraum vielfach anzutreffen. Wir erinnern nur an St. Peter im Holz (Teurnia) oder den Kirchhügel von Lavant b. Lienz. Besondere Schwierigkeiten bereitet die Datierung der kleinen Rundwälle im sächsischen Stammesgebiet, deren Funktion überdies umstritten ist. Die Forschung hat sie teils als Adelsburgen des 8./9. Jahrhunderts, teils als »Heinrichsburgen« angesprochen (I, S. 369). Einzelne Sachsenburgen nördlich der Elbe, wie die Kaaksburg b. Itzehoe (I, S. 370 ff.), die Stellerburg oder die Bökelnburg konnten datiert und ihre Aufgabe im Wegesystem erschlossen werden. Bemerkenswert ist ihre Lage am Rande von Siedlungsgebieten, die sie als Sperrburgen gegen äußere Bedrohung zu schützen hatten. Datierungsschwierigkeiten ebenso wie Unsicherheit in der ethnischen Zuweisung auf Sachsen oder Slawen bestehen bei Burgen im östlichen Holstein. Dort muß man wohl mit wechselnder Benutzung durch Sachsen und Slawen rechnen.

Gut erforscht sind seit mehreren Jahren die frühgeschichtlichen Burganlagen in Mecklenburg, wo Ewald Schuld die slawischen Burgwälle katalogisiert hat [1]. In Mecklenburg werden 194, in Pommern 256 den Slawen zugewiesen. Dank der relativ guten schriftlichen Überlieferung der Missionsgeschichte des 10.–12. Jahrhunderts kennen wir »Kultburgen«. Zahlreiche slawische Burgen, auch Kultburgen, sind in christlicher Zeit weiterbenutzt worden. Ratzeburg, Mecklenburg und Schwerin wurden Bischofs- bzw. Herrschaftssitze. Der zur slawischen Burg Dargun gehörige Burgbezirk konnte kartiert werden.

In Südwestdeutschland ist eine größere Zahl von Abschnittswällen, Ring- oder Rundwällen und Motten festgestellt z. T. auch nur durch Hochrechnung geschätzt worden, die meist noch nicht systematisch untersucht und datiert worden sind. Allein für die Baar rechnet man mit etwa 42 derartigen Anlagen (II, S. 65).

Hinweise auf die Frage der Kontinuität der Benutzung von Befestigungsanlagen und der Zeitstellung haben uns bereits auf ein anderes Problem geführt.

2. Burgen des 8.–10. Jahrhunderts. Aus der Zeit der fränkischen und ottonischen Könige und Kaiser kennen wir mehrere Burgen durch schriftliche Überlieferung, die auch archäologisch erforscht worden sind. Die sächsischen Volksburgen Eresburg und Hohensyburg werden zwar durch die karolingische Annalistik erfaßt, doch steht die gründliche archäologische Untersuchung der älteren Stufen dieser Burgen noch aus. An der Geschichte ihrer Erforschung lassen sich – unaus-

1) Die folgenden Bemerkungen beruhen auf dem Vortrag von Roderich Schmidt, Burgen in Pommern und Mecklenburg, Reichenau-Protokoll Nr. 176, der uns leider nicht zum Abdruck zur Verfügung stand.

weichliche – Irrtümer wissenschaftlicher Hypothesenbildung, die durch die blühende Limesforschung, klassische Bildung und militärisches Denken in ihrer Richtung vorbestimmt war, aufzeigen (I, S. 390). Der Rückweg zu einer zutreffenden Interpretation und Datierung sowohl der sogen. sächsischen Volksburgen als auch der sächsischen Rundwälle ist ein Stück Wissenschaftsgeschichte der Archäologie von den »Aufgrabungen« wissensdurstiger Laien bis zur nüchternen Feinarbeit der Dendrologie und anderer Hilfswissenschaften der modernen Archäologie. Einige der in den Quellen genannten fränkischen Burgen Sachsens sind inzwischen gut erforscht: Esesfeld (Itzehoe), Höhbeck und Magdeburg. Zwischen Harz und Saale ist eine Gruppe von 18 fränkischen Burgen wohl des 8. Jahrhunderts durch ihre Nennung im Hersfelder Zehntverzeichnis (M. 9. Jh.) gut bekannt und archäologisch erforscht (I, S. 89). Die Burgen in Würzburg und Hammelburg sind zumindest nach dem Tode ihres bekannten Besitzers, des Herzogs Heden, als Reichsburgen zu betrachten. Während in Würzburg und Hammelburg archäologische Forschungen entweder neue Rätsel aufgaben oder nichts erbrachten, fehlen schriftliche Quellen über den Christenberg b. Wetter, der eine große Befestigung freigegeben hat, vollständig. Neue Grabungen haben bestätigt, daß auch die Anlage auf dem Büraberg bei Fritzlar den Franken zuzuschreiben ist. Dem 7. Jahrhundert gehört eine Fundstufe der Hasenburg in Thüringen an, die unter den Sachsenburgen Heinrichs IV. genannt wird. Ob die Befestigungen der Wittekindsburg bei Osnabrück mit ihren zahlreichen, schwer zu deutenden Mauerzügen im Inneren auch in die Zeit der fränkischen Eroberung zu stellen ist, bleibt offen, jedenfalls scheint mir die Frage der Zeitstellung noch nicht hinreichend geklärt.

Kennzeichnend für die bisher genannten fränkischen Burgen ist ihre Lage im Grenzgebiet des Reiches oder in gefährdeten Landschaften. Diese Befestigungen haben eine Schutzfunktion gehabt, zu Verwaltungszwecken sind sie ursprünglich jedenfalls nicht erbaut worden.

Neue Impulse hat der Burgenbau in Randgebieten des fränkischen Reiches durch Angriffe von außen erhalten. Ansätze zur Verteidigung der Küsten des fränkischen Reiches durch die dort heimische Bevölkerung sind schon unter Karl dem Großen zu erkennen. Unter Ludwig dem Frommen wurden von den Vorstehern großer Kirchen einzelne Punkte zur Abwehr der Normannen befestigt (Jäschke S. 42). Nachdem die Räuber in den 40er Jahren ziemlich unbehindert die Flüsse aufwärts gefahren waren und selbst Paris geplündert hatten, wurden Brücken befestigt und Burgen *(castra)* angelegt. Solche vereinzelte Maßnahmen wurden, nachdem schon 862 sich eine Reichsversammlung in dem besonders kritischen Gebiet an der unteren Seine in Pîtres (so. Rouen) zusammengefunden hatte, 864 durch das am gleichen Ort ergangene 2. Kapitulare von Pîtres um weitere Verteidigungsanordnungen verstärkt (Jäschke S. 66 ff.). Befestigte Brücken und andere Flußsperren sind errichtet worden, konnten aber Vorstöße der Normannen nicht vollständig verhindern. Vor allem wirkten sich die Anordnungen des Königs nicht auf den ganzen von ihm kontrollierten Reichsteil aus, nur einzelne Plätze wie

Tours oder Le Mans wurden unter Verwendung der alten gallo-römischen Mauern befestigt. Dieses Versagen des Königs stellte die örtlichen Gewalten vor die Aufgabe der Selbstverteidigung. In Flandern bildeten Burgen gegen die Normannen nicht nur einen ausreichenden Schutz, sondern auch die Grundlage einer neuen Herrschaftsbildung. Ringburgen von 200 m Durchmesser mit Wall und Graben konnten auf der Grenze von Geest und Marsch, in Bourbourg, Sint-Winoksbergen, Veurne, Oostburg, Souburg und Middelburg, festgestellt werden. Man setzt sie mit den in den Miracula s. Bertiniani erwähnten *castella recens facta* gleich (I, S. 268) und datiert sie kurz vor 891. Dank der Hilfe, die kirchengeschichtliche Quellen bieten, kann in Flandern die Datierung der Burgen oft auf wenige Jahrzehnte eingegrenzt werden. Burgbezirke waren in Flandern Grundlage der Domänenverwaltung. Nicht nur vorhandene gräfliche Burgen waren Mittelpunkte der Kastellaneien *(castellatura, castellania, kasselrij)*, sondern man errichtete auch neue Befestigungen eigens zu diesem Zweck (Lille, Ypern, Aire, Bapaume; I, S. 275). Zwar erbauten nach dem Tod Arnulfs des Großen († 965) verschiedene Grafen Burgen, aber im 11. Jahrhundert betonten die Grafen von Flandern mehrfach, daß das Befestigungsrecht ihr Regal sei. Eigenwillige Burgenbauten von Klostervögten wurden unterbunden und das Befestigungswesen unter Kontrolle gehalten. Der Burgenbau muß, wenn man auch seine Bedeutung für den Aufbau einer – im Gegensatz zu den Zuständen der karolingischen Zeit – neuen Landesverwaltung bedenkt, als eine wichtige Grundlage der Landesherrschaft in Flandern gelten.

Ähnlich wie für die Grundlegung dieser frühen, wohl organisierten gräflichen Herrschaft hat der Burgenbau als Maßnahme der Landesverteidigung zur Reichsbildung im ostfränkisch-deutschen Reich beigetragen. Schon am Ende des 9. Jahrhunderts wurden einzelne Burgen zur Abwehr der Awaren und später der Ungarn in der Ostmark errichtet: die Ennsburg über Lorch a. d. Donau und die Styraburg, die spätere Stammburg der Otachare. Kaiser Arnulf schenkte 895 dem Edlen Waltuni zwei Burgen im Trixener Tal (II, S. 355). Erst der Burgenbau, den Heinrich I. zum Schutz vor den Ungarn anordnete, war die entscheidende, das ganze Reich betreffende Anordnung Heinrichs I. Offensichtlich ist ihr auch Herzog Arnulf von Bayern gefolgt, der gegenüber dem König sonst eine Sonderstellung beanspruchte. Der Liudolfinger hat »sowohl an bestehende Befestigungseinrichtungen angeknüpft als auch neue Mauern« errichten lassen (Jäschke S. 21). Eine bedeutende Wirkung des Burgenbaus unter Heinrich I. sieht man wohl zutreffend darin, daß weite Bevölkerungsschichten sowohl als Burgwerkspflichtige als auch als Schutzsuchende an den Reichsgedanken gebunden wurden. Die reichsbildende Wirkung der Verteidigungsmaßnahmen des Königs ist daran zu erkennen, daß die Ungarn das Reich nicht mehr angriffen, solange Heinrich regierte.

In Verbindung mit zwei anderen Elementen tritt die Burg in der Verfassung des ottonischen Reiches entgegen, einmal als Burgwardverfassung im Raum von Elbe und Saale. In diesem östlichen Grenzsaum des Reiches ist eine Kette von Burgwardhauptorten mit je zehn bis zwanzig zugehörigen Orten bezeugt. Ein solcher Burgwardhauptort war Merseburg. Die Bevölkerung der Burgwarde hatte Burgwerkspflicht zu leisten (I, S. 93 f.). Das zweite fortifikatorische Charakteristikum des ottonischen Reiches ist die Verbindung von Burg und Palatium (I, S. 94 f.). Die sächsischen Pfalzen liegen auf liudolfingischem Herzogsgut, nämlich Grone, Werla, Allstedt, Tilleda, Pöhlde, Merseburg und Quedlinburg. Für mehrere dieser Plätze kann man allerdings Herkunft aus karolingischem Reichsgut vermuten. In der Pfalz Tilleda, die von P. Grimm genau untersucht wurde, kann man vom 9. bis zum 12. Jahrhundert die verschiedenen topographischen und institutionellen Entwicklungsstufen eines solchen Komplexes verfolgen. Die Verbindung von Wohn- und Verteidigungsanlage auf der einen und wirtschaftlicher Produktionsstätte auf der anderen Seite fällt in Tilleda besonders ins Auge.

Wenn sich auch in einigen Punkten für das Befestigungswesen des karolingischen und ottonischen Reiches ein relativ klares Bild zu ergeben scheint, so sollte man sich immer der zahlreichen, vor allem bei einigen Burgen auftretenden methodischen Schwierigkeiten bewußt bleiben. Sie betreffen vornehmlich die Zeitstellung mancher Anlagen. Solche Probleme gewinnen besondere Bedeutung im 11. Jahrhundert, wo die tiefe Cäsur in der Entwicklung des Burgenbaues und der Burgenverfassung liegt.

3. Burgen des Adels und des Königs während des 11. und 12. Jahrhunderts. Zur Klärung der Übergangsphase im Burgenbau vom 10. zum 11. Jahrhundert ist es notwendig, eine präzise archäologische Untersuchung mit einer diffizilen Interpretation schriftlicher Quellen zu verbinden. Für die Erstellung einer Burgentypologie kann eine zuverlässige Keramik-Chronologie eine unabdingbare Voraussetzung bilden, und diese hinwiederum hat sich an einigen Plätzen, etwa unter der Motte Husterknupp, durch dendrochronologische Daten aufbauen lassen (I, S. 407). Es wird nötig sein, weitere chronologisch zuverlässige Untersuchungen, wie sie z. B. in der Motte Elmendorf im Ammerland angestellt worden sind, vorzunehmen. Daß methodische Ungenauigkeiten in der Grabungstechnik und falsche Schlüsse aus dem Grabungsbefund verfassungs- und sozialgeschichtliche Irrtümer nach sich ziehen können, ist an der Winzenburg (s. Hildesheim) zu erweisen (I, S. 418). Aber auch schriftliche Quellen können Fehlermöglichkeiten enthalten, wenn die Chronisten nicht gleichzeitig mit den Ereignissen berichten. Bei so relativ nebensächlichen Fakten wie dem Erbauungsjahr von Burgen können sich leicht Fehler einschleichen. Die genauen Angaben Adams von Bremen über die Befestigungen in Hamburg, die archäologisch bestätigt werden konnten, und die Nachricht über die Erbauung der Iburg (s. Osnabrück) bleiben Ausnahmen, was die Zuverlässigkeit und Ausführlichkeit anlangt.

Ein grundlegendes Problem der Sozial- und Standesgeschichte des Hochmittelalters liegt in der Beziehung von Burg-Burgname und Herkunftsname der Familien. Auch bei dieser Frage darf man das, was für eine Landschaft erwiesen ist, nicht ohne weiteres auf andere übertragen. So konnte gezeigt werden, daß die Burgen in Rätien vor ca. 1150 keine Namen tragen. Sie werden entweder mit dem Appallativum benannt oder nach einer benachbarten Siedlung bezeichnet. Wann in Rätien Adelige ihren Hof aufgeben und sich auf einer Burg niederlassen, läßt sich zeitlich nicht bestimmen. In den Gamertingerurkunden von 1137/39 sind die Namen der adeligen Zeugen im wesentlichen Herkunftsnamen (II, S. 280). Hinweise auf Höhenburgen enthalten die rätischen Burgennamen Belmont, Montalt und Aspermont. In Österreich führen schon im 11. Jahrhundert gräfliche Geschlechter -burg-Namen: Sie nennen sich nach Hohenburg, Ortenburg, Moosburg, Heunburg, Judenburg. Solche Namensformen verschwinden in der Blütezeit des Burgenbaues in Österreich und treten erst in der 2. Hälfte des 13. Jahrhunderts wieder in Erscheinung (II, S. 362).

Unter den Geschichtsschreibern des für unsere Frage wichtigen Zeitabschnittes hat der Annalista Saxo die Wirkung des Burgenbaus für die Namensbildung der adeligen Familien erkannt. Doch auch bei den Angaben dieses Chronisten ist Vorsicht geboten. So darf die Bezeichnung Hermann Billungs zu 1002 als *Hermannus dux de Liuniburch* nicht ohne weiteres zu der Annahme verleiten, es habe zu dieser Zeit auf dem Kalkberg von Lüneburg schon eine als Wohnsitz dienende Befestigung gegeben.

Unter adeligen Namen finden sich solche mit dem Grundwort -burg im Herkunftswort selbst im 11. und 12. Jahrhundert noch selten, in Niedersachsen nur sechzehn (I, S. 451). Von Namenskomposita mit den Grundwörtern -berg, -owe, -a, -werder sind Schlüsse auf das Vorhandensein einer Burg mit noch größerer Vorsicht zu ziehen (I, S. 462). Im hohen und späteren Mittelalter sind Burgennamen oft als Programmnamen zu verstehen, wie Stolzenfels, Starkenburg, Ehrenberg (II, S. 17).

»Die Frage möglicher Wechselbeziehungen von Burg- und Siedlungsnamen« muß in jedem einzelnen Falle sorgfältig geklärt werden (I, S. 464); mit ihr steht noch ein rechtliches Problem in Verbindung. Die Verlegung des adeligen Wohnsitzes aus dem Dorf auf die Höhenburg hat an manchen Stellen in Siedlung und Flur Spuren hinterlassen; denn »die Vorfahren der nachmaligen Burgherren haben wir ... im Kern der älteren bäuerlichen Siedlung ... zu suchen. Sie sitzen im Frühmittelalter ... in ihren befestigten Höfen« (II, S. 252). Mit der in oder beim Dorf gelegenen, meist befestigten »Hofstatt« (Burghofstatt) bleiben oft Rechte innerhalb des Dorfes verbunden, wenn deren Herr sich längst auf eine beim Dorf gelegene Höhenburg zurückgezogen hat. Von hohem Interesse ist in diesem Zusammenhang die von K. S. Bader aufgeworfene Frage, ob der Herr das Dorf verlassen und sich schutzlos preisgegeben hat oder ob er vor der einsetzenden »Dorfkonzentration« an den Rand der Siedlungsfläche, auf die Höhe ausgewichen ist. Es besteht eine engere rechtliche und wirtschaftliche Verflechtung zwischen den bäuerlichen Genossen und dem späteren Herrn der Höhenburg, als bisher erkannt wurde; dies ist eine wichtige neue Einsicht. Es kann vorkommen, daß die Höhenburg zerstört wird und die älteren Rechte des Burgherrn im Dorf noch fortbestehen.

Wenige Kräfte haben das europäische Mittelalter so geprägt wie die Schicht von Menschen, die sich nach einer Burg nannte. Die Bedeutung der auf eine Burg bezogenen Herkunftsnamen des Adels für die Sozialgeschichte hat K. Schmid erkannt. Der über Generationen im Namen fortdauernde Bezug auf eine steinerne, verteidigungsfähige, Macht verleihende Burg hat für das Sippen-, Selbst- und Geschichtsbewußtsein adliger Familien bis zum heutigen Tag eine eminente Bedeutung. Die Stammburg wurde der ideelle und rechtliche Mittelpunkt der Sippe. Die Besonderheit der Namenbildung trennte künftig den Adeligen von den anderen Ständen, schuf Distanz, auch der verarmte Adelige war ein Mann von »Herkunft«, mit Geschichte, jemand, der sich einordnen ließ.

Die Herkunftsnamen des Adels hellen schon wenige Jahrzehnte, nachdem sie in Gebrauch gekommen sind, eine große Zahl genealogischer Verflechtungen auf. Allerdings ergeben sich für den Genealogen trotz der Herkunftsnamen auch manche Fallen und Schwierigkeiten. Adelige konnten Burgen durch Rechtsgeschäfte verschiedener Art erwerben und deren Namen statt ihres bisherigen annehmen. Herkunftsnamen konnten auch kognatisch weitergegeben werden (I, S. 474). Der Inhaber mehrerer Burgen konnte, wenn er etwa die eine verlor, sich nach der anderen bezeichnen und damit bei den Genealogen Verwirrung stiften. So hat Graf Luv III. von Hülchrath aus der Familie der Grafen von Kleve nach dem Verkauf von der Burg Hülchrath an das Erzstift Köln im Jahre 1313 nicht nur den mit dieser verbundenen Titel aufgegeben, sondern sich auch nur noch Herrn von Kervenheim und Oedt genannt. Die Änderung adeliger Namen wurde auch durch den Bau neuer Burgen oder die Verlegung des Wohnsitzes verursacht, wie der Wandel des Namens in der Familie Hodenhagen zeigt: Hermannus Hodo 1147, de Hodenberg 1149, also nach der Erbauung der Burg. Seit 1244 nennt sich die Familie de Hoden*hagen*, weil sie ihre alte Burgstelle mit einem Sitz im Dorf vertauscht hatte. Die Urkunde über den Verkauf der Burgstelle (vallum) von 1291 bestätigt dies. Die in Einzelfällen genaue Kenntnis solcher Vorgänge ist natürlich mit dadurch bedingt, daß eine breitere schriftliche Überlieferung – mit Urkunden des Adels – in den Jahrzehnten einsetzt, wo der Adel sich nach Burgen nennt.

4. *Burgen als Herrschaftsinstrument des Königs und des Adels im hohen und späten Mittelalter.* Von dem neuen Herrschaftsinstrument der Höhenburg machte auch der König Gebrauch. Während Heinrich III. noch die Pfalz Goslar gegründet hatte, erbaute Heinrich IV. die Harzburg. Die Sachsen erkannten sofort die gefährlichen Möglichkeiten, die in diesen uneinnehmbar gelegenen, ummauerten Verteidigungswerken lagen. Ihre Wortführer Lampert von Hersfeld und Bruno haben die Funktion dieser Zwingburgen beschrieben. Die in der Regel in der Ebene oder am flachen Hang gelegenen Pfalzen bestanden fort, die Staufer haben sogar noch einige neue gegründet (Gelnhausen, Hagenau, Eger, Seligenstadt), aber seit der Mitte des 11. Jahrhunderts übte der König von großen Reichsburgen aus wirksam Herrschaft über die umgebenden Reichsgutbezirke oder Marken. Fast gleichzeitig mit den Harzburgen tritt die Burg Nürnberg ins Licht der Geschichte.

Freilich so gewaltige Burgen der König auch errichten mochte, das ungünstige Verhältnis zwischen König und Adel wurde damit nicht korrigiert, denn es beruhte auf dem geringen Umfang der Krondomäne. Die riesigen Flächen des Reiches, die sich im Lehens- oder Eigenbesitz des hohen oder niederen Adels befanden, wurden mit Burgen bestückt. Seit dem 9. Jahrhundert scheint in Urkunden vereinzelt auf (I, S. 92), daß der König das Befestigungsrecht als Regal beanspruchte. Wenn die Zeugnisse für dieses Recht des Königs sich im 12. und 13. Jahrhundert häufen, so spiegelt dieser Sachverhalt nur das gleichzeitige Anwachsen der urkundlichen Überlieferung und des Burgenbaus des Adels wider. Dem König war die Kontrolle längst entglitten, wer eine Burg errichtete. Nur selten konnte er seinen Anspruch auf das Burgenregal dadurch zum Ausdruck bringen, daß er den Bau einer Burg ausdrücklich erlaubte (I, S. 517; II, S. 89). Tausendfach wurde das Recht des Burgenbaus usurpiert und damit die Macht des Adels manifestiert.

Für den hohen Adel bedeutete die Burg – zusammen mit anderen Faktoren – eine unvergleichliche Möglichkeit, bisherige Herrschaft über Personen in Herrschaft über Land umzuwandeln. Burgen »nagelten« gleichsam die Herrschaft im Lande fest, gaben dem Herrn der Burg auf der Höhe Macht über die Leute im Tal, sie waren unverrückbar und schwer einzunehmen. Die Burg bot eine unschätzbare Hilfe, um Rechtsansprüche am Land zu markieren. Wem es gelungen war, an einer Stelle, an der er zuvor keine oder unklare Rechte besessen hatte, eine Burg zu bauen, war von da nur schwer, meist durch Kampf, wenn überhaupt, wieder zu entfernen.

Während im Frühmittelalter die Offen- oder Kleinlandschaft als Orientierungshilfe zur Umschreibung der Herrschaft des Königs oder des hohen Adels gedient hatte, kamen diese Siedlungseinheiten als Mittel der Herrschaftsbestimmung außer Gebrauch. Nicht nur die einfache Binnenrodung des Bauern erweiterte den Kulturraum der natürlichen Offenlandschaften, die Burgen wurden ein wichtiges Mittel zur Erweiterung der alten Kulturlandschaft. Der Standort der Burgen war nicht auf die Offenlandschaft beschränkt, sondern fronende Bauern konnten zum Bau von Burgen als Keimzellen von Rodungsherrschaften mitten im Wald gezwungen werden. Auf diese Weise haben sich Schirmvögte in den Wäldern eingenistet, in denen die von ihnen zu schützenden Klöster gegründet worden waren. Die Burg Lindenfels wurde von den Grafen von Hohenberg mitten in der dem Kloster Lorsch gehörigen Heppenheimer Mark errichtet (II, S. 19). Den Kirchen blieb nichts anderes übrig, als solche Übergriffe ihrer Beschützer nachträglich wenigstens formell durch Belehnung zu sanktionieren.

Der Wahl des Platzes einer künftigen Burg kommt große Bedeutung zu. Nicht nur die günstige S c h u t z l a g e gibt den Ausschlag für die Bestimmung des Standortes, sondern auch andere natürliche Voraussetzungen. Ein gut zu bearbeitender Stein konnte den Bauherrn veranlassen, seine Burg möglichst nahe bei dieser unentbehrlichen Materialquelle zu errichten, wenn sich dieser Vorteil mit anderen Notwendigkeiten irgend vereinbaren ließ (II, S. 16). Durch geschickte Wahl des Standortes einer Burg in der Grenzzone von Wald und Verkehrslandschaft war es möglich, die Burg nach zwei Seiten zur Wirkung zu bringen. Verkehrswege wie das Rheintal und innerhalb dessen wieder besonders stark frequentierte Routen wie die Bergstraße luden zur Anlage von Burgen ein oder machten sie erforderlich.

Es gibt nicht wenige Fälle, wo die schmalen Grundlagen einer neuen Herrschaft zunächst mit Hilfe einer Burg im Rodungsland gelegt worden sind, diese dann aber in die alte, reiche Offenlandschaft mit ihren Dörfern, Städten und Verkehrswegen zurückstrebte. Die Aufgabe der abseits gelegenen, für die erste Stufe der Herrschaftsbildung wichtigen Stammburg des Geschlechts hat weder für die territoriale Entwicklung der Grafen von Henneberg noch der Landgrafen von Thüringen noch der Grafen von Jülich irgend eine Bedeutung gehabt (I, S. 300 f.).

Die Grafen von Scheyern haben mit Hilfe von Burgen ihr Territorium geradezu operativ verändert. Nachdem sie 1070 die Burg Scheyern erbaut hatten, hielten sie nicht an den alten Mittelpunkten fest, sondern schufen sich neue in Gestalt von Burgen (II, S. 339). Ihre alte Stammburg konnten sie schon um 1120 entbehren und zur Stiftung eines Hausklosters mit Grablege zur Verfügung stellen; sie nannten sich nun nach ihrer neuen Burg Wittelsbach. Den Bischofssitz Freising schlossen die Wittelsbacher mit Burgen ein. Man konnte Burgen zur Sicherung einzelner, relativ geringfügiger Herrschaftsrechte einsetzen. Die Wittelsbacher haben einzelne Burgen speziell zum Schutz von Hintersassen erbaut, andere, um Besitzungen des Hochstifts Augsburg einzugrenzen.

Bis ins 13. Jahrhundert und vereinzelt noch später haben Adelige ohne Rücksicht Burgen auf dem Grund und Boden von Klöstern erbaut. Die Herren von Peine haben eben in dieser Zeit ihre Hauptburgen auf Gandersheimer Besitz gesetzt. Die Reaktion blieb nicht aus: Hochstifte und große Klöster schützten selbst ihre Güter und Herrschaftsrechte durch Burgen. Da die Diözesen ihre Gestalt vielfach durch Zufälle ihrer frühen Missionsgeschichte gewonnen hatten und ihr Ausstattungsgut in der Regel innerhalb der Diözesangrenzen lag, versuchte man, diese militärisch und politisch ungünstig gelegenen Besitzungen durch Burgen zu schützen. Daß ein Mann wie Adalbert I. von Mainz den Wert von Burgen für die Sicherung des Erzstiftes erkannt hat, zeigt das Verzeichnis der von ihm erworbenen Burgen. Auch Erzbischof Konrad von Mainz hat über seinen zweiten Pontifikat vorwiegend an Hand der von ihm erworbenen oder wiedereingelösten Burgen Rechenschaft abgelegt. Weltliche und geistliche Fürsten pflegten, wenn es galt, den Herrschaftsbereich zu umschreiben, dies vornehmlich durch die Aufzählung von Burgen zu tun.

Einer der frühesten und umsichtigsten »Burgenpolitiker« unter den deutschen Bischöfen war Otto von Bamberg. Er richtete sein Absehen darauf, bestehende Burgen aus adliger Hand zu erwerben, aber auch neue Burgen anzulegen (II, S. 304 ff.). Diese Burgen sollten einmal den Rand der einzelnen Besitzkomplexe schützen, zum anderen das Territorium im Inneren sichern und festigen.

Die Ausgestaltung zum Territorialstaat war in Salzburg in anderer Weise schwierig als in dem zerrissenen Mainzer Erzstift. Die querlaufende Kette der Tauern teilte die Erzdiözese in zwei Teile. Die verbindenden Pässe und die zu ihnen aufsteigenden schmalen Hochtäler mußten durch Burgen gesichert werden. Auch hier liegen die Anfänge des Burgenbaues in der Zeit Heinrichs IV. Erzbischof Gebhard verlegte durch die von ihm erbauten Burgen Friesach, Werfen und Hohensalzburg dem König 1077 den Rückweg über die Alpen (II, S. 390). Diese drei Burgen blieben für alle Zeit Hauptburgen des Landes und hatten einen besonderen Status innerhalb der gesamten Landesverteidigung.

Das letzte Stadium der Bildung einer Flächenherrschaft war erreicht, wenn eine Kette von Grenzburgen planmäßig errichtet werden konnte. Das war im 13. und 14. Jahrhundert im Fürstentum Lüneburg der Fall; alle wichtigen Burgen lagen in diesem Territorium in Grenznähe. Die Welfen schlossen mit den Markgrafen von Brandenburg Verträge über den Abstand der beiderseitigen, an der Grenze gelegenen Burgen. Auch die Bischöfe von Hildesheim haben Grenzburgen errichtet: die Grenzburg Rosenthal, um von da aus Peine zu erobern; das gelang ihnen. Als Ergänzung zu Peine wurde um 1370 mit großem Geldaufwand des Domkapitels die Burg Steinbrück zur Sicherung der Grenze gegen Braunschweig und der dorthin führenden Straße erbaut.

Deckende Flächenherrschaft konnte von den Landesherren nur dann ausgeübt werden, wenn die außer ihrer Kontrolle errichteten Burgen des Adels nachträglich noch ihrem Territorium eingegliedert wurden. Um dies zu erreichen, mußte oft Gewalt angewendet werden. Erzbischof Balduin von Trier mußte, um die Burg Eltz zu brechen, Trutzeltz erbauen. Von den ca. 850 Lehensreversen, welche Balduin mit den Vasallen des Hochstiftes geschlossen hat, haben zahlreiche die Burgen des Adels zum Gegenstand. Es dürfte kaum einen Landesherrn geben, der gegen die mißbräuchliche Verwendung von Adelsburgen so ausgeklügelte Vorkehrungen getroffen hat wie Balduin von Trier.

Wenn es dem Landesherrn nicht gelang, den Territorialadel sich direkt zu unterwerfen, so versuchte er, ihn durch Verträge unter Kontrolle zu halten. Die Landesherren hatten zwar das Befestigungsrecht rücksichtslos dem König entwunden und damit ihren Herrschaften erst sehr wesentlich Gestalt gegeben, innerhalb ihres Territoriums hielten sie jedoch den Burgenbau des Adels um so strenger unter Kontrolle (I, S. 527 ff.; II, S. 98 ff.). Der Adel wurde vertraglich gezwungen, unrechtmäßig erbaute Burgen abzubrechen oder ihre Verteidigungsfähigkeit einzuschränken. In den Verträgen, die der Landesherr mit seinen Vasallen über das Öffnungsrecht an dessen Burgen schließt, wird die von ihm beanspruchte Landeshoheit deutlich. Welche Rechtsgeschäfte ein Landesherr auch immer mit einem Vasallen über dessen Burg abschloß, er sicherte sich immer das Öffnungsrecht, dessen Wurzel im Lehensrecht lag (II, S. 124 ff.).

Burgen dienten dem Landesherrn nicht nur zur Verteidigung und Verwaltung des

Territoriums, sondern auch als Ort, auf dem er seine Herrschaft darstellte. Für Württemberg konnte dies durch eine Untersuchung der Ausstellungsorte der gräflichen Urkunden nachgewiesen werden (II, S. 78 ff.). An Stelle von Klöstern und Gerichtsstätten, wo in älterer Zeit geurkundet worden war, wurden Burgen als Stätten von besonderer rechtlicher Qualifikation für die Ausstellung von Urkunden bevorzugt. 60 % der Urkunden der Grafen von Württemberg wurden in den Jahren 1250/60 auf ihren Burgen ausgestellt. Danach wurden Städte als Ausstellungsorte bevorzugt. Die große »Burgenbauwelle« ist die Zeit, in der die württembergischen Grafen die Mehrzahl ihrer Urkunden auf Burgen ausstellten; kein Zweifel, daß sich der Adel in seinen Lebensgewohnheiten damals besonders mit der Burg identifizierte. Sie war Ort der Handlung adeligen Lebens und adeliger Kultur. Die Dichtung der Zeit um 1200 bestätigt, daß die Burg für den Ritter der Kulturraum im Gegensatz zur Naturlandschaft war (I, S. 211 ff.).

Obwohl wir zeitlich bereits ins Spätmittelalter gelangt sind, müssen wir den Blick noch einmal auf das 12. Jahrhundert zurückwenden. Das Königtum hatte von vornherein keine Aussicht, den Adel mit dem Bau eigener Burgen zu übertreffen; denn das Königsgut hatte im 11. Jahrhundert bereits geringen Umfang und weiteres war seit dem Ende des 12. und besonders im 13. Jahrhundert vor allem durch Verpfändungen verloren gegangen. Den Anspruch, die Befestigung des Adels zu überwachen, hat Friedrich II. in der Confoederatio von 1220 und im Statutum von 1232 indirekt aufgegeben, wenn er nur untersagte, auf kirchlichem Besitz Burgen zu erbauen (II, S. 90). Daß er die Gelegenheit nicht wahrnahm, den Burgenbau auch auf Reichsgut zu untersagen, zeigt, daß diese Möglichkeit bereits vertan war. Aber auch die großen Reichsburgen, die bis ins Spätmittelalter oder, wie der Sonderfall Friedberg, bis zum Ende des Reiches dem König verblieben, waren kein verläßliches Instrument der Herrschaftsübung. Oppenheim, Friedberg, Nürnberg, die Kyffhäuserburgen und Altenburg ragten wie erratische Blöcke aus den umgebenden Territorialstaaten. Die Burggrafen, die an ihrer Spitze standen, zeigten Neigung, aus dem ihnen anvertrauten Reichsgut eigene Herrschaften zu bilden. In derselben Versuchung standen die Burgmannen; Rudolf von Habsburg verbot den Burgmannen von Friedberg, in der Nähe der Reichsburg eigene Burgen zu erbauen. Ein offenbar geschlossener Kreis ursprünglich reichsministerialischer Familien der Wetterau bildete die Burgmannschaft von Friedberg.

Das Zerbröckeln der Macht des Königtums läßt sich an den letzten ihm verbliebenen Reichsburgen, von denen keine von einer zeitweisen Verpfändung verschont blieb, erkennen. Rudolf von Habsburg gab das große Befestigungssystem der drei Kyffhäuserburgen aus der Hand, vergeblich blieb auf die Dauer sein Versuch, die Burggrafschaft Altenburg, die längst an die Wettiner verpfändet war, 1289 wieder herzustellen. Den Bürgern der Reichsstädte waren die mit ihnen im Verband stehenden Reichsburgen als Bedrohung ihrer Freiheit längst ein Dorn im Auge. Sie zerstörten die Burgen entweder während des Interregnums, wie es in Mühlhausen, Nordhausen und an anderen Orten geschah, oder vermauerten einfach die Verbindung von der Burg zur Stadt. So waren die Bürger von Mühlhausen mit Erlaubnis Konrads IV. verfahren, bevor sie die Reichsburg endgültig dem Erdboden gleichmachten. In Nürnberg zogen die Bürger vor der Burggrafenburg eine Mauer. Es dauerte allerdings noch einige Zeit, bis Kaiser Friedrich III. die Burg der Stadt endgültig überließ. Die Entfaltung einer eigenen Landesherrschaft der Burggrafen konnten die Nürnberger nicht hindern.

Aus dem Reichsterritorium Nürnberg konnte sich noch ein zweites Territorium herauslösen: das der Stadt. Viele große Handelsstädte (Braunschweig, Lübeck, Erfurt, Mühlhausen) sicherten ihre Zufahrtsstraßen durch ein eigenes Territorium oder durch den Erwerb einzelner, in fremder Umgebung liegender Burgen. Nürnberg nützte das finanzielle Gefälle, das zwischen der Stadt und den Reichsministerialen der Umgebung bestand, und erwarb das Öffnungsrecht in deren Burgen. Wenn Nürnberger Bürger Burgen erwarben, konnten sie dabei auf die Hilfe des Rates rechnen, dem sie dafür das Öffnungsrecht zugestanden. Das der Stadt 1378 von Karl IV. verliehene Meilenrecht erlaubte ihr, im Umkreis von zwei Meilen gegen jeden Burgenbau Einspruch zu erheben. Damit ergänzten sich in der Burgenpolitik des Nürnberger Rates offensive und defensive Maßnahmen in wohl kalkulierter Abstimmung (II, S. 327 f.).

Daß Burgen nur ein Mittel zur Ausübung von Herrschaft waren und ihre Verwendung oder Nichtanwendung von der Verfassung des Landes abhing, zeigen zwei Beispiele. In den Walsergemeinden gab es keine Burgen (II, S. 282). Dort hatten der Bischof von Chur, die Herren von Vaz und die Herren von Werdenberg, sämtlich Inhaber der Hochgerichtsbarkeit, sowenig Burgen wie die aus unfreien Dienstmannen und freien Vasallen verschmolzene Dienstmannschaft des Hochstifts Chur. In den Walsergemeinden wurden Burgen als Zeichen der Herrschaft abgelehnt.

Die von Hermann Aubin hervorgehobenen gemeinsamen Züge der genossenschaftlichen Verwaltung Schweizer Landgemeinden und Frieslands und Holsteins werden in der Anwendung der Burgen bestätigt. In den genossenschaftlich verwalteten Großkirchspielen Ostfrieslands trat die Oberhoheit der Grafen von Oldenburg, der Bischöfe von Münster und des Erzstiftes Bremen nur gelegentlich in Erscheinung, manifestierte sich jedenfalls nicht durch Burgen im Lande. Dafür haben sich aus der bäuerlichen Schicht der Jahresbeamten aristokratische Gruppen als potentes, divites, die späteren Häuptlinge herausgehoben und außer dem Attribut nobiles im 14. Jahrhundert auch die Bräuche und Institutionen der Machtübung angenommen. Sitze dieser neuen sozialen, Herrschaft übenden Schicht waren Steinhäuser zunächst von geringem Ausmaß (I, S. 328 ff.). Den Kern bildeten meist auf Aufschüttungen stehende Wohntürme und Turmhäuser, ähnlich den Motten. Später wurden Anbauten angesetzt und schließlich mehrflügelige Wasserschlösser entwickelt. Der ursprüngliche Zusammenhang des Häuptlingswesens mit der Kirchspielverfassung drückt sich an einigen Plätzen darin aus, daß die Steinhäuser bei den Kirchen errichtet wurden oder daß man sich mit einer befestigten Kirche zufrieden gab. Friesland hebt sich somit auf Grund seiner zunächst genossenschaftlichen Verfassung als besondere »Burgenlandschaft« im Reiche ab.

Auch die Verfassung des Deutschordensstaates hat zu einer besonderen Anwendung des Burgenwesens geführt. Das systematisch aufgebaute Burgensystem hat im Deutschordensstaat nicht nur eine Wirkung als flächendeckendes Herrschafts- und Verwaltungsmittel gehabt. Die militärische Wirkung dieser Burgen erstreckte sich einmal auf die Landschaft oder einen besonders wichtigen Punkt, für dessen Schutz sie erbaut war. Sie war andererseits in die große Konzeption einer Landesverteidigung eingeplant, welche das Aufgebot der Ritterbrüder, Diener, deutschen und pruszischen Bauern, Söldner und des Landadels umfaßte. Diese ganze, weit in die Neuzeit weisende Verteidigungskonzeption war durch die Aufgabenstellung dieses Staates, der ursprünglich gar keiner hatte sein sollen, bedingt: Abwehr und Unterwerfung von Heiden zum Zwecke ihrer Missionierung. An dieser Zielsetzung und »Staatsidee« hielt die Führungsschicht noch fest, als sich die Heiden bereits zu Christen gewandelt hatten und nun als politische Mächte den Ordensstaat bedrohten.

Das Burgensystem konnte im Ausgang des 14. und 15. Jahrhunderts als tief gestaffelte Verteidigungs- und Angriffsbasis gegen zahlenmäßig weit überlegene Gegner verwendet werden (I, S. 565 ff.). Den für diese Zwecke notwendigen Erfordernissen kam die Grundform der Ordensburgen entgegen. Das flache Land erlaubte die freie Gestaltung des Grundrisses, und dieser wieder war durch die Verfassung der Burginsassen bestimmt, durch ihre Stellung als schwertführende Mönchsgemeinschaft. Als Grundform verlangten dies die um die Kirche, die schon in den Ausmaßen mehr als eine Burgkapelle war, angelegten Konventsgebäude mit den Wirtschaftsräumen. Nicht nur die für die einzelne Burg notwendige Vorratshaltung benötigte größere Speicher, sondern auch die Naturalabgaben der Siedler, die mengenmäßig einen Staatshandel ermöglichten, erforderten bei den Burgen Lagerräume. Der genossenschaftlich verfaßte, aber zentral gelenkte Ordensstaat besaß ganz andere Voraussetzungen für die zusammengefaßte Verwendung seiner Burgen als andere Landesherrschaften. Wirtschaftliche Vorräte konnten bei Bedarf in Nachschubgut umgewandelt werden. Die Erfahrung der Ritter in gleichmäßiger Verwaltung ermöglichte es, in das Burgensystem eine weit konzipierte Waffenproduktion einzubauen. Dies war auch deshalb möglich, weil die Burgen nicht zum Objekt des Vermögensrechtes geworden waren wie die landesherrlichen Burgen im Reiche.

5. Burgen als Rechtsobjekte. Allein der Bau und die Einordnung von Burgen in das Herrschaftsgefüge eines Territoriums konnte eine Menge rechtlicher Fragen aufwerfen. Sie betreffen sowohl das Innere des Bauwerks und seine Insassen als auch die Beziehungen, die sich von der Burg in die Umgebung spannten. Die Rechtsbücher, sowohl der Sachsenspiegel in seinen beiden Teilen als auch seine Ableitungen enthalten viele Sätze über das in den Burgen und für die mit ihnen verbundenen Personen geltende Recht. Sachsenspiegel und Schwabenspiegel enthalten Definitio-

nen für das rechtlich als Burg anzusprechende Bauwerk (I, S. 516; II, S. 98 ff.), die in der Rechtswirklichkeit beachtet wurden. Da die Burg ein Haus war, galt in ihr ein Haus- oder Burgfrieden. Da von ihr aus sowohl Fehde geführt als auch der Landfrieden gewahrt werden konnte, mußte sie einen höheren Friedenswert besitzen als das Haus. Burgen, die zum Bruch des Landfriedens mißbraucht worden waren, konnten nach dem Sachsenspiegel verfestet werden. Für die Täter, die sich von einer Burg aus des Landfriedensbruches schuldig gemacht hatten, hielten die Rechtsbücher genaue Strafbestimmungen bereit, die sich auch auf die »schuldige« Burg und ihren Herrn erstreckten. Für die Burg stellvertretend mußte der Burgherr u. U. Reinigungseid und Kampfbeweis liefern.

Der Kampfwert einer Burg war nur dann voll gesichert, wenn die zu ihrer Verteidigung bestellten oder aus anderen Gründen in ihr lebenden Personen strikte Frieden hielten. Standen diese Personen alle unter nur einem Herren, dann ließ sich der Frieden relativ leicht ordnen oder Friedensbrüche im Burgraum durch das Burggericht ahnden. Die Rechtsbücher hatten für die Haltung des für die Burgmannen zuständigen Burggerichts eine ganze Reihe von Verfahrens- und Strafsätzen vorgesehen (I, S. 521). Man unterschied zwischen Burgrecht und Lehnrecht (I, S. 522; II, S. 157 ff.). Für die Belehnung mit einem Burglehen, das Grundstücke, Natural- oder Geldzinsen und viele andere Sachwerte beinhalten konnte, hatte der Burgmanne Burghut zu leisten. Diese erforderte in der Regel seine ständige Anwesenheit – später wurde diese Verpflichtung großzügig gehandhabt – auf der Burg in einer Burgmannenkurie. Es kam auch vor, daß große Adelige von Landesherren zu rein nominellen Burgmannen auf Burgen ernannt wurden. Damit wollte man lediglich politische Verbündete gewinnen (I, S. 523). Unter den Burgmannen, unter denen die Ministerialen zahlenmäßig die Edlen überwogen, gab es innerhalb einer Burg niederes Personal: Türmer, Torwächter, Wächter und anderes Gesinde (II, S. 182 ff., S. 323 f.).

Der Inhaber einer Burg konnte einer anderen Person, meist dem eigenen Landesherrn, das Öffnungsrecht gewähren. Meist geschah das in umfangreichen Verträgen, in denen die speziellen Rechte und Pflichten beider Parteien festgelegt wurden. Wenn Landesherren Burgen verpfändeten, behielten sie sich durchweg das Öffnungsrecht vor, so daß die Verteidigungsfähigkeit des Territoriums erhalten blieb. Das Öffnungsrecht konnte sich nur auf einen Teil der Burg beziehen (I, S. 535 ff.; II, S. 124 ff.). Wenn Landesherren sich in einem benachbarten Territorium festsetzen wollten, brachten sie häufig dadurch ihren Fuß zuerst auf fremden Boden, daß sie mit einem adeligen Burgbesitzer einen Öffnungsvertrag schlossen. In rheinischen Territorien ist die Öffnung der Burg für *einen* Herrn das wichtigste Merkmal der ligischen Lehen, die aus Frankreich als Rechtsform übernommen worden waren (II, S. 175 ff.). Einer Sonderform des Öffnungsrechtes haben sich die Bischöfe von Bamberg bedient, des Gewartens *(respicere)*. Der Burgbesitzer trat mit seiner ganzen Burg oder Teilen derselben und der Besatzung in den Dienst eines Herrn (II, S. 324 ff.).

Das Öffnungsrecht an einer Burg ist sehr oft Teil eines Pfandvertrages über das Bauwerk. Da Burgen die wertvollsten überschaubaren Vermögensobjekte mittelalterlicher Landesherren und Adeliger waren, wurden sie besonders häufig als Pfänder in Anleihegeschäften eingesetzt (I, S. 532 ff.). Wer versuchen würde, eine Finanzgeschichte mittelalterlicher Landesherren zu schreiben, würde sich als wichtigsten Posten mit Burgen zu beschäftigen haben. Eine Burg konnte als Nutzungs- oder als Haftungspfand aus der Hand gegeben werden. Der hohe materielle und der militärische Wert des Objektes bedingten, daß die üblichen pfandrechtlichen Bestimmungen modifiziert werden mußten. Zwar enthält jeder Pfandvertrag über Burgen spezielle durch das Objekt und die Interessen der Vertragschließenden geprägte Bestimmungen, aber es bildete sich ein ziemlich fester Kanon von Artikeln heraus. Sie betrafen Baupflicht, Besatzung, Erhaltung des Verteidigungswertes, vollständige Ersatzbauten bei Zerstörung, Hilfepflicht bei Belagerung, Einschränkung der Verwendung durch den Pfandnehmer u. a.

Eine besondere Art burgenrechtlicher Vereinbarungen stellen Dienstverträge dar, die Burginhaber mit Landesherren und anderen Partnern schlossen (I, S. 539). Eine Burg konnte, als sich um die Burgen Ämter entwickelt hatten, an Amtmänner zu Amtsrecht verliehen werden (I, S. 541). Um die Burgen haben sich Herrschaftsbezirke verschiedener Art seit dem 13. Jahrhundert angesetzt, die späteren Ämter. Die Burgen wurden damit zu Einheiten der Territorialentwicklung und der Territorialverwaltung (II, S. 41).

Die Wahrung des Friedens innerhalb der Burg war relativ leicht zu regeln, wenn sich die Burg in der Hand eines einzigen Herrn befand. Schwierigkeiten entstanden, wenn mehrere Besitzer die Burg bei Erbteilungen in die Teilungsmasse einbezogen. Dann mußte zwischen den Ganerben ein Burgfrieden geschlossen werden. Burgfriedensverträge mußten bis ins geringste Detail das Zusammenleben der Ganerben auf dem engen Raum der Burg in Frieden und Krieg ordnen. Für eine Unzahl von Eventualitäten war Vorsorge zu treffen, für Streitigkeiten des Gesindes und ihre Schlichtung ebenso wie für den Verkauf einzelner Teile und die damit verbundenen rechtlichen Folgen (I, S. 543 ff., II, S. 32 ff., S. 104 ff., 238 ff.). Burgfrieden sind nicht nur zwischen Ganerben, sondern auch zwischen politischen Mächten geschlossen worden, und zwar meist als Abschluß einer militärischen Auseinandersetzung um eine Burg (I, S. 547). Fester Bestandteil von Burgfriedensverträgen sind Bestimmungen über ein Burgfriedensgericht. In Burgfrieden von Ganerbenburgen wurde es in der Regel vom Baumeister, also dem für die bauliche Erhaltung der gesamten Burg verantwortlichen Familienmitglied, geleitet (II, S. 241). Ein eigentümlicher, offenbar auf das Elsaß beschränkter Beitrag zur baulichen Instandhaltung von Ganerbenburgen war das »Enthaltungsgeld«, das Gäste der Burg zu zahlen hatten (II, S. 239 f.). Burgen haben nicht nur dadurch, daß sie zunächst Ort für die Verwaltung von Gefällen und später Mittelpunkt von Ämtern wurden, eine Wirkung auf das Umland gehabt. Die Versorgung der Burg mit Bau- und Brennholz und anderen dauernden Bedürfnissen bewirkte die Ausdehnung der Eigentumsrechte über Wall und Graben hinaus auf die nächste Umgebung, sofern solche nicht bestanden; waren sie bereits vorhanden, mußten sie gefestigt werden (II, S. 26 ff.).

Nicht nur die Versorgung mit Holz, sondern auch die Sicherung der Bedürfnisse der Burgmannschaft an Wasser – wenn der Burgbrunnen den täglichen Bedarf nicht sicherte – und landwirtschaftlichen Produkten aus der nächsten Umgebung hatte rechtliche Wirkungen. Allein die für Friedenszeiten ausreichende Lagerung der u. U. aus größerer Entfernung herbeigeführten landwirtschaftlichen Produkte forderte Bauten und Vorkehrungen für ihre Aufbereitung und ihren Transport zur Burg, wie Mühlen, Backhäusern oder die Haltung von Transporttieren (II, S. 44).

Mitunter hatten die Burgmannen ihre Kurien vor der Mauer, weil im Festungsbereich nicht genügend Platz vorhanden war. Auch dies stellt eine Wirkung der Burg auf die rechtliche Gestaltung ihrer unmittelbaren Umgebung dar. Diese Entwicklungen haben einmal zur Ausbildung der in Hessen häufig anzutreffenden »Täler« geführt, aus denen auch Städte werden konnten (II, S. 36 f.).

6. Burgen und Landfrieden. Den Burgen wohnten bisher unbekannte Möglichkeiten zur Veränderung bestehender Rechtszustände im positiven wie auch im negativen Sinne inne. Daß sich die Rechtsbücher mit der Friedensstörung von Burgen aus beschäftigten, wurde schon erwähnt. Die gefährliche Wirkung der Fehde als Rechtsinstrument wurde durch die Höhenburg vervielfacht. Der mit wenigen Leuten leicht zu verteidigende Steinbau erlaubte es dem Adel, auch dem kleinsten Ritter, rechte und unrechte Fehde gegen Hintersassen seines Gegners vorzutragen oder Straßen unsicher zu machen und sich bei Gefahr schnell in Sicherheit zu bringen. Die sich seit dem 11. Jahrhundert anbahnende neue, auf Sicherung des Friedens gerichtete Rechtsordnung, wurde durch die Höhenburgen des Adels wieder gestört. Den auf den Burgen sitzenden Adel, der infolge seiner bisweilen schwierigen wirtschaftlichen Lage fehdeanfällig war, in eine großflächige Friedensordnung einzufügen, wurde eine der wichtigsten Aufgaben der Landesherren im Spätmittelalter. König und Landesherren brachen nicht nur Burgen, von denen aus der Frieden gestört worden war, und legten den Adel in Verträgen fest, von solchem Tun abzulassen, sie erbauten auch Burgen speziell zur Friedenswahrung. Programmatische Namen wie Friedland oder Friedensburg weisen noch heute auf solche Aufgaben.

7. Burgen und Kirchenrecht. Die Kirche, deren Grundsatz »ecclesia sanguinem non sitit« der Zweckbestimmung von Burgen widersprach, mußte sich mit Befestigungsbauten rechtlich aus verschiedenen Anlässen auseinandersetzen. Wenn Burgen, die ihrem Besitzer entbehrlich waren, klösterlichen Gemeinschaften vorübergehend als Unterkunft zur Verfügung gestellt wurden, bis der Bau eigener Konventsgebäude vollendet war (I, S. 164), dann entstanden zwischen dem Konvent und der aufgelassenen Burg kaum Beziehungen, die in den Bereich der hier zur Erörterung stehenden rechtlichen Fragen gehören. Etwas kritischer konnte das politische und rechtliche

Verhältnis zwischen einem Burgherrn, der bei seiner Burg ein Kloster gründete, dann werden, wenn er seinen Sitz nur zögernd aufgab und in Verbindung mit dem Vogteirecht eine militärische Präsenz ausübte, die er beliebig zwischen Schutz und Bedrohung variieren konnte (I, S. 159 ff.; II, S. 212 ff.). Auch eindeutig entweder als Schutz oder als Bedrohung schon vorhandener Klöster sind Burgen errichtet worden. Der Abwehr der Normannen dienten Burgen, die mit ausdrücklichem Verteidigungsauftrag bei großen Klöstern im spätkarolingischen Reich, vor allem in Flandern gebaut wurden (I, S. 159, 271). Es konnte aber auch vorkommen, daß eine Befestigung wider den Willen des Abtes innerhalb der engeren Immunität errichtet wurde (I, S. 157).

Grundsätzlich ging die Kirche davon aus, daß Burgen im Besitz von Hochstiften, Stiften oder Klöstern als Kirchengut zu behandeln seien. Sie konnte ihrer, wie im 11. und 12. Jahrhundert immer deutlicher wurde, nicht mehr entbehren. In einzelnen Fällen haben bereits etablierte Konvente Burgen als Schenkungen zu ihrer Verteidigung und zum Schutz des Kirchengutes erhalten. Mächtige Adelige haben Klöstern und Stiftern Grund und Boden entrissen, um darauf eigene Burgen zu erbauen. Die Verteidigung und Verwaltung kirchlicher Burgen mußten, um den eingangs zitierten Grundsatz zu respektieren, Laien anvertraut werden. Um zu verhindern, daß diese die Burg nicht ihrem kirchlichen Herrn entfremdeten, mußten komplizierte Verträge mit vielen rechtlichen Kautelen geschlossen werden. Papst Innocenz II. wurde um seine Zustimmung gefragt, bevor der Bischof von Hildesheim den Grafen Hermann von Reinhausen mit der Winzenburg belehnte. In diesem Fall wurden kirchenrechtliche Vorsichtsmaßnahmen und »Burgenrecht« beispielhaft verknüpft (I, S. 555 ff.). Umfangreiche Sicherungsvorkehrungen traf der Erzbischof von Mainz gegenüber dem in der mainzischen Hauptburg des Eichsfeldes, Rusteberg, residierenden Vitztum (I, S. 561 ff.). Ein Prozeß, der in den karolingischen Klöstern des nördlichen Deutschland entweder nicht mit solcher Deutlichkeit zu beobachten ist oder wegen geringerer Ausstattung gar nicht stattgefunden hat, ist auf dem St. Galler und Reichenauer Besitz wahrzunehmen. Auf deren großen Grundherrschaften verdrängten die Burgen die Meierhöfe als zentrale Verwaltungspunkte.

In der Epoche territorialer Herrschaftsbildung überflügelte die schutzbietende, klösterlichen Ministerialen anvertraute Höhenburg den Wirtschaftshof. Dieser sank zur Pertinenz der Burg herab (II, S. 208 ff.). In der Zeit der Reformklöster wurde die Burg zu einem Instrument, ohne das die Ausübung einer Vogtei kaum mehr vorstellbar war. Von ihr aus übte der Vogt zunächst seine Pflichten und Rechte über das ihm anvertraute Klostergut aus, bald benutzte er den befestigten Punkt, um unerlaubterweise Besitz und Rechte des Klosters in der unmittelbaren Umgebung an sich zu ziehen und als Pertinenz mit der Burg zu verbinden. In einem fortgeschrittenen Stadium trat er dann als Inhaber einer eigenen kleinen Herrschaft aus dem Verband seiner früheren Herren heraus (II, S. 214).

In den Hochstiften bedeuteten die Stuhlvakanzen für die Gewalt über die Burgen immer eine kritische Zeit. Meist übernahm der Propst als Vertreter des Kapitels vorübergehend die Aufsicht über alle Burgen des geistlichen Territoriums. In Hildesheim mußte sich der Elekt in der Wahlkapitulation verpflichten, die Hauptburgen Winzenburg, Steuerwald und Peine nicht zu veräußern (I, S. 558 f.). Im Erzstift Salzburg wurden »die Pfleger der Burgen (Hohensalzburg u. Hohenwerfen) sofort dem Oekonomen, der im Namen des Domkapitels die Zwischenregierung führte, unterstellt« (II, S. 395). Die Spannungen und die daraus folgenden rechtlichen Abgrenzungen zwischen herrschaftlichem und korporativem Element in der Kirchenverfassung, nämlich zwischen Bischof oder Abt auf der einen und dem Kapitel auf der anderen Seite, erfaßten auch die Burgen, und zwar eben deshalb oft besonders intensiv, weil sie für die Machtausübung in der geistlichen Herrschaft von entscheidender Bedeutung waren (I, S. 559 f.).

Die Trennung der Burg vom Siedlungsverband der Stadt oder des Dorfes und die weitgehende ständische Sonderung der Burginhaber verursachte besondere Forderungen an die Kirche für die geistliche Versorgung der Burg und ihrer Bewohner (I, S. 129 ff.). Der Burgherr beanspruchte zumindest die Versorgung mit dem einfachen Meßgottesdienst. Teils ist die Burg bei der Gründung mit einer Kapelle versehen worden, teils verursachte späterer Einbau in das architektonische Gefüge der Burg Abweichungen von kirchlichen Gebräuchen, etwa Aufgabe der Ostung. Gelegentlich hat sich der Burgherr, um die Kapelle auch der Ortsgemeinde zugänglich zu machen, mit ihrer Erbauung vor der Burg auf halber Höhe des Berges zufrieden gegeben. Zwischen den vollen Pfarrechten und bloßen Kapellen gab es kirchenrechtliche Zwischenlösungen, die *capella parochialis* (I, S. 133), die Kapelle mit minderer Pfarrechten; Burgkapellen konnten einzelne Pfarrechte, wie Tauf- und Begräbnisrecht, durch besondere Verleihung erwerben. An die stets erforderliche Zustimmung des Bischofs zur Einrichtung einer Kapelle durch den Bischof war immer die Bedingung geknüpft, daß sie ausreichend ausgestattet war (I, S. 137). Gefälle durften in einigen Fällen mit päpstlicher Genehmigung zur Verteidigung der Burg verwendet werden. Grundsätzlich wachten die Bischöfe streng darüber, daß Burgkapläne fest unter Diözesanaufsicht blieben; sie hatten die Priesterweihe und waren residenzpflichtig. Teilhabe an der adeligen Lebensgemeinschaft auf dem engen Raum der Burg brachte den Kaplan in enge Beziehungen zur Familie des Burgherrn oder der Burgmannschaft. Ihm wurde, wenn Altardotationen nicht genügten, der Lebensunterhalt aus der Burg gewährt. Als Vertrauenspersonen des Burgherrn konnten sie in eine schwierige Lage geraten, wenn dieser Kirchengut an sich gebracht hatte und sie vom Diözesan aufgefordert wurden, ihn zur Rückgabe des Kirchenbesitzes zu veranlassen. Oft hatten die Burgherren das Bestreben, ihre Kapelle aus dem Diözesanverband herauszulösen, was vereinzelt auch gelang.

Den Konsequenzen des Realteilungsrechtes von Burgen wurde auch eine vorhandene Burgkapelle unterworfen. Auf Ganerbenburgen mit einzelnen Wohneinheiten wurde auch die Kapelle vervielfacht, d. h. jede Wohneinheit erhielt eine eigene Kapelle, wie z. B. in der Burg Eltz.

Der Altar bot Gelegenheit, eine Reliquie mit als helfenden Verteidiger in die Burg zu nehmen (I, S. 148). Michael und Georg wurden bevorzugt. Aus der Übertragung eines Kapellenheiligen in eine andere ergeben sich oft Einsichten in die genealogischen Verflechtungen des Adels.

Architektonisch konnten die Burgkapellen als Tor-, Turm-, Doppelkapellen (I, S. 202) oder als einzeln stehende Gebäude ausgebildet sein. Der Typ der Doppelkapelle ist – vielleicht nach Aachener Vorbild – in Königspfalzen und Bischofspfalzen zu finden, wurde aber auch von angesehenen Landesherren verwendet, doch offenbar erst gegen E. d. 12. Jahrhunderts (I, S. 199).

Die Doppelkapelle mit Mittelloch ist in Frankreich nicht verbreitet, dort hat man die Trennung in Ober- und Unterkirche, am ausgeprägtesten in der St. Chapelle. Daß die St. Chapelle als Ober- und Unterkirche ohne Verbindung angelegt war, ist auf ihre Größe zurückzuführen, die wiederum durch das Anwachsen des Hofstaates im 13. Jahrhundert verursacht war.

Die Kapellen der Pfalzen und königlichen Burgkapellen hatten als Verwahrungsort besonders kostbarer Heiltümer hervorragende Bedeutung. Es wurde auf den Trifels, die Kapelle in Hagenau und den Karlstein hingewiesen, der aber ein Sonderfall ist.

Man kann rückblickend feststellen, daß die Burg durch ihre besonderen Aufgaben auf zahlreichen Gebieten des Rechtes der Laien und der Kirche rechtsbildend gewirkt hat. Wir haben bei unseren Ausführungen den Begriff »Burgenverfassung«, der während der Tagungen bisweilen verwendet wurde, vermieden. Herr Fried hat sich mit der Möglichkeit seiner Verwendung auseinandergesetzt. Unter Burgenverfassung i. spez. Sinne versteht er ein lückenloses Netz von Burgbezirken. »Unter Burgverfassung im allgemeinen Sinne können wir eine innere Verfassung begreifen, bei der die Burgherrschaft die dominierende, wenn auch nicht die alleinige Rolle spielt oder bei der die Burg in der landesherrlichen Ämterverfassung den gerichtlichen und sekundär den militärischen Mittelpunkt bildet.«

Burgen haben nicht nur die heutige Landschaft mit Stimmungsgehalten erfüllt, wichtiger waren die von ihnen auf die Rechts- und Verfassungsbildung ausgehenden Anstöße. Diese Impulse haben neben der Kirche das Mittelalter sehr entscheidend mit geprägt, den Gegensatz zur Frühgeschichte als vorangegangener Epoche und zur Neuzeit mit bestimmt.

Verzeichnis der Abbildungen

Teil I

I. TEXTABBILDUNGEN

Wilhelm Janssen, Burg und Territorium am Niederrhein

Hajo van Lengen, Der mittelalterliche Wehrbau im ostfriesischen Küstenraum

Herbert Jankuhn, Die sächsischen Burgen der karolingischen Zeit

Martin Last, Burgen des 11. und frühen 12. Jahrhunderts in Niedersachsen

Friedrich Benninghoven, Die Burgen als Grundpfeiler des spätmittelalterlichen Wehrwesens im preußisch-livländischen Deutschordensstaat

Entwurf aller Karten F. Benninghoven. Zeichnung der Karten 1–15, 12 E. Kühlhorn, Zeichnung der Karten 6–11 und 13–15 E. Kühlhorn und G. Schwarzkopf

II. TAFELN

Fritz Arens, Die Datierung staufischer Pfalzen und Burgen am Mittelrhein mit Hilfe des Stilvergleichs

Die Leihklischees der Abbildungen auf den S. 190, 193–196, Abb. 9 (aus: K. NOTHNAGEL, Staufische Architektur in Gelnhausen und Worms, 1971) werden dem Stadtarchiv in Göppingen, S. 196 Abb. 10, dem Landeskonservator in Speyer verdankt. – Photos der Abb. 1–8 von F. Arens, Abb. 9 Photo Marburg

Martin Last, Burgen des frühen 11. und 12. Jahrhunderts in Niedersachsen

Teil II

I. TEXTABBILDUNGEN

Meinrad Schaab, Geographische und topographische Elemente der mittelalterlichen Burgenverfassung nach oberrheinischen Beispielen

Register der Burgen

Das Register wurde aufgrund der Angaben der Autoren vom Herausgeber zusammengestellt.

lit. Burg = literarische Burg

Die deutsche Ostsiedlung des Mittelalters als Problem der europäischen Geschichte

Reichenau-Vorträge 1970–1972. 1975. Band XVIII der Reihe »Vorträge und Forschungen«, hg. vom Konstanzer Arbeitskreis für mittelalterliche Geschichte. 812 Seiten mit 65 z. T. farbigen Abbildungen und Karten, darunter 8 Ausschlagtafeln sowie 2 Faltpläne in Kartentasche. 17 x 24 cm.

Inhalt: H. Beumann: Vorwort; D. Claude: Die Anfänge der Wiederbesiedlung Innerspaniens; E. Fügedi: Das mittelalterliche Königreich Ungarn als Gastland; F. Graus: Die Problematik der deutschen Ostsiedlung aus tschechischer Sicht; G. Grundmann: Architektur in Schlesien im 12. und 13. Jahrhundert; H. Helbig: Die ungarische Gesetzgebung des 13. Jahrhunderts und die Deutschen; Ch. M. Higounet: Zur Siedlungsgeschichte Südwestfrankreichs vom 11. bis zum 14. Jahrhundert; H. Jankuhn: Rodung und Wüstung in vor- und frühgeschichtlicher Zeit; J. Kejř: Die Anfänge der Stadtverfassung und des Stadtrechts in den böhmischen Ländern; A. Kubinyi: Zur Frage der deutschen Siedlungen im mittleren Teil des Königreichs Ungarn (1200–1541); W. Kuhn: Westslawische Landesherren als Organisatoren der mittelalterlichen Ostsiedlung; W. Kuhn: Die deutschrechtliche Siedlung in Kleinpolen; A. von Müller: Zur hochmittelalterlichen Besiedlung des Teltow (Brandenburg). Stand eines mehrjährigen archäologisch-siedlungsgeschichtlichen Forschungsprogrammes; J. Menzel: Der Beitrag der Urkundenwissenschaft zur Erforschung der deutschen Ostsiedlung am Beispiel Schlesiens; F. Petri: Entstehung und Verbreitung der niederländischen Marschenkolonisation in Europa (mit Ausnahme der Ostsiedlung); W. Schlesinger: Die Problematik der Erforschung der deutschen Ostsiedlung; W. Schlesinger: Flemmingen und Kühren. Zur Siedlungsform niederländischer Siedlungen im mitteldeutschen Osten; G. Stökl: Siedlung und Siedlungsbewegungen im alten Rußland (13.–16. Jahrhundert); St. Trawkowski: Die Rolle der deutschen Dorfkolonisation und des deutschen Rechtes in Polen im 13. Jahrhundert; S. Vilfan: Die deutsche Kolonisation nordöstlich der oberen Adria und ihre sozialgeschichtlichen Grundlagen; R. Wenskus: Der Deutsche Orden und die nichtdeutsche Bevölkerung des Preußenlandes mit besonderer Berücksichtigung der Siedlung; P. Wiesinger: Möglichkeiten und Grenzen bei der Erforschung der deutschen Ostsiedlung; B. Zientara: Die deutschen Einwanderer in Polen vom 12. bis zum 14. Jahrhundert; K. Zernack: Zusammenfassung: Die hochmittelalterliche Kolonisation in Ostmitteleuropa und ihre Stellung in der europäischen Geschichte.

Jan Thorbecke Verlag Sigmaringen

Mönchtum, Episkopat und Adel zur Gründungszeit des Klosters Reichenau

1974. Band XX der Reihe »Vorträge und Forschungen«, hg. vom Konstanzer Arbeitskreis für mittelalterliche Geschichte. 452 Seiten. 17 x 24 cm.

Inhalt: H. Beumann: Vorwort; A. Angenendt: Pirmin und Bonifatius. Ihr Verhältnis zu Mönchtum, Bischofsamt und Adel; J. Duft: Irische Einflüsse auf St. Gallen und Alemannien; E. Ewig: Bemerkungen zu zwei merowingischen Bischofsprivilegien und einem Papstprivileg des 7. Jahrhunderts für merowingische Klöster; F. Felten: Laienäbte in der Karolingerzeit; F. Graus: Sozialgeschichtliche Aspekte der Hagiographie der Merowinger- und Karolingerzeit. Die Viten der Heiligen des südalemannischen Raumes und die sogenannten Adelsheiligen; K.-U. Jäschke: Kolumban von Luxeuil und sein Wirken im alemannischen Raum; F. Prinz: Frühes Mönchtum in Südwestdeutschland und die Anfänge der Reichenau. Entwicklungslinien und Forschungsprobleme; J. Semmler: Episcopi potestas und karolingische Klosterpolitik; H. Wolfram: Libellus Virgilii, ein quellenkritisches Problem der ältesten Salzburger Güterverzeichnisse; A. Borst: Zusammenfassung.

Byzanz und das abendländische Herrschertum

Ausgewählte Aufsätze von Josef Deér

1976. Band XXI der Reihe »Vorträge und Forschungen«, hg. vom Konstanzer Arbeitskreis für mittelalterliche Geschichte. Ca. 584 Seiten, darunter ca. 56 Seiten Abbildungen. 17 x 24 cm.

Inhalt: P. Classen: Vorwort; Der Ursprung der Kaiserkrone; Byzanz und die Herrschaftszeichen des Abendlandes; Der Globus des spätrömischen und des byzantinischen Kaisers. Symbol oder Insigne?; Das Kaiserbild im Kreuz; Kaiser Otto der Große und die Reichskrone; Die Siegel Kaiser Friedrichs I. Barbarossa und Heinrichs VI. in der Kunst und Politik ihrer Zeit; Die byzantinisierenden Zellenschmelze der Linköping-Mitra und ihr Denkmalkreis; Die Pala d'Oro in neuer Sicht; Karl der Große und der Untergang des Awarenreiches; Aachen und die Herrschersitze der Arpaden; Zur Praxis der Verleihung des auswärtigen Patriziats durch den byzantinischen Kaiser; Anspruch der Herrscher des 12. Jahrhunderts auf die apostolische Legation; Dante in seiner Zeit: Dante Alighieri 1265–1321; Verzeichnis der Schriften von Josef Deér.

Jan Thorbecke Verlag Sigmaringen